U0934925

顾　问　王建国　李言荣

策　划　曹　萍　梁　斌

主　编　李中锋　郭　勇

副主编　吴　刚　曹勇明　王昌宇　吴　菁

参　编　（按姓氏笔画排序）

王忻怡　兰　娅　曲景学　吕　顺

吕　蓉　任　玲　任泰山　汤　彦

李喜庆　别　琳　张建全　张建兵

张超哲　林家如　罗　林　赵　欢

赵昱辉　赵唯阳　胡林岚　秦远清

郭立琼　黄雯雯　赖毅翔　廖　瑜

戴　睿

摄　影　杨秀建　刘思庆

四川大学年鉴

SICHUAN UNIVERSITY YEARBOOK

(2018)

四川大学党委办公室
四川大学校长办公室 编

四川大学出版社

项目策划：杨丽贤
责任编辑：杨丽贤
责任校对：周　颖
封面设计：墨创文化
责任印制：王　炜

图书在版编目（CIP）数据

四川大学年鉴．2018 / 四川大学党委办公室，四川大学校长办公室编．— 成都：四川大学出版社，2019.12
ISBN 978-7-5690-3220-8

Ⅰ．①四… Ⅱ．①四… ②四… Ⅲ．①四川大学－2018－年鉴 Ⅳ．①G649.287.11-54

中国版本图书馆 CIP 数据核字（2019）第 278157 号

书名　四川大学年鉴（2018）
SICHUAN DAXUE NIANJIAN (2018)

编　　者	四川大学党委办公室　四川大学校长办公室
出　　版	四川大学出版社
地　　址	成都市一环路南一段 24 号（610065）
发　　行	四川大学出版社
书　　号	ISBN 978-7-5690-3220-8
印前制作	四川胜翔数码印务设计有限公司
印　　刷	郫县犀浦印刷厂
成品尺寸	185mm×260mm
插　　页	1
印　　张	36.75
字　　数	910 千字
版　　次	2019 年 12 月第 1 版
印　　次	2019 年 12 月第 1 次印刷
定　　价	50.00 元

◆ 读者邮购本书，请与本社发行科联系。
电话：(028)85408408/(028)85401670/
(028)86408023　邮政编码：610065
◆ 本社图书如有印装质量问题，请寄回出版社调换。
◆ 网址：http://press.scu.edu.cn

四川大学出版社
微信公众号

1月12日，四川大学召开世界一流大学建设推进大会，全面开启建设中国特色世界一流大学新航程。

4月27日—28日，四川大学第四届教代会暨第三届工代会第二次会议举行，大会主题是：深化校院两级管理体制改革，加快中国特色世界一流大学建设步伐。

5月5日，由四川大学华西医院牵头筹建的国际应急医疗队（EMT）正式通过世界卫生组织（WHO）专家团队的认证评估，成为全球首支非军方Ⅲ类国际应急医疗队（Type 3 EMT）。

5月11日，香港特别行政区行政长官林郑月娥率团访问四川大学，考察四川大学—香港理工大学灾后重建与管理学院。

6月13日，成都市人民政府与四川大学签署了《成都市人民政府 四川大学深入推进市校合作 共建世界一流大学 助推国家中心城市建设合作协议》。

6月21日，教育部新时代全国高等学校本科教育工作会议在四川大学召开。

9月17日—20日，教育部高等教育教学评估中心组织专家对四川大学开展本科教学工作审核评估。

9月27日，四川大学中华文化研究院成立大会举行。

9月29日，成都市人民政府与四川大学联合主办“‘蓉’归故里·四川大学校友返校日”活动。

10月12日，校党委书记王建国一行到广安市岳池县开展慰问活动和定点扶贫工作调研。

10月13日—15日，四川大学在第四届中国“互联网+”大学生创新创业大赛全国总决赛中获得“3金2银”和大赛“先进集体奖”，金奖数并列全国第三。

10月17日，校长李言荣一行到凉山彝族自治州甘洛县开展慰问活动并调研定点扶贫工作。

10月31日，中共四川大学委员会第一轮巡察工作动员部署会召开，部署安排学校第一轮巡察工作。

11月23日，四川省委书记彭清华到四川大学考察调研指导工作。

11月27日，四川大学举行“锦江红梅傲雪开——四川大学校友江竹筠烈士纪念展”暨“做新时代红色传人”主题教育活动启动仪式。

12月7日，德国总统弗兰克-瓦尔特·施泰因迈尔到访四川大学。

12月24日，四川大学召开学习贯彻习近平总书记在庆祝改革开放40周年大会上的重要讲话精神座谈会。

四川大学教授、中国科学院院士冯小明获2018年未来科学大奖物质科学奖。

四川大学杰出教授钟本和荣获2018年度“何梁何利基金科学与技术进步奖（化学工程技术奖）”。

2018年度国家科学技术奖励大会召开，四川大学共获得6项奖项，其中牵头4项（自然科学二等奖2项、技术发明二等奖2项），牵头的通用项目获奖数位列全国高校第6。

2018年，四川大学教育教学成果丰硕，首次荣获国家级教学成果特等奖，评选出首个四川大学“卓越教学奖”特等奖。

2018年，四川大学启动了“大川视界”大学生海外访学计划，全力促进学校教学教育水平及人才培养质量的整体提升。

目　录

重要文件

重要讲话

不忘初心　勇于担当　砥砺前行　为加快建设中国特色世界一流大学不懈奋斗

——在四川大学世界一流大学建设推进大会上的讲话 ………… 王建国（3）

干在实处　走在前列　加快建设中国特色世界一流大学步伐

——在四川大学世界一流大学建设推进大会上的讲话 ………… 李言荣（6）

坚持以习近平新时代中国特色社会主义思想为指引　全面加快推进学校“两个伟大”建设步伐

——在四川大学2018年工作布置会上的讲话…………………… 王建国（9）

干在实处　走在前列　全面加快学校“双一流”建设步伐

——在四川大学2018年工作布置会上的报告…………………… 李言荣（15）

准确把握新时代新思想新要求　坚定不移把学校全面从严治党引向深入

——在2018年四川大学全面从严治党工作会上的讲话………… 王建国（35）

深化校院两级管理体制改革　加快中国特色世界一流大学建设步伐

——在四川大学四届二次教代会暨三届二次工代会上的工作报告

…………………………………………………………………… 李言荣（41）

不忘改革开放初心　坚定再出发信心　奋力把学校“两个伟大”不断推向前进

——在四川大学学习贯彻习近平总书记在庆祝改革开放40周年大会上的重要讲话精神座谈会上的讲话 …………………………… 王建国（52）

继承和弘扬改革开放精神　全面加快世界一流大学建设步伐

——在四川大学学习贯彻习近平总书记在庆祝改革开放40周年大会上的重要讲话精神座谈会上的讲话（节选） …………………… 李言荣（58）

学校工作要点、总结

四川大学2018年工作要点 ……………………………………………………（60）

四川大学2018年工作总结 ……………………………………………………（69）

学科与师资队伍建设篇

学科建设……………………………………………………………………………（81）
师资队伍建设………………………………………………………………………（84）

人才培养篇

本科生教育…………………………………………………………………………（139）
研究生教育…………………………………………………………………………（184）
中国港澳台地区学生及华侨生教育　留学生教育…………………………………（229）
成人继续教育………………………………………………………………………（231）
出国培训……………………………………………………………………………（235）

科学研究与科技产业篇

哲学社会科学………………………………………………………………………（239）
自然科学……………………………………………………………………………（242）
科技产业……………………………………………………………………………（254）

医疗卫生篇

医学管理……………………………………………………………………………（259）
医院管理……………………………………………………………………………（264）

合作与交流篇

国际合作与交流……………………………………………………………………（281）
公派出国……………………………………………………………………………（293）
港澳台地区事务……………………………………………………………………（294）

党的建设篇

党建及组织工作……………………………………………………………………（299）
党风廉政建设………………………………………………………………………（306）
宣传教育工作………………………………………………………………………（309）

统战工作……………………………………………………………………………………………（311）
离退休工作…………………………………………………………………………………………（312）
工会、教代会工作…………………………………………………………………………………（314）
安全保卫工作………………………………………………………………………………………（317）
保密工作……………………………………………………………………………………………（320）
社区工作……………………………………………………………………………………………（323）

大学生思想政治工作篇

理论教育与成长指导………………………………………………………………………………（327）
基础管理与服务……………………………………………………………………………………（330）
素质拓展与实践……………………………………………………………………………………（332）

办学条件保障及公共服务体系篇

基本建设……………………………………………………………………………………………（337）
实验室及设备………………………………………………………………………………………（338）
后勤管理与保障……………………………………………………………………………………（340）
财务…………………………………………………………………………………………………（345）
审计…………………………………………………………………………………………………（346）
国有资产……………………………………………………………………………………………（348）
图书馆………………………………………………………………………………………………（350）
档案馆（校史办公室）………………………………………………………………………………（353）
博物馆………………………………………………………………………………………………（358）
出版社………………………………………………………………………………………………（360）
信息管理中心………………………………………………………………………………………（362）
对外联络工作………………………………………………………………………………………（364）

学院篇

经济学院……………………………………………………………………………………………（373）
法学院………………………………………………………………………………………………（375）
文学与新闻学院……………………………………………………………………………………（377）
外国语学院…………………………………………………………………………………………（380）
艺术学院……………………………………………………………………………………………（383）
历史文化学院（旅游学院）…………………………………………………………………………（385）

数学学院…………………………………………………………………………………………（388）
物理科学与技术学院（核科学与工程技术学院）……………………………………………（391）
化学学院…………………………………………………………………………………………（395）
生命科学学院……………………………………………………………………………………（397）
电子信息学院……………………………………………………………………………………（401）
材料科学与工程学院……………………………………………………………………………（403）
制造科学与工程学院……………………………………………………………………………（405）
电气信息学院……………………………………………………………………………………（408）
计算机学院（软件学院）………………………………………………………………………（411）
建筑与环境学院…………………………………………………………………………………（415）
水利水电学院……………………………………………………………………………………（417）
化学工程学院……………………………………………………………………………………（420）
轻纺与食品学院…………………………………………………………………………………（422）
高分子科学与工程学院…………………………………………………………………………（424）
华西基础医学与法医学院………………………………………………………………………（426）
华西临床医学院（华西医院）…………………………………………………………………（428）
华西口腔医学院（华西口腔医院）……………………………………………………………（429）
华西公共卫生学院（华西第四医院）…………………………………………………………（429）
华西药学院………………………………………………………………………………………（429）
公共管理学院……………………………………………………………………………………（431）
商学院……………………………………………………………………………………………（433）
马克思主义学院…………………………………………………………………………………（436）
体育学院…………………………………………………………………………………………（439）
灾后重建与管理学院……………………………………………………………………………（440）
空天科学与工程学院……………………………………………………………………………（442）
匹兹堡学院………………………………………………………………………………………（444）
国际关系学院……………………………………………………………………………………（445）
网络空间安全学院………………………………………………………………………………（447）

附　录

学校概况…………………………………………………………………………………………（451）
2018 年大事记 ……………………………………………………………………………………（454）
四川大学 2018 年校、处级干部名单 …………………………………………………………（459）
2018 年成立和调整的全校性工作领导小组名单 ……………………………………………（472）

四川大学各级人大代表、政协委员、政府参事、民主党派负责人等人员名单 …………………………………………………………………………………… (480)
2018 年度学生工作主要获奖成果一览表 …………………………………………… (491)
四川大学 2018 届省级优秀毕业生名单 …………………………………………… (503)
四川大学 2018 届校级优秀本科毕业生、优秀本科毕业生干部名单 ………… (505)
四川大学 2018 届校级优秀毕业研究生、优秀毕业研究生干部名单 ………… (513)
四川大学 2017—2018 学年本科生优秀学生、优秀学生干部名单 …………… (522)
四川大学 2017—2018 学年本科生学年奖学金获奖者名单 …………………… (538)
四川大学 2017—2018 学年优秀研究生、优秀研究生干部名单 ……………… (548)
共青团四川大学委员会 2018 年度先进集体和先进个人名单 ………………… (563)
四川大学 2018 年度青年志愿者行动先进集体、优秀项目及个人名单 ……… (573)
四川大学校历……………………………………………………………………………… (579)

重要文件

重要讲话

不忘初心　勇于担当　砥砺前行 为加快建设中国特色世界一流大学不懈奋斗

——在四川大学世界一流大学建设推进大会上的讲话

校党委书记　王建国

（2018年1月12日）

老师们、同志们、同学们：

在全校上下深入学习贯彻落实党的十九大精神的重要时刻、加快推进学校“两个伟大”的关键时期，我们隆重举行四川大学世界一流大学建设推进大会，展示川大人建设世界一流大学的雄厚实力与豪迈决心，汇聚川大人把“两个伟大”不断推向前进的集体智慧与磅礴力量。刚才，学校对加快推进世界一流大学建设进行了全面部署，李言荣校长也提出了明确要求，希望大家认真学习领会，抓好贯彻实施。

习近平总书记在党的十九大报告中强调，“加快一流大学和一流学科建设，实现高等教育内涵式发展”。“加快”就是冲锋号，“加快”就是责任，“加快”就是使命。四川大学作为国家世界一流大学建设高校，应勇于站在时代潮头，勇于承担新时代赋予的历史使命，坚持以习近平新时代中国特色社会主义思想为指引，深入学习贯彻党的十九大精神，始终牢记“为中国人民谋幸福，为中华民族谋复兴”的初心和使命，全面加快世界一流大学建设步伐，为实现中华民族伟大复兴的中国梦继往开来、接续奋斗。目前，学校已制定了世界一流大学建设实施方案，绘就了宏伟蓝图。要把宏伟蓝图变为现实，一是要明确目标，大力推进；二是要落实责任，强化担当；三是要深化改革，明确责权；四是要民主决策，用好权力；五是要强化考核，提高成效；六是要切实加强党建。在此，我就推进学校世界一流大学建设再作几点强调。

一是明确目标，大力推进各项建设任务。学校第八次党代会确立了全面推进党的建设新的伟大工程和建设世界一流大学新的伟大事业的奋斗目标，并明确了建设具有中国特色、川大风格的世界一流大学“三步走”战略。与此同时，学校根据党和国家发展战略，结合学校实际，“定制”出了属于川大自己的“双一流”路线图和时间表，明确了2020年的近期目标、2030年的中期目标和2050年的远期目标，确立了“十个一流”重点建设任务，以及重点建设的四大类12个世界一流学科（群）和超前部署建设的一批聚焦未来新领域的学科。

建设世界一流大学的目标任务，是全面贯彻中央对川大的要求，充分体现师生员工和海内外校友的期待，是学校对党中央、历史和人民作出的庄严承诺，是一个必须如期完成的目标任务。这一目标任务，基于对我校122年办学历史和办学基础的科学研判，基于对学校近年来改革发展取得的成效和经验的全面总结，是一个经过努力一定可以完成的目标任务。全校上下一定要按照建设方案的总体要求，突出目标导向，进一步明确目标任务，理清工作思路，深入分析面临的新形势、新问题、新机遇，认真谋划新思路、新对策，深入研究推进“双一流”建设的新途径、新举措，抓住关键、突出重点，补短板、强弱项，精准施工、精准发力。要进一步明确各项建设任务完成时间，按照时间节点把各项建设任务有序推进，既步步为营又久久为功，确保各项目标任务如期完成。

二是落实责任，层层强化履职担当。建设中国特色世界一流大学，是川大每个组织和每个个体义不容辞的责任和使命。学校校院两级领导班子和领导干部、各个单位和各个学科都应对照建设方案，明确责任，积极履职尽责，切实做好分内工作，形成上下联动、左右协调、内外结合，一级抓一级、层层抓落实的良好工作机制和工作格局。

首先，学校党委要肩负好管党治党、办学治校的主体责任，要充分发挥学校一流大学建设领导小组的作用，牵头抓总，把牢正确办学方向，做好顶层设计工作，全面统筹推进一流大学建设。其次，在“十个一流”重点建设任务上，每一个“一流”建设实施方案都有由多位校领导担任组长的协调组，每个专项实施方案都有项目牵头单位和项目负责人，每位校领导和项目责任人都要以身作则、当好表率，敢于担当、敢于负责，认真协调推进重点建设任务。第三，各职能部门要强化服务保障，在“双一流”建设中发挥业务指导作用，认真做好职责范围内专项建设任务的组织、协调、实施工作，及时发现建设中存在的问题，提出改进意见和建议。第四，各学院对学科建设负主体责任，学院党政主要负责人要肩负好领导责任，科学编制本单位发展规划和建设方案，提出具体的建设目标、任务和周期，明确改革举措、资源配置等安排，切实落实好学校“双一流”建设任务。第五，学校重点建设的四大类12个一流学科（群）和超前部署建设的19个聚焦未来新领域的学科，实行首席科学家制，首席科学家对牵头的学科全面负责，要按照刚才签订的学科建设目标责任书，用好学校赋予的职权，建好带好团队，编制好计划，管理好时间，以扎实的建设举措提升学科水平，按期完成学科建设任务。

三是深化改革，增强发展内生动力。学院是学校办学的主体。没有学院的世界一流，就难以有学校的世界一流。为更大地调动学院办学积极性，激发学院的办学活力，当前，学校正在制定《四川大学校院两级管理体制改革实施意见》，把校院两级管理体制改革作为2018年的重点改革任务，重新整合和优化配置权力和资源，明晰校院两级职责和权限，推进机关部处机构改革，下放权力，扩大学院自主权，健全学校宏观调控、学院自主办学的管理体制和运行机制，真正使学院在人才培养、学科建设、研究生招生、人事聘任、科学研究、国际交流合作、财务管理等方面自主运行起来。

各学院要增强办学的主体意识，积极参与和支持学校校院两级管理体制改革，接好、用好学校下放的权力，切实发挥好在推进“双一流”建设中的主体作用，实现“学院办大学”的理念和目标。要坚持制度激励，注重激发学院各个学科、科研创新团队、领军人物和广大教职工的内生动力，真正让各类办学要素的活力充分迸发，使各类办学资源发挥最大效益，不断提升办学质量和办学水平，为世界一流大学建设提供强劲的驱动力。

四是科学决策，提升学院治理能力。要完成目标责任，就要给学院放权。但权力不能滥用。为此，学校修订完善了《四川大学党政联席会议制度实施办法》，对党政联席会议议事范围、议事程序与规则等作出进一步的明确和规范。各学院党政领导班子，尤其是主要负责同志要带头严格执行党政联席会议制度，着力强化学院党的领导，进一步发挥学院党委的政治核心作用；要坚持民主集中制，做到科学决策、民主决策、依法决策，不断提高管理水平和治理能力。要着力完善学术治理体系，遵循学术规律，尊重学术自由，弘扬学术道德，鼓励学术创新，保障学术组织和教师在教学、科研等学术事务中有效发挥作用。要着力健全依法治校和民主管理机制，充分发挥学院教代会、学代会和师生员工的民主参与、民主管理和民主监督作用，为推进学院一流学科建设凝聚强大合力。

五是强化考核，努力确保建设成效。要把目标任务落到实处，要把权力用实用好，就必须加强考核。为此，学校坚持以“质量”为核心，建立健全考核评价机制，与相关学科首席科学家签订学科建设目标责任书，与学院书记院长签订学院领导班子任期目标责任书，下一步还要专门制定目标责任考核具体办法，探索将中层领导班子考核与“双一流”绩效考核相结合的新模式，将推进学校“两个伟大”的情况作为基层单位奖惩和领导班子组织调整的依据，把考核工作体现在推动工作上，体现在强责问效上，体现在干部管理上，健全完善“能者上、庸者让”的干部任用机制，真正让想干事的人有机会、会干事的人有舞台、多干事的人有待遇、干成事的受重用，努力营造广大干部恪尽职守、崇尚实干、乐于奉献的良好风气。

在此，希望我们的首席科学家及学科团队、各学院党政班子切实增强大局意识、责任意识，严格按照目标责任书的要求，细化分解目标任务，靠实工作责任，加强督促检查，强化过程监管，确保各项建设任务真正落到实处、取得实效，高质量、高水平圆满地完成目标任务，为学校的长远发展奠定更加坚实的基础。

六是切实加强党建，把伟大事业不断推向前进。我们建设世界一流大学关键在党，关键在人。坚持党的领导，加强党的建设，全面从严治党，是办好中国特色社会主义大学的根本保证。加快推进中国特色世界一流大学建设，我们要旗帜鲜明坚持党的领导，加强和改进学校党的建设，坚定不移推进全面从严治党；我们要全面贯彻党的教育方针，始终坚持社会主义办学方向，实现党建工作与事业发展“深度融合”、同向同力，为学校事业科学发展提供坚实保障、凝聚强大力量，使党始终成为学校建设世界一流大学的领导核心，使学校始终成为坚持党的领导的坚强阵地和培养担当民族复兴大任的时代新人的坚强阵地。

人是我们建设世界一流大学的核心要素。我们的目标越伟大，我们的使命越艰巨，就越需要紧紧依靠全体师生员工和海内外校友，就越需要所有人拧成一股绳去干事创业，就越需要全体川大人同心同德，以更加奋发有为的精神状态，汇聚起无坚不摧的磅礴力量，战胜前进道路上的艰难险阻，创造出无愧于时代、无愧于人民的光辉业绩。希望川大的每一位教职员工都紧紧围绕学校世界一流大学建设目标，立足岗位争创佳绩，积极为学校世界一流大学建设贡献智慧和力量。希望川大的每一名青年学子都勤奋学习、刻苦拼搏，不断提高思想水平、政治觉悟、道德品质、文化素养，努力成为能够担当中华民族复兴大业的时代新人，为学校世界一流大学建设增光添彩。希望川大的每一位海内外校友以多种方式关心、支持母校的建设发展，为母校的发展贡献智慧和力量。

老师们、同志们、同学们，我们共同站在新时代舞台上，肩负着历史的嘱托和时代的重任，全面开启建设中国特色世界一流大学新航程，追逐属于我们的新的光荣和梦想。每一位川大人为共同梦想而奋斗，实现梦想的力量就会无比强大！让我们高举中国特色社会主义伟大旗帜，以习近平新时代中国特色社会主义思想为指导，深入学习贯彻党的十九大精神，不忘初心、牢记使命，坚定信念、振奋精神，凝心聚力、砥砺前行，为早日建成具有中国特色、川大风格的世界一流大学而努力奋斗！

干在实处　走在前列
加快建设中国特色世界一流大学步伐

——在四川大学世界一流大学建设推进大会上的讲话

校长　李言荣

（2018 年 1 月 12 日）

尊敬的各位专家、老师们、同学们：

大家好！今天，我们在这里隆重举行学校建设世界一流大学的推进大会。这是我们川大进入 2018 年新年召开的第一个、也是非常重要的一次全校性会议。刚才，许唯临副校长就学校建设世界一流大学实施方案作了详细说明，魏于全院士代表重点建设学科（群）首席科学家作了明确的表态，都讲得很好，令人振奋、深受鼓舞。过会儿，建国书记还要进行全面部署，提出明确要求。下面，我主要围绕“我们川大建设中国特色、世界一流大学，一定要干在实处、走在前列”，重点讲两点：

第一，我们要牢牢把握学校建设世界一流大学的核心任务。

大家知道，我们建设世界一流大学的方案，在去年 12 月 29 号就已经向社会正式公布了。其中明确提出了以“十个一流”建设为核心任务，在这里，我着重强调其中的四个任务，也就是要以“四个一流”来引领、来带动整个学校的发展。

一是坚持以一流的人才培养为中心。习近平总书记指出："高校立身之本在于立德树人。只有培养出一流人才的高校，才能够成为世界一流大学。"而我们川大要实现一流的人才培养，重点就是在如何能够办最好的本科教育、高水平的研究生教育和高质量的留学生教育，尤其是尽快提高我们的本科人才培养的能力和水平，为创建世界一流的川大打好底色。我们要在过去教育教学改革创新的基础上，着力强化学生的领导能力、独立思考能力和创新创业能力的培养，实施感知未来、思考未来的探索式教育；我们要努力提高本科生的继续深造率，使学生的事业能走得更远一些、更高一些；我们要加大力度提高学生的海外交流比例，尽早打开学生的视野，为学生多打开一些观察世界的窗口；我们要努力使川大培养的学生能真正成为关注全球、关注未来、关注人类命运、能够担当民族复兴大任的时代新人。

二是坚持以一流的师资队伍建设为保障。我们常说，老师的水平就是一所大学的水平。因此，我们要加快建设一支与世界一流大学相适应的师资队伍。为此，我们要花大力气来推进人才强校战略的实施。人才战略是我们川大的核心战略，是长期的主战略，是全民战略。我们认为现阶段人才战略是我们事业发展的主要瓶颈和主要矛盾，是我们对标国内外一流的主要差距，我们必须尽快研究和出台实施办法。当然，我们会坚持内培外引相结合、校院两级相结合、激励约束相结合的原则，以做大人才增量为关键，以加强"国字号"人才和"青字号"人才，特别是"四青"人才和准"四青"人才为突破口，努力打造一支品德高尚、学术卓越、教学优秀的高水平师资队伍。我们要在学校营造浓厚的"崇尚学术、追求卓越"的氛围，让师生们在校园里随处都能感受到学术的崇高和学者的尊严。

三是坚持以一流的科技创新能力为动力引擎。科研水平和科技创新能力是我们建设世界一流大学的重要动力引擎，也是研究型大学的核心竞争力。我们要坚持在"三个面向"上都要去做有意义、有价值、有水平的一流科研：坚持面向国际学术前沿，以学科交叉、专业跨界和领域融合为重点，建立更多面向原始创新和颠覆性技术的前沿探索平台；坚持面向国家重大需求，强化有组织的科技行为，组织大项目、构建大平台、培育大成果，而不是散兵游勇；坚持面向地方经济与行业发展的主战场，真正把科研方向和成果更多地聚焦和转化到地方经济社会发展中去。围绕这"三个面向"，我们都要去谋划一流的科研、做一流的真学问，形成卓越的学术竞争力、科技创造力和思想影响力。

四是坚持以一流的学科建设为牵引。学科是一所大学发展的"纲"。大家都知道了，第四轮全国一级学科评估结果，我们有16个A类一级学科，排在全国高校第九。但同时也反映出目前我校排在A和A+的顶尖学科数太少，传统优势学科还不强，新兴交叉学科还有待突破。接下来，我们还要针对一个一个学科的具体情况进行专门研究，深入剖析制约我校一流学科建设的主要问题，找出巩固优势、弥补短板的具体措施，特别是要正确处理好大学科与小学科、传统学科与新兴学科、应用学科与基础学科的关系，重点建设"4+1"的学科发展布局。同时，要超前部署建设更多的新兴交叉领域和交叉方向。

上面是我要讲的第一部分：我们要牢牢把握建设世界一流大学的核心任务。

第二，我们每个川大人都要把建设世界一流大学的责任、使命与担当扛在肩上，放在心上，抓在手上。

加快推进世界一流大学建设，关键在行动，重点在落实，核心就在于我们每个师生员工，特别是每个教授、每个干部都要干在实处、走在前列，以世界一流大学的标准和要求，去改进和提升我们的人才培养、科学研究、师资队伍、国际化水平等能力，否则我们大家每天忙忙碌碌的工作又有多少意义呢？为此，我们首先要做到在制度上有保障，在责任上有担当，在争创一流的氛围上要去营造，真正把我们川大人的思想和行动都统一到建设中国特色世界一流大学的“施工图”上来。

一是在制度上有保障。国家“双一流”建设方案中明确提出，要通过体制机制改革来激发高校的内生动力和活力。我们常说，一流大学首先要有一流的学科，其实，一流学科不是长在空中的，而是长在一个一个学院所承载的土壤里的，长在一个一个教授主持的实验中的。今年，学校将把“以院为主体”的校院两级管理体制改革作为一项重点改革任务，进一步推进管理重心下移，进一步扩大学院的办学自主权，以校院两级人事管理制度改革和综合财务预算改革为引导，以强化学院班子任期目标考核为核心，以推进机关部处机构改革为支撑，以健全学院党政联席会议制度和治理体系为保障，真正使学院在人事聘任、财务管理、人才培养、学科建设等方面有充分的自主权，把每个办学主体推进“双一流”建设的内生动力和创造活力激发出来。

二是在责任上有担当。刚才，建国书记和我很庄重地跟 12 个重点建设学科群以及超前部署的 19 个学科群的首席科学家都签订了目标责任书，跟每个学院的书记、院长也都签订了学院领导班子任期目标责任书，这就等于是立下了“军令状”，但我们也要明白，这只是办一流大学的阶段任务和最基本的要求，希望我们的首席专家接下来还要结合自己学科的实际，在特色和优势上下硬功夫，能在更高的目标和更宽的视野下，去细化路线图、时间表，也希望大家能组织更多的教授，尤其是各学院教授委员会、学术委员会的成员一起来研讨，帮助出主意、想办法，找到真正适合自己学科发展的抓手和举措；同时，我们每个责任学院要对学科建设做好保障工作，积极去协调推进、有效落实重点建设任务；各职能部门要为“双一流”建设提供优质的服务和有力的条件支撑，真正让资源跟着学科建设的成效走，跟着优秀人才走，跟着杰出团队走，努力创造良好的工作环境、政策环境和生活环境。

三是要大力营造追求卓越、追求一流的氛围。从今天的推进大会开始，就吹响了我们每个川大人朝着“双一流”进军的号角，也是我们向全社会，特别是向广大校友的公开承诺。为此，我们要在整个川大营造一种风清气正、积极向上、追求卓越、追求一流的氛围。当然，我们也要制定相应的激励引导政策和奖励计划，激励我们每个川大人，无论是教师队伍、管理队伍还是后勤保障队伍，无论是教职工还是青年学生，只要做出了一流的业绩，只要为一流有真贡献，我们就要表扬，就要奖励，就要加以宣传，从而营造一种在教学科研上争出一流成果、在学科建设上争创一流水平、在管理服务上争做一流贡献的良好氛围，形成一个学校、学院、学者、学生共创世界一流大学的百舸争流的、欣欣向荣的良好局面。

老师们，同学们！站在新的历史起点上，创建中国特色的世界一流大学，既是我们川大大发展的历史性机遇，也是学校第八次党代会确定的“三步走”战略的关键阶段。我们一定要坚持以习近平新时代中国特色社会主义思想为指引，奋力推进学校“两个伟大”，为把川大早日建设成世界一流大学而努力奋斗！

谢谢大家！

坚持以习近平新时代中国特色社会主义思想为指引 全面加快推进学校“两个伟大”建设步伐

——在四川大学2018年工作布置会上的讲话

校党委书记　王建国

（2018年3月2日）

同志们、老师们：

今天，我们在这里召开学校新学期中层干部扩大会，安排部署学校2018年工作。今天也是戊戌年正月十五元宵节，在此，我谨代表学校党委、行政向同志们、老师们致以新春的问候和节日的祝贺！

刚才，李言荣校长对今年学校的工作进行了全面部署，几位校领导分别报告了分管领域今年的重点工作安排，两个基层单位作了工作经验交流发言，希望大家认真学习领会，抓好贯彻落实。下面，我再就如何做好今年工作作几点强调。

第一，全面加强党的领导，坚定不移推进全面从严治党。

一是不忘初心、牢记使命，深入学习贯彻习近平新时代中国特色社会主义思想和党的十九大精神，为新时代党的历史使命不懈奋斗。党的十九大明确要求“在全党开展‘不忘初心、牢记使命’主题教育，用党的创新理论武装头脑，推动全党更加自觉地为实现新时代党的历史使命不懈奋斗”。把某一项主题教育活动直接写入党的全国代表大会报告中，在过去并不多见，反映了党中央的深远政治考量和全局运筹，体现了开展这项教育活动的极端重要性。中国共产党人的初心和使命就是“为中国人民谋幸福，为中华民族谋复兴”，这个初心和使命是激励中国共产党人不断前进的根本动力。中国共产党一经成立，就义无反顾肩负起实现中华民族伟大复兴的历史使命。近百年来，无论是弱小还是强大，无论是顺境还是逆境，我们党都初心不改、矢志不渝，为实现中华民族伟大复兴付出了巨大牺牲，创造了一个又一个彪炳史册的奇迹。今天，我们比历史上任何时期都更接近、更有信心和能力实现中华民族伟大复兴的目标，但前进道路上绝不是轻轻松松、敲锣打鼓、凯歌高奏的，实现伟大梦想还必须进行伟大斗争，必须建设伟大工程，必须推进伟大事业。开展“不忘初心、牢记使命”主题教育，必将引导广大党员不负重托、不辱使命，努力在新时代中国特色社会主义的伟大实践中建功立业。

四川大学具有光荣的革命优良传统，建校122年来，始终与国家发展同向同行，始终以“振兴民族、奉献社会、服务人民、引领时代”为己任，在不同历史时期为国家富强、民族振兴、人民幸福作出了重要贡献。进入新时代，我们更要牢记“为中国人民谋幸福，为中华民族谋复兴”的初心和使命，深入学习贯彻习近平新时代中国特色社会主义思想和党的十九大精神，坚持用党的创新理论武装头脑、指导实践、推动工作。要树立历史眼光，加强对党史、国情的学习，深刻铭记历史、正确看待历史，从党的奋斗史、中华民族史和世界社会主义演进、人类社会发展的历史长河中，加深对习近平新时代中国特色社会主义思想的理解，进一步增强新时代坚持和发展中国特色社会主义、实现中华民族伟大复兴中国梦的信心和定力。要加强理想信念教育，提高党性修养，进一步保持党的纯洁性，进一步保持党的战斗性，进一步发挥先锋模范作用，在决胜全面建成小康社会的战斗中，在建设社会主义现代化强国的新使命中，勇往直前、奋发有为，并引领广大师生员工全面了解党的历史，爱党、拥党、护党，进一步感党恩、听党话、跟党走。要准确把握国家新的历史方位，回应广大人民现实诉求，在新时代的新矛盾新挑战新征程中，把“初心”和“使命”融入到学校改革发展的全过程，贯穿到各个环节，覆盖到各个方面，艰苦奋斗、攻坚克难，坚持问题导向，增强底线思维，运用贯穿于习近平新时代中国特色社会主义思想中的马克思主义立场观点方法解决问题，在真抓实干、破解难题中开创建设具有中国特色、川大风格的世界一流大学新局面，为实现中华民族伟大复兴的中国梦贡献川大力量。

二是以提升基层组织力为重点，全面加强基层党组织建设，深入推进“两学一做”常态化制度化。基层是党的执政之基、力量之源。习近平总书记在党的十九大报告中明确指出：“党的基层组织是确保党的路线方针政策和决策部署贯彻落实的基础。要以提升组织力为重点，突出政治功能，把企业、农村、机关、学校、科研院所、街道社区、社会组织等基层党组织建设成为宣传党的主张、贯彻党的决定、领导基层治理、团结动员群众、推动改革发展的坚强战斗堡垒。”这是党中央对新时代全面加强党的基层组织建设的新部署、新目标、新定位、新举措，我们要以此为统领，采取切实可行措施，全面加强学校党的基层组织建设。一要抓好支部书记队伍建设，二要抓好党支部建设，三要抓好基层组织设置和活动方式创新，四要抓好党的组织生活制度落实，着力解决当前一些基层组织弱化、虚化、边缘化等突出问题，增强基层党组织的凝聚力、战斗力。

加强基层党组织建设，首先要以提升组织力为重点，突出政治功能，把握好政治方向，发挥引领性作用，领导基层治理，把党的领导核心作用向基层延伸，更加有力地保证党的路线方针政策和上级党组织的决策部署在基层落地生根，确保从中央到基层党始终总揽全局、协调各方。要推进党的基层组织设置和活动方式创新，进一步加大在课题组、实验室、教研室、临床科室、学生围合等教学科研、管理服务和医疗卫生一线设置党组织，探索建立教师、学生联合党支部，探索建立网上党组织等，扩大基层党组织覆盖面；围绕学校中心工作，积极打造“党建+”品牌，找准“党建+”载体，推进党建工作创新，组织群众、宣传群众、凝聚群众、服务群众，更好地肩负新使命、展现新气象、实现新作为。要教育、管理、监督和服务好党员，通过经常性教育和集中教育相结合，坚持集体学习和自学相结合，持续深入推进“两学一做”学习教育常态化、制度化，坚持“三会一课”制度，加强教育培训，引导广大党员干部不忘初心、牢记使命，坚定理想信念，发挥先锋模范作用。要加强基层党组织书记的培养培训，提高党组织书记履职尽责能力；加强基层党建工作考核，坚决整顿软弱涣散的基层党组织；继续开展好党组织书记抓党建述职评议工作，强化管党治党政治责任的落实，真正打通全面从严治党“最后一公里”。

三是严格执行中央八项规定及实施细则，保持清正廉洁的政治本色，坚定不移地推进全面从严治党。习近平总书记多次强调：“党风廉政建设和反腐败斗争永远在路上，只有进行时。”去年11月，中央出台了《中共中央政治局贯彻落实中央八项规定的实施细则》，充分体现了以习近平同志为核心的新一届党中央带头坚定不移推进全面从严治党向纵深发展的坚定决心和鲜明态度。今年1月，习近平总书记在十九届中央纪委二次全会上发表了重要讲话，突出强调了全面从严治党必须持之以恒、毫不动摇，要坚持问题导向，保持战略定力，以“越是艰险越向前”的英雄气概和“狭路相逢勇者胜”的斗争精神，坚定不移抓下去。

我们要以高度的政治自觉，认真学习、深刻领会习近平总书记重要讲话精神，推动全面从严治党向纵深发展，在党风廉政建设和反腐败工作中展现新气象、展示新作为。首先，要把党的政治建设摆在首位，从净化政治生态入手，下大力气推动学校党的政治建设具体化、全覆盖，坚决维护以习近平同志为核心的党中央权威和集中统一领导，不折不扣贯彻落实中央的决策部署，任何时候、任何情况下，在政治上都站得稳、靠得住，对党忠诚老实、与党同心同德，听党指挥、为党尽责。其次，要锲而不舍落实执行中央八项规定精神及实施细则。结合学校实际，出台贯彻落实中央八项规定实施细则的实施办法，保持战略定力，继续在常和长、严和实、深和细上下功夫，密切关注享乐主义、奢靡之风新动向、新表现，持续正风肃纪，坚决防止“四风”回潮，推动党风、校风、教风、学风持续好转。第三，深化标本兼治，健全廉洁风险防控机制，盯住重点领域，抓住关键环节；坚持无禁区、全覆盖、零容忍，坚持重遏制、强高压、长震慑，严防严惩腐败问题，特别是严厉整治发生在群众身边的腐败问题，强化不敢腐的震慑，扎牢不能腐的笼子，增强不想腐的自觉。第四，落实全面从严治党责任。全面从严治党责任是政治责任、分内之责和刚性之责，校院两级领导班子和各级党员干部要坚持以上率下，发挥“关键少数”的示范引领作用，把从严治党责任和党风廉政建设“两个责任”牢牢扛在肩上，把管党治党的螺丝拧得更紧，咬住“责任”二字，抓住“问责”要害，持之以恒、善作善成，推动管党治党责任全面覆盖、层层传导，巩固发展风清气正的校园政治生态和良好育人环境。

第二，大兴调查研究之风，做实各项工作做出真正成效。

习近平总书记指出，“调查研究是谋事之基、成事之道。没有调查，就没有发言权，更没有决策权。”重视调查研究，善于调查研究，在调查研究的基础上解决突出矛盾和问题，是我们党一以贯之的优良传统，也是谋划工作、科学决策的重要依据。新时代要有新气象、新作为。当前，如何解决发展中不平衡不充分突出矛盾、全面加快推进学校“两个伟大”，问题的答案不在现成的文件材料里，更不能闭门造车。调查研究隔层纸，政策执行就隔座山。实践证明，过去我们之所以出现一些决策针对性不高、可操作性不强等问题，说到底，根子还是调查研究少了一点、浅了一点。只有大兴调查研究之风，走出去，了解国内知名大学，了解国际一流大学，才能学习借鉴一流大学的成功办学经验；只有走下去，深入师生、深入基层，善于从群众中汲取智慧，才能掌握一手材料，针对性提出加快“两个伟大”的思路和对策，促进科学决策，推动科学发展。

学校各级领导干部要从政治和全局的高度认识和对待作风问题，大力弘扬调查研究等党的优良传统，推动党中央各项决策部署在川大落地落实。要发挥示范带头作用，践行群众路线，切实把调查研究作为谋事之基、成事之道，在全校大兴调查研究之风，全面了解情况，深入研究问题，着力破解难题，把各项工作做实，做出真正的成效。要坚持问题导向，改进调研方式，带头深入基层，带头研究问题，不能浮于表面，不能满足于听汇报、看材料，而要真正扑下身子深入群众，迈开步子深入基层。不仅要“身入”基层，更要“心到”基层，善于与基层群众、一线教职员工“交朋友”，到教职工办公室、实验室、临床科室、学生课堂、食堂、宿舍去，察实情、听真话，才能了解师生员工的所思、所想、所盼。尤其对群众最盼、最急、最忧、最怨的问题，要主动调研、抓住不放，这样才能及时了解新情况、发现新问题，才能听到实话、获得真知、收到实效。当前，要聚焦抓重点、补短板、强弱项，特别是围绕发展不平衡不充分的深层次问题，围绕今年学校推进校院两级、以院为主体的管理体制机制改革，以及师生员工最盼、最急、最忧的现实问题，深入开展调查研究，把党的十九大战略部署转化为川大实实在在的发展思路、工作举措和具体行动，用苦干实干业绩诠释对党的忠诚。

第三，全面深化改革，激活发展动力活力。

习近平总书记在十九届中央全面深化改革领导小组第二次会议上强调：“2018年是全面贯彻党的十九大精神的开局之年，也是改革开放40周年，做好改革工作意义重大。”刚刚闭幕的党的十九届三中全会审议并通过了《深化党和国家机构改革方案》，这必将掀起新一轮机构改革和全面深化改革的大潮。2月24日召开的中共中央政治局会议指出，深化党和国家机构改革，是新时代坚持和发展中国特色社会主义的必然要求，是加强党的长期执政能力建设的必然要求，是社会主义制度自我完善和发展的必然要求，是实现“两个一百年”奋斗目标、建设社会主义现代化国家、实现中华民族伟大复兴的必然要求。我们要认真学习领会习近平总书记关于全面深化改革的重要思想，深刻认识改革开放是党在新的时代条件下带领人民进行的新的伟大革命，是决定当代中国命运的关键一招，也是实现“两个一百年”奋斗目标、实现中华民族伟大复兴的关键一招；深刻认识没有改革开放就没有中国特色社会主义，就没有今天中国兴旺发达的大好局面，只有改革开放才能发展中国、发展社会主义、发展马克思主义；深刻认识改革只有进行时没有结束时，新时代坚持和发展中国特色社会主义，根本动力仍然是全面深化改革；深刻认识全面深化改革的总目标是完善和发展中国特色社会主义制度、推进国家治理体系和治理能力现代化。

今年，我们学校也将加快改革步伐，深化以院为主体的体制机制改革。学校制定了《四川大学校院两级管理体制改革实施意见》，以校院两级人事管理制度改革和综合财务管理制度改革为牵引，以落实学院办学主体地位为着力点，以提升学校职能部门服务能力和水平为支撑，重点推进财务管理制度改革、人事管理制度改革、人才培养及学科建设制度改革、公共资源配置改革，坚持放管结合、坚持责权利相统一、坚持激发学院活力，建立学校宏观管理、学院自主运行、责权利明晰的校院两级管理体制机制，进一步推进管理重心下移，进一步扩大学院办学自主权，持续激发学院发展的内生动力。学校各级领导干部必须统一思想、坚定信心、抓住机遇，妥善处理好全面深化改革过程中的重大关系，坚决破除一切不合时宜的思想观念和体制机制弊端，着力构建系统完备、科学规范、运行有效的制度体系，争当改革的促进派和实干家，以更大决心、更大力度坚定不移地将改革进行到底，为加快建设“中国特色、川大风格”的世界一流大学提供坚强保障。

第四，加强干部队伍建设，以奋发有为的精神状态把学校“两个伟大”不断推向前进。

一是进一步加强干部队伍建设，为推进“两个伟大”提供坚实组织保证。学校第八次党代会绘就了全面推进学校党的建设新的伟大工程和建设世界一流大学新的伟大事业的宏伟蓝图。政治路线确定以后，干部就是决定因素。校院两级领导干部是学校事业发展的中坚力量。全面加快推进学校“两个伟大”，迫切要求我们的领导干部既要政治过硬，又要本领高强。去年，学校顺利完成了校院两级领导班子和领导干部的换届调整工作，一批富有活力的年轻同志走上领导岗位，干事创业劲头足、精神状态佳，但由于年纪轻，领导和管理经验相对缺乏，能力和水平与建设世界一流大学的要求相比，都有待进一步增强。这要求我们必须以推进学校“两个伟大”为鲜明导向，加强干部队伍的选拔任用、培养教育、监督管理、考核评价，大力推进干部队伍高质量发展，着力提升干部队伍的管党治党、办学治校能力。

习近平总书记强调：“领导干部不仅要有担当的宽肩膀，还得有成事的真本领。”今年，我们要突出加强干部队伍的培养培训，通过各级各类培训和实践锻炼，注重培养干部队伍的专业能力、专业精神，增强学习本领、政治本领、改革创新本领、科学发展本领、依法执政本领、群众工作本领、狠抓落实本领、驾驭风险本领等“八大本领”，提升干部队伍适应新时代中国特色社会主义发展和学校全面推进“两个伟大”要求的能力。要做好干部队伍建设的统筹谋划，加强后备干部队伍建设，大力发现储备年轻干部，注重在基层一线和困难艰苦的岗位培养锻炼年轻干部，源源不断选拔使用经过实践考验的优秀年轻干部，为干部队伍输送新血液，为学校事业可持续发展注入新动力。要坚持严管和厚爱结合、激励和约束并重，完善干部监督管理、考核评价机制。一方面，加强监督、管理和考评，加大追责问责力度，解决好个别干部只想当官不想干事、只想揽权不想担责、只想出彩不想出力，怕冒风险丢“位子”，怕担责任出“乱子”等担当不够的问题；另一方面，建立激励机制和容错纠错机制，旗帜鲜明为那些敢于担当、踏实做事、不谋私利的干部撑腰鼓劲，形成为担当者担当、为负责者担责的良好氛围和环境，从而更好地保护和调动我们干部一往无前、干事创业的积极性。

二是始终保持奋发有为的精神状态，把学校“两个伟大”不断推向前进。习近平总书记强调：“良好的精神状态，是做好一切工作的重要前提。”精神就是信心，精神就是信念，精神就是力量。新时代要有新气象、新作为，提振精气神是建设高素质专业化干部队伍的时代内涵和实践要求。当前，四川大学正处在全面加快推进“两个伟大”的重要历史关头，改革发展已进入攻坚期、关键期。面对新时代下的新矛盾，面对学校发展的各种问题和挑战，我们要提振精气神，要表现出川大人、川大干部应有的精神面貌和充分自信。目前四川大学最需要一种昂扬向上、奋发有为的精神状态。只有以一种崭新的姿态、昂扬向上的劲头、奋发有为的精神面貌，肩负起历史责任和时代使命，做好我们的工作，才能不断战胜前进道路上的各种风险考验，才能实现四川大学科学发展、加快发展、内涵发展，赢得美好的未来。

始终保持奋发有为的精神状态，就是要解放思想，敢于打破僵化、教条、保守的思想观念，使思想认识随着实践的发展而不断前进，勇于和善于根据中国特色世界一流大学建设要求不断进行创新。始终保持奋发有为的精神状态，就是要改革创新，敢于突破陈规、大胆探索、勇于创造、锐意进取，做到改革不停顿、开放不止步，敢于啃硬骨头、敢于涉险滩，奋力把改革发展伟大事业推向前进。始终保持奋发有为的精神状态，就是要求真务实，大力弘扬求真务实精神，大兴求真务实之风，克服形式主义、官僚主义，重实际、讲实话、办实事、求实效，不做表面文章，不讲空话套话，真正把心思用在干事业上，把精力投入抓落实中。始终保持奋发有为的精神状态，就是要艰苦奋斗，勇于在艰苦奋斗中净化灵魂、磨砺意志、坚定信念，坚持把全面推进学校“两个伟大”作为我们的奋斗目标，坚持把师生员工对美好生活的向往作为我们的奋斗目标，始终和师生员工同甘共苦，为师生利益不懈奋斗，继续书写四川大学建设具有中国特色、川大风格的世界一流大学的历史新篇章！

同志们，让我们高举中国特色社会主义伟大旗帜，坚持以习近平新时代中国特色社会主义思想为指导，深入贯彻落实党的十九大精神，不忘初心、牢记使命，以奋发有为、争创一流的精神状态，履职尽责、攻坚克难、开拓创新，团结带领全校师生员工，扎实做好 2018 年各项工作，全面加快推进学校“两个伟大”，为实现中华民族伟大复兴的中国梦作出新的贡献！

今天的大会到此结束，谢谢大家！

干在实处　走在前列
全面加快学校“双一流”建设步伐

——在四川大学2018年工作布置会上的报告

校长　李言荣

（2018年3月2日）

各位老师：

大家好！学校新的一年的工作布置会是学校每年最重要的一次会议，因为它涉及到学校贯穿全年的工作。那么，关于今年的工作，我要给大家汇报的就是三个方面：第一是过去一年的工作总结，第二是对学校未来发展的一些分析和思考，第三是对今年新的一年的工作布置。应该说，第一部分和第三部分都是整个学校在这段时间通过我们党委常委会、中心组学习会，包括今天上午还在开的全委会集体研究、反复讨论所决定的。我只是代表学校党政来汇报会议的精神、会议的决定和会议的讨论情况。

关于第二部分，我是有顾虑的，本来我是想三个月过后，对川大了解多一点之后，能结合川大的实际，去想想未来几年一些具体的发展思路和举措。但是，受建国书记的一再鼓励，说在新学年开学的时候最好和年度工作一起讲，这样整体性会比较好，所以，时间比较匆忙，讲得也就不一定对。下面，我就主要讲这三个方面。

一、2017年学校工作总结（省略）

二、对学校未来发展的一些思考

这部分是我今天要花比较多的时间跟大家报告的，就是对学校未来发展的具体思考和分析。我主要汇报四个方面：第一个是我们川大当前所处的方位，第二个是我们的特色和机遇，第三个是我们的目标和路径，第四个是我们的办法和举措。

（一）我们当前所处的方位

应该说，过去这些年，学校各个方面进步都很大，人才培养、学科建设、科研工作、师资队伍、学生工作、党的建设、国际化等都取得了很大进步。我们的综合实力基本上是在国内10名左右。如果我们在前10名，我们大家都非常高兴，都在互发短消息报喜；但大概率事件是排在12—13位，这个在后面我会分析；如果我们排在15名以外，基本上我们就不开腔了；如果排在更靠后，基本上就“鸦雀无声”了。所以，在下面的分析中我们主要是通过对核心竞争力的对比分析来找差距，找差距的目的就是找发力点。找问题并不是我们的目的，找问题的目的就是首先要知道我们还不行，然后要知道在哪方面不行，然后就是我们怎么办、怎么干的问题。

第一，第四轮学科评估情况。对一个国内高校的综合评价，大家公认度最高的，还是回到我们刚刚结束的5年一次的学科评估。这个在全国来说，争议、异议相对是最小的，公认度是最高的，应该说这是最能反映中国特色、世界一流大学指标的。很多国外的排名评价它是反映国外一流大学情况的，主要是比论文，而不会去算中国大学服务国家重大需求的国家奖数量、对地方经济的贡献等。大家都知道，我们的综合结果是非常好的，有16个A类、在全国排第九，大家都很高兴。我们前面的学校就是所谓的“第一集团”的C9高校。我们川大跟武大、中山、华中科大就是在“第二集团”的头上，互相交织在一起，而“第一集团”C9的尾巴基本上又跟我们穿插在一起。所以，这也是为什么说川大大概率是处于12—13位，基本上就在这样的一个范围。其实，A类、B类、C类学科就是大家通俗所讲的一流、二流、三流。仔细分析，我们的文、理、工、医都有在A类的，分别有5个、3个、4个、4个在A类。所以说，川大的文、理、工、医虽然有差别，但基本上还比较平衡，都还在国内第一方阵里面。但是我们的A+、A，也就是大家认为的顶尖学科是太少了，比如说，A+的数量我们只有1个、在全国排在第24位；A的数量我们也只有1个、在全国排并列25位。所以，我们的顶尖学科是有很大差距的。

表1　国内部分高校第四轮学科评估情况统计表

A类学科数排名	学校名称	文					理					工					医					A类	B+
		A+	A	A-	A类合计	B+	A+	A	A-	A类合计	B+	A+	A	A-	A类合计	B+	A+	A	A-	A类合计	B+		
1	浙大	1	4	6	11	5	1	4	0	5	0	8	6	6	20	3	1	1	1	3	1	39	9
2	清华	5	1	7	13	6	2	2	0	4	2	14	5	1	20	2	0	0	0	0	0	37	10
3	北大	10	6	1	17	2	7	1	0	8	1	2	3	0	5	4	2	1	2	5	1	35	8
4	上交大	1	2	3	6	1	1	2	1	4	2	2	6	4	12	4	1	0	2	3	2	25	9
5	复旦	4	4	4	12	3	1	2	2	5	1	0	0	1	1	5	0	2	3	5	0	23	9
6	南大	1	6	2	9	8	2	2	4	8	0	0	3	1	4	2	0	0	0	0	0	21	10
7	武大	2	2	5	9	5	1	1	4	6	1	1	1	2	4	2	0	0	0	0	2	19	10
8	哈工大	0	1	0	1	1	0	0	1	1	1	3	4	8	15	3	0	0	0	0	0	17	5
9	川大	0	1	4	5	6	0	0	3	3	1	0	0	4	4	3	1	0	3	4	2	16	5
10	中科大	0	0	1	1	1	5	2	1	8	1	2	0	4	6	5	0	0	0	0	0	15	7
11	北师大	5	0	5	10	4	1	1	2	4	3	0	1	0	1	0	0	0	0	0	0	15	7
12	西交大	0	1	4	5	0	0	1	0	1	1	2	2	4	8	5	0	0	0	0	0	14	6
13	南开	0	2	6	8	6	0	3	2	5	1	0	0	1	1	2	0	0	0	0	0	14	9
14	中山	1	2	3	6	7	1	0	4	5	2	0	0	0	0	2	0	0	3	3	2	14	13
15	华科大	0	1	2	3	7	0	0	2	2	2	3	2	2	7	8	1	0	1	2	2	14	19
16	北航	0	1	2	3	1	0	0	0	0	0	4	2	5	11	3	0	0	0	0	0	14	4
17	人大	8	2	3	13	2	1	0	0	1	0	0	0	0	0	1	0	0	0	0	0	14	3
18	东南	1	0	1	2	2	0	0	0	0	0	4	1	5	10	7	0	0	0	0	0	12	9
19	吉大	0	1	5	6	5	0	1	2	3	2	0	0	2	2	7	0	0	0	0	0	11	14
20	山大	0	2	3	5	6	1	0	0	1	4	0	0	1	1	7	0	0	1	1	3	8	20
21	厦大	0	2	1	3	8	1	2	1	4	3	0	0	0	0	3	0	0	0	0	0	7	14
22	重大	0	0	0	0	3	0	0	0	1	0	0	0	3	3	1	0	0	0	0	0	3	14

如果我们画个图，就可以看出，我们的A+、A这部分很小，到A−时一下上来了，然后尾巴拖得很长，一直拖到B−、C，甚至还有没有上榜的。所以，整个来说，正态分布图在右倾，就是说在往右移。这是第一个情况。

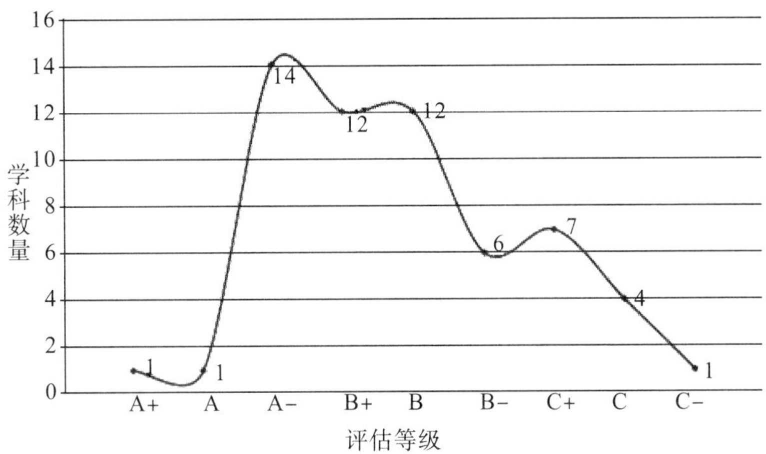

图 1　我校第四轮学科评估情况

我们再进一步分析我们的文、理、工、医这四个学科领域大致的情况，可以看到，原则上讲，我们的文科没有差的，21 个文科学科量是很大的，都在 C+以上，只有一个 C，其他都在 B 以上。理科比较好，但是也有短板，理科学科数比较少，只有 7 个，其中有 3 个 A−、3 个 B 类，但是有个短板就是物理是在 B，而我们知道，数、理、化、生这四个学科是理科里面的大学科，是综合性大学的基础学科。我们这个物理该怎么做，我今天没有时间具体讲，现在的物理除了凝聚态物理、固体物理做得比较多之外，还需要结合四川、成都做有特色的核科学，这个我不具体说了。工科总的来说是体现了我们学校的基本特点“大而不强”。工科是川大所有学科里面最多的，有 23 个学科，在 23 个学科里我们有 4 个 A−、11 个 B、8 个 C，还有 3 个未上榜的学科全部在工科，所以，工科的正态分布是典型的严重右倾，这对我们是个很大的压力。医科原则上讲是没有弱的，因为医科的 7 个学科都是在 B 以上，而且只有一个 B，其他都在 B+以上。我们学科的总体情况大概就是这样。

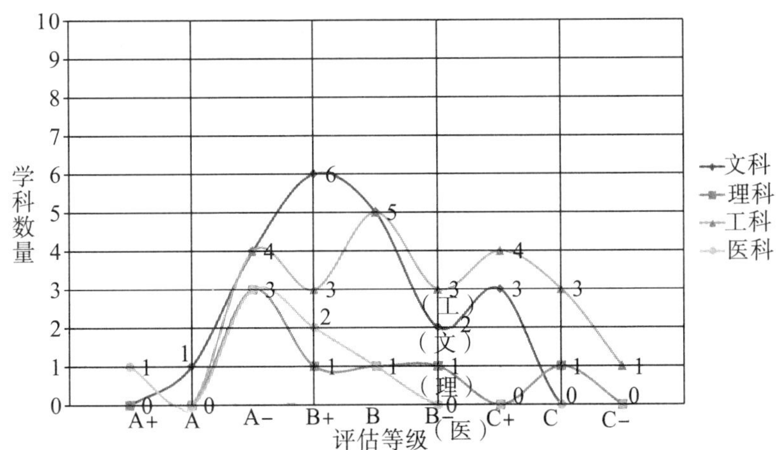

图 2　我校文、理、工、医各学科领域第四轮学科评估情况

第二，科研方面。我们综合来看具体的核心竞争力指标，原则上讲，官方的学科评估5年一次，但它往往评估的是5年以前甚至是7年前的情况。我们这次评估的是2016年4月份截止的数据，到现在已经快过了两年了，所以，实际上这是反映7年前的情况。而我们马上在2020年又要进行评估，时间所剩只有很短的两年了。

学校的科研水平主要体现在获奖、项目、平台加论文这几个核心指标上。首先，关于我们的获奖情况，我们最近5年以第一完成单位获得国家三大奖的只有5项，我们基本上是在第一集团和第二集团头几名高校的最后面，这个压力是很大的。第二是看项目，因为你现在承担的重大项目会决定你未来的获奖或者论文等。我们在研"973计划"1000万以上的项目有3项，总的来说是偏少的。第三是看基金，其中特别重要的、能够反映学校基础研究水平的就是我们的自然基金。我们去年的自然基金数量还没过500项。很多学校包括中山、华中科大基本上是我们的两倍。有医科的比如上交大已经过了1100项，它的医科前一段时间就已经过了400项，现在已经超过600项，而我们的医科才200项，所以，我们这个差距很大，当然潜力也是很大的。第四个是ESI高被引论文，我们的数量是318篇，其他跟我们类似的学校是我们的两倍、三倍，我们的体量和学科综合程度应该是没有正常反映出来的。

表2 国内部分高校科研工作核心指标情况统计表

高校名称	近5年国家三大奖（第一完成单位）	"国字号"科研平台					承担重大项目		2017年自然科学基金立项	ESI高被引论文（10年）
		国家重大科技基础设施	国重室	国家工程技术中心	国家工程实验室	国家工程研究中心	重点研发计划专项1000万以上项目	在研973计划1000万以上项目		
川大	5	1	4	2	1	0	14	3	465	318
北大	26	1	6+4	0	2	2	34	32	629	1209
清华	39	1	8+5	3	11	4	47	31	634	1312
中科大	6	3	1+1	0	0+2	0	24	12	435	780
复旦	8	0	5	0	0	0	22	12	706	860
上海交大	20	1	7	0	2	5	27	16	1103	713
浙大	33	1	5+5	4	2	2	27	20	844	810
南大	13	0	7	1	0	0	17	18	420	598
西安交大	21	0	5	1	1+1	2	10	7	506	397
哈工大	14	0	3	0	1	0	8	1	344	513
武大	9	0	5-1	2	0	0	7	4	461	400
中山	11	0	4	1	1	1	17	6	873	536
华中科大	20	2	5	4	1	2	9	8	753	478
北航	17	0	2	1	3	1	5	4	270	262
东南	16	0	3	2	0	1	6	3	283	404
人大	0	0	0	0	0	0	0	0	84	62
北师大	2	0	0	0	0	0	0	6	176	279
吉大	8	0	5	1	1	0	5	2	357	309
山大	4	0	2	3	2	0	4	3	473	346
厦大	4	0	4	1	1	0	8	5	315	351
重大	2	0	3	1	0	0	8	1	243	166
南开	1	0	2	0	0	1	5	3	182	382

第三，人才队伍方面。人才队伍也就是高层次人才的数量。我们教师的规模有5000多名专任教师，在整个985高校里面，只有吉林大学比我们多了一点点，我们的专任教师队伍是全国第二。但是我们的人才，无论是“国字号”人才，尤其是“青字号”人才，在绝对数和占专任教师的比例上，我们都是倒数的。我大概数了一下，在985高校里面我们川大可能是倒数第5位，这对我们压力是非常大的。学校的竞争最终要落到人才上。很多学校人才占比都是两位数，我去年知道在清华他们高层次人才总数占比已经达到29%，现在上交大已经达到27%，中科大达到31%。但我们再怎么算都达不到4%，所以，这个会给我们未来发展带来很大的压力。

表3　国内部分高校人才队伍情况统计表

高校名称	专任教师总数	高层次人才				高层次人才占比			高被引学者	
		“国字号”人才数	“青字号”人才数（四青人才）	总数	“国字号”人才占比	“青字号”人才占比	总数占比	汤森路透	爱思唯尔
川大	5324	107	71	178	2.1%	1.3%	3.4%	1	22
北大	3270	393	272	665	12%	8.3%	20.3%	15	101
清华	3414	429	295	724	12.6%	8.6%	21.2%	18	123
复旦	2859	270	169	439	9.4%	5.9%	15.3%	3	60
浙大	3502	256	247	503	7.3%	7.0%	14.3%	15	92
中科大	1234	189	200	389	15.3%	16.2%	31.5%	10	41
上海交大	2835	242	185	427	8.5%	6.5%	15%	6	80
南大	2202	211	139	350	8.5%	6.3%	14.8%	2	36
西安交大	2919	85	70	155	2.9%	2.3%	5.2%	4	14
哈工大	3695	80	58	138	2.2%	1.6%	3.8%	6	26
武大	3820	111	110	221	2.9%	2.9%	5.8%	1	20
中山	3596	110	131	241	3.1%	3.6%	6.7%	6	44
华中科大	3055	124	127	251	4.1%	4.2%	8.3%	1	34
北航	2009	87	69	156	4.3%	3.4%	7.7%	4	12
东南	2771	67	51	118	2.4%	1.8%	4.2%	4	22
人大	1883	45	29	74	2.4%	1.5%	3.9%	1	2
北师大	2000	71	52	123	3.6%	2.6%	6.2%	3	15
吉大	6569	83	36	119	1.3%	0.5%	1.8%	2	19
山大	4946	69	48	117	1.4%	1.0%	2.4%	0	19
厦大	2758	67	63	130	2.4%	2.3%	4.7%	1	15
重大	2766	31	17	48	1.1%	0.6%	1.7%	1	6
南开	2048	83	57	140	4.0%	2.8%	6.8%	1	20

第四，人才培养方面。人才培养是大学的根本，无论是本科生还是研究生，特别是本科生。应该说，我们川大这几年在本科人才培养上面做了非常多的改革，也有非常多的亮点，但也存在不少的问题。第一个是我们的招生量达到9200人，全国只有吉林大学过了1万，其他好大学大概就是6000～7000人，清华、北大更是一直在3000多人。当然，我们有我们的特殊情况，有我们的历史原因，但是总的来说还是太多，生师比在全国也是高的。第二个是学生的继续深造率。好大学都在追求这个数据，因为学生可以走得更远。清华是82%，北大是75%，我们川大是43%，去年年底继续深造率在全国排名大概排在第42位，大部分学生选择就业了。

我们学生如果生源质量越好，但大部分还直接就业，其实对于学生并不是一个好的选择，当然，少量的学生就业也是需要的，但是应该说继续深造、特别是出国深造后再回来报效国家，会让学生走得更高、更远。

表4　国内部分高校人才培养情况统计表

高校名称	招生数（2017年）			生师比	本科生与专任教师生师比	深造率		
	本科生	硕士生	博士生			总深造率	国内深造率	出国（境）深造率
川　大	9200	5700	1428	14.5（按5324人） 18（按4390人）	7（按5324人） 8.5（按4390人）	43.4%	32.2%	11.2%
北　大	2819	5003	2328	17.5	4.6	75.2%	44.3%	30.9%
清　华	3400	2730	2200	16.3	4.6	81.5%	52.7%	28.8%
中科大	1816	4196	1498	16.1	5.1	73.8%	45.1%	28.7%
浙　大	6289	5560	1986	18.1	6.9	62%	37.8%	24.2%
复　旦	3400	3860	1557	15.5	4.7	67.4%	34.4%	33%
上海交大	4735	4770	1693	18	5.8	67.4%	34.4%	33%
南　大	3267	4040	1300	17.2	6	63.8%	40%	23.8%
西安交大	4300	4080	1107	16	5.4	64.3%	50%	14.3%
哈工大	4400	4997	1181	15.1	5.7	56.5%	45.6%	10.9%
武　大	6982	5550	1724	19.1	7.9	58.7%	40.2%	18.5%
中　山	7730	4525	1375	18.8	9.2	50.5%	31.7%	18.8%
华科大	7180	6210	1535	15.7	10.2	57.9%	43.4%	14.5%
北　航	3887	3405	902	17.6	6.5	73.6%	53.1%	20.5%
东　南	3968	3950	804	14.2	5.9	49.7%	34.1%	15.6%
人　大	2824	3350	940	17.8	5.1	65.4%	33.4%	32%
北师大	2577	3248	888	17.9	5.2	62.4%	43.3%	19.1%
吉　大	10827	6340	1659	18	6.4	44.1%	37.8%	6.3%
山　大	6311	5000	1014	17.2	8.2	48.6%	38.4%	10.2%
厦　大	4850	3590	841	16.9	7.1	46%	29.6%	16.4%
重　大	6400	4170	662	18.7	9.6	36.4%	29.9%	6.5%
南　开	3900	3183	934	16.8	7	59%	38.1%	20.9%

第五，世界高校四大排名及自然指数排名情况。刚才这些是国内的情况，再来看国际上的情况。我们的排名也有很好的，比如，上海软科排名中，我们在全世界排第162位，这是很不错的。国际上的四大排名，其实我们认为软科排名比较符合中国的学术特点，而QS世界大学排名（QS排名）、美国新闻周刊世界大学排名（US News排名），还有泰晤士高等教育世界大学排名（THE排名），原则上讲，他们比较重视一些如论文、国际声誉等指标。我们的自然指数在全世界排在第81位，自然指数我们说它就是依托68个刊物统计出来的，它选的是《自然》（*Nature*）、《科学》（*Science*）、《细胞》（*Cell*）这些比较少但是代表很高水平的刊物，说明我们高端的研究还是有基础的。特别是我们的化学，去年在自然指数上排到了全世界第30位，在今天上午公布的QS排名中，我们的牙科学排到了世界的前50位。李为民院长跟我说，我们的医学也排到了268位，他们目标定的是前300位，终于提前进了。它反映了我们学校是有基础的，只不过我们在偏重国际化的这三个排名中还不理想。但是如果说别的学校也都排名不好，我们在500名以外，那还无所谓，关键是别的学校进步很大，我们国内同行学校排在100多位的很

多，而我们还在500名以外，我们再怎么也要到500名以内。全世界3万所大学，你能进到世界前500强，那也很不容易。能够进到世界500强的企业都是很大、很牛的企业，大学也一样，我们不能老在500强之外。我们的空间非常大，特别是跟我们咬得很紧的、在第一集团后面的3所学校，和跟我们川大始终排在一起的武大、中山、华中科大3所学校，我们要始终紧紧盯上他们的排名。特别是建国书记打电话问我，为什么报告里面要加上与吉大、山大的对比，网上通常有“山川吉”的说法，原来我不在川大，还不太理解，跟吉大、山大几个跟我们差不多的比，我们可以比出些自信。

表5 国内部分高校在世界高校四大排名及自然指数排名情况统计表

高校名称	上海软科排名	QS排名	US News排名	THE排名	自然指数排名
川大	162位	578位	519位	768位	81位
北大	71位	38位	65位	27位	8位
清华	48位	25位	64位	30位	9位
中科大	141位	104位	145位	132位	16位
浙大	150位	110位	159位	177位	32位
复旦	108位	43位	148位	116位	44位
上海交大	120位	61位	156位	188位	52位
南大	230位	115位	190位	169位	13位
西安交大	298位	318位	380位	600位	128位
哈工大	154位	278位	304位	531位	192位
武大	163位	282位	321位	499位	63位
中山	297位	319位	237位	388位	66位
华中科大	217位	473位	282位	427位	103位
北航	303位	554位	453位	618位	268位
东南	244位	521位	382位	582位	150位
人大	651位	486位	611位	573位	451位
北师大	202位	252位	324位	——	139位
吉大	326位	493位	453位	——	100位
山大	346位	575位	400位	576位	127位
厦大	400位	440位	344位	500位	56位
重大	506位	804位	655位	838位	308位
南开	333位	344位	333位	——	55位

第六，ESI学科入选情况。这个实际上是反映了基础研究、前瞻性研究的水平。为什么国家选“双一流”学科有一个参数是ESI前1‰，因为它反映了一个学科基础研究的国际竞争力。我们川大有2个学科进入ESI前1‰，可惜前5‰的我们也只有6个，说明后备力量不行，而跟我们相似的这些学校以及更好的学校就不得了，比如，北大、清华他们进了前1%的学科大部分也都进了5‰。我们进了前1%的学科，只有极少部分进了5‰。这说明我们数量虽大，但是高度很不够。现在，其他好的学校也有进1‱的了，像清华的工学和材料、北大的化学、上交大的工学是世界前1‱，根据学科数量，大概他们能排在世界10名左右了，相当于世界顶尖。另外，可以看出我们的医科还要继续努力。我们的医科没有1‰，虽然我们的临床医

学现在已经是1.001‰，与1‰就差几十篇文章，但总归是没有进的，希望这一季度赶快有好消息。因为川大如果没有3个以上的学科在ESI排前1‰，是不符合我们的地位的。同时，还有医科排在前5‰的数量，别的学校有4个、3个的，我们只有2个，所以，我们的医科还有很大的发展空间。

表6　国内部分高校ESI学科入选情况统计表

	文			理			工				医			交叉			前1%合计	前5‰合计	前1‰合计
	前1%	前5‰	前1‰	前1%	前5‰	前1‰	前1%	前5‰	前1‰	前1‱	前1%	前5‰	前1‰	前1%	前5‰	前1‰			
川大	1			6	2	1	4	2	1		4	2					15	6	2
北大	2	2		7	6	2	6	6	3		5	4	2	1			21	18	6
浙大	1	1		7	7	2	6	5	4		4	3	2				18	16	6
复旦	1	1		7	6	1	5	3	1		4	4	1				17	14	3
清华	2	1		7	5	2	5	5	3	2	2	1		1	1		17	13	5
上交大	1	1		7	6	1	5	5	3	1	4	4	1				17	16	5
南大	1			6	3	1	6	5	1		3	2					16	10	2
西交大	2			5	1		4	3	2		3	2					14	6	2
中科大	1			5	4	2	5	4	2		1						12	8	4
哈工大	1			4	2		5	4	2	1	1						11	6	3
中山	1	1		7	5	1	6	5			4	3	1				18	14	2
武大	1			6	3	1	6	4			3	2					16	9	1
华科大	1			5	3		5	3	3		4	2					15	8	3
北师大	1	1		5	2		5	4			3	1					14	6	
东南大	1			4	2		3	3	2		3	1					11	6	2
北航				2	1		3	3	1								5	4	1
人大	1			1													2		
山大	1			6	4	1	4	2			4	2					15	8	1
厦大	1			5	2	1	5	2			1	1					12	5	1
吉大				4	2	1	4	3	1		3	2					11	7	2
南开				4	3	1	4	3			2	1					10	7	1
重大				1	1		3	2	1		1						5	2	1

第七，办学面积。我们地面上的校园面积有7050亩。我来川大的第一天，建国书记跟我谈了3个多小时话，其中就谈到了校园有多少个，有多少面积。但实际上我们校舍的建筑面积只有186万平方米，还包括了一点点我们校园里面的住宅面积。所以，我们跟规模差不多的学校相比，差距很远，我们真正用于教学科研用房的面积缺口很大。大致算了一下，真正按照教育部的办学九项指标要求，我们大致差50多万平方米。所以，我们川大的师生在这么严重缺教学科研用房面积的情况下，干出这么多业绩，算是在艰苦奋斗了。

表 7　国内部分高校办学面积情况统计表

高校名称	校舍建筑面积（m²）	教学科研及辅助用房（m²）
川 大	186万	71万
北 大	219.8万	81.7万
清 华	303万	103.6万
中科大	140万	43.1万
浙 大	257.6万	94.8万
复 旦	188.3万	55.3万
上海交大	195万	91.5万
南 大	172.4万	83.9万
西安交大	199.2万	61.2万
哈工大	249万	87.8万
武 大	263.2万	68.6万
中 山	216.7万	79.9万
华中科大	235.7万	87.4万
北 航	192.6万	62.9万
东 南	130.7万	61.6万
人 大	105.4万	32.8万
北师大	93.2万	35.5万
吉 大	273.6万	91.7万
山 大	275.4万	94.5万
厦 大	193.8万	76.5万
重 大	188.3万	50.4万
南 开	112.7万	34.2万

通过对上面一些核心的指标的分析，我们可以看出几点：第一点，这些年我们川大各个方面都取得了非常大的进步，成绩非常好，综合实力也很强。第二点，总体上从学科、从核心竞争力上来说，我们川大目前处于“大而不强”这样一个状态。从数据看，大概率事件我们差不多排在全国高校第12—13位，也就是C9加武大、中山、华科大之后，我们只有非常少的时候能跌出15，但也少有进前8的时候，倒是这次学科评估C类的数量我们抢了一个全国第6位，所以，我们的综合实力就在10名左右徘徊。通俗来说，就是“坐二望一”，我们是坐在“第二集团”的头，望着“第一集团”的尾。第三点，从国际上来看，大学一般分成三类：国际知名了、国际一流、国际顶尖。全世界有3万所大学、中国有2800多所全日制本科高校，如果你的学校综合排名是在世界前3%、也就是900名以内，学科有10个排名在300以内、也就是ESI前1%，那你就算是国际知名，显然我们川大远远过了这个阶段。第二个阶段是国际一流，学校要排在世界前3‰也就是100名左右，学科要有5个以上在100以内，也就是ESI前1‰，很显然川大现在就正走在国际一流的路上。第三个阶段，国际顶尖，显然我们还远得很，就是学校要在世界前20名左右，学科要有3个以上在前1‱。

通过比较所发现的这些问题和差距都是相对于国家“双一流”大学建设的要求和国内同行高校的竞争性发展而言的，如果别的高校他们还在不断进步而且进步的速度非常快，本来就优秀还比我们更努力，那么我们压力就很大了。那么，我们的主要问题是些什么呢？

第一个是人才已经成为我们川大的主要发展瓶颈。第二个是学科、专业太多太散。原则上讲，我们有 71 个一级学科、143 个本科专业，这在全国是数一数二的。实际上，很多学校原来也追求学科多，比如说早期的芝加哥大学、伯克利大学他们最先成立的时候都有一个理念，就是办一个学生想学啥就能学啥的大学。国际上有 22 个学科门类，办多了以后，实际上质量是要下滑的，所以后来他们都办不下去，最后都纷纷收手，没有走这条大而全的路。第三个是新学科、新方向总的来说还是少，特色还没形成。第四个是办学支撑条件缺口大，就是我们硬条件缺口大。第五个是我们追求一流的精神还需要进一步强化。因为我们的目标变了，我们现在走在“双一流”建设的路上，要实现“两个伟大”的目标。这个精神状态、这个要求就不一样了。首先，我们的危机意识和压力传导比有些学校还是差一些。如果压力从校领导、部门、学院到老师层层递减、个个衰减甚至是选择性过滤，那就是学校治理体系有问题。还有就是我们在工作上是不能追求安逸的。在生活上，成都是追求安逸的，这没什么不好，但工作上却不能这样，要努力上进，就是要干在实处，走在前列。第二个就是整个学校怎么样来释放活力、建立激励机制。大家都知道，越好的学校追求一流的人就越多，比如说北大、清华，百分之七八十的人都在追求一流，人的内生动力那是不一样的。而越往下走的学校，大部分就是“二八原理”，也就是前百分之二十的人在追求一流，后百分之二三十的人在追求安逸，中间在随波逐流。所以，就要有激励机制，怎么样让更多的人、超过百分之二十的人甚至百分之二三十、百分之三四十、百分之四五十的人走在前面去，去做更大的事、更高水平的事，让后百分之二十的人也不能掉队。第三个就是视野不开阔、标准不高、研究型不够。大家都要打开视野，打开视野后才会知道你的标准、你的方位、你的参照系。如果我们的视野和标准都定位在四川、在西南、在西部，那我们就会感觉非常好。还有就是我们研究型不够，我们开展工作原则上来讲是要把工作当成事业来热爱，当成学问来研究，这跟你把工作当成任务来完成是完全不一样的概念。尤其是我们的干部队伍，特别是我们的教授、杰出人才是川大的中流砥柱，必须要带好头，你们的标准、视野就是川大的标准、川大的视野。最后，学校大了，不平衡性、矛盾性总会有的，任何学校都是这样的，总会有一些负能量，但我们要善于化解，要去沟通、要去做细。关于氛围营造的部分，我就不展开讲了。

通过比较，可以看出：

- 我校各个方面取得了很大的进步，成绩巨大
- 大而不强（差不多排12-13，C9+武大、中山、华科，少有跌出15、但也少有进前8）
  ——→ 综合在前10名左右徘徊，顶尖学科和方向少，单项核心指标差距明显（坐二望一）
- 国际上（综合性大学）知名：学校前3%（900以内）、学科1%（10个300名以内）
  一流：学校前3‰（100以内）、学科1‰（5个以上100名以内）
  顶尖：学校前20名左右、学科1‱（3个以上10名左右）

主要问题：问题和差距是相对于国家一流大学建设的要求和国内同行高校的竞争性发展而言的

- 人才已成为主要瓶颈
- 学科、专业太多太散（芝加哥、伯克利）
- 新学科、新方向少，特色还有待鲜明
- 办学支撑条件缺口大
- 追求一流还需强化
  - ① 危机意识、压力传导、工作安逸
  - ② 活力不够，激励机制，前20%、后20%不掉队、中间力量随大流
  - ③ 视野不开阔、标准不高、研究型不够
  - ④ 负能量不少

  ⇒ 氛围营造
  - 围绕学术、学者、学生、学院
  - 抓典型人物和事件
  - 正能量的及时和广泛传播

图3　我校发展现状及面临的主要问题

（二）我们的特色和机遇

分析这些问题和不足，显然不是我们的目的，我们最终是要落到到底还有没有什么机遇，现在有没有什么办法能跟国内其他学校有一点不一样的地方。我们总是跟在人家后面学，最终也就是这个样子，我们总要来想一想有没有什么不一样的机遇。

第一，关于我们的特色。我们现在发展了这么多年，我们的特色是什么？在我们看来川大的特色很多，有两个特色是鲜明的：第一个就是我们的学科齐全。这是很多综合性大学都没法比的，不完全是指我们学校学科数量多，很多学校学科数量也很多，但是没有一个学校是文、理、工、医都比较平衡的，往往就是一个比较强的跟另外几个比较弱的合并在一起的，有强有弱，总有短板。而川大文、理、工、医总的算是均衡的，都有比较好的基础、比较好的传统、好的队伍、好的平台、好的积累，这个不是一天、两天办学就能搞起来的。学科齐全又平衡，这是我们川大才具有的。而这个特色能够怎么用呢？这个特色为学科之间的交叉跨界融合提供了可能和机遇。我后面会讲，现在，正是国家和整个科学技术发展的交叉与跨界的黄金十年。

第二个就是我们的医科。虽然学校文、理、工、医几个很平衡，但是还有很突出的、在社会上更有影响的，就是我们的医科很强。我们华西的品牌在社会上、在全国、在地方上的影响力都很大，走到地、市、县上感受是很深的。所以，这个品牌的作用怎么发挥？昨天，张兴栋院士和我谈到医工结合。他说，他去了北航的医工结合大会，哈工大周玉院士的地方、西北工大汪劲松校长的地方也都在搞这些东西，而这个方面我们是“手到擒来”

的，但怎么去深度地交叉开发、挖掘真正有用的东西？我们这两个特征是很多学校没法比的。

第二，关于我们的机遇。有了这个特色，我们又有哪些机遇呢？我认为，有这么几个机遇。

一是中国的经济现在正在转型升级。我们现在是世界第二大经济体，我们要进一步走到世界的前面，去争第一。实际上，靠什么东西能够让我们中国从第二走到第一？说实话，我国原来的经济主要靠外延式发展，靠人口红利，发展的速度很快，但现在再这样发展会变得很难了。那么，我们靠新的科学技术能走下去吗？大家知道，一个新的科学技术出来没有二三十年是变不成一个GDP产业的。现在，地方政府到高校找短平快的项目的时代已经过去了。那么，中国从第二走到第一靠什么东西呢？大家都知道，我们现在如果想搞数理化天地生，在科学上产生大的突破，实际上是难的，也是来不及的。我们知道，从20世纪初到20世纪中叶，现代科学的四大基础理论奠定过后，整个世界到现在60多年快70年的时间中，技术上有不断进步，但科学上没有大的事情、没有大的突破。上个世纪初，第一个是爱因斯坦相对论，他把物质、运动、时间、空间这些原来完全是单独研究的东西统一起来了，所以，爱因斯坦是全世界的伟人。原来你研究物质就物质，研究运动就运动，研究时间就时间，都是牛顿力学的范畴，相对论把它们统一起来了。第二个是量子力学，到现在都还在影响我们，量子力学就是玻尔这些理论物理学家创立的。原来，人们认识世界都是连续性的，量子力学一建立，把连续性与间断性统一了，这也是不得了的。20世纪50年代詹姆斯·华生发现了DNA双螺旋，使我们的遗传学、生物学技术大为进步。最后一个就是从20世纪30年代开始，香农他们这帮人搞的信息论，冯·诺依曼搞的电子计算机，包括后面肖克莱等人发明了半导体晶体管等，到60年代初基本奠定了信息科学大厦的基础。信息技术发展到现在，人人都能用，但是基本没有科学上的突破。从20世纪60年代到现在都是根据摩尔定律在技术上进步，不断做小尺寸来影响我们人类。到了现在，大家都在期待未来科学可以跟人工智能、生命、医学结合，但总的说来，即便有科学上的重大发现，没有二三十年也是变不成生产力的。所以，真正能够支撑中国完成经济转型升级、能够冲到第一位的就是交叉融合，就是“生命医学+”和“信息技术+”。所以，这给我们川大这样一个学科齐全而且有优势的学校提供了机遇。生命医学我们刚才讲了是我们的特色，信息技术我们川大不算强，但是很重要。在这里，为什么我没说是电子信息技术，因为电子与硬件结合很紧，而我们川大主要是在软件上有点基础，我们的软件学科排到A−，计算机学科排到B+，这说明我们还是有点基础的，但是我们不一定去做那么多硬件电子的工作，主要就是去弄跨界的软结合。

二是成都建设国家中心城市的机遇。成都在建设国家中心城市方面的实力在全国走在前列，2017年成都市GDP已经接近1.4万亿元。要建设国家中心城市，就要用地方经济社会崛起来带动新工科与新经济，这就给我们的工科改革提供了机遇，还包括我们和四川省21个地、市、州开展合作的机遇。去年，我们在这方面做了很多工作。但我觉得，目前成都更有追求新经济的实力和自觉，因此这是一个非常大的发展机遇，我们一定要结合学校发展新工科与成都发展新经济来开展合作。

三是生命医学的大发展、大健康产业的巨大需求、医疗水平的不平衡性等，这些机会都很大。最重要的是，除了生命医学自身有很大的需求以外，它还应该成为川大其他学科发展的一股新动能，特别是成为工科、理科甚至是文科的新动能或者新助力，学校要思考怎么样加强有组织的行为去推动与医科的交叉。

四是国家繁荣发展哲学社会科学、建设一批高端智库的机遇。我对这方面的认识还不多，但是这非常重要，一定要加以强调。今年，学校还要研究怎么推进好文科的繁荣建设工作。另外，怎么样促进国家高端智库的建设，这对我们文科的发展，以及更好地发挥川大的作用也是一个机遇。实际上，我们的文科是很厉害的，去年年底，我听了所有学院的述职报告，我们所有文科学院的科研经费是 1.43 亿元，这很了不得，相当于文科 1000 多名专任教师人均科研经费有 10 万元，这是非常了不起的。

（1） 特色

① 学科齐全，且文、理、工、医比较平衡：交叉跨界融合提供了可能和机遇

② 华西品牌，医科很强（医疗、服务、科研），但华西的张力远没打开，放大效应和辐射带动作用远远不够，要深度开采和挖掘，打好这张牌

（2） 机遇

① 中国经济转型升级，四大经典基础理论后主要是靠交叉融合，@医学+、@信息+

② 成都国家中心城市建设，与地方经济社会崛起结合，新工科与新经济

③ 生命医学的大发展、大健康产业的巨大需求、医疗水平的不平衡性，以及一带一路打开后，华西的资源转化为理工以及文科的新动能，或助动力，要加强有组织的行为

④ 国家繁荣发展哲学社会科学、建设一批高端智库

图 4　我们的特色和机遇

（三）我们的目标和路径

第一，我们的目标。有了以上的机遇，我们就来说说目标。我们的目标是以十九大精神和习近平新时代中国特色社会主义思想为指导，与学校党代会“两个伟大”发展目标、“双一流”建设方案、“十三五”规划、四年目标责任制等都是一致的，就是要建设“中国特色、川大风格”的世界一流大学，这是我们川大人的共同目标。通俗地说，就是要在 5—10 年内让川大的综合实力和核心竞争力稳定在国内前十甚至是前列，不是偶尔进入到前十，而是要让我们的综合实力，特别是核心竞争力稳定在前十名甚至是前列，也就是要思考怎么样从“坐二望一”变成“坐二进一”。我们说，全面建成小康社会只是一句话，但是小康社会有几十个指标，都需要一个一个去对标，比如扶贫就是其中很重要的指标之一。围绕我们前十的发展目标，做到“坐二进一”，并没有那么简单，其他学校也不会在原地等着川大来超越。因此，我们提出的所有核心竞争力指标在

未来5年内都要达到，如果达不到，学校就会倒退，和其他学校的差距还会被拉大。

这些5年核心竞争力指标都是我们倒推回来得到的。一是学科综合评估。如果未来还有学科综合评估，也有可能还有其他的评估方式，但基本上就是这种风格，那我们的目标就是要有20个左右的学科进入A类，我们在数量上达到这个目标是可能的，但是不能只有1个学科获得A+，应该要有3—5个，这是我们分析过的，如果做不到，就没有办法进入全国前十。

二是"双一流"学科数。大家都知道，我们有6个学科进入"双一流"学科建设行列。在学校"双一流"建设方案中，我们又确立了12个重点建设学科和19个超前部署学科。5年内我们要做到有10—12个"双一流"学科数，也就是要实施翻番计划。如果达到预期目标，就大约可以在国内排第8、9位。无论国家未来还会不会评选"双一流"学科，我们都要按照这个标准去做；无论国家政策怎么变化，但万变不离其宗，只要有高校，包括学科在内的核心竞争力的排名就跑不掉，因为资源总是有限的，分好资源也不容易。

三是"国字号"人才。现在，学校"国字号"人才占专任教师的比例是3%，未来5年，我们要实行人才翻番计划，使这个比例达到10%—15%。现在学校"国字号"人才175人，要翻一番达到350人，再翻一番达到700人。为什么得出这个数据？是因为如果达到这个目标，我们就可以实现学校60多个学科在评估中全部上榜。要进入A类学科，现在的"行情"差不多就是评估材料中填报的25位老师有一半以上要是"国字号"人才；如果要评选为A+，就要有三分之二以上是"国字号"人才；要进入B类学科，就要有三分之一，也就是八九个老师是"国字号"人才；要进入C类学科，也至少要有两三位"国字号"人才吧，否则就不入流了。因此，按照这个目标倒推回来，我们大约需要500多位"国字号"人才。这500多人的数据只能保持我们的现状，也就是跟随前十名高校，如果考虑到这些高校这几年还要继续增加，我们就要发展到700名"国字号"人才。每年100位"国字号"人才的目标，是我们每个部门、学院和研究机构一定要努力完成的。因为川大体量很大，其实这个数量并不算多。昨天，我在学校常委会上讲过，学校35个学院每年增加100位"国字号"人才，其实每个学院就是3—5个，大一点的学院5个，小一点的学院2—3个，如果学院一年都完成不了这个目标，这个学院很难说还有未来。

四是国家奖。去年，学校申报国家奖没有成功，对我们打击很大。实际上，我们川大理科、工科、医科实力都这么强，应该每类学科每年至少获得1项奖励。如果没有达到这样的目标，怎么能说明我们强呢？目前，学校有40多个经费超过1000万元的在研项目，这些项目和团队，如果未来5—10年内都不能产生1个国家奖，实际上就说明这个项目和团队的方向有问题，没有去解决国家重大需求的问题，或者没有探索学术前沿问题。因此，川大每年没有3项以上国家奖就是不够的，这一点我已经和科研院的同志们沟通过了。除此之外，我们还将实施新的重大成果倍增计划。

五是ESI学科排名。按照我们的估计，2020年国家"双一流"建设动态调整可能会更加看重ESI学科排名，因为它计算了基础研究的引用次数，更能反映学术研究水平。现在，我们有 2 个学科进入了前 1‰，无论如何要争取未来 3 年每年增加 1 个学科，达到 5 个学科进入 ESI 排名前 1‰。首先是临床医学，现在的排名已经是前 1.001‰，再稍微努力一点就可以进入前 1‰。其次是工程学，工程学是很大的学科，如果能够进入前 1‰，影响也是比较大的。目前，我们工程学排在前 2‰，还要再继续努力。我们要认真研究 ESI 学科排名，它是有规律的。同志们，任何事情都要去找它的规律和路径，如果瞎干、蛮干，反而会离目标越来越远。我们不能作假、包装或者拼凑，但要找到规律来提升工程学的 ESI 学科排名。此外，我们的药理学、生物学都在前 1‰多一点到前 3‰左右，这 4 个学科里，我们一定要争取在未来 3 年内有 3 个学科进入前 1‰。一般来说，对于川大这样的综合性大学，有 5 个学科排名前 1‰，学校的基础研究水平就比较强了，如果还能有幸进入 ESI 前 1‱，那就更好了。我们的化学学科是有可能实现这个目标的，关键是时间。现在，学校化学学科排名是前 6‱。在川大，除了化学专业本身，我们的化工、材料、生物、医学等，包括魏于全院士和张兴栋院士的团队，实际上都和化学有关系。2017 年，我校的化学在自然指数中的排名是全球第 30 名，按照这个排名计算，ESI 学科的前 1‱就是 20 名以内，希望我们大家好好干，如果能够进入到前 1‱，川大就很不得了了。

目标：以十九大精神和习近平新时代中国特色社会主义思想为指导。与学校党代会、双一流、十三五规划、四年目标责任制等都是一致的——建设“中国特色、川大风格的世界一流大学”

通俗表述（5—10年）：综合实力和核心竞争力都要稳定在国内前10、甚至前列（从坐二望一→坐二进一）

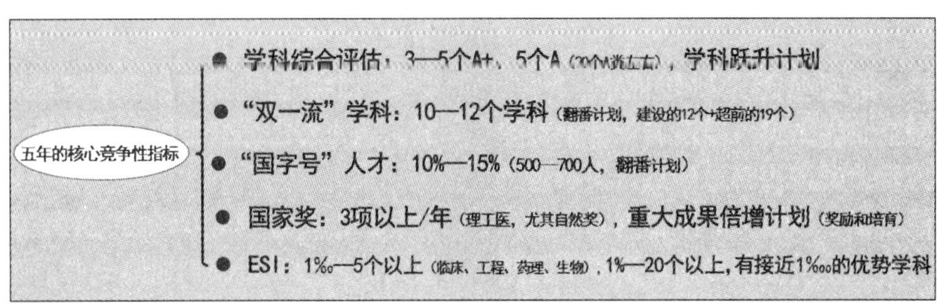

图 5　我们的目标

第二，我们的思路。下一步，我们的思路就是办最好的医科，办一流的文科、理科和新工科。

为什么这样说呢？首先，是因为医科办好了，川大会更好。社会对川大的华西医学有一种特别的期待，这是我们办好川大非常重要的一部分。而且我们的医科本身就有基础、有声誉，最重要的是还有经济实力和内生动力。其次，文科和理科是综合性大学最基本的要素，如果有一样不行，就是缺了一只胳膊。因此，要不断提高和优化文科、理科，也就是要思考怎么样打造它们的特色和亮点。第三，是要振兴工科。我们的工科有非常好的基础，国家也有需要。未来 20 年左右，在我国 GDP 冲到世界第一之前，应该说我国还是一个大发展阶段，到 2035 年 GDP 可能都有 4.5%的增长。所以，工科仍然是有发展的，但是要在新工科上下功夫了。

思路：办最好的医科，办一流的文科、理科和新工科

- 医科办好了，川大会更好！社会对川大的华西医学有特别的期待！
  医科有基础、有声誉、有经济实力、有内生动力（人才培养、社会服务、学术学科，但还需加强顶尖人才和特色亮点）
- 文科、理科是综合性大学最基本的要素，不断提高和优化是必须的
- 工科要振兴，国家需要、底子又好，但要在新工科上下功夫

图6　我们的思路

第三，我们的路径。我们的路径是文优—理进—工改—医强。

“文优”就是文科要优化，要在重要学科和重点方向上聚焦。目前，学校文科一共有21个学科，数量是比较多的，但是要突出它们的特色和亮点，朝着A类甚至A+学科去。总的来说，文科要有声音、有话语权、有智库，这方面我们的中文、历史、管理等学科都有非常好的基础。

“理进”就是我们的理科要进步。不但是进步，更要提高，主要是在它的基本问题上往深的研究，要往它的基础和本质上走，数、理、化、生都很重要。我们要补短板，特别是物理。因为物理不强，工科的基础就很脆弱，我们很多工科的共性基础都源于物理学科。

“工改”就是工科要改革。工科改革主要是两个结合：一个是工科的研究退半步与理科、与工程前沿基础问题相结合，这至少可以做强工科，又弥补了理科。另一个就是要去交叉新方向，与新经济、新工科结合，特别是川大的“双引擎”，一个是“医学+”，一个是“信息+”，这两个是我们国家未来经济发展的重要力量。我们的工科不是不努力，而是我国的工科是有自身规律的，是由我国的发展阶段决定的。与世界上所有国家一样，在经济高速发展阶段，工科实力都很强。每个国家要大发展的时候，都有很多行业性大学应运而生，但是当一个国家发展成为世界强国以后，行业性大学就逐渐被合并到综合性大学里去了。现在，大家可以发现，国内凡是没有行业背景的综合性大学里的一般性工科，不论是排名还是获奖数，普遍都不及有行业背景的大学，只有清华、上交大、浙大这些靠师资水平支撑的还能做到没行业背景也照样很强。但我们川大是有机会的，可以在这上面有所作为。

“医强”就是医科要做强，不是体量上的扩大，而是往高端人才和标志性成果上走。高端人才方面，到目前为止，我们医科只有1名院士，虽然我们的医疗服务、社会影响力等其他方面都很强，但在学科评估时还是会受到影响。比如，协和医科有29名院士，上交大医科有17名院士，在下一轮评估时我们怎么和他们去比呢？因此，如果未来学校医科不能产生几名院士，我们其他方面再怎么做得好，也是有很大压力的。在医科标志性成果方面，我们要争取获得奖项，特别是要聚焦在转化医学、基础医学、临床医学中有代表性和方向的引领性上发力。

路径：文优—理进—工改—医强

- 文优：文科要优化，要在重要学科和重点方向上聚焦，要有声音、话语权、智库（中文、历史、管理，2—3个A或A+）
- 理进：理科要提高和进步，往基础和本质上走，数、理、化、生很重要，要补短板，尤其物理要力争进A类（2个A或A+）
- 工改：工科的改革重在两结合，一方面退半步与理科、工程前沿结合，另一方面与交叉新方向、新工科新经济结合（材料、化工、水利、生物医学、软件，2个A或A+）（综合性大学工科都在弱化，尤其硬工科弱得快，不是不努力）
- 医强：医科要做强，不是体量上的扩大，而是往高端人才和标志性成果上走，要聚焦在转化医学、基础医学、临床医学中点的代表性和方向的引领性上发力（3个A+或A，临床、口腔、护理、药学）

图 7　我们的路径

（四）我们的办法和举措

我们有七个方面的办法：第一就是抓人才，这是我们的当务之急，一年都不能耽误了，要从现在就开始抓；第二就是抓医，抓医不仅仅是抓医科医学本身，还要抓交叉结合；第三抓特色，要进一步聚焦和凝练各重点学科的特色；第四抓学科的交叉；第五抓物理空间的建设；第六抓激励，不是只有获得成功才奖励，而是要着重抓过程的培育；第七抓整个学校追求一流的氛围。

针对以上七个方面，我们也有七项具体举措。

第一，实施新海纳人才行动计划。新海纳人才行动计划就是翻番计划，要做到“双百”，也就是每年新增 100 位“国字号”人才、100 位“准字号”人才。实际上，外引“国字号”人才是很重要，但内培“准字号”人才也是很重要的、同样是可以作贡献的。有些“准字号”人才因为各种原因可能没有拿到“国字号”，但他们是有这种水准的。因此，要内培外引并重，外引主要是“青字号”，内培主要是重量级人物。当然，这不是我们人事处、人才办一家的任务，我们要思考怎么样加强学校人才办和各个学院招才的力量。

第二，建立新的学校交叉特色中心。主要是围绕“医学＋”“信息＋”这两个引擎，当然，我们也鼓励其他学科交叉，但主要思考怎么样围绕这两个引擎来抓。一方面是跨学科、跨学院设立交叉特色中心。特别是，我们现在有很多新院长、新书记，都是去年才换届的，当你不知道抓什么工作的时候，就抓人才的引进和申报。因为在你当院长、书记期间引进了什么人才，这个人在川大成长了，他一辈子都会很感激你，所以，抓人才是永远不会错的。第二个是当你抓科研不知道抓什么的时候，你就抓平台。科研不外乎项目、奖励、成果等方面，都很重要，但最重要的是平台，因为平台可以保证让更多的人能延续下去，这是永远不会错的。另一方面是推动医科对学校其他学科的深度介入。医科除了自身发展，还需要与其他学科相结合，包括生物医学工程的发展等等。医科的资源、能量是很大的，可以帮大家把路子打通，可以讲，医学是我们川大共同的背景行业。

第三，实施科技创新能力提升计划。提升科技创新能力是永久的话题，也是近年来国家关注的话题。我想，对川大来说，未来提升科技创新能力包括两方面的内容。一是要全面梳理和聚焦重要学科的特色方向。二是实施三个面向的新增长点的点亮计划。新的三个面向就是面向前沿基础的、交叉结合的、与地方经济结合的，我们怎么样去点亮起来。过去，我们都是做小项目比较多，现在，学校在研项目有6800多项，平均人手一两项，因此，要真正构建和培育“人才—方向—平台—项目—成果”这样一个完整的科技创新链。

第四，实施学生“能力”培养提升计划。大学的人才培养才是根本，在这方面我们有非常好的基础。近年来，学校的人才培养，不管是本科生还是研究生培养，特别是本科生人才培养取得了很好的成绩。在继续深化和做好本科生课堂教学改革的同时，还要思考怎么样加强学生课堂外的能力培养。其实，课堂外对学生能力的提升也是非常重要的，其中就包括打开学生的国际视野。其实除了校内培养，让学生走出去，对他们的影响会非常大。我们要鼓励家长、校友、社会人士等募捐来支持这样一个海外游学计划，要让我们的学生尽早打开国际视野。还要抓好学生领导力培养，毕竟，川大的录取分数线那么高，有的甚至高出当地重点线120分，必须要培养出一些在行业里面有领导能力的领军人才。学生的领导能力尤其是说与写的能力非常重要。清华大学他们就是在狠抓写作的能力，这也是对的。现在的学生不太会写，每天在微信上、短信上发十几个字，那不叫写作，平时也不太动笔。但是我认为，特别是对于我们川大理科、工科、医科的学生，说的能力同样很重要。因为现在的学生未来是要走到世界舞台中央去的，是要去引领各个行业的，如果没有好的表达能力，实际上你是很难号召更多的人听你的、跟着你走的。

第五，加快以新校区为主的办学条件与配套环境建设。现在，学校的办学缺口很大，除了加快实施已经规划的建设项目以外，还要加快新校区的配套环境建设。年前，双流政府到学校跟校领导都谈了，后来我在新校区还专门跟双流的周先毅书记碰面，都是希望加强新校区的配套设施建设，最终学校新增的办学空间主要还是在新校区，那里的发展空间是不一样的。

第六，探索有关学科、专业的优化、整合与退出机制。做加法是高兴的事情，但是我们不能只增加、不调整，当然调整也要实事求是、稳妥发展，你的人员要归属到什么学科中去，因为你办的这些专业、培育的人都在C类甚至C类以下，这不是我们川大该做的，是二本学校该做的，不是我们发展的目标，当然这个是要由学术委员会、学位委员会来牵头论证的。这就像国家重点实验室5年一次的评估，评估后不行的就亮黄牌、亮红牌，你就要调整，你就要优化。

第七，大力加强党的建设，全面深化学校改革，在全校营造“干在实处、走在前列”的氛围。不仅是只有教师队伍，我们的管理队伍、服务保障队伍，三支队伍都要干在实处、走在前列，不能干虚的，虚的最后都靠不住。

一是要大兴调研之风，要走出去。今年我和书记都带头出去，一定要到国内调研、国外调研，我们各个学院也要打开视野。为什么说清华大学别人是好学校，人家一个科长或者一个副处长接待你，他就可以把学校所有的情况讲得清清楚楚，你就知道这个学校的水准了。我们一个科长都讲不清楚自己科里面的事，更说不清楚学校的事，还要等处长回来再接待，那这个水准就不行，就不是一流大学。

二是要提高标准、对标一流，先做好一件事。我们一定要一年集中抓好一件工作。一年时间短得很，我们大概算一下，一年365天，一周就5天，又放寒暑两个假，中间又是各种假期，真正的工作时间不到一半，一天 24 小时如果还只有 8 小时工作，大部分时间又在休息睡觉，真正有效的时间算下来就是 100 多天。所以，我们就是要思考怎么样做好一件事，以这件事情为牵引，这件事情是你做得最漂亮的、能够拿出手，甚至是敢于引领国内的。早前，我在电子科大当副书记，分管人才工作。当时学校的书记说，你是院士，就好好搞你的业务，管理上你就抓人才工作，其他你就不要抓了。所以，每个“国字号”人才，我都要见半小时，包括现在网上很红的像周涛、刘明桢、顾实这些 90 后高水平青年人才，在全国影响都很大，我就听他们讲半小时，最多问他们两三个问题，就知道他们的高度和深度了。原则上讲，一个人的“长宽高”一定，你基本上就能判断他有几斤几两了。他的领域你是不可能懂的，你就听他讲，再追问两个问题，大致就能知道“长宽高”，特别是他思考问题的深度。同时，你也就知道该给他什么待遇了，他到底是学科带头人、学术带头人还是学术骨干。

三是要做好研究型工作。说实话，研究型工作最重要。原则上，我们的学院、老师天天都在研究，有科学研究，也有教学方法研究。教学也是学问，也是要研究的。教学名师也有学术，就是要研究教学方法。所以，研究型工作主要是针对机关人员而言的。

四是做好学风和安全稳定工作。学风对于我们综合性大学的影响很大。学风是什么呢？是学术的底线，我们一定要随时守好学风、学术道德、学术精神这方面的底线。同时，包括我们的安全稳定，假期我看了一下咱们的三个校区、特别是老校区。老校区有那么多校内住宅，人员混乱，房子破旧，看了还是感到任重道远。但是，我们的保卫工作一定要做到安全及时，在春节慰问他们时，我就对他们说一句话，一定要加强巡逻，一定要防火、防盗、防事件，只要做到了这点，你们要添什么设备我觉得都没有问题。因为人员那么复杂，校内竟然还有做盒饭卖的，这些都是安全隐患，只有加强管理才行。

讲了这么多，最重要的就是要让我们追求一流的川大人越来越多。现在，我们可能就是“二八原理”，要让 1/3 的人、甚至过半的人追求一流，只要过半，就是不可逆转，就会形成很大的正能量，如果超过了 2/3，那就是一流的大学了。任何大学都做不到百分之百，清华、北大也不行。我们大家都多干一流的事，少干二流的事，不干二流的事也不太可能，但要尽量少干，而三流的事就不要做了，那不是我们川大人该干的，还要坚决反对不入流的事，这是在消费川大，消费川大的声誉，消费川大的资源、消费学生的青春，其实也是在浪费你自己的青春。如果做到这些，那我们建设世界一流大学就真正走在了大路上。

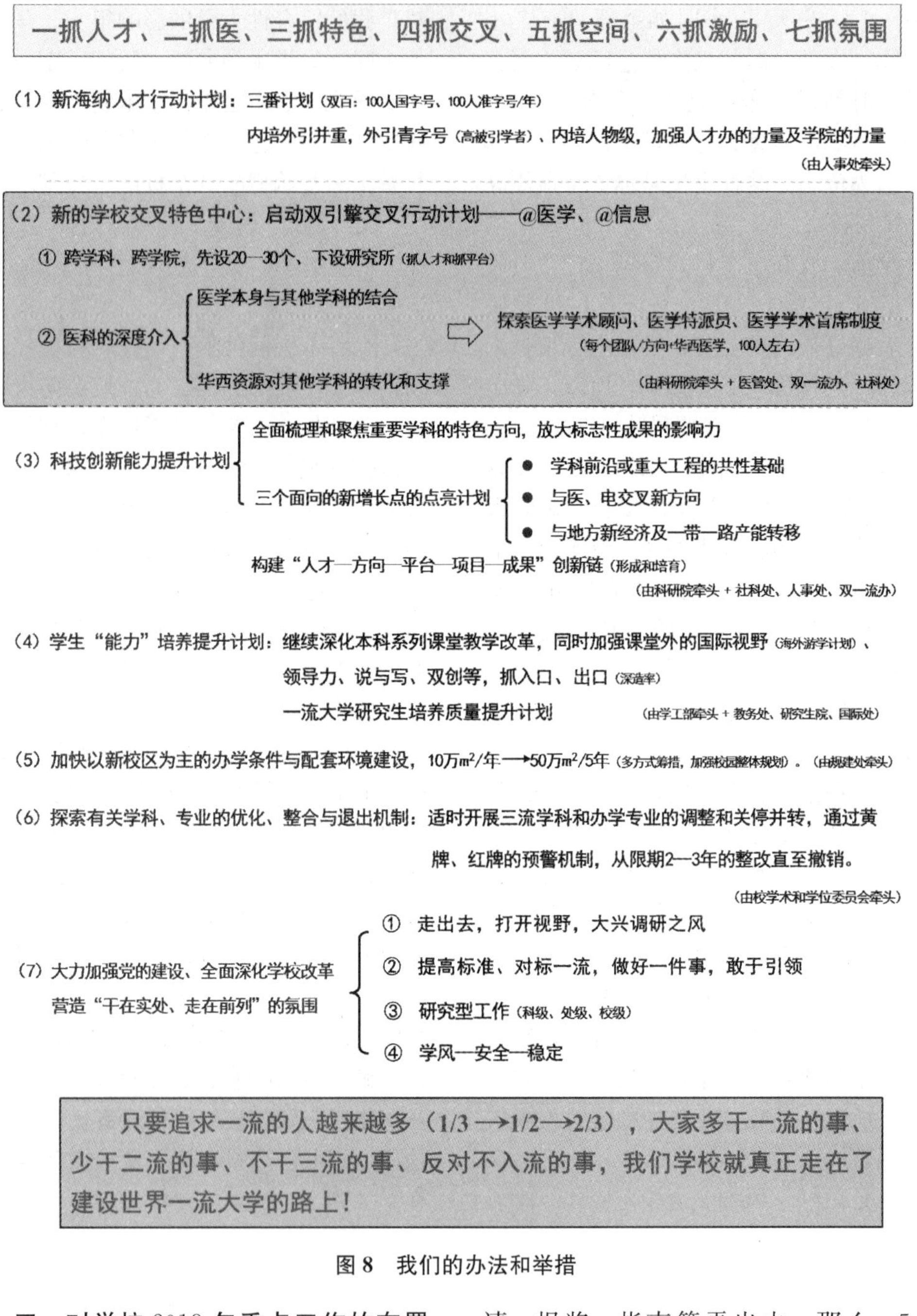

一抓人才、二抓医、三抓特色、四抓交叉、五抓空间、六抓激励、七抓氛围

（1）新海纳人才行动计划：三番计划（双百：100人国字号、100人准字号/年）
内培外引并重，外引青字号（高被引学者）、内培人物级，加强人才办的力量及学院的力量
（由人事处牵头）

（2）新的学校交叉特色中心：启动双引擎交叉行动计划——@医学、@信息
① 跨学科、跨学院，先设20—30个、下设研究所（抓人才和抓平台）
② 医科的深度介入：医学本身与其他学科的结合；华西资源对其他学科的转化和支撑 ⇨ 探索医学学术顾问、医学特派员、医学学术首席制度（每个团队/方向+华西医学，100人左右）
（由科研院牵头＋医管处、双一流办、社科处）

（3）科技创新能力提升计划：
全面梳理和聚焦重要学科的特色方向，放大标志性成果的影响力
三个面向的新增长点的点亮计划：
● 学科前沿或重大工程的共性基础
● 与医、电交叉新方向
● 与地方新经济及一带一路产能转移
构建“人才—方向—平台—项目—成果”创新链（形成和培育）
（由科研院牵头＋社科处、人事处、双一流办）

（4）学生“能力”培养提升计划：继续深化本科系列课堂教学改革，同时加强课堂外的国际视野（海外游学计划）、领导力、说与写、双创等，抓入口、出口（深造率）
一流大学研究生培养质量提升计划 （由学工部牵头＋教务处、研究生院、国际处）

（5）加快以新校区为主的办学条件与配套环境建设，10万m²/年→50万m²/5年（多方式筹措，加强校园整体规划）。（由规建处牵头）

（6）探索有关学科、专业的优化、整合与退出机制：适时开展三流学科和办学专业的调整和关停并转，通过黄牌、红牌的预警机制，从限期2—3年的整改直至撤销。
（由校学术和学位委员会牵头）

（7）大力加强党的建设、全面深化学校改革营造“干在实处、走在前列”的氛围
① 走出去，打开视野，大兴调研之风
② 提高标准、对标一流，做好一件事，敢于引领
③ 研究型工作（科级、处级、校级）
④ 学风—安全—稳定

只要追求一流的人越来越多（1/3→1/2→2/3），大家多干一流的事、少干二流的事、不干三流的事、反对不入流的事，我们学校就真正走在了建设世界一流大学的路上！

图 8　我们的办法和举措

三、对学校 2018 年重点工作的布置（省略）

最后，我再讲两句话。实际上，我们新年开学和农民春耕是一样的。冬天就是农田水利建设，到了春天就开始春耕。如果我们 3、4 月份都还没有把这些项目申请、报奖、指南等弄出去，那么，5、6 月份国家奖就开始评，自然基金差不多 6、7 月份就开始评，一般说 7 月底、8 月初基本就结束了一年的工作，开学后 9、10 月份一般就开始公布结果了，如果真正到了秋天都颗粒无收，那就只能又等第

二年了。每年就是这么个规律，所以，每年一开学，2、3月份就要开工。今年开学又太晚了，希望我们各个学院一开始就要抓紧，要及时传达，原则上讲，第一周、最晚第二周就要传达学校的精神，晚了就没必要再传达了。传达时也不要选择性地传达，不要过滤。上半年正常工作开始后，就不要再讲什么理念了，就是讲怎么做，讲你这个学院是怎么推进的、怎么落实的。如果到4、5月份都还在纸上谈兵，还在谈理想、谈目标、谈人生，那这一年基本上就浪费过去了。

以上就是我要跟大家报告的内容，谢谢大家！

准确把握新时代新思想新要求
坚定不移把学校全面从严治党引向深入

——在2018年四川大学全面从严治党工作会上的讲话

校党委书记　王建国

（2018年3月26日）

同志们：

刚才言荣同志传达了习近平总书记在十九届中央纪委二次全会上的重要讲话和赵乐际同志的工作报告，我们要认真学习，深入贯彻落实。3月1日，2018年教育系统全面从严治党工作视频会召开，陈宝生部长从七个方面对主要工作作出了部署，吴道槐组长从三个方面提出了明确要求，为学校党委推进全面从严治党向纵深发展进一步指明了方向、提供了遵循。

下面，我讲三点意见。

一、提高政治站位，强化使命担当，进一步增强学校全面从严治党紧迫感责任感

中国特色社会主义迈入新时代，全面从严治党随之开启新征程。党的十九大提出，党的建设新的伟大工程在“四个伟大”中起“决定性作用”；习总书记明确指出，党的建设新的伟大工程是引领伟大斗争、伟大事业、最终实现伟大梦想的根本保证。站在新时代的历史方位，全面贯彻落实党的十九大精神，需要我们立足于我国高等教育发展的新形势新要求，聚焦于党中央、国务院做出的“双一流”建设重大战略决策，着眼于学校第八次党代会提出的“两个伟大”奋斗目标，坚持党和人民事业发展到什么阶段，党的建设就推进到什么阶段、全面从严治党就推进到什么阶段。必须以政治建设为统领，自觉用习近平新时代中国特色社会主义思想武装头脑、指导实践、推动工作，把全面从严治党向纵深推进。

回顾过去一年，特别是学校第八次党代会以来，学校各级党组织深入学习贯彻习近平新时代中国特色社会主义思想和党的十九大精神，聚焦学校“两个伟大”奋斗目标，坚定不移推动全面从严治党向纵深发展，为学校全面深化改革、加快世界一流大学建设步伐提供了坚实保障。

（一）夯实管党治党政治责任，牢固树立“抓好党建是最大的政绩”的理念

学校第八次党代会提出“两个伟大”奋斗目标，是学校党委关于全面加强党的建设的顶层设计，是学校各级党组织推进全面从严治党的重要指南和遵循。学校党委每年制定全面从严治党工作要点，分解任务，明确责任，强化监督，确保落实到位。

（二）落实立德树人根本任务，实现全程育人、全员育人和全方位育人

学校党委落实立德树人根本任务，制定出台关于加强和改进新形势下思想政治工作的实施办法，把工作细化为 25 个方面 116 条重点任务。推进课堂教学育人创新、校园网络育人创新、校园文化育人创新、实践育人创新和大学生日常思想政治教育创新等“五大创新”，增强了思想政治工作的针对性和实效性。

（三）严明纪律鲜明用人导向，匡正选人用人风气

围绕学校中层干部换届，学校党委严格执行中央“九个严禁、九个一律”纪律要求和中央“五好”干部标准，坚持“凡提四必”，严格资格审查，把好政治关、廉洁关，营造了风清气正的换届选举氛围。

（四）锲而不舍正风肃纪，巩固拓展落实中央八项规定精神成果

对照中央八项规定及实施细则精神要求，持续加强校风学风、师德师风和医德医风建设。在全校通报党的十八大以来违反中央八项规定精神的典型案例，进一步明晰政策底线和纪律红线。紧盯年节假期，重申纪律要求，拓宽监督渠道，营造崇廉尚俭氛围。

（五）保持惩治腐败高压态势，构筑事业发展和人才成长的坚强屏障

严格执行监督执纪“四种形态”实施办法，重点运用好“第一种形态”，让红脸出汗成为常态。学校组织、纪检部门开展谈话函询 219 人次，提醒谈话、批评教育及诫勉谈话等 299 人次。严肃查处违纪行为，形成震慑，全年给予党纪政纪处分 26 人次。通过办案为学校挽回直接经济损失 408.5 万元，通过执纪审查为 150 多名受到错告、诬告的干部澄清事实。

（六）持续深化巡视整改，确保落实到位见细见效

按照深挖病根、精准发力、综合施策、集中整治的要求，制定巡视整改问题清单、任务清单、责任清单，明确整改路线图和时间表，把巡视反馈意见指出的 3 大方面 9 个问题细化为 35 个具体问题，提出了 132 项整改任务；开展意识形态工作责任制落实专项整改 86 项、选人用人工作检查专项整改 18 项，确保巡视反馈意见无遗漏、全覆盖。建立每周巡视整改督查报告制度，统筹、协调、督促整改任务落实。从严从实、依纪依规，完成巡视组移交的干部问题线索 56 件次、个人诉求信访 16 件次的处置工作。

总的来看，一年来学校全面从严治党深入推进，风清气正的校园政治生态巩固发展。但也要清醒认识到，与中央的要求和师生的期待相比，我们的成绩还是初步的，绝不能有差不多了、可以松口气歇歇脚的想法，绝不能有初见成效、见好就收的念头。习总书记指出的全面从严治党面临的各种风险挑战，党内存在“七个有之”的突出问题，“四风”回潮复燃问题、损害群众利益的不正之风和腐败问题、对全面从严治党的模糊认识和错误言论等，都不同程度存在。陈宝生部长在视频会上提出的“四个深刻认识”，进一步指明了当前教育系统全面从严治党面临的新形势、新挑战，我们必须高度重视。

认清一个形势：党的十八大以来，特别是2014年9月实施“三转”后，学校纪委和纪检监察部门共处置问题线索451件，涉及选人用人、科研经费、招生考试、校办企业、基建后勤、附属医院等重点领域。其中，2017年处置问题线索182件，包括中央巡视移交问题线索56件，学校中层干部换届相关问题线索43件。这些数字说明，“去存量、遏增量”任务艰巨，全面从严治党任重道远。

正视违反“六大纪律”问题：违反“六大纪律”的问题在我校均有发生。在遵守政治纪律方面，少数党员，特别是少数学生党员，政治判断力不强，敏锐性不高，有在网上传播不当言论的情况。在遵守组织纪律方面，少数领导干部个人有关事项报告不实，受到了诫勉、取消任用资格等处理。在遵守廉洁纪律方面，个别领导干部存在违规收受可能影响公正执行公务的礼品礼金和接受宴请的问题。在遵守群众纪律方面，个别党员为了自己的利益不惜损害群众利益，个别职工利用岗位便利，违纪甚至违法。在遵守工作纪律方面，个别党员干部和党员教师擅自延长在国（境）外期限，有的违规扩大出国经费开支范围。在遵守生活纪律方面，个别党员和教师违反社会公德和家庭美德等。

聚焦“四风”新表现：违反中央八项规定精神问题时有发生。在一些党员干部和教职工中，仍然存在一般人情往来与违规收送礼金行为的认识不清晰问题；一般同事关系、朋友关系与权力圈、利益圈的区隔不清楚问题；一般合规的加班补贴、职工慰问、兼职取酬以及专家评审、报告、讲学取酬等与违规发放津补贴等行为的区分不明确问题等。在形式主义、官僚主义方面，中央指出的10种表现形式，在学校都有不同程度的表现，如在贯彻落实方面，有的单位贯彻落实不及时，存在拖沓现象；有的单位根据学校文件“依葫芦画瓢”，结合自身实际不够、问题导向不足。在责任担当方面，一些党员干部仍然存在“老好人”思想，对出现问题的单位和个人不愿主动问责、不敢公开抵制不良风气等。

紧盯廉政高风险：重点部位廉政风险防控还不到位，一些领域仍然存在较大风险和隐患。学校基建量大面广，国内基建行业整体生态较差，“围猎”干部职工，基建领域廉政风险等级仍然较高。校办企业对外经营合作、股权重组、公房租赁管理等方面隐患较多，廉政风险仍然较大。附属医院体量大，医疗器械、药品采购、对外合作等方面的廉政风险仍然较高。

上述种种问题，严重影响了学校“两个伟大”的全面推进，严重影响了风清气正校园政治生态的巩固发展，严重侵蚀了师生职工对学校管党治党、办学治校的获得感和满意度。对此，我们必须始终保持清醒认识，始终保持高度警觉，进一步统一思想、明确任务，把全面从严治党引向深入。

二、扎实推进学校全面从严治党主要任务

2018年是改革开放四十周年，全面贯彻党的十九大精神的开局之年，也是学校加快推进“两个伟大”的关键之年。要以习近平新时代中国特色社会主义思想为指导，认真学习贯彻党的十九大精神，紧紧围绕坚持和加强党的全面领导，紧紧围绕维护习近平总书记在党中央和全党的核心地位，紧紧围绕维护党中央权威和集中统一领导，全面落实中央纪委二次全会精神和教育系统总体部署，密切联系学校实际，推进全面从严治党向纵深发展。

（一）把党的政治建设摆在首位，坚决维护以习近平同志为核心的党中央权威和集中统一领导

习总书记强调，要旗帜鲜明地把加强党的政治领导作为党的重大政治原则。没有离开业务的政治，更没有离开政治的业务。高校是党领导下的高校，肩负着培养中华民族伟大复兴时代新人的重大使命，从这个意义上说，教育就是政治。要认真贯彻《中共中央政治局关于加强和维护党中央集中统一领导的若干规定》，自觉敬仰核心、信赖核心、跟随核心、维护核心。

要严肃党内政治生活。全面从严治党必须从党内政治生活严起。学校各级党组织要严格执行《关于新形势下党内政治生活的若干准则》《中国共产党党内监督条例》，做到政治合格、执行纪律合格、品德合格、发挥作用合格。要加强对各单位党内政治生活状况、党的路线方针政策执行情况、民主集中制等各项制度执行情况、民主生活会开展情况的监督检查，确保党内政治生活各项制度落到实处。

要严明政治纪律和政治规矩。政治纪律和政治规矩是最重要、最根本、最关键的纪律和规矩，是党生存和发展的生命线。学校各级党组织要对“七个有之”问题高度警觉，严肃查处违规逾矩、搞团团伙伙的行为，坚决清除对党不忠诚不老实、阳奉阴违的两面人、两面派。要全面贯彻落实全国高校思政工作会议精神，强化教师授课纪律，坚持全课程育人、全员育人，坚决反对和抵制各种错误观点，坚决同一切削弱、歪曲、否定党的领导和我国社会主义制度的言行作斗争。要强化对报告会、研讨会、学术论坛、出版发行、学术资助等方面的监督管理和责任追究。

要大力营造风清气正的校园政治生态。学校各级党组织必须坚持正确用人导向，把好选人用人政治关、廉洁关、形象关，继续做好今年部分中层干部的补选和科级干部的遴选，坚决防止带病提拔。要结合“不忘初心、牢记使命”主题教育和党风廉政教育宣传月活动，组织广大党员干部更加自觉地学习党章、尊崇党章、维护党章，不断提高党性修养和政治觉悟。

（二）保持高度定力，锲而不舍落实中央八项规定精神

“四风”问题违背我们党的性质和宗旨，是人民群众深恶痛绝、反映最强烈的问题，也是损害党群干群关系的重要根源。广大党员干部既要在重大问题、原则问题上坚守红线，又要在生活小节、工作细节上坚守底线，成为新时代优良作风的支持者、传播者、示范者。

要紧盯“四风”问题新表现新动向。党的十八大以来，学校在纠正“四风”问题上取得重大成效，然而我们一定要树立攻坚战、持久战意识，不能有半点“松螺丝”“开小差”的想法，坚决防止“四风”问题反弹回潮。要深入贯彻落实中央八项规定及实施细则精神，找准“四风”问题可能反弹的风险点，继续在常和长、严和实、深和细上下功夫。继续开展落实中央八项规定精神“回头看”工作，既解决形式主义、官僚主义老问题，也察觉新问题，重点纠正爱惜羽毛、回避问题、庸懒无为、冷硬横推等问题，特别是对表态多调门高、行动少落实差、以形式主义官僚主义方式对待党中央、教育部和学校重大决策部署的，要严肃问责。

要坚决反对特权思想和特权现象。特权与党的性质、宗旨背道而驰，与人民群众的期盼反向而行。学校各级党组织要抓好学校落实中央八项规定精神情况的监督检查，要认真落实好教育部关于直属高校领导干部相关管理规定，严格约束自己，

有效防止廉政风险。

要制定学校贯彻落实中央八项规定精神的实施细则。结合中央八项规定及实施细则精神，立足学校实际，以问题为导向，以责任为抓手，逐项逐条对标，务求落实落细，管用好用。

（三）全面加强党的纪律建设，使铁的纪律转化为学校全体师生党员的日常习惯和自觉遵循

习总书记强调，遵守党的纪律是无条件的，要说到做到，不能合意的就执行，不合意的就不执行。纪律面前一律平等，遵守纪律没有特权，执行纪律没有例外。

要不断增强纪律和法治教育的针对性、实效性。要将党章党规党纪作为学校党委和校内基层党委（总支）、直属党支部理论学习的必修课，促使党员干部知敬畏、存戒惧、守底线。当前要深入学习新修订的宪法和国家监察法，推进学校全体教职工知法懂法守法、知责尽责负责。要发挥先进典型引领示范和反面典型警示教育作用，用身边人身边事开展警示教育。凡查结的党员领导干部违纪违法案件，都要在本单位本部门开展警示教育。

要运用好“四种形态”，强化日常监督。运用好“四种形态”主责在党委，不能认为只是纪委的事。学校各级党组织要敢抓敢管、严格执纪。在早发现早纠正上下功夫，用好第一种形态，加强日常管理和监督，使批评教育成为常态。要增强谈话函询的严肃性，接受谈话函询的，要在民主生活会上作出说明。

（四）进一步加强执纪审查力度，巩固发展反腐败斗争压倒性态势

要坚定不移减存量、遏增量。坚持无禁区、全覆盖、零容忍，坚持重遏制、强高压、长震慑，实施精准惩处，重点聚焦党的十八大以来不收敛不收手，问题线索集中、群众反映强烈，现在重要岗位且可能还要提拔使用的领导干部，重点查处学术权力、行政权力与经济利益相互交织产生的腐败问题。坚决整治发生在群众身边的“微腐败”问题，牢牢树立“管项目必须管廉政”的思想，项目建设和廉政监管同部署、同检查、同落实。

要坚持整体推进和突出重点相统一，持续强化廉政风险防控管理。按照教育部党组的统一部署，适时探索开展学校监察体制改革。严格廉政风险防控管理，切实把好重点领域、关键环节的关口，不断完善学校惩治和预防腐败体系。对普遍性问题，要突出一个“深”字，要刨到根子上去，深挖病根、对症下药，推动标本兼治；对突出问题，要突出一个“重”字，以“眼里揉不得沙子”的认真态度，大力开展专项整治，做到立竿见影；对苗头性问题，要突出一个“早”字，要早发现、早提醒、早纠正，抓早抓小、防微杜渐。

（五）持续深化巡视整改，不断巩固和扩大巡视整改成果

聚焦教育系统突出问题。习总书记指出，高校党委在“党的领导和党的建设、落实党委领导下的校长负责制、落实意识形态工作责任制、落实纪委监督责任、校办企业监管”等5个方面存在的突出问题，学校各级党组织要进一步完善和强化整改措施，持续抓好巡视整改工作。

要持续深化巡视整改，强化巡视成果运用。全面梳理近一年来学校对中央巡视整改意见的落实情况，既盯住巡视整改不到位的老问题，又着力发现新问题，实现对整改问题“再研究”、整改情况“再体检”、整改落实“再推进”。

（六）积极推进制度创新和优化，不断完善全面从严治党制度机制建设

要推进校内巡察工作。突出政治巡

察，以二级单位党组织领导班子及其成员特别是一把手为巡察重点，对被巡察党组织和党员领导干部践行“四个意识”、贯彻党章和党的十九大精神情况进行监督检查；对党的政治建设、思想建设、组织建设、作风建设、纪律建设和夺取反腐败斗争压倒性胜利等情况进行监督检查；对贯彻落实学校“两个伟大”重大决策部署、重大改革举措等情况进行监督检查；切实解决党的观念淡漠、组织涣散、纪律松弛、管党治党宽松软等问题。

要建立完善学校廉政档案。积极开展相关调研，研究建立廉政档案，动态更新重点岗位一把手和后备干部资料库，把好廉政意见回复关，从源头上净化政治生态。

要建立健全容错免责和错告、诬告澄清保护机制。落实容错免责机制，支持改革、鼓励创新、宽容失败、允许试错。对干扰妨碍监督、打击报复监督者的，对侮辱诽谤陷害他人的，要依纪严肃处理；对于受到错告、诬告的党员干部，要及时澄清事实，恢复名誉。为积极作为、干事创业的干部营造良好的工作环境和氛围。

三、牢牢把握推进学校全面从严治党工作基本要求

各级党组织要把本单位全面从严治党实际、干部教师职工思想实际摆进去，增强责任感使命感，在责任履职上担担子，在任务落实上钉钉子，切实做到严紧硬。

（一）聚焦“两个伟大”，实现全面从严治党与学校综合改革、事业发展和立德树人同频共振、同向发力

建设具有中国特色、川大风格的世界一流大学，关键在党，关键在坚持党要管党、全面从严治党。我们的思想和理念要适应建设中国特色、世界一流大学的思想和理念，要以学校第八次党代会工作谋划为蓝图，紧紧围绕“两个伟大”奋斗目标，坚定不移地推动全面从严治党向纵深发展，促进党建工作与事业发展深度融合，使党始终成为学校建设世界一流大学的领导核心，使学校始终成为坚持党的全面领导的坚强阵地和培养中华民族伟大复兴时代新人的坚强阵地。

（二）盯住一个症结，做好调查研究，把握运用规律，做到靶向治疗、精准发力

要紧紧盯住全面从严治党不力这个症结，紧紧围绕习总书记指出的高校党委5个方面的突出问题，深刻领会陈宝生部长视频会上强调的“四个深刻认识”。大兴调查研究之风，走出办公室到一线去，走出校园到社会去，走出国门到世界去，切忌“踩点式”的走马观花、“盆景式”的只看不问，确保把情况摸清、把问题找准，做到对真实情况了然于胸。同时，既要坚决做到坚持党的全面领导、推进全面从严治党没有例外，落实党章要求、严格执行纪律没有例外，也要结合学校实际和知识分子特点，注意“五个区分”：区分是思想认识问题还是政治原则问题；区分是学术观点问题还是政治立场问题；区分不同的活动性质，是一般公务活动还是教学科研活动；区分不同的行为主体，是党员领导干部还是普通党员教师；即便是同一行为主体，也要区分行为身份，是以党政负责人的名义作出的，还是以科研教学人员名义作出的。要坚持实事求是的原则，最大限度防止干部犯错误，最大限度保护干部积极性。

（三）夯实两个责任，强化责任抓落实，不断增强实干精神，以严的精神、实的态度落实落小落细

全面从严治党，核心是加强党的全面领导，充分发挥各级党组织主体责任和纪检机关监督责任。学校各级党组织要紧紧咬住“责任”二字，始终把履行管党治党责任作为最根本的政治担当，切实贯彻执行责任分解、“签字背书”及约谈提醒制度。要坚决把“从严”要求落实到管党治教、办学治校全过程，真正把纪律规矩立起来。要充分用好“问责”利器，抓住典型、敢于问责、及时通报，释放失责必问、问责必严的强烈信号，有效传导压力，不断推动主体责任向系、科、室以及党支部延伸，不断强化二级纪委履职尽责的能效，打通“最后一公里”。

（四）建好一支队伍，践行忠诚干净担当，确保权力不被滥用、惩恶扬善的利剑永不蒙尘

打铁必须自身硬，要大力加强教育纪检监察机构自身建设，内强素质、外塑形象，践行忠诚干净担当。一要确保政治过硬。纪检监察干部要政治强、站位高，坚守职责定位，坚守忠诚担当，做“党的忠诚卫士，做人民的贴心人”。二要确保本领过硬。纪检监察干部要深化对管党治党规律和教育工作规律的认识，要学会用改革的思路和办法破解难题，要全面掌握和熟练运用政策，春风化雨，以理服人，真正赢得知识分子的信任。三要确保作风过硬。纪检干的就是监督的活、得罪人的活，只能当战士，当不了绅士，要敢于唱“黑脸”，在重要关头敢于说“不”。四要确保纪律过硬。纪检监察干部在行使权力上要慎之又慎，在自我约束上要严之又严。要完善内控机制，自觉接受监督，坚持刀刃向内，坚决防止“灯下黑”。同时，要进一步健全校院两级纪检监察机构，配齐配强专职干部队伍，不断完善办公条件，确保机构到位、编制到位、人员到位、经费到位、条件到位。

同志们，全面从严治党永远在路上。让我们更加紧密地团结在以习近平同志为核心的党中央周围，深入学习贯彻习近平新时代中国特色社会主义思想和党的十九大精神，解放思想、实事求是，改革创新、锐意进取，为全面推进学校“两个伟大”而努力奋斗！

深化校院两级管理体制改革 加快中国特色世界一流大学建设步伐

——在四川大学四届二次教代会暨三届二次工代会上的工作报告

校长　李言荣

（2018年4月27日）

各位代表，同志们：

现在，我代表学校向大会作工作报告，请各位代表审议。

报告共分三个部分：一是2017年工作简要回顾和2018年工作要点；二是深化校院两级管理体制改革；三是真情关爱师生员工，共享学校改革发展成果。

一、2017年工作简要回顾和2018年工作要点

（一）2017年工作简要回顾

2017年是我国发展具有里程碑意义的一年，也是学校事业发展具有里程碑意义的一年。我们深入学习贯彻习近平新时代中国特色社会主义思想和党的十九大精

神，成功召开学校第八次党代会，明确了“两个伟大”的奋斗目标，顺利入选国家世界一流大学建设 A 类高校名单，全面开启建设世界一流大学新时代。

回顾 2017 年，我们重点抓好了 5 件大事：

一是深入学习贯彻习近平新时代中国特色社会主义思想和党的十九大精神，认真贯彻落实全国高校思想政治工作会议精神，扎实推进“两学一做”学习教育常态化制度化。组建学习贯彻党的十九大精神宣讲团，开展宣讲活动近 100 场；成立习近平新时代中国特色社会主义思想研究中心等 4 个社科研究机构，设立专项课题 71 项；举办学习贯彻十九大精神及全国高校思想政治工作会议精神学习培训班，培训党员干部 1483 人。召开全校思想政治工作会，制定实施《关于加强和改进新形势下思想政治工作的实施办法》。制定《关于推进“两学一做”学习教育常态化制度化的实施方案》，切实规范组织生活、落实“三会一课”等，通过学用结合、以学促用推动学习教育与工作深度融合。

二是全力配合中央第九巡视组来校巡视工作，认真落实巡视整改任务。学校认真贯彻习近平总书记关于巡视工作的重要讲话精神，切实落实政治巡视要求，全力配合中央巡视组在学校开展的各项工作。根据中央巡视组反馈意见，制定《关于专项巡视四川大学党委的反馈意见》整改任务清单，细化分解整改任务，明确每项整改工作主责单位、任务清单、完成时间，2017 年 132 项整改任务已全面完成，巡视整改工作取得显著成效。

三是成功召开学校第八次党代会，描绘“两个伟大”宏伟发展蓝图。召开第八次党代会，明确提出全面推进“两个伟大”的宏伟目标，科学谋划建设具有“中国特色、川大风格”世界一流大学的新“三步走”战略，描绘学校未来发展的宏伟蓝图；选举产生了新一届中共四川大学委员会和纪律检查委员会，为全面推进“两个伟大”奋斗目标提供坚强政治和组织保证。

四是科学制定世界一流大学建设方案和实施方案，全面加快世界一流大学建设步伐。围绕建设具有“中国特色、川大风格”世界一流大学的总体目标，坚持“扎根西部、强化特色、创新引领、世界一流”的理念，提出了以“十个一流”为核心的建设任务，重点建设 12 个世界一流学科（群），超前部署“19＋X”个聚焦未来新领域的一流学科，入选国家世界一流大学建设 A 类高校名单。

五是圆满完成校院两级领导班子和领导干部换届调整工作。按照教育部党组统一部署，学校党政领导班子完成部分调整。制定了《中层领导班子和领导人员换届调整实施意见》，严格按照程序，选聘了 405 名政治素质好、业务能力强、担当负责的中层领导人员。通过换届调整，进一步优化了中层干部的年龄、学历、职称、党派、性别结构，打造了一支德才兼备、富有活力、敢于开拓的校院两级干部队伍。

在抓好 5 件大事的基础上，学校各项事业都取得了重要进展：

全面从严治党方面，切实落实管党治党政治责任，完成全校 40 个基层党委（总支）的换届选举工作，深入推进全面从严治党和党风廉政建设，校园政治生态进一步净化。教育教学方面，14 门课程被认定为首批国家精品在线开放课程；荣获第三届中国“互联网＋”大学生创新创业大赛全国总决赛金奖 3 项，金奖数并列全国第一；入选 2017 年度全国创新创业典型经验高校、全国首批深化创新创业教育改革示范高校。高水平师资队伍建设方面，新增院士2人，新增杰青、“四青”、国家百千万人才等16人；钟本和教师团队入选首批全国高校黄大年式教师团队。学科建设和科研方面，在全国第四轮一级学科评估中，获评16个A类一级学科，排名全国高校第9位；进入ESI排名世界前1%的学科领域达到15个，其中，进入前1‰的学科领域2个，今年进入前1‰的学科领域新增临床医学，总数达3个。获准国家重点研发计划专项17项、经费5.24亿元，获准国家自然科学基金项目465项、直接经费2.4亿元；获准国家社科基金立项50项、总数位列全国高校第1。国际交流合作方面，作为中方牵头高校组建了中俄“长江—伏尔加河”流域高校联盟，并举办了首届联盟智库论坛。社会服务方面，华西医院连续8年蝉联“中国最佳医院排行榜”综合排名第2；全力推进定点帮扶甘洛县、岳池县精准扶贫工作，荣获“四川省脱贫攻坚‘五个一’驻村帮扶先进集体”称号。民主治校方面，圆满完成校院两级“教代会”“工代会”的换届选举工作。

各位代表，同志们，2017年，学校“双代会”以“推进人才强校战略，建设世界一流大学”为主题，提出了人才强校八项工程，确定了83项具体任务。目前，已完成70项，完成率为84.3%，其余13项任务正在稳步推进。通过实施人才强校战略，学校汇聚了一批德才兼备、业务精湛、学风优良的高水平人才，为世界一流大学建设提供坚实的人才保障。

各位代表，同志们，以上成绩的取得，离不开中央、教育部及四川省的正确领导，离不开社会各界的大力支持，更离不开全体川大人的共同努力和奋斗！在此，我代表学校向各位代表，并通过你们向全校师生员工和离退休老同志，表示衷心的感谢和诚挚的敬意！

（二）2018年工作要点

2018年是全面贯彻党的十九大精神开局之年，是改革开放40周年，也是学校深化改革创新、加快推进“两个伟大”的关键之年。我们将以习近平新时代中国特色社会主义思想为指导，深入学习贯彻党的十九大精神和十九届二中、三中全会精神，增强“四个意识”，坚定“四个自信”，切实落实学校第八次党代会精神，全面加强党的领导，持续深化巡视整改，巩固发展风清气正的良好校园政治生态；全面实施学校世界一流大学建设方案，深化体制机制改革，推进内涵式发展，加快具有“中国特色、川大风格”的世界一流大学建设步伐。

我们将全面推进以下十个方面的工作：一是深入学习贯彻习近平新时代中国特色社会主义思想和党的十九大精神；二是全面加强学校党的建设，深入推进全面从严治党；三是全面加快推进“双一流”建设步伐；四是深化以院为主体的校院两级管理体制改革，释放更大办学活力；五是坚持立德树人，培养担当民族复兴大任的时代新人；六是深入实施人才强校战略，建设一流师资队伍；七是强化一流科研工作，全面提升科技创新能力；八是深化高端国际交流与合作，提高国际影响力和竞争力；九是加强医疗卫生和社会服务工作，提供一流社会服务；十是深化机构改革，加强内部管理，完善公共服务体系。

二、深化校院两级管理体制改革

各位代表，同志们，深化校院两级管理体制改革是学校2018年的一项重要工作。为系统推进这一改革，学校党委、行政系统谋划了“1+4”的制度体系，即：《四川大学校院两级管理体制改革实施意见》，以及人事管理制度、财务管理制度、人才培养及学科建设管理制度、公共资源配置改革四个配套实施细则。3 月初，学校党委常委会、全委会审议通过了《四川大学校院两级管理体制改革实施意见》。目前，四个配套实施细则已经学校党委常委会原则通过，提交本次教代会讨论后将尽快按程序批准施行。下面，我就这一改革作简要说明。

（一）深化校院两级管理体制改革的重要性和紧迫性

党的十九大作出了“中国特色社会主义进入了新时代”的重大判断。新时代，标明了中国特色社会主义发展的新方位，同时也开启了我国建设高等教育强国新征程。习近平总书记在十九大报告中特别强调，“建设教育强国是中华民族伟大复兴的基础工程”，明确要求“加快一流大学和一流学科建设，实现高等教育内涵式发展”。今年 2 月召开的党的十九届三中全会提出了深化党和国家机构改革的重大改革任务，打响了具有深远历史意义的改革攻坚战。

未来 5 到 10 年是我国世界一流大学建设的关键时期，当前国际国内世界一流大学建设竞争异常激烈，犹如逆水行舟、不进则退。学校建设世界一流大学，发展再上新台阶，就必须抢抓机遇、勇于变革，就必须以管理体制改革激发学校发展内生动力，释放每个办学主体的活力。回顾学校的发展历程，顺应大势、勇于变革是川大发展进程的显著特征。1896 年，学校以“力图富强”为宗旨，“分课华文、西文、算学”，开设自然科学课程，开启了我国西南地区近代高等教育的先河；上世纪 30 年代，学校顺应潮流，通过“三水汇流”实现了学校近代史上一次重大发展；上世纪末、新世纪初，学校进行两次“强强合并”，成为国内高校管理体制改革的先锋，并为今天的四川大学发展奠定了坚实基础。去年，学校第八次党代会确立了“两个伟大”的奋斗目标。去年 9 月，学校正式入选国家世界一流大学建设 A 类高校名单，制定了世界一流大学建设方案和实施方案。今年 1 月，我们召开了世界一流大学建设推进大会，学校世界一流大学建设正式进入施工阶段。建设世界一流大学，根植于 120 余年一代代川大人的接续奋斗，是时代发展和学校发展赋予当代川大人的神圣使命。承担的使命越神圣，肩负的责任越重大，越需要我们深入冷静思考学校发展现状，越需要清醒认识存在的问题和不足，越需要我们加大改革力度，加快形成与世界一流大学建设相适应的治理体系、管理机制和治校能力。

从根本上来讲，学院是现代大学的基本组成单位、是现代大学履行各项职能的具体实施单位，一定程度上，学院的发展实力和发展活力决定着大学的发展实力和发展潜力。我们清醒地看到，当前学校管理体制和运行机制还不能完全适应当前学校发展形势和任务的要求：一方面，由于管理重心过高，资源配置权过于集中到学校，各职能部门高负荷运转，站在全局高度进行谋划、指导、监督和服务的功能发挥还不够；另一方面，由于管理自主权、资源统筹使用权不足，制约了学院办学主体作用的发挥，制约了学院干事创业、推动发展的热情和活力。全面加快世界一流大学建设步伐，必须尽快破解学校管理体制方面存在的突出问题和发展障碍，必须尽快建立起与世界一流大学建设相适应的校院两级管理体制和运行机制。

各位代表，同志们，深化校院两级管

理体制改革，既是学校深入贯彻落实党的十九大、十九届三中全会精神的具体行动，更对学校长远发展具有重要而深远的意义。

一是全面推进学校中国特色世界一流大学建设的必然要求。在世界一流大学建设的进程中，我校地处西部，与东部高校相比，地区吸引力、政策和资源支持力度等都不具优势，只有通过改革体制机制，充分激发学校每个学院、每名师生的活力，才能形成推动学校各项事业发展的强大合力。深化校院两级管理体制改革，就是要切实推动学校管理重心下移，实现学院由办学实体向办学主体的转变，从“让我谋发展”转变为“我要谋发展”，从而形成千帆竞发、百舸争流的生动局面，为学校加快中国特色世界一流大学建设提供坚实的支撑和可靠的保障。

二是全面推进学校内涵式发展的必然要求。实现内涵式发展，是党的十九大对高等教育提出的明确要求。我校办学规模大、学科门类多，为了推动内涵式发展，学校已明确提出“办最好的医科，办一流的文科、理科和新工科”的发展思路和“文优—理进—工改—医强”的实现路径。当前，各学院发展基础不一，面临的发展问题千差万别，只有进一步深化校院两级管理体制改革，才能更好调动学院根据自身发展情况、学科特点和优势谋划发展的积极性、主动性和创造性，深挖潜力、释放活力，从而实现更有质量、更有效率、更可持续的发展。

三是完善学校中国特色现代大学制度的必然要求。完善的中国特色现代大学制度是推进我国世界一流大学建设的坚固基石。建立和完善中国特色现代大学制度，需要形成高校内部各管理主体和层级责权利相协调、相统一、相匹配的管理体制。只有进一步深化校院两级管理体制改革，才能进一步明晰学校和学院职责定位，理顺校院两级的责权利关系，切实建立起与世界一流大学建设相适应的中国特色现代大学制度。

四是促进学校治理体系和治理能力现代化的必然要求。推进治理体系和治理能力现代化，就是要实现治理的科学化、程序化、规范化、制度化。当前，学校治理体系还不够科学和完善，治理能力还不能完全适应世界一流大学建设的需要。只有进一步深化校院两级管理体制改革，以科学和规范的机制赋予学院更多的资源统筹权和自我管理权，才能有效解决当前学校管理重心过高、学院办学主体作用发挥不够等问题，进一步推进治理体系和治理能力现代化。

“问渠那得清如许？为有源头活水来。”我们要通过校院两级管理体制改革，加快建立中国特色现代大学制度，推进治理体系和治理能力现代化，推动实现内涵式发展，建立与中国特色世界一流大学相适应的管理体制和运行机制；切实通过这一改革，夯基筑坝、疏渠引流，充分激发发展活力，充分释放源头活水，为世界一流大学建设注入强劲动力。

（二）深化校院两级管理体制改革的目标、思路和举措

我们深化校院两级管理体制改革的总体目标：一是要建立起以院为主体的校院两级管理体系，进一步推进管理重心下移，扩大学院办学自主权，持续激发学院发展的内生动力，让学院从管理实体转变为管理主体；二是要进一步加强对学院的目标考核和过程监管，明确学校与学院的责任清单和权力边界，形成放管结合的良性互动机制；三是要进一步简化和优化服务流程，创新服务方式，提升服务效能，

全面提升校院两级治理能力和水平，为加快建设“中国特色、川大风格”的世界一流大学提供坚强保障。

我们深化改革的总体思路是：进一步明确学校与学院定位，学院是人才培养、科学研究、学科发展、队伍建设、社会服务、文化传承创新等方面的具体组织实施单位，学校对学院工作实行宏观管理、领导协调和考核监督。以校院两级人事管理制度改革和综合财务管理制度改革为牵引，以落实学院办学主体地位为着力点，以提升学校职能部门服务能力和水平为支撑，坚持放管结合、坚持责权利相统一、坚持激励与约束相对应、坚持激发学院活力，建立学校宏观管理、学院自主运行、责权利明晰的校院两级管理体制机制。

各位代表，同志们，校院两级管理体制改革是一项复杂的系统工程，要加强整体性、系统性、协调性的制度设计。深化校院两级管理体制改革涉及方方面面，必须抓住主要矛盾、找准突破口，我们将重点以四个方面改革为牵引，推进改革的持续深化。

第一，试点推进人事管理制度改革。人是生产力中最具决定性的力量和最活跃的因素。深化校院两级管理体制改革，必须在“人”这个关键因素上做好文章。推进人事管理制度改革，核心是要强化学院在师资队伍建设中的主体责任，扩大学院人才规划、选人用人、职务评聘、岗位管理、绩效考核等权力，充分调动学院内培外引人才的积极性、主动性和创造性，着力构建与世界一流大学建设相适应的人事管理体系，校院合力打造起一支品德高尚、学术卓越、教学优秀的高水平师资队伍。我们将实施以下改革措施：

一是实施人员编制和人员经费总额管理改革。学院根据学校总体要求和自身发展需求，科学制定人才发展规划、岗位聘任方案及用人计划；学校将根据学院学科建设水平和业绩贡献等对学院人员编制和经费总额进行动态调整，以编制和经费撬动学院干事创业的积极性和主动性。特别是，人才战略是学校的核心战略，学校将为学院内培外引“国字号”特别是“青字号”等高端人才额外增加一定额度的人员经费，真正让学院有底气谋划人才战略、有资金引进高端人才、有资源支撑人才发展。

二是扩大学院选人用人自主权。学院可根据学校核定的人员编制及岗位结构、自身人才队伍建设规划，依据学校进人标准自主招聘专职科研人员、教辅和管理人员，真正发挥学院在选人用人过程中的主体作用。学院可推荐全球著名科学家担任学术院长、名誉院长，让这些“学术大牛”为学院学科建设当参谋、为学院发展作顾问、为学院人才引进扮“伯乐”，全面提升学院建设水平和国际影响力。

三是实施专业技术职务评聘和职员评审改革。职称评审改革关系着广大教师的切身利益，也是我们这次人事管理制度改革的重中之重。学校将统一制定专业技术职务及专业技术二、三级岗位和职员岗位申报条件，核定学院各级各类专业技术职务限额数，设置各级专业技术岗位及职员岗位数，将学院高层次人才引培效果与高级职称岗位配置挂钩。学院可自主组织副高级专业技术职务推荐评审，并报学校专业技术职务高级评审委员会审定；自主组织专业技术四级及以下岗位、七级职员及以下岗位的考核聘任工作。通过专业技术职务评聘和职员评审改革，让学院在职称评审中挑“大梁”、唱“主角”，实现职称评审“一子落”带动学院人才资源的“全盘活”。

四是改革岗位管理制度。学院可根据实际工作需要自主设置本单位岗位配置。可根据实际工作需要和考核结果，对教职工岗位类型进行调整。学院自筹经费聘用的编制外人员薪酬发放由学院负责审批、报人事处备案，并由学校财务处统一发放。学院在人员经费总额范围内，可返聘高级专家。通过以上措施，真正让学院有权力按照自身需求设置岗位、有权力按照岗位需求配备人才，做到人岗相适、用当其时、人尽其才。

五是改革人事考核和绩效分配制度。科学合理的考核评价和绩效分配制度，是激发学院干事创业活力和动力的关键。我们要坚持以业绩和贡献度为导向，进一步完善“学校考核学院、学院考核个人”的校院两级人事考核体系。学院根据学校统一部署，自主开展教职工年度考核、聘期考核，并将考核结果作为岗位调整和是否续聘的依据。同时，坚持多劳多得、优劳优酬的原则，探索将学院绩效工资分配与年度考核结果紧密挂钩，着力构建以业绩和贡献为导向的绩效分配制度，真正建立起“一流大学、一流人才、一流业绩、一流待遇”的人才激励机制。

今年，我们将选择若干学院试点以上各项改革举措。在总结改革经验和有效做法的基础上，2019 年将全面深化人事管理制度改革。

第二，深化财务管理制度改革。我们要让学院成为管理主体，在推动事业发展上“当家作主”，就首先必须让学院能够“当家理财”。因此，深化财务管理制度改革是校院两级管理体制改革的关键和引导。

深化财务管理制度改革，核心是要推动财务管理重心下移，扩大学院预算编制和调整权限，将人员基础性绩效、一定比例的奖励性绩效纳入学院统筹，将教育教改专项经费、中央高校基本科研业务费、学生教育经费等按一定比例下放给学院，进一步扩大学院经费统筹权和管理使用权，构建起符合学校实际特点、与世界一流大学建设相适应的现代大学财务治理体系和运行机制。具体来讲，我们将实施以下几项改革措施：

一是完善以目标为导向的预算分配机制。学校每年按标准核定学院预算控制数，学院按照规定程序结合自有财力编制年度综合财务预算。学校建立基于绩效考核的学院预算动态调整机制，将经费预算与实际业绩和贡献直接挂钩，真正形成鼓励先进、鞭策后进的预算分配机制。

二是扩大学院经费统筹使用权。通过这项措施，给学院经费使用松绑。学院可以根据国家政策、学校规定、客观环境及办学条件等发生的重大变化，调整学院负责的校内预算经费，国家专项项目的预算调整按规定办理，让学院能够在经费使用效益最大化上“大显身手”，真正把有限的经费用好，用在促进学院凝练学科方向、培养一流人才、建设高水平师资队伍、进行高水平科学研究等的关键处和“刀刃”上。

三是推动经费管理使用权下移。学校探索将现有人员基础性绩效、一定比例的奖励性绩效纳入学院统筹安排，当年新增院士、杰出教授、长江学者、杰青、“四青”等高端人才的人员费由学校另行增拨；探索将教育教改专项经费、中央高校基本科研业务费、双一流引导专项经费按一定比例额度下放给学院；将本科生和研究生教育经费、学生事务费、招生宣传费等统一作为学生教育经费，提高一定比例后整体打包作为学院运行经费，由学院自主统筹使用；同时，将单笔 50 万元以下的审批权一并下放，让学院掌握的经费从“散兵游勇”向“集团军”转变，更好发挥经费规模效益，提升使用效率。

四是提升财务服务水平。进一步完善财务工作人员对口联系学院制度，根据各学院财务工作量，学校选派 1—2 名专业财务工作人员作为对口联系人，为学院预算编制、科研经费管理、财务报账及其他财务管理事项提供专业咨询服务，发挥好参谋助手作用。

第三，深化人才培养及学科建设制度改革。立德树人是大学的根本任务，学科是大学发展的动力引擎。在大学里，学院最接近广大师生，最熟悉、最了解人才培养和学科建设的规律。我们深化人才培养及学科建设制度改革，核心就是充分发挥学院在人才培养过程中的主体作用，扩大学院在学科专业建设、课程建设、研究生招生、科研管理方面的自主权，建设与世界一流大学相适应的人才培养制度，充分激发学院在学科和专业建设中的内生动力，全面提升学校学科专业的整体实力和国际竞争力。我们将具体实施以下改革措施：

一是推动学科专业建设权下移。学校加强学科专业总体引导和宏观管理，科学制定专业建设总体规划。扩大学院自主设置和调整交叉学科与目录外二级学科的权限，鼓励学院自行组织专家开展二级学科设置与调整评议，自主优化专业结构，升级改造传统学科专业，开办具有川大特色的跨学科、交叉复合型亮点专业。鼓励学院探索推进按专业类或学科大类招生、大类培养，定期开展专业自评和专业认证，深化专业内涵建设。

二是扩大学院课程建设自主权。学院可根据学科特点和人才培养目标，自主规划通识模块课程、专业核心课程、创新创业类课程、跨学科项目制课程、感知未来和探索未来的课程及在线开放课程体系；鼓励学院构建以培养科研创新能力为主的学术学位研究生课程体系，构建以培养实践能力为主、满足职业需求的专业学位研究生课程体系。

三是加强基层教学组织建设。基层教学组织是联系教师与学生、落实教学工作的“最后一公里”。学校将进一步鼓励学院积极组织开展基层教学组织教学研讨交流，强化教学管理队伍建设，进一步提升教学管理水平。鼓励学院充分发挥系、教研室、课题组在组织教学研讨和教学过程管理等方面的基础作用，自主开展学生评教、督导评教、同行评教和领导干部听课的多元化评教活动。强化学院教学督导队伍的督查督导功能，对教学过程、教学资源、教学管理开展全方位督查督导。

四是推进研究生招生培养制度改革。完善博士生招生“申请—审核”制实施办法，扩大“申请—审核”制招生范围，真正选拔出专业基础扎实、科研能力强、具有创新潜质的优秀人才。鼓励学院自主制定研究生招生复试录取方案、考核内容和录取办法，不断提高研究生招生质量。鼓励学院根据学科特点、优势及社会发展趋势，自主定位研究生培养目标，自主制定培养方案，创新研究生培养模式。鼓励基础学科进行硕博一体化培养，鼓励跨学科、跨机构协同培养研究生或与国际高水平大学和研究机构联合培养研究生，支持研究生参加形式多样的高水平学术交流。积极鼓励各学位评定分委员会在满足学校基本要求的基础之上，自主制定符合各学院、学科情况的授位标准，保证学位授予质量。

第四，试点推进公共资源配置改革。科学配置公共资源，充分挖掘办学资源潜力，是推进世界一流大学建设的重要支撑，也是实现学校内涵式发展的必由之路。我们要充分发挥资源分配的“指挥棒”作用，推进公共资源配置改革，建立以绩效和贡献为导向的资源配置机制，扩大学院资源采购权、公房管理权、能源和物业管理权，全面提高公共资源配置的科学性和合理性，使学校有限的办学资源发挥出最大的办学效益。我们将具体实施以下几项改革措施：

一是推进公共资源采购管理改革。进一步提高学校统一采购限额标准，将学校统一采购的货物和服务限额标准提高至100万元、维修工程限额标准提高至120万元，限额以下的采购，由学院自主实施，进一步缩短采购周期，提高采购效率和水平。

二是建立健全仪器设备共享机制。鼓励学院建立健全仪器设备共享机制，实现大型仪器设备全面开放共享；逐步加大学院对设备开放共享服务费的自主统筹比例，进一步提升学院共享设备的积极性和主动性。鼓励学院争取社会资源共建共享实验室，让更多的资源、更多的人才参与到共享实验室的建设中，不断提升学校仪器设备共享的质量和水平。

三是建立以水平和贡献为基础、以发展质量为导向的公房资源配置机制。学院制定公房管理细则，自主决定公房使用功能，自主审批自筹经费公房维修项目，充分发挥公房资源的最大效益。在保证本科实验教学用房的前提下，鼓励学院用房向重点学科、重大项目倾斜，重点保证人才引进用房，以科学合理的公房资源配置机制，激发广大教职工干事创业的动力和活力。

四是推进资产处置备案制改革。简化资产处置的申请、审核、审批与备案程序，达到国家规定报废年限的家具、单台件10万元以下的其他固定资产处置由学院审批。

五是试点建立学院水电气使用自主管理机制。学校选择若干学院试点建立水电气使用自主管理机制，在核定试点学院水电气使用指标和科研经费水电气提成的基础上，将学院水电气运行费用纳入学院预算统筹，鼓励试点学院加强水电气自主管理。

六是试点建立学院物业管理自主管理机制。学校制定全校各类物业服务的分级标准，明确服务内涵，逐步建立物业服务供应商信息库和准入退出机制。根据试点学院使用学校各类资源情况，核定其基本物业服务的年度预算，并纳入学院预算统筹，鼓励学院加强物业服务自主管理。

我们将着重从以下六个方面强化保障措施。

一是全面加强党的建设。我们要全面加强校院两级党的建设，进一步坚持和完善党委领导下的校长负责制，充分发挥学校党委的领导核心作用、基层党委的政治核心作用、党支部的战斗堡垒作用和广大党员的先锋模范作用，推动全面从严治党向系所科室延伸，为深化改革提供坚实保障、凝聚强大力量。

二是强化监管和服务力度。成立校院两级管理体制改革领导小组及五个专项组，即综合协调组、人事专项改革组、财务专项改革组、人才培养及学科建设专项改革组、公共资源配置专项改革组，切实加强对各项改革的组织协调、督促指导和监管服务力度。深入推进学校管理机构改革，进一步明晰学校职能部门的职责定位，使学校机构设置更加科学、职能更加优化、权责更加协同、监管更加有力、运行更加高效；进一步简化职能部门办事流程，改进服务方式，提升服务水平。

三是提升学院治理能力。落实校院两级管理体制改革，关键在学院。要进一步健全科学合理、民主高效的学院党政联席会议制度等党政工作运行机制，不断提升学院决策科学化、民主化水平。进一步加强学院教授委员会建设，健全以学院教授委员会为核心的学术治理体系，充分发挥基层学术组织在人才引进、职称评审、学术评价、科学研究等工作中的重要作用。健全以“双代会”为主体的民主管理和监督机制，教职工奖惩办法、薪酬分配方案等与教职工利益密切相关的重大事项要通过“双代会”等形式听取教职工意见和建议。

四是落实信息公开制度。学院要切实增强主动接受监督意识，按照“信息公开为常态，不公开为例外”原则，制定完善信息公开相关制度，公开各类人事安排、考核奖惩、岗位聘任、职称评定、财务预算及执行结果、资产使用等方面的情况，不断畅通监督渠道，切实保障师生对改革的知情权和参与权。

五是纳入考核指标体系。全面加强学院领导班子目标管理和考核，把推进改革的成效纳入考核指标体系，以严格的考核保障各项改革任务落地；将考核结果作为学院领导班子及领导人员评优、奖励、选拔任用的重要依据，让锐意改革、真抓实干的干部脱颖而出。

六是强化问责力度。我们将对推进改革工作不力、任务落实不到位，特别是对出现“负面清单”列出的禁止性行为，造成不良影响的单位和个人，根据学校相关问责制度，进行严肃问责。当然，我们也会对在改革创新、破解难题、先行先试中出现的一般性问题和过失，宽容对待、免予追责，切实保护干部投身改革的积极性，着力营造“允许改革有失误、但绝不允许不改革”的良好氛围。

各位代表，同志们，只有通过深化校院两级管理体制改革，才能真正革故鼎新、破除障碍，才能切实深挖潜力、释放活力，才能充分聚集智慧、凝聚力量，也才能夯实基础、争创一流。山再高，往上攀，总能登顶；路再长，走下去，定能到达。现在校院两级管理体制改革的目标、思路和举措已经明确，比认识更重要的是决心，比方法更重要的是担当，我们要更加坚定决心，强化担当，切实把全体师生员工的智慧和力量凝聚到改革上来，举全校之力坚定不移将改革进行到底！

三、真情关爱师生员工，共享学校改革发展成果

各位代表，同志们，幸福都是奋斗出来的，建设世界一流大学要靠我们每一位师生员工勇争一流、勤奋上进来实现。我们要努力为学生追逐梦想、成长成才，为老师教书育人、潜心治学，为离退休老同志老有所为、生活幸福，为广大教职工干事创业、开拓创新提供更好的工作环境、生活条件和发展平台，让川大的师生职工有梦想就有希望、有奋斗就有幸福。

我们要努力为学生成长成才创造更加优越的条件。坚持立德树人，全面提升学校思政工作质量，构建课程育人等十大育人质量提升体系，进一步提升学生的政治素养和文化内涵。进一步完善贫困生动态管理库，健全经济困难学生信息档案，加强贫困学生资助力度。进一步改善师生学习工作生活条件，加快推进华西校区西区学生宿舍改造工程，完成江安校区相关学生宿舍和第三学生食堂及素质教育中心的建设、装修和设施配置工作。

我们要努力为教职工安居乐业营造更好的环境。持续推进“与文里”新建住房及其相关配套工作，进一步改善青年教师公寓住房条件。全面启动望江校区幼儿园改扩建工程，积极配合推进与双流区合作新建江安幼儿园，为教职工子女入园创造更加良好的条件。启动校医院改扩建工程，在校医院建立华西医院体检分中心，建立教职工家庭医生联系制度，努力为广大教职工提供更加优质的医疗服务。推进华西校区、江安校区校园交通智能管理和门禁系统建设，探索引进校园巴士，持续改善校园交通环境；基本实现校内主要单位无线网络全覆盖；深入实施校园环境及景观绿化改造提升工程，打造一流的校园环境。

我们要努力为离退休老同志享受美好的晚年生活落实更有利的政策。老同志是学校事业发展的奠基者，是我们的宝贵财富，我们将一如既往地尽力为老同志服好务，让老同志拥有幸福快乐的晚年生活。进一步加强离退休工作，建立完善离退休工作考核表彰机制。认真落实国家各项政策，加强对离退休老同志生活和健康的关爱，加大对特殊困难离退休老同志的帮扶力度。进一步为老同志老有所为提供平台，鼓励和支持老同志在关心下一代、教学督导、青年教师传帮带等方面发挥作用。加强老年文化建设，打造老年文化品牌，让老同志“老有所养、老有所医、老有所为、老有所教、老有所学、老有所乐”。

我们要努力为广大干部尽责履职提供坚实的保障。深化校院两级管理体制改革，关键在干部。今年，我们将全面加强干部思想政治建设，不断提高干部队伍的思想政治素质和办学治校能力，引导和激励广大干部带领师生员工把改革推向前进。加强对干部的关心爱护，为干事者鼓劲、为担当者撑腰、为改革者护航，着力营造干事创业、锐意改革的良好氛围。

各位代表，同志们，当前学校已经进入世界一流大学建设新征程，深化校院两级管理体制改革是学校作出的推进世界一流大学建设的重要举措。我们川大的每位教职工要深入理解改革、大力支持改革、积极参与改革，举全校之力、集全校之智，以最好的状态和实干精神，坚定不移、蹄疾步稳地推进校院两级管理体制改革。我们坚信，在学校党委的坚强领导下，只要解放思想不停步，深化改革不懈怠，创新求变不松劲，就一定能不断用改革成效鼓舞师生，用改革举措凝聚智慧，用改革精神激发干劲，汇集起全体川大人建设世界一流大学的磅礴力量，在推进“两个伟大”的过程中早日实现建成世界一流大学的“川大梦”！

谢谢大家！

附注：

1. “两个伟大”：指学校第八次党代会提出的“党的建设新的伟大工程和建设世界一流大学新的伟大事业”。

2. ESI 学科排名：指由美国科学情报研究所根据全球大学及科研机构 SCI 论文引用情况，按 22 个研究领域排出的全球前 1%的研究机构名单。

3. “十个一流”：即一流师资队伍建设、一流拔尖人才培养、一流学科平台建设、一流科研创新体系、一流成果转化机制、一流华西医疗服务、一流校地合作体制、一流国际合作交流、一流文化传承创新、一流环境条件保障。

4. 12 个世界一流学科（群）：即中国语言文学与中华文化全球传播、区域历史与边疆学、数学与信息科学技术、化学与绿色化工、诱导组织再生主导的生物医学工程、先进高分子为特色的材料科学与工程、深地岩体力学与地下水利工程、先进轻工技术与环境保护、以生物治疗为主导的前沿基础医学与创新药物学、以精准医疗为导向的临床医学与护理学、口腔医学、管理科学与国家治理。

5.“19+X”个聚焦未来新领域的一流学科：即马克思主义理论与中国特色社会主义创新、量子科学与新型外场下的物理学、资源生物学与高原生态、电磁辐射科学与传输技术、工业互联网工程技术、环境与火安全材料化学与工程、新能源与低碳技术、绿色磷化工前沿技术、智能空天信息与先进装备、基于加速器的核技术及应用、应激医学引领的特种医学、综合灾害科学与管理、人工智能、艺术与科学交叉融合、医学大数据、老年康养医学、灾难医学、深地医学、健康食品科学评价体系研究。

6.“三水汇流”：指1931年11月9日，国立成都大学、国立成都师范大学、公立四川大学三所公立高等学校合并组成国立四川大学。

不忘改革开放初心　坚定再出发信心
奋力把学校“两个伟大”不断推向前进

——在四川大学学习贯彻习近平总书记在庆祝改革开放40周年大会上的重要讲话精神座谈会上的讲话

校党委书记　王建国

（2018年12月24日）

老师们、同志们、同学们：

40年前，我们党召开了十一届三中全会，实现新中国成立以来我们党和国家历史上具有深远意义的伟大转折，开启了改革开放和社会主义现代化的伟大历史征程。40年来，亿万人民在中国共产党的坚强领导下，凝聚起磅礴力量，书写了中华民族复兴征程上的壮丽史诗。

12月18日，党中央、国务院隆重召开庆祝改革开放40周年大会，习近平总书记发表了重要讲话，着眼中华民族实现伟大复兴的历史大势，高度评价十一届三中全会的重要地位和伟大意义，深情回顾改革开放40年的光辉历程，深刻总结改革开放的伟大成就和宝贵经验，明确提出了把新时代改革开放继续推向前进的目标要求。习近平总书记的重要讲话，是一篇马克思主义的纲领性文献，是新时代改革开放再出发新的宣言书、新的动员令，对于鼓舞和激励全党全国各族人民在新时代继续把改革开放推向前进，为实现“两个一百年”奋斗目标、实现中华民族伟大复兴的中国梦不懈奋斗，具有重大现实意义和深远历史意义；对于我们在更高起点、更高层次、更高目标上推进改革开放，全面加快中国特色世界一流大学建设具有重大的指导意义。

今天会前，我们参观了学校改革开放

40年成就展。刚才，与会代表作了很好的发言，回望改革开放40年的壮阔历程，畅谈我们国家发生的历史性变革和我们学校取得的辉煌成就，抒发改革开放40年来的情怀与心迹、奋斗与感悟，并围绕学习贯彻习近平总书记重要讲话精神，交流了学习心得与收获。听了之后，我们深受教育、深受感动、备受鼓舞。我也是恢复高考制度之后1978年考入清华大学的，我们这代人是与我国改革开放历程息息相关、与国家发展同频共振、与时代命运高度重合的一代，是改革开放的见证者也是参与者，是受益者也是贡献者，同全国各族人民一样，都是国家改革开放伟大奇迹的创造者。40年来，一代代勤奋的川大人迸发出无限热情，以与时俱进、勇立潮头、敢为人先、革故鼎新的精神品质，在浩大的改革开放历史洪流中涵纳乾坤、励精图治，沿着改革开放的道路和方向披荆斩棘、阔步前行。

在我国改革开放起步探索阶段，我们原四川大学、原成都科技大学、原华西医科大学三校沐浴着改革开放的春风分头并进，积极推进教育教学改革，加强学科建设和科学研究，办学条件得到较大改善，整体水平不断提高，分别发展成为在国内外有重要影响的全国重点综合大学、全国重点工科大学和全国重点医科大学。

在我国改革开放全面推进阶段，我们大胆进行并校改革的探索与实践，于1994年4月和2000年9月实现了两次“强强合并”，开中国高校“强强合并”的先河，成为新时期中国高等教育改革的先锋，在全国大规模高等教育体制改革和结构调整中写下了浓墨重彩的篇章。

在我国改革开放深化完善阶段，学校坚持党的领导，坚持社会主义办学方向，先后召开了学校第六次、第七次、第八次党代会，不断细化完善建设中国特色世界一流大学的战略规划，全校师生勠力同心、改革创新、开拓奋进，在改革开放大潮中谱写了“两个伟大”建设的辉煌篇章，成为国家36所世界一流大学建设A类高校之一，昂首挺进了新时代，正向着世界一流大学的目标坚实迈进！

人才培养方面，1978年，加上恢复高考后入校的77、78级学生，原三校一共8450多名在校生，而今天我们有全日制学生6.7万余人，增长近8倍。40年来，我们坚持立德树人，为社会主义建设和民族复兴大业输送了40多万高素质人才，这是川大对国家作出的最大贡献。2016年4月，国务院总理李克强同志到校视察，对学校人才培养工作给予高度肯定。今年6月，新时代全国高校本科教育工作会议在我校召开，将川大经验向全国推广。

学科建设方面，我们抓住国家“211工程”“985工程”和“双一流”建设等重大机遇，加强学科建设，学科覆盖12个门类，拥有46个国家重点学科，成为中国规模最大、学科最齐全的大学之一，全国大学中文、理、工、医四大门类综合实力最雄厚、发展最均衡的大学之一。在全国第四轮学科评估中，16个学科获评A类学科，排名全国高校第9位，是西部地区唯一进入前十的高校。截至目前，进入ESI排名全球前1%的学科数达到16个，并列全国高校第7位。在2018“软科世界一流学科排名”中，8个学科跻身世界百强，其中，生物医学工程等4个学科跻身世界前50。

科学研究方面，1978年我们的科研基本上都是重新开始，国家重点实验室及工程中心都是零，今天我们已有13个。年科研经费2000年1.66亿元，2017年已达19.6亿元；SCI论文数2000年只有325篇，今年已达到6001篇，位居全国高校第九。2000年以来，学校累计获国家科技三大奖59项（其中牵头31项）；在数学理论、高分子材料、生物医用材料、口腔医学、临床医学、肿瘤生物治疗、化学化工、岩土力学、制革清洁、水利水电等领域取得了一批举世公认的科技成果；华西医学实现院士、国家重点实验室和“973”首席科学家三个“零”的突破。编辑出版了《甲骨文字典》《汉语大字典》《儒藏》《巴蜀全书》等大型文化典籍，为传承创新中华优秀传统文化做出了重大贡献。

国际影响力方面，40年前我们无缘走向世界，40年来我们抓住对外开放的重大机遇，“引进来，走出去”，已与34个国家和地区的268所知名大学、研究机构建立了交流合作关系。与哈佛大学、牛津大学、加州大学等建立了15个实质性的高层次国际科研合作平台。与匹兹堡大学共建“四川大学—匹兹堡学院”；与香港理工大学共建了灾后重建与管理学院。建立海外孔子学院5所。连续举办7届“实践及国际课程周”活动；实施了“大川视界”大学生海外访学计划。学校国际影响力和竞争力显著提升，在多个著名国际大学排行榜中进入全球500强，有的排行榜进入全球200强，尤其是在反映基础前沿科学研究实力的自然指数排名中，我校表现不俗，排名稳步提升，最新排名位列全球高校第55位。

同时，我们还在高水平师资队伍建设、社会服务能力提升、中国特色现代大学制度建设、新校区建设、校园民生改善、党建及思想政治工作、校园和谐稳定等方面，取得了辉煌的成就，为国家和地方经济社会发展做出了重要贡献。改革开放的40年，是四川大学发展最迅速、综合实力提升最显著的40年，是改善民生力度最大、师生得到实惠最多的40年，也是学校各级党组织团结带领师生解放思想、开拓创新，为建设中国特色世界一流大学不懈奋斗的40年。没有改革开放的伟大觉醒，就没有中国今天的伟大创造；没有改革开放的伟大变革，就没有四川大学今天的辉煌成就；没有改革开放的伟大实践，就没有我们在座各位今天的美好生活。

此时此刻，我们不能忘记，四川大学40年来取得的辉煌成就，是在党和国家改革开放英明政策指引下，在党中央和上级党组织坚强领导下，在海内外校友和社会各界大力支持下，学校历届领导班子和各级党组织带领全校师生员工艰辛探索、百折不挠、同心同德、艰苦奋斗取得的。在此，我代表学校党委、行政，向改革开放40年来，为学校改革发展贡献智慧和力量的广大离退休老领导、老同志、老教师和师生员工致以崇高的敬意！向所有关心和支持四川大学改革发展的社会各界人士、海内外校友表示衷心的感谢！

回望40年的辉煌岁月，在改革开放的道路上我们留下了深深足迹，积累了宝贵经验，给未来的发展以深刻启示。习近平总书记在庆祝改革开放40周年大会上的重要讲话中，用“十个始终坚持”高度概括了我们党引领亿万人民的奋斗历程和创造的人间奇迹，用“九个必须坚持”深刻阐述了改革开放40年积累的宝贵经验。“十个始终坚持”深刻启示我们，伟大梦想不是等得来、喊得来的，而是拼出来、干出来的。在新时代把改革开放推向前进，我们就要深刻把握以“十个始终坚持”取得的伟大成就，绝不能有半点骄傲自满、故步自封，也绝不能有丝毫犹豫不决、徘徊彷徨，必须勇立潮头、奋勇搏击。“九个必须坚持”，是党和人民弥足珍贵的精神财富，对新时代坚持和发展中国特色社会主义有着极为重要的指导意义。“九个必须坚持”，与四川大学40年的探索实践完全一致，对四川大学未来的改革发展完全适用。对这些宝贵经验，我们要倍加珍惜、长期坚持，在实践中不断丰富和发展，为推进新时代学校“两个伟大”凝聚起更加强大的动力。只要始终坚持这些宝贵经验，坚定不移地推进改革开放，我们就一定能够从胜利走向新的胜利，在辉煌中创造新的辉煌!

老师们、同志们、同学们，回顾过去，总结过去，都是为了更好推动今后的发展。站在时间的坐标上回望历史，正是有了改革开放的春风，四川大学才能取得如此辉煌的办学成绩；站在历史的方位上展望未来，40年巨变远不是结束，改革开放永远在路上。新时代，我们的使命更光荣、任务更艰巨、挑战更严峻、工作更伟大。全校各级党组织、各单位要认真组织党员干部、师生员工，深入学习贯彻习近平总书记重要讲话精神，充分认识习近平总书记重要讲话精神的重大意义，准确把握习近平总书记重要讲话的精神实质，把思想和行动统一到重要讲话精神上来，统一到把新时代改革开放继续推向前进的目标要求上来，坚持不忘改革开放初心，坚定再出发信心，高举新时代改革开放旗帜，以将改革开放进行到底的精神，更加自觉、更加主动地推进学校“两个伟大”，更好地服务中国特色社会主义建设事业。

一是坚持党对学校工作的全面领导，为建设中国特色世界一流大学提供坚强保证。40年的历程充分证明：中国共产党领导是中国特色社会主义最本质的特征，是中国特色社会主义制度的最大优势。正是因为有中国共产党的领导，我们国家才能实现伟大历史转折、开启改革开放新时期和中华民族伟大复兴新征程；正是因为始终坚持党的领导，我们川大才能取得如此辉煌的办学成绩。

新时代，在建设世界一流大学的新征程上，我们必须旗帜鲜明坚持党的领导，深入学习贯彻习近平新时代中国特色社会主义思想，增强“四个意识”，坚定“四个自信”，做到“两个坚决维护”，确保中央的决策部署在川大得到不折不扣的贯彻落实。必须坚持和完善党委领导下的校长负责制，充分发挥学校党委的领导核心作用，全面领导好学校各方面工作。必须坚持把马克思主义作为学校最鲜亮的底色，严格落实意识形态工作责任制，牢牢把握意识形态工作领导权，确保校园政治安全和和谐稳定。必须坚持把抓好党建工作作为办学治校的基本功，以提升组织力为重点，突出政治功能，全面加强基层党组织建设，充分发挥基层党组织的战斗堡垒作用。必须从严落实党风廉政建设“两个责任”，坚定不移推进全面从严治党，巩固发展风清气正的良好校园政治生态，确保学校改革发展始终沿着正确方向前行，确保学校始终成为坚持党的领导的坚强阵地。

二是坚持以发展为第一要务，深化改革、扩大开放，全面加快推进中国特色世界一流大学建设。发展是第一要务。改革开放40年来，正是坚持以经济建设为中心，我们国家实现了从“追赶”到“引领”的跨越；也正是坚持发展，我们四川大学各项事业呈现出蓬勃发展的生动局面。同时，改革开放是教育事业发展的根本动力。通过改革，我们解决了许多深层次矛盾和问题，为学校发展注入了新的活力。通过开放，我们加强国际交流合作，借鉴先进办学经验，探索适合自身的发展模式，提升了国际影响力。

新时代，在建设世界一流大学的新征程上，我们必须以坚持发展为第一要务，着力增强改革系统性、整体性、协同性，找准深化改革的重点和突破口，深化改革创新，扩大开放办学，不断释放潜力、激发活力、培育动力，全面提升学校的核心竞争力。

要着力完善人才培养机制。坚持立德树人，着眼于“教好”“学好”“管好”，强化“三全育人”，围绕“六个下功夫”，不断完善德智体美劳全面发展的教育体系和高水平人才培养体系，努力培养又红又专的社会主义建设者和接班人。

要着力推进校院两级管理体制改革。在试点基础上全面推开和深化校院两级管理体制改革，真正建立健全学校宏观管理、学院自主运行、权责利明晰的校院两级管理体制，切实落实学院办学主体地位，激发学院办学活力。

要着力推进学校管理机构改革。尽快出台机构改革方案，启动机构改革，在调整和整合管理机构及职能的基础上，优化内部权力结构和运行机制，建立与一流大学相适应的系统完备、科学规范、运行高效的管理体制和运行机制，为世界一流大学建设提供有力保障。

要着力推进学科整合优化改革。根据学校“双一流”建设需要，研究制定院系设置方案、学科专业调整方案，优化整合学院、学科和专业设置，集中财力、物力、人力重点建设一些学科，办一些大事，争取更多学科进入 A 类学科，进入 ESI 全球前 1%、前 5‰和前 1‰。

要着力推进学术评价机制改革。反对“五唯”做法，建立健全以创新能力、质量、贡献为导向的多元学术评价体系，形成并实施有利于人才潜心研究和创新的评价机制，营造良好的学术环境，让潜心学术研究的人才脱颖而出。

要着力推进高端国际化办学。在“扎根中国大地办大学”的基础上，树立国际化发展理念，紧跟国家迈向世界舞台中央的时代步伐，深化高端国际交流与合作，在国际舞台上讲好中国故事，发出川大声音，全面提升川大全球竞争力和国际声誉。

三是必须坚持全心全意依靠教职工办学的方针，建设高素质人才队伍，为推进学校“两个伟大”提供坚实的人才保障。40 年实践充分证明：人民是改革的主体，紧紧依靠人民，是改革深入推进的力量源泉；没有人民的支持和参与，任何改革都不可能取得成功。四川大学 40 年来所取得的每一个进步，无不凝聚着教职员工改革创新的精神、改革创新的智慧、改革创新的勇气和改革创新的心血与汗水。过去的成绩，依靠教职员工；未来的发展，更取决于教职员工。要在中国西部把如此超大规模的大学建成世界一流大学，这是我们前所未有的伟大事业。只有坚持全心全意依靠教职员工深化改革、扩大开放，才能形成推进世界一流大学建设的强大合力。

新时代，在建设世界一流大学的新征程上，我们必须把师资队伍建设作为基础工作，围绕世界一流大学建设目标，深入实施人才强校战略，加大海内外高层次人才的引进和培育力度，强化高端人才的支撑作用。加强教师思想政治工作和师德师风建设，深入实施教职工党支部书记“双带头人”培育工程，充分发挥教职工党支部的引领作用。健全完善教师激励机制，营造真诚关心人才、爱护人才、成就人才的良好环境氛围，激发广大教职员工支持改革、参与改革、推动改革的积极性、主动性和创造性。

新时代，在建设世界一流大学的新征程上，我们必须着力建设一支担当有为的高素质干部队伍，增强干部本领能力，教育引导广大干部担当作为、干事创业；树立鲜明用人导向，让那些想干事、能干事、干成事的干部有机会有舞台；充分发挥考核评价的激励作用，使政治坚定、奋发有为的干部得到褒奖和鼓励，使慢作为、不作为、乱作为的干部受到警醒和惩戒；关心关爱干部，为敢于担当的干部撑腰鼓劲。学校各级领导干部要树立与新时代全面深化改革开放相适应的思想作风和担当精神，凝心聚力、真抓实干，攻坚克难、奋勇争先，在改革开放再出发的新征程中展现新担当，实现新作为。要始终把师生利益摆在至高无上的地位，坚持把师生对美好未来的向往作为奋斗目标，最大程度、最大范围惠及师生、维护师生利益，不断增强师生员工的获得感幸福感安全感。

老师们、同志们、同学们，过去40年，改革开放为每一个中国人拓展了人生出彩的机会；未来40年，将是国家和我们个体两个生命周期同频共振的新时代，我们的人生与“两个一百年”奋斗目标的实现高度吻合，将是这一历史进程的见证者，更是参与者和创造者。面向新征程，全校各级党组织、领导干部和广大师生员工要切实担负这一理想和使命，进一步凝聚改革共识、增强发展信心，支持改革、参与改革、推动改革，不畏艰难险阻，大胆将改革开放进行到底，一棒接着一棒跑下去，为下一代人跑出一个好成绩。

站在新的历史起点，让我们在习近平新时代中国特色社会主义思想的指引下，深入贯彻落实党的十九大和十九届二中、三中全会精神和全国教育大会精神，高举新时代改革开放旗帜，不忘初心、牢记使命，继续把握住历史发展大势，抓住历史变革时机，坚定不移推进改革开放，锐意进取，奋发有为，在全面建成小康社会、实现中华民族伟大复兴的中国梦进程中，谱写四川大学世界一流大学建设新的辉煌篇章！

谢谢大家！

继承和弘扬改革开放精神 全面加快世界一流大学建设步伐

——在四川大学学习贯彻习近平总书记在庆祝改革开放40周年大会上的重要讲话精神座谈会上的讲话（节选）

校长 李言荣

（2018年12月24日）

尊敬的卢校长、杨书记，老师们、同学们、同志们：

大家好！上周，中央召开了庆祝改革开放40周年大会，习近平总书记在会上做了重要讲话。我们及时组织广大干部师生集中收看了大会的直播，并且通过多种方式组织大家认真学习领会。今天，我们在这里召开座谈会，就是要进一步深入学习习总书记在大会上的重要讲话精神，回顾和总结我校40年来改革建设发展的历程，进一步凝聚全校上下全面深化改革的思想认识和强大合力，加快推进学校“两个伟大”的建设步伐。

会前，我们一起参观了学校庆祝改革开放40周年的主题展，我们看到这些历史照片不仅集中反映了改革开放40年来我们川大在人才培养、科学研究、社会服务和文化传承等方面所取得的突破性进展，也有不少像恢复高考招生、三校并校改革这样的川大与国家和高等教育改革同向同行的标志性事件。看过展览以后我们最大的一个感受就是，改革开放的40年是学校历史上发展的最快最好的40年。今天我们邀请了老中青三代川大人的代表一起来交流这40年改革开放的体会和感悟。

刚才，我们的卢铁城老校长、杨泉明老书记以及冉老师、王院士、董老师和周老师都做了很好的发言，大家都围绕学习贯彻习总书记的重要讲话精神，从不同角度，结合自身经历，交流了学习体会，回顾了改革开放以来国家的发展、学校的变化和个人的成长，讲得都非常生动，充满了真情实感，让我们深受教育、更深受感动。建国书记从深刻认识习总书记重要讲话的意义、改革开放对学校发展的启示等方面谈了自己的体会，特别是对学校如何以改革的实际行动来贯彻总书记的讲话精神提出了具体要求，会后大家要认真学习、抓好落实。

老师们、同学们、同志们，习总书记在庆祝改革开放40周年大会上全面总结了改革开放40年来的光辉历程，用“三个充分证明”和“九个必须坚持”高度凝练了改革开放40年的宝贵经验。其实我们今天在座的每个人都是与改革开放高度关联的，包括我自己在内也是国家恢复高考以后的第一批大学生，所以我们这代人既是改革开放的亲历者也是实践者，既是受益者也是贡献者，对改革开放政策都有着很多自己的认识和体会。对我来说，体会最深的就是小平同志讲发展是第一要务，发展是硬道理，那是何等的英明伟大。具体来说，我有三点认识：第一就是1978年后打开了国门，打开了人们的视野，全面实行了开放，特别是让很多人第一次走出了国门，到国外留学，真正开阔了眼界。第二是大力改革制约生产力的各种生产关系，从体制机制改革入手，释放了人的活力，这种体制机制的改革是从农村到企业、从教育到科技的全方位的改革，比如刚才一些老师提到的恢复高考制度、建立家庭联产承包责任制等，这些改革都深刻影响了整个国家和我们每个人的前途和命运。第三就是树立了一批各行各业的改革典型，让人们看到通过个人的奋斗，每个人都可以改变自己的命运、创造更加美好的生活，包括建立深圳特区真正让一部分人先富了起来，等等。

刚才，我们一起回顾了学校近年来的改革发展历程。总结了改革开放的主要经验，大家可能也和我一样都深深感受到，无论是并校改革、部省市共建，还是新校区建设，都是因为学校历届领导班子、历届川大人抓住了历史机遇，大胆进行改革创新，才使得川大在每个历史阶段都跟上了时代的步伐，更为今天我们建设世界一流大学打下了坚实的基础。当前我们正在全面加快“双一流”建设，必须更加坚定“改革开放再出发”的信心和“将改革进行到底”的决心，在增强改革的系统性、整体性和协同性上下功夫，在拓展改革的广度、深度和力度上下功夫，在充分调动广大师生的积极性、主动性和创造性上下功夫。

老师们、同学们、同志们，习总书记在庆祝改革开放40周年大会上强调：“建成社会主义现代化强国，实现中华民族伟大复兴，是一场接力跑，我们要一棒接着一棒跑下去，每一代人都要为下一代人跑出一个好成绩。”其实我们建设世界一流大学和改革开放一样，也是一场接力跑，只有一棒更比一棒跑得好，我们川大的各项事业才会越来越好，我们建设世界一流大学的美好蓝图才能早日实现！

谢谢大家！

学校工作要点、总结

四川大学2018年工作要点

（川大委〔2018〕13号）

2018年是全面贯彻党的十九大精神的开局之年，是改革开放40周年，也是学校深化改革创新、加快推进“两个伟大”的关键之年。2018年，学校工作的总体要求：高举中国特色社会主义伟大旗帜，以习近平新时代中国特色社会主义思想为指导，深入学习贯彻党的十九大精神和十九届二中、三中全会精神，不忘初心、牢记使命，增强“四个意识”，坚定“四个自信”，坚决维护以习近平同志为核心的党中央权威和集中统一领导，以全面推进学校“两个伟大”为主线，坚持党要管党、全面从严治党，全面落实学校第八次党代会精神，加强学校党的领导和建设，持续深化巡视整改，巩固发展风清气正的良好校园政治生态；全面实施学校世界一流大学建设方案，深化体制机制改革，坚持内涵式发展，振奋精神、凝心聚力，加快具有中国特色、川大风格的世界一流大学建设步伐。

一、深入学习贯彻习近平新时代中国特色社会主义思想和党的十九大精神

1. 推进学习教育全覆盖。将学习贯彻习近平新时代中国特色社会主义思想和党的十九大，十九届二中、三中全会精神作为2018年校院两级中心组学习、干部培训、党支部组织生活及教职工政治学习重要内容，制定实施学习计划。持续发挥校院两级党员领导干部的示范作用，带头讲党课、做宣讲；发挥专题培训的带动作用，推进各级各类干部师生培训教育全覆盖；发挥教师学生两类宣讲团的辐射作用，让宣讲多形式、接地气地走进广大师生；发挥思想政治理论课的主渠道作用，打造18门党的十九大精神“名师示范课堂”，深入推进习近平新时代中国特色社会主义思想“三进”。成立“五老自信报告团”，加大在离退休老同志中的宣讲力度。按照中央统一部署，开展“不忘初心、牢记使命”主题教育，推进“两学一做”学习教育常态化、制度化。

2. 扩大教育宣传力度。充分发挥“一网三微”校园媒体的作用，加强与中央和省市主流媒体的战略合作，加大学校学习贯彻习近平新时代中国特色社会主义思想和党的十九大精神的宣传报道。举办师生学习习近平新时代中国特色社会主义思想成果展。组织开展“爱国·奋斗”精神教育。深入开展以“牢记时代使命，书写人生华章”为主题的党团日活动，以“重走改革开放路，砥砺爱国奋斗情”为主题的社会实践活动，以“传播正能量，

弘扬主旋律”为主题的网络教育活动，以“凝聚青春力量，闪耀青春光彩”为主题的典型人物宣传活动。

3. 深入开展理论研究阐释。推进四川大学习近平新时代中国特色社会主义思想研究中心、中国特色社会主义政治经济学研究中心等党的创新理论研究机构建设。加强全国重点马克思主义学院建设，加快马克思主义理论学科作为超前部署一流学科的培育，召开纪念马克思诞辰200周年研讨会。制定优秀网络文化成果纳入学校科研成果统计的相关办法。设立专项课题，开展习近平新时代中国特色社会主义思想系统化、学理化、学科化研究，力争产出一批高水平、标志性理论研究成果。

4. 大兴调研，狠抓落实。大兴调研之风，制定学校班子2018年度调查研究工作方案，坚持问题导向，针对当前学校和上级关心、师生员工关切、社会关注的热点难点问题，明确调研重点和任务。健全抓落实工作机制，明确层层抓落实责任，确保各项工作出成果、见实效。

二、全面加强学校党的建设，深入推进全面从严治党

5. 坚持把党的政治建设放在首位。加强《中共中央政治局关于加强和维护党中央集中统一领导的若干规定》的学习教育，引导党员干部坚定执行党的政治路线，严格遵守政治纪律和政治规矩，坚决维护习近平总书记在党中央和全党的核心地位，坚决维护党中央权威和集中统一领导，坚决贯彻中央的决策部署。严格执行党内政治生活若干准则，增强党内政治生活的政治性、时代性、原则性、战斗性。聚焦高校在党的领导和党的建设、落实党委领导下的校长负责制、落实意识形态工作责任制、落实纪委监督责任、校办企业监管等5个方面存在的突出问题，持续抓好巡视整改工作，不断巩固和扩大巡视整改成果。出台《中共四川大学委员会关于坚持和完善党委领导下的校长负责制的实施细则》，加强学校党委对学校工作的全面领导。修订《中共四川大学委员会关于进一步贯彻落实“三重一大”决策制度的实施办法》，严格执行民主集中制，推进决策科学化、民主化。

6. 严格落实意识形态工作责任制。坚持意识形态工作定期研判机制，健全完善意识形态工作管理制度。开展意识形态工作内审内巡，加强学院意识形态工作责任制落实情况督查。持续抓好思政工作重点任务的督查和通报，深入推进思政工作落地生根。加强网络评论员队伍建设，组织专家主动发声，加强舆情引导。建强中宣部舆情直报点，组建舆情研判工作队伍，提高服务大局、服务决策的力度。强化校园各类文化阵地监管。做好抵御境外利用宗教进行渗透和防范校园传教工作。完善校地意识形态工作联系处置机制。

7. 加强干部队伍建设和人才工作。坚持党管干部原则，完成部分空缺中层岗位领导人员及专职科研机构负责人选任和科级干部换届工作。做好中层领导人员任期到届离任或交流轮岗相关工作。加强干部教育培养，举办干部能力提升培训班。加强干部监督管理，做好干部人事档案管理、个人有关事项报告、因私出国（境）管理、兼职兼薪管理、提醒函询诫勉等工作。出台《四川大学挂职干部人才管理办法》。坚持党管人才原则，调整学校人才工作领导小组，完善人才发展战略规划和人才政策，加强人才工作的协调和服务，强化对人才的政治引领和政治吸纳，使学校成为各类人才在西部地区干事创业、服务国家的人才高地和聚集地。

8. 加强基层党组织和党员队伍建设。把2018年作为学校党建质量年，以提升基层党组织组织力为重点，全面加强基层党组织建设，发挥好学院党委（总支）的政治核心作用和党支部的战斗堡垒作用。完善基层党组织党建工作考核办法，持续开展基层党组织书记抓基层党建述职评议考核工作。全面落实学校《进一步加强和改进党支部建设的实施意见》，实施百名教师党支部“双带头人”培育工程；开展新一轮党支部“三分类三升级”工作，持续提升基层组织力、凝聚力和战斗力，团结全校师生职工聚焦世界一流大学建设。加强党员发展对象培养培训，提高党员发展质量，注重在青年教师，特别是学术带头人和学术骨干中发展党员。

9. 深化党风廉政建设。深入贯彻落实中央八项规定及实施细则精神，制定《四川大学关于贯彻落实中央八项规定精神及实施细则的实施办法》，紧盯“四风”问题新动向，特别是形式主义、官僚主义新表现，严肃查处顶风违纪行为。加强制度创新，建立健全容错免责和错告、诬告澄清保护机制；开展校内巡察工作；健全廉政风险防控机制，加大重点领域关键环节的监管力度。开展经常性纪律教育，深化运用监督执纪“四种形态”，强化日常监督执纪，抓早抓小、防微杜渐。开展以“我的初心，我的使命，我的一流”为主题的党风廉政教育宣传月活动，把党风廉政教育融入“两学一做”学习教育常态化制度化和世界一流大学建设之中。加强对党内政治生活状况、党的路线方针政策和民主集中制等制度执行情况的监督检查，保持对“七个有之”问题高度警觉。坚持无禁区、全覆盖、零容忍，坚持重遏制、强高压、长震慑，重点查处不收敛不收手，问题线索集中、群众反映强烈等违法违纪问题，持续释放越往后执纪越严的态度和决心。严肃追责问责，健全管党治党责任体系，把全面从严治党不断引向深入。

10. 加强校园民主建设。召开第四届教职工代表大会第二次会议暨第三届工会会员代表大会第二次会议。完善“双代会”制度，制定《四川大学工会分会考核实施办法》。完成学校人事争议调解委员会换届。落实《四川大学共青团改革实施方案》。召开共青团四川大学第十三次代表大会。全面加强统一战线工作，强化党外人士思想政治引导，建设“党外人士之家”，积极推进落实优秀党外人士的政治安排和实职安排。筹备成立四川大学欧美同学会（留学人员联谊会）。加强对离退休老同志生活和健康的关爱，加大对特殊困难离退休老同志的帮扶力度。继续发挥好关工委、新四军研究会等老年平台的作用。

11. 推进和谐平安校园建设。完善校园安全稳定综合防控体系。推进“校园天网”三期工程建设。加强校园消防安全工作和反恐防范工作，深化平安校园建设。推进校园网络态势监控系统建设，完善网络安全事件应急预案，深入落实网络安全责任制。

三、全面加快推进“双一流”建设步伐

12. 加快推进世界一流大学建设。全面落实《四川大学世界一流大学建设方案》和《四川大学世界一流大学建设实施方案》，坚持以一流人才培养为中心，以一流师资队伍建设为保障，以一流科技创新能力提升为动力引擎，以一流学科体系建设为牵引，协调推进“十个一流”重点任务建设，引领带动学校整体发展。以世界一流大学的标准和要求，坚持内涵式发展，深化改革创新，全面提升办学质量和水平。健全学院领导班子任期目标责任制，严格执行学院领导班子任期目标责任书，强化绩效考核。完成学院创新发展方案建设的验收考核工作。加大与世界大学排名机构及各数据库公司的交流与合作，提高国际评估研究决策参考水平。

13. 加快推进世界一流学科建设。全面实施《四川大学学科建设方案》，健全并落实学科“首席科学家负责制”，细化学科建设举措，有序推进已签约的12个重点建设学科（群）和19个超前部署学科的建设工作。按照“成熟一个、启动一个”的原则，适时启动其他拟建超前部署学科建设。全面推进一流医学学科建设，重点实施“1+3+N医学学科工程”。深入实施“ESI提升计划”，增强学科国际影响力。筹办“四川大学一流学科建设论坛”。分析研究教育部第四轮学科评估，构建学科建设资源动态配置机制，优化调整学科布局。大力推动学科交叉，重点建设若干学科交叉中心。推进一级学科合格评估、学位点动态调整和二级学科自主调整等工作。

四、深化以院为主的体制改革，释放更大办学活力

14. 深化校院两级管理体制改革。召开纪念改革开放40周年大会，以将改革进行到底的决心和勇气全面深化学校综合改革。制定实施《四川大学校院两级管理体制改革实施意见》及《四川大学校院两级财务管理体制改革实施细则》《四川大学校院两级人事管理体制改革实施细则》《四川大学校院两级人才培养及学科建设管理体制改革实施细则》《四川大学校院两级公共资源配置改革实施细则》等四个配套制度，以校院两级人事管理制度改革和综合财务管理制度改革为牵引，以落实学院办学主体地位为着力点，以提升学校职能部门服务能力和水平为支撑，坚持放管结合、坚持责权利相统一、坚持激发学院活力，建立学校宏观管理、学院自主运行、责权利明晰的校院两级管理体制机制，进一步落实管理重心下移，进一步扩大学院办学自主权，持续激发学院内生动力。

15. 完善工作运行机制。全面落实新修订的《四川大学学院党政联席会议制度实施办法》，健全科学合理、民主高效的学院党政工作运行机制，推进学院决策科学化、民主化。健全以学院教授委员会为核心的学术治理体系。健全以基层单位“双代会”为主体的学院民主管理和民主监督机制。启动学校学术委员会换届工作。

16. 优化机构设置。根据十九届三中全会的战略部署，制定实施《四川大学机构改革方案》，按照总量控制、精简高效的原则，合理调整机关职能部门及其内设科室的设置、职能定位与岗位职责，对部分职能和职责相同或相近的部门和岗位探索合并设立或合署办公。优化和调整科级管理机构及其岗位，将科级管理岗位设置进一步向学院倾斜，实现机关队伍精干、学院队伍充实。规范精简办事流程，改进服务方式，提高服务效能，建立与世界一流大学相适应的公正、高效、廉洁的服务体系。

五、坚持立德树人，培养担当民族复兴大任的时代新人

17. 提升学生政治素养和文化内涵。把2018年作为思政工作质量提升年，构建课程、科研、实践、文化、网络、心理、管理、服务、资助、组织等十大育人质量提升体系。推进“六位一体”思政工作队伍体系建设。打造以“红动1小时”

主题教育活动为代表的“8秒正能量”系列思政课教学品牌。建设在线思政课程工作坊。举办形势政策大讲堂。开展“诚信教育宣传月”活动。深化“全过程、立体化”的体育课程教育教学创新体系，树立和培养学生的终身体育意识。探索推进“第二课堂成绩单”工作。举行第三届“德渥群芳”先进科研团队风采展示活动。筹备召开“纪念吴玉章诞辰140周年”系列活动。举办“江姐”革命事迹专题展。开展“院士回母校”“杰出校友回母校”活动。

18. 提升本科教学质量。围绕“办最好的本科教育”目标，打造“四卓越一拔尖”2.0版。加强优质通识模块课程及精品在线开放课程的建设。推进本科教学改革，启动实施“跨学科专业一贯通式人才培育计划”“全球胜任力和未来领袖培育计划”“基于现代信息网络技术的深度学习探索计划”和“感知未来、思考未来的探索式教育计划”。推进“教学创客中心”建设，启动“未来教学研究专项”。深化医教协同培养医学人才。推进教学管理全过程的规范化、痕迹化、精细化，做好迎接本科教学审核评估工作。推进创新创业教育改革，完成国家“双创”示范基地验收。承办教育部全国本科教育教学“一流本科、一流专业、一流人才”现场会，贡献川大智慧和川大方案。筹建国家医学教育示范中心。积极组织申报国家教学成果奖。编写发布《四川大学2017—2018学年本科教学质量报告》和《四川大学2017—2018学年本科教学质量分析报告》。

19. 培养高水平研究生。推进优秀研究生世界名校“交互”培养工程，支持300—600余人次参加研究生高水平国际学术交流支持项目、境外短期访学支持项目、“1+1”国际双导师联合培养项目，支持举办3—5个博士生高端国际学术论坛。实施研究生实践能力提升计划，派出300余人到高水平科研院所、实践基地、国际组织开展联合研究、实习实训。继续实施“一流大学研究生培养质量提升计划”，重点支持100项左右研究生课程建设项目。开展第二届研究生创新基金项目评选，支持100项左右高水平科研项目。改革研究生培养和学术评价机制，探索联合招收研究生，共享学术研究成果。制定《四川大学学位评定委员会章程》，完成学位评定委员会换届工作。修订《四川大学增列研究生指导教师实施办法》《研究生学位论文质量管理实施办法》，积极推进学位论文质量平台建设项目。

20. 提升招生与就业创业质量。进一步落实招生宣传工作责任制，持续提升生源质量，大力吸引一流拔尖生源，力争理科录取平均分高出当地一本线120分的省（市、区）不低于18个，文科录取平均分高出当地一本线100分的省（市、区）不低于8个。完善《“网络技术特殊人才”选拔和培养方案》，力争启动招生工作。完善“申请—考核”制博士研究生招生制度。升级“互联网+就业”信息管理系统，提升就业创业指导管理服务水平。构建高质量用人单位网络，实施精准的困难学生就业帮扶，实现学生更高质量、更加充分就业，力争毕业生就业率突破97%，高质量单位就业占比不低于65%。做好基层就业、国际组织实习任职、应征入伍等就业专项工作，提高毕业生深造率、自主创业率。

六、深入实施人才强校战略，建设一流师资队伍

21. 加强师德师风建设。落实《中共中央国务院关于全面深化新时代教师队伍建设改革的意见》和《教育部关于全面落实研究生导师立德树人职责的意见》，全面加强和改进教职工思想政治工作，出台《加强和改进新形势下教职工思想政治工作的实施办法》。充分发挥党委教师工作部作用，实施师德师风建设工程，加强教师理想信念和职业道德教育，选树表彰一批先进典型。健全和完善师德师风建设长效机制，把师德表现作为教职工选聘、考核、晋升、评优的首要标准，实施师德“一票否决”。健全教师激励机制，进一步强化“教师是第一身份，上好课是第一要务，关爱学生是第一责任”的意识。

22. 建设一流师资队伍。增加经费预算1亿元，设立人才发展专项基金。坚持引育并举，全面实施人才人物工程，力争新增“杰青”“长江”等8—10人，新增“四青人才”35—50人。着力吸引汇聚全球英才，注重“成组”“成团”引进，举办海外招聘宣讲会、全球青年学者论坛，力争引进高层次人才100余人。深入实施“高端外籍教师聘任计划”“全职外籍教师聘任计划”。加强专职科研队伍暨专职博士后建设工作。全面推进百名优秀青年人才培育工程，实施优秀青年人才国际名校名师培养计划。

23. 完善人力资源管理制度。推动“校院两级、以院为主”的人事制度改革，完善二级单位考核评价体系。推进专业技术职务评价体系改革，完善青年教师专业技术职务晋升“绿色通道”及“不占限额”晋升举措。修订完善专业技术职务申报条件，稳妥推进专业技术岗位聘任和专业技术职务评聘工作。出台《四川大学各级职员岗位考核办法》，完善职员管理体系。加强编制外用工管理工作。实施管理人员能力提升计划，提升管理人员岗位胜任力。出台《四川大学鼓励科技人员创新创业的人事管理办法》。推进教师成果“双算”，强化岗位考核，完善人才激励机制。

七、加强一流科研建设，全面提升科技创新能力

24. 提升科学研究水平。谋划国家实验室培育与建设，推进“核能国家实验室”方案编制工作。做好各类基地申报、建设、培育及迎评、验收工作。联合申报“能源装备国家技术创新中心”。推进精准医学国家级国际科技合作基地的批复建设。加快转化医学国家重大科技基础设施项目、国家口腔疾病临床医学研究中心和国家老年疾病临床医学研究中心等的建设。积极申报国家科技重大专项，参与国家“科技创新—2030重大项目”；积极组织申报各级各类科研项目和人才项目，实现国家自然科学基金及省市项目经费持续增长。加强成果推荐和报奖工作，出台成果推荐报奖激励机制和办法，实施报奖种子项目培育工程，力争国家奖有突破。完成全校保密资格复审，做好保密资格审查认定反馈意见的整改工作。制订2018年度《四川大学SCI论文分级方案》。

25. 繁荣发展哲学社会科学。加强马克思主义理论研究。实施人文社科国家领军人才与杰青培育项目，落实一流科研提升专项工程。做好国家社科基金等各类项目申报工作，力争项目立项位居全国前列。实施“四川大学人文社科创新火花项目库”。改革校级科研项目管理模式，推进实施“1+3”校级科技机构建设。推进国家高端智库建设，提供高水平决策咨询。修订人文社科成果奖励办法，组织申报教育部高等学校科学研究（人文社会科学）优秀成果奖，力争获一等奖1—2项，二等奖2—3项。召开2018年哲学社会科学大会。参加“中欧高级别人文交流对话机制会议”和教育部欧盟“中国日”活动，发挥海外孔子学院等平台作用，提高中华文化国际传播水平。

八、深化高端国际交流与合作，提高国际影响力竞争力

26. 加强对外合作与交流。推进中德国际学院（双校区）合作共建事宜，做好中德国际学院的报备、筹建工作。深化中外合作办学，推动与剑桥大学共建深地科学研究中心及地球科学科技园区，与北卡罗来纳大学共建药学专业中外合作办学机构，与圣母大学共建中美高级金融学院，与加州大学伯克利分校共建能源研究中心。举办海外全球高端人才招聘会。打造2018年“国际课程周”升级版。办好四川大学发展战略国际咨询理事会第三次会议。开好“中俄两河流域高校联盟”校长论坛和“中俄两河流域青年论坛”。扩大本科生出国（境）规模，利用学校丰富的国际合作与交流资源，积极拓宽派出渠道、拓展选派项目数量，力争2018年选派3000名本科生出国（境）短期学习与交流，开阔本科生的国际视野。

27. 提高留学生培养质量。发挥“一带一路”奖学金作用，实施服务“一带一路”的医学教育行动计划助推工程，建立“医学留学生专项基金”，积极拓展“一带一路”沿线国家和地区招生点，扩大留学生规模，提高学历生比例，力争留学生规模突破3500人，学历生比例达到60%。提高国际课程、英语授课专业建设质量。鼓励学院根据自身学科优势自主招收和培养外国留学生，发挥学院办学主体作用。完善来华留学生数据库，整合学生申请、入学、学籍和日常管理、毕业及毕业追踪等信息。

九、加强医疗卫生和社会服务工作，提供一流社会服务

28. 提供一流医疗卫生服务。落实健康中国战略，扎实推进卫生与健康改革创新，深化医教协同培养医学人才，深化公立医院综合改革，健全现代医院管理制度。推动部省校合作共建国家级重大传染性疾病防控研究平台；加快推进国家紧急医学救援移动处置中心、国家紧急医学救援综合基地、华西天府国际医学中心建设。加强校地合作，推动共建“环华西国际智慧医谷”。统筹推进华西天府医院、华西医院锦江院区、华西第二医院锦江院区和华西第四医院职业病防治综合楼等项目建设。以医疗质量安全为核心，建立以病人为中心的多学科诊疗模式、以医联体为载体的医疗服务医疗质量控制体系建设和以“互联网＋”为手段的智慧医院建设。以“华西妇儿联盟”整体下沉模式，全力推动妇幼疑难重症闭环式双向转诊系统建设。加强华西口腔专科联盟建设。深化医学学院/附属医院系科合一、室科合一的整合式管理改革。加强全科、儿科等紧缺医疗卫生服务人才培养，促进公共卫生、药学、护理、康复、医学技术等人才培养协调发展。加快推进医学信息化建设。探索“华西医疗精准帮扶新模式”，加快推进医疗定点扶贫。举办第四届成都前沿医学国际论坛。

29. 开展全方位高水平社会服务。全面落实省市校共建世界一流大学战略合作协议，积极融入四川国家全面创新改革试验区建设和成都市国家中心城市建设，深入推进与四川各市州的全面合作。推进与宜宾市、泸州市等地共建产业技术研究院，与双流区共建先进高分子材料研究院。推进与武侯区共建环川大知识经济圈、与双流区共建“五区一院”工作。加快青岛研究院、南京先进高分子材料研究所等平台建设。推进与知名企业共建校企联合研发平台。加快校地企合作网络信息化建设，推进科技成果转化。推进一流的国家级干部教育培训高校基地和继续教育基地建设。做好定点扶贫工作，积极申报教育部十大扶贫典型项目。

30. 做好校友和教育基金会工作。以纪念改革开放40周年为主题，举办122周年校庆系列活动，组织“纪念改革开放40周年——77、78级校友值年返校系列活动”。创新校友会组建方式，组建跨区域大片区行业校友分会和学科性质校友分会，推动学院校友分会全覆盖。建立重点校友拜访制度，加强校友与学校的沟通联系。全新设计打造校友之家，增进校友感情。主动对接校友需求，提升校友服务品质，提高校友捐赠率。组建专兼职结合的四川大学教育基金会管理队伍。围绕学校“双一流”建设，创新筹资渠道和方式，精准策划捐赠项目，设立“一流学科建设基金”“一流人才培养基金”“一流人才引进基金”“一流校园环境建设基金”。丰富捐赠鸣谢方式，改善捐赠方的捐赠体验，增强捐赠荣誉感。

十、加强内部管理，完善公共服务体系

31. 规范国有资产和校办企业管理。修订完善学校国有资产管理制度、招投标管理制度及其细则。建设招投标与采购管理中心，规范招投标管理。完善公房管理系统，以师资队伍建设、人才培养、学科发展等为中心，统筹配置公房资源。办理江安校区教职工住宅土地证。做好商标保护工作。做好独立学院的相关工作。推进校办企业改制工作，按照国家有关要求，实施校办企业剥离和划转，并加强校办企业监管，实现考核全覆盖。支持华西药业股权改革、工程设计院提级提档。促进科技成果转化，完成四川大学高新技术企业孵化平台建设。筹备召开科技产业发展研讨会。

32. 加强财务管理和审计工作。深化“以院为主体”的预算改革，增加学院对经费统筹使用的自主权，单笔支出50万元以下的经费由各单位自行审批。提高学生教育经费划拨比例。加强预算经费执行的绩效考核力度，提高资金使用效益。全面推行网上自助报账，力争网上自助报账率、网上缴费率、电子支票使用率、财政电子票据使用率达95%以上。开源节流，实现银行利息收入较大增加，公务接待经费压缩28%。召开学校经济责任审计工作领导小组年度会议。开展中层领导班子和领导干部换届后的经济责任审计。试点开展内部控制审计、资产管理审计、二级单位绩效审计。提高审计信息化建设水平。

33. 提高实验室建设及仪器设备综合管理服务水平。完成大学生“双创”智能化自主实验平台建设，做好迎接国家验收工作。加强全校各级各类教学实验室建设，重点实施第二批大学生“双创”实验平台建设。加强实验技术与管理队伍建设。提高教学科研仪器设备开放共享力度。优化仪器设备采购与管理工作，力争实现所有设备建账网上终审。推进以房间为单位的实验室安全环保动态评估、分级挂牌工作。完成实验技术物资网上服务平台建设。启动江安校区污水处理站升级改造工程，完成江安校区实验室危废临时库房建设。

34. 提高信息、图书文献和档案管理质量。启动智慧校园基础数据治理共享与统一信息门户平台一期建设。建设统一呼叫服务中心、智慧协同办公平台、教育大数据分析及展现平台。加强基于机构知识库的新型图书馆智库建设。加大特色资源建设，实施“书香川大”文献再造与数字人文工程。进一步优化文献资源建设和服务体系，推广移动图书馆服务。整合校内外资源，出版更多高质量的学术专著、教材，实现社会效益与经济效益有机统一。整合数字出版资源，建立数字出版中心。加快档案资源数字化建设，建设“指尖上的档案馆”。

35. 提高校园基本建设水平和后勤服务能力。完成校园建设总体规划修编工作。推进转化医学国家重大科技基础设施（四川）、江安校区多学科交叉融合平台及艺术教育中心、多学科交叉研究创新大楼等在建项目进程。做好生物治疗协同创新中心华西科教楼项目、高分子科学与工程创新中心科教楼等新开工项目的施工管理。力争川大—剑桥深地实验室项目、江安卓越工程师训练中心竣工移交。做好匹兹堡学院大楼·现代工学互动教学中心、江安校区综合档案大楼、江安图书馆大楼、先进材料大楼、江安校区东园高层学生宿舍3—5号楼等待建项目的论证设计。做好2018年中央高校改善基本办学条件项目实施，确保经费执行率100%。深化住改商专项整治工作。推进节约型校园建设，探索新的定额管理体制机制。推进后勤服务社会化工作；加强后勤服务质量监督，加快后勤服务信息化建设。

36. 坚持为师生员工办实事。2018年，学校将重点办好以下10件实事：

（1）完善贫困生动态管理库，健全经济困难学生信息档案，加强贫困学生资助力度。

（2）推进华西校区西区学生宿舍改造工程，完成江安校区22组团学生宿舍、高层学生宿舍1—2号楼和第三学生食堂及素质教育中心的建设、装修和设施配置工作，进一步改善学生学习生活条件。

（3）全面加快人事工作信息化建设，推进在职教职工人事档案电子化工作，启动退休教职工人事档案电子化项目的立项工作，为教职工提供更加方便快捷的人事服务。

（4）启动校医院改扩建工程，在校医院建立华西医院体检分中心，为教职工建立家庭医生联系制度。

（5）全面启动老校区幼儿园改扩建工程，积极配合推进与双流区合作新建江安幼儿园，为教职工子女入园创造更加良好的条件。

（6）推进“与文里”新建住房及相关配套工作。

（7）进一步改善青年教师公寓住房条件。

（8）完成望江、华西校区地下停车场管理的招投标；推进华西校区、江安校区校园交通智能管理和门禁系统建设；探索引进校园巴士，持续改善望江校区、江安校区校园交通环境。

（9）基本实现校内主要单位无线网络全覆盖，方便师生学习、工作和生活。

（10）深入实施校园环境及景观绿化改造提升工程，加强校园环境综合治理。

四川大学2018年工作总结

（川大委〔2019〕18号）

2018年，学校深入学习贯彻习近平新时代中国特色社会主义思想和党的十九大、十九届二中、三中全会精神，认真贯彻落实全国教育大会精神，全面加强党的建设，落实立德树人根本任务，深化管理体制机制改革，抢抓机遇、奋发作为，重点推进了4件大事，取得了7项重要进展，学校各项事业呈现良好发展态势。

2018年，学校重点推进了4件大事。

一、中国特色、川大风格世界一流大学建设迈入新征程

召开了学校世界一流大学建设推进大会，发布了《四川大学世界一流大学建设实施方案》，全面开启建设中国特色、川大风格世界一流大学新航程。学校通过明确建设目标、落实建设责任、深化改革、民主决策、强化考核和加强党的建设，全面推进"十个一流"建设。与12个一流学科（群）首席科学家和19个超前部署学科首席科学家签订目标责任书，并对照目标责任书对学科建设进展进行全面考核和总结。按照学校世界一流大学建设方案、实施方案及重大战略规划与决策，启动了感知未来探索式课程建设工程、科技领军人才培育项目等36个建设专项。加强过程管理和服务，强化分析研究和动态监控，确保建设顺利推进，召开了一流学科建设工作交流会、推进工作会以及"世界一流大学建设·大川论坛"，围绕国家"双一流"建设战略布局、学校"双一流"建设规划等主题进行了深入研讨，为促进学科交叉融合发展，加快"双一流"建设提供了重要的借鉴与参考。坚持"文优、理进、工改、医强"的建设路径，实施了"医学+"和"信息+"双引擎交叉行动计划、学科跃升计划、ESI学科提升计划，以及"双一流"学科翻番计划，进一步提升了学科建设水平和国际影响力。学校坚持以提高质量为核心，以改革创新为动力，出台了人才培养模式创新、学科优化调整、科研水平提升、管理体制机制改革的系列新举措，充分激发了师生的积极性、主动性、创造性，切实推进了内涵式发展，学校发展质量稳步提升。在最新的自然指数（Nature Index）排名中，学校位列全球高校第55位。

二、一流本科教育川大实践实现新跨越

2018年6月，新时代全国高等学校本科教育工作会议在学校成功召开，教育部党组书记、部长陈宝生出席会议并作讲话。人才培养川大经验得到教育部和高校广泛认可。学校"以课堂教学改革为突破口的一流本科教育川大实践"的教学成果获得国家级教学成果奖特等奖。截至2018年年底，已有300多个兄弟院校和省级教育部门组团来校考察调研本科教育教学工作。学校积极做好迎接教育部本科教学工作审核评估工作，专家组对学校本科教学和人才培养工作成绩给予了充分肯定，提出了中肯的意见和建议。在此基础上，学校制定了《本科教学工作审核评估整改方案》，

从改革体制机制、加强师资队伍建设、优化学科专业设置、提升课程质量和学业挑战度等方面扎实推进整改，进一步提高本科教学工作水平和人才培养质量。

三、省市校合作发展再谱新篇章

学校与四川省共同推进高质量发展。2018年11月，省委书记彭清华到校考察调研指导工作，关心了解学校各项事业发展情况，对学校给予了高度评价，表示四川省委省政府将全力以赴支持川大建设发展，使川大成为国家高等教育的排头兵，成为四川教育的领头羊，引领四川高等教育的发展，为四川经济社会发展做出更大贡献。省校加大多层次合作，完成对全省21个市州的实地走访全覆盖，与阿坝州、攀枝花市、自贡市签署了校地战略合作协议或框架协议。持续推进校地战略合作资金项目，校地战略合作资金总规模达到5亿元。与省委政法委合作共建法学院，与省委宣传部联合共建了中华文化研究院。学校与成都市合作进入全新发展阶段，签署了市校共建合作协议，在共建前沿医学研究中心、面向新经济的技术交叉与转化中心、开放型人文·自然博物馆群等方面开展重点合作，助推成都市国家中心城市建设，加快中国特色、川大风格的世界一流大学建设步伐。学校与成都市共办了“‘蓉’归故里·四川大学校友返校日”活动，形成了学校世界一流大学建设与成都国家中心城市建设互相支撑、协同推进的良好格局。

四、以实际行动庆祝改革开放40周年

扎实做好庆祝改革开放40周年工作，召开了学习习近平总书记在庆祝改革开放40周年大会上重要讲话精神的座谈会，认真学习领会习近平总书记重要讲话精神。加强宣传展示，开设专题专栏，举办主题展览与主题征文活动，充分宣传展示改革开放40年来特别是党的十八大以来学校发展光辉历程、历史巨变与辉煌成就。开展了77/78级入学40周年系列纪念活动和以改革开放为主题的社会实践活动等形式多样的系列主题教育活动。加强理论研究阐释，举办了马克思主义理论教育研讨会、庆祝改革开放40周年学术研讨会等系列学术活动。创作优秀校园文艺作品，举行了以改革开放为主题的各类文艺汇演活动50余次，组建“大川文艺轻骑兵”赴农村、社区、厂企、部队等开展演出活动38场次。全面推动校院两级管理体制改革。制定实施了《校院两级管理体制改革实施意见》及人事管理制度、财务管理制度、人才培养及学科建设管理制度、公共资源配置改革4个配套实施细则，构建形成了校院两级管理体制改革“1+4”的制度体系。编印了校院两级管理体制改革宣传问答、文件制度汇编，制定出台了《校院两级管理体制改革推进方案》，组织召开了校院两级管理体制改革推进会、推进情况座谈会和部署会，校院两级管理体制改革正在稳步推进。

2018年，学校在抓好4件大事的同时，取得了7项重要进展。

一、持续深入学习贯彻习近平新时代中国特色社会主义思想和党的十九大精神，全面从严治党纵深推进

（一）深入学习贯彻习近平新时代中国特色社会主义思想和党的十九大精神

将学习贯彻习近平新时代中国特色社会主义思想和党的十九大、十九届二中、三中全会精神，认真贯彻落实全国教育大会精神纳入校院两级中心组学习、党支部组织生活、师生政治学习、干部培训和思政课教学的重要内容，举办了学生党员骨干、新党员和党的群团工作专题培训班等，推动全校理论学习蔚然成风；加强宣传、研究和阐释，开展宣讲活动200余场，设立研究项目和课题108项，出版了《中国特色社会主义发展新时代新理论研究》等理论专著。召开纪念马克思诞辰200周年学术研讨会。通过思政课教师集体备课、编写教辅资料、举办专题讲座，打造名师示范课堂等多种方式，扎实推进了习近平新时代中国特色社会主义思想“三进”工作。

（二）制度建设持续强化

修订实施了学校《关于坚持和完善党委领导下的校长负责制的实施细则》，完善了党委全委会、党委常委会、校务会和专题会等4个重要会议制度，进一步完善了学校党委职责，健全各类会议的议事范围、议事规则、决策程序和检查监督机制，不折不扣贯彻落实党中央决策部署。制定了学校《关于在基层单位年度考核中进一步做好党建工作与事业发展融合考核实施办法（试行）》，强党建促融合，以党建引领事业新发展。修订《四川大学学院党政联席会议制度实施办法》，完善院级党组织领导和运行机制，强化基层党委的政治核心作用。认真落实《中国共产党支部工作条例（试行）》，狠抓党支部规范化建设，举行党支部书记抓党建示范述职大会，7个党支部书记围绕履行支部书记第一责任人职责等进行述职。新成立国际关系学院党总支和匹兹堡学院直属党支部、网络空间安全学院直属党支部、灾后重建与管理学院直属党支部、海外教育学院直属党支部。出台实施学校《关于教师党支部书记“双带头人”培育工程的实施方案》，马克思主义中国化教工党支部书记工作室入选首批全国高校“双带头人”教师党支部书记工作室建设名单。

（三）巩固深化中央巡视整改成果

定期开展中央巡视整改情况复查，强化跟踪问效，坚决防止已整改的问题反弹回潮。对巡视组向学校移交的72件次干部问题线索和个人诉求相关信访的处置工作进行梳理复查。持续开展贯彻执行中央八项规定及实施细则精神“回头看”工作，出台学校《贯彻落实中央八项规定精神及实施细则的实施办法》，修订了7个配套制度，持之以恒加强作风建设，进一步巩固良好的校园政治生态。大兴调查研究之风，出台了学校《领导班子2018年度重点课题调研方案》《处级以上领导干部密切联系师生员工加强调查研究工作实施细则》，深入一线师生员工中开展细致调查研究，积极回应和解决师生关切的各类问题。强化纪律警示教育，召开警示教育大会，在重大节假日关键节点向全校中层以上干部编发廉政短信1600余人次，通过网络平台发布、推送廉政信息324条。启动校内巡察工作，成立巡察工作领导小组和巡察工作办公室，制定学校《2018—2022年巡察工作规划》，完成学校党委对6个二级党组织的第一轮巡察工作。开展校内二级单位主要负责人换届后的经济责任审计46项，试点开展党政同审工作。

（四）牢牢把握宣传思想和意识形态工作领导权主动权

贯彻落实全国宣传思想工作会议精神，制定《关于加强和改进新时代宣传思想工作的实施意见》，全面加强学校宣传思想工作。压实意识形态工作责任，建立意识形态工作校内巡察机制，对20家校内基层党委（总支）意识形态工作责任制落实情况开展了专项巡察。加强舆论阵地与宣传联动机制建设，召开学校宣传思想工作大会，强化二级单位新闻舆论工作责任。管好用好网络媒体，学校官方微博荣获“2017—2018中国大学官微十强”和“2018高校新媒体传播力奖”。持续提升网络舆情及舆情信息工作的制度化水平，32 篇舆情报告获中宣部采纳。

（五）巩固和发展统一战线工作

组织统一战线开展纪念中共中央发布“五一口号”70 周年系列活动，做好政治引领。召开学校留学人员联谊会成立大会暨“留学报国、爱国奉献”论坛，广泛团结留学人员，进一步发挥统战团体的桥梁平台作用。各民主党派和统战团体通过科技扶贫、业务培训、义诊活动、法律咨询、专题讲座等方式组织和参加各类社会活动项目 98 项，向国家、省市相关部门提交提案、报告和建议 146 项，获市级以上奖励 28 项。

二、全面落实立德树人根本任务，人才培养质量和水平进一步提升

（一）学生思想政治教育持续加强

充分利用学校红色文化资源，传承弘扬红色基因和革命传统，积极打造江姐纪念馆，开展“校友江竹筠烈士纪念展”，启动“传承弘扬江姐精神　做新时代红色传人”主题教育活动，设立“江姐班”，创作演出“江姐颂”主题文艺晚会，举办 5 期“竹筠论坛”。组织近 2 万名师生开展“青年红色筑梦之旅”等社会实践活动，荣获全国大中专学生志愿者暑期“三下乡”社会实践活动先进单位称号。实施思想政治工作质量提升工程（68 条），围绕立德树人根本任务，强化第一课堂和第二课堂的结合、专业教师和思政教师的结合，构建完善了课程、科研、实践等“十大”育人体系，以社会主义核心价值观统领人才培养全过程、全课程，形成了全员、全过程、全方位育人的格局，进一步提升思政工作质量。以提升思想政治理论课质量为核心，推进思政课“中班授课、小班讨论”互动式教学改革，打造了“红动 1 小时”主题教育活动，丰富拓展了“8 秒正能量”系列思政课教学品牌的形式和内容。制定学校《辅导员队伍建设实施办法》，充实学校思政工作力量，公开招聘选聘 133 名专兼职辅导员，选派 65 名专兼职辅导员参加专题或远程培训。

（二）一流本科教育建设取得新成绩

修订了本科生培养方案，成立了“教学创客中心”，深入推进“探究式—小班化”教学、全过程学业评价、非标准答案考试改革，全面提升学业挑战度；设立“跨学科专业—贯通式”人才培养专项项目，86 个项目获准立项；20 个项目入选教育部新工科、基础学科拔尖学生培养和产学合作协同育人研究立项。新增“巴蜀文化”等 47 门在线开放课程，其中 3 门课程分获首届中国大学“最美慕课”一二三等奖。创新创业教育改革持续深化，邀请行业精英开设创新创业型和实践应用型课程 362 门，基本完成大学生“双创”智能化自主实验平台建设，大学生创新创业训练计划获准立项 2975 项、覆盖学生 11915 人次。荣获国家级教学成果奖特等奖 1 项、一等奖 2 项、二等奖 3 项。荣获第四届中国“互联网+”大学生创新创业大赛全国总决赛金奖 3 项、银奖 2 项，金奖数列全国第 3。获“创青春”全国大学生创业大赛金奖 2 项、铜奖 4 项，微软“创新杯”全球学生科技大赛中国区总决赛冠军，全国高校人工智能创新大赛一等奖。

（三）高水平研究生教育质量持续提升

推进研究生导师遴选制度改革，修订学校《增列研究生指导教师实施办法》，优化研究生导师增列标准条件，推进学院自主遴选硕士导师工作，增列研究生导师 308 人。4 个学科获评教育部全国首次专业学位水平评估 A 类，其中，口腔医学获评 A+，临床医学、工商管理和公共管理获评 A-，A 类学科总数排名全国第 6。继续推进研究生招生改革，打造“互联网+体验”式研究生招生宣传新模式，实现培养学位研究生夏令营活动全覆盖，3500 余名优秀本科生参与活动；探索与高水平科研院所联合招收研究生，已形成 14 个联合培养协议上报主管部门审批。2018 年共招收研究生 9123 人，其中推免生 2052 人，比去年增加 20%，生源质量显著提高。进一步加强研究生学位论文质量管理，博士学位论文盲审实现全覆盖，硕士学位论文盲审比例超过 10%。大力推进研究生国际化培养，601 名研究生获得博士生国际学术交流基金、国（境）外短期访学基金等资助，参加国际学术会议或短期学术交流。

（四）招生工作取得显著成绩

拓展并进一步夯实“专家学者+教职员工+青年学生+校友+退休教职工”的多元化、全员化、常态化招生宣传工作，加大了线上“两网两微”和线下相结合的招生宣传力度。本科生源质量进一步提升，高分段人数明显增长，2018 年我校本科录取平均分高出当地重点线 120 分以上的省（市、区）理科 19 个、文科 4 个；提档线对应位次较 2017 年上升的省（市、区）理科有 23 个、文科 18 个。积极拓展一流拔尖本科生源渠道，自主招生生源质量大幅提升，2018 年录取 373 人，较 2017 年增加 82 人。招收全国中学生奥林匹克竞赛省级赛区一等奖及以上的一流拔尖学生 19 人，比 2017 年增加 10 人，增长率 101%。

（五）毕业生实现更高质量和更充分就业

教育引导学生立大志向、上大舞台、成大事业，开展了“国际组织人才训练营”“选调生考前、职前培训”等活动，培训学生 1500 余人，12 名学生赴联合国环境规划署等国际组织实习任职，50 人次赴国际组织访问交流，2018 届毕业生中有 267 人被各省（区、市）委组织部门选调录用。持续开展“困难群体就业援助计划”，困难毕业生就业率达到 97.52%。举办各类招聘会 2375 场，进校现场招聘单位 4392 家。截至 2018 年 11 月 30 日，毕业生总人数 15151 人，总就业率达到 95.99%。教育引导学生服务国家战略，促进毕业生到重点地区、重大工程、重大项目、重要领域就业成效显著，就业人数占比超过 70%。

三、进一步加强师德师风建设，一流师资队伍建设取得新进展

（一）教师思想政治和师德师风建设不断强化

出台了《关于加强和改进新时代教师思想政治工作的实施办法》《师德师风突发事件应急预案》。在教师中深入开展了“弘扬爱国奋斗精神，建功立业新时代”活动，举办了“四青”等优秀青年人才专题研修班、海归学者国情研习班，强化教师的思想政治引领，切实把政治考察和师德师风建设贯穿教师职业生涯全过程。

（二）高水平师资队伍建设取得新突破

出台了《四川大学杰出教授（文科）增选工作暂行办法》，启动杰出教授（文科）增选工作。举办了两届全球青年学者论坛，390 名海内外杰出青年学者参会。启动“四川大学双百人才工程”遴选工作，入选“准国字号”人才 104 人；新增“国字号”人才 76 人，其中“四青”人才 41 人。

（三）师资能力提升工作持续加强

持续推进青年教师名师名校访学计划和短期海外访学交流计划，选派 107 名优秀青年教师赴国外世界一流名校访学或短期培训学习。组织 307 名教师参加了教育部师德师风培训示范班、海归人才国情校情研习班等各类培训。制定了职员岗位聘期（4 年）基本要求，进一步加强聘期管理，170 位管理人员通过职员制评审。

四、持续优化学科和科研体制机制，学科建设和科学研究取得新成绩

（一）一流学科建设取得新进展

积极推进学位授权点合格评估和动态调整，对 102 个学位授权点开展诊断式评估，撤销 6 个学位授权点。新增博士一级学位授权点 2 个，总数达 47 个。截至目前，学校进入 ESI 排名世界前 1%的学科领域数达到 17 个，并列全国高校第 7，其中，1 个学科领域进入世界前 0.5‰，3 个学科领域进入世界前 1‰，9 个学科领域进入世界前 5‰。在 2018“软科世界一流学科排名”中，8 个学科跻身世界百强，其中生物医学工程等 4 个学科跻身世界前 50。

（二）科研管理体制改革持续推进

出台了《繁荣发展哲学社会科学的若干意见》《科学技术奖励办法》和《哲学社会科学研究奖励办法》，进一步激发教师的创新创造活力。完善了《科技成果转化行动计划（试行）》配套实施细则，进一步强化科技成果转化支持力度。

（三）科研项目取得新突破

全年到校科研总经费 21.6 亿元。获准国家科技重大专项 2 项、经费 1.19 亿元；获准国家重点研发计划项目 8 项、经费 1.54 亿元，项目数、经费数均位列全国高校第 10。获准国家自然科学基金项目 503 项，位列全国高校第 10，直接经费 4.04 亿元，列全国高校第九，其中首次牵头获准国家重大科学仪器研制项目 1 项，直接经费 6820 万元。国家社科基金年度项目立项数取得新突破，共立项 68 项，总数位列全国高校第 1，其中重点项目 11 项，列全国高校第 1，并列全国第 1。同时，获准国家社科基金重大招标项目立项 5 项，并列全国第 8。学校牵头的国家重大文化工程《中华续道藏》编纂项目正式启动，科研经费 1.5 亿元。

（四）科研成果成绩显著

学校 6 项成果获国家科学技术奖，其中牵头 4 项（自然科学二等奖 2 项、技术发明二等奖 2 项），牵头的通用项目获奖数位列全国高校第 6。获未来科学大奖、何梁何利基金奖各 1 项。SCI 收录论文数 4606 篇，列全国高校第 5。华西医院蝉联自然指数全国医疗机构综合排名第 1（全球第 38 名），华西医院、华西口腔医院连续 5 年分别蝉联中国医学科学院“中国医院科技量值”综合排名和口腔医学排名第 1 名。获“第三届全球华人国学大典”优秀成果奖 3 项。《儒藏精华》获 2017 年度全国优秀古籍图书奖一等奖。1 篇研究报告入选《国家高端智库报告》，并获得中央领导同志批示。

（五）科研平台和基地建设取得新成绩

全面推进学科交叉平台建设，“疾病分子网络前沿科学中心”获教育部批准立项，医学大数据中心等 5 个“医学大健康”校级平台启动建设。国家“天元数学西南中心”获得国家自然科学基金委唯一一项长期支持项目。中华文化研究院成功入选第一批全国高校中华优秀传统文化传承基地。新增省部共建协同创新中心 1 个、教育部重点实验室（B 类）1 个。生物治疗协同创新中心顺利通过绩效评估。“水力学与山区河流开发保护”和“高分子材料工程”2 个国家重点实验室顺利通过科技部评估，“皮革化学与工程”等 3

个教育部重点实验室顺利通过教育部评估。成立了四川大学泸州产业技术研究院，与联想、网易公司等6家大型企业共建了人工智能研究中心、未来网络技术研究中心等特色研究中心。

五、全面强化高水平社会服务，主动服务国家和区域高质量发展

（一）医疗卫生与健康服务水平持续提升

华西医院牵头筹建的中国国际应急医疗队（四川）通过世界卫生组织认证，成为全球首支非军方Ⅲ类国际应急医疗队（Type 3 EMT）。华西第二医院锦江院区正式开诊。与省内72家基层医疗机构共建了首个区域性儿科专科联盟。华西口腔医院成功获得第99届国际牙科研究会（IADR）年会举办权。华西网络医院总数达到789家，较2017年增加46家，服务人口超过5亿。截至12月31日，四所附属医院共计完成门急诊856.5万人次，出院病人29.8万人次，各类手术20.2万台次。华西医院连续9年名列“中国最佳医院排行榜”综合排名全国第2。

（二）精准扶贫工作成效显著

创建精准扶贫新模式，学校在智力扶贫、教育扶贫、人才扶贫、科技扶贫、医疗扶贫的基础上，创建了1名县级副职+若干名县局级副职、乡镇副职和驻村干部的“1＋N”干部人才精准扶贫新模式，选派扶贫干部13人。持续加大帮扶力度，开展帮扶项目计划39个，投入各类帮扶资金1257.4万元，培训帮扶县管理干部、技术人员等3000多人次，捐建基础设施10余处，帮扶共建产业基地3所，“以购代捐”和推介销售农副产品418.4万元。学校定点帮扶甘洛县、岳池县等工作在国务院扶贫办和四川省组织的首次工作考核中，双双获“好”的评价。甘洛县格布村通过州、县两级“脱贫摘帽”考核验收。

（三）对口支援工作持续推进

与西藏大学签署对口支援协议，全面开启新一轮对口支援西藏大学工作。选派2名教师赴新疆开展信息化援疆工作，完成10名援疆援藏干部的中期轮换和考核工作。全年校级层面4批次、30余人次到西藏大学、西北民族大学和湖北民族大学开展对口支援工作交流。为对口支援高校开展教师培训、师资培养50余人次，开展学生交流近200人次，学校专家学者赴受援高校开展学术交流80余人次。学校在中组部、国家卫生健康委、教育部召开的医疗人才组团式支援工作推进会上专题介绍经验。

（四）纪念汶川地震十周年系列活动积极开展

举办了汶川地震十周年系列学术成果展，承办了中国工程科技论坛暨第十届全国防震减灾工程学术研讨会、“一带一路”防灾减灾区域合作研讨会等系列高端学术论坛。全国高校首个青少年防灾减灾教育基地在学校揭牌成立，为提升广大青年学生的防灾减灾意识、应对人类重大灾难危机的社会担当搭建了重要平台。香港特区行政长官林郑月娥率代表团出席并考察了四川大学—香港理工大学灾后重建与管理学院建设情况。

六、国际交流合作与港澳台工作取得新成绩，国际化办学水平持续提升

（一）学生国际交流平台持续拓展

启动“大川视界”大学生海外访学计划，开展“大学生海外实习实训基地建设项目”，1389名学生赴20余个国家和地区交流访学或实习实训。全年累计出国（境）学习交流学生2184人次，同比增长23%。举办了第七届“国际课程周（UIP）”活动，邀请来自26个国家144

所世界一流大学的186名外籍教师，开设全英文国际课程204门，受益学生约2万人次。

（二）高端国际合作交流和港澳台工作取得新成绩

与国外机构签署合作协议或备忘录55个，其中与德国克劳斯塔尔工业大学正式签署中外合作办学协议并共同申请建设联合学院。举办高端国际会议和双边论坛39场，顺利接待德国总统弗兰克－瓦尔特·施泰因迈尔、诺奖获得者安东尼·莱格特等国外来访嘉宾2100余人。与澳门大学等5所港澳台高校签订或续签了合作交流协议。获批教育部“香港与内地高校师生交流计划项目”13个、教育部对台项目2个，参与项目活动的港澳台师生共447位。

（三）留学生及港澳台侨生规模和质量持续提升

继续实施“一带一路”来华留学生奖学金项目，891名学生通过该项目来校留学。全年累计来华留学生3851人，同比增长12.6%，其中，学历生2123人，同比增长14.3%，占比55.1%。全年新招收港澳台侨学生108人，总数达368人。

七、办学治校水平进一步提升，为师生职工办实事取得新进展

（一）民主治校深入推进

以“深化校院两级管理体制改革　加快中国特色世界一流大学建设步伐”为主题召开了第四届教代会第二次会议暨第三届工代会第二次会议，征集并回复各类提案115份。健全了以基层单位“双代会”为主体的学院民主管理和民主监督机制，各二级单位召开了学院（单位）“双代会”或工代会。全面做好校务公开工作，校务公开栏全年共出6期，学校信息公开网公开信息2000余条，各学院（单位）公开事项2400余项。

（二）办学支撑保障条件不断改善

充分下放财务管理权限，完善以目标为导向的预算分配机制，经费使用绩效进一步提高。建立了学校财务工作人员对口联系学院制度。完成政府会计制度改革和基本建设账务清理审计工作。加强财务信息化建设，实现缴费项目移动支付和财政票据电子化。进一步规范学校国有资产管理，制定或修订学校《科技成果资产评估项目备案管理办法》《国有资产处置管理暂行办法》《办公用房使用管理实施细则》。加强对公房有偿使用的核算，提高公房使用效益，为重点学科调配科研用房7312平方米。加强无形资产保护，新注册“川大校友”“川大牙科”等商标33件。启动学校所属企业体制改革试点工作，完成了7家校办企业的清产核资或资产评估工作。实现校办企业考核全覆盖，落实8家科技成果入股举办企业。完成“双创”示范基地——高技术企业孵化平台建设，包括学校“互联网＋”大学生创新创业大赛获奖项目在内的首批项目已相继入驻。不断加强仪器设备开放共享力度，通过科技部网络管理平台面向全社会开放共享的重大仪器设备新增173台（套），总数590台（套），全校新增仪器设备20589台（套），总值4.7亿元。积极推进后勤服务社会化工作和信息化建设，新建了物业和交通服务商库，以及餐饮管理和学生公寓管理信息系统。继续加强数字图书馆建设，改进优化了校外访问服务系统，自主开发建设了馆藏民国文献数据库，新开展定制化资源服务系统、个性化学科发展智库等创新服务。扎实做好保密工作，不断提升学校保密管理与工作能力水平，顺利通过军工保密资格审查认定。

（三）校园基本建设及综合环境持续改善

不断提升校园基本建设水平，先进材料科研大楼、江安高层学生宿舍、江安游泳馆等 4 个项目获批立项，建筑面积 19.6 万平方米。转化医学国家重大科技基础设施项目、多学科交叉融合平台及艺术教育中心、匹兹堡学院大楼等 11 个建设项目正在有序推进，江安校区第三学生食堂及素质教育中心等 12 个项目建成竣工，完成了生命科学学院周边景观改造工程、江安东园片区及长城路沿线景观改造工程。加强节约型校园建设，学校建筑节能改造补助资金项目顺利通过验收，并荣获全国“公共机构能效领跑者”称号。持续改善校园交通环境，实现三校区校园交通智能管理和门禁系统互联互通，开通了校园巴士，为师生出行提供了更加安全、便捷、优质的服务。全力打造平安校园，开创了“地与校、警与校、校与校”联防联动机制，在校园维稳、信息互通、应急处突、舆情引导、安全教育等方面强化了与地方的联动合作；推进了“校园天网”三期工程建设，实现江安校区学生宿舍人脸识别系统全覆盖，确保了校园的安全稳定。

（四）为师生办实事取得新成绩

进一步加强学生资助工作，为学生发放各级各类奖助学金约 5.17 亿元。认真做好离退休工作，组织 4400 余位离退休老同志进行了年度健康体检，组织离退休人员参加学习、访谈等各类交流活动 6000 余人次。校医院成立了师生健康服务办公室，开通了师生就医转诊学校 4 所附属医院的绿色通道。完成 1430 位教职工人事档案电子化工作。实施了华西校区幼儿园改扩建工程。积极推进周转房、文星花园引进人才房等住房硬件升级改造工作，改造教师公寓 235 套（间），全部达到“拎包入住”标准。解决了“江安花园”不动产登记证办理问题。基本完成农林村小区不动产权证初始登记。完成数据治理（一期）工程，打通人事、科研、教务等六大核心业务系统。新建办公自动化系统（OA），实现网站群与安全运维集控平台系统、电子邮箱系统全面升级，完成可视化智慧校园一期工程建设。校园网带宽升级到 21G，带宽增幅近 5 倍。

2019 年，学校将继续全面学习贯彻习近平新时代中国特色社会主义思想和党的十九大精神，贯彻落实全国教育大会精神，增强“四个意识”，坚定“四个自信”，做到“两个维护”，加强党对学校工作的全面领导，持续深化管理体制机制改革，加快推进学校“两个伟大”，以优异成绩迎接新中国成立 70 周年！

学科与师资
队伍建设篇

学科建设

一、深入推进，全面实施世界一流大学建设

2018 年 1 月 12 日，学校召开了四川大学世界一流大学建设推进大会，大会正式发布了《四川大学世界一流大学建设实施方案》，全面推进“十个一流”建设。校长李言荣院士逐一为重点建设学科（群）和超前部署学科的首席科学家们颁发了聘书，签署了“一流学科建设目标责任书”。四川大学世界一流大学建设推进大会的召开标志着我校世界一流大学建设正式进入“施工”阶段。

二、抓住机遇，全力推进一流学科建设

按照学校建设世界一流大学的规划和部署，12 个重点建设学科（群）和 19 个超前部署学科与学校正式签约，启动了建设。“双一流”办精心组织、管理服务于“12+19”个一流学科，多次召开工作交流会、推进会，对各学科（群）建设全程进行协助、监督和指导，确保一流学科建设的顺利实施。

积极推进交叉中心平台建设。以“医学+”和“信息+”为重点，促进学科交叉、前沿科学部署为抓手，按照“成熟一个启动一个”的原则，协同科研院推进交叉中心平台建设。成立了“疾病分子网络前沿科学中心”并已获教育部批准立项，挂牌启动了四川大学医学大数据中心、四川大学老年康养医学中心、灾难医学中心、深地医学中心、健康食品科学评价体系研究中心等五个“医学大健康”校级平台的建设。

三、统筹增强“双一流”建设的执行力，积极采取措施，保障“双一流”引导专项资金执行

使用国拨专项资金（引导专项资金）重点支持了“领军人才培育计划”等 36 个建设专项。在科学规划的基础上精心组织，做好各项管理和服务工作，协同相关部处确保了各专项建设任务按照计划顺利推进。

加强专项经费管理，修订完善了《四川大学建设世界一流大学（学科）和特色发展引导专项资金管理与使用细则（试行）》文件，按照“注重绩效、动态调整”的原则进行专项资金的分配、使用和管理，并依据执行进度和绩效对学科进行奖惩，高效完成了本年度“双一流”引导专项资金的执行。在教育部 2019 年引导经费总体减少 10%的严峻形势下，我校由于执行进度和项目绩效都很突出，依然获准维持原有经费规模。

四、启动教育部“双一流”建设年度进展总结暨年度考核工作

按照教育部《关于编制“双一流”建设年度进展报告的通知》（教研司〔2018〕10 号）文件精神，结合学校“双一流”建设年度进展总结工作的部署，启动了“双一流”建设年度进展总结暨年度考核工作。“双一流”办牵头组织相关部处，对照《四川大学世界一流大学建设方案》《四川大学世界一流大学建设实施方案》中各专项的实施方案，以及2018年“引导专项”预算项目中的各建设专项，结合本年度实际工作，对本年度“双一流”建设进展进行梳理总结。同时，组织已签约正式建设的“12+19”个一流学科，对照与学校签订的“一流学科建设目标责任书”，对本年度的学科建设进展进行全面的总结和年度考核。在全面梳理进展和年度考核的基础上，明确学校进一步推进的重点工作，加快推进世界一流大学建设。

五、根据“文优、理进、工改、医强”的总体思路，积极推进学科内涵建设

特色学科建设取得新进展。2018年，电气工程、医学技术获批博士学位授权一级学科。我校博士学位授权一级学科总数已达47个。

学科凝练、优化调整加快推进。经学位授权点建设单位申请，学位评定分委员会和校学位委员会审批同意，撤销了植物保护一级学科硕士点等3个学术学位授权点，以及专业学位点工程硕士（集成电路工程、农业工程、车辆工程）3个领域。对全校学科进行了梳理，研究进一步凝练优化学科结构的整体推进计划，形成了《学科结构优化调整方案》，分批对现有学科进行优化调整，使学校有效的资源获得最大建设效益。

学科高峰建设积极谋划。对全校优势学科进行全面梳理和充分调研，加强学科水平的对标分析，拟对优势学科进行针对性的政策和资源投入，加快打造一批川大特色的学科高峰。

加强学科顶层设计，理顺学院和学科建设。为进一步理顺学院、学科和专业之间的关系，构建与世界一流大学办学目标相适应的院系结构、学科专业生态，制定了《部分学院名称及相关学科专业优化调整方案》。

六、集中优势、突出特色，积极推进学位授权点建设

根据教育部安排，组织开展博士硕士学位授权点合格评估工作。我校全面开展学位授权点合格评估，通过自我诊断式评估，对全校的学位授权点进行全面检查，以发现问题，办出特色，持续提升研究生教育质量。全校102个学位授权点分别召开了合格评估工作会，邀请国内外著名专家诊断式评估，参评学科均达“合格”，相关材料经校学位评定委员会审议通过后已上报上级主管部门。

完成工程硕士、博士专业学位授权点对应调整工作。按照国务院学位办要求，向上级主管部门上报了相关申报材料，将我校原工程硕士专业学位授权点（共31个领域）申请调整为电子信息、机械、材料与化工、资源与环境、能源动力、土木水利、生物与医药7种工程硕士专业学位类别；原工程博士专业学位授权点（共2个领域），申请调整为电子信息、材料与化工、资源与环境、生物与医药4种工程博士专业学位类别。

完成自主设置二级学科和交叉学科的调整工作。根据国家重大需求和社会发展需要，新增了眼视光学等9个目录外二级学科。申请撤销“生物制药工艺学”等2个目录外二级学科、“老年口腔医学”等2个交叉学科。

完成学院学科建设改革创新发展方案实施情况考核验收。“双一流”建设过渡期，学校与历史文化学院等8个学院签订了“学科建设改革创新发展方案实施责任书”，引导和鼓励学院进行学科建设的改革创新。“双一流”办在各学院对照目标责任书进行书面总结的基础上，组织召开了考核验收会，对建设任务完成情况进行评估，并提出有针对性的意见和建议，为学院下一阶段的学科建设提供参考和指导。

七、多管齐下，提升学科规划决策和研究评估能力

打造《“双一流”工作专报》品牌，为学科建设提供决策依据。定期对学校学科影响力、“双一流”建设进行国际、国内对标分析，凝练发展特色和优势，提出对策建议，供学校决策参考，共计发布14期。基于教育部第四轮学科评估结果进一步分析全校学科现状，特别是对优势学科的全国整体情况、学科发展前景、学科水平跃升的可能性等方面进行了针对性的分析，为进一步建设学科高峰，加快建成与世界一流大学相适应的学科体系提供科学的决策依据。

根据教育部第四轮学科评估中存在的不足，组织开展学科“填平补齐”工作。组织全校学科对照国际、国内同行发展态势，参照对标高校进行诊断式分析，形成全校性“填平补齐”工作方案，明确学科下一步发展的目标和路径。

积极对接学科研究机构。与世界大学排名机构和数据公司联系开展深度合作，及时跟踪学科国际化水平和热点方向，以大数据支持和服务学科建设，持续推动学校声誉和品牌建设。

八、凝聚智慧力量，为学科发展提供科学决策依据

学校“双一流”建设全面启动的第一年，整体水平大幅提升，为世界一流大学建设实现了“开门红”。四川大学在2018世界大学学术排名（ARWU）中位列全球高校第189位，全国高校第10位；Nature Index排名稳步提升，列全球高校第55位，较去年提升26名。

大力推进一流学科体系建设，学科建设成效显著。截至11月，四川大学ESI前1%的学科领域已达16个，其中前1‰的学科领域3个。同去年相比，四川大学ESI前1%的学科领域由14个增加到了16个，并列“双一流”高校第8位；前1‰的学科领域从2个增加到3个，并列“双一流”高校第8位。

表1　学科发展情况

学科类别	数量	学科领域
国际顶尖水平（ESI前1‰）	3	化学、材料科学、临床医学
国际拔尖水平（ESI前5‰）	9	化学、临床医学、材料科学、药理学和毒理学、工程学、生物学与生物化学、分子生物学与遗传学、计算机科学、神经科学与行为科学
国际领先水平（ESI前1%）	16	化学、临床医学、材料科学、物理学、分子生物学与遗传学、生物学与生物化学、药理学与毒理学、神经科学与行为科学、工程学、数学、农业科学、植物学与动物学、计算机科学、社会科学、精神病学/心理学、免疫学
未进入ESI（大于ESI前1%）	6	环境科学/生态学、微生物学、地球科学、经济学与商学、综合交叉学科、空间科学

优势学科国际排名进步明显。截至年底，我校在上海软科世界一流学科排名中

上榜 27 个学科，较去年增加 4 个，其中生物医学工程位居第 20 位；在 QS 学科排名中上榜 8 个学科，其中牙医学科位居全球第 33 位；在 THE 学科领域排名中上榜 2 个学科领域；在 US News 学科排名中上榜 9 个学科领域。

九、完成“重大专项”采购工作

完成了公开招标项目 32 项，网上竞价 452 项。完成了政府采购委托代理机构的遴选工作并委托招标 40 项，完成了单一来源采购项目 8 项。全年共完成了 20145.5 万元采购。

十、加强宣传，打造“双一流”建设国际化的交流窗口，提升学校国际声誉

重点规划的四川大学“双一流”建设英文网站（http://wuco. scu. edu. cn/）正式上线运行。网站立足于世界一流大学建设，紧跟“双一流”推进情况，实时更新英文动态新闻，为我校“双一流”建设增添了国际化交流窗口，对学校国际声誉有显著提升作用，师生反馈良好。

（以上资料由“双一流”建设与质量评估办公室简丽提供）

师资队伍建设

一、概况

截至 2018 年 12 月 31 日，学校有两院院士 13 人，特聘院士 29 人，四川大学杰出教授 5 人，教育部“长江学者奖励计划”特聘教授 42 人，教育部“长江学者奖励计划”讲座教授 16 人，教育部“长江学者”青年学者 13 人，国家“万人计划”领军人才 23 人，国家“万人计划”青年拔尖人才 5 人，国家杰出青年基金获得者46 人，国家优秀青年基金获得者 46 人，高等学校教学名师奖获得者 10 人，国家“973”项目首席科学家 7 人 9 项，国家“973”青年科学家专项首席科学家 1 人 1 项，国家社科基金重大招标（委托）项目首席专家 40 人 45 项，国家百千万人才工程人选 32 人（含原人事部“新世纪百千万人才工程”国家级人选）。

2018 年进站博士后 373 人，出站博士后 73 人，在站博士后 1018 人。截至 2018 年 12 月，学校共有博士后科研流动站 37 个。

2018 年顺利完成了专业技术职务评审工作。通过评审，2018 年新聘正高级专业技术职务共 153 人，新聘副高级专业技术职务共 205 人，新聘中级专业技术职务共 12 人。

根据职员评聘常态化的精神，2018 年度学校启动两轮职员评聘工作。完成了第三轮（2017 年度）职员岗位的评审工作。经个人申报、单位推荐、分组评议、学校职员评聘委员会审议和校常委会审定，7 人通过职员五级岗评审，19 人通过职员六级岗评审；9 名现任正处级干部、50 名现任副处级干部分别申请对应职员五、六级岗，并通过了学校审定。另有 124 人通过各单位七至十级岗评审，并报学校备案，20 名新进校的助理制管理岗位人员，一年期满、经考核合格后定级至职员相应职级。顺利启动 2018 年度职员评聘工作，共 297 名管理人员申报晋升职员五至十级岗，并完成个人申报、单位材料审核及展示等工作。

2018 年，我校教学科研岗新进教师 487 人，其中引进 108 人，专职博士后 347 人，外籍教师 24 人。新进教师中具有博士学位的共 485 人，占 99.6%；男教师 296 人，占 60.8%；女教师 191 人，占 39.2%；学缘结构为本校的共 158 人，占 32.4%，外校的 329 人，占 67.6%。

实施优秀青年人才国际名校名师培养计划，2018 年下半年优秀青年教师名师名校访学计划（第十五批），经本人申请、专家推荐、学校审议，根据学科与师资队伍建设需要，共计确定了 13 名拟访学青年教师，世界排名前 10 位的教师有 7 名。实施校外“短期名师课程教授、短期专家讲坛教授”计划，共有 5 位名师到川大进行短期课程与讲座，近 200 名青年教师获益；国家留学基金 1∶1 项目派出 28 名青年教师出国访学，共划拨经费 203 万元；实施了优秀青年教师短期海外访学交流计划，2018 年上半年派出 66 名教师赴英国牛津大学（38 人）、德国克劳斯塔尔工业大学（28 人）进行访问学习，开展多层次、宽领域的国际交流与合作，学习借鉴国际上先进的教育理念和教育经验，促进我校教育改革发展。借此培养大批具有国际视野、能够参与国际竞争的国际化人才。2018 年 1 月组织 300 余名新进教师赴四川师范大学，参加四川省教育厅举办的 2017 年高校新进教师职业技能培训（第二批）；2018 年 7 月共派 455 名新进教师参加 2018 年高校新进教师职业技能培训。积极推进新进青年教师“双证”“双身份”上岗制度，组织各学院 120 余名青年教师参加四川大学教师教学能力提升培训。2018 年上半年积极与美国哈佛大学及英国剑桥大学丘吉尔学院建立校际合作，计划 2019 年 1 月组织青年教师赴美国哈佛大学进行短期海外访学交流。2018 年用于青年教师培养的经费共计 892 万元。

2018 年共有 50 人参加了教育部教师工作司举办的“加强师德师风建设　做新时代党和人民满意的好老师”网络培训示范班，50 人参加了“海归人才国情校情研习班”，46 人参加了“新晋研究生导师研修培训班”。全校 10 名管理人员选修了 8 门管理学相关课程，151 人次参与“新时代高校管理理念及行政能力培训班”“办公自动化精品班”“实用英语技能提升班”“实用英语综合班”的培训。

二、两院院士（按当选年度或来校时间排序）

涂铭旌　中国工程院院士，1928 年 11 月 15 日出生于四川省巴县，教授，金属材料专家。1951 年同济大学机械系本科毕业，1955 年北京钢铁学院金属材料系研究生毕业，1995 年当选为中国工程院院士。曾任第一届全国金属材料及热处理专业教学指导委员会主任委员，国家自然科学基金委员会材料学科评审组成员，国务院学位委员会“冶金与材料”学科评议组成员。1984 年被评为国家级有突出贡献的中青年专家。1991 年被收入《二十世纪中国名人辞典》。长期从事金属材料强度与断裂的研究，特别是在发挥金属材料强度潜力的理论与应用，综合强化，耐寒高强钢的低温脆断规律、机理、判据及安全评价，以及重大机械装备失效分析等方面的研究中成绩显著。1987 年以前在西安交通大学获国家自然科学三等奖、国家科技进步三等奖各 1 项，省部级成果奖 10 项；1988 年以后在四川大学致力于稀土功能材料及纳米材料的研究与应用，再获国家科技进步二等奖 1 项、省部级科技进步奖多项，发表论文300余篇。编写《钢的热处理》《机械零件失效分析与预防》《材料创造发明学》《科技竞争谋略36法》《辩证思维与科技谋略》5本专著，培养博士、硕士研究生100余名。

高洁　中国工程院院士，研究员。1962年9月毕业于北京大学物理系，现任四川大学凝聚态物理学科首席教授。1978年获全国科学大会奖。1985年负责完成国家重点项目“利用超导约瑟夫森效应监督并保持国家伏特基准”并通过国家鉴定，获国家科学技术进步二等奖。1987年晋级为研究员。1987年10月至1990年10月在美国国家标准与技术研究院进行合作研究，任客座研究员，获美国商务部NIST奖状。1988年获国家级有突出贡献中青年专家称号。1993年负责完成了“约瑟夫森结阵列电压基准”并在北京通过国家鉴定，再次获国家科学技术进步二等奖。1993年6月在巴黎米制公约大会上，代表中国当选为国际计量委员会委员。该委员会由18人组成，为米制公约组织最高学术机构，由五十几个会员国选举产生。先后任中国测试技术研究院副院长，中国测试技术研究院科学技术委员会主任、名誉院长，四川省物理学会理事长。1999年12月当选为中国工程院院士。长期从事以量子物理为基础的精密测量，特别是低温物理量子效应的研究。近年来从事介观低维物理电子的量子输运研究，包括半导体异质结在表面声波驱动下的电流量子化，以及受限量子导体千兆赫兹高频电子输运和量子阻抗的研究。2000年以后，作为课题组组长，先后完成了或正在完成国家科技部重点项目、国家自然科学基金委电子信息学部重点项目、国家自然科学基金委数理学部重点项目等。

谢和平　中国工程院院士，1956年1月生，湖南双峰人，中共党员，中国矿业大学获本科、硕士、博士学位，教授，博士生导师。国务院学位委员会委员。中共十七届中央候补委员，十二届全国人大代表。曾任煤炭工业部科技教育司司长、中国矿业大学校长、四川大学校长等职务，现任四川省科协主席、国家奖学金评审委员会主任委员、第二届全国工程硕士专业学位教育指导委员会副主任委员等职务，兼任*Geomechanics and Geoengineering*：*An International Journal*、《力学学报》、《岩土工程学报》等10余种学术刊物荣誉主编、编委。获国家自然科学二等奖、三等奖和国家科技进步二等奖、三等奖四项国家级奖，以及孙越崎能源大奖、何梁何利基金科技进步奖和省部级二等以上奖励多项。被美国、英国、德国、波兰等国外著名大学聘为客座教授及客座研究员，被授予德国克劳斯塔尔工业大学荣誉博士学位、香港理工大学荣誉博士学位、英国诺丁汉大学荣誉博士学位、牛津大学圣艾德蒙学院“牛津大学圣艾德蒙Fellow”学术称号、摩尔多瓦科学院“高级荣誉院士”奖章。致力于矿山工程力学的理论与应用研究，开拓了分形岩石力学研究新领域，率先组织开展了灾害环境下重大工程安全性的基础研究以及深部煤炭开发中煤与瓦斯共采理论研究，组织研究并提出了煤炭开发新理念即科学开采和科学产能。近年来，在深地科学探索领域，包括深地固体资源流态化开采、中低温地热发电、深地医学等领域提出了创新性理念与构想，并在绿色能源、低碳技术与CO_2矿化及综合利用技术领域进行了深入探索，取得了重要进展。成果集中体现在《岩石混凝土损伤力学》《FRACTAL IN ROCK MECHANICS》《深部开采基础理论与工程实践》等6本中英文专著、200余篇论文及有关工程实践中，成果被 SCI 收录 200 多篇、引用 1000 余次，EI 收录 100 多篇。

魏于全 中国科学院院士，1959 年生，四川南江人，中共党员，华西医科大学本科、硕士，日本京都大学医学博士，教授，博士生导师。四川大学原副校长，华西医院临床肿瘤中心主任，生物治疗国家重点实验室主任，中国医药生物技术协会理事长，国家生物治疗协同创新中心负责人，国家综合性新药研究开发技术大平台负责人，*Signal Transduction and Targeted Therapy* 共同主编、*Human Gene Therapy* 副主编、*Current Molecular Medicine* 副主编、*Current Cancer Drug Targets* 负责亚洲地区的编委、*Scientific Reports* 编委等。科技部“973”项目首席科学家，国家自然科学基金创新研究群体负责人，教育部“长江学者奖励计划”第二批特聘教授，1997 年国家杰出青年科学基金获得者，国家“百千万人才工程”第一、二层次人选，“十五”“863”生物与农业技术领域生物工程技术主题专家组组长，“十二五”“863”生物与医学领域生物技术药物主题专家组成员、中华医学会原副会长、教育部科学技术委员会生物与医学学部原常务副主任。主要从事肿瘤的生物治疗的基础研究、关键技术开发、产品研发及临床治疗等，已在多种国际杂志上发表有关肿瘤微环境、免疫治疗、基因治疗与靶向药物等相关研究结果的 SCI 论文 300 多篇。发现了阻断 HSP70 表达，可诱导癌细胞凋亡。

林祥棣 中国工程院院士，1934 年生，江苏南通人，1956 年毕业于浙江大学光学仪器专业，1997 年当选为中国工程院院士。我国光学和光电跟踪测量系统工程研究的主要开拓者之一，我国知名的光学技术与仪器工程专家和学科带头人，获国家科技进步特等奖 1 次，光华科技二等奖 1 次，中科院科技进步一、二、三等奖 6 次。先后担任中国科学院光电技术研究所副所长、中科院成都分院院长、西南科技大学校长，以及中国光学学会常务理事、副秘书长，四川省光学学会理事长，中国宇航学会测控专委会副主任等职，并任四川省政协常委、四川省政协科技委副主任、四川省科技顾问团副主任。

周寿桓 中国工程院院士，教授，博士生导师。1962 年毕业于中国科学技术大学，1994 年 8 月—1996 年 12 月美国纽约市立大学高级访问学者。总装科技委兼职委员，工信部电子科技委常委，固体激光国家重点实验室、应用光学国家重点实验室学术委员会主任，“973”项目、国家自然科学基金重大项目、985 平台首席科学家。全国光辐射安全和激光设备标准化技术委员会、中国电子学会量子电子学与光电子学分会名誉主任委员，国际 IEEE 高级会员。《激光与红外》主编，《中国激光》副主编。享受国务院政府特殊津贴。1964 年起从事固体激光工程技术及应用研究，在全固态激光、高光束质量激光、高亮度激光、新型激光、非线性频率变换等领域取得重要成果。70 年代初提出 DPSSL 的技术设想，是我国最早开展的几个 DPSSL 研究之一。全部国产原件 DPSSL 绿光输出率先突破 100 瓦；高重复频率倍频 DPSSL、Q 开关单纵模 DPSSL 率先攻克环境关，实现工程应用。国内最先将非稳腔用于 Nd：YAG 激光器，开拓创新发展 VRM 腔、VWRM 腔激光器，设计定型并发展成高可靠、高功率、高光束质量激光器产品。与国内单位合作率先实现230 nm～1390 nm 的可调谐激光输出；研制成功跑道视程激光探测仪、气象激光雷达、激光水下探测试验系统等。2005 年在国际上首次提出一种新概念激光，2012 年观察到激光输出，为国际首创。2013 年国内首次突破万瓦级高亮度激光关键技术，实现输出平均功率 $P=13$ kW，光束质量 $\beta=1.7$，连续工作时间大于 100 s。共获国家发明二等奖 1 次；国家科技进步二等奖 1 次，三等奖 2 次；部级一等奖 4 次，二等奖 7 次，三等奖 5 次，光华科技基金二等奖 1 次。获授权发明专利 30 多项，发表论文 200 多篇。

张兴栋 中国工程院院士，1938 年生，四川南充人，1960 年毕业于四川大学固体物理专业。2007 年当选为中国工程院院士，2014 年当选为美国国家工程院外籍院士，2015 年当选为美国医学与生物工程院院士。现任四川大学教授，兼任国际生物材料科学与工程学会联合会主席、国家食品药品监督管理总局（CFDA）医疗器械分类技术委员会执委会主任委员等；曾任中国生物材料学会首任理事长、国际生物陶瓷学会理事长、荷兰莱顿大学博导（客座）、日本国家材料研究所研究顾问等。于国内率先开展生物活性材料研究，研发出生物活性人工骨、涂层牙种植体、涂层人工髋关节等，获 CFDA 首次颁发的此类产品注册证 4 项，并广泛应用于临床。继之发现并确证磷酸钙生物陶瓷可诱导骨再生，建立理论雏形，首创新一代人工骨——骨诱导人工骨，获 CFDA 产品注册证。发现材料可诱导软骨形成，提出“组织诱导性生物材料（Tissue Inducing Biomaterials)”，即无生命的生物材料通过自身优化设计，可诱导有生命的组织和器官再生或形成，开拓了生物材料发展的新方向。先后获国家科技进步和国家自然科学二等奖各 1 项，部省级一、二等奖 8 项，何梁何利基金科学与技术进步奖，美国生物材料学会克莱姆森应用研究奖等国际奖 3 项，并获国家人事部中青年有突出贡献专家、国际生物材料科学与工程学会联合会生物材料科学与工程 Fellow、中国生物材料学会名誉理事长等 10 余个国内外荣誉称号。早期主要从事激光晶体、超硬材料及高压物理研究，负责的研究组被评为全国先进科研集体。出席了 1978 年全国科学大会。

石碧 中国工程院院士，1958 年6 月出生，研究员，博士生导师。现任四川大学制革清洁技术国家工程实验室主任，兼任教育部高等学校教学指导委员会轻工类专业教学指导委员会主任。曾任国际皮革工艺师和化学家协会联合会（IULTCS）主席（2009—2011）、副主席（2007—2009），国务院学位委员会轻工技术与工程学科评议组召集人。主要从事制革化学、制革清洁技术、皮胶原高值转化利用研究。指导获硕士学位的研究生 35 人、获博士学位的研究生 32 人、出站博士后 14 人。研究成果“橡椀栲胶分子降解—金属络合制造鞣剂”获 1993 年国家技术发明二等奖，“无铬少铬鞣法生产高档山羊服装革”获 2000 年国家科技进步二等奖，“制革清洁生产关键技术”获 2006 年教育部技术发明一等奖，“基于酶作用的制革污染物源头控制技术及关键酶制剂创制”获 2014 年度教育部技术发明一等奖、2015 年度国家技术发明二等奖。申请和获得国家发明专利 17 项，已应用实施了 9 项。以第一或通讯作者身份发表论文 200 余篇（其中 SCI 和 EI 收录 149 篇），出版专著和教材 5 部。

李安民 中国科学院院士，1946 年 9 月生，教授，博士生导师。教育部“长江学者奖励计划”特聘教授，教育部科技委员会学部委员，中国数学会副理事长，四川省数学会副理事长，九三学社中央委员。2009年当选中国科学院院士。《数学学报》（中、外文版），德国期刊*Results in Math*.编委。曾任九三学社四川省常委，四川省政协常委。长期从事整体微分几何、辛几何、辛拓扑的科学研究工作。先后主持和承担国家自然基金重点项目、教育部博士点基金项目、国家科委“937”核心数学项目等，在国内外重要刊物上发表论文60余篇，在德国出版英文学术专著2部。研究成果被广泛引用。先后获得国家中青年有突出贡献专家，国家自然科学三等奖，国家教委科技进步一等奖，香港求是科技基金会首届“杰出青年学者奖”，全国优秀教师，教育部提名国家自然科学一等奖等。

侯朝焕 中国科学院院士，2013年引进至四川大学工作。1995年当选为中国科学院院士，现任中国科学院声学所研究员、博士生导师、中国声学学会名誉理事长，历任中科院信息技术学部副主任、中国声学学会理事长、国家自然科学基金委信息技术科学部主任。在声学和信息处理领域成果卓越，发表论文300多篇，先后完成12项国家重大项目，其中3项获国家发明奖，4项获中科院科技进步奖（含中科院特等奖一项）。在水声工程研究中主持研制“水声信号起伏统计特性测量系统”，推动了水声信号场和混响—噪声场统计特性的研究，1965年获国家科委聂荣臻主任签发的发明证书。70年代提出了“相移多波束基阵信号处理系统”并完成总体设计。80年代主持完成了“智能型水声信号处理系统”研制，使系统能与水声信道匹配，达到最优工作状态和最佳处理效果；根据超高速计算的需求，开展了并行阵列处理的研究，主持完成了13.2亿次DSP-Ⅰ阵列信号处理机研制。在国内率先开展了VLSI信号处理研究，进而将阵列处理系统集成到单个芯片上去，1993年完成了多个超高速DSP专用芯片的研制。单个芯片内包含有15个运算结点，单芯片乘加速度达10亿次/秒，达到当时的国际领先水平。曾被授予全国先进工作者、国家级有突出贡献的中青年专家、中央直属机关优秀党员等称号。

冯小明 中国科学院院士。1988—1993年在西南师范大学化学系从事有机化学教学和科研工作，历任助教和副教授；1993—1996年在中国科学院化学研究所学习，获理学博士学位；1996—2000年在中国科学院成都有机化学研究所从事研究工作，历任副研究员和研究员，博士生导师；1998—1999年在美国Colorado State University化学系做博士后研究；2000年至今在四川大学化学学院工作，任博士生导师。2001年入选教育部跨世纪优秀人才培养计划；2002年获国家杰出青年科学基金资助和四川省有突出贡献优秀专家称号；2004年入选四川省学术与技术带头人；2005年入选“长江学者奖励计划”特聘教授；2007年入选人事部“新世纪百千万人才工程”国家级人选；2013年当选为中国科学院院士。在国家自然科学基金委重大项目、杰出青年科学基金和重点项目等国家和省部级项目的资助下，针对不对称合成中发展新型优势手性催化剂、新反应和新策略等核心和挑战性问题，开展了系统深入的研究。以廉价易得的氨基酸为原料，基于双功能催化策略，设计合成了多种新型手性配体和催化剂，实现了一些难以实现的重要不对称反应，为一些重要生理活性手性化合物的合成提供了有效方法。现已分别在*Acc. Chem. Res.*，*Chem. Rev.*，*J. Am.*

Chem. Soc.，*Angew. Chem. Int. Ed.*，*Chem. Sci.*，*Chem. Eur. J.*，*Org. Lett.* 等刊物上发表论文200多篇，SCI他引超过4300多次。多篇论文被 *Nature China*、*Chemistry World*、*Synform*、*Noteworthy Chemistry*、*Synfacts* 等杂志正面评述，研究入选“2011年中国高等学校十大科技进展”，中科院2012《科学发展报告》和《国家自然科学基金资助项目优秀成果选编》。多次被邀请在国际、国内会议上做邀请报告，担任4个国内刊物的编委，是6个国际刊物 Advisory Board 的成员，是教育部“长江学者和创新团队发展计划”创新团队和国家自然科学基金委创新研究群体学术带头人。作为第一完成人获2009年教育部自然科学一等奖和2012年国家自然科学二等奖，获中国化学会有机化学学科委员会颁发的“有机合成创造奖”和药明康德公司颁发的“生命化学奖”二等奖，获全国优秀博士学位论文指导教师、全国优秀教师和四川省模范教师称号。

朱清时　中国科学院院士。1946年生，四川成都人。中国科技大学近代物理专业毕业，教授。曾担任中国科学技术大学第七任校长、南方科技大学创校校长。第三世界科学院院士。曾在美国加州大学、美国布鲁克海文实验室、加拿大国家研究院、法国巴黎大学等做访问学者、客座科学家、客座教授，作为英国皇家学会客座研究员在剑桥大学、牛津大学和诺丁汉大学工作。就任中国科技大学校长期间，致力于规划和组织学校面向21世纪建设一流大学，卓有成效地推进学校教学、科研、管理和后勤服务等各项事业的改革与发展。在受聘南方科技大学校长期间，创新地推出“先行先试，自主招生，自授学位，自颁文凭”的办学模式，成为备受关注的中国教育改革风云人物。

在激光光谱学方面取得了国际一流的研究成果。发展了一种先进的激光诱导荧光光谱技术，拓展了用光谱来鉴别同分异构分子的有效方法，受到国际学术界的重视。在分子高振动态的实验和理论研究中，证明局域模振动模式，推动了分子光谱的发展并为选键化学提供了依据，结合分子内传能解释了STM实验中的一些新现象。开展了对单分子化学的研究，并在这一国际上最新重大领域中取得了一系列国内外瞩目的成绩。

王玉忠　中国工程院院士，有机高分子材料专家。1994年在四川大学获得博士学位后，一直在四川大学化学学院任教。创建了环保型高分子材料国家地方联合工程实验室、教育部环境友好高分子材料工程研究中心、降解与阻燃高分子材料四川省高校重点实验室及相应领域的四川省国际合作研究基地（国际联合研究中心）和协同创新中心。主要从事阻燃材料、生物基与生物降解高分子材料及高分子材料循环利用等研究，特别是在高分子材料的阻燃领域，提出和发展了一些新的阻燃原理和方法，有效解决了制约行业发展的一些关键技术问题，使多个大类产品在国际市场上具有很高的占有率。截至2017年，发表SCI收录论文460余篇，SCI引用1万余次，邀请英文专著章节和综述13篇章，出版专著/教材/手册6部，20余篇论文成为季/年度TOP热点/多引论文，2项基础研究成果进入《国家自然科学基金资助项目优秀成果选编》；获授权发明专利110余项，专利实施应用已创造了显著经济效益；获11项国家级和省部级科技成果奖，其中作为第一完成人，获2项国家二等奖、3项教育部一等奖、2项四川省自然科学和技术发明类科技进步一等奖；获得何梁何利基金科学与技术进步奖和四川省科技杰出贡献奖。获得四川省教学成果一等奖1项，一门省级精品课。应邀在境外国际学术会议上做Plenary和Keynote邀请报告20余次，多次担任国际学术会议大会主席；担任*Polymer Degradation and Stability*、*Journal of Applied Polymer Science*等12个中英文期刊编委。国家杰出青年基金获得者，教育部“长江学者奖励计划”特聘教授和创新团队带头人，荣获“全国优秀科技工作者”称号，“新世纪百千万人才工程”国家级人选，教育部跨世纪优秀人才计划，四川省学术与技术带头人，获第五届（2004）光华工程科技奖青年奖、宝钢教育奖优秀教师奖、四川省优秀研究生指导教师称号、四川大学首届“最受学生欢迎教师奖”和“产学研合作杰出贡献奖”一等奖等。

陈芬儿 中国工程院院士，1958年4月生于江西崇仁。1988年毕业于华西医科大学药学院，获药物化学硕士学位。1988—1997年先后任武汉工程大学制药工程系助教、讲师、副教授、教授。1999年毕业于四川大学有机化学专业，获博士学位。1995—1996年美国Washington University化学系访问学者，1996—1997年伦敦大学King's College London生物药学系访问学者。1997年至今任复旦大学化学系、生物医学研究院教授，博士生导师。2004年至今任瑞士罗氏（现DSM）公司首位华人技术顾问（国际合作），2004—2014年任复旦-帝斯曼（DSM）合成方法与手性技术联合实验室主任（国际合作）。2015年增选为中国工程院院士。2016年受聘为四川大学双聘院士。兼任教育部高等学校化学及化工科学教育指导委员会委员；中国药学会药物化学专业委员会委员，上海市药学会药物化学专业委员会委员、主任委员；上海市药物合成工艺过程工程技术研究中心技术委员会副主任委员；*Chinese Chemical Letters*副主编，中国药学（英文版）杂志副主编，*Anticancer Drugs Discovery*、*Drug Discoveries & Therapeutics*、*Current Medicinal Chemistry*、《药学学报》等10余个国内外著名杂志编委等。长期从事药物分子设计学、有机化学的研究，主要研究方向：基于计算机辅助和药物作用机制的新药发现、天然产物的化学全合成研究、有机小分子不对称催化反应的应用研究、手性药物与手性技术的研究、药物合成创新工艺的研究等。取得了大量具有理论意义和重大应用价值的学术成果。

王琪 中国工程院院士，女，1949年出生，四川自贡人。毕业于四川大学高分子材料专业，获工学学士（1982年1月）、硕士（1984年6月）、博士（1989年6月）学位。1989年12月—1992年3月加拿大Laval大学高分子科学工程中心博士后。四川大学教授，长江学者，2017年当选中国工程院院士，轻工装备（塑料加工装备）专家。现任国际聚合物加工学会中国代表，《高分子材料科学与工程》期刊主编，中国塑料加工工业协会专家委员会副主任等。曾任高分子材料工程国家重点实验室主任（1998—2009年），四川大学“985工程”“高分子与特种功能材料”科技创新平台首席科学家（2004—2014年）。主要从事塑料加工新装备、新技术、新原理的研究和工程化应用，如固相力化学加工，塑料管旋转挤出加工，聚乙烯醇热塑加工和熔融纺丝，高值高效回收利用废弃塑料橡胶，制备无卤阻燃塑料和泡沫塑料，聚合物基微纳米功能复合材料微型加工和3D打印加工等。研究成果获国家技术发明奖二等奖1项，中国专利金奖1项，省部级一等奖3项、二等奖3项等；获授权中国发明专利45项；发表学术论文380余篇。

三、特聘院士（按学校聘任时间排序）

何德全 中国工程院院士。1933年生，在国家安全部从事信息技术与信息安全领域研究，1994年当选为中国工程院院士。曾获国家发明二等奖1项，国家科技进步三等奖1项，作为第一完成人获省部级科技进步奖10项。

沈昌祥 中国工程院院士，长期进行计算机信息系统安全性研究和开发，先后完成重大科研和工程项目20多项，在信息保密和网络安全等多个领域取得突破性进展，达到国际先进水平。曾获国家科技进步一等奖2项、二等奖2项、三等奖3项，获军队科技进步奖十几项。出版专著《实时系统软件设计初步》。在国内外发表有影响论文20余篇。1995年5月当选为中国工程院院士。

周仲义 中国工程院院士，长期从事信号与信息处理研究工作，曾创造性地解决本专业领域关键性技术课题和重大技术难题，曾获国家科技进步一等奖1项、国家科技进步三等奖2项。现为总参谋部第三部研究员。

刘宝珺 中国科学院院士，沉积地质学家。1931年出生，1956年毕业于北京地质学院岩石学专业研究生班。从事教学及科研40余年，在沉积学、地理学、全球变化等方面是我国先驱者及学术带头人，公开发表中英文论文百余篇，出版专著15部，其学术观点被广泛引用，在国外有一定影响。主编过我国第一部沉积学及岩相古地理学专业教材（统编教材），1986年被选为国家级有突出贡献中青年专家，享受政府特殊津贴。1989年获第一届李四光地质科学奖。1996年在第30届国际地质大会上获斯潘迪亚洛夫奖（100年来第20位、我国第一位获奖者）。1997年获“全国优秀科技工作者”称号。

马志明 中国科学院院士，四川成都人。1978年毕业于重庆师范学院数学系。1981年获中国科学技术大学研究生院数学硕士学位。1984年获中国科学院应用数学研究所数学博士学位。1999年当选为第三世界科学院院士。中国科学院数学与系统科学研究院应用数学研究所研究员，中国数学会副理事长。主要从事概率论与随机分析方面的研究，在狄氏型与马氏过程、维纳空间容度理论、Feynman-Kac半群、薛定锷方程、随机线性泛函、无处Radon光滑测度环空间的对数Sobolev不等式等研究中获多项国际领先的或国际先进的成果。突破“局部紧”及“正则”两大限制所提出的拟正则狄氏型新数学框架，解决了该领域存在20年之久的难题，是研究奇异问题与无穷维问题的有力数学工具，并已在许多领域得到日益广泛的应用。1995年当选为中国科学院院士。

樊代明 中国工程院院士，现任第四军医大学全军消化病研究所所长。1978年毕业于第三军医大学军医系。承担国家“973”“863”等攻关项目的课题，承担国家自然科学基金重点课题及国家杰出青年基金课题，发表论文181篇，其中英文40篇，获国家科技进步二等奖、三等奖各1项，国家发明三等奖1项，省部级科技进步一等奖3项。担任中华医学会理事等全国性学术职务12个，其中包括国务院学位委员会学科评议组成员、国家自然科学基金委学科评议组组长、国家新药审评委员会委员、中华内科学会常委等，担任21本专业杂志的编委，11种杂志的副主编。

白以龙 中国科学院院士，力学家。1940年12月22日生，1963年毕业于中国科学技术大学。1991年当选为中国科学院学部委员，中国科学院力学研究所研究员。他突破国际惯用的最大应力经验描述，建立了关于热塑剪切模型方程及变形局部演化等一系列新结论，被称为“白模型”“白判据”。创立了亚微秒尖力脉冲技术。建立了微损伤的非平衡统计演化的理论和实验基础，取得了突出成果。现任中国科学院力学研究所学术委员会主任、非线性力学国家重点实验室主任，中国力学学会理事长，国家自然科学基金委员会数理学部主任等职。主要研究方向：统计细观损伤力学和变形损伤局部化，材料的细—微观结构和宏观力学性能，固体的冲击动力学，复杂现象的不确定性和预测。

刘盛纲 中国科学院院士，1955年毕业于南京工学院无线电系。电子科技大学教授，四川大学特聘教授，中国电子学会副理事长，中国真空电子学会会长；曾任电子科技大学校长。刘院士在电子回旋脉塞、自由电子激光与高功率微波、微波电子学及微波等离子体电子学、生物电子学等领域做出了开创性、奠基性的工作，是我国该领域的先驱者。他曾获国家自然科学三等奖、四等奖，国家技术发明三等奖。1980年当选为中国科学院学部委员。曾获1999年度陈嘉庚信息科学奖等。2001年荣获国家高科技“863”突出个人贡献奖。2003年获国际K. J. BUTTON奖。

魏复盛 中国工程院院士，环境化学、环境监测专家。1938年1月生，1964年毕业于中国科技大学化学系，1985年到中国环境监测总站工作，先后任副站长、总工程师、研究员。中国环境科学学会副理事长，全国环境监测专业委员会主任，第十届全国人大常委会委员。1985年领导和组织了全国监测分析方法的研究、验证和统一及标准化工作。负责组织并承担国家科技部一系列重大攻关课题，取得了具有国际先进水平的重大科研成果。近十余年承担了多项中美科技合作课题。曾获国家科技进步二等奖2次，部级科技进步二等奖2次、三等奖1次。编著或组织编写专著十余部。在国内外学术刊物上发表论文170余篇。主要研究方向：环境化学、环境监测技术、环境污染与健康等。

蔡吉人 中国工程院院士，长期从事信息处理研究工作，在信息压缩、转换、传输等方面做出卓著成绩，主持过10多个重大科研项目的研究工作，主持审查过30多个设计方案，是我国信息安全领域的主要学术带头人，担任国家重点基础研究发展规划项目“信息与网络安全体系研究”首席科学家。曾获国家科技进步二等奖4项，多次获国家、省部级其他奖励，发表学术论文和研究报告30余篇。

张亚平 中国科学院院士，分子进化生物学和保护遗传学家。1965年生于云南昭通，原籍四川资中。1986年毕业于复旦大学生物系，1991年获中国科学院昆明动物研究所博士学位。现任中国科学院昆明动物研究所研究员、副所长，云南大学教授。从事灵长类、食肉类等一系列动物类群的研究，澄清了这些类群系统与演化中的一些重要问题。以线粒体基因组作为主要遗传标记研究东亚人群的遗传多样性，揭示了东亚人群进化的一些规律，并阐述了我国一些民族的演化历程。系统研究了野生动物和家养动物的遗传多样性，发现遗传多样性贫乏与物种濒危之间没有必然的对应关系，证明东亚是家养动物驯化的重要区域。在脊椎动物中首次发现微进化时间范围内 DNA 异速进化的现象。对基因起源进化的研究，揭示了一些新基因的形成和基因的变异在生物适应进化中的意义。2003 年当选为中国科学院院士。

刘昌孝 中国工程院院士，1965 年北京医学院药学专业毕业，1986—1987 年在瑞典 Lund Draw 研究所做访问学者，从事手性药物的动力学研究，2003 年当选为中国工程院院士。现任天津药物研究院新药评价研究中心主任，中国药理学代谢委员会主任。出版了国内第一本《药物代谢动力学》专著，创建了国内第一个药物动力学实验室，第一个将药物代谢动力学用于我国的新药鉴定和评价，发表了国内第一篇应用 HPLC 研究药物动力学的论文。获得过 27 项（次）的省级以上科技成果奖励和国际学术成果奖励。2000 年获得首届香港紫荆花医学成就奖。

许祖彦 中国工程院院士，四川邛崃人。1963 年中国科学技术大学技术物理系毕业。中国科学院物理研究所研究员，四川大学特聘教授。主要从事可调谐激光、全固态激光和超快激光的理论和应用研究。在有机染料可调谐激光技术研究上获国家科技进步二等奖 1 项，中科院科技进步二等奖 2 项，电子部科技进步二等奖 1 项；在非线性光学和光参量宽调谐激光研究上获国家发明二等奖 1 项，中科院科技进步一等奖 1 项。大功率全固态激光研究也取得多项国内外领先成果和发明。在超快激光研究方面，在国内首创全固态飞秒光源和国际领先宽调谐飞秒激光器等。

马洪琪 中国工程院院士，1967 年毕业于清华大学水利系，历任水电十四局技术员、副总工程师、总工程师、局长兼总工程师、澜沧江水电开发有限公司总工程师。2001 年当选为中国工程院院士。目前受聘为四川大学兼职教授、博士生导师。先后参加并负责了鲁布革、漫湾、广州抽水蓄能、天荒坪、大朝山、黄河小浪底、长江三峡澜沧江小湾等大型电站工程的建设。总结并完善了地下工程施工技术，提出了加快大型洞室群施工的平面多工序立体多层次的施工方法，为复杂洞室群的施工规划和组织提供了导则。总结了高压长斜井快速施工方法，研制的 XHM 型斜井滑模填补了我国此项技术空白，属世界领先水平。岩锚吊车梁施工技术、无钢衬高压钢筋混凝土岔管施工技术，达到世界先进水平。参与的广蓄电站一期工程的关键技术研究和实践获国家科技进步二等奖，工程施工质量获国家鲁班奖。他认真探索项目法施工科学管理，为我国水电事业改革做出贡献。其间，获得国家级和省部级科技进步奖 10 项、国家专利 1 项、优质工程奖 8 项、国家鲁班奖 1 项、科学管理成果奖 1 项，被评为国家有突出贡献专家、中国优秀企业经营者，获全国五一劳动奖章。

吴以成 中国工程院院士，长期从事无机非线性光学晶体材料研究，在新型非线性光学材料探索、晶体生长及非线性光学特性研究、晶体结构与非线性光学性能相互关系等领域取得了突出成绩。共发表论文 100 余篇，获中国发明专利授权 12 项、美国发明专利授权 3 项、日本发明专利授权 2 项，是“新型非线性光学晶体 LBO”的第二发明人、“新型非线性光学晶体 CBO”的第一发明人、“新型非线性光学晶体 LCB”的第一发明人。曾获得国家教委、国务院学位委员会颁发的“做出突出贡献的中国博士学位获得者”称号、国家发明一等奖（排名第二）、中国科学院科技进步一等奖（排名第二）、光华科技基金奖一等奖、福建省王丹萍科学奖二等奖等奖励。

管华诗 中国工程院院士，我国著名食品及海洋药物、生物学家，中国海洋大学原校长，山东省科协主席，教育部轻工与食品学科教指委主任。长期从事海洋生物资源的综合开发利用及海洋药物与食品工程的教学和科研工作，开创了我国海洋药物新研究领域，获授权国内外发明专利13项，申请并受理国家发明专利27项。指导培养博士26名、硕士25名。先后获全国科技大会奖，国家科技进步三等奖，国家教委科技进步二等奖，农业部科技进步二等奖，山东省科技进步一、二等奖，山东省最高科学技术奖，美国世界成就奖等。

李焯芬 中国工程院院士，工程与技术科学基础学科（岩土工程、地质工程）专家。1945年生于广东省中山市，1972年毕业于加拿大西安大略大学，获博士学位。曾任加拿大安大略水电土木建筑部主任，现任香港大学副校长、香港工程科学院院长。参与并主持了加拿大多座大型火、水和核电站的地质论证、环境评价和土建工程，在解决复杂地质条件下建设大型工程的岩土问题，如大坝安全、核废料处理、核电站抗震等方面取得新的进展；主持了多项地质灾害防治和工程科研工作；对香港暴雨触发滑坡和风化土破坏机制有重要理论创新；支持国内建设，为三峡、大亚湾等工程做了大量咨询工作；培养年轻人才，贡献突出。在工程实践和理论研究中做出了重大贡献，对国际学科发展有重要影响，荣获香港工程科学院和加拿大工程院（CAE）院士的称号，2003年当选为中国工程院院士。

柴之芳 中国科学院院士，放射化学家，中国科学院高能物理研究所研究员。1964毕业于复旦大学物理二系放射化学专业。1980—1982年获洪堡基金资助，在德国科隆大学从事核技术的应用研究。其后，曾在美国Purdue大学、法国Strassburg核研究中心、荷兰Delft大学、ECN能源研究中心、东京都立大学等地短期工作。2007年当选为中国科学院院士。长期致力于核分析方法学的研究，并将其应用于一些交叉学科。建立了铂族元素放射化学中子活化方法，发现了一些与生物灭绝事件有关的地质界线铂族元素丰度特征及其多种化学种态，丰富和发展了地外撞击理论；倡导并建立了分子—中子活化方法，实现了细胞、亚细胞及分子水平的多种微量元素化学种态的研究。建立并应用多种核分析方法研究金属组学、环境毒理学、纳米安全性和核爆炸现场快中子谱等。共发表论文300余篇，其中SCI收录200余篇，出版中文著作6本，英文著作3本，发表国际会议特邀报告30多次。现为国际纯粹与应用化学联合会（IUPAC）的Titular委员、国际原子能机构（IAEA）的顾问，以及其他5个国际学术组织的委员或顾问。曾获全国科学大会奖、国家科技进步二等奖、中科院自然科学一等奖等国家级或部委级奖7项。2005年获国际放射分析化学和核化学领域的最高奖——George von Hevesy奖。

袁道先 中国科学院院士、博士生导师，中国地质大学、华中科技大学、桂林理工大学兼职教授，享受国务院颁发的政府特殊津贴。我国地质学、岩溶地质学学科带头人之一，国际知名水文地质学专家，为我国水文地质、工程地质、岩溶环境地质的研究做出了重大贡献。50年代，承接了拉萨第一座水电站从勘察、设计到施工建成的全部地质工作，还查勘了雅鲁藏布江和贵州乌江沿线的水能资源，做了黄河三门峡坝址的勘探工作。1990年至今分别在联合国教科文组织国际地质对比计划IGCP299项目（1990—1994）、IGCP379项目（1995—1999）和IGCP448项目（2000—2004）中担任国际工作组主席。在水文地质学、环境地质、地球化学、岩溶学方面做出了创造性贡献，在国内外重要学术刊物上发表论文共40余篇，出版专著（译著等）4部。1996年，被国际水文地质学家协会授予主席奖（该奖是该协会的最高奖，每年只授予一位国际知名学者）。1997年，被中国科学技术协会授予“优秀科技工作者”称号。

黎乐民 中国科学院院士，化学家。1959年北京大学技术物理系本科毕业，1965年北京大学技术物理系研究生毕业。北京大学化学与分子工程学院教授、博士生导师、院学术委员会主任、理学部和校学术委员会委员；兼任稀土材料化学及应用国家重点实验室学术委员会主任、理论与计算化学国家重点实验室学术委员会主任、《中国科学》（B辑：化学）执行副主编、《高等学校化学学报》副主编、《中国化学快报》副主编等学术职务。早年主要从事核燃料络合物化学和萃取化学研究，开展溶液中络合物的化学平衡、平衡常数测定方法、平衡常数与络合物组成及结构的关系等方面的实验与理论研究，以及核分析化学、同位素化学分离和核废液处理等方面的工作。1977年以后主要从事量子化学和理论无机化学研究。与他人合作，在同系线性规律、双层点电荷配位场模型、分子中的原子与原子轨道、振动力常数计算方法、某些麻醉镇痛剂的构效关系等方面取得有特色的成果；系统研究稀土化合物的电子结构和成键特征以及相对论效应产生的影响，阐明了这类化合物稳定性变化规律的微观机制；发展了四分量、两分量和标量相对论以及非相对论的高精度密度泛函计算方法和程序等。迄今发表学术论文近200篇，研究成果“应用量子化学—成键规律和稀土化合物的电子结构”获得1987年国家自然科学二等奖，还获得过省部委级科技成果奖多项。

张恭庆 北京大学教授，中国科学院院士，第三世界科学院院士，主要从事非线性分析领域的研究。在非线性泛函分析及非线性偏微分方程理论研究中获得国际领先成果，特别是他建立和发展的孤立临界点无穷维Morse成果，把几种不同的临界点定理纳入了一个新的统一的理论框架，由此又发现了好几个新的重要的临界定理，运用这一理论，得到了一批重要理论成果。此外，他发展了集值映射拓扑度和不可微泛函的临界点理论，解决了一批有实际应用的非线性偏微分方程的自由边界问题。先后获得国家自然科学三等奖和二等奖、陈省身数学奖、第三世界科学院数学奖、何梁何利基金科学与技术进步奖、教育部高等学校教学名师奖。曾任中国数学会理事长，是我国早期在世界数学家大会上作45分钟应邀报告的少数几个杰出数学家之一。

姜伯驹 北京大学教授，中国科学院院士，第三世界科学院院士。在不动点理论中Nielsen数的计算方面取得突破性进展，所创的方法在国外称被为“姜子群”“姜空间”。运用低维拓扑学的理论和方法，全面解答了已有半个世纪之久的Nielsen不动点猜想，并开拓了Nielsen式的周期点理论。曾任科技部“973计划”“核心数学中的前沿问题”项目的首席科学家，先后获国家自然科学三等奖和二等奖、陈省身数学奖、何梁何利基金科学与技术进步奖、华罗庚数学奖、中华全国总工会的全国五一劳动奖章、教育部的高等学校教学名师奖，是我国杰出的数学家和教育家。

王浩 中国工程院院士，中国水利水电科学研究院水资源研究所所长，教授级高工。长期从事水文水资源研究，在流域水循环过程模拟、水资源评价、水资源规划、水资源配置和调度、生态需水理论及其计算方法、水价理论与实践、水资源管理以及节水型社会建设等方面取得了一系列成果。曾主持完成国家项目及其他部门和地方项目数十项，世行、亚行以及其他国际合作项目多项。发表学术论文200余篇，出版专著20余部，其中《西北地区水资源合理配置与承载能力研究》一书分别获得“国家优秀图书奖”和“河南省优秀图书荣誉奖”。获得国家科学技术进步二等奖5项，省部级奖励10项。2004年被中央和国家机关工会联合会授予“中央国家机关五一劳动奖章”。2006年被评为“全国杰出专业技术人才”。2009年被评为“全国水利系统奉献水利先进个人”。

陈永川 中国科学院院士，1964年出生，四川南充人。1984年获四川大学计算机软件学士学位。1987年赴美国麻省理工学院学习。1991年获应用数学博士学位，同年被美国洛斯阿拉莫斯国家实验室授予奥本海默研究员奖。现任天津市第十二届政协副主席，九三学社中央常委、市委会主委，南开大学副校长。主要研究领域包括经典组合数学，代数组合学，组合数学在生物、物理和金融领域的应用等。构造的“Schroder trees”的计数算法是组合数学中最漂亮的几个算法之一。建立的指数型结构的上下文无关文法的计数模型被公认为“陈氏文法”。先后获得了美国李氏基金会学术成就奖、联合国教科文组织侯赛因青年科学家奖、国家杰出青年基金、教育部科技进步一等奖、全国五四青年奖章、中国青年科技奖、第十三届陈省身数学奖等奖项。

袁亚湘 中国科学院院士，1960年出生于湖南资兴。18岁考上湘潭大学，1982年3月—1982年11月在中国科学院研究生院就读研究生，师从冯康教授。1982年11月起在剑桥大学应用数学与理论物理系攻读博士，师从M. J. D. POWELL教授。1986年获博士学位。现任中国科学院数学与系统科学研究院研究员。在非线性优化计算方法及其理论方面取得了一系列的重要成果。他的贡献主要集中在信赖域法、拟牛顿法和共轭梯度法三个方面。在信赖域法算法设计和收敛性分析方面所做的工作是开创性的，特别是非光滑优化信赖域方法的研究，得出了一系列重要的收敛性定理，给出了超线性收敛的充分必要条件。曾获首届“FOX”奖二等奖、首届冯康科学计算奖、中国青年科学家奖、北京市科技进步一等奖、国家自然科学二等奖，并荣获国家级有突出贡献的中青年专家、全国优秀科技工作者以及中国十大杰出青年等称号。

鄂维南 中国科学院院士，生于1963年。1982年获得中国科技大学学士学位，1985年在黄鸿慈教授指导下获得中科院计算数学所硕士学位，1989年在著名应用数学家Bjorn Engquist教授指导下获得美国加州大学洛杉矶分校博士学位。现任普林斯顿大学数学系和应用数学及计算数学研究所教授，北京大学长江讲座教授。研究领域包括数学、力学和理论物理的诸多方向，并均有重要的发现和贡献。他的研究把数学模型、分析和计算美妙地结合起来，并能对现实世界的重要现象提供新的见解。1996年获得美国青年科学家和工程师总统奖。1999年获得冯康科学计算奖。2003年获第五届国际工业与应用数学家大会科拉兹奖（Collatz Prize）。

杨永斌 中国工程院院士，1954 年 8 月出生，福建省金门县人，工程力学专家。1976 年毕业于台湾大学，1984 年获美国康乃尔大学博士学位。2007 年当选为奥地利国家科学院院士。2009 年当选为中国工程院院士。曾任台湾大学土木工程系副教授，台湾大学土木工程系主任，台湾大学工学院院长，台湾云林科技大学校长等。现任台湾大学特聘教授，以及两个国际期刊 *IJSSD* 和 *IMMIJ* 的主编。同时为湖南大学土木工程学院客座教授、南京工业大学客座教授。专长研究领域：结构非线性理论、桥梁动力理论、列车波动传播分析法。

四、四川大学杰出教授

项楚 四川大学杰出教授，1940 年 7 月出生，我国著名的敦煌学家、文献学家、语言学家和文学史家，国家级重点学科“中国古典文献学”学科带头人。现为国务院学位委员会学科评议组成员，国家古籍整理出版规划领导小组成员，中国敦煌吐鲁番学会副会长，四川大学中文系教授，中国古代文学、中国古典文献学、汉语言文字学博士生导师。教育部人文社会科学重点研究基地四川大学中国俗文化研究所所长。研究领域以敦煌学为核心，涵盖了语言学、文学、文献学和佛学等诸多方面，其中对于敦煌俗文学的研究居于世界领先地位。出版了《敦煌文学丛考》《敦煌变文选注》《王梵志诗校注》《敦煌诗歌导论》《敦煌歌辞总编匡补》《著名中年语言学家自选集·项楚卷》《柱马屋存稿》等专著多种；发表学术论文 70 余篇，其中《敦煌变文字义析疑》等系列论文获中国社科院青年语言学家奖金一等奖，《敦煌文学丛考》获全国高等学校首届人文社会科学研究优秀成果一等奖，《王梵志诗校注》获全国高等学校第二届人文社会科学研究优秀成果一等奖，《寒山诗注》获四川省哲学社会科学优秀成果一等奖。具有深厚的国学根底，熟读佛藏和四部典籍，精于校勘考据，擅长融会贯通，在研究中熔语言、文学、宗教于一炉，形成了独具的治学特色。对敦煌学的研究折服了自诩“敦煌学在外国”的外国学者，为祖国赢得了荣誉。

游志胜 四川大学杰出教授，1945 年 9 月生，四川成都人。1968 年四川大学物理系本科毕业，从事电子技术工作；1978—1981 年为四川大学无线电系硕士生，1981—1983 年在美国密执安州立大学计算机系做访问学者。1983 年起在四川大学计算机系从事教学科研工作。现为四川大学计算机学院教授、博士生导师，主要研究方向是模式识别、图像处理、信息融合及其在空中管制和地面智能交通系统的应用。主持国家和军队有关重大项目 20 余项。作为第一完成人获得国家科技进步一等奖 1 项、二等奖 2 项，省部级一等奖 4 项，对我国民航、军航空管系统现代化做出重要贡献，被中国民航总局聘为特聘专家，被国务院中央军委国家空管委办公室评为“全国空管先进个人”。国家有突出贡献的中青年专家、四川省学术和技术带头人、全国优秀留学归国人员、五一劳动奖章获得者、全国先进工作者，并担任教育部科技委学部委员、中国图象图形学学会副理事长。

罗志田 1952 年生于重庆，1977 年考入四川大学历史系，1981 年毕业后到四川师范大学历史系，历任助教、讲师，1986 年留学美国，获新墨西哥大学硕士学位，普林斯顿大学博士学位。1994 年至今任四川大学历史文化学院教授、博士生导师，文科杰出教授，研究方向主要为中国近代文化史、中外关系史。著作有《再造文明的尝试：胡适传》《民族主义与近代中国思想》《权势转移：近代中国的思想、社会与学术》《乱世潜流：民族主义与民国政治》《国家与学术：清末民初关于“国学”的思想论争》《裂变中的传承：20世纪前期的中国文化与学术》《近代中国史学十论》《激变时代的文化与政治——从新文化运动到北伐》《变动时代的文化履迹》《近代读书人的思想世界与治学取向》等。

曹顺庆 欧洲科学与艺术院院士，四川大学杰出教授。1954年2月生于贵阳，1980年毕业于复旦大学，同年考上四川大学研究生，1983年获硕士学位，1987年获博士学位。曾任四川大学文学与新闻学院院长，博士生导师，教育部“长江学者奖励计划”特聘教授，国家级重点学科比较文学与世界文学学科带头人，教育部跨世纪优秀人才，霍英东教师基金获得者，做出突出贡献的中国博士学位获得者，享受国务院政府特殊津贴专家，四川省学术带头人，“双一流”学科建设首席科学家，国家级教学名师，国务院学位委员会学科评议组成员，国家社科基金评委，国家教材委员会委员，教育部“马工程”首席专家，教育部本科教学评估工作专家委员会委员，教育部教学指导委员会中文学科副主任委员；中国比较文学学会前任会长，中国古代文学理论学会副会长，中国中外文论学会副会长，四川省社会科学界联合会副主席；美国康奈尔大学、哈佛大学，香港中文大学访问学者；台湾南华大学、佛光大学、淡江大学客座教授。比较文学国家级教学团队负责人，比较文学国家级精品课程负责人；主持国家社科基金重点项目“中外文学发展比较研究”等多个项目，担任“十五”“211”重点项目“中外文学与俗文化”负责人；多次获国家级优秀教学成果奖，教育部人文社科奖及四川省政府社科一、二、三等奖。《文学评论》编委、《中国比较文学》编委、英文刊物 *Comparative Literature: East & West* 主编。出版了《比较文学变异学》(*The Variation Theory of Comparative Literature*)、《中西比较诗学》《中外比较文论史》《比较文学史》《中国文化与文论》《两汉文论译注》《东方文论选》《比较文学新开拓》《中国古代文论话语》《中外文学跨文化比较》《比较文学论》《比较文学学科理论研究》《世界文学发展比较史》《比较文学学》等20多部著作，发表学术论文百余篇。

钟本和 1937年11月出生，四川达州人。现任四川大学化学工程学院教授、博士生导师。长期从事磷复肥、磷化工教学科研工作。负责完成的“料浆法制磷铵”新工艺创造性地解决了我国大量中品位磷矿长期不能生产高效复肥磷铵的难题，成为该领域的开拓者。经过20余年的研究和攻关，完成了该工艺的基础研究、模试、中试。3万吨/年工试和装置技术国产化、大型化，并在全国推广。已形成具有中国特色的20—30万吨/年装置的成套先进技术，成为我国高浓度磷复肥生产的主导技术路线，被国家计委列为“六·五”以来我国科技战线的八大成果之一［计科1988（570）号文］。主持完成的“6万吨/年料浆法磷铵”，被国家计委列为全国“八·五”攻关突出的五项重大成果之一；主持完成的15万吨/年多项关键技术的“九·五”攻关获得重大经济效益，2007年全国产量达900余万吨，占磷铵总产量的60%以上。近十年还主持完成国家发改委和科技部下达的“生活垃圾制有机复合磷肥 10 万吨/年工业性试验”及对磷化工行业技术进步、产量升级换代具有重大意义的、低能耗、低成本制高纯度湿法磷酸新工艺，完成了 1 万吨/年、5 万吨/年工业试验并在全国推广。在上述领域取得的多项重大成果，获多项奖励，其中以第一完成人获国家科技进步一、二等奖各 1 项，部省级特等奖 1 项、一等奖 2 项、二等奖 4 项。先后被评为省、市劳动模范，国家人事部有突出贡献的中青年专家，1991 年享受国务院政府特殊津贴；四川省委、省政府科技重奖，省优秀共产党员。国家“六・五”“七・五”“八・五”科技攻关先进个人，全国高校先进科技工作者。获首届“亿利达”科技奖，首届四川大学“五粮液校企合作贡献奖”。合作出版专著 4 本，在国内外主要刊物发表论文百余篇，并获多项发明专利。四川省学术和技术带头人。担任中国磷肥协会常务理事，中国磷肥专家组副组长，中国硫酸协会理事，全国化工硫酸和磷肥设计中心理事，中国化工学会化肥专业委员会委员。

五、教育部“长江学者奖励计划”特聘教授和讲座教授（按教育部发文时间排序）

王琪（特聘教授） 详见“两院院士”王琪简介。

李安民（特聘教授） 详见“两院院士”李安民简介。

魏于全（特聘教授） 详见“两院院士”魏于全简介。

石碧（特聘教授） 详见“两院院士”石碧简介。

罗懋康（特聘教授） 1956 年 2 月生于重庆市，博士，四川大学数学学院教授、博士生导师，教育部“长江学者奖励计划”特聘教授，国家“杰出青年科学基金”获得者，先后主持或承担国家教委“优秀年轻教师基金”、教育部“跨世纪人才培养计划”“高等学校骨干教师资助计划”项目、国家自然科学基金重点项目、教育部博士点基金项目、国家科委专项基金项目、教育部“高等学校数学研究与高等人才培养中心”项目、教育部重点项目、国家“杰出青年科学基金”项目等。在《中国科学》《科学通报》《数学学报》《数学年刊》等国内杂志及 *J. Math. Anal. Appl.*、*Top. Appl.*、*Theoretical Computer Science* 等国际杂志上发表论文 40 余篇，美国《数学评论》、苏联《数学进展》等多次摘评介绍，称为“非常重要”“深入的分析研究”“一系列具有吸引力的、重要的结果”“强烈影响”“原创性工作”“非常吸引人”“充分新颖”等。

许唯临（特聘教授） 主要从事工程水力学科和教学工作。近年来共负责或主研各类科研项目 20 余项，包括国家自然科学基金项目、国家重点科技攻关项目、部省级基金项目及国家重点工程科研项目等；曾获四川省科技进步一等奖、电力部科技进步二等奖；发表学术论文 50 余篇，其中被国际三大检索系统 SCI 收录 2 篇，EI 收录 15 篇。所完成的“高坝大流量泄洪消能及水垫消能机理研究”被鉴定为“总体达到国际先进水平，水垫消能机理研究具有国际领先水平”，并于 1998 年获四川省科技进步一等奖。所完成的“高水头大流量泄洪消能研究——水垫塘水力特性及体型优化研究”于 1997 年获电力部科技进步二等奖，该项目还曾于 1996 年获水电水利规划设计总院科技进步一等奖。所完成的“水工水力学中开发与应用紊流数学模型几个关键问题研究”因在自由面问题、复杂边界问题、三元效应问题以及固壁边界问题等方面取得创新性成果，于1997年获国家教委科技进步三等奖。

周总光（特聘教授） 从事外科学工作多年，学风严谨，学术造诣高，在胰腺外科和微创外科领域成绩突出，在国内的实验基地取得了多项国际水平的重要成果。国内外同行评审专家一致认为：这些成果对于阐明胰腺的生理及病理生理、对急性坏死性胰腺炎的防治乃至整个胰腺学科的发展都有深远的影响，已达国际同类研究的领先水平。四川省腹腔镜外科的开拓者之一，用微创外科手段已为5000多例患者解除了痛苦而无并发症，良好的手术效果为广大患者所赞誉，并得到同行的肯定。先后获1997年度四川省科技进步一等奖、1998年度卫生部科技进步一等奖、1999年国家科技进步三等奖。1999年获国家有突出贡献的中青年专家，百千万人才工程第一、二层人选；同年获国家杰出青年基金资助；2001年9月被聘为“长江学者奖励计划”第四批特聘教授。

傅强（特聘教授） 1993年12月获四川大学高分子材料成型加工专业博士学位；1995年1月至1997年11月，美国阿克伦大学博士后；分别于1999年8月至2000年9月和2001年10月至2001年12月在德国弗赖堡大学做洪堡学者。1997年12月至今，任四川大学高分子科学与工程系教授、博士生导师，现任高分子科学与工程学院院长。傅强教授先后承担完成国家自然科学基金重大项目、重点项目和面上项目多项。目前作为负责人主持的项目：国家杰出青年基金，国家教委跨世纪优秀人才基金，国家自然科学基金，教育部博士点基金，国家教育部优秀年轻教师基金，归国留学基金，四川省杰出青年基金和省重点科技基金。先后在国内外发表学术论文80余篇，论文被SCI收录50余篇，被SCI等引用达120次。1997年3月获北美热分析学会优秀论文奖，1998年12月获教育部科技进步二等奖（第一完成人），1999年12月获宝钢优秀教师奖。

刘进（特聘教授） 医学博士，主任医师，博士生导师。1989年至1993年在美国从事麻醉学的科研和临床工作。1994—1999年任中国医学科学院阜外医院麻醉科主任，2000年至今任四川大学华西医院麻醉科主任、ICU主任和麻醉与危重医学教研室主任，并在华西医院成功建立麻醉学博士点，为我国培养了第一批临床型医学博士。致力于血液保护、心血管麻醉、术中心功能调控、临床麻醉质量控制的临床实践和研究。已获卫生部科技进步二等奖1项、中国医学科学院科技进步一等奖1项。1995年获国家杰出青年基金和国家教委优秀青年教师基金。1996年获求是科技基金会杰出青年学者奖。已完成8项国家、部委和国际合作科研项目，现正主持6项科研课题。1997年享受政府特殊津贴并入选国家“百千万工程”中的百千人选。1998年获吴阶平医学奖二等奖。2002年获卫生部有突出贡献中青年专家奖。

曹顺庆（特聘教授） 详见“四川大学杰出教授”曹顺庆简介。

冯小明（特聘教授） 详见“两院院士”冯小明简介。

王玉忠（特聘教授） 详见“两院院士”王玉忠简介。

黄卡玛（特聘教授） 1964年生于重庆市，分别于1985年、1988年和1991年在电子科技大学获得学士、硕士和博士学位，2001年在美国Clemson大学做访问教授。长期致力于微波与复杂媒质相互作用的研究。作为第一获奖人获得国家技术发明二等奖1项，其他省部级奖4项。曾受邀在第三届国际微波化学大会上作“Microwave Chemistry in China”大会特邀报告，是大会顾问委员会中唯一的中国成员。近5年申请国家发明专利12项，其中4项已获得授权。在国内外学术刊物发表论文130多篇，其中SCI、EI检索论文75篇；出版专著3本。曾被邀到美国、意大利、奥地利等国合作研究或讲学。现为享受政府特殊津贴专家，首批新世纪百千万人才工程国家级人选，国家杰出青年基金获得者，教育部跨世纪优秀人才，四川省学术和技术带头人，四川省专家评议委员会委员。曾为中国电子学会理事、国家自然科学基金委员会信息科学部专家评审组成员；现为中国电子学会会士、美国IEEE高级会员、教育部高等学校电子信息与电气学科教学指导委员会电子科学与技术专业指导分委员会委员、教育部留学回国人员科研启动基金评审专家、《微波学报》《电波科学学报》《四川大学学报》编委；是多种国外著名期刊的论文评阅人。

林鹏智（特聘教授） 1991年获天津大学土木结构工程学士学位，1993年获美国夏威夷大学（University of Hawaii，Manoa）环境工程科学硕士学位（M.S.），1998年获美国康奈尔大学（Cornell University）水利工程哲学博士（Ph.D.）学位。1998年至2000年，分别在美国康奈尔大学和香港理工大学进行博士后研究。2000年至2005年任教于新加坡国立大学（National University of Singapore）土木工程系，历任助理教授、副教授、终身教授（Assistant Professor and tenured Associate Professor）。自2004年起，任四川大学水力学与山区河流开发保护国家重点实验室特批教授、博士生导师。主要从事计算水动力学（CFD）及其在水利、海岸与海洋工程中的应用。在本学科领域的著名国际学术刊物发表学术论文40余篇（SCI收录），他引共计300余次。2008年通过国际著名出版社Taylor & Francis，Co.出版英文学术专著*Numerical Modeling of Water Waves*。担任*Ocean Engineering*，*Journal of Earthquake and Tsunami*等5种国际学术期刊的副编辑或编委。获2004年教育部自然科学一等奖（自由面紊流数值模拟方法研究），2005年国家杰出青年科学基金（紊流自由面掺气机理及数值模拟研究）以及2007年教育部“长江学者奖励计划”特聘教授。目前主要进行各种二维、三维紊流数值模型的软件开发，复杂紊流中边界效应（如水面掺气、水底冲刷、流—固耦合、液体在运动箱体中震荡、多孔介质流等）的基础研究，以及全球气候变化对水资源和环境的影响、植物护岸对水流结构及行洪安全的影响、重大工程灾变（如溃坝、大跨度桥梁在极端风浪作用下的破坏、滑坡与地震引发的库区涌浪或海啸）机制与减灾措施的工程应用基础研究。

陈谦明（特聘教授） 1963年6月出生，1985年和1992年分别于华西医科大学获得学士、博士学位，并在该校于1994年完成基础医学博士后训练。现为国务院学位委员会第六届学科评议组成员，教育部“长江学者奖励计划”特聘教授，国家杰出青年基金获得者，入选人事部“百千万人才工程”国家级人选、卫生部有突出贡献中青年专家、教育部“长江学者与创新团队发展计划”创新团队带头人，入选教育部“新世纪优秀人才支持计划”，全国百篇优秀博士论文奖指导教师。主要研究方向：口腔黏膜疾病的分子发病机理与防治暨口腔疾病的分子发病机理研究。曾受聘香港大学牙学院任 Research Fellow，后于美国加州大学旧金山分校任 Research Scholar、美国国家卫生研究院（NIH）做高级访问学者；现兼任中华口腔医学会口腔黏膜病专业委员会候任主任委员、国际牙医师学院 Fellow（FICD）及其中国分部秘书、口腔疾病研究国家重点实验室学术委员会委员等学术职务。是我国第一部《口腔分子生物学》主编，国家“十一五”规划教材、卫生部规划教材《口腔黏膜病学》（第三版）主编，口腔医学经典著作《中华口腔科学》（第二版）、《口腔黏膜病学篇》主编，国家精品课程“口腔黏膜病学”负责人，国家教学团队“口腔医学”分项负责人。在国家自然科学基金重点项目、“973”前期专项、国家攻关项目等 20 余项国家、省部级基金的资助下，在口腔黏膜癌变分子机制与分子标志物的研究、促进口腔黏膜细胞癌变因素的研究、新型口腔癌前损害与口腔癌模型的研究等方面取得了一定成绩，特别是在 RACK1、TAOS1、EMS1 等分子标志物在口腔黏膜癌变中作用的发现与作用机制探讨等方面取得创新性成绩，于 SCI 源期刊发表论文 30 余篇，其中包括分子生物学方法学领域最权威杂志 *Moleclar Cellular Protemics* 和口腔医学最高影响因子杂志 *J. Dent. Res.*，以及国际知名学术期刊 *Int. J. Cancer*，*Eur. J. Cancer* 等。获教育部科技进步一等奖等 8 项科技奖项（含教育部一等奖 2 项），培养的博士获中华口腔医学会优秀青年口腔基础论文一等奖和优秀人才奖、博士论文获 2008 年四川省优秀博士论文奖和 2009 年度全国百篇优秀博士论文奖。

李涛（特聘教授） 现任四川大学华西医院心理卫生中心主任和精神医学研究室主任、博士生导师。拥有临床医学（中国；专业：精神病学）和遗传学（英国；专业：精神疾病遗传）双博士学位。长期从事精神医学的临床、科学研究和人才培养，多年来潜心致力于精神疾病的病因学研究，特别是在探索精神分裂症的分子遗传机制方面取得了一些重要的研究成果，如在国际上率先报道 COMT 基因与精神分裂症的发病相关。近几年来开展了大量以精神分裂症为代表的精神疾病遗传生物表型和分子遗传的研究工作，从大脑结构、功能和生化代谢等角度全面探讨高级认知活动的神经生物学基础及其与精神疾病的关系，系统分析基因与疾病及其生物遗传标记的关系。作为项目负责人先后承担了 20 多项国家级和国际科研项目，共发表 SCI 引用论文 70 余篇，以第一作者/通讯作者身份在 *Mol. Psychiat*（影响因子 10.9），*Am. J. Psychiatr*（影响因子 9.117），*Br. J. Psychiatry*（影响因子 5.446）等重要国际学术期刊上发表的 SCI 论文累计影响因子 180 多分，他人引用篇次超过 700 次。1997 年获中国卫生部颁发的“吴阶平医学研究奖和保罗·杨森药学研究奖精神病学专业三等奖”，2001 年获中共中央组织部、人事部、中国科学技术协会联合颁发的第七届“中国杰出青年科学家奖”，2002 年获国家自然基金委“国家杰出青年科学基金”，2005 年获中华全国妇女联合会、中国科学技术协会、中国联合国教科文组织全国委员会、欧莱雅中国联合颁发的第二届“中国青年女科学家奖”，2006 年入选四川省人民政府“四川省学术和技术带头人”，2008 年获教育部自然科学一等奖（排名第一），同年获教育部创新团队（带头人），2009 年获教育部“长江学者奖励计划”特聘教授称号。

秦勇（特聘教授） 1989 年 7 月在

云南大学化学系获理学学士学位。1995年5月在中国科学院化学研究所获理学博士学位，师从黄志镗院士和蒋耀忠研究员。1995年6月至1996年8月，在中科院成都有机化学研究所任助理研究员，副研究员；1996年8月至2000年8月，美国佛蒙特大学化学系博士后，师从 Martin E. Kuehne 教授；2000年9月至2003年2月，在美国圣地亚哥高技术生物制药公司任研究科学家；2003年3月至今，四川大学华西药学院教授，博士生导师。2005年获教育部新世纪优秀人才支持计划资助，2008年获国家基金委杰出青年科学基金资助，2009年受聘教育部“长江学者奖励计划”特聘教授。曾先后被评为四川省卫生厅学术技术带头人，四川省学术技术带头人，成都市有突出贡献的优秀专家，享受国务院政府特殊津贴。近年来在包括 *Nature Chem. Biol.*、*Angew. Chem.*、*J. Am. Chem. Soc.* 等国际著名刊物上发表多篇具有重要学科影响力的研究论文，得到国际同行的广泛关注和赞誉。目前主要从事具有重要生理活性的天然产物的全合成及药物化学研究。

余孝其（特聘教授） 1987年毕业于四川大学化学系，并分别于1990年、1993年获四川大学化学系生物有机化学方向硕士、博士学位，博士毕业后留校任教；1999年起任四川大学化学学院教授，其中1998—2001年在香港大学化学系任 Research Associate。教育部“长江学者奖励计划”特聘教授（2009）、入选国家七部委新世纪百千万人才工程国家级人选（2009）、国家杰出青年基金获得者（2007），享受国务院政府特殊津贴专家（2006），入选教育部新世纪优秀人才资助计划人选（2003），四川省学术与技术带头人（2006），入选四川省杰出青年学科带头人培养计划资助人选（2003）。现任中国化学会化学生物学专业委员会委员，绿色化学与技术教育部重点实验室副主任。主要从事小分子与生物大分子之间的相互作用、绿色有机合成方法学等领域的研究。共培养博士研究生25名、硕士研究生33名。共参编书3部，申请发明专利4项（已授权2项），在国际重要刊物如 *Angew. Chem. Int. Ed.*、*J. Am. Chem. Soc.*、*Org. Lett.* 等上共发表研究论文180多篇，其中SCI收录论文130多篇。国际国内会议大会报告、邀请报告27次。曾获四川省科技进步二等奖、三等奖各一次，荣获“四川省做出突出贡献的博士学位获得者”称号。

徐玖平（特聘教授） 重庆人，清华大学应用数学博士、四川大学物理化学博士，国际系统与控制科学院终身院士。教授、博士生导师。国家杰出青年科学基金获得者，中国青年科技奖获得者，“长江学者奖励计划”特聘教授，新世纪百千万人才工程国家级人选。国际管理科学与工程管理联合会主席，*International Journal of Management Science and Engineering Management* 主编；中国系统工程学会副理事长，《系统工程理论与实践》副主编。主持过国家自然科学基金重点项目、国家社科基金重大招标项目等科研项目50余项；获国际运筹学进展奖，省部级一、二、三等奖17次。在 *Mathematical Analysis and Applications*、*IEEE Transaction on Fuzzy Systems*、*Information Sciences*、*The International Journal of Management Sciences*、*Expert Systems with Applications* 等40余家国际学术杂志及100余家国内学术期刊上发表论文360余篇，SCI、SSCI、EI检索论文150余篇；在 Springer、科学出版社等出版著作 30 余部。1994 年至今为国家培养应用数学、运筹学与控制论、管理科学、技术经济及管理等专业的硕、博士 180 余名。组办大型国际学术会议 12 次，担任大会主席 7 次，担任大会组委会主席 5 次；与美国、加拿大、澳大利亚、奥地利、日本等国家的大学或研究机构建立了长期合作研究关系。近 5 年来主持完成的主要成果：《不确定多目标决策理论与方法》为完善不确定决策理论做了开创性、基础性的工作；《循环经济系统理论及其应用》在循环经济系统理论上有重大创新，在循环经济系统分析与规划技术上有集成创新，为循环经济建设提供了理论依据，间接经济效益达 110 多亿元；《完井管柱受力分析及其应用》在数学建模、理论分析、计算方法方面具有原始创新，在解决完井管柱受力分析难题方面有重大突破，开发了具有自主知识产权的完井管柱受力分析软件，在石油天然气领域得到了应用，直接经济效益达 1 亿多元。

褚良银（特聘教授） 博士、教授、博士生导师。1989 年和 1992 年分别在成都科技大学（今四川大学）获学士和硕士学位，1995 年在东北大学获博士学位。1995 年至 1997 年在四川大学做博士后，1999 年至 2001 年在日本东京大学做博士后，2006 年 8 月至 2007 年 2 月在美国哈佛大学做高级研究学者，2007 年 12 月至 2008 年 2 月在法国巴黎 ESPCI 做访问教授。作为课题负责人承担了国家“973”计划课题、国家杰出青年科学基金项目、国家自然科学基金项目等多项科研课题。近期一直从事环境响应型智能膜与控释系统、膜分离过程传质强化、新型分离技术等方面的研究工作，相关学术成果已发表在 *Chem. Soc. Rev.*、*Angew. Chem. Int. Ed.*（包括扉页插图论文 1 篇）、*Adv. Mater.*（封面导读论文）、*Adv. Funct. Mater.*（包括封面导读论文 3 篇）等杂志上，已申请中国专利 17 项（已授权 14 项）和国际专利 6 项（已授权 2 项）。教育部跨世纪优秀人才计划入选者（2002），教育部优秀青年教师资助计划入选者（2002），成都市优秀青年（2003），四川省杰出青年学科带头人培养计划入选者（2003），四川省学术和技术带头人（2004），享受国务院政府特殊津贴专家（2004），科学中国人年度人物（2006），四川省十大杰出青年（2007），国家杰出青年科学基金获得者（2008），教育部“长江学者奖励计划”特聘教授（2009）。曾获教育部自然科学奖二等奖（2003），四川省青年科技奖（2005），山东省科技进步二等奖（2009）。

霍巍（特聘教授） 1957 年 2 月 25 日生，主要从事中国汉唐考古、美术考古、西藏考古、文物学与艺术史、中外文化交流等方面的研究。考古学与博物馆学专业教授，博士生导师。现任历史文化学院院长、四川大学博物馆馆长、教育部人文社会科学重点研究基地中国藏学研究所所长等职，兼任中国社会科学院考古研究所、吉林大学、四川美术学院、日本文部省国际日本文化研究中心、香港城市大学客座教授，任中国考古学会理事、四川省历史学会副会长、四川省博物馆学会副理事长等学术职务，受聘为四川省高等院校高级职称评定委员会学术委员、四川省文博考古系统高级职称评定委员会学术委员、四川大学历史学科学术委员会委员等。曾在日本文部省国际日本文化研究中心、美国西雅图华盛顿大学、德国欧亚考古研究所等大学和研究机构交流访问。近十余年来，主持有国家社科基金重大招标项目，教育部人文社会科学重点研究基地重大研究项目，国家文物局边疆考古研究项目，中日、中美国际合作项目，美国亚洲文化协会（ACC）资助项目，重庆三峡考古项目等多项科研课题，开展以我国西南地区为中心的田野考古与综合研究，具有丰富的田野考古经验及综合研究能力。先后出版了《西藏古代墓葬制度史》《吐蕃时代考古新发现及其研究》《西藏西部佛教文明》《长江上游早期文明的探索》《战国秦汉时期中国西南的对外文化交流》《西南考古与中华文明》等学术专著多部，研究成果曾获得省部级二等奖4次，在中外权威核心学术刊物发表论文百余篇。曾获得四川省教委“有突出贡献的中国学位获得者”、宝钢优秀教师奖、教育部全国模范教师称号，系教育部“跨世纪优秀人才”专家、四川省学术带头人、国务院政府特殊津贴获得者。2012年被聘为教育部“长江学者奖励计划”特聘教授（2011年度）。

石硕（特聘教授） 1957年10月生。主要研究领域：藏族史、藏彝走廊、康藏历史与社会、西南民族史、汉藏关系史。教育部人文社会科学重点研究基地四川大学中国藏学研究所副所长，教授，博士生导师。国家社会科学基金民族组评审组专家，国家社科基金特别委托项目“西藏历史与现状综合研究”评审专家，中国民族史学会副会长，中国西南民族学会副会长，中国民族学会常务理事，教育部民族学类专业教学指导委员会委员，《民族研究》编委，《中国藏学》编委，四川省学术带头人。云南大学西南边疆少数民族研究中心学术委员，西藏大学兼职教授，西藏社会科学院特聘研究员，四川省民族研究所兼职研究员。主持完成国家、教育部等研究项目10余项。曾获教育部首届人文社科研究优秀成果二等奖，全国首届胡绳青年学术奖，国家社会科学基金项目优秀成果三等奖，教育部全国高校人文社会科学优秀成果三等奖3项，全国藏学研究珠峰奖2项，四川省哲学社会科学优秀成果二等奖1项、三等奖3项。专著《青藏高原碉楼研究》入选2011年国家哲学社会科学成果文库。担任国家社科基金重大招标项目“大型藏区地方史《康藏史》编纂与研究”首席专家。出版《西藏文明东向发展史》（1994）、《吐蕃政教关系史》（2000）、《藏族族源与藏东古文明》（2001）、《青藏高原的历史与文明》（2007）、《藏彝走廊：文明起源与民族源流》（2009）、《青藏高原东缘的古代文明》（2011）、《青藏高原碉楼研究》（2012）等7部学术著作。公开发表学术论文120余篇，其中在《中国社会科学》发表论文2篇，在《民族研究》发表论文11篇。学术成果在汉藏关系史、藏彝走廊研究、康藏史、青藏高原碉楼研究等领域居于学科前沿。2013年受聘为教育部“长江学者奖励计划”特聘教授。

王琼华（特聘教授） 分别于1992年、1995年和2001年在电子科技大学获得学士、硕士和博士学位。1995—2001年在电子科技大学任职到副教授，2001—2004年在美国University of Central Florida做博士后，2004年夏任飞利浦电子元件（上海）有限公司高级工程师，2004年至今任四川大学电子信息学院教授、博士生导师和信息显示研究所所长。国际信息显示学会高级会员和中国图象图形学学会立体图像技术专委会副主任委员，入选教育部新世纪优秀人才、四川省有突出贡献的优秀专家、第16届成都十大杰出青年、四川省青年科技创新研究团队带头人、国家杰出青年科学基金获得者和教育部“长江学者奖励计划”特聘教授。研究工作涉及光学和光学工程等领域，负责完成了3D显示和液晶显示方向的科研项目20余项，目前承担国家自然科学基金重点项目和“863”课题等。在理论方面，建立了全分辨率裸眼3D显示理论，揭示了裸眼光栅3D显示的立体观看视疲劳的重要机理等，理论成果得到 *Nat. Commun.*、*P. IEEE*、*Opt. Lett.*、*Opt. Express* 和 *Appl. Phys. Lett.* 等权威刊物引用；在器件方面，研制了裸眼3D显示器和3D摄像机等，部分产品参加了高新技术成果交流会等展览并在一些单位得到应用。获得1项国家科技奖励和6项省部级科技奖励；获准5件美国专利和34件中国发明专利；出版专著2部[《3D显示技术与器件》（独著）和《现代工程光学》（合著），科学出版社]；发表学术论文200余篇，其中被SCI收录100余篇，被EI收录150余篇，为国际信息显示学会会刊 *Information Display* 撰写特邀封面导读文章；10余次在国际学术会议上做特邀报告和担任学术领导成员；任大会主席和程序委员会主席举办了国际学术会议各1次；担任国际SCI期刊 *Journal of the Society for Information Display* 和 *Journal of Information Display* 的副主编（Associate Editor）。

徐泽水（特聘教授） 1968年3月出生，教授，博士生导师。东南大学管理学博士、控制科学与工程专业博士后，清华大学管理科学与工程专业博士后。长期从事决策理论与技术、信息集成理论和聚类算法、模糊数学与优化算法等研究，开辟了不确定语言决策、直觉模糊层次分析法和网络分析法、直觉模糊信息集成与聚类、直觉模糊微积分、犹豫模糊信息集成聚类与决策等新方向，系统地创建了复杂信息决策理论与方法体系。曾获国家杰出青年科学基金（2006），第十届中国青年科技奖（2007），首届汤森·路透（Thomson Reuters）中国引文桂冠奖——高被引科学家奖（同时入选计算机科学和工程学两大领域），2014年和2015年全球高被引科学家，并且入选 The World's Most Influential Scientific Minds，中国高被引学者（2014年和2015年蝉联计算机科学领域榜首），国家百千万人才工程人选和有突出贡献中青年专家（2015），享受国务院政府特殊津贴专家（2014），四川省学术和技术带头人（2015），总参优秀中青年专家（2005），教育部自然科学奖一等奖（2007）和二等奖（2011），江苏省数学杰出成就奖（2010），军队优秀专业技术人才一类岗位津贴（2010），第五届总参十大学习成才标兵（2004），全军优秀地方大学生干部（2005），2008年中国百篇最具影响国际学术论文奖，清华大学优秀博士后（2008），江苏省人事厅授予优秀博士后荣誉称号（2005），全国优秀博士学位论文提名奖（2005），钟家庆运筹学奖（2008），首届运筹新人奖（2001），山东省优秀硕士学位论文奖（2000），江苏省“333高层次人才培养工程”第三层次培养对象（2011）等。入选2012年度教育部“长江学者奖励计划”特聘教授。担任 *Fuzzy Optimization and Decision Making*、*Information Fusion*、《系统工程学报》《系统工程理论与实践》《中国管理科学》等28份国内外期刊编委、顾问编委、副主编或主编，IEEE高级会员，*Management Science* 等188份国际期刊和《管理科学学报》等51份国内期刊审稿人。由Springer-Verlag出版专著6部，*IEEE Transactions on Fuzzy Systems*、*IEEE Transactions on Systems, Man, and*

Cybernetics（Part A 和 Part B）、*Omega*、*European Journal of Operational Research*、*Information Sciences*、*Decision Support Systems*、*Fuzzy Sets and Systems* 等国内外刊物发表论文 480 余篇，其中 ESI 高被引论文 53 篇，SSCI 和 SCI 收录 300 余篇，被国内外同行引用 30000 余次，论文 H 指数 91。2016 年 1 月经 ISI Web of Knowledge 检索，在计算机科学领域进入 ESI 全球前 1%的 3054 名科学家中排名第 49 位，在工程学领域进入 ESI 全球前 1%的 7632 名科学家中排名第 367 位，在经济与商业领域进入 ESI 全球前 1%的 1670 名科学家中排名第 1361 位。

杨胜勇（特聘教授） 1999 年 7 月在四川大学化学学院获理学博士学位。1995 年，在新加坡南洋理工大学做访问学者。1999 年 12 月至 2001 年 6 月，香港科技大学化学系博士后。2002 年 12 月至 2005 年 10 月，加拿大 Calgary 大学 Research Scientist。2005 年 10 月至今，在四川大学华西医院生物治疗国家重点实验室工作，教授，博士生导师。2008 年获教育部新世纪优秀人才支持计划资助，2012 年受聘教育部"长江学者奖励计划"特聘教授，2013 年获国家杰出青年科学基金资助，2013 年入选教育部"创新团队发展计划"创新团队带头人。作为课题负责人承担了国家创新药物重大专项、国家杰出青年科学基金项目、国家自然科学基金项目、国家"863"计划项目等多项科研课题。主要从事药物分子设计新方法、先导化合物优化与合成、抗肿瘤靶向药物等方面的研究工作。至今已在包括 *Leukemia*、*J. Med. Chem.*、*Clin. Cancer Res.*、*Drug Discov. Today*、*Mol. Cancer Ther.*、*J Chem. Inf. Model* 等本领域重要期刊发表 SCI 论文 120 余篇。相关研究工作已被包括 *Nat Methods*、*Nat Rev. Drug Discov.*、*Drug Discov. Today* 等在内的多个著名期刊引用或作重点评述。申请专利 18 项，包括 2 项 PCT 国际专利，8 项授权专利。获 6 项软件著作权。以第一发明人研发的具有自主知识产权的 3 个候选新药，已转让到国内大型制药公司。由于在药物分子设计新方法和抗肿瘤药物研究方面的突出成绩，获 2012 年度"药明康德生命化学研究奖"。

Kui Yu（余睽）（特聘教授） 主要从事量子点材料（photoluminescent colloidal semiconductor quantum dots）的制备、表征及应用研究（bio-oriented and energy-associated applications）。发现了量子点生长中的"幻核"现象（magic-sized nuclei）及其与普通量子点（regular quantum dots）和幻数量子点（magic-sized clusters）之间的转换规律；制备出单一尺寸的 CdSe 带隙发光幻核（magic-sized nuclei exhibiting band-gap emission）。改进传统的量子点制备方法，引入仲膦（secondary phosphines）和调控反应条件（based on the discovery of the strong coordination of a tertiary phosphine to cation precursors and the chalcogenide exchange between the tertiary and secondary phosphines），实现了在低温下高收率、高重现性地制备高质量的纳米晶。该方法在量子点的制备中具有普遍的指导意义。系列成果发表于 *Angew. Chem. Int. Ed.* 等学术期刊。发表的研究论文引用 4650 次（google citation with h-index of 33）。申请美国和世界发明专利 5 项，其中 2 项已获授权。现任 ACS Applied Materials and Interfaces 副主编。

张旭（特聘教授） 1968 年生，主要研究数学控制论及相关的偏微分方程与随机分析。曾独立获国家自然科学二等奖，获“973 计划”、国家自然科学基金重点项目和国家杰出青年科学基金等资助，入选国家高层次人才特殊支持计划（即“万人计划”）、教育部“创新团队发展计划”和中国科学院“百人计划”，入选“十一五”期间《国家自然科学基金资助项目优秀成果选编》和《国家杰出青年科学基金二十周年巡礼》。先后担任《中国科学：数学》、*SIAM J. Control Optim.*、*ESAIM Control Optim. Calc. Var.*、*Sci. Rep.*（*Nature* 子刊）、*Acta Appl. Math.*、*J. Math. Anal. Appl.*、*Math. Control Relat. Fields* 等刊编委、副主编或主编，并应邀在国际数学家大会上做 45 分钟报告。

左卫民（特聘教授） 法学博士，现为四川大学法学院院长，教授、博士研究生导师，国家“985”工程四川大学社会矛盾与社会管理研究创新基地首席科学家、四川省社会科学重点研究基地（扩展）纠纷解决与司法改革研究中心主任，兼任中国法学会理事、中国刑事诉讼法学研究会副会长、四川省法学会副会长、最高人民检察院专家咨询委员等职。主要研究领域：司法制度、刑事诉讼、纠纷解决。承担了包含国家社会科学基金重大招标项目“和谐社会的构建与人民内部矛盾解决体系的完善”（首席专家）在内的多项国家级、省部级等科研课题；独立或合作出版了《现实与理想：关于中国刑事诉讼的思考》《刑事诉讼的中国图景》《刑事诉讼运行机制实证研究》《中国基层纠纷解决研究》等著作十余部；在《法学研究》等期刊上独立或合作发表学术论文逾百篇，其中有 40 余篇被《新华文摘》《人大复印资料》《高等学校文科学报文摘》《中国社会科学文摘》等转载或转摘。研究成果获得省部级一等奖 4 次、二等奖 6 次。个人亦获得人事部首批“新世纪百千万人才国家级人选”（2004）、第四届全国十大杰出青年法学家（2004）、教育部首届“青年教师奖”（2000）、教育部首批人文社科“跨世纪优秀人才”（1997）、国务院政府特殊津贴（2001）、四川省学术带头人（2003）等荣誉称号或奖励。曾为美国哈佛大学、耶鲁大学、哥伦比亚大学、纽约大学、荷兰阿姆斯特丹大学、德国马普刑事法律研究所、香港中文大学的访问学者。

陈柏辉（特聘教授） 北京大学数学系本科毕业，川大数学系研究生，美国威斯康星大学数学系博士及计算机科学硕士。毕业后先后在麻省理工学院和四川大学数学学院任职。现为四川大学教授，教育部“长江学者奖励计划”特聘教授。研究方向为基础数学的几何与拓扑。工作涉及辛几何、低维拓扑与规范场理论、几何分析等。主要成就集中于模空间理论、复几何中的典则度量等。

盖建民（特聘教授） 哲学博士，博士生导师。现任教育部人文社科重点研究基地四川大学道教与宗教文化研究所所长，教育部“长江学者奖励计划”特聘教授，第 7 届国务院学位委员会学科评议组成员，全国老子道学文化研究会常务副会长。国家“985”工程四川大学“宗教、哲学与社会研究创新基地”学术带头人。2004 年入选教育部首届“新世纪优秀人才支持计划”（NCET）。多次应邀赴莱比锡大学、哈佛大学、高丽大学及香港中文大学、台湾大学进行学术交流和访问。已出版专著 10 余部，发表论文 100 余篇。其中，《道教金丹派南宗考论——道派、历史、文献与思想综合研究》获教育部第七届高等学校科学研究优秀成果奖（人文社会科学）；《道教科学思想发凡》荣获教育部第五届人文社会科学研究优秀成果奖，以及福建省政府第七届社会科学优秀成果一等奖；《道教医学》荣获福建省政府第五届社会科学优秀成果一等奖。

龚启勇（特聘教授） 四川大学华西医院放射科主任医师，教育部“长江学者奖励计划”特聘教授，“国家杰出青年基金”获得者，教育部“长江学者和创新团队发展计划”创新团队负责人。先后获临床医学学士、临床肿瘤学硕士和医学影像学博士学位。长期从事医学影像诊断临床与基础研究工作。早期工作集中在头颈部与神经系统肿瘤影像学诊断与鉴别诊断。近10年受国家重大课题资助，就神经心理精神疾病临床难点开展了一系列基于磁共振成像（MRI）的精神影像学基础与临床应用研究。发现了脑局部功能的稳定评价指标，并用以揭示精神心理疾患高危人群脑影像特征及其机制；构建了精神影像结构—功能—行为多模解析模式，首次提出结构变化通过功能连接影响患者症状；率先实现基于磁共振DTI技术的精分症客观病理分型；发现了药物致首发精神病患者脑功能连接变化特征；揭示并阐明了首发精神分裂症与抑郁症脑结构和功能网络的早期改变及规律；提出了抑郁症患者自杀起因新假说，首次证明自杀神经环路的存在，并阐释了抑郁症耐药的潜在机制。相关成果被“脑默认网络”发现者、美国科学院院士Raichle教授在*Nature Reviews Neuroscience*和*Nature Reviews Neurology*等杂志上撰文大段正面引用；建立的精神影像多维度解析模式被*American Jounrnal of Psychiatry*编辑作为亮点作大篇幅述评，认为对“回答灰质体积如何联系到行为和临床症状这一关键科学问题”做了开拓性工作。相关成果写入国家级规划教材，入选“中国百篇最具影响国际学术论文”，被美国医学会作为临床医生继教文章（Ⅰ类CME继续教育学分）。在*PNAS*、*Radiology*、*JAMA Psychiatry*等SCI收录期刊发表相关论文逾300篇（含ESI高被引论文），论文总被引逾7000次。

龚启勇教授兼任四川省医师协会放射医师分会主任委员、中华医学会放射学分会医学磁共振专委会副主任委员、中华放射学会磁共振专委会精神影像与脑功能学组分管负责人、全国高等学校临床医学专业规划教材编写委员会委员；国际医学磁共振学会（ISMRM）教育委员会唯一来自亚洲的委员，ISMRM继续教育项目神经组组长；*Frontiers in Neuropsychiatric Imaging and Stimulation*副主编；*Nature*旗下*Scientific Data*和*Scientific Reports*两个学术期刊以及*World Journal of Radiology*、*British Medical Journal*（中文版）和《中华放射学杂志》等16本专业杂志编委。主编长学制临床医学专业国家统编教材《医学影像学》和《临床医学影像学》，出版了《3T磁共振临床应用》《3.0T磁共振临床扫描指南》《中华影像医学·中枢神经系统卷》等著作。

龚启勇作为负责人先后主持国家自然科学基金重点项目、国家自然科学基金重大国际合作研究项目、国家自然科学科学仪器基础研究专项及科技部“973”项目课题、“863”计划等国家级重大课题；先后获省部级科技进步奖（2010）和省部级科技进步奖自然科学类一等奖（2014）、中华医学会医学科技奖（2011）和吴阶平—保罗杨森医学奖（“吴杨奖”2012年）；基于临床磁共振精神影像的工作，先后作国际会议特邀讲座30余次，并受邀赴哈佛、耶鲁、斯坦福等大学讲学。受邀为*Radiology*、*American Journal of Psychiatry*、*Biological Psychiatry*等领域权威杂志撰写综述，并作为首位华人受邀为国际医学磁共振学会（ISMRM）大会做荣誉冠名主题演讲（ISMRM honorary named lecture：NIBIB New Horizons Lecture），为发展我国精神影像学做出了重要贡献。

韩俊宏（特聘教授） 2005年在日本东京工业大学（Tokyo Institute of Technology）获得细胞生物学博士学位。2006年2月至2014年5月，在美国梅奥医学中心（Mayo Clinic）从事博士后研究，之后相继任职资深研究员（Senior Research Fellow）和助理教授（Assistant Professor）。2014年5月至今，任职四川大学生物治疗国家重点实验室教授，博士生导师，2015年起受聘为教育部“长江学者奖励计划”特聘教授。主要研究方向是组蛋白修饰调控DNA复制的机理，基因转录和表达的表观遗传学调控，以及肿瘤的表观遗传学研究。至今，已在包括*Science*、*Cell*、*Nature*、*Genes & Development*、*Molecular Cell*、*Nature Structure & Molecular Biology*、*Journal Biological Chemistry*等国际权威学术期刊上发表多篇具有重要学术影响力的研究论文，相关研究工作被包括*Nature Reviews Molecular Cell Biology*、*Faculty* 1000等在内的多个著名期刊作亮点评述，论文他人引用超过1390多次。作为项目负责人及主要研究人获得多项美国NIH、明尼苏达州政府基金及梅奥医学中心多项资助。曾获得日本政府奖学金（2002—2005），爱德华·肯德尔杰出研究奖（Edward C. Kendall Award for Meritorious Research）（2009）。

黄灿华（特聘教授） 教授、博士生导师。国家杰出青年科学基金获得者（2012），国家重大科学研究计划（“973”计划）“病毒诱导肿瘤发生的氧化还原蛋白质组研究”项目首席科学家，教育部“长江学者奖励计划”特聘教授（2013、2014）。中国生物化学与分子生物学会蛋白质组学专业委员会委员，国际学术刊物*Proteomics*等编委委员。2000年在中国科学院获博士学位，随后在新加坡国立大学生物系从事博士后研究。2003年8月被新加坡国立大学肿瘤研究所聘为Research Scientist。2005年9月回国任四川大学生物治疗国家重点实验室教授。回国以来以通讯作者身份在*Gastroenterology*、*Cancer Res.*（封面论文）、*Autophagy*（3篇）、*Cell Death Differ*、*Mol. Cell Proteomics*（5篇）、*J. Cell Sci.*、*J. Infect Dis.*、*J. Biol. Chem.*等学术刊物上发表SCI论文50余篇，其中30篇论文影响因子大于5.0，被引用1400余次。受邀请在*Mass Spectrom Rev.*、*Med. Res. Rev.*、*Expert Rev. Proteomics*（6篇）等国际学术刊物上发表多篇关于系统生物学前沿的综述。

李忠明（特聘教授） 四川大学高分子科学与工程学院教授，博士生导师。目前担任“双一流”建设与质量评估办公室主任，高分子材料工程国家重点实验室副主任。1993年本科毕业于西北工业大学，2003年博士毕业于四川大学，2008—2009年在美国纽约州立大学石溪分校做访问学者。2009年获国家杰出青年科学基金，2011年入选享受国务院政府特殊津贴专家，2014年入选教育部“长江学者奖励计划”特聘教授和科技部“中青年科技创新领军人才”。研究方向是高分子材料成型加工、结构与性能，主要研究高分子材料加工中特定结构的生成与控制，达到高性能化和功能化。在包括 *Progress in Polymer Science*、*Macromolecules*、*Advanced Functional Materials*、*Biomaterials* 等国内外期刊上发表SCI论文180余篇，其中IF>6.0论文30余篇，IF>3.0论文近100篇，SCI他引3500余次，H因子35。获省部级科研奖励4项，授权国家发明专利10余项。

姜晓萍（特聘教授） 四川大学公共管理学院党委书记、教授，博士生导师，教育部"长江学者奖励计划"特聘教授、享受国务院政府特殊津贴专家、四川省人民政府参事。美国公共行政协会（ASPA）委员，国际行政科学专家委员会委员，全国MPA教学指导委员会委员。中国政策科学研究会副会长，中国行政管理学会常务理事，中国政治学会常务理事；四川省行政管理学会副会长，四川省政治学会副会长；四川省行政编制管理研究会副会长，四川省学术带头人，四川省有突出贡献专家，四川省杰出创新人才，四川省教学名师。

主要围绕地方政府治理、统筹城乡发展、地方社会治理、公共服务等方向开展研究。主持国家社会科学基金重大项目"城乡基本公共服务均等化的实现机制与监测体系研究"等重点、年度项目共5项，教育部项目"我国地方政府服务流程再造的理论与实践探索"等2项，省社科规划重点和年度项目7项。主持完成省、市各级地方政府政府委托项目40余项，研究成果"服务型政府与完善地方公共服务体系"入选国家社科基金成果文库。出版专著、教材15部；在《政治学研究》等权威期刊或CSSCI期刊上公开发表学术论文70余篇，其中10余篇被《新华文摘》等全文转载。多项对策研究报告获国家领导人批示或省市主要领导人批示，部分方案设计被地方政府采纳后转化为公共政策，产生了广泛的社会影响。获教育部人文社科优秀成果三等奖1次，省社科优秀成果一等奖1次、二等奖3次、三等奖2次。

姜生（特聘教授） 1964年6月生，博士，二级教授，博士生导师（1999）。主要从事历史学、宗教学、科学史的交叉学科研究，近期致力于两汉思想文化研究。在国际学界倡导基于宗教研究的历史理解认知方法。现任四川大学文化科技协同创新研发中心主任，教育部"长江学者奖励计划"特聘教授（2015）。山东大学历史学学士（1987），复旦大学历史学硕士（1990），四川大学哲学博士（1995）。1990—1992年在河北师范学院任教。1995—2002年在四川大学任教。1996年破格评聘为教授。2002—2012年在山东大学任教（山东大学宗教、科学与社会问题研究所所长）。2008—2012年山东大学文科首批免评审二级教授。2000—2001年美国哈佛大学（HYI）高访。2008—2009年美国维弗尼亚大学（University of Virginia）研究教授。先后五次发起主办国际学术会议，多次应邀出席国际会议并做主题报告，并担任第22届国际历史科学大会（CISH 2015）ST25 The Role of Religious Studies in the Understanding of Ancient History召集人。首批"新世纪百千万人才工程国家级人选"（2004），国家社科基金评审专家（2009年至今），山东省政府聘任首批"泰山学者"特聘教授（2005—2012），教育部历史学科教学指导委员会委员（2006—2012），山东省社科重点研究基地"东方文化研究基地"首席专家（2003—2012），获国务院政府特殊津贴（2002），教育部首届高校青年教师奖（2000），教育部人文社科第二批跨世纪优秀人才（1999）。山东省政协委员（2003—2012）。主持国家社科重大招标项目“宋元明清道教与科学技术研究”；完成国家重点项目2项，省部级、国际科研项目多项。获省一等奖2项，教育部二等奖2项，国际奖2项，其他奖若干。出版《汉帝国的遗产：汉鬼考》《中国道教科学技术史·汉魏两晋卷》《中国道教科学技术史·南北朝隋唐五代卷》等多部著作，近年在中外发表《东岳真形图的地图学研究》《曹操与原始道教》《千真洞的变迁》《汉代仙谱考》《马王堆帛画与汉初“道者”的信仰》《论宗教源于人类自我意识》及 *Daoism and the Uncertainty Principle* 等多篇论文。

丁楊森（特聘教授） 2000年在南京大学化学系获学士学位。2003年在南京大学生命科学院完成硕士研究生学习，2008年获美国宾夕法尼亚大学医学院药理学博士学位。2008年至2012年，美国霍华德休斯研究所和康奈尔大学再生医学博士后。2013年被美国康奈尔大学医学院基因医学系聘为助理教授（tenure track），建立独立课题组。2015年11月至今，四川大学华西附二院/生物治疗国家重点实验室，教授，博士生导师。2015年受聘为教育部“长江学者奖励计划”特聘教授。主要研究微环境对肺和肝再生的调控。揭示了血液和血管细胞作为干细胞微环境调控器官再生以及纤维化中的作用机制。以第一/通讯作者身份于 *Nature*、*Cell*、*Nature Medicine*、*Nature Cell Biology*、*Cancer Cell*、*Blood*、*Circulation*、*Am. J. Respir. Crit. Care Med.* 发表多篇论文。论文被引用近2000次。相关研究工作已被包括 *Cell*、*Cancer Cell*、*Nature Reviews Drug Discovery*、*Nature Reviews Cancer*、*Science Translational Medicine*、*Science Signaling* 等多个著名期刊引用或作重点评述。申请专利3项，包括1项美国授权专利。回国工作前以独立项目负责人获得包括美国国立健康研究所、美国心脏协会和纽约干细胞协会等多项基金资助。于四川大学华西附二院/生物治疗国家重点实验室开展工作后，作为课题负责人承担了科技部“干细胞及转化研究”重点专项青年科学家项目。2013年获得纽约科学院 Blavatnik 青年科学家奖。被包括 Gordon Conference、FASEB、American Thoracic Society 等在内的多个国际会议邀请做专题报告。

张弘（特聘教授） 文学博士，博士生导师。现任四川大学中国俗文化研究所（教育部人文社会科学重点研究基地）所长，《中国俗文化研究》执行主编。教育部“长江学者奖励计划”特聘教授，四川省学术与技术带头人。兼任中华文学史料学会常务理事、中国中外文艺理论学会常务理事、中国古代文学理论学会常务理事，《中华大藏经·续编（汉文）》编委。欧盟 Erasmus Mundus 项目学者，捷克马萨里克大学宗教学系客座教授（2010），德国莱比锡大学东亚学院客座教授（2016），并受邀于英国剑桥大学，美国普林斯顿大学、哈佛大学、华盛顿大学，德国莱比锡大学、哥廷根大学、维尔茨堡大学、汉堡大学，比利时根特大学，奥地利维也纳大学，捷克查理大学、马萨里克大学，韩国汉阳大学、东国大学、大邱大学、岭南大学等世界名校讲学。教育部人文社会科学重大攻关项目招标课题“中国佛教文学通史”（12JZD008）和国家社会科学基金重点课题“汉译佛典文学研究”（12AZW007）的首席专家。发表学术论文百余篇，出版学术著作多部。历获教育部高等学校科学研究（人文社会科学）优秀成果奖1次，《文学评论》优秀论文奖1次，陕西省哲学社会科学优秀成果二等奖4次、三等奖2次，四川省社会科学优秀成果二等奖1次。代表作：《论汉译佛典文学对中古汉语文学的影响》（《文艺研究》）、《佛教思想与文学性灵说》（《文学评论》）、《佛教对中古议论文的影响与贡献》（《文学评论》）、《〈文心雕龙〉审美范畴的佛教语源》（《文学评论》）、《汉代巫鬼崇拜及其对六朝鬼神文学的影响》（《文学遗产》）、《中古佛教文学研究》《南朝佛教与文学》等。

金慧敏（特聘教授） 汉族，1961年生，河南淅川人。哲学博士，博士生导师。现任四川大学文学与新闻学院教授，教育部“长江学者奖励计划”特聘教授。兼任中国文艺理论学会常务理事，北美国际东西方研究学会副会长，国内《文学评论》编委，英国SSCI源刊 *Theory, Culture & Society*（伦敦）杂志，美国媒介生态学会会刊 *Explorations in Media Ecology*（纽约），美国国际东西方研究会会刊 *Journal of East-West Thoughts*（洛杉矶）等国际刊物编委。在海内外出版中英文学术专著11部（含英文专著1部、合著2部），发表中外文论文160余篇，其中在《中国社会科学》《文学评论》《外国文学评论》《文艺研究》《哲学研究》等5种权威刊物发表30篇，在SSCI源刊发表8篇。先后独立主持国家社科基金项目3项。专著《意志与超越：叔本华美学思想研究》荣获中国社会科学院第四届优秀成果二等奖（省部级奖，2002年），专著《媒介的后果：文学终结点上的批判理论》荣获河南省第五届文学艺术优秀成果奖一等奖（省部级，政府奖，2009年），英文专著 *Active Audience* （*Bielefeld*：*Transcript*，2012）荣获教育部第七届高等学校科学研究优秀成果奖（人文社会科学）专著类三等奖（2015年），主编的西方思想家研究丛书荣获第12届“中国图书奖”（获奖公告见《光明日报》2001年2月20日）。

阮勇斌（讲座教授） “长江学者奖励计划”讲座教授。1963年生，1982年在四川大学获学士学位，1985年在四川大学获硕士学位，1991年在美国加州大学伯克利分校获博士学位，1991—1993年任密执安州立大学 Research instructor，1993—1995年任犹他大学助理教授，1995年起任威斯康星大学副教授，1999年起任该校教授。其在辛拓扑与量子上同调等方面的开创性研究在国际数学界有重要影响。因为工作出色，获得了美国 Sloan 研究基金，并且被邀请在1998年的国际数学家大会上做45分钟报告。他的工作被这个大会的两个1小时报告和4个45分钟报告所引用。

蒲林（讲座教授） 1984年获四川大学学士学位，1990年获加州大学圣地亚哥分校博士学位。1991年至1994年先后在斯坦福大学、加州理工学院做博士后工作。2003年至今任弗吉尼亚大学化学系教授。先后承担了20多项科研项目，包括美国国家自然科学基金、NIH基金、石油研究基金，共获得研究经费500多万美元。在手性光电材料、手性荧光传感器、不对称催化等方面做出了突出成绩。发表论文104篇，SCI收录论文93篇，其中 *Chem. Rev.* 3篇、*PNAS* 1篇、*Angew. Chem.* 3篇、*J. Am. Chem. Soc.* 17篇，影响因子介于3~6之间的论文56篇，这些论文被引用3000多次，单篇引用最高超过300次。研究结果以“What's Up With BINOL and BINAP?”为题在

Chemical & Engineering News 杂志上得到详细评论。

张曙光（讲座教授） 美国麻省理工学院（MIT）高级研究员，生物医学工程中心副主任，美国纽约科学院院士，清华大学及四川大学生物医学工程客座教授。1990 年发现了第一个左旋 Z-DNA 结合蛋白质并克隆了它的基因，1993 年发现了“短肽自行聚集和自我互补”，被誉为“麻省理工学院 1970 年以来最重要的 15 项科研成果之一”；1997 年开创了生物表面修饰工程技术的崭新研究领域，被选为美国纽约科学院院士。

孙晓峰（讲座教授） 现在瑞典林克平大学肿瘤科工作并担任该科肿瘤研究实验室主任，主要从事肿瘤分子生物学方面的研究。在潜心致力于直肠癌研究的十余年时间里，共发表研究论著 74 篇，其中包括在国际上颇具影响的医学杂志，如 *Lancert*，影响因子为 19，*J. Nat*l *Cancer*，影响因子为 19，*J. Clin. Oncol*，影响因子为 11，*Clin. Cancer Res.*，影响因子为 7，及 *Oncogens*，影响因子为 7 等。15 篇代表性论文共被引用 127 次，其中他引 116 次，自引 11 次。13 篇被作为有代表性论著要求再版或载入书中。同时承担了瑞典国家多项大肠癌研究项目，瑞典国家及省报曾多次报道孙教授及其团队的科研成果及对社会的贡献，因此曾被瑞典国家誉为“有突出贡献的青年科学家”。

赵越（讲座教授） 1982 年获成都科技大学工学学士学位；1987 年获巴黎大学博士学位；1987 年至 1990 年底在加拿大 Laval 大学作博士后；1991 年起在加拿大 Sherbrooke 大学化学系任教，现为该大学 Full Professor，在高分子化学物理、功能高分子材料、分子材料自组装等研究领域学术造诣深。主要从事新的功能高分子材料和液晶材料的设计、合成、基础理论和器件应用的开发研究，在世界上首次设计和展示了多种新的、有发展和应用潜力的功能高分子和液晶材料，包括独创的光控高分子胶束、可用力场、电场和光场调节的衍射光栅材料以及液晶的光取向技术，取得了许多原创性的研究成果并得到了社会的广泛关注和认可。“光控高分子胶束”被 *Quebec Science* 杂志评选为 2005 年加拿大魁北克省 10 项重要发明之一，曾获得“Public Prize for the Discovery 2005”等奖励。近 5 年在国际著名期刊［如 *Angew. Chem. Int. Ed.*（IF 9.596），*Adv. Mater.*（IF 9.107），*J. Am. Chem. Soc.*（IF 7.419），*Adv. Func. Mater.*（IF 6.77）等］上发表 SCI 论文近 40 篇（IF>6 的论文 10 篇）。截至 2006 年底，共发表论文近 90 篇，被他引约 550 次。多次受邀在国际学术会议，作报告，是加拿大全国高分子科学会的组织者之一，担任 2007 年第 33 届大会主席。

郭鸿（讲座教授） 1979 年 12 月毕业于四川师范学院（现四川师范大学）物理系并留校任教。1981 年考取 CUSPEA 第一届赴美国留学，1981 年 9 月至 1987 年 8 月在美国匹兹堡大学获实验原子物理学硕士、计算机科学硕士、理论凝聚态物理学博士学位，博士生导师是 David Jasnow 教授。1987 年 9 月至 1990 年 10 月在美国坦普尔大学和加拿大麦吉尔大学物理系作博士后研究，导师是 Jim Gunton 教授和 Martin Grant 教授。1991 年 1 月开始在加拿大麦吉尔大学物理系任教，从助理教授起，至 1999 年 6 月升为教授。2004 年 6 月至今为麦吉尔大学的 James McGill 讲座教授。2004 年获得加拿大 Council for the Arts 颁发的 Killam Research Fellowship，2006 年被加拿大物理学会授予 Brockhouse 奖章。2004 年当选为美国物理学会会士，2007 年当选为加拿大皇家科学院院士。目前是美国橡树岭国家实验室的访问科学家，中国科学院北京物理研究所量子结构中心成员，香港大学物理系 Honory Professor。目前的主要研究方向是介观物理，纳米尺度的量子输运理论和纳米电子器件物理。他的研究小组在过去的十余年里主要集中于纳米电子器件和自旋输运的定量分析和物理模型，把量子物理、材料物理及非平衡态物理结合起来，发展了一整套新的理论及其相应的计算方法。他及其合作者们在非平衡态量子输运、非平衡格林函数理论（NEGF）、分子电子学、自旋电子学、半导体纳米结构中的电子散射和强关联现象、含时与高频量子输运以及相关的材料物理中做出了有益的工作。

董崇英（讲座教授） 美国加州大学 Santa Cruz 分校教授。主要从事无穷维李代数和顶点算子代数研究，在顶点算子代数（Vertex operator algebras）、Orbifold 理论以及广义月光（Generalized moonshine）等方面的研究做出了令世界数学界交口称赞的成绩。1993 年以来连续主持美国国家科学基金，其中近 5 年主持 3 项，2004 年至 2006 年获中国国家杰出青年基金 B 类，1985 年以来已在国际数学杂志上发表论文 68 篇，其中近 5 年发表 22 篇，包括国际著名数学杂志 *Acta Math.* 1 篇，*Duke Math. J.* 1 篇，*Comm. Math. Phys.* 11 篇，*Adv. Math.* 2 篇，等等，在国际同行中具有重要影响，得到包括 fields 奖获得者 Drinfeld、Zelmanov 和 Borcherds 以及著名数学家如 Beilinson 和 V. Kac 等人的重要引用。

何佳（讲座教授） 1954 年 11 月生。1988 年获美国宾夕法尼亚大学金融财务学专业博士学位。现任香港中文大学教授，清华大学双聘教授，中国香港特区政府大学研究基金评审委员（RGC Panel member），中国金融学会常务理事及学术委员会委员，四川大学长江学者讲座教授。曾任中国证券监督管理委员会规划发展委员会委员，深圳证券交易所综合研究所所长，美国休斯敦大学终身教授等。当前主要研究方向：投资银行，共同基金，高科技及金融，金融风险测量及其管理及中国资本市场。在国际主要金融财务、国际商务、统计期刊 *Journal of Business*，*Journal of Finance*，*Journal of Business and Economic Statistics* 及 *Journal of International Business Studies* 上发表论文多篇，并在国内期刊《经济研究》《管理科学学报》《金融研究》《管理世界》《会计研究》上发表论文多篇。研究成果被国际主要期刊引用，包括 *American Economic Review*，*Journal of Accounting Economics*，*Journal of Banking and Finance*，*Journal of Business*，*Journal of Business and Economic Statistics*，*Journal of Econometrics*，*Journal of Finance*，*Journal of Financial Economics*，*Journal of Financial and Quantitative Analysis*，*Journal of International Business Studies*，*Review of Economics and Statistics*，*Review of Financial Studies*，*University Chicago Law Review*。

梁旭（讲座教授） 1962 年生，博士，博士生导师。1980—1984 年就读于成都科技大学，获水文及水资源学士学位；1984—1987 年就读于成都科技大学，获水文及水资源硕士学位；1987—1990 年就读于 University of Washington，Seattle，Washington，获环境科学与工程硕士；1990—1994 年就读于 University of Washington, Seattle, Washington,获水文与水资源博士学位。1996—1998年就职于 Research Scientist, Climate and Radiation Branch, Code 913, Joint Center for Earth Systems Technology, NASA/University of Maryland;1998—2006年就职于 Assistant Professor, Department of Civil and Environmental Engineering, University of California at Berkley;2006年至今就职于 Associate Professor, Department of Civil and Environmental Engineering, University of Pittsburgh。主要研究生态、水文和气象系统模型模拟,土壤、陆面及大气界面物理和水文过程模拟,涉及利用数学、统计学等方法对各种空间尺度的观测数据定量分析,是一交叉自然学科。担任 *Journal of Advances in Water Resources* 等15种学术期刊审稿人;多次组织国际会议或担任会议主席。

查涛(讲座教授) 1982年毕业于成都地质学院数学系,1985年毕业于西南财经大学统计系,1992年毕业于美国明尼苏达大学,获经济学博士学位。现担任美国联邦储备银行亚特兰大分行数量研究中心主任,埃默里大学经济系教授,美国国民经济研究局(NBER)研究员,*Econometrica* 和 *Journal of Econometrics* 杂志副主编。在结构宏观经济模型、宏观实证计量分析和时间序列分析领域都有很高的造诣和声望。在2011年诺贝尔经济学奖委员会对诺奖获得者 Sims 教授的授奖词中三次列举了查涛以及他与 Sims 教授的合作成果,Sims 教授也在授奖典礼的演讲词中两次提到与查涛的合作成果。主要成果:在宏观经济理论领域,在与2011年诺贝尔经济学奖得主 Sargent 等合作研究中,对最佳政策干预、泰勒规则的一般性处理提出了新的方法,同时也对学习、适应性预期和技术冲击提出了新的理论和工具;在与诺奖得主 Sargent 和 Sims 的合作研究中,对马尔科夫区制转换理性预期模型(Markov-Switching Rational Expectations Models)、区制转换动态随机一般均衡方法(Regime-Switching DSGE Approach)提出了新的算法;在时间序列分析方法中,其合作者对结构向量自回归方法中(SVAR)提出了一般性可识别(Global Identification)的充分必要条件。被全球经济学界誉为华人经济学家的杰出代表。

Alan Drew(讲座教授) 博士生导师。本科、硕士毕业于英国伯明翰大学,2003年在圣安德鲁斯大学获得哲学博士学位,曾于 University of St. Andrews(英国)、Rutherford Appleton Laboratory(英国)、ETH-Zurich(瑞士)和 University of Fribourg(瑞士)从事科学研究与学术交流工作。现为四川大学物理科学与技术学院高端外籍教授,伦敦大学玛丽女王学院教授。长期致力于利用低能 μ 子自旋谱,中子散射和极化中子反射研究高温超导、铁磁和有机自旋材料等方面的工作。主要研究领域:有机半导体材料、自旋电子学、超导材料、铁磁材料。

田蓉(讲座教授) 2014年受聘为"长江学者奖励计划"讲座教授。现任美国华盛顿大学医学院线粒体及代谢中心主任。

郑阿财(讲座教授) 1951年生,中国台湾地区台北人。1974年毕业于台北中国文化大学中国文学系,1976年于同校获硕士学位,1982年获博士学位。1978年起先后任教于中国台湾地区中国文化大学、中兴大学、中正大学,现为四川大学长江学者讲座教授、台湾南华大学敦煌学研究中心主任。20世纪70年代起亲炙著名敦煌学家潘重规先生。主要有《敦煌孝道文学研究》（博士论文）、《敦煌写卷研究》《敦煌文献与文学》《敦煌蒙书析论》等有关敦煌文学、佛教文献与文学的论文近百篇。与朱凤玉合编有《敦煌学研究论著目录》，并负责《敦煌学》专刊的编辑。

Svend Erik Larsen（讲座教授） 出生于丹麦科灵，1974年于奥胡斯大学获得斯堪的纳维亚研究博士学位，1987年于欧登斯大学获得语言学哲学博士学位。欧洲科学院院士，伦敦大学学院欧洲语言文化与社会学院名誉教授，欧洲科学院文学与理论研究分会主席、专家组成员，国家与国际博士论文委员会主席，国际比较文学博士学院咨询委员会委员，欧洲科学基金会、科学技术委员会专家组评论家，丹麦国家研究基金会董事，丹麦文化与传播国家研究基金会副主席，国际比较文学学会执行委员会成员，国际符号学研究协会成员，北欧符号学协会创始成员，博士论文金奖获得者，菲英时报奖获得者。出版了*Litterærsemiologi*、*Sémiologielittéraire*、*Sprogetsgeometri* 1－2、*Uvod u semiotiku*、*Signs in Use*、*Naturenerligeglad*、*A Roundtrip from Code to Structure*、*Mutters alene*、*I byen med Balzac*、*Teksterudengrænser*. *Litteraturogglobalisering*、*litteraturDK* 等多部著作，在国内外学术刊物发表论文多篇。

Theodoor Louis D'Haen（讲座教授） 欧洲科学院院士，国际美国研究学会（IASA-International American Studies Association）的创始人之一，现就职于比利时鲁汶大学英语文学与比较文学系。1999年任荷兰高等研究中心（Netherlands Institute for Advanced Studies）研究员，2002年任国际现代语言与文学联盟会（FILLM-International Federation for Modern Languages and Literatures）荣誉主席，2008年起担任欧洲科学院院刊《欧洲评论》主编，2012年任国际比较文学学会（ICLA-International Comparative Literature Association）组织委员及提名委员。出版了多部著作，内容涉及美国文学、后现代主义、后殖民主义以及世界文学等。代表作有《劳特利奇世界文学简史》（2012）、《当代美国犯罪小说》（2001）、《给读者的文本：对福尔斯、巴特、科塔萨尔和布恩的交互式阅读法》（1983）等，并在国际期刊发表论文200余篇。

Zhang Li Min（讲座教授） 1965年2月生，教授，博士生导师，岩土工程风险分析专家。美国土木工程师学会会士、国际岩土安全与风险学会前任主席、国际静压桩协会副主席、美国ASCE风险分析与管理委员会副主任、美国ASCE香港分会前任会长、中国土木工程学会工程风险与保险研究分会前任副理事长。国际土力学与岩土工程学会风险管理、极限状态设计、深基础和法理调查四个委员会委员。国际期刊*Georisk*主编，*Journal of Geotechnical and Geoenvironmental Engineering*副主编，多个国际知名期刊编委。近五年获GEOSNET杰出贡献奖、Wilson Tang Best Paper Award、教育部自然科学一等奖等奖励。主持香港研究基金重点课题、自然科学基金海外及港澳学者合作研究基金和四川重建重大课题。发表SCI论文190余篇。在国际学术会议上做主题及特邀报告近50次。

表 2　2018 年度国家杰出青年基金获得者名单（2 人）

序号	姓名	学院	专业技术职务
1	叶玲	华西口腔医学院	教授
2	彭强	化学学院	教授

表 3　2018 年新聘正高级专业技术职务人员名单

序号	单位	姓名	性别	最高学位（历）	聘任职务
1	华西临床医学院（华西医院）	王玉芳	女	博士	主任医师
2	华西临床医学院（华西医院）	崔凯军	男	博士	主任医师
3	华西临床医学院（华西医院）	洪瑛	女	本科	主任护师
4	华西临床医学院（华西医院）	赵淑珍	女	本科	主任护师
5	华西临床医学院（华西医院）	徐筑萍	女	博士	主任医师
6	华西临床医学院（华西医院）	李薇	女	博士	主任医师
7	华西临床医学院（华西医院）	康梅	女	博士	主任技师
8	华西临床医学院（华西医院）	陈茜	女	博士	主任护师
9	华西临床医学院（华西医院）	朱江	男	硕士	主任医师
10	华西第二医院	赵秀芳	女	硕士	主任护师
11	华西口腔医学院（华西口腔医院）	谭静	女	硕士	教授（思政）
12	华西基础医学与法医学院	万莉红	女	博士	教授
13	法学院	王蓓	女	博士	教授
14	华西临床医学院（华西医院）	白浪	男	博士	主任医师
15	网络空间安全学院	胡勇	男	博士	研究员
16	文学与新闻学院	黄勇	男	博士	教授
17	化学学院	徐开来	女	博士	教授
18	材料科学与工程学院	林江莉	女	博士	教授
19	化学工程学院	李延芳	女	博士	教授
20	华西临床医学院（华西医院）	杨慧	女	博士	主任医师
21	华西临床医学院（华西医院）	卢强	男	博士	主任医师
22	华西临床医学院（华西医院）	万智	女	博士	主任医师
23	华西第二医院	余涛	女	博士	主任医师
24	材料科学与工程学院	杨为中	男	博士	教授
25	华西第二医院	夏斌	男	博士	主任医师

续表3

序号	单位	姓名	性别	最高学位（历）	聘任职务
26	华西公共卫生学院	黄毅娜	女	博士	教授
27	华西临床医学院（华西医院）	欧晓红	女	博士	主任医师
28	海外教育学院	侯宏虹	女	博士	编审
29	道教与宗教文化研究所	胡锐	女	博士	研究员
30	华西口腔医学院（华西口腔医院）	赵青	女	博士	主任医师
31	华西临床医学院（华西医院）	龚启勇	男	博士	主任医师
32	华西临床医学院（华西医院）	王可	男	博士	主任医师
33	华西临床医学院（华西医院）	杨寒朔	男	博士	研究员
34	华西临床医学院（华西医院）	杨静	女	博士	主任医师
35	高分子科学与工程学院	尹波	男	博士	教授
36	华西临床医学院（华西医院）	朱红艳	女	硕士	研究员
37	电子信息学院	杨晓敏	女	博士	教授
38	华西基础医学与法医学院	陈达丽	女	博士	研究员
39	华西临床医学院（华西医院）	王强	男	博士	研究员
40	华西临床医学院（华西医院）	杨烈	男	博士	教授
41	文学与新闻学院	王彤伟	男	博士	教授
42	华西临床医学院（华西医院）	蒋维	男	博士	研究员
43	化学学院	黄艳	女	博士	教授
44	华西临床医学院（华西医院）	严冰	女	博士	主任医师
45	法学院	郭松	男	博士	教授
46	水利水电学院	薛新华	男	博士	教授
47	水利水电学院	王波	男	博士	研究员
48	艺术学院	赵志红	女	博士	教授
49	高分子科学与工程学院	吴锦荣	男	博士	教授
50	建筑与环境学院	刘百仓	男	博士	教授
51	华西临床医学院（华西医院）	蒋艳	女	硕士	主任护师
52	马克思主义学院	纪志耿	男	博士	教授
53	马克思主义学院	王彬彬	男	博士	教授
54	水利水电学院	李永	男	博士	研究员
55	水利水电学院	崔宁博	男	博士	教授

续表3

序号	单位	姓名	性别	最高学位（历）	聘任职务
56	华西基础医学与法医学院	沈阳	男	博士	研究员
57	生物治疗国家重点实验室	谢永美	男	博士	研究员
58	分析测试中心	王珊玲	女	博士	正高级实验师
59	华西临床医学院（华西医院）	陈蕾	女	博士	教授
60	数学学院	王小虎	男	博士	教授
61	体育学院	陈子超	男	博士	教授
62	商学院	梁学栋	男	博士	教授
63	物理科学与技术学院	白春林	男	博士	教授
64	华西口腔医学院（华西口腔医院）	陈文川	男	博士	教授
65	数学学院	盛利	男	博士	教授
66	经济学院	邓国营	男	博士	教授
67	华西临床医学院（华西医院）	郭万军	男	博士	主任医师
68	华西临床医学院（华西医院）	李劲梅	女	博士	主任医师
69	华西第二医院	王丹青	女	博士	主任医师
70	物理科学与技术学院	王嘉琦	男	博士	教授
71	轻纺与食品学院	陈意	男	博士	教授
72	化学工程学院	郭孝东	男	博士	教授
73	华西口腔医学院（华西口腔医院）	徐欣	男	博士	教授
74	华西临床医学院（华西医院）	姜春玲	女	硕士	主任医师
75	水利水电学院	戴峰	男	博士	教授
76	原子与分子物理研究所	雷力	男	博士	研究员
77	化学工程学院	岳海荣	男	博士	教授
78	化学学院	杨成	男	博士	教授
79	生命科学学院	李硕	男	博士	教授
80	计算机学院（软件学院）	赵启军	男	博士	教授
81	华西临床医学院（华西医院）	陈利平	男	博士	主任医师
82	公共管理学院	张浩淼	女	博士	教授
83	商学院	姚黎明	男	博士	研究员
84	高分子研究所	沈佳斌	男	博士	研究员
85	生物治疗国家重点实验室	陈强	男	博士	研究员

续表3

序号	单位	姓名	性别	最高学位（历）	聘任职务
86	化学工程学院	黄青松	男	博士	教授
87	生物治疗国家重点实验室	苏丹	男	博士	教授
88	经济学院	吴良	男	博士	教授
89	原子核科学技术研究所（720）	李智慧	男	博士	研究员
90	历史文化学院	吴春涛	女	博士	教授
91	历史文化学院	王煜	男	博士	教授
92	生命科学学院	张大伟	男	博士	教授
93	华西口腔医学院（华西口腔医院）	刘锐	男	博士	研究员
94	高分子科学与工程学院	丁明明	男	博士	教授
95	物理科学与技术学院	贺言	男	博士	教授
96	商学院	刘海月	女	博士	教授
97	物理科学与技术学院	Filippo Boi	男	博士	教授
98	建筑与环境学院	陈宇	男	博士	教授
99	材料科学与工程学院	吴昊	男	博士	研究员
100	生物治疗国家重点实验室	许恒	男	博士	研究员
101	生物治疗国家重点实验室	陈崇	男	博士	教授
102	华西临床医学院（华西医院）	柯博文	男	博士	研究员
103	轻纺与食品学院	黄鑫	男	博士	研究员
104	生物治疗国家重点实验室	程伟	男	博士	教授
105	文学与新闻学院	王一平	女	博士	教授
106	电子信息学院	李磊	男	博士	研究员
107	计算机学院（软件学院）	唐华锦	男	博士	教授
108	化学学院	余达刚	男	博士	教授
109	生物治疗国家重点实验室	戴伦治	男	博士	研究员
110	生物治疗国家重点实验室	谢丹	男	博士	研究员
111	生物治疗国家重点实验室	罗云孜	女	博士	研究员
112	化学学院	余志鹏	男	博士	教授
113	艺术学院	朱沙	男	博士	教授
114	数学学院	连增	男	博士	教授
115	数学学院	刘淑君	女	博士	教授

续表3

序号	单位	姓名	性别	最高学位（历）	聘任职务
116	华西基础医学与法医学院	雷鹏	男	博士	教授
117	生命科学学院	李中瀚	男	博士	教授
118	生物治疗国家重点实验室	胡洪波	男	博士	研究员
119	物理科学与技术学院	李志强	男	博士	教授
120	生物治疗国家重点实验室	石虎兵	男	博士	研究员
121	生物治疗国家重点实验室	钮大文	男	博士	教授
122	华西第二医院	贾大	男	博士	教授
123	华西第二医院	丁楅森	男	博士	研究员
124	生物治疗国家重点实验室	耿佳	男	博士	研究员
125	国际关系学院	励轩	男	博士	研究员
126	生物治疗国家重点实验室	周小明	男	博士	研究员
127	生物治疗国家重点实验室	卢克锋	男	博士	研究员
128	生命科学学院	张阳	男	博士	研究员
129	华西第二医院	邓东	男	博士	研究员
130	华西第二医院	曹中炜	女	博士	研究员
131	华西临床医学院（华西医院）	吴昊星	男	博士	研究员
132	生物治疗国家重点实验室	戚世乾	男	博士	研究员
133	生命科学学院	席祯翔	男	博士	研究员
134	化学学院	王天利	女	博士	教授
135	生物治疗国家重点实验室	汪源	男	博士	研究员
136	生物治疗国家重点实验室	唐麟	男	博士	研究员
137	生物治疗国家重点实验室	米鹏	男	博士	研究员
138	生物治疗国家重点实验室	任海燕	女	博士	研究员
139	华西第二医院	陈路	男	博士	研究员
140	博物馆	姚向阳	女	本科	研究馆员
141	华西公共卫生学院	张慧东	男	博士	教授
142	华西第二医院	郭帆	男	博士	研究员
143	生命科学学院	肖朝文	男	博士	研究员
144	化学学院	曾小明	男	博士	教授
145	华西第二医院	周开宇	女	博士	主任医师

续表3

序号	单位	姓名	性别	最高学位（历）	聘任职务
146	华西第二医院	肖雪	女	博士	主任医师
147	数学学院	唐庆粦	男	博士	教授
148	华西第二医院	薛志宏	男	博士	研究员
149	生物治疗国家重点实验室	董浩浩	男	博士	研究员
150	华西临床医学院（华西医院）	朱青	女	博士	主任医师
151	经济学院	刘勇	男	博士	研究员
152	华西第二医院	陈莉娜	女	博士	主任医师
153	华西第二医院	周圣涛	男	博士	研究员

表4　2018年博士后进站人员名单

编号	姓名	性别	流动站	招收类型
1	程飞	男	信息与通信工程	流动站自主招收
2	王贯	男	生物学	流动站自主招收
3	陈琛	女	中国语言文学	省级联合：省社科院
4	陈仕军	男	管理科学与工程	流动站自主招收
5	姚露	女	环境科学与工程	流动站自主招收
6	兰燕	女	生物学	省级联合：先导药业
7	程学敏	女	药学	省级联合：先导药业
8	陈秋霞	女	生物学	省级联合：先导药业
9	汪伟	男	药学	省级联合：先导药业
10	陆然	男	生物学	流动站自主招收
11	尚卫东	男	化学	流动站自主招收
12	陶泽	男	临床医学	流动站自主招收
13	付琛颖	女	基础医学	流动站自主招收
14	杨欣	女	基础医学	流动站自主招收
15	杨超	男	光学工程	流动站自主招收
16	余泓池	男	生物医学工程	流动站自主招收
17	李越	女	材料科学与工程	流动站自主招收
18	钟哲强	男	光学工程	流动站自主招收
19	胡心宇	男	临床医学	流动站自主招收

续表4

编号	姓名	性别	流动站	招收类型
20	杜娟	女	生物学	流动站自主招收
21	王跃龙	男	临床医学	流动站自主招收
22	Pradeep Karn	男	信息与通信工程	流动站自主招收
23	秦蕾蕾	女	水利工程	联合培养：长江三峡集团
24	严忠銮	男	——	联合培养：长江三峡集团
25	朱雄关	男	世界史	流动站自主招收
26	张洁	女	材料科学与工程	流动站自主招收
27	周凌	男	材料科学与工程	流动站自主招收
28	李向锋	男	生物医学工程	博新计划招收
29	陈丽	女	临床医学	流动站自主招收
30	史琨	女	生物学	流动站自主招收
31	王成世	男	临床医学	流动站自主招收
32	廖红艳	女	临床医学	流动站自主招收
33	王彩虹	女	化学工程与技术	流动站自主招收
34	宋亚莉	女	临床医学	流动站自主招收
35	杨建洪	男	临床医学	流动站自主招收
36	聂雯	女	临床医学	流动站自主招收
37	曲国峰	男	物理学	流动站自主招收
38	曾广根	男	光学工程	流动站自主招收
39	游玲	女	轻工技术与工程	联合培养：五粮液集团
40	李孝锦	男	临床医学	流动站自主招收
41	邓玲	女	基础医学	流动站自主招收
42	蒋苹	女	临床医学	流动站自主招收
43	陈太勇	男	世界史	流动站自主招收
44	余琳	女	生物学	流动站自主招收
45	刘志昊	男	生物学	流动站自主招收
46	孔庆斌	男	生物学	流动站自主招收
47	张瑾	女	生物学	流动站自主招收
48	修光敏	男	公共管理	流动站自主招收
49	刘玮	女	临床医学	流动站自主招收
50	贾西猛	男	工商管理	流动站自主招收

续表4

编号	姓名	性别	流动站	招收类型
51	肖丹	女	临床医学	流动站自主招收
52	李彤	女	基础医学	流动站自主招收
53	陈嘉熠	女	公共卫生与预防医学	流动站自主招收
54	姚朋乐	男	生物学	流动站自主招收
55	董华锋	男	考古学	流动站自主招收
56	于淼	女	机械工程	流动站自主招收
57	周永杰	男	基础医学	流动站自主招收
58	焦琳	女	临床医学	流动站自主招收
59	王婉婷	女	临床医学	流动站自主招收
60	叶郁森	女	管理科学与工程	流动站自主招收
61	张益	女	工商管理	流动站自主招收
62	陈绍毅	男	生物医学工程	流动站自主招收
63	钱宇	男	化学	联合培养：泸州老窖
64	刘君	男	轻工技术与工程	联合培养：五粮液集团
65	王志菡	女	基础医学	流动站自主招收
66	姜维嘉	女	基础医学	流动站自主招收
67	周微	女	理论经济学	联合培养：中铁信托
68	潘军强	男	生物医学工程	流动站自主招收
69	余琳	女	生物医学工程	流动站自主招收
70	罗丹	男	生物学	流动站自主招收
71	郭佳维	男	临床医学	流动站自主招收
72	吴思稼	男	公共卫生与预防医学	流动站自主招收
73	青玉凤	女	临床医学	流动站自主招收
74	吴东波	男	临床医学	流动站自主招收
75	李林	男	中国史	流动站自主招收
76	任蓉	女	临床医学	流动站自主招收
77	王烨	男	——	联合培养：云天化
78	张华	男	基础医学	流动站自主招收
79	周良	男	管理科学与工程	流动站自主招收
80	刘新刚	男	材料科学与工程	流动站自主招收
81	郭林杰	男	生物学	流动站自主招收

续表4

编号	姓名	性别	流动站	招收类型
82	鄢定祥	男	材料科学与工程	流动站自主招收
83	石凯荣	男	药学	联合培养：海思科制药
84	邢洁	女	物理学	流动站自主招收
85	罗龙波	男	材料科学与工程	联合培养：东材科技
86	周建	男	轻工技术与工程	联合培养：四川中烟
87	石琳	女	数学	流动站自主招收
88	刘利霞	女	哲学	流动站自主招收
89	郝南亚	女	临床医学	流动站自主招收
90	王淞	男	临床医学	流动站自主招收
91	刘峻峰	女	临床医学	流动站自主招收
92	吴芝明	女	信息与通信工程	流动站自主招收
93	耿天玉	男	计算机科学与技术	流动站自主招收
94	肖晓丹	女	世界史	流动站自主招收
95	肖颖	女	基础医学	流动站自主招收
96	周青华	男	材料科学与工程	流动站自主招收
97	张烨	男	临床医学	流动站自主招收
98	李珍	女	基础医学	流动站自主招收
99	李佩栋	男	力学	流动站自主招收
100	孙瑞雪	女	哲学	流动站自主招收
101	任俊文	男	材料科学与工程	流动站自主招收
102	廖文辉	男	中国史	流动站自主招收
103	蒲文臣	男	生物学	流动站自主招收
104	胡娜	女	临床医学（放射科）	流动站自主招收
105	余佳耘	女	临床医学	流动站自主招收
106	杨倩	女	生物学	流动站自主招收
107	李沛容	女	世界史	流动站自主招收
108	朱磊	男	基础医学	流动站自主招收
109	谭帅	男	生物学	流动站自主招收
110	张东明	男	力学	省级联合：成都大学
111	胡志鹏	男	生物学	省级联合：爱思特

续表4

编号	姓名	性别	流动站	招收类型
112	Ramachandran Shanmugavel	男	药学	省级联合：成都大学
113	王谦	男	生物医学工程	流动站自主招收
114	杜龙环	男	力学	流动站自主招收
115	王璐	女	土木工程	流动站自主招收
116	唐继国	男	水利工程	流动站自主招收
117	张凌华	女	公共管理	流动站自主招收
118	陈金磊	男	化学	流动站自主招收
119	兰旭凌	女	公共管理	流动站自主招收
120	周君	男	临床医学	流动站自主招收
121	郭泽秋	男	土木工程	流动站自主招收
122	苏巨桥	男	材料科学与工程	流动站自主招收
123	贺帅	女	环境科学与工程	流动站自主招收
124	王朔	女	中国语言文学	流动站自主招收
125	谢昱锐	男	信息与通信工程	流动站自主招收
126	胡丹蓉	女	生物学	流动站自主招收
127	王元聪	男	公共管理	流动站自主招收
128	高绍兵	男	临床医学	流动站自主招收
129	李奕	女	临床医学	流动站自主招收
130	吕洋	男	土木工程	流动站自主招收
131	张婕妤	女	生物医学工程	流动站自主招收
132	马文颖	女	中国语言文学	流动站自主招收
133	毛佳伟	男	化学	省级联合：成都产品质量检验研究院
134	邱瑞	男	工商管理	流动站自主招收
135	王秀丽	女	公共卫生与预防医学	流动站自主招收
136	刘静	女	工商管理	流动站自主招收
137	陈冠伶	女	法学	流动站自主招收
138	崔节超	男	物理学	流动站自主招收
139	周凌云	女	临床医学	流动站自主招收
140	梁文婷	女	化学	流动站自主招收
141	吴德建	男	化学工程与技术	流动站自主招收

续表4

编号	姓名	性别	流动站	招收类型
142	毛梧宇	男	基础医学	流动站自主招收
143	蔡炯昊	男	考古学	流动站自主招收
144	高强	男	临床医学	流动站自主招收
145	李蓓	男	临床医学	流动站自主招收
146	华文	男	力学	流动站自主招收
147	熊兆锟	男	环境科学与工程	流动站自主招收
148	赵苏丹	女	理论经济学	流动站自主招收
149	任晗	女	工商管理	流动站自主招收
150	陈明	男	化学工程与技术	流动站自主招收
151	伍厚文	男	物理学	流动站自主招收
152	钟山	男	化学工程与技术	流动站自主招收
153	孙照勇	男	环境科学与工程	联合培养：泸州老窖
154	袁中原	男	环境科学与工程	省级联合：四川省建筑科学研究院
155	郝颖	女	药学	博新计划招收
156	王娇	女	管理科学与工程	流动站自主招收
157	芦璐	男	信息与通信工程	流动站自主招收
158	蒋李	女	化学	流动站自主招收
159	沈英	女	基础医学	流动站自主招收
160	于泓	女	材料科学与工程	流动站自主招收
161	朱婷	女	临床医学	流动站自主招收
162	梁锐超	男	临床医学	流动站自主招收
163	肖媛	女	临床医学	流动站自主招收
164	陈海宁	男	临床医学	流动站自主招收
165	熊益权	男	临床医学	流动站自主招收
166	王桃林	男	工商管理	流动站自主招收
167	谢毅	男	生物医学工程	流动站自主招收
168	卢萍	女	信息与通信工程	流动站自主招收
169	赵旻	男	生物学	流动站自主招收
170	魏志涛	男	临床医学	流动站自主招收
171	兰蓝	女	临床医学	流动站自主招收
172	王兵	男	临床医学	流动站自主招收

续表4

编号	姓名	性别	流动站	招收类型
173	胡江淮	男	材料科学与工程	流动站自主招收
174	周立影	男	工商管理	流动站自主招收
175	唐琦	女	公共卫生与预防医学	流动站自主招收
176	王苛	女	物理学	流动站自主招收
177	庞霄骁	男	世界史	流动站自主招收
178	谢晶	男	土木工程	流动站自主招收
179	刘怀忠	男	土木工程	流动站自主招收
180	周靖人	男	水利工程	流动站自主招收
181	李洪儒	男	光学工程	流动站自主招收
182	黄庆波	男	理论经济学	流动站自主招收
183	梁晓	女	计算机科学与技术	流动站自主招收
184	王延伟	男	理论经济学	流动站自主招收
185	卢婕	女	中国语言文学	联合培养：四川省社科院
186	罗涛	男	化学工程与技术	流动站自主招收
187	李恒	男	环境科学与工程	流动站自主招收
188	符巍	男	临床医学	流动站自主招收
189	刘潋	男	生物学	流动站自主招收
190	易仕旭	男	化学	省级联合：四川海思科制药有限公司
191	魏泳安	男	中国史	流动站自主招收
192	谢应	男	化学	流动站自主招收
193	杨辉亮	男	临床医学	流动站自主招收
194	葛庆子	男	土木工程	省级联合：四川建筑科学研究院
195	王顾希	男	环境科学与工程	流动站自主招收
196	曹凯凯	男	材料科学与工程	联合培养：株洲时代新材料科技股份有限公司
197	吴可荆	男	化学工程与技术	流动站自主招收
198	郑卓	男	材料科学与工程	流动站自主招收
199	徐浩	男	口腔医学	流动站自主招收
200	曾维	男	口腔医学	流动站自主招收
201	何敏	男	口腔医学	流动站自主招收
202	罗晶晶	女	口腔医学	流动站自主招收

续表4

编号	姓名	性别	流动站	招收类型
203	程兴群	女	口腔医学	流动站自主招收
204	杜文	男	口腔医学	流动站自主招收
205	杜玮	女	口腔医学	流动站自主招收
206	经典	女	口腔医学	流动站自主招收
207	赵雪峰	男	口腔医学	流动站自主招收
208	张士文	男	口腔医学	流动站自主招收
209	郑欣	男	口腔医学	流动站自主招收
210	神应强	男	口腔医学	流动站自主招收
211	岑啸	女	口腔医学	流动站自主招收
212	罗小波	男	口腔医学	流动站自主招收
213	熊毅	男	口腔医学	流动站自主招收
214	左杨杰	男	机械工程	流动站自主招收
215	范佳楠	女	考古学	流动站自主招收
216	贺洪飞	男	生物学	流动站自主招收
217	寇淑婷	女	中国语言文学	流动站自主招收
218	刘祥	男	世界史	流动站自主招收
219	胡永波	男	临床医学	流动站自主招收
220	赵帅	男	考古学	流动站自主招收
221	李志英	女	中国史	流动站自主招收
222	王梅	女	中国史	流动站自主招收
223	朱峰	男	理论经济学	流动站自主招收
224	罗锋	男	口腔医学	流动站自主招收
225	吴芳龙	男	口腔医学	流动站自主招收
226	廖雪阳	女	口腔医学	流动站自主招收
227	刘兴亮	男	中国史	流动站自主招收
228	杨海娟	女	公共管理	流动站自主招收
229	杨靖梅	女	口腔医学	流动站自主招收
230	周陈晨	男	口腔医学	流动站自主招收
231	刘蔚晴	女	口腔医学	流动站自主招收
232	董明来	男	中国语言文学	流动站自主招收
233	刘星	男	数学	流动站自主招收

续表4

编号	姓名	性别	流动站	招收类型
234	岳阳	男	考古学	流动站自主招收
235	牛韶斐	女	环境科学与工程	流动站自主招收
236	赵长名	男	计算机科学与技术	流动站自主招收
237	郭宗明	男	土木工程	联合培养：深圳市政设计研究院
238	陈斌	男	临床医学	流动站自主招收
239	夏仕龙	男	理论经济学	流动站自主招收
240	陈飘飘	男	生物医学工程	流动站自主招收
241	吴艳萍	女	生物学	流动站自主招收
242	赵达	男	理论经济学	流动站自主招收
243	严华林	男	临床医学	流动站自主招收
244	王建	男	计算机科学与技术	流动站自主招收
245	李玲	女	临床医学	流动站自主招收
246	马文杰	男	临床医学	流动站自主招收
247	张勇	男	临床医学	流动站自主招收
248	刘鹏举	男	材料科学与工程	流动站自主招收
249	李怡俊	男	材料科学与工程	流动站自主招收
250	王程仕	男	临床医学	流动站自主招收
251	叶宗标	男	物理学	流动站自主招收
252	张宏	男	力学	流动站自主招收
253	张亚光	男	生物学	流动站自主招收
254	赵婉君	女	临床医学	流动站自主招收
255	尹航	男	中国史	流动站自主招收
256	王海燕	女	中国语言文学	联合培养：四川省社科院
257	刘杰	男	临床医学	流动站自主招收
258	张凯	男	机械工程	流动站自主招收
259	田鹏	男	机械工程	流动站自主招收
260	王力	男	临床医学	流动站自主招收
261	董萍	女	临床医学	流动站自主招收
262	刘骥翔	男	中国语言文学	流动站自主招收
263	杨茜	女	临床医学	流动站自主招收
264	崔梦田	女	中国语言文学	流动站自主招收

续表4

编号	姓名	性别	流动站	招收类型
265	孟致毅	男	管理科学与工程	流动站自主招收
266	罗晗	男	临床医学	流动站自主招收
267	廖志毅	男	土木工程	联合培养：深圳大学
268	金德谷	男	世界史	流动站自主招收
269	杨亦晨	女	法学	流动站自主招收
270	詹小平	女	法学	流动站自主招收
271	鲍天昊	男	临床医学	流动站自主招收
272	张静	男	水利工程	流动站自主招收
273	韦欣仪	女	世界史	流动站自主招收
274	Seyler Barnabas Cordell	男	环境科学与工程	流动站自主招收
275	王立	男	中国史	流动站自主招收
276	何文华	女	中国史	联合培养：四川省社科院
277	范毅	男	材料科学与工程	流动站自主招收
278	张亮	男	考古学	流动站自主招收
279	马艳妮	女	生物学	流动站自主招收
280	漆刚	男	材料科学与工程	省级联合：成都硅宝科技股份有限公司
281	甘露	女	工商管理	流动站自主招收
282	董陇军	男	土木工程	流动站自主招收
283	胡荣	男	材料科学与工程	流动站自主招收
284	田黎明	男	生态学	流动站自主招收
285	蔡雨龙	男	临床医学	流动站自主招收
286	刘凯	男	中国语言文学	流动站自主招收
287	童翔	男	临床医学	流动站自主招收
288	张敬	男	临床医学	流动站自主招收
289	刘晓蕾	女	临床医学	流动站自主招收
290	魏泽良	男	临床医学	流动站自主招收
291	郑振江	男	临床医学	流动站自主招收
292	周彦妮	女	临床医学	流动站自主招收
293	张程程	女	临床医学	流动站自主招收
294	程洋	男	信息与通信工程	流动站自主招收

续表4

编号	姓名	性别	流动站	招收类型
295	刘恒	男	信息与通信工程	流动站自主招收
296	俞浩	男	信息与通信工程	流动站自主招收
297	李雪寒	女	临床医学	流动站自主招收
298	李浪	男	临床医学	流动站自主招收
299	周方励	女	临床医学	流动站自主招收
300	张丽霞	女	哲学	流动站自主招收
301	唐勇泉	男	基础医学	流动站自主招收
302	王仁全	男	材料科学与工程	流动站自主招收
303	刘丽	女	生物学	流动站自主招收
304	倪婷	女	管理科学与工程	流动站自主招收
305	胡荣豪	男	物理学	流动站自主招收
306	高伟	男	基础医学	流动站自主招收
307	李启杰	男	临床医学	流动站自主招收
308	魏倩倩	女	临床医学	流动站自主招收
309	杨济桥	女	生物学	流动站自主招收
310	任艳明	男	临床医学	流动站自主招收
311	张孝琴	女	临床医学	流动站自主招收
312	邱婷婷	女	临床医学	流动站自主招收
313	陈凯	男	临床医学	流动站自主招收
314	杨燕伟	男	土木工程	流动站自主招收
315	邱文彬	男	物理学	流动站自主招收
316	于志渊	男	临床医学	流动站自主招收
317	张晓鑫	男	中西医结合	流动站自主招收
318	罗春燕	女	临床医学	流动站自主招收
319	李浪	男	力学	流动站自主招收
320	王钰娇	女	临床医学	流动站自主招收
321	范让让	女	临床医学	流动站自主招收
322	陈建美	女	哲学	流动站自主招收
323	胡瀚霆	男	哲学	流动站自主招收
324	李加伍	男	临床医学	流动站自主招收
325	郭建	男	轻工技术与工程	省级联合：千禾味业食品股份有限公司

续表4

编号	姓名	性别	流动站	招收类型
326	黎磊	女	临床医学	流动站自主招收
327	李川	男	临床医学	流动站自主招收
328	张吉发	男	生物学	流动站自主招收
329	张前锋	男	生物医学工程	流动站自主招收
330	胡诚	女	中西医结合	流动站自主招收
331	石娜	女	中西医结合	流动站自主招收
332	欧汝威	男	临床医学	流动站自主招收
333	罗翼	男	生物医学工程（骨科）	流动站自主招收
334	叶曾盼盼	男	临床医学	流动站自主招收
335	王俊	男	土木工程	联合培养：深圳大学
336	龙勇	男	信息与通信工程	联合培养：重庆金美通信有限责任公司
337	张晓赟	男	临床医学	流动站自主招收
338	楚合涛	男	材料科学与工程	流动站自主招收
339	陈赛	男	临床医学	流动站自主招收
340	王陶	男	轻工技术与工程	联合培养：四川剑南春集团有限责任公司
341	杨婧	女	临床医学	流动站自主招收
342	刘文钰	女	临床医学	流动站自主招收
343	杨帆	女	基础医学	流动站自主招收
344	张欣	男	临床医学	流动站自主招收
345	苏征征	女	基础医学	流动站自主招收
346	丘杨	女	环境科学与工程	流动站自主招收
347	徐杨	女	临床医学	流动站自主招收
348	黄伟珍	女	中国语言文学	流动站自主招收
349	杨娴睿	女	口腔医学	博新计划招收
350	孙璐	女	临床医学	流动站自主招收
351	郭玉洁	女	基础医学	流动站自主招收
352	姚家斌	男	生物学	流动站自主招收
353	金熙	女	临床医学	流动站自主招收
354	吕东	男	中国语言文学	流动站自主招收
355	窦瑶	女	材料科学与工程	省级联合：成都职业技术学院
356	赵力	男	中国史	流动站自主招收

续表4

编号	姓名	性别	流动站	招收类型
357	蒲天婕	女	基础医学	流动站自主招收
358	彭飞	男	临床医学	流动站自主招收
359	李姣	女	临床医学	流动站自主招收
360	欧梦婵	女	临床医学	流动站自主招收
361	张林昊	男	临床医学	流动站自主招收
362	温祥毅	男	临床医学（眼科）	流动站自主招收
363	王林楠	男	临床医学（骨科）	流动站自主招收
364	程健	男	基础医学	流动站自主招收
365	王浩	男	临床医学	流动站自主招收
366	郑宇	男	材料科学与工程	流动站自主招收
367	唐余玲	女	轻工技术与工程	流动站自主招收
368	蒋智成	男	轻工技术与工程	流动站自主招收
369	妥佳宁	男	中国语言文学	流动站自主招收
370	杨健	男	生物学	流动站自主招收
371	万珂	男	临床医学	流动站自主招收
372	杜广盛	男	药学	交流计划引进项目
373	李春海	男	材料科学与工程	流动站自主招收

表5　2018年博士后情况（单位：人）

<table>
<tr><td rowspan="3">进站</td><td rowspan="3">373</td><td>统招统分</td><td>374</td></tr>
<tr><td>自筹经费</td><td>64</td></tr>
<tr><td>企业联合</td><td>35</td></tr>
<tr><td rowspan="3">在站</td><td>2016年</td><td colspan="2">664</td></tr>
<tr><td>2017年</td><td colspan="2">800</td></tr>
<tr><td>2018年</td><td colspan="2">1018</td></tr>
<tr><td rowspan="3">出站</td><td>2016年</td><td colspan="2">111</td></tr>
<tr><td>2017年</td><td colspan="2">96</td></tr>
<tr><td>2018年</td><td colspan="2">73</td></tr>
</table>

（以上资料由人事处王兰、岳华提供）

人才培养篇

本科生教育

一、招生

1. 生源质量稳步提升，高分段人数增长明显

2018 年我校共录取本科新生 9133 名，在有招生计划的全国 31 个省、自治区、直辖市中，录取平均分高出当地重点线 120 分以上的理科有 19 个、文科有 4 个，录取平均分高出当地重点线 100 分以上的理科有 27 个、文科有 9 个。其中较 2017 年录取平均分上升的省份理科有 30 个，文科有 29 个 。高分段人数增长明显，理科在四川省招生 1000 位次以内的有 49 人，比 2017 年增加 14 人；理科在其他省份招生 1000 位次以内的有 275 人，比 2017 年增加了 80 人。

2. 进一步规范特殊类型招生，圆满完成各类招生任务

自主招生生源质量大幅提升，2018 年录取 373 人，较去年增加 82 人，新增网络安全卓越人才计划，网络安全学科特长生入围 14 人、录取 4 人，卓越人才计划入围 15 人、录取 13 人、二次选拔录取 5 人。进一步深化艺术类招生录取改革，继美术类之后，广播电视编导采用各省当地联考成绩，学校不再单独组织校考。推动艺术类平行志愿投档和录取，在 2018 年艺术类招生的 23 个省（市、区）中已有 13 个省实行平行志愿投档模式，约 60%的考生（279 人）通过平行志愿方式录取。服务西部，关爱贫困地区，圆满完成国家专项任务，2018 年招收贫困地区学生 746 人，农村学生 2343 人。

3. 招生育人理念贯穿招生宣传，深入开展多元化、全员化、常态化的招生宣传工作

认真落实学院招生录取的目标考核制和招生宣传分省分地区负责制，在“学校+学院+各地校友会”三位一体招生宣传模式的基础上，进一步深化开展“专家学者+教职员工+青年学生”的全员常态化宣传模式。2018 年聘请了 38 名校友招生宣传专员，全国 20 余个地方校友会，超过 500 名校友积极参与招生宣传；拓展优质生源基地 27 所；开展“名师宣讲团”讲座 39 场；组建 695 支“学子母校行”团队，回访中学 828 所，参与志愿者 3149 人；组织“游世纪川大，启梦想征程”活动 14 期，到校人数 2000 余人次 ；为关心关爱教职工，为广大教职工服务，与校工会共同举办面向教职工开展专场的高考招生咨询会，取得了很好的效果。

表 1　四川大学 2018 年本科招生专业一览表

学院名称	专业名称	科类	学制	学费（元）	备注	辨色受限情况
艺术学院	美术学	艺术类	四年	9600	具体要求及录取规则请查阅《四川大学2018年艺术类本科招生简章（美术类、广播电视编导专业）》	色觉异常Ⅱ考生受限
	绘画	艺术类	四年	10000		色觉异常Ⅱ考生受限
	视觉传达设计	艺术类	四年	10000		色觉异常Ⅱ考生受限
	环境设计	艺术类	四年	10000		色觉异常Ⅱ考生受限
	动画	艺术类	四年	9600		色觉异常Ⅱ考生受限
	中国画	艺术类	四年	10000		色觉异常Ⅱ考生受限
	书法学	艺术类	四年	7200		
	广播电视编导	艺术类	四年	12000		
	音乐表演（声乐）	艺术类	四年	12000	具体要求及录取规则请查阅《四川大学2018年艺术类本科招生简章（表演、舞蹈表演、音乐表演专业）》	
	表演	艺术类	四年	12000		
	舞蹈表演	艺术类	四年	12000		
经济学院	金融学类	理工类	四年	4440	含金融学、金融工程、保险学	
	经济学类	文理兼收	四年	4440	含国际经济与贸易、经济学、国民经济管理、财政学	单色不能辨认考生受限
国际关系学院	国际政治	文理兼收	四年	4440		
法学院	法学	文理兼收	四年	4440		
文学与新闻学院	汉语言文学	文史类	四年	4440	基地班	
	中国语言文学类	文理兼收	四年	4440	含汉语言文学、汉语国际教育	
	新闻传播学类	文理兼收	四年	4440	含新闻学、广播电视学、广告学、编辑出版学、网络与新媒体	
外国语学院	英语	文理兼收	四年	4440	外语类专业要求英语或本专业语种考生报考，由于培养的需要，高考外语成绩未达到满分的75%的考生需慎重报考	
	日语	文理兼收	四年	4440		
	俄语	文理兼收	四年	4440		
	法语	文理兼收	四年	4440		
	西班牙语	文理兼收	四年	4440		

续表1

学院名称	专业名称	科类	学制	学费（元）	备注	辨色受限情况
历史文化学院（旅游学院）	历史学	文史类	四年	4440	基地班，川渝两地按照基地班录取，其他省份按照历史学类录取，进校后经过选拔进入基地班学习	
	历史学类	文理兼收	四年	4440	含历史学、考古学、文物与博物馆学	考古学，色觉异常考生受限；文物与博物馆学，色觉异常Ⅱ考生受限
	旅游管理类	文理兼收	四年	4440	含旅游管理、会展经济与管理	
公共管理学院	公共管理类	文理兼收	四年	4440	含行政管理、公共事业管理、劳动与社会保障、土地资源管理	单色不能辨认考生受限
	哲学	文史类	四年	4440		
	信息管理与信息系统	理工类	四年	4440		
	图书情报与档案管理类	文史类	四年	4440	含档案学、信息资源管理	单色不能辨认考生受限
	社会工作	文史类	四年	4440		
商学院	管理科学	理工类	四年	4920	专业课程全英文讲授，高考外语成绩未达到满分的70%的考生需慎重报考	单色不能辨认考生受限
	会计学	文理兼收	四年	4440	1. ACCA方向；2. 除正常学费及住宿费以外，需另交ACCA专项培训费7600元/人·年；3. 专业课程全英文讲授，高考外语成绩未达到满分的80%的考生需慎重报考；4. 不进行调剂录取	
	管理科学与工程类	理工类	四年	4920	含工业工程、工程管理	单色不能辨认考生受限
	工商管理类	文理兼收	四年	4440	含电子商务、工商管理、市场营销、财务管理、人力资源管理	单色不能辨认考生受限

续表1

学院名称	专业名称	科类	学制	学费（元）	备注	辨色受限情况
数学学院	数学与应用数学	理工类	四年	4920	基地班	
	数学与应用数学	理工类	四年	4920	数学经济创新班，3、4年级将转往经济学院学习	
	数学类	理工类	四年	4920	含信息与计算科学、统计学、数学与应用数学	
物理科学与技术学院（核科学与工程技术学院）	物理学类	理工类	四年	4920	含基地班、物理学	应用物理学，色觉异常Ⅱ考生受限
	核工程与核技术	理工类	四年	4920		
	微电子科学与工程	理工类	四年	4920		
化学学院	化学类	理工类	四年	4920	含化学、应用化学、基地班	色觉异常考生受限
生命科学学院	生物科学类	理工类	四年	4920	含基地班、生物科学、生物技术、生态学、生物科学（计算生 物学）	色觉异常考生受限
电子信息学院	电子信息类	理工类	四年	4920	含电子信息工程、电子信息科学与技术、电子科学与技术、光电信息科学与工程	
高分子科学与工程学院	高分子材料与工程	理工类	四年	4920		色觉异常考生受限
材料科学与工程学院	材料类	理工类	四年	4920	含材料物理、材料化学、金属材料工程、无机非金属材料工程、新能源材料与器件	材料物理，色觉异常Ⅱ考生受限；材料化学，色觉异常考生受限；无机非金属材料工程，色觉异常Ⅱ考生受限
	生物医学工程	理工类	四年	4920		色觉异常考生受限

续表1

学院名称	专业名称	科类	学制	学费（元）	备注	辨色受限情况
制造科学与工程学院	机械类	理工类	四年	4920	含机械设计制造及其自动化、测控技术与仪器、材料成型及控制工程	
	工业设计	理工类	四年	4920		
电气信息学院	医学信息工程	理工类	四年	4920		
	通信工程	理工类	四年	4920		
	电气工程及其自动化	理工类	四年	4920		
	自动化	理工类	四年	4920		
计算机学院	计算机类	理工类	四年	4920	含计算机科学与技术、物联网工程、计算机科学与技术（计算 金融）	计算机科学与技术，单色不能辨认考生受限
建筑与环境学院	环境科学与工程类	理工类	四年	4920	含环境科学、环境工程	环境工程，色觉异常考生受限
	建筑类	理工类	五年	6600	含建筑学、风景园林、城乡规划	风景园林，色觉异常考生受限
	土木类	理工类	四年	4920	含土木工程、给排水科学与工程、工程造价、建筑环境与能源应用工程	
	工程力学	理工类	四年	4920		
水利水电学院	水利类	理工类	四年	4920	含水利水电工程、水文与水资源工程、农业水利工程、能源与动力工程	
化学工程学院	化工与制药类	理工类	四年	4920	含化学工程与工艺、制药工程、生物工程	生物工程，色觉异常考生受限
	冶金工程	理工类	四年	4920		色觉异常Ⅱ考生受限
	过程装备与控制工程	理工类	四年	4920		色觉异常考生受限
	安全工程	理工类	四年	4920		色觉异常考生受限

续表1

学院名称	专业名称	科类	学制	学费（元）	备注	辨色受限情况
轻纺与食品学院	轻工类	理工类	四年	4920	含轻化工程、食品科学与工程、纺织工程、生物工程（轻工生物技术）	轻化工程、食品科学与工程、生物工程（轻工生物技术）色觉异常考生受限
	服装与服饰设计	艺术类	四年	10000	认可生源地相应专业类别的省级统考成绩，具体要求及录取规则请查阅《四川大学2018年艺术类本科招生简章（美术类、广播电视编导专业）》	色觉异常Ⅱ考生受限
软件学院	软件工程	理工类	四年	9960		
网络空间安全学院	网络空间安全	理工类	四年	4920		
华西基础医学与法医学院	基础医学	理工类	五年	4920	基地班	色觉异常考生受限
	法医学	理工类	五年	4920		色觉异常考生受限
华西临床医学院	临床医学	理工类	五年	6000		色觉异常考生受限
	临床医学	理工类	八年	6000	临床医学（八年制）中20名从非医学门类专业招生培养2年后择优选取	色觉异常考生受限
	护理学	理工类	四年	4920	护理学分为护理学、助产士等2个专业方向，设置单独的投档单位，进校后不转专业	色觉异常考生受限
	医学技术类	理工类	四年	4920	含医学检验技术、医学影像技术、眼视光学、康复治疗学，其中：医学影像技术分为医学影像技术、放射治疗技术、超声医学技术等3个专业方向；康复治疗学分为物理治疗、作业治疗、假肢矫形、呼吸治疗、听力学与言语康复等5个专业方向	色觉异常考生受限

续表1

学院名称	专业名称	科类	学制	学费（元）	备注	辨色受限情况
华西口腔医学院	口腔医学	理工类	五年	6000	1. 建议习惯左手做事（俗称左撇子）的考生谨慎报考；2. 从当年毕业的五年制毕业生中择优录取40名进入口腔医学（5+3）人才培养计划	色觉异常考生受限
	临床医学（口腔）	理工类	八年	6000	建议习惯左手做事（俗称左撇子）的考生谨慎报考	色觉异常考生受限
	口腔医学技术	理工类	四年	4920		色觉异常考生受限
华西公共卫生学院	预防医学	理工类	五年	4920		色觉异常考生受限
	食品卫生与营养学	理工类	四年	4920		色觉异常考生受限
	卫生检验与检疫	理工类	四年	4920		色觉异常考生受限
华西药学院	药学	理工类	四年	4920		色觉异常考生受限
	临床药学	理工类	五年	4920		色觉异常考生受限
四川大学匹兹堡学院	工业工程类（中外合作办学）	理工类	四年	65000	含工业工程，入校后只允许在本学院内进行专业调整	
	机械类（中外合作办学）	理工类	四年	65000	含机械设计制造及其自动化，入校后只允许在本学院内进行专业调整	
	材料类（中外合作办学）	理工类	四年	65000	含材料科学与工程，入校后只允许在本学院内进行专业调整	
空天科学与工程学院	航空航天类	理工类	四年	4920	含航空航天工程、飞行器控制与信息工程	

注：1. 我校严格按照教育部、国家卫健委、中国残疾人联合会印发的《普通高等学校招生体检工作指导意见》执行，辨色受限情况栏目中标注了“色觉异常”的专业为色盲、色弱考生不予录取，标注了“色觉异常 II”为色盲考生不予录取，标注了“单色不能辨认”为单色不能辨认考生不予录取。

2. 少数民族预科班：6600 元/生 · 年。

3. 国防科研试验部队预科班：12000 元/生 · 年。

4. 口腔医学（5+3）人才培养计划：口腔医学（五年制）优秀者可进入“5+3”一体化培养，达到口腔医学专业硕士学位培养计划要求者可申请获得口腔医学专业硕士学位。

表 2　2018 年四川大学本科生源情况统计表

平均分高出重点线	理　科（个）	文科（个）
30 分以上的省（直辖市、自治区）	31	31
40 分以上的省（直辖市、自治区）	31	31
50 分以上的省（直辖市、自治区）	30	30
60 分以上的省（直辖市、自治区）	29	28
70 分以上的省（直辖市、自治区）	29	22
80 分以上的省（直辖市、自治区）	29	15
90 分以上的省（直辖市、自治区）	28	10
100 分以上的省（直辖市、自治区）	27	8

表 3　四川大学 2018 年分省录取情况统计表

省份	理科								文科							
	一本线	提档线	提档线高于一本线的差	最高分	最高分高于一本线的差	最低分	平均分	平均分高于一本线的差	一本线	提档线	提档线高于一本线的差	最高分	最高分高于一本线的差	最低分	平均分	平均分高于一本线的差
北京	532	633	101	671	139	633	639	107	576	640	64	649	73	640	643	67
天津	554	635	89	678	124	635	642	88	527	618	91	625	98	618	620	93
河北	511	653	142	685	174	640	658	147	559	658	99	669	110	658	660	101
山西	516	611	95	649	133	611	617	101	546	610	64	616	70	610	611	65
内蒙古	478	609	131	666	188	609	636	158	501	579	78	616	115	579	601	100
辽宁	517	646	129	671	154	646	651	134	533	616	83	627	94	616	619	86
吉林	533	630	97	668	135	630	640	107	542	602	60	610	68	602	605	63
黑龙江	472	626	154	654	182	626	634	162	490	588	98	594	104	588	590	100
上海	401	551	150	564	163	551	551	150								
江苏	336	379	43	396	60	379	382	46	337	378	41	384	47	378	380	43
浙江	588	640	52	682	94	640	646	58								
安徽	505	635	130	662	157	635	637	132	550	630	80	635	85	630	632	82
福建	490	610	120	653	163	610	621	131	551	621	70	633	82	621	624	73
江西	527	626	99	659	132	626	629	102	568	628	60	631	63	628	629	61
山东	517	637	120	668	151	637	641	124	550	632	82	639	89	632	634	84
河南	499	632	133	668	169	632	637	138	547	636	89	642	95	636	638	91
湖北	512	631	119	667	155	631	635	123	561	636	75	640	79	636	637	76
湖南	513	627	114	670	157	627	631	118	569	644	75	650	81	644	646	77

续表3

省份	理科								文科							
	一本线	提档线	提档线高于一本线的差	最高分	最高分高于一本线的差	最低分	平均分	平均分高于一本线的差	一本线	提档线	提档线高于一本线的差	最高分	最高分高于一本线的差	最低分	平均分	平均分高于一本线的差
广东	500	598	98	652	152	598	610	110	550	611	61	617	67	611	604	54
广西	513	625	112	662	149	625	634	121	547	623	76	630	83	623	625	78
海南	539	740	201	789	250	740	755	216	579	764	185	779	200	764	771	192
重庆	524	637	113	683	159	637	643	119	524	595	71	611	87	595	599	75
四川	546	635	89	684	138	635	644	98	553	609	56	625	72	609	613	60
贵州	484	619	135	673	189	619	630	146	575	658	83	665	90	658	661	86
云南	530	636	106	712	182	636	645	115	575	643	68	653	78	643	646	71
陕西	474	632	158	679	205	632	642	168	518	625	107	632	114	625	629	111
甘肃	483	610	127	644	161	610	617	134	502	585	83	597	95	585	589	87
青海	403	544	141	588	185	544	558	155	475	537	62	578	103	537	563	88
宁夏	463	592	129	608	145	592	596	133	528	603	75	613	85	603	607	79
新疆	467	611	144	665	198	611	621	154	500	595	95	614	114	595	601	101
西藏（汉）	445	630	185	647	202	630	639	194	460	607	147	639	170	607	619	159
西藏（少）	327	420	93	436	109	420	428	101	375	502	127	502	127	502	502	127

注：1. 上海市、浙江省实施综合改革，不分文理；上海一本线为“自主招生控制分数线”，浙江一本线为“一段线”。
2. 山东省合并本科批次，一本线为“自主招生最低录取控制参考线”。

（以上资料由招生就业处刘昱伶提供）

二、培养

1. 社会主义核心价值观教育营造正能量充盈的育人氛围

修订《四川大学关于“全课程核心价值观建设”的实施意见》，引导广大师生做社会主义核心价值观的坚定信仰者、积极传播者和模范践行者。推进年度“思想政治教育专题教改项目”（140 项）的深度研究，经过严格评审，共计 133 个项目通过结题考核（其中 27 个项目获评优秀）。推荐《社会主义核心价值观与民事基本原则》《促进多层次资本市场健康发展》等 10 个优秀教师示范课堂报教育部。在新教师培训、班主任胜任力培训及基层教学组织活动中强化课程思政，充分发挥专业课教师言传身教作用，在潜移默化中春风化雨、润物无声，新增 414 名专任教师担任 2018 级新生班主任，全校共计 1545 名班主任在各年级履职尽责。

2. 教师培训和教研教改精彩纷呈

成立了“教学创客中心”；举办了第六届全国“以学为中心的教育”研讨活动，

30余名中外学者聚焦“以学习者为中心的课程体系设计和课堂教学实践”，以工作坊的方式进行深度研讨；邀请美国加州大学欧文分校副校长马金特博士与我校教学管理人员共同探讨“能力认证数码证书（Alternative Digital Credentials）——高等教育的必然趋势”；新设“教与学发展论坛”，先后邀请约翰·霍普金斯大学Melinda Maris博士、哈佛大学Eric Mazur教授与我校教师围绕“如何采用以研究为基础的教学方法提高学业挑战度及促进学生学习”“平面空间 深度学习”开展深度研讨；开展四川大学新教师教学能力培训(第六期)、全英语授课教师教学发展项目(第二期)、全英文学术写作能力培训、智慧教学校园行等研讨培训活动，参与教师2200人次。在第三届中国高等工程教育峰会期间，成功举办了“课堂革命与教学创新”分论坛，受到与会者热捧，会场座无虚席，场面火爆。

20个项目获得教育部新工科、基础学科拔尖学生培养和产学合作协同育人研究立项、59个项目获批校级创新创业专题研究、422个项目获得新世纪教改（八期）立项、86个项目获批“跨学科专业—贯通式”人才培养专项、20个项目获得全英文课程建设立项；牵头制定了《四川大学校院两级人才培养及学科建设管理制度改革实施细则》，推进校院两级改革。

1名教师获全国青年教学竞赛三等奖，4名教师分获四川省青年教学竞赛一等奖、二等奖、三等奖及优胜奖，并获得优秀组织奖。41名优秀教师荣获第五届“卓越教学奖”、第四届“星火校友奖教金”和第四届“五粮春青年教师优秀教学奖”；46项教学成果获四川省第八届高等教育教学成果奖，居全省高校之首；6项成果荣获新一届国家级教学成果奖，其中，“以课堂教学改革为突破口的一流本科教育川大实践”获国家教学成果特等奖。2018年9月8日晚，CCTV－1新闻联播以“四川大学：‘小课堂’撬动‘大改革’”为题对我校课堂教学改革进行了报道，时长达1分35秒。在新一届教育部教指委换届工作中，我校72人次入选，位列全国高校第五，彰显了我校相关学科的影响力和学校本科教育的质量与实力。

3. 课程体系等教学资源建设重质重量

完成了2018级培养方案修订工作，新版培养方案强化通识模块核心课程学习、突出跨学科交叉复合能力培养、加强创新创业实践、重视全面提升学业挑战度。从2018级新生入学教育开始，以严格学籍管理、深化“探究式—小班化”教学和全过程学业评价等多种措施传递学习压力，激发学习活力；修订本科毕业论文（设计）工作的有关规定，严把毕业出口关，确保本科毕业生论文（设计）质量。

坚持以学生学习成效为中心深化教育教学改革创新，升级原有文化素质选修课程，打造通识模块核心课程212门；邀请行业精英、社会贤达和杰出校友开设“互联网＋交通拥堵治理”“企业法律实务”等“创新创业型”和“实践应用型”课程362门；打造一批有时代感、有血性、有挑战、强劳育的创新创业教育“金课”。新开“未来大讲堂”、新增人文大讲堂17讲；新增“巴蜀文化”等47门课程在“爱课程网”“智慧树网”“学堂在线”上线开课，选课总人数超过177万人，截至2018年底，在线开放课程总数达78门，“走近杜甫”“中国现代文学”“巴蜀文化”三门慕课分获“最美慕课——首届中国大学慕课精彩100评选展播活动”一、二、三等奖。升级改造各类智慧教室106间、自主研发手机互动系统2.0助推课堂教学革命。出版了

《挖掘创新潜能重构思维空间——四川大学非标准答案考试论文及试题集》。

2018年，1010人通过转专业进入自己感兴趣的专业学习，新增体现学科交叉的“深地与地下水利国重创新班”“新能源与低碳技术创新班”；开展了专业自评，形成了《专业评估分析报告》；7个专业接受了认证专家组进校考察，使通过教育部认证或国际评估的专业达17个；新建36个实习基地，2975项大学生创新创业训练计划获准立项，其中推荐国家级300项、省级300项、校级立项2375项，覆盖学生11857人次。

实施“大川视界”大学生海外访学计划、开展“大学生海外实习实训基地建设项目”，共计1317名学生赴亚、欧、美、非、大洋洲共20余个国家和地区参加98个项目的交流学习、实习实训。实施“国际语言能力提升激励计划”，投入280万元奖励1066名优秀学生。继续推行“国际课程周”，186名一流大学专家应邀开设204门全英语课程，组织32个学院开展36个国际交流营，受益学生约2万人次。

4. 人才培养成效显著硕果累累

组织参加241项学科竞赛，荣获2018年微软“创新杯”中国赛区总决赛冠军，挺进全球总决赛，获得全球15强；“RoboCup机器人世界杯中国赛”一等奖；在“2018中国工程机器人大赛暨国际公开赛”荣获一等奖2项、二等奖1项和三等奖1项；第四届中国“互联网+”大学生创新创业大赛全国总决赛荣获“先进集体奖”和3金2银，金牌总数居全国第二；1925名优秀学生获得2019届推免研究生资格。2018届本科毕业生中全部68名基础学科拔尖学生、7名“双特生”及89%的吴玉章学院毕业生进入牛津大学、芝加哥大学等国内外一流大学继续深造。

5. 全方位热情服务师生

“四川大学e教务”“四川大学教师教学发展中心”和“川大拔尖计划”等教务处官方微信公众号2018年推送最新的教学资讯、实用攻略、优质课程、教学小贴士等420余条，关注人数达23119人。利用QQ、服务热线、智能一体机等为教师课堂教学、使用“课程中心”、学生打印成绩全天候提供技术服务。维护434间智慧教室的教学设备，更新听力系统。建设“四川大学教学楼信息发布系统”，3校区60台电子显示屏，滚动发布学校及教学宣传片、学术看板、教室使用状态。

【“新时代全国高等学校本科教育工作会议”的成功召开凸显我校本科教育示范效应】6月20日，我校举办“以本为本、四个回归、一流本科建设”论坛，150所高校主管教学副校长、31个省市自治区教育厅高教处处长汇聚川大，高教司司长吴岩、我校党委书记王建国出席并讲话。6月21日，“新时代全国高等学校本科教育工作会议”在我校召开，教育部党组书记、部长陈宝生出席会议并讲话。陈宝生部长等教育部领导和包括150余所高校主要负责人、31个省市自治区教育厅厅长在内的与会代表400余位考察了学校的智慧教学环境和华西医学教育，观摩了46位老师的公开课，给出了高度评价。陈宝生部长说：“我们看了四川大学的智慧教室，观摩了‘探究式—小班化’示范课，老师和学生你来我往启智慧、线上线下探真知、现实虚拟频转换、手脑并用练本领，让我们看到了不一样的课堂，很受触动。”全国1200多所本科高校的干部教师代表共5万余人通过视频同步参加会议。李言荣校长在大会上做了题为《以课堂教学革命为突破口　让人才培养落地生根　打造一流川大本科教育》的发言。6月22日，王建国书记在教育部新闻发布会上做“坚持‘以本为本’、推进‘四个回归’”的表态发言。正式发布了我校牵头起草并与兄弟高校形成共识的《一流本科教育宣言（成都宣言）》。会后，教务处及时出台了《四川大学贯彻新时代全国高校本科教育工作会议精神的举措》（川大教〔2018〕81号），落实会议精神。中央电视台、人民日报、新华网、光明日报、中国教育报等主流媒体多角度报道了我校本科教育。教育部“教育奋进之笔‘1+1’系列发布采访活动之四川行”，专门走访了四川大学，全面报道了我校加快建设一流本科的情况。我校教育教学改革在高教界引起了巨大反响。学校成为调研学习的焦点和热点，受到全国各省市自治区教育厅委和兄弟院校的热切关注，自6月底以来，广东、宁夏等教育厅、北京大学、南京大学、浙江大学等300余所兄弟院校和相关单位“考察调研团”络绎不绝前来参观学习。

【全方位质量保障行动确保顺利完成教育部本科教学工作审核评估】制定了《四川大学本科教学主要环节质量标准》；完成了教育部年度教学状态数据库的收集、填报工作；编印了《教学管理文件汇编》和《本科教学审核评估知识手册》；召开了新学期本科教学工作会、审核评估工作推进会，营造迎评氛围；组建了35个专家组赴学院开展审核评估学院交叉检查工作、44个专家组赴职能部门及业务实体单位开展专项检查，查找存在的问题；牵头完成了《自评报告》。专家组进校后，听课看课52节，查阅38门课程的3416份试卷和27个专业的518份毕业论文（设计），深度访谈124人次，全面考察了四川大学本科教学情况，并对学校今后如何改进和加强本科教学工作提出了中肯的意见和建议。教务处积极落实教育部本科教学审核评估专家组意见，第一时间研究制定了《四川大学本科教学工作审核评估整改方案》，各学院根据自身实际，制定了分学院整改方案。

【贯穿全过程全课程的创新创业教育迈上新台阶再获佳绩】国家双创示范基地基本建成，开始发挥面向校内外的辐射作用，创新创业教育合力正在形成，特色创业培训体系初步形成，国内首创老师路演、投资人路演形式品牌活动500余场；首开“知识产权运营实务”等校外专家课程；校赛新设“不服来辩”复活赛环节；首开为期20天的创业实践营，开辟师生实习实践新天地；融艺术和科技于创业教育，首拍6部《我的创新创业微视频》，其中《wowgo我行》和《华西合伙人》囊括教育部“互联网+我的创新创业故事暨微视频大赛”5个一等奖中的两个。第四届中国“互联网+”大学生创新创业大赛参赛，我校6000余人次携1879个项目报名，参赛人数和项目数双双创历届最高。在国赛中获“先进集体奖”和3金2银的历史最好成绩，金牌总数居全国第三，14名教师新获“互联网+”大赛国家级优秀指导教师，获奖团队获中央政治局委员、国务院副总理孙春兰的亲切接见。40个项目在国家双创周主场等展示，13个项目与合作方签约落地，11个项目与四川大学科技园签约入驻高新技术企业孵化平台，三个项目在2018年度资本寒冬背景下共获2500万的融资。

【“以课堂教学改革为突破口的一流本科教育川大实践”广受赞誉，荣获国家级教学成果特等奖】十余年全校师生在本科教育改革创新中的共同努力，形成了一流本科教育的川大模式雏形，引起国内外高教界广泛关注。经过广泛研讨、认真梳理，汇聚了大量的数据、素材、支撑材料；凝练形成“以课堂教学改革为突破口的一流本科教育川大实践”成果，荣获国家级教学成果特等奖，实现西南高校零的突破。

【教学创客中心】以“碰撞、创意、孵化、引领”为宗旨，以激发和强化教师的教学创新意识和能力，推动面向未来的研究、开创和推广有创意的教学、有创造力的教育为目标，设立教学创客中心，以期实现新教学思想的交流碰撞、新教学方法的创意研究、新教学模式的观摩研讨、未来教育技术及成果的孵化推广四大功能。2018 年 1 月 19 日，深入四川大学考察本科教学工作的教育部高教司吴岩司长等领导为教学创客中心揭幕。

【未来教育研究专项】以数字化、网络化、智能化为特征的信息化浪潮席卷全球，信息技术带来教育环境和教育方式的巨大改变，要求高等教育更加的个性化、精准化、智能化。新技术带来了运用更加科学的手段和方法来研究教育规律、变革教育模式、重构教育体制的可能。启动四川大学未来教育研究专项，项目分为未来教育研究项目及未来教育研究培育项目。

【第六届以学为中心的教育会议】举办了第六届“以学为中心的教育”研讨活动，本次活动主题聚焦以学习者为中心的课程体系设计和课堂教学实践，20 所高校教师汇聚川大，采用工作坊的形式共同研讨本科教学改革。工作坊特邀美国亚利桑那州立大学唐纳德·布鲁门菲尔德-琼斯教授和范妮·谭教授担任主讲嘉宾。唐纳德·布鲁门菲尔德-琼斯教授讲授了以学为中心的课程体系：研究评述和实践，以学习者为中心的课程体系要素，以学习者为中心的课程规划过程等内容。范妮·谭教授讲授了规划以学生为中心的互动参与，创建以学习者为中心的动态课堂，通过合作学习体验实践以学习者为中心的活动。

【全英文学术论文写作能力提升培训】为办最好的本科教育，助力“双一流”大学建设，提高人才培养质量，实现内涵式发展，学校与英国大使馆文化教育处合作，举办了全英文学术论文写作能力提升培训，邀请曾担任剑桥大学科研人员专业发展高级顾问的培训专家开展关于英语学术刊物中当代学术规范的专业培训，提升教师教学学术水平及期刊选择与成功发表国际文献方面的能力。

【教与学发展论坛】为跟踪世界高等教育前沿，探索建立新时代中国高等教育人才培养新理念及新方法，推出“教与学发展论坛”。第一期论坛邀请美国约翰·霍普金斯大学教学资源中心主任 Melinda Maris 博士与我校 40 余名教师围绕“如何采用以研究为基础的教学方法提高学业挑战度及促进学生学习?”这一主题进行了经验分享和深入的探讨交流。第二期论坛邀请美国哈佛大学 Eric Mazur 教授围绕“Flat space, Deep learning（平面空间，深度学习）”这一主题做精彩报告，并与参会者深度探讨。

【第三届中国高等工程教育峰会分论坛】第三届中国高等工程教育峰会在成都举办，各界专家在“创新与行动”这一主题下，围绕传统工科专业如何升级改造、新兴工科专业如何布局与建设、课堂革命与教学创新将如何实现、现代产业学院与未来技术学院将怎样建设等工程教育改革重要命题展开探讨。我校协办分论坛——三聚焦“课堂革命与教学创新”于 20 日上午在成都国际会议中心举行，邀请了北京大学物理学院马伯强教授、南京大学教务处处长徐骏教授、西北工业大学前教务处处长张军教授、西安交通大学教务处处长徐忠锋教授、南京理工大学教务处处长梅锦春、四川大学计算机学院（软件学院）副院长洪玫教授做主题报告，并进行了互动研讨。论坛受到与会者热捧，会场座无虚席，场面火爆。

【2018年青年教师教学竞赛】为加强对青年教师教学能力的培养，鼓励青年教师献身教学工作，提高教学水平和人才培养质量，组织了四川大学2018年青年教师教学竞赛，并遴选第四届四川省高校青年教师教学竞赛的参赛教师。竞赛分为5组：文科组、理科组、工科组（1组+2组）、思想政治理论课专项。评委们对参赛课程的教学大纲、教学设计进行认真评阅，该环节评分占总分的20%。课堂教学竞赛规定时间为20分钟，评委主要从教学内容、教学组织、教学语言与教态、教学特色四个方面进行考评。文新学院教师李果获得文科组一等奖，物理学院教师赵新获得理科组一等奖，华西口腔医学院教师刘洋和水利水电学院教师苟思分别获得工科一、二组的一等奖，马克思主义学院教师吴敏获得思政专项一等奖，他们被选派参加第四届四川高校青年教师教学竞赛。在第四届高校青年教师教学竞赛中，李果老师获文科组一等奖，吴敏老师获思政组二等奖，苟思老师获工科组三等奖，赵新老师获理科组优秀奖。在第四届全国高校青年教师教学竞赛中，李果老师获文科组三等奖。

【第三届“探究式—小班化”教学竞赛——“一院一赛”】第三届“探究式—小班化”教学竞赛，分“学院初赛”和“学校决赛”两阶段开展，主题是“基于不同类型智慧教室的‘探究式—小班化’教学创新”，旨在让一批依托智慧教学环境践行“以学为中心”教育理念的课程和主讲教师脱颖而出。在学院初赛阶段，各学院高度重视，结合自身特色，组织开展形式多样的院级竞赛，形成了“一院一赛”的良好局面。基于智慧教室的“探究式—小班化”教学竞赛在我校全面推进。

【四川大学第五届“卓越教学奖”、第四届“星火校友奖教金”、第四届“五粮春青年教师优秀教学奖”评选】为表彰品德高尚、教学优秀、学术卓越的一线教师，使长期从事本科教学优秀教师的辛勤劳动得到充分肯定与尊重，在全校形成尊师重教、爱岗敬业的育人氛围，启动了四川大学第五届“卓越教学奖”、第四届“星火校友奖教金”和第四届“五粮春青年教师优秀教学奖”评选。“卓越教学奖”首次评选出特等奖，外国语学院石坚教授获此殊荣，并将奖金100万元全部捐出，一部分用于奖励教师和学生，一部分用于设立青年教师关爱基金。杨鸣波等10位教师分获“卓越教学奖”一、二、三等奖。赵艾东等15位教师分获第四届“星火校友奖教金”一、二等奖。王丹等15位教师获第四届“五粮春青年教师优秀教学奖”。

表4　2017年本科教学工作先进单位（10个）

华西临床医学院	化学学院
商学院	华西口腔医学院
生命科学学院	法学院
软件学院	数学学院
华西基础医学与法医学院	化学工程学院

表 5 2017 年本科教学单项工作先进奖（10 个）

奖项	学院
公共课教学贡献奖	体育学院
教学改革与成果贡献奖	商学院
课程建设先进单位	法学院
大学生创新创业活动先进单位	华西临床医学院
大学生学科竞赛先进单位	建筑与环境学院
“卓越工程师教育培养计划”先进单位	水利水电学院
“基础学科拔尖学生培养试验计划”先进单位	生命科学学院
教学运行管理先进单位	华西口腔医学院
全英语授课专业建设贡献奖	华西临床医学院
教师教学能力发展贡献奖	华西临床医学院

表 6 2017 年“探究式—小班化”教学质量优秀奖（267 名）

学院	姓名
艺术学院	刘燕青、蔡钊、李晟、李蔷、唐洁、宋阿依姆、杨帆、张发志、谢纲
经济学院	贾立、闫雪凌、陈显娟、李亚伟
法学院	郭松、成凯、刘畅、陶涛、李俠、徐蓉、王有粮
文学与新闻学院	李祥林、吴琳、胡易容、卢迎伏、张弘（普慧）、陈俠、郭萍、张玉川、李果、朱姝
外国语学院	孙薇、李晓虹、黄丽君、黎婵、彭博、徐光源、王凤、曹漪那、王茜、张璐、邱鑫、韩梅、张平、赵星植、马文颖、赵玥、崔梦田、黄晓波、李訸、克非、游航
历史文化学院（旅游学院）	代丽鹃、罗雁冰、洪丽珠、原海兵、李勇先、刘俊、杜战伟
马克思主义学院	刘渊、吴敏、黄丽珊、李建华
国际关系学院	黄金辉
数学学院	李森、申力立、寇辉、罗应婷、李洪旭、张斌、张起帆、张树果、彭联刚、谭友军、张德学、杨亮
物理科学与技术学院	杨海棠、Maureen Willis、傅子文、敬克兴、龙炳蔚、Dmitry Polyakov、王鹏、赵新
化学学院	胡常伟、吕弋、李泽荣、陈思翀、郑学丽、林涛、赵南蓉、杜娟、杨科珂、寇兴明、童冬梅、郑成斌、吴迪
生命科学学院	童英、白洁、曾涛、谭雪梅、唐琳
电子信息学院	李小舜、韩敬华、李健、李小伟、陈文静、邓国亮、王君、李磊、陈梅

续表6

学院	姓名
高分子科学与工程学院	杨鸣波、冉蓉、刘正英、秦家强、曾科、刘习奎、郑静、王旭
材料科学与工程学院	余萍、廖晓明、毛健、刘虹刚、张云、周大利、陈宝军
制造科学与工程学院	文玉华、陆小龙、李曙光、张珣、彭华备
电气信息学院	赵莉华、王建、刘婕、曾成碧、张英敏
计算机学院	赵启军、黄彦辉、魏骁勇
建筑与环境学院	李永学、孙辉、杨平、张锡娟、王安、方舟、王斌、王牧、杨志山、孙音、任利、孙照勇、张凯山
水利水电学院	覃光华、刘铁刚、黄炜斌、鲍静静、刘超、谢果、李红霞、杜敏、孙立成、何鹏、徐永、贺宇欣、陈建康
化学工程学院	袁熙志、朱家骅、梁斌、黄青松、阮丽萍、李春、周密、顾武安、易美桂、周加贝、赖雪飞
轻纺与食品学院	姚开、杨璐铭、曾维才、石碧
软件学院	王湖南、黄武
匹兹堡学院	Richard Stehle、权新峰
空天科学与工程学院	季玉龙、季袁冬
网络空间安全学院	赵奎、任德斌、赵辉、杨频
公共管理学院	廖喜生、谷建岭、郭立东、史云贵、何明洁、马辰威
商学院	吴岚、谢薇、毛泽华、汪梦、顾新、甄伟丽、左仁淑
华西基础医学与法医学院	熊丽莉、冯轼、黄英、陈达丽、陈琦伟、吴海燕、周黎明、刘寅
华西临床医学院	叶慧、曾静、熊维希、张蜀、曹畅、王茂筠、伍晓汀、何国琳、魏红、徐苗、蒋凌云、胡娜、熊菲、钱玲玲、郭红霞、牛倩、张仁刚、刘婷婷、马薇、柏森、杨帆、刘春娟
华西口腔医学院	江潞、李春洁、陈晨峰、刘洋、程然、程立、杨兴强、肖宇、高姗姗、周媛、李一、伍俊、叶斌、王杭、尹星
华西公共卫生学院	岳琳、殷菲、马骁、张强、朱彩蓉、曾红燕、刘元元
华西药学院	郭丽、黄园、胡明、尹宗宁、周乃彤
体育学院	李小蓉、唐轩梅、罗西、潘峰、刘晓刚、汪纹波、廖沛然、许庆华

表 7　2017 年课堂教学质量优秀奖（471 名）

学院	姓名
艺术学院	杨怡静、靳太然、李文瑜、续昕、张苏、吴兵先、汪燕翎、何宇、高宾、赵成清、周炯焱、尹德锦、肖凤

续表7

学院	姓名
经济学院	张蕊、王锐俊、崔传涛、徐子尧、赵颖岚、赵绍阳、杨林、李旸、钱霞、张衔、何旭东、段海英、余澳、杨艳、邓国营、潘秀峰、李佐红
法学院	钱向阳、张晓远、罗文禄、王蓓、李鑫、傅江、高跃先
文学与新闻学院	赵毅衡、谢谦、杨光荣、毛迅、肖薇、李宇凤、宋雯、唐小林、张朝富、刘春卉、Oliver Parker、李静、陆正兰、刘文勇、李瑄
外国语学院	郭霞、白洪成、夏婉璐、殷明月、龚娟、黄星、涂东、陈昕彤、邓晓凌、张帆、李春蓉、杨敏、戴姗、林敏、陈晓琴、林东涛、黄绍芬、杜昌国、刘利民、谢青
历史文化学院（旅游学院）	徐跃、杨兴梅、嘎尔让、白彬、玉珠措姆、赵德云、杨锋、李兰、何元洪、杨天宏、于孟洲、李世佳、王禹、霍巍、马轩
马克思主义学院	纪志耿、陈宏伟、黄茂、谢卫东、薛一飞、张践、李燕红、宋莉、魏泳安、邓宗豪、王彬彬、仲长城、薛立波
数学学院	任丽、邹云志、徐友才、邓科、贺巧琳、胡文贵、范久瑜、陈兴武、付昌建、周杨、洪剑勇、朱瑞、翁洋、张路、彭国华、闵心畅、申俊、连增、邓英、何杰
物理科学与技术学院	廖家莉、赖力、马瑶、陈曙嵬、黄铭敏、宋丽、石瑞英、张志友、郭华忠、杨党校、刘东剑、聂娅、杨丽娟、刘军、余天、刘学文、李敏、殷曰、李鸿、谷方蕊
化学学院	李坤、林之恩、Jason Chruma、张骥、尹述凡、李首建、陈世光、江波、罗美明、文志宁、罗明亮、秦松、李瑛、陶国宏
生命科学学院	何兴金、王海燕、吴传芳、杨军、张咏梅、魏炜、蒲浩渊、杨春蕾、孙群、林玉成、龙章富、张年辉、赵建、徐莺、王亚军、周华鹏、朱晓峰、刘志斌、徐青锐
电子信息学院	陈倩、张弘、胡仲霞、严华、李大海、刘元坤、严斌宇、周昕、张蓉竹
高分子科学与工程学院	李建树、孙树东、陈枫、赵长生、雷军、王涛、张杰、赵伟锋、徐源廷
材料科学与工程学院	赵北君、苟立、严群、黄忠兵、朱建国、李军、唐永柏、陈云贵、余鹏飞
制造科学与工程学院	马咏梅、徐晓秋、干静、冯可芹、傅波、黄玉波、蒲小琼、杨刚、张春雷、尹伯彪、王玫、杨天恩、熊艳、陈建、高山
电气信息学院	张晗、向月、杨波、龚晓峰、肖勇、蒋荣华、张劲、魏震波、张俊然、张行、刘洋、李成鑫、苏敏、黄华、何凌、曾晓东、张奕、刘继春、戴婷婷

续表7

学院	姓名
计算机学院	余波、孙界平、张靖宇、倪云竹、罗以宁、李旭伟、唐宁九、李征、张海仙、陈瑜、陈润、张天庆、潘薇、陈黎、游洪跃、杨宁、林兰、左劼、李强、林建辉、陈正茂、陈延涛、熊勇、陈鹏、夏欣、倪胜巧
建筑与环境学院	董江峰、周志宏、张堙、陈尧、唐亚、第宝锋、何敏、张缨、张永丽、黄成敏、张东、陈红、何昕、姚建、李军英、楚英豪、吕思强、刘展、付垚、李沄璋、王军、王庆国、张静、谢汝桢、陈宇、赵梓丞
水利水电学院	刘国东、骆红、鞠小明、朱国宇、王淼、莫政宇、张昌兵、陈建叶、李渭新、宋克超、刘洪涛
化学工程学院	金央、吕松、付晓蓉、吉华、余徽、曹丽淑、杨雪峰、岳海荣、魏文韫、李永生、席军、周鲁、罗春晖、汪伟、谈宁馨、李眉眉、李军、朱权、费德君、陈彦逍、喻可乐
轻纺与食品学院	何强、朱谱新、宋庆双、吴重德、周晋、曾琦、周荣清、廖学品、田永强、汤华钊、陈敏、黄钧、王亚楠、何有节、曾运航、吕远平、徐波、张勇
软件学院	林锋、蒲亦非、李辉、张意、何坤、黎红友
匹兹堡学院	李筠
空天科学与工程学院	黄崇湘
网络空间安全学院	王海舟、刘亮
公共管理学院	张威、徐玉珍、刘鑫、徐婷、范逢春、夏志强、杨智恒、黄路苹、乔健、王金友、王咏诗、曾怡、吴茜玲、刘艳、史江、贺念
商学院	邓富民、张攀、周浩、李智、李跃宇、程红玲、钱晓烨、黄璐、廖虎昌、郑建国、杨鑫、钟胜、李蔚、王维成、何跃、李颖、郭红梅、刘柱胜、肖玉明、王綏、向锐、向朝进、张丹
华西基础医学与法医学院	何桂群、胡峻梅、伍家农、齐建国、鲍朗、张会东、黄飞骏、李楠、吕梅励、郑煜、郑翔、林佳、田玉、陈晓刚、程伟、顾艳、王凡、高放、田汉文
华西临床医学院	鲍一歌、吴琳、王一斌、李箭、王澎、吴俣、杨丽、陈茂、余叶蓉、车国卫、魏蔚、刘芳、徐娟、邱昌建、郑永波、商慧芳、付娟娟、李小麟、干伟、梁邱、杨帆
华西口腔医学院	陈宇、袁泉、葛林、徐欣、孟玉坤、彭显、李宇、杨媛
华西公共卫生学院	李永新、严浩英、程薇波、郑波、史莹、孙成均、朱梦蓉、吕晓华、邹晓莉、唐田、陈丹镝、黎晨
华西药学院	刘小宇、宋颢、杜玮、何菱、海俐、陈东林、严忠勤、王建忠、李涛
体育学院	李燕桥、赵志进、余利容、谭月华、谢胜、任常胜、谢维军、王大川、魏涛、杨红

续表7

学院	姓名
党委学生工作部（处）、武装部	李欢、令狐波、林旭伟
分析测试中心	蒋小明
图书馆	何晓庆
心理健康教育中心	汤万杰、戴倩

表8　2017年文化素质公选课最受欢迎教师（30名）

学院	姓名
艺术学院	黄宗贤
经济学院	王雅梅
法学院	郑莉芳
文学与新闻学院	王红
外国语学院	余淼
历史文化学院（旅游学院）	徐法言
马克思主义学院	陈智
数学学院	谭英谊
物理科学与技术学院	穆万军
化学学院	陈力
生命科学学院	邹方东
电子信息学院	曹益平
高分子科学与工程学院	余喜讯
材料科学与工程学院	张萍
制造科学与工程学院	罗阳
电气信息学院	陈虹宇
计算机学院	王凡
建筑与环境学院	庞丽娜
水利水电学院	鲁恒
化学工程学院	龙柯
轻纺与食品学院	吴正云
公共管理学院	唐小蓉
商学院	李晓峰
华西基础医学与法医学院	沈阳

续表8

学院	姓名
华西临床医学院	吴泓、楼江燕
华西口腔医学院	胡涛
华西公共卫生学院	黄毅娜
华西药学院	张丹
体育学院	张晓波

表9 2017年拔尖创新人才培养优秀指导教师（50名）

学院	姓名
经济学院	杜江、张红伟、徐桂兰、马德功、龚秀国、蒋瑛、刘用明
法学院	刘畅、王竹
数学学院	谭友军、谢小平、张树果、张伟年、黄南京
物理科学与技术学院	高福华、李鹏、王鹏、张志友、侯宜栋
化学学院	陈思翀、冯小明、李梦龙、吕弋、陶国宏、袁立华、周向葛、刘波
生命科学学院	张阳、刘志斌、李中瀚、冯红、赵建
高分子科学与工程学院	赵长生、刘向阳、罗祥林
材料科学与工程学院	陈云贵、李旭东
计算机学院	唐华锦、朱敏、武岳、吕建成、唐宁九、杨宁
建筑与环境学院	陈一、周波
商学院	唐英凯
生物治疗国家重点实验室	黄灿华、韩俊宏、谢丹、周小明

表10 2017年学生创新创业教育优秀指导教师（422名）

学院	姓名
艺术学院	许春林、何苗、李蔷、魏褐夫、何宇、许亮、张苏、张越舟、周兰、杨怡静、肖凤、李莹莹
经济学院	吴良、余澳、路征、姚树荣、张红伟、肖慈方、贺立龙、蒋瑛、张衔、杨艳
法学院	杜玉琼、张斌、刘海蓉、刘畅、徐继敏、傅江、左卫民、杨志敏、周伟、袁嘉、李侠
文学与新闻学院	李春霞、傅其林、吕肖奂、白冰、雷汉卿
外国语学院	韩梅、廖运刚、张平、彭俊、邱惠林、陈昕彤、克非、熊庭、吕琪、夏婉璐、谭玉梅、余淼、王茜、潘静文、张露露、李琳、黎婵、肖盛、左红珊

续表10

学院	姓名
历史文化学院（旅游学院）	杨洋、霍巍、杨天宏、宋吉香
马克思主义学院	陈智、曹萍、刘吕红
国际关系学院	励轩
数学学院	赵永红、徐友才、王皓、翁洋、周杰、黄丽、罗鲲、胡朝浪、何腊梅、朱瑞、韩会磊、谭英谊、张世全、罗应婷、罗懋康
物理科学与技术学院	林方、纪智宏、高博、马瑶、齐建起、周荣、向钢、赵新、余天、王卫、黄铭敏、张红、杨治美
化学学院	汪秀丽、周向葛、周翠松、刘波、郑成斌、黄艳、高戈、余达刚、李梦龙、袁立华、兰静波、余孝其、游劲松、杨科珂、宋飞、王娜、杨千帆、冯文、蒲雪梅、苏志珊
生命科学学院	刘建全、龙章富、赵建、万小平、徐恒、邹方东、张年辉、朱晓峰、高荣、孙群、熊莉、刘志斌、汪红
电子信息学院	夏文龙、华伟、周新志、王正勇、徐家品、孟庆党、刘亮、赵成萍、郭庆功、邓洪敏、卿粼波、韩敬华、周昕、李健、严华、张启灿、赵刚、陈星、冯国英
高分子科学与工程学院	王丽梅、李建树、李乙文、杨鸣波、傅强、罗祥林、赵长生、刘向阳、冉蓉、黄光速
材料科学与工程学院	黄维刚、邹远文、冯庆芬、吴朝玲、周大利、杨为中
制造科学与工程学院	刘成家、张珣、方辉、陈建、蒲亚宁、梁尚明、陆小龙、张涛、胡晓兵、姚进、伍剑波、文玉华、胡瑞飞、王均、余德平、傅波、范洪远、刁燕、徐晓秋、熊艳、罗航、曹建国、王素、汤卿、熊瑞平
电气信息学院	戴婷婷、莫思特、向月、刘雪山、曹晓燕、周群、黄华、涂海燕、雷勇、杨晓梅、何凌、王忠、王鹏、佃松宜
计算机学院	陈良银、张磊、倪胜巧、左劼、马力、陈瑜、张恩乐、侯明正、栾新成、卢莉、陈虎、方智阳、叶庆、冯子亮、张丛耀、张严辞、魏骁勇、朱敏、张卫华、李征、唐宁九、辛卫、潘薇、郭际香、李旭伟、吴志红、桑永胜
建筑与环境学院	董娜、孙辉、陈滢、高辉、杨洁、陈一、王霞、高庆、李智、汤岳琴、廖晨阳、王宠、罗言云、李碧雄、牟江、余民久、邹琢晶、张缨、周波、张永丽、王庆国、毛颖、陈岚、张静、王志宇、郭家秀
水利水电学院	林鹏智、姚强、周宏伟、李克锋、王东、曹以、陈建叶、李洪涛、刘恩龙、崔宁博、李渭新、梁川、王协康、蒲迅赤、朱国宇、刘铁刚
化学工程学院	钟月华、陈建钧、王袁隆、敬方梨、李子元、宋航、易美桂、党亚固、郭孝东、穆畅道、储伟、谢锐、阮丽萍、袁绍军、赵刚、黄青松、王雅博、吉华、李德富、姚舜、褚良银、王苏宁

续表10

学院	姓名
轻纺与食品学院	姚云鹤、赵志峰、曾维才、申鸿、陈胜、贾冬英、林炜、辜海彬、李晓蓉
软件学院	董柯平、黎红友、梁刚、洪玫、何丹、刘辉、王湖南、左航、何坤、余静、张意、王鹏、黄武、尹皓、舒莉、杨秋辉
匹兹堡学院	权新峰、麦诚志、梁栋
空天科学与工程学院	季袁冬、高磊、朱权、黄志勇
网络空间安全学院	赵辉、胡晓勤、王海舟、阮树骅、杨频、赵奎、陈文
公共管理学院	何明洁、范逢春、罗哲、衡霞、王卓、李桂华
商学院	黄璐、彭宏、谷春梅、余伟萍、左仁淑、王黎华、何跃、郑建国、隗玉梁、陈启胜、唐英凯、金茂竹、蒋强、张莉、米德超、曹麒麟、李晓峰、张欣莉、胡知能
华西基础医学与法医学院	岳利民、李明远、齐建国、赵玉华、黄英
华西临床医学院	郑芸、马芳、吴敏、王涵、杨璐、廖虎、马学磊、步宏、王朴、柳良仁、钟仁明、陈亿、杜潇、吴小玲、李平、杨帆、朱精强、许良智、张雨薇、蒲强、魏强、刘伦旭
华西口腔医学院	周学东、王诗达、陈谦明、石冰、赖文莉、万乾炳、张凌琳、屈依丽、廖金凤、郑庆华、李春洁、李明云、李宇、郑黎薇、李敬、田卫东
华西公共卫生学院	张强、张建新、张遵真、王国庆、阴文娅、邹晓莉、杨洋、周欢、杨春霞、陈慧平
华西药学院	胡明、何勤、符垚、杨俊毅、邓黎、郑瑀、杨男、李涛
生物治疗国家重点实验室	包锐、耿佳、何海怀、陈崇、罗云孜
新能源与低碳技术研究院	刘颖颖

表11　2017年课程建设突出贡献奖（14项）

学院	姓名
法学院	“侵权责任法”王竹
文学与新闻学院	“中国诗歌艺术”王红
历史文化学院（旅游学院）	“美国文化”周毅
马克思主义学院	“政治伦理学”（阎钢、谢卫东）、“女性学：女性精神在现代社会中的挑战”（陈梅芳、吴敏）
生命科学学院	“细胞生物学”（邹方东、王喜忠、杨军、张咏梅）
软件学院	“新生研讨课”（洪玫、蒲亦非、刘晓洁、王湖南、舒莉、左航、赵辉、聂靖、沈晓秀）

续表11

学院	姓名
华西基础医学与法医学院	“太极拳医学”（田汉文、李华、黄宁）、“人体（系统）解剖学”（李华、王凡、董立华、李健）、“法医学”（侯一平、张霁、邓振华、廖林川、颜静、梁伟波、罗海玻、叶懿、张奎、陈晓刚、李钢琴）
华西临床医学院	“生殖健康——‘性’福学堂”（邢爱耘、楼江燕、牛晓宇、刘宏伟、乔林、姚强、柳良仁、李定明、李波）、“诊断学——心电图篇”（曾锐、左川、向敛锐、岳荣铮、曾静、卿平、万学红）、“化妆品赏析与应用”（李利、熊丽丹、华薇、王曦、胡念芳、文翔、薛丽、舒晓红、唐洁）
华西药学院	“药用植物学”李涛

表12　2017年全英语授课教学质量优秀奖（30名）

学院	姓名
经济学院	贾文
法学院	杜玉琼
外国语学院	张露露
历史文化学院（旅游学院）	鲁力
数学学院	胡文传
物理科学与技术学院	李鹏
化学学院	祝良芳
生命科学学院	韩源平
电子信息学院	李玮
高分子科学与工程学院	邓华
材料科学与工程学院	吴朝玲
制造科学与工程学院	罗航
电气信息学院	王渝红
计算机学院	段磊
建筑与环境学院	卢红雁、熊峰
水利水电学院	苟思
化学工程学院	唐思扬
轻纺与食品学院	金垚
软件学院	左航

续表12

学院	姓名
网络空间安全学院	阮树骅
公共管理学院	吴敏
商学院	郭钊侠、黄勇
华西基础医学与法医学院	周雪
华西临床医学院	黄明金、刘苓、罗德毅
华西口腔医学院	邹静
华西药学院	符垚

表 13　四川大学第五届“卓越教学奖”获奖名单

特等奖：	
外国语学院	石　坚
一等奖：	
高分子科学与工程学院	杨鸣波
二等奖：	
华西口腔医学院	于海洋
文学与新闻学院	王晓路
三等奖：	
网络空间安全学院	方　勇
华西临床医学院	何成奇
艺术学院	段禹农
法学院	徐继敏
电子信息学院	曹益平
历史文化学院（旅游学院）	彭邦本
电气信息学院	雷　勇

表 14　四川大学第四届“星火校友奖教金”获奖名单

一等奖：	
外国语学院	赵艾东
二等奖：	
化学工程学院	马丽芳

续表14

水利水电学院	王　东
华西药学院	邓　勇
华西临床医学院	冉玉平
华西药学院	付春梅
生命科学学院	白　洁
华西基础医学与法医学院	陈建平
化学学院	赵南蓉
数学学院	胡朝浪
文学与新闻学院	俞理明
化学工程学院	党亚固
商学院	黄　璐
建筑与环境学院	阎慧群
体育学院	潘　峰

表15　四川大学第四届“五粮春青年教师优秀教学奖”获奖名单

姓名	单位
王　丹	海外教育学院
王　霞	建筑与环境学院
王彬彬	马克思主义学院
兰旭凌	公共管理学院
朱　姝	文学与新闻学院
孙　兰	制造科学与工程学院
吴朝玲	材料科学与工程学院
张卫华	计算机学院（软件学院）
林　方	物理科学与技术学院（核科学与工程技术学院）
林　锋	计算机学院（软件学院）
周　鼎	历史文化学院（旅游学院）
周加贝	化学工程学院
胡　娜	华西临床医学院（华西医院）
翁　洋	数学学院
路　征	经济学院

表 16　四川大学 2018 年各学院本科生转专业人数统计表（不含院内转）

学院名称	转入学生数	转出学生数
艺术学院	11	6
经济学院	98	11
法学院	24	3
文学与新闻学院	44	10
外国语学院	18	34
历史文化学院（旅游学院）	26	57
国际关系学院	5	2
数学学院	45	2
物理科学与技术学院	25	22
化学学院	20	50
生命科学学院	39	44
电子信息学院	50	30
高分子科学与工程学院	44	11
材料科学与工程学院	16	47
制造科学与工程学院	8	94
电气信息学院	62	15
计算机学院	72	7
软件学院	33	5
建筑与环境学院	33	79
水利水电学院	5	64
化学工程学院	4	160
轻纺与食品学院	10	109
匹兹堡学院	0	0
空天科学与工程学院	10	2
网络空间安全学院	35	2
公共管理学院	18	69
商学院	109	11
华西基础医学与法医学院	20	12
华西临床医学院	65	12
华西口腔医学院	20	1
华西公共卫生学院	17	31

续表16

学院名称	转入学生数	转出学生数
华西药学院	33	17
合计	1019	1019

表 17　2018 年度四川大学英语授课品牌课程建设项目立项名单

所属学院	课程/专业名称	负责人	所属一级学科门类（专业大类）	所属二级学科类（专业类）
经济学院	Money, Banking and Financial Markets 货币金融学/金融学	赵智	应用经济学	金融学
公共管理学院	Human Resource Management 人力资源管理/公共事业管理	吴敏	公共管理	公共事业管理
物理科学与技术学院	Group Theory and Lie Algebra 群论和李代数/物理学	孙铮	物理学	理论物理
建筑与环境学院	Computational Mechanics 计算力学/工程力学	朱哲明	力学类	工程力学
	Engineering Drawing 工程制图/土木工程	石宵爽	土木工程	土木工程
	Sustainable Business 可持续商业/环境科学	卢红雁	环境科学与工程	环境科学
	Environmental Issue 环境问题/环境科学	卢红雁	环境科学与工程	环境科学
	International Practice in Low Carbon Economy 中外低碳经济实践/环境科学	颜炯	环境科学与工程	环境科学
	Introduction to seismic design of buildings 建筑抗震设计导论/土木工程	施袁锋	土木工程	土木工程
	Contract management 合同管理/工程造价	邢会歌	土木工程	工程造价
软件学院	Operating System 操作系统/软件工程	赵辉	软件工程	软件工程
生命科学学院	Microbiology 微生物学/生物科学	孙群	生物	微生物学
材料科学与工程学院	Nanomaterials and Nanotechnology 纳米材料与纳米技术/材料物理；材料化学	朱建国	材料科学与工程	材料物理，材料化学

续表17

所属学院	课程/专业名称	负责人	所属一级学科门类（专业大类）	所属二级学科类（专业类）
轻纺与食品学院	History of Leather Products Design 革制品设计史论/轻化工程	杨璐铭	轻工技术与工程	轻化工程
华西口腔医学院	Pediatric Dentistry 儿童口腔医学/口腔临床医学	邹静	口腔医学	口腔临床医学
华西临床医学院	Evidence based medicine 循证医学/临床医学	康德英	医学	临床医学
	Hospital Infection 医院感染 /临床医学	宗志勇	医学	临床医学
	Modern Oncology 现代肿瘤学 /临床医学	刘继彦	医学	临床医学
	Infectious Diseases 感染性疾病 /临床医学	杜凌遥	医学	临床医学
	Traditional Chinese Medicine 中医学 /临床医学	王华楠	医学	临床医学

表18　2018年人文大讲堂列表（2018年3月—12月）

主讲人	讲次	学院	主讲题目
霍巍	111	历史文化学院	一带一路视野下的成都与丝绸之路
曹顺庆	112	文学与新闻学院	中华文化的当代意义
傅其林	113	文学与新闻学院	什么是文学？过去、现在与未来
韩刚	114	艺术学院	张大千画学渊源分析
党跃武	115	图书馆	爱在川大
徐继敏	116	法学院	建设有限与有为政府
李颖	117	商学院	沟通与自我成长
史云贵	118	公共管理学院	美丽乡村视阈下的乡村旅游与生态农业发展
杨翠柏	119	法学院	中国周边国际关系与国家安全
邓翔	120	经济学院	像经济学家那样思考，像诗人那样想象
罗二虎	121	历史文化学院	走近考古学
郝文杰	122	艺术学院	传统艺术的精髓及其当代价值研究
宁虹	123	外国语学院	浪漫与理性——法国文化特征探源
陆正兰	124	文学与新闻学院	“泛艺术化”对当代文化的影响

表 19　2018 年在线开放课程开课清单

课程名称	负责人	开课学院	开课平台
财富管理的艺术：金融工具与风险管理	邹谨	经济学院	爱课程
西方经济学（宏观）	张衔	经济学院	爱课程
西方经济学（微观）	张衔	经济学院	爱课程
公司法	李平	法学院	爱课程
消费与法	刘畅	法学院	爱课程
侵权责任法	王竹	法学院	爱课程、智慧树
侵权责任法总论：“侵权责任法专题讲座系列”第一辑	王竹	法学院	爱课程
民法总则	王竹	法学院	爱课程、智慧树
人格权法	王竹	法学院	爱课程、智慧树
中国诗歌艺术	王红	文学与新闻学院	爱课程
走近杜甫	王红	文学与新闻学院	爱课程、智慧树
琴韵剧谭	丁淑梅	文学与新闻学院	爱课程、智慧树
中国现代文学	李怡、周维东	文学与新闻学院	爱课程
外国文学欣赏	卢迎伏	文学与新闻学院	爱课程
普通话实训与测试	朱姝	文学与新闻学院	爱课程
巴蜀文化	霍巍	历史文化学院（旅游学院）	爱课程、智慧树、学堂在线
巴蜀交通与对外交流	李勇先	历史文化学院（旅游学院）	爱课程
四川近代史	陈廷湘	历史文化学院（旅游学院）	爱课程、智慧树
传统文化与人生修养	周毅	历史文化学院（旅游学院）	爱课程、智慧树、学堂在线
美国文化	周毅	历史文化学院（旅游学院）	爱课程
毛泽东思想和中国特色社会主义理论体系概论	李红	马克思主义学院	爱课程
政治伦理学	阎钢	马克思主义学院	爱课程
女性学：女性精神在现代社会中的挑战	陈梅芳、吴敏	马克思主义学院	爱课程
医学伦理学	李琰	马克思主义学院	爱课程

续表19

课程名称	负责人	开课学院	开课平台
线性代数	陈丽	数学学院	爱课程
线性代数典型例题题解	陈丽	数学学院	爱课程
概率论与数理统计	徐有才	数学学院	爱课程
概率论与数理统计典型例题题解	徐有才	数学学院	爱课程
细胞生物学	邹方东	生命科学学院	爱课程、智慧树
光信息处理	曹益平	电子信息学院	爱课程
现代材料制备科学与技术	王瑞林、陈宝军	材料科学与工程学院	爱课程
机械原理	马咏梅	制造科学与工程学院	爱课程、学堂在线
自动控制原理及案例分析	雒瑞森	电气信息学院	爱课程
智能时代下的创新创业实践	黄彦辉	计算机学院	爱课程、智慧树、学堂在线
土木工程概论	熊峰	建筑与环境学院	爱课程
大学生力学竞赛——材料力学	胡益平	建筑与环境学院	爱课程
土力学	陈群	水利水电学院	爱课程、学堂在线
水力学	李克峰	水利水电学院	爱课程
工程水文学	梁川	水利水电学院	爱课程
岩石力学	肖明砾	水利水电学院	爱课程
简明大学化学物质结构部分入门	周加贝	化学工程学院	学堂在线
新生研讨课	洪玫	软件学院	爱课程
市场营销	左仁淑	商学院	爱课程、学堂在线
企业战略管理	揭筱纹	商学院	爱课程、学堂在线
工程经济学	张欣莉	商学院	爱课程、学堂在线
全球商务	王维成	商学院	爱课程、学堂在线
人力资源管理	刘苹	商学院	爱课程、学堂在线
质量管理	李宗敏	商学院	爱课程、学堂在线
电子商务	何跃	商学院	爱课程、学堂在线
营销策划	左仁淑	商学院	爱课程、学堂在线
管理沟通	杨鑫	商学院	爱课程、学堂在线
现代企业物流	郑建国	商学院	爱课程、学堂在线
管理思想史	揭筱纹	商学院	爱课程、学堂在线

续表19

课程名称	负责人	开课学院	开课平台
会计学原理	孙璐	商学院	爱课程、学堂在线
工程估价	张欣莉	商学院	爱课程、学堂在线
财务管理	应千伟	商学院	爱课程、学堂在线
创业管理	左仁淑	商学院	爱课程、学堂在线
创新与创业管理	王涛	商学院	爱课程、学堂在线
法医学	侯一平	华西基础医学与法医学院	人卫慕课
系统（人体）解剖学	李华	华西基础医学与法医学院	人卫慕课
太极拳医学	田汉文	华西基础医学与法医学院	人卫慕课
衰老的秘密	吴海燕	华西基础医学与法医学院	爱课程
化妆品赏析与应用	李利	华西临床医学院	爱课程
生殖健康——“性”福学堂	邢爱耘	华西临床医学院	爱课程
诊断学（心电图篇）	曾锐	华西临床医学院	人卫慕课
eye 我所爱——呵护你的眼	刘陇黔	华西临床医学院	爱课程
吃货的营养学修养	胡雯	华西临床医学院	爱课程
认识灾难，险中求生	曹钰	华西临床医学院	爱课程
急您所脊——呵护我们的脊柱	何红晨	华西临床医学院	爱课程
运动与健康	李箭	华西临床医学院	爱课程
瘾的奥秘	李静	华西临床医学院	爱课程
生命孕育感知及漫谈	马芳	华西临床医学院	爱课程
大学生身心健康自我关注及管理	马芳	华西临床医学院	爱课程
生活急救小常识	聂虎	华西临床医学院	爱课程
急救技能在身边的应用	万智	华西临床医学院	爱课程
脑健康知识讲座	商慧芳	华西临床医学院	爱课程
诊断学	万学红	华西临床医学院	人卫慕课
牙体牙髓病学	周学东	华西口腔医学院	人卫慕课
口腔黏膜病学	陈谦明	华西口腔医学院	人卫慕课
口腔正畸学	赵志河	华西口腔医学院	爱课程、人卫慕课
口腔种植学	袁泉	华西口腔医学院	人卫慕课
齿时齿课——家庭口腔卫士养成课	孙建勋	华西口腔医学院	爱课程
药用植物学	李涛	华西药学院	爱课程

表 20 2017—2018 年本科学生学科竞赛及创新创业竞赛获奖对比情况表

奖项类别 时间	国际一等奖	国际二等奖	国际三等奖	全国特等奖	全国一等奖	全国二等奖	全国三等奖	省特等奖	省一等奖	省二等奖	省三等奖	省以上获奖总数	省以上获奖总人次	其他奖项	参赛人数	培训人数
2017.12.31	12	32	36	29	65	279	447	3	171	274	395	1745	3368	232	19302	21585
2018.12.31	18	93	136	24	115	336	517	9	221	326	461	2256	4108	139	22636	29657
增长率												29.2%	21.9%			

表 21 2018 年四川大学教师公开出版教材信息统计表

学院	教材名称	书号	主编姓名	出版社	出版时间	版次
艺术学院	室内设计	ISBN 978-7-5410-8254-2	万征	四川美术出版社	2018 年 8 月	1
法学院	公民安全、社会安全与国家安全	ISBN 978-7-5690-0408-3	王建平	四川大学出版社	2018 年 3 月	1
法学院	自然灾害与法律：灾难中求生能力的养成训练	ISBN 978-7-5690-16649-7	王建平	四川大学出版社	2018 年 10 月	1
法学院	侵权责任法疑难问题专题研究（第二版）	ISBN 978-7-3002-5443-2	王竹	中国人民大学出版社	2018 年 4 月	2
文学与新闻学院	当代西方文学思潮评析	ISBN 978-7-04-050104-9	冯宪光	高等教育出版社	2018 年 8 月	2
文学与新闻学院	中国现当代文学前沿问题研究	ISBN 978-7-5690-1798-4	陈思广	四川大学出版社	2018 年 6 月	1
文学与新闻学院	出版专业案例教程	ISBN 978-7-220-10913-3	白冰	四川人民出版社	2018 年 7 月	1
外国语学院	英语听说教程·学术听说	ISBN 978-7-5689-1254-9	左红珊	重庆大学出版社	2018 年 10 月	1
历史文化学院	中华传统文化经典教师读本《孝经》	ISBN 978-7-5488-3126-6	舒大刚	济南出版社	2018 年 5 月	1
马克思主义学院	思想道德修养与法律基础学生学习手册	ISBN 978-7-5690-2328-2	黄丽珊	四川大学出版社	2018 年 8 月	7
商学院	运筹学（第四版）	ISBN 978-7-030-58397-0	徐玖平	科学出版社	2018 年 9 月	4
商学院	创业管理：慕课与翻转课堂	ISBN 978-7-5504-3569-8	左仁淑	西南财经大学出版社	2018 年 8 月	1
商学院	战略管理（第二版）	ISBN 978-7-5096-5763-8	邓富民	经济管理出版社	2018 年 8 月	2
商学院	创意管理学导论	ISBN 978-7-5096-5885-7	杨永忠	经济管理出版社	2018 年 9 月	1
商学院	人力资本管理	ISBN 978-7-04-049352-8	陈维政	高等教育出版社	2018 年 3 月	1
物理科学与技术学院	医学物理学	ISBN 978-7-117-26655-0	王磊	人民卫生出版社	2018 年 9 月	9

续表21

学院	教材名称	书号	主编姓名	出版社	出版时间	版次
物理科学与技术学院	String Fields, Higher Spins and Number Theory	ISBN 978-981-3233-39-3	Dimitr Polyakov	World Scientific	2018年11月	1
化学学院	化学信息学	ISBN 978-7-122-32235-7	李梦龙	化学工业出版社	2018年9月	2
化学学院	量子化学导论-原子分子结构	ISBN 978-7-030-57273-8	李平	科学出版社	2018年8月	1
生命科学学院	植物生物学	ISBN 978-7-04-047145-8	林宏辉	高等教育出版社	2018年7月	1
生命科学学院	白水河国家级自然保护区植物和植被多样性	ISBN 978-7-5364-9107-6	缪宁	四川科学技术出版社	2018年7月	1
生命科学学院	生物学实验基本技术与方法数字课程	ISBN 978-7-89423-811-5	王甜	高等教育出版社	2018年7月	1
数学学院	线性代数第二版	ISBN 978-7-5690-1813-4	陈丽	四川大学出版社	2018年8月	2
数学学院	Single Variable Calculus: A First Step	ISBN 978-3-11-052778-0	邹云志	德国 DeGuyter 出版社	2018年3月	1
数学学院	现代回归分析方法引论	ISBN 978-7-03-058778-7	翁洋	科学出版社	2018年12月	1
数学学院	泛函分析及其应用	ISBN 978-7-03-057281-3	张世全	科学出版社	2018年5月	1
电子信息学院	微机原理与接口技术（第二版）	ISBN 978-7-03-055808-4	何小海	科学出版社	2018年1月	2
制造科学与工程学院	材料成型及控制工程专业实验教程	ISBN 978-7-5690-1525-6	郭智兴	四川大学出版社	2018年1月	1
制造科学与工程学院	建筑制图	ISBN 978-7-5690-1579-9	蒲小琼	四川大学出版社	2018年4月	3
电气信息学院	电力系统不确定性理论与测度	ISBN 978-7-5198-2251-4	肖先勇	中国电力出版社	2018年8月	1
电气信息学院	电工原理	ISBN 978-7-121-32878-7	舒朝君	电子工业出版社	2018年3月	1
计算机学院	C语言教程	ISBN 978-7-040-50392-0	陈良银	高等教育出版社	2018年9月	1
计算机学院	数字图像处理与分析	ISBN 978-7-302-48403-5	李新胜	清华大学出版社	2018年5月	2
建筑与环境学院	贵州民族村寨测绘与保护更新设计	ISBN 978-7-5641-7780-5	曾艺君	东南大学出版社	2018年9月	1
建筑与环境学院	环境科学专业英语	ISBN 978-7-03-055782-7	杨金燕	科学出版社	2018年1月	1
建筑与环境学院	室内环境检测与治理	ISBN 978-7-03-057942-3	余江	科学出版社	2018年8月	1
水利水电学院	环境水力学	ISBN 978-7-5170-6546-3	刘国东	中国水利水电出版社	2018年8月	1
化学工程学院	工程流体力学（第三版）	ISBN 978-7-122-30462-9	黄卫星	化学工业出版社	2018年1月	3

续表21

学院	教材名称	书号	主编姓名	出版社	出版时间	版次
化学工程学院	化工技术经济（第四版）	ISBN 978-7-122-32857-4	宋航	化学工业出版社	2018年12月	4
化学工程学院	冶金工艺工程设计	ISBN 978-7-5024-7937-4	袁熙志	冶金工业出版社	2018年10月	3
轻纺与食品学院	食品分析实验	ISBN 978-7-5690-1776-2	曾维才	四川大学出版社	2018年4月	1
轻纺与食品学院	包袋设计基础（第二版）	ISBN 978-7-518-41858-9	曾琦	中国轻工业出版社	2018年8月	2
轻纺与食品学院	皮革生产及成品分析检测	ISBN 978-7-5690-1345-0	戴红	四川大学出版社	2018年8月	1
轻纺与食品学院	鞣制化学	ISBN 987-7-5184-1859-6	陈武勇	中国轻工业出版社	2018年5月	4
华西基础医学与法医学院	法医影像学	ISBN 978-7-117-27038-0	邓振华	人民卫生出版社	2018年8月	1
华西基础医学与法医学院	微生物学与免疫学	ISBN 978-7-04-048772-5	李明远	高等教育出版社	2018年1月	6
华西基础医学与法医学院	医学微生物学学习指导与习题集	ISBN 978-7-117-27524-9	李凡	人民卫生出版社	2018年11月	2
华西基础医学与法医学院	法医DNA分型专论：证据解释	ISBN 978-7-03-054918-2	侯一平	科学出版社	2018年1月	1
华西临床医学院	诊断学	ISBN 978-7-117-26374-0/R・26375	万学红	人民卫生出版社	2018年6月	9
华西临床医学院	诊断学学习指导与习题集	ISBN 978-7-117-27094-6	万学红	人民卫生出版社	2018年8月	4
华西临床医学院	临床医学综合能力考试（西医）	ISBN 978-7-117-27301-5	万学红	人民卫生出版社	2018年11月	1
华西临床医学院	病理学	ISBN 978-7-117-26438-9/R・26439	步宏	人民卫生出版社	2018年7月	9
华西临床医学院	临床流行病学与循证医学（第5版）	ISBN 978-7-117-26678-9/R・26679	刘续宝	人民卫生出版社	2018年8月	5
华西临床医学院	康复心理学（第2版）	ISBN 978-7-117-26326-9	李静	人民卫生出版社	2018年3月	2
华西临床医学院	内外科疾病康复学	ISBN 978-7-117-26601-7	何成奇	人民卫生出版社	2018年3月	3
华西临床医学院	儿科呼吸治疗学	ISBN 978-7-03-058894	程大鹏	科学出版社	2018年9月	1
华西临床医学院	妇产科学	ISBN 978-7-040-48813-5	赵霞	高等教育出版社	2018年2月	1
华西临床医学院	腹部放射诊断学	ISBN 978-7-117-25440-3/R. 25441	宋彬	人民卫生出版社	2018年1月	1
华西临床医学院	神经放射诊断学	ISBN 978-7-117-26321-4	龚启勇	人民卫生出版社	2018年3月	1

续表21

学院	教材名称	书号	主编姓名	出版社	出版时间	版次
华西临床医学院	康复心理学	ISBN 978-7-117-26326-9	李静	人民卫生出版社	2018 年 3 月	2
华西临床医学院	临床流行病学与循证医学配套教材（第 3 版）	ISBN 978-7-117-27569-9	刘续宝	人民卫生出版社	2018 年 11 月	3
华西口腔医学院	华西口腔医院医疗诊疗与操作常规系列丛书	ISBN 978-7-117-27643-6	周学东	人民卫生出版社	2018 年 7 月	1
华西公共卫生学院	卫生统计学学习指导与习题集（第 3 版）	ISBN 978-7-117-26281-1	李晓松	人民卫生出版社	2018 年 3 月	3
华西公共卫生学院	流行病学研究原理与方法（第三版）	IBSN 978-7-5364-7938-8	栾荣生	四川科学技术出版社	2018 年 7 月	3
华西公共卫生学院	性・行为与健康	ISBN 978-7-5690-2060-1	周欢	四川大学出版社	2018 年 8 月	1
华西公共卫生学院	营养与食品卫生学学习指导与习题集	ISBN 978-7-117-26622-2	张立实	人民卫生出版社	2018 年 3 月	3
华西公共卫生学院	基础营养学	ISBN 978-7-03-055080-4	张立实	科学出版社	2018 年 1 月	1
华西公共卫生学院	食品安全与健康	ISBN 978-7-5214-0237-7	吕晓华	中国医药科技出版社	2018 年 7 月	1
华西公共卫生学院	公共营养学	ISBN 978-7-03-052100-2	曾果	科学出版社	2018 年 2 月	1
华西药学院	天然药物化学	ISBN 978-7-03-055079-8	黄静	科学出版社	2018 年 1 月	1
华西药学院	药物化学	ISBN 978-7-03-055078-1	郭丽	科学出版社	2018 年 1 月	1

表 22　2018 年四川大学立项建设教材书目

学院	拟编写教材名称	第一主编姓名	适用专业	拟出版教材形式	教材类型	
					新编	修订
艺术学院	外国美术史	吴永强	艺术类、新闻类、公选类	文字	√	
艺术学院	创意图案素描	吴兵先	美术学专业	文字	√	
经济学院	环境经济学理论与实践前沿	谯薇	所有专业	文字	√	
法学院	宪法教程	周伟	法学	文字	√	
法学院	法律逻辑学	潘利平	法学	文字	√	
法学院	民事案例研究	王建平	法学	文字	√	
法学院	著作权法学	陈界融	法学	文字	√	
文学与新闻学院	普通话训练与测试	肖薇	汉语言文学、汉语国际教育、新闻学、表演、艺术设计、广播电视编导等所有专业校各专业	文字	√	

续表22

学院	拟编写教材名称	第一主编姓名	适用专业	拟出版教材形式	教材类型	
					新编	修订
文学与新闻学院	戏剧学导论	王彬	汉语言文学、新闻学、广播电视学、表演等所有专业校各专业	文字	√	
历史文化学院	中国考古文献学	白彬	考古学	文字	√	
历史文化学院	西方史学史	吕和应	历史学	文字	√	
历史文化学院	旅游学基础	李志勇	旅游管理、会展经济与管理	文字	√	
历史文化学院	博物馆展览策划与设计	周静	文物与博物馆学、会展经济与管理、艺术设计	文字	√	
历史文化学院	美术考古学通论	罗二虎	考古学、博物馆学、美术学及其他专业	文字	√	
历史文化学院	会展产业经济学	黄鹂	会展经济与管理	文字	√	
历史文化学院	中国古代手工纸与现代科学	罗雁冰	考古学、文物与博物馆学	文字	√	
历史文化学院	旅游地理学	刘俊	旅游管理	文字	√	
历史文化学院	巴蜀文化	霍巍	所有专业	文字	√	
马克思主义学院	思想道德修养与法律基础学生学习手册（第七版）	黄丽珊	所有专业	文字		√
马克思主义学院	《毛泽东思想和中国特色社会主义理论体系概论》学习指导（第三版）	羊绍武	所有专业	文字		√
马克思主义学院	《中国近现代史纲要》学习指导	冯兵	所有专业	文字	√	
马克思主义学院	《马克思主义基本原理概论》学生辅导用书	王彬彬	所有专业	文字	√	
马克思主义学院	《形势与政策教学参考》	王洪树	所有专业	文字		√
马克思主义学院	《心理咨询》	陈智	所有专业	文字	√	

续表22

学院	拟编写教材名称	第一主编姓名	适用专业	拟出版教材形式	教材类型	
					新编	修订
公共管理学院	社会心理学与生活	黄静	通识教育课程	文字	√	
商学院	工程管理仿真综合实训	张欣莉	工程管理、工程造价	纸数融合	√	
商学院	管理学原理	米德超	管理类专业	文字	√	
海外教育学院	走进中国文化	张崇富	汉语言	文字	√	
数学学院	线性代数	谭友军	非数学类专业	文字	√	
数学学院	线性模型	翁洋	数学类专业	文字	√	
化学学院	物理化学（上、下）(第二版)	薛英	化学实验班、基地班、化学、应用化学	文字		√
化学学院	有机化学（第五版）	罗美明	生物、医学	文字		√
化学学院	化学生物学实验教程	余孝其	化学、应用化学	文字	√	
化学学院	有机化学实验（英文）	吴凯群	药学、生命科学、华西临床医学学院医学、高分子、华西口腔医学学院	文字	√	
化学学院	能源化学概论	周歌	所有专业校通识课	文字	√	
生命科学学院	植物生物学	林宏辉	生物学	纸数融合	√	
生命科学学院	医学生物学与医学细胞生物学实验教程(第三版)	杨春蕾	华西临床医学学院医学、华西口腔医学学院医学、法医学、医学技术、放射医学、生命科学等	纸数融合		√
电子信息学院	激光效应及工程应用	韩敬华	物理学、光学工程	纸数融合	√	
电子信息学院	物联网与智能感知	李智	电子类、物理类、电气类、自动化	文字	√	
高分子科学与工程学院	聚合物共混改性原理	傅强	高分子材料与工程	文字	√	
高分子科学与工程学院	高分子复合材料	蔡绪福	高分子材料与工程	文字	√	
高分子科学与工程学院	高分子材料制备工程实验	杨昌跃	高分子材料与工程	文字	√	
制造科学与工程学院	铸造工艺学	杨屹	材料成型及控制工程	文字	√	

续表22

学院	拟编写教材名称	第一主编姓名	适用专业	拟出版教材形式	教材类型	
					新编	修订
制造科学与工程学院	机械CAD/CAM技术（第二版）	刁燕	机械设计制造及其自动化	文字		√
材料科学与工程学院	电子封装材料与技术	曾广根	材料物理、材料化学及相关专业	文字	√	
材料科学与工程学院	固体物理学（第二版）	朱建国	材料物理	文字		√
电气信息学院	现代高压直流输电系统	王渝红	电气工程及其自动化	文字	√	
电气信息学院	电力系统调度自动化和能量管理系统（第二版）	滕欢	电气工程及其自动化	文字		√
水利水电学院	岩石力学	谢红强	水利水电工程、农业水利工程、土木工程	文字	√	
水利水电学院	水利水电工程安全监测	李艳玲	水利类专业	文字	√	
水利水电学院	能源动力工程概论（第二版）	莫政宇	能源与动力工程	文字		√
水利水电学院	An introduction to two-phase flow and boiling heat transfer	孙立成	能源与动力、化工、核技术	文字		√
水利水电学院	土木水利工程数值模拟（ANSYS版）	肖明砾	水利水电工程、农业水利工程、土木工程	文字	√	
化学工程学院	化学反应工程（第三版）	梁斌	化学工程与工艺	文字		√
化学工程学院	化学工程与工艺专业实验	蒋炜	化学工程与工艺	文字	√	
建筑与环境学院	现代水处理综合实验教程	张永丽	建筑学、城乡规划学、风景园林学	文字	√	
建筑与环境学院	工程力学实用专业英语（第二版）	曾祥国	给排水科学与工程、环境科学与工程	纸数融合		√
建筑与环境学院	Theory of Discreptive Geometry	石宵爽	工程力学	文字	√	
建筑与环境学院	城乡规划原理	谭敏	建筑学、城乡规划学、风景园林学	文字	√	

续表22

学院	拟编写教材名称	第一主编姓名	适用专业	拟出版教材形式	教材类型	
					新编	修订
建筑与环境学院	ABAQUS有限元分析从入门到精通（第二版）	刘展	建筑学、风景园林	纸数融合		√
建筑与环境学院	创新基础力学：理论力学卷	王晓春	所有专业	纸数融合	√	
建筑与环境学院	环境修复学	孙辉	工程力学	文字	√	
轻纺与食品学院	制革化学与工艺学（制革准备与鞣制）	彭必雨	轻化工程	文字	√	
轻纺与食品学院	食品保藏原理	何强	食品科学与工程	文字	√	
轻纺与食品学院	皮革化工材料学（第二版）	李正军	轻化工程	文字		√
轻纺与食品学院	现代仪器分析	林炜	轻化工程	文字	√	
轻纺与食品学院	食品微生物学实验	迟原龙	食品科学与工程	文字	√	
轻纺与食品学院	毛皮与工艺学	张宗才	轻化工程	文字	√	
轻纺与食品学院	皮革及革制品品质检验	曾运航	轻化工程	文字	√	
空天科学与工程学院	飞行模拟机视景系统导论	杨红雨	飞行器控制与信息工程	文字	√	
网络安全学院	网络舆情分析概论	陈兴蜀	网络空间安全所有专业	文字	√	
华西基础医学与法医学院	生物医学科研设计与实施	鲍朗	基础医学、生物学及其他医学专业	纸数融合	√	
华西基础医学与法医学院	显微形态学实验教程	郑翔	基础医学、生物学及其他医学专业	纸数融合	√	
华西基础医学与法医学院	应急医学进展及研究方法	黄灿华	所有专业	纸数融合	√	
华西临床医学院	腹腔镜外科基础与培训	周总光	华西临床医学学院医学	纸数融合	√	

续表22

学院	拟编写教材名称	第一主编姓名	适用专业	拟出版教材形式	教材类型	
					新编	修订
华西临床医学院	备灾教育	胡秀英	护理学	纸数融合	√	
华西临床医学院	化妆品赏析与应用	李利	所有专业	纸数融合	√	
华西临床医学院	视觉健康与视觉科学	刘陇黔	所有专业	纸数融合	√	
华西临床医学院	Advances in Laboratory Medicine	康梅	医学检验	文字	√	
华西临床医学院	行为与健康	邱昌建	所有专业	文字	√	
华西口腔医学院	唇腭裂修复外科学（第二版）	石冰	华西口腔医学学院医学	文字		√
华西口腔医学院	华西口腔医学学院医学本科生CBL教程	张凌琳	华西口腔医学学院医学	文字	√	
华西公共卫生学院	药物性损伤的认识与预防	王晔	所有专业	文字	√	
华西公共卫生学院	大气重污染公众健康危害评价及应对	张勤	所有专业（无预防医学）	文字	√	
华西公共卫生学院	健康行为与健康教育	周欢	预防医学	文字	√	
华西药学院	新编药学实验教程（上）、（下）	何勤	药学、华西临床医学学院药学、华西临床医学学院医学、华西口腔医学学院医学专业等	文字	√	
华西药学院	药剂学（第四版）	张志荣	药学、华西临床医学学院药学	纸数融合		√
华西药学院	魔弹的诞生—人类文明史中的伟大药物	张丹	所有专业	文字	√	

（以上资料由教务处王佳黎提供）

三、就业

1. 2018届毕业生就业率保持高位稳定，就业满意度进一步提升

截至2018年11月30日，2018届毕业生15151人，总就业率达到95.99%，与去年同期基本持平。其中，到国家重点骨干企业、党政机关、高校科研单位、三甲医院等重点领域就业人数占比超过70%；到西部地区就业人数占比60.57%；选调生人数从2017届121人增加到267人，参军入伍13人，国际组实习12人次。毕业生对入职工作岗位的满意度达到

93.75%，较2017届上升了1.25%；用人单位对我校2018届毕业生的综合评价满意度达98.36%。

2. 厚植爱国主义情怀，引导毕业生服务国家发展战略

提高政治站位，加强对学生的思想教育和价值引领，教育引导学生立大志向、上大舞台、成大事业，到国家重点地区、重大工程、重大项目、重要领域就业创业，到基层去锻炼成长，到人民军队“大熔炉”发光发热，到国际组织中去为中国发声。2018届毕业生中，有2241人到基层就业，其中到县或县级市就业904人，选调生267人，重点分布在四川、重庆、云南、青海、新疆等省（市、区）；学生应征入伍报名83人，上站体检38人，参加政审18人，最终入伍13人。到单位工作的毕业生，主要分布在国防军工、高端装备制造、卫生医疗、金融、教育科研、党政机关等重点领域，其中，到与我校办学定位相匹配的世界500强及国内新兴技术产业知名企业4058人，占比48.86%；到高等院校和科研机构1131人，占比13.62%；到三甲医院等重点医疗卫生单位803人，占比9.67%；到党政机关及公共服务部门626人，占比7.54%。2017年至2018年，我校学生有12人次到联合国环境规划署、荷兰海牙国际刑事法庭等国际组织实习并取得实习证书，4名在校生获得留基委实习资助，1人获得法国教育部资助，到国际组织交流共50余人。

3. 对接时代需求，提升毕业生就业创业能力

建立健全专业化就业指导师资队伍，着力打造“教书育人”的明星师资团队，在教会学生学习方法和知识点的同时，更教会学生树立正确的世界观、人生观和价值观；充分发挥“校友联络与就业指导专职岗”作用，根据不同年级、不同人群，开展进阶式、模块化、精细化的团体辅导和个体指导；举办“首届就业、升学体验周”“首届生涯体验周”；《2018职业生涯教育宣传册》随录取通知书寄到每一位本科新生手中，新生入校后可在老师的指导下建立自己的“电子生涯成长档案”，实时跟进每一位学生的发展情况和路径选择；在“职业生涯导航”“就业指导课”等公选课大力倡导国家主旋律就业；编印《国际组织实习任职宣传册》，引导和鼓励优秀学生迈出国门，开启国际公务员职涯之旅；充分利用“互联网+就业”新模式，实现“职业生涯教育、就业力提升”等课程处处能学、时时可学。2018年，校院两级举办就业指导讲座500余场，就业中心为学生提供个体咨询、模拟面试、工作坊、讲座共200余场次，参与校院两级就业指导活动学生达到3万余人次。

4. 做好就业民生工作，健全重点群体帮扶机制

校院两级根据《四川大学2018届困难毕业生就业援助方案》《四川省教育厅关于实施建档立卡贫困户家庭高校毕业生就业创业帮扶“双百行动”的通知》文件精神，以经济资助、思想政治教育、心理健康教育和学生综合能力提高“四结合”方式，积极开展分类指导，有效促进困难毕业生的升学、就业和创业。自毕业生离校起，就启动就业追踪服务工作，持续加强对暂未就业毕业生的指导和帮扶。2018届登记的各种情况的困难毕业生2665人，截至2018年11月30日，困难毕业生就业率达到97.52%，高于全校平均就业率95.99%。有就业意愿的建档立卡毕业生和残疾毕业生，就业率达到100%。

5. 深化校地企合作，构建高质量的用人单位网络

面对国家经济结构转型，积极适应经济发展新常态，及时调整就业市场开发策略，以人才输送为契机，横向拓宽与各地政府的联系、纵向延伸与各大行业集团的合作，搭建高质量的双向服务平台。组织相关部门和院系参加校地企对接活动60次，打通实习实训渠道，为产学研合作、干部交流培训等合作项目牵线搭桥，既构建了稳固的高质量雇主网络，又融入了地方经济发展、服务了产业结构升级。2018届校园招聘会再次实现数量和质量增长，全校共举办各类型招聘会2375场（其中专场招聘会2293场，大中型组团双选会82场），接待进校招聘用人单位4392家，发布网上需求信息6882条。学校被校园招聘网站“梧桐果”评为2018最受企业青睐的高校第二名，获得智联招聘颁发的“2018中国年度高校就业最佳典范奖”。

表23　2018届毕业生就业情况统计（截至2018年11月30日）

学历	总人数	就业人数	就业率	未就业		
				拟升学/出国（境）	拟就业/创业	无就业意愿
本科	8988	8588	95.55%	204	155	41
硕士	5120	4942	96.52%	27	140	11
博士	1043	1014	97.22%	2	25	2
总计	15151	14544	95.99%	233	320	54

注：就业人数包含“签就业协议形式就业、签劳动合同形式就业、科研助理、其他录用形式就业、基层项目、应征义务兵、自主创业、自由职业、国内外深造”的人数。

表24　2018届毕业生分学历国内外深造统计（截至2018年11月30日）

学历	国内升学人数	占比	出国（境）人数	占比	国内外深造人数	国内外深造率
本科	2877	32.01%	956	10.64%	3833	42.65%
硕士	521	10.18%	94	1.84%	615	12.01%
博士	/	/	38	3.64%	38	3.64%
总计	3398	22.43%	1088	7.18%	4486	29.61%

注：本科生深造人数中，有8人为非全日制研究生，在升学的同时，也到单位就业。

表25　2018届毕业生就业地区分布（截至2018年11月30日）

就业重点区域	就业人数	占比
京津冀协同发展区	676	6.72%
长三角经济区	1022	10.15%
粤港澳大湾区	1046	10.39%
西部地区	6097	60.57%
其他地区	1225	12.17%

表 26　2018 届毕业生就业省市分布（截至 2018 年 11 月 30 日）

省市分布	本科	硕士	博士	就业人数	占比
北京市	252	212	30	494	4.91%
福建省	69	41	13	123	1.22%
广东省	617	392	37	1046	10.39%
海南省	16	9	0	25	0.25%
河北省	68	36	8	112	1.11%
江苏省	168	115	16	299	2.97%
山东省	81	76	15	172	1.71%
上海市	194	152	19	365	3.63%
天津市	47	16	7	70	0.69%
浙江省	180	155	23	358	3.56%
东部地区合计	1692	1204	168	3064	30.44%
安徽省	51	32	3	86	0.85%
河南省	66	72	37	175	1.74%
湖北省	127	134	25	286	2.84%
湖南省	144	37	4	185	1.84%
江西省	11	12	7	30	0.30%
山西省	45	25	4	74	0.73%
中部地区合计	444	312	80	836	8.30%
黑龙江省	10	1	1	12	0.12%
吉林省	14	1	0	15	0.15%
辽宁省	27	13	2	42	0.42%
东北地区合计	51	15	3	69	0.69%
甘肃省	65	16	6	87	0.86%
广西壮族自治区	67	33	8	108	1.07%
贵州省	106	50	22	178	1.77%
内蒙古自治区	12	11	3	26	0.26%
宁夏回族自治区	6	2	3	11	0.11%
青海省	18	9	1	28	0.28%
陕西省	71	78	15	164	1.63%
四川省	1842	2315	591	4748	47.17%
西藏自治区	27	21	2	50	0.50%

续表26

省市分布	本科	硕士	博士	就业人数	占比
新疆维吾尔自治区	56	12	0	68	0.67%
云南省	89	58	14	161	1.60%
重庆市	217	191	60	468	4.65%
西部地区合计	2576	2796	725	6097	60.57%

表 27　2018 届毕业生就业单位性质分布（截至 2018 年 11 月 30 日）

单位性质分布	本科	硕士	博士	就业人数	占比
民营企业	1586	1251	63	2900	34.85%
国有企业	1030	997	30	2057	24.72%
三资企业	409	396	6	811	9.75%
企业单位小计	3025	2644	99	5768	69.32%
医疗卫生单位	174	351	367	892	10.72%
高等教育单位	12	184	416	612	7.35%
其他事业单位	40	145	7	192	2.31%
科研设计单位	35	95	31	161	1.94%
中初教育单位	21	92	1	114	1.37%
事业单位小计	282	867	822	1971	23.69%
党政机关	68	314	6	388	4.66%
部队	3	41	2	46	0.55%
其他	75	63	10	148	1.78%

表 28　2018 届毕业生就业行业分布（截至 2018 年 11 月 30 日）

单位行业分布	本科	硕士	博士	就业人数	占比
制造业	764	651	42	1457	17.36%
信息传输、软件和信息技术服务业	598	526	10	1134	13.51%
卫生和社会工作	236	452	389	1077	12.84%
教育	233	359	423	1015	12.10%
科学研究和技术服务业	152	329	38	519	6.19%
公共管理、社会保障和社会组织	88	376	9	473	5.64%
金融业	165	298	2	465	5.54%

续表28

单位行业分布	本科	硕士	博士	就业人数	占比
建筑业	356	95	3	454	5.41%
房地产业	221	198	4	423	5.04%
电力、热力、燃气及水生产和供应业	186	136	4	326	3.89%
租赁和商务服务业	86	126	1	213	2.54%
交通运输、仓储和邮政业	88	111	1	200	2.38%
批发和零售业	123	60	2	185	2.20%
文化、体育和娱乐业	64	91	1	156	1.86%
水利、环境和公共设施管理业	30	53	2	85	1.01%
居民服务、修理和其他服务业	38	39	4	81	0.97%
军队	3	41	2	46	0.55%
农、林、牧、渔业	18	18	2	38	0.45%
住宿和餐饮业	18	4	0	22	0.26%
采矿业	7	8	0	15	0.18%
国际组织	4	3	0	7	0.08%

（以上资料由招生就业处刘昱伶提供）

研究生教育

一、招生工作

（一）适应发展，积极推进招生改革

1. 适度扩大博士研究生申请考核制

2018年，在总结并完善试点单位博士研究生申请考核制招生工作基础上，经学校同意，将实施博士申请考核制的招生单位由18个扩大至25个，招收博士生119名，做到了“零投诉”。在总结经验的基础上，2019级博士生招生制度改革已在各招生单位全面进行试点。

2. 采取有效措施，积极防范研究生招生廉洁风险

严格落实《研究生复试录取工作实施办法》和《博士研究生申请考核制招生实施办法》，细化研究生复试录取工作和申请考核制招录博士生的内容与程序，严格执行信息公示制度，畅通申诉举报受理渠道并提升处理时效，强化业务培训和廉洁教育，压实校内各研究生招生培养单位主体责任，加强监管，消除廉洁潜在隐患，确保招生公平公正。

3. 进一步发挥研究生招生指标对学校“双一流”建设的支撑作用

认真落实《四川大学研究生招生指标动态管理实施办法》，逐一清理超指标、超年龄等不规范招生现象，落实了招生指标跟着一流学科建设走、跟着高水平人才队伍走、跟着高水平科学研究走的导向。

（二）多措并举，狠抓生源质量

1. 继续实行本硕博连读计划，锁定本校优秀生源

继续实施本硕博连读计划，进行贯通式培养，锁定本校优秀生源。2018年，经过选拔，72名优秀学生获准进入本硕博连读计划。

2. 构建“互联网+体验式”招生宣传工作新模式，成规模举办暑期夏令营，吸引优秀生源

2018年，学校各招生单位全面举办优秀大学生暑期夏令营，吸引来自“985”“211”等高校的近3500名优秀大学生参加。夏令营活动的举办，一方面，增加了我校“985”“211”高校的推免生，同时辐射带动了参加营员所在高校的学生报考四川大学。2018年底统计，报考四川大学2019年硕士研究生的考生人数持续增长，再创新高，达到43984人。考生规模居于全国前列。

3. 主动外出招生宣传，充分调动学科、导师积极性，鼓励导师跨学科招生

鼓励学院、学科主动走出去，针对性地对高水平兄弟院校进行学院对学院、学科对学科、导师对学生的面对面交流，开展优质生源组织工作；鼓励导师跨学科招收研究生，尽量保证每一个导师能招收到专业发展和科研工作开展所需要的学生。

4. 建立快速响应机制，快速锁定优秀推免生

研究生院建成包含22个子系统在内的招生管理子系统，为研究生招生管理和

服务提供平台支撑。各学院利用系统与全国范围高水平大学推免生第一时间互动，及时掌握动态信息，抢抓优质生源，大幅提升接收推免生工作效率。实现了接收推免生数量稳步增长，尤其是校外高水平院校推免生增长显著。2019 年我校共接收推免生 2051 人，较 2017 年增长 20.2%，其中优质生源占比为 97.36%。

（三）硕士研究生招生工作

2018 年硕士研究生报考人数共 38811 人，较 2017 年增加 8378 人。实际录取硕士研究生 7461 人，其中全日制研究生 5775 人，非全日制研究生 1686 人，港澳台学生 20 人。

（四）博士研究生招生工作

2018 年博士研究生报考人数共 8082 人，较 2017 年增加 1508 人。实际录取博士研究生 1641 人，较 2017 年增加 216 人；录取港澳台学生 1 人。

二、培养工作

截至 2018 年 10 月，四川大学在校研究生总数为 27196 人，其中博士研究生 6847 人，硕士研究生 20349 人；博士研究生中，学术学位博士研究生有 6172 人，专业学位博士研究生有 675 人；硕士研究生中，学术学位硕士研究生有 10262 人，专业学位硕士研究生全日制有 6964 人、非全日制有 3123 人。

持续开展研究生课程建设项目。2018 年学校评选立项研究生课程建设项目 57 个，包括 5 门研究生全英文课程、7 门研究生示范课程、1 个研究生全英文专业、8 门研究生教材建设项目、3 门专业学位案例课程建设、3 个专业学位实践基地建设以及 30 个研究生培养管理项目。

国际学术交流项目成效显著。2018 年博士研究生国际学术交流基金立项支持 212 人，均以口头报告或壁报的形式参会；启动“四川大学博士研究生国（境）外短期访学项目”，2018 年审批并派出 16 人赴世界一流高校联合培养；启动“四川大学博士生高端国际学术论坛”，2018 年共有华西基础医学与法医学院、水利水电学院、商学院成功举办博士生高端学术论坛；组织选拔 2018 年春季、2018 年秋季赴台交流研究生共 41 人；组织选拔四川大学—伦敦大学玛丽女王学院、四川大学—英国诺丁汉特伦特大学硕士“1+1+1”联合培养项目，共派出 4 人；组织 2018 中国科协优秀中外青年交流计划选拔工作，选拔推荐优秀博士生 4 人；组织选拔牛津大学暑期项目、大川视界—伯明翰项目、大川视界—加州大学欧文分校项目、大川视界—英国布鲁内尔大学项目、新加坡国立大学等夏（冬）令营短期交流项目，暑期项目派出研究生 71 人，寒假项目报名 58 人；积极配合国际处、各学院及导师组织的各类联合培养项目的派出管理工作，2018 年累计派出研究生 925 人。

强化研究生学术训练，培养一流创新实践能力。研究生科研创新基金项目立项支持 118 项，其中重点项目 18 项，一般项目 100 项，已完成结题 24 项，其中在 A 级期刊发表论文 3 篇，在 B 级期刊发表论文 21 篇，在 C 级期刊发表论文 26 篇，研究生创新实践能力提升项目累计支持 700 余人/次。

完成研究生管理系统中 2018 年博士研究生、硕士研究生及硕博连读研究生培养方案的修订工作；组织完成 2018 年硕博连读研究生的选拔工作；完成 2016 级研究生的中期考核分流及提前攻博工作；完成 2015 级优秀硕士生攻读博士选拔工作；完成 2018 届全日制博士、硕士研究生的毕业资格审核工作；修订研究生手册中“研究生培养相关规定”；接收外单位人员旁听研究生课程，完成课程安排、学习和考试的组织管理工作；完成2018级研究生政治、外语、数学等公共课以及医学类研究生基础课的排课、选课、行课、考试等组织安排管理工作；做好研究生上课教室、研究生教学大楼教室的管理安排工作，让其最大限度地发挥作用。完成研究生成绩管理工作；完成并规范研究生学籍管理工作，处理并上报学籍异动的研究生情况；完成研究生证和火车票优惠卡的发放、保管、补办等管理工作；完成了2018年博士研究生1131人、硕士研究生5171人毕业证书颁发工作，并及时准确地完成了2018届毕业研究生博士、硕士的电子注册管理工作；完成教育部、四川省、学校等各级各类研究生基本情况报表工作；完成2018级研究生新生数据核对工作及学籍电子注册上报工作；完成年度学籍电子注册上报工作；组织完成即将毕业的2019届研究生的信息照片采集工作；协助财务处核实欠费研究生的学籍异动情况。

强化育人环境建设，全面完成教学楼智能化改造，兼顾考试容量与现代教育教学技术的有机融合，教学条件与育人氛围大大改善。推进物业精细化管理，做到一点一滴与一流研究生教育相适应。

三、学位工作

完成审定硕士生导师和博士生导师资格的组织工作，本年度共增列博士生导师96人，硕士生导师212人。

全面实施研究生学位论文质量监督保障体系建设方案，对申请答辩的学位论文和授位后的学位论文进行盲审抽检。按学位条例和研究生培养方案，组织评定、授予博士、硕士学位及协调解决有关学位问题。2018年全年博士授位人数1150人，硕士授位人数6525人，其中6月授位博士895人、硕士5423人，9月授位博士75人、硕士79人，12月授位博士180人、硕士1023人。

四、研究生工作部工作

2018年，研究生工作部以习近平新时代中国特色社会主义思想为指导，深入贯彻落实党的十九大及十九届一中、二中、三中全会精神和全国教育大会精神，紧紧围绕培养研究生拔尖创新人才，进一步加强和改进研究生思想政治教育与管理服务工作，不断提高研究生培养质量提供强有力的思想保证。

（一）加强研究生思想政治教育，不断提高研究生思想政治素质

1. 以理想信念教育为核心，进一步加强研究生思想政治教育

深入组织研究生开展学习党的十九届三中全会精神及2018年两会精神宣讲大赛；围绕“政府工作报告解读”“宪法修正案主要精神”“国家监察法主要精神”等内容在望江、华西、江安三校区举办3期形势政策大讲堂。

2. 举办庆祝改革开放40周年系列活动

举办研究生“庆祝改革开放40周年，我回家乡看变化”征文比赛，并进行线上展示展播，引导研究生感受改革开放40年以来家乡取得的巨大成就；以“改革开放40年民法学的发展”“深入学习习近平关于意识形态工作的论述”和“改革开放40年来中国对外贸易成就、挑战与改革方向”为题在望江、华西、江安三校区举办3期形势政策大讲堂，坚定研究生理想信念和“四个自信”。

3. 切实加强研究生党建工作

会同组织部开展了全校各研究生培养单位的研究生党建工作调研，促进了文理

工医各单位的经验交流，形成《四川大学研究生党建工作调研报告》，评选出研究生党建精品项目22个、优秀项目12个，进一步推动了研究生基层党建工作。

4. 以“优秀研究生学长计划”为抓手进一步强化研究生党员模范示范平台建设

开展第一批优秀研究生党员学长表彰和第二批研究生党员学长聘任工作，共计选出优秀研究生党员学长105名。举办6期文理工医学长沙龙，充分发挥研究生党员学长的先锋模范作用和“五个领航”作用。

5. 夯实导师“七导”职责

举办1期新聘导师培训班及1期在岗导师培训班，走进5个学院宣讲导师立德树人职责，督促各单位召开导师工作会，压实包含研究生综合素质在内的研究生培养质量。对第三届“德渥群芳”育人文化建设标兵科研团队视频展播，分享优秀科研团队的育人文化成果和经验。举办第四届“德渥群芳”育人文化先进科研团队评选表彰活动。

6. 加强研究生辅导员队伍建设

推动研究生辅导员工作理论探讨，以建设世界一流大学、一流学科，提升研究生人才培养质量，促进研究生教育改革与创新能力为目标，从研究生教育管理规律、人才培养主体、研究生导师队伍动态管理模式、课程体系管理改革、辅导员与研究生导师协同育人机制等多维度入手，出版《研究生教育管理探索与创新研究文集》。召开研究生辅导员工作研讨会，着力构建研究生导师与辅导员协同育人体系。

（二）加强学术诚信建设，推动学术诚信教育的长效机制建设

1. 加强学术诚信教育教材建设

修订原《学术道德与学术规范》一书为《学术道德与学术规范——信息化时代的要求与演进》，并于9月发放给全体2018级新生。修订后的教材增加了全面信息化背景下的学术不端行为的演变与治理的内容，旨在提升本科生和研究生的学术道德修养，培育学生在信息化背景下防范和应对新型学术不端问题的意识和能力，对造就一支献身于我国未来科技事业、道德高尚、业务精湛的人才队伍具有重要意义。

2. 利用新生入学教育契机开展学术诚信教育

组织9133名本科新生、7430名研究生新生签订诚信承诺书。举办2018年“诚信教育宣传月”系列活动，包含“诚信”主题宣传展示活动、诚信教育教学课件展示及优秀主讲教师评选活动、第四届“德渥群芳”育人文化优秀团队评选表彰活动、研究生“学术之星”选树宣传活动、“如何维护和对待人生的第一笔信用”的故事分享、征集活动、研究生专业伦理论坛。共评选出学术道德教育课程优秀主讲教师12人，第四届“德渥群芳”育人文化建设标兵团队14个、优秀团队14个，收到诚信文创作品文字类作品117篇、平面设计作品74件、视频类作品8个。

3. 成果选送及申报

申报的“研究生学术道德教育体系建设项目”成功入选教育部第一批高校思想政治工作精品项目。向四川省教育厅选送征集到的诚信公益短片、公益宣传画和公益短信等优秀作品56个。继续推进学术诚信教育案例教学试点工作。对“四川大学学术诚信与科学探索网”进行了升级改版。

（三）丰富研究生第二课堂活动，不断提升研究生综合文化素质

1. 大力持久开展研究生学术科技交流活动，注重在研究生学术活动中融入思

想政治教育内容

举办了4期“川大论坛”、4期“青年博士沙龙”、9期“走进实验室”、9期“中华文化行”等学术交流活动，注重用知名科学家、专家学者、青年优秀博士的光辉事迹和心路历程感染影响广大研究生，提升研究生的道德境界，进一步坚定研究生把个人发展目标与国家社会发展需求结合的理想信念。

2. 举办丰富多彩的课余文化、艺术、体育活动，大力弘扬积极、健康的校园文化

举办了研究生校园风采大赛、研究生综合文化素质培训课程、研究生篮球联赛、研究生乒乓球联赛、“川作之合”交友联谊活动等。

3. 强化实践育人

开展以“青年红色筑梦之旅”为主题的社会实践活动，组织研究生赴康定、井冈山、延安等地，开展革命传统教育。组织研究生开展5期赴行业企业参观考察活动；拓展研究生挂职锻炼、见习实习、志愿服务和创新创业的校外基地20余家，为150余名研究生提供了挂职锻炼和实习实践机会。举办6期研究生职业能力大讲堂、创新创业大讲堂，推动研究生职业能力和创新创业能力提升。发挥研究生专业优势特长和课题研究能力，组织研究生开展2018年暑期专题调查研究实践活动。

4. 参加创新实践活动

在全校范围组织41支研究生队伍、133名研究生积极参与2018年“全国研究生创新实践系列活动”，获得二等奖6项、三等奖4项，并获优秀组织奖。

5. 举办2018年四川大学模拟联合国大会

与招生就业处共同组织四川大学第一届国际组织人才训练营。与国际关系学院共同主办模拟亚欧会议——“一带一路与亚欧互通互联建设”。选派4名学生代表赴西安参加“2018年纽约国际模拟联合国大会·中国会”，获得“最佳国际风采精神”团体奖。

（四）进一步完善研究生奖助体系，不断提高保障水平

1. 完善以国家奖助学金、学校学业奖学金、助研岗位津贴、国家助学贷款为主，社会奖学金、经济困难学生助学金及临时困难补助、勤工助学费为补充的研究生资助保障体系

全年评选出国家奖学金获得者博士研究生176人、硕士研究生361人，共计发放1250万元。为19703名研究生发放国家助学金16122.95万元。为11840名硕士研究生发放学业奖学金8108.26万元，为3532名博士研究生发放学业奖学金3466.4万元；为15186名硕士研究生发放助研岗位津贴2936.28万元，为4370名博士研究生发放助研岗位津贴3573.28万元。为862名家庭经济困难研究生发放助学金97.2万元；为41名家庭经济困难研究生发放5.9万元临时困难补助；为636名研究生发放勤工助学费84.69万元。

2. 开展社会奖助学金评选工作

我校2名研究生荣获2018年度百人会英才奖学金，每人1万元奖学金。100名研究生荣获2019年度光华奖学金，奖金总额30万元。

3. 积极开展研究生评选表彰工作

进行了2018届省级优秀毕业生评选，评出69名省级优秀毕业研究生；开展了2017—2018学年优秀博士446人、优秀硕士2016人、优秀研究生干部666人及2018届优秀毕业研究生1129人、毕业研究生干部303人评选工作。

4. 做好招生就业工作

组织了毕业满意度调查、毕业照相、毕业班级视频大赛，加强毕业研究生教育，培养毕业研究生的母校情怀；认真做好 2018 届授位典礼的学生组织工作和毕业派遣等工作；做好 2018 级研究生新生报名接待和开学典礼等一系列组织工作。

5. 做好信息统计工作

做好全校研究生教育管理的信息统计工作，为做好各项研究生教育管理工作提供数据信息保障。开展 2018 级研究生新生网上填写入学登记表工作。

6. 开展研究生兼职辅导员选聘及考核工作

认真开展此项工作，为研究生兼职辅导员发放津贴共计 39.16 万元。

表 29　2018 年新增列博士生指导教师资格人选名单

序号	姓名	专业
1	邱永辉	宗教学
2	李中锋	人口、资源与环境经济学
3	徐子尧	金融经济学
4	韩旭	诉讼法学
5	杜黎明	马克思主义基本原理
6	郑阿财	中国古典文献学
7	赵艾东	英语语言文学
8	陈雪奇	新闻学
9	李锦	专门史
10	赖洪亮	基础数学
11	唐庆粦	计算数学
12	Martin Travis Dove	物理学
13	张析	凝聚态物理
14	王俊（Jun Wang）	光学
15	张志友	光学
16	李峰	化学
17	吴兰	分析化学
18	吴鹏	分析化学
19	曾小明	有机化学
20	林丽丽	有机化学
21	陈力	高分子化学与物理
22	李坤	化学生物学

续表29

序号	姓名	专业
23	邵振华	生物化学与分子生物学
24	毛康珊	生态学
25	马涛	保护生物学
26	宋恩彬	应用统计
27	范海冬	固体力学
28	邓欢	光学工程
29	李磊	光学工程
30	陈强	材料物理与化学
31	梁梅	材料学
32	沈佳斌	材料学
33	吴锦荣	材料学
34	叶金文	材料学
35	张新星	材料学
36	雷军	材料加工工程
37	杨刚	材料加工工程
38	王贵欣	化工过程机械
39	舒勤	电力系统及其自动化
40	王渝红	电力系统及其自动化
41	吴磊	电力系统及其自动化
42	徐丙垠	电力系统及其自动化
43	张俊然	电力系统及其自动化
44	彭舰	计算机科学与技术
45	张意	计算机科学与技术
46	章乐	计算机科学与技术
47	高明忠	岩土工程
48	徐奴文	岩土工程
49	崔宁博	水文学及水资源
50	吉旭	化学工程
51	汪伟	化学工程
52	郭孝东	化学工艺
53	唐盛伟	化学工艺

续表29

序号	姓名	专业
54	杨林	化学工艺
55	袁绍军	化学工艺
56	岳海荣	化学工艺
57	米鹏	制药工程
58	吴重德	发酵工程
59	黄鑫	皮革化学与工程
60	李正军	皮革化学与工程
61	汪华林	环境科学
62	杨复沫	环境科学
63	刘敏	环境工程
64	丁明明	生物医学工程
65	李吉东	生物医学工程
66	齐建国	人体解剖与组织胚胎学
67	姜红	免疫学
68	胡兵	内科学（消化）
69	杨锦林	内科学（消化）
70	岳冀蓉	老年医学
71	李响	外科学（泌尿）
72	彭兵	外科学（普外）
73	武忠	外科学（心外）
74	郑艾	妇产科学
75	张明	眼科学
76	彭星辰	肿瘤学
77	朱青	肿瘤学
78	李涛	麻醉学
79	朱冰梅	临床遗传学
80	郭帆	母婴医学
81	刘聪	母婴医学
82	蔡潇潇	口腔医学
83	丁一	口腔医学
84	江潞	口腔医学

续表29

序号	姓名	专业
85	沈颉飞	口腔医学
86	徐欣	口腔医学
87	张本	流行病与卫生统计学
88	朱彩蓉	流行病与卫生统计学
89	练仲	药物化学
90	米鹏	药剂学
91	张霁	特种医学
92	罗碧如	护理学
93	吴志彬	管理科学与工程
94	姚黎明	管理科学
95	廖虎昌	工业工程
96	谢贵平	边疆学（边疆政治学）

表30 2018年新增列硕士生指导教师资格人选名单

序号	姓名	专业
1	孙瑞雪	宗教学
2	米军	世界经济
3	陈晓兰	人口、资源与环境经济学
4	刘勇	人口、资源与环境经济学
5	李成	法学
6	刘畅	经济法学
7	刘思伟	国际关系
8	薛一飞	马克思主义中国化研究
9	吴国富	国外马克思主义研究
10	邢海晶	思想政治教育
11	李诗颖	应用心理学
12	尹富	中国古典文献学
13	刘福春	中国现当代文学
14	赵毅	外国语言文学
15	方小莉	英语语言文学
16	牛淑贞	历史地理学

续表30

序号	姓名	专业
17	黄博	专门史
18	邹立波	专门史
19	张循	中国古代史
20	张昌华	原子与分子物理
21	张刚	凝聚态物理
22	侯宜栋	光学
23	汪莎	光学
24	邹国红	无机化学
25	蒋小明	分析化学
26	王珊玲	分析化学
27	董顺喜	有机化学
28	伍晚花	有机化学
29	杨宇东	有机化学
30	赵海波	高分子化学与物理
31	李丹	绿色化学
32	李建梅	绿色化学
33	刘志斌	遗传学
34	姜权	细胞生物学
35	王玮	细胞生物学
36	杨阳	细胞生物学
37	林庆宇	生物化学与分子生物学
38	曹洋	生物信息学
39	吴永杰	保护生物学
40	陈宇	力学
41	田晓宝	固体力学
42	殷鸣	机械制造及其自动化
43	熊艳	机械设计及理论
44	许斌	测试计量技术及仪器
45	何知宇	材料物理与化学
46	陈蓉	材料学
47	陈洋	材料学

续表30

序号	姓名	专业
48	亢健	材料学
49	刘鹏清	材料学
50	王珊玲	材料学
51	王旭	材料学
52	阎斌	材料学
53	张先龙	材料学
54	周昌林	材料学
55	包睿莹	材料加工工程
56	黄华东	材料加工工程
57	刘剑	材料加工工程
58	彭华备	材料加工工程
59	徐家壮	材料加工工程
60	鄢定祥	材料加工工程
61	颜家振	材料加工工程
62	罗冬梅	冶金物理化学
63	郭勇	化工过程机械
64	高红均	电力系统及其自动化
65	刘友波	电力系统及其自动化
66	王顺亮	电力系统及其自动化
67	向月	电力系统及其自动化
68	张冰	电磁场与微波技术
69	余艳梅	通信与信息系统
70	李彬	控制理论与控制工程
71	何凌	检测技术与自动化装置
72	张军鹏	检测技术与自动化装置
73	贺喆南	计算机科学与技术
74	罗川	计算机科学与技术
75	彭玺	计算机科学与技术
76	徐文政	计算机科学与技术
77	应三从	计算机科学与技术
78	张海仙	计算机软件与理论

续表30

序号	姓名	专业
79	林锋	计算机应用技术
80	戴靠山	土木工程
81	张静	土木工程
82	陈江	结构工程
83	谢汝桢	市政工程
84	邢会歌	土木工程建造与管理
85	李红霞	水文学及水资源
86	孟玉川	水文学及水资源
87	范念念	水力学及河流动力学
88	冯镜洁	水力学及河流动力学
89	刘超	水力学及河流动力学
90	脱友才	水力学及河流动力学
91	唐继国	能源工程及电站动力系统
92	谢果	能源工程及电站动力系统
93	Yousef Faraj	化学工程
94	杨秀山	化学工艺
95	曾运航	皮革化学与工程
96	但年华	皮革化学与工程
97	周建飞	皮革化学与工程
98	周晋	革制品工程与材料
99	蒲伟	航空宇航科学与技术
100	刘铁刚	农业水土工程
101	庄文化	农业水土工程
102	詹宇	环境科学与工程
103	干志伟	环境科学
104	蒋小明	环境科学
105	焦毅	能源环境工程
106	徐海迪	能源环境工程
107	陈雪宁	生物医学工程
108	田猛	生物医学工程
109	杨晓	生物医学工程

续表30

序号	姓名	专业
110	卜迁	食品科学
111	迟原龙	食品科学
112	刘杰	免疫学
113	罗玉斌	免疫学
114	罗涛	病原生物学
115	叶懿	法医学
116	陈雪融	内科学（呼吸）
117	张雨薇	内科学（内分泌）
118	崔天蕾	内科学（肾内）
119	石运莹	内科学（肾内）
120	高锦航	内科学（消化）
121	彭勇	内科学（心内）
122	祝烨	内科学（心内）
123	石晶	儿科学
124	郝秋奎	老年医学
125	莫莉	老年医学
126	魏霞蔚	老年医学
127	袁益明	老年医学
128	郝子龙	神经病学
129	杨靓	神经病学
130	殷莉	精神病与精神卫生学
131	蔡华伟	影像医学与核医学
132	黄蕤	影像医学与核医学
133	马步云	影像医学与核医学
134	彭礼清	影像医学与核医学
135	孙家瑜	影像医学与核医学
136	武永康	临床检验诊断学
137	黄强	外科学（骨科）
138	黄石书	外科学（骨科）
139	闵理	外科学（骨科）
140	杨曦	外科学（骨科）

续表30

序号	姓名	专业
141	周春光	外科学（骨科）
142	陈亿	外科学（普外）
143	陈拥华	外科学（普外）
144	杜潇	外科学（普外）
145	李昂	外科学（普外）
146	刘非	外科学（普外）
147	孟文建	外科学（普外）
148	苏安平	外科学（普外）
149	方芳	外科学（神外）
150	胡鑫	外科学（神外）
151	田猛	外科学（神外）
152	侯江龙	外科学（心外）
153	肖正华	外科学（心外）
154	梅建东	外科学（胸外）
155	傅璟	妇产科学
156	刘洪倩	妇产科学
157	马黔红	妇产科学
158	肖雪	妇产科学
159	勾红峰	肿瘤学
160	蒋明	肿瘤学
161	刘咏梅	肿瘤学
162	杨雨	肿瘤学
163	朱洪	肿瘤学
164	何竟	康复医学与理疗学
165	陈婵	麻醉学
166	胡朝阳	麻醉学
167	姜春玲	麻醉学
168	罗林丽	麻醉学
169	万智	急诊医学
170	孙麟	循证医学
171	李小洪	母婴医学

续表30

序号	姓名	专业
172	李敬	口腔基础医学
173	李明云	口腔基础医学
174	任彪	口腔基础医学
175	谢静	口腔基础医学
176	赵行	口腔基础医学
177	甘雪琦	口腔临床医学
178	高波	口腔临床医学
179	李精韬	口腔临床医学
180	龙虎	口腔临床医学
181	裴锡波	口腔临床医学
182	汪成林	口腔临床医学
183	高博	健康与社会行为学
184	任晓晖	健康与社会行为学
185	周鼎伦	职业卫生与职业医学
186	杜丹	中西医结合基础
187	蒋红丽	中西医结合临床
188	柯博文	药物化学
189	李国菠	药物化学
190	符垚	药剂学
191	何治尧	临床药学
192	张丹	天然药物化学
193	胡晓林	护理学
194	李宗敏	管理科学与工程
195	陶志苗	管理科学与工程
196	卢毅	管理系统工程
197	李颖	企业管理
198	王涛	企业管理
199	郑双怡	企业管理
200	杨洋	旅游管理
201	徐静	公司金融
202	刘锐	行政管理

续表30

序号	姓名	专业
203	黄静	教育经济与管理
204	赵成清	艺术学理论
205	袁一民	戏剧影视编导理论与实践
206	张令伟	中国画与书法
207	黄晨	设计学
208	续昕	设计学
209	许亮	设计创作理论与实践
210	李昊	边疆学（边疆社会学）
211	励轩	边疆学（边疆社会学）
212	韩自强	安全科学与减灾

2018年授予博士、硕士学位名单

一、2018年6月授予博士、硕士学位名单

（一）科学学位博士608人

哲学12人

朱　波　常　磊　由　申　周上群　施　义　张丽霞
胡瀚霆　孟东丽　王永康　杨荣涛　高　翔　扎西龙主

经济学14人

李　晶　赵苏丹　易　醇　刘晓煜　尤　力　李德山　郑　颖　魏华阳　董　璐
吴永超　徐洪海　代　艳　李裕坤　Kanwal Asma

法学12人

邹　桦　邓　浩　杨　丹　张潋瀚　者荣娜　安　琪　罗维鹏　张　峰　李军星
张蔚玲　唐　娟　边巴拉姆

文学39人

岑亚霞　许劲松　卞　超　胡佩迦　熊浩莉　罗历辛　朱　遂　朱新亮　丁晓妮
王　琦　袁　娟　赵娟茹　杜　萍　黄华莉　佘振华　卢　婕　韩周琨　吕雪瑞
史　维　孙　太　叶荫茵　何　飞　王　艳　张　诚　王江蓬　杨　珊　王慧敏
舒三友　梁湘梓　胡　畔　陈　颐　杨智慧　李红波　钟　帆　班　柏　刘　艳
傅顺华　Phisonlaya Wangsantiphap　Chayaporn Tangwancharoen

历史学22人

赵　川　张　亮　郭军涛　彭　涛　刘瑞云　谢尚芸　李志英　王丽娜　匡翼云
范　颖　霞绍晖　陈立军　方　泽　刘延超　许枫叶　代自鹏　颜丙震　张艺英
赵　斐　李铭宇　周薇薇　Emmanuel Umar

理学195人

马志良　王彦苏　张庆华　王邦延　刘　鑫　吕振超　唐忠宝　杨　艳　杨超超
张　笑　张莉敏　苏晓燕　陈　双　古传运　李军燕　刘瑞宽　唐　超　汤朝洪
张　倩　张　琴　高大鹏　赵大志　胡　亮　王治国　伍厚文　李　伟　杜　强
樊　兴　程军霞　辜刚旭　刘　敏　刘　伟　袁姣楠　李乐乐　林家和　王乙先
苏亚荣　邱晓东　余晓军　闫曙光　陈飘飘　李萌甜　余慧敏　张力耘　卢　彦
李作佳　陈书友　郭　静　江　文　张　成　郑海丰　刘倍余　刘小晶　陈全岗
陈　瑶　冯　奎　傅　凯　黄天煜　梅红江　唐　宇　杨　琳　姚家斌　姚　乾
叶剑衡　于抗抗　张建林　张　威　张彦辉　赵银松　周宇航　贾　磊　耿　松

明美君 姚倩 蒋智成 贺洪飞 吴嘉宁 徐英俊 李远洋 饶文辉 文志斌
夏碧波 张金懿 黄政 王兵 李会容 邓星光 潘婷 时小东 朱桐
何韵云 黄挺 宋旭颢 韩潇潇 李小意 郭新异 陈祖翼 罗槑 李科
雷霆钧 宿丹梅 王益民 唐明坤 周南 董永成 杨健 王树同 代江云
吴真 张华 冯攀 徐浩 刘赛 胡士德 穆轶 崔颖琦 范志祥
何九宁 巨濛 刘进 刘银娟 田浩 张怀勇 代渐雄 徐富建 邹志荣
付聪丽 韩彬 刘媛琪 李虹 刘兴 贺小龙 赵毅 程旭 肖培宏
曹曦 陈体佳 郭玲 蒋浩 刘敏 梅凌 阮少波 山伟 汪琴
文莉莉 李厚聪 谷娟 吴行伟 陈凯 张晓 张志军 全庆丽 谭号
刘远 朱睿明 霍冠南 张营营 范让让 邵婷 张鑫 张艳杰 朱永霞
郑旭蕾 高伟 黄爽 程琳娜 陈凯 李启杰 李淑昂 罗丽 罗宁
张亚光 马丽萍 汪瑞雪 赵燕群 宋林江 闫国毅 胡丹蓉 陈丽娟 郝颖
雷倩 李姣 笪琳萃 赵林桔 郭岗 李鸿生 卢徐锋 史梅梅 阴雯
周毅洁 马丽梅 沈燕 魏泽良 Saif Ur Rehman Nazakat Hussain Memon

工学 152 人

张红帆 刘军 王龙 章辰 廖宇 赵百川 陈澄 刘素娟 熊召龙
杨红 江婉 苟倩 张一峰 刘灿 陈海涛 李强国 王仁全 李建龙
赵封林 林思建 韩兴国 张凯 谭峰 周黎明 向勇 向召伟 莫思特
杨威 何川 马晓阳 李保宏 刘剑 杨韬 杜垚 陈睿 刘正军
叶晓鸣 刘峰 王建勇 曾丹 华文 陈丹丹 李盟 徐咏 何立平
刘延国 王秀丽 龚志莲 王霞 吴翔 邓林 熊兆锟 周琦颖 李列列
刘怀忠 刘明星 谢品 高超 魏明东 许媛 吴莹 范玉燕 李天阳
谭乔凤 梁煜峰 薛宏程 陈旻 谌霞 彭松涛 王琳 邓朝俊 何帆
郑志坚 任根宽 陈明 朱新华 王万 戴学志 李响 曾宇 李颖丽
张天昊 毕婷君 何佳蔚 刘云花 史小慧 胡伟 林翔 李姗姗 聂丽蓉
陈凯 唐彬 王应伟 杨洪芹 梁婷 邱静红 杨维 吴艳萍 章培昆
常金明 李瑞 张金伟 唐余玲 贺攀 李环 贾迎宾 罗明超 戚方伟
宋妮佳 李怡俊 柏栋予 傅思睿 惠冰 胡凯 李春海 刘慧丽 刘鹏举
刘涛 王建峰 王宇韬 张晓芳 张晓朦 郑宇 徐立阳 梁成露 谢旭龙
万芯瑗 李江波 罗维 王飞 徐雨 胡江淮 李远鹏 吴津田 杨卫星
于向天 何敏 刘衍朋 潘志成 谢毅 武喜萍 蔡爽 高文霞 孙哲
苏婷 徐龙 张正虎 张亚楠 刘斌 陈艳秋 孙萌萌 Maryam Kiani

农学 2 人

陈丽娟 来有鹏

医学 127 人

黄敏 杨安宁 高天珍 李介男 蒲燕 吴知桂 樊梅 罗杜 邱琰
要文青 冯宇颖 石汝峰 严琳 符巍 谢坤林 陈泯燕 兰洁 江海霞
卢静 周彦妮 王将栏 张欣 左满花 蒲天婕 苏征征 钟金晶 骆健

王榆舒 杨红柳 陈忠秀 黎艳红 严悦溶 周威龙 马　敏 黄　兰 李怡沅
陈思翰 连志云 刘　举 刘文钰 欧汝威 朱　曦 石　岩 徐　馨 张程程
孟令惠 彭　薇 邱婷婷 沈国华 王　敏 赵艳华 肖　聪 曹德宏 陈书练
梁锐超 李灿锋 李金洪 刘学友 娄纪刚 罗　晗 任艳明 孙光曦 王蒙蒙
王　幸 王　毅 徐　丁 张维汉 周　凯 孔维奇 钱燕萍 石清泉 王钰娇
郑仕洁 雷　蕾 魏　波 杨　茜 范振海 黄国栋 龙建林 孙　璐 张鹏飞
郑于珠 李　懿 王海明 王　斌 徐　杨 张渝俊 张子斌 王　雯 李　奕
巩倩文 涂文玲 刘　慧 尹万红 石　娜 张晓鑫 贾鹏丽 张家兴 熊　毅
李　怡 李永儒 徐　莹 张晶晶 刘　娱 孟　琼 刘奂辰 周　涛 任　燕
陈　飞 兰　蓝 朱　穗 谷仕艳 薛红妹 蒲芳芳 王　卓 李　茜 谭　艳
杨婉秋 杜丙立 郑　瑜 曾艳丽 孙　岳 窦倩慧 刘　丽 赵黎君 李林照
Sandeep Bhushan

管理学 24 人

于　萌 王　进 刘　彬 赵婷婷 童　洁 廖喜生 代佳欣 刘晓燕 冉　连
田　昭 张　鹏 邱　瑞 朱　婷 罗　乐 王黎华 郑儒君 任　晗 邱　璐
胡　韬 袁　媛 余琨岳 李其玮 叶一军 Richard Adu Agyapong

艺术学 9 人

黄　葵 王文松 潘万里 洪　权 王京陶 杨方伟 罗　乐 陈阳静 刘鹤翔

（二）全日制专业学位博士 243 人

工程 1 人

苏　超

临床医学 162 人

张　冰 谢之易 李伟英 陈宝清 于志渊 高　让 何亚舟 余刘玉 吴小康
严　心 陈子航 赵　阳 邱　实 马　晔 张晓璇 高海慧 黄　麟 张颖异
吴　迪 胡渝珠 胡诗淇 戴　茹 赵婉君 张秋漪 杨　艳 张楠楠 杨辉亮
吴清彬 林嵘嘉 杨耀景 李怡坚 张　敬 曾彦彰 王明铭 李建华 黄　煜
邓泽文 刘杰克 张林昊 陈文杰 唐勇泉 蒋　海 李　浪 刘　爽 赵梦竹
潘　成 云　翥 牛润宁 何月晴 梁耀丹 高静歌 李雪莹 吴苠铭 张　润
王思洋 张云霓 宋慧子 刘春煜 史梦丹 栾　梅 王　晶 李　倩 曾汝君
宋　娟 李　凡 杨济桥 杜　雪 杨红梅 刁凯悦 吴　甜 薛璐琪 金　夏
宣　煜 黄丽彬 彭　希 周蓉颖 封　艺 黄　燕 孟　晓 舒　英 郜　阳
周方励 方婧环 张　霓 蔡雨龙 唐　凡 张　浩 杜　晶 牧　杰 胡　诚
刘志刚 童　翔 程　璐 黄方洋 李佩军 施　迪 唐光敏 王　浩 万　珂
杨　勇 杨　媛 张万华 张伊祎 钟　玥 周永召 苏林冲 严华林 叶　丽
朱婷婷 杨　昆 刘　变 魏倩倩 谢　恒 解　瑶 董　萍 胡富碧 李加伍
黎　磊 王春华 肖　媛 黄卓春 胡桓睿 李东旭 梁若飞 程　健 方　超
官　清 李　蓓 李　川 刘　强 马文杰 汤　壮 王　力 王林楠 谢锦伟
姚　众 张晓赟 赵海燕 赵一洋 邹子君 勾金海 于秀章 方春菊 刘毕胜

刘　杰　王　艇　吴　强　唐　新　谢志超　樊宇超　李雪寒　欧梦婵　张燕姿
王程仕　汪胜军　张玉梅　周　璨　杨远富　曹　畅　朱文彦　许华燕　叶曾盼盼

口腔医学 80 人

赵梦远　尹佳鑫　刘玥博　周立言　朱宇驰　刘　訸　周泽渊　何东明　唐曹敏
赵　奎　李欣明　吴　杨　王　媛　古　霞　梁馨予　张曼玲　郑嘉宝　廖雪阳
李振霞　廉小天　李佳洋　李怡源　夏钟毅　李雪冰　刘映鸿　杨　扬　王璞玉
岑　啸　吕洪垟　曹昊天　苟永超　李星瀚　徐　珏　阳　婵　方善宝　苟雅萍
廖　莹　罗　锋　罗晶晶　苏乃川　杨　涛　杨文宾　陈　骏　杜　文　王天璐
袁晓燕　杨娴睿　赵雪峰　程兴群　陈　曦　陈西文　杜　玮　高　攀　经　典
梁　丹　刘蔚晴　李业平　罗小波　毛梦莹　庞骁霄　任　智　生苏睿　孙海滨
索　来　唐　琦　王素苹　吴芳龙　薛昌越　杨靖梅　曾　维　张　玲　张士文
郑小菲　郑　欣　周陈晨　周　维　朱骏飞　李　涛　曾　皓
Ahmed，Abdullah Sherf Hemadi

（三）同等学力科学学位博士 5 人

医学 5 人

宋兴勃　肖江洪　张　玫　刘海健　陈建军

（四）同等学力专业学位博士 39 人

临床医学 39 人

陈晓涵　刘　星　彭　清　闫　薇　唐　静　张瑞帆　梁　鹏　段晓霞　范景秀
田攀文　吴　凯　陈小玫　何　川　黄　斌　卢春燕　刘　洪　王　曦　游　蓁
张元川　田　超　赖　丹　严　婷　邱　芳　李　岚　周厚荣　马玉姗　白毅平
汪　鑫　李俊英　王　业　郭　璐　安妮妮　黄光平　赵旭丽　马立泰　文　翔
何宗泽　李　虹　朱　蔚

（五）科学学位硕士 3021 人

哲学 39 人

陈光绪　康倩倩　唐　国　唐　颖　张永春　林小芳　孟　璞　庞令强　吴高秀
游　森　张小雨　陈柏安　田冈昊　余　洋　邓云雁　郭延超　刘国栋　陈宁馨
陈　威　胡海龙　肖　珂　黄静佳　陈香雪　吴道帅　吴艳秋　秦选涵　汤恺杰
徐　敏　胡奇强　梁佳佳　林沁滢　刘　杰　彭之梅　唐　清　王晓明　邬晓雅
袁今雅　余颖霞　赵雅培

经济学 122 人

樊小娟　刘　海　刘柃灼　佘淑媛　谭明敏　王　刚　王岳昊　吴志林　许　佳
张诗韵　张永峰　赵　亮　龚文艺　郭子欣　杨赛佳　梁　冬　袁　帆　决坤海
常　超　何补江　胡　宇　危虹洁　李若静　徐　微　周　魅　程柯阳　葛瑞婷
郭军杰　宋　倩　宋一平　先　曦　夏子玉　杨玲瑶　郑奇昀　崔　哲　周益兴
宋　浩　伍如玉　孟　凡　汪　洋　赵　强　汤佩悦　胡　翔　雷　崇　宁　畅

宋从雅　何　蕊　何　卓　郭元元　李林延　刘洁冰　蒲智隆　田　奔　王力铭
王　怡　徐　凡　韩　沁　李　波　曾　蕊　周庆田　周伟萍　郭帅新　何　晴
刘素青　王　婧　王　莉　付　霏　廖欣锐　李心杨　曹　黎　曹新院　何　坤
李艳红　宋得珩　仰孝沈　王雅琦　钟　源　赖施云　李　悦　韩海梅　贾思敏
李　君　彭南南　汪雷力　张　宁　张　正　朱朝阳　甘浩辰　户翔恺　李　萍
刘　畅　任琪祺　许逸伦　王　超　陈　露　蔡晶欣　耿　飞　关　俞　倪小茹
尹　丹　袁　悦　余新月　周毓君　戴　欣　蒋佩伦　龙婷玉　王　瑞　王文婷
金　鑫　刘　田　孙佩悦　夏天瑶　高　立　陆禹同　吴娉雯　向鹏基　王海萍
魏文博　李　丽　罗明明　Luong Ta Thi　Monta Pattana-amorn

法学 269 人

陈　昆　宋德昭　王　晶　王静怡　张　悦　林芝莉　陆　悦　冯　楷　李沫儒
潘化成　江　茜　姚鹏宇　丁　洁　姜小夕　刘　博　刘　涛　王　岩　邬也然
肖军瀚　杨猗婷　徐　颖　杨静愉　姚浪涛　张雯雯　林　强　陈　丽　陈玉姣
景圆圆　廖一婷　刘海娣　李晓玲　张瑞曦　赵天琦　胡煦妍　金　燚　谢雯昕
陈　诚　夏晓蕊　徐　利　杨志远　蔡利军　陈冬梅　程　彬　陈茂婷　陈倩云
丁沙沙　樊朱丽　宫　丽　龚小红　胡　蒙　刘　皓　刘梦婷　刘　淼　刘　宁
刘　奕　李　宣　彭诗睿　卿　杰　宋晨彦　王　健　王瑞琳　汪晓贺　王艳玲
肖　遥　袁文波　余俊英　张梦蝶　张倩倩　朱雨薇　邹　勋　冯沛波　连泽封
李晗睿　孟　琪　伍广梅　张　煜　周兴荣　余翔宇　薛　娇　董　浙　邹禹同
蔡一鸣　杜华秋　侯丽瑶　黄燕萍　胡晓佳　李善樱　刘帅彬　刘甜甜　刘峙学
李昭颖　卢　丽　吕泽冰　马志玉　明虹燕　欧梦雪　施苏秦　舒娇娇　孙牧雪
唐玮琳　熊春玲　徐玉箫　叶俊杰　张晓雨　周　芳　周　婷　周竹青　甘　婷
雷清琳　马　驰　彭　昕　钱丰恺　周　秘　邹欣芯　邓国艺　胡　星　冯梦茹
李　敏　蒙　琳　王伟诚　吴　娟　谢骏莉　杨　黎　赵一舟　庄　兮　黄秋鸣
江宗芩　唐经伦　熊真珍　郑俊杰　都宏刚　何璐希　何　洋　冉琳玲　颜迪梅
张建军　龙姝辰　邹玉梅　陈子阳　何云乐　李清鑫　王一贝　许　媚　杨　帆
张　姗　蒋志翱　徐　睿　郑晥雨　丁　珊　简　林　罗玉叶　程凯传　李晶晶
刘　莉　辜　岸　陈耀森　王沙沙　魏　艳　曾菡妍　石明玉　王　磊　徐　理
李艾明　孙宇辰　王　岚　陈　斌　叶　亮　张　睿　代璐摇　杜　娅　顾晓霞
黎　浩　李　林　刘明伟　龙　娅　马熠辉　倪　雯　张兆祥　张振宇　何　鹏
赵一乔　曹劲远　常先锋　葛如芳　李腾坤　刘倩倩　李彦余　牛亚群　蒲志敏
齐仁杰　任倍娴　荣　玮　邵东杰　孙春云　万里洪　万玉良　徐盼盼　杨金鹏
曾　凯　张国烜　李　杨　周惠芳　庄辉国　刘　波　罗超杰　李青雪　李占胜
熊　数　曾　薇　宫　灏　彭　衡　郭籽实　胡中丽　林　超　刘雨丝　逯华月
路　顺　盛丽萍　唐　佳　王中亮　魏潇祎　肖祥平　谢继辉　张丽娟　赵红琴
朱元南　罗迹联　魏　倩　张凤梅　李美佳　秦　仆　蔡牡丹　常　璇　陈　瑶
丁　郁　费　丽　郭　林　景　瑶　李玉霞　罗冬雪　马春燕　米乐平　屈　焱
任中莉　苏晓萍　田英龙　王君灵　文瑞强　尹　越　袁逢一　余　强　张丁元

张　欢　张　瑾　张　莉　张丽琴　张　霞　张雪丹　赵彩霞　赵姚姚　郑　雪
左　慧　高杨族　田小波　韦志文　仁兴旺姆　阳肖舒睿
Maria Paula Polania kilby　Ihsan Ullah

教育学 46 人

曹智闯　陈　立　邓茗丹　高子依　姜凤阳　羊　杨　袁诗雅　何逸飞　周子轩
王晓玲　陈碧玉　董伟新　杜漂漂　蒋琳瑶　孙文胜　王　静　王琳琳　易晓岚
张　艳　吴娜娜　徐美琳　董雪阳　杜亚军　姜　敏　郭童超　肖　潇　朱婉灵
何　莉　赵芳园　周群英　谢　武　白　锐　简家俊　李杨星　梅　峥　牟　阳
童　坤　佟　伟　王高山　吴　昊　袁莉莉　赵若元　郑诗恬　张秀烘　邓昌盛
倪　恺

文学 301 人

何　泽　罗国艳　陈齐霞　梁凤强　刘浩然　罗今明　牟　欢　滕　飞　王洪印
吴　玲　周　洁　朱鸿旭　吴雨洁　黄钰皓　许银花　张　景　乔生芳　刘柏杉
乔雪玮　张　颖　白钰莓　曹雪凝　郭丽丽　何　欢　姜建慧　李红梅　李妮妮
马丽华　王　丽　许　漫　陈乔丹　高　霞　韩　瑜　纪宇婷　渠丹丹　袁梦莹
周　婷　李丽晶　陈蓉璐　范候丽　胡杜娟　李春燕　李金蓉　李琳琳　彭　飞
唐榕培　王　迪　王　洁　魏秀霞　谢　影　熊　杨　余娟娟　柯　敏　李海龙
李京京　刘雨荷　冯英梅　任昭君　谭　霖　杨玉蝶　张　恒　张俊儒　李丹蔚
刘慧婷　任学敏　唐　虹　田文德　周晶秀　邓　妙　邓扬眉　高　恒　梁枥天
戚　昊　秦慧芳　文　红　武晓静　薛芸秀　徐　静　严　东　易　照　赵安琪
郭君娅　黄　艳　黄　紫　刘　朔　刘园园　李志红　钱礼翔　孙　冲　王　聪
杨宜师　翟晓楠　周　萌　卜诗怡　刘　恒　肖斗林　杨　镖　刘　洋　郭鹏程
刘钊君　钱　宇　祁莉莎　冉恬羽　谭源菲　童秀芬　王　娟　夏　玲　徐妮娜
杨伟联　杨钰婷　程秋云　梁慧琦　刘径佚　刘　蔓　聂　萍　孙婷婷　王香茹
熊　艋　蹇利华　王　娇　孙湾湾　张　爽　邱建华　庄馥榕　郭海玲　何舒兰
王鹏飞　赵静繁　陈佳璐　陈　茜　伏昱达　李　京　李林苡　吕成金　钱　奂
尚　诗　唐亚兰　夏　欢　严淑宏　赵禹平　陈　越　龚莉岚　曹誉峰　高小珺
黄　穗　胡　迪　赖力嘉　李丽华　李琬瑶　全　文　黎世珍　孙娅娇　范　宇
廖忠扬　周芳羽　安庆创　杨华楠　韩宜儒　王　浩　王　璐　高于茹　黄惠琪
马　卉　袁新宇　夏迪鑫　方璘琰　夏晓非　依　各　王梦悦　王静欣　谢林杉
张　琴　梁成英　马　丹　卿　爽　王　瑜　向　静　熊　辉　赵宇佳　王修皓
向　苗　贺良琼　康锦谦　邓安迪　黄娟娟　贾景智　林　佳　路　扬　孙　杨
张　宁　陈　凯　田　园　王　丹　杨　扬　陈　瑶　顾子慧　韩　潇　孙博洋
王盛楠　罗南行　张爱悦　段婧雅　王诗瑶　滕　健　李亚风　贺珍妮　李苗苗
曹　瑜　古晓婷　何西君　胡译栏　蒋　楠　敬佳佳　赖　瑶　李代蓉　刘　颖
李　颖　任　乐　王　倩　王　爽　王星月　汪　艳　魏雅妮　吴　芮　夏　越
叶榕芳　曾　琳　张馨方　张　叶　周　亚　朱园华　尹佳琪　刁　敏　李慧怡
林荔敏　龙　宁　潘小媛　任　洁　帅　敏　王　璞　向星蓉　杨镜台　闫兴洪

易　飘　张弘滢　张露梅　何斯馨　郭梦伟　张子圆　尹琳清　余雪琦　钟华飞
范方源　熊艺涵　冯　霞　何兆飞　向东方　杜嘉楠　郭梦春　郭　童　李　婷
裴文娜　舒静雯　王歆昕　谢欣忻　杨贤娇　刘　锐　潘秀美　王玉君　杨心怡
李雅勤　魏　芳　黄　乔　王红人　安海翠　陈　莉　贾唯巍　李巧玲　刘　萍
刘　昕　罗小双　马　瑞　伍　璞　叶兴兴　周　娟　周　娜　祖恺宁　陈博博
张　玥　陈雪梅　韩元香　赖先强　刘　依　李俞伶　涂荣倩　文　娟　欧阳妩怡
阿加伍呷　尔古阿衣　Nguyen Chau Truong　Asri Primadianti Putri

历史学 74 人

彭　波　宋　丹　唐　莉　吴　鹏　张世轩　赵　丹　赵桤丞　莫雷笛　焦　蒙
权文婷　孙晓晨　张寒冬　周　静　毛莎莎　黄　蛉　崔　峰　胡游杭　刘立光
刘　卫　罗　杨　欧　婷　任　静　苏逾辉　王继红　王　莹　吴　杰　吴旭珍
薛云聪　杨振宇　颜姚炜　张秋菊　周章坤　朱　领　李　璐　王洪刚　陈宇晗
廖羽含　林　罗　马明宗　牟　榕　石　月　王心嫄　吴雪娇　奚玲玲　阎　翠
张　俊　赵海伦　赵晓光　郑雨萌　左晓丽　秦光永　屈　阳　王倩云　高　瑞
景天艺　亢慧敏　赖训龙　林锦松　刘慧颖　刘凌欣　刘秋杰　罗淇元　邵冬蕾
司珊珊　陶　芊　王　杰　王静思　王永韩　吴林光　赵清如　朱兴龙　王　艺
Phataraporn Saleema　Yuri Tsunoda

理学 644 人

唐　睿　徐　璐　张　高　敖凌峰　朱朝熹　陈韦韦　卢　睿　游　杰　袁丽萍
曾杰恒　张华磊　陈　悦　冯世林　马思雪　孙志阳　吴封盛　杨万玺　张　鑫
朱春梅　吕晓敏　佟松林　郭宗怀　刘　畅　王　琳　钱　博　吴　蕾　董佳雪
谢江琼　胡三丰　梅　杰　吴子轩　徐莹瑶　李忱雨　张绍群　陈　涛　张　宇
郭振邦　钱　蕊　梅　剑　杨　浩　耿圆增　刘文龙　张宜劼　张　悦　罗思蜀
汤　启　罗　丹　庞乃娇　阮娅丽　沈朱彬　谢婉芸　卫星月　郑振宇　姚佳东
曹晓锋　陈太斌　胡兴刚　张玉雷　黄起昌　刘竹君　钟万兵　蒋　龙　何　熹
陈　丽　党　晨　井淋静　李瑞江　刘　丹　马秋彦　石　林　苏　琳　苏芸芸
王家禹　张　果　张元元　周　茂　朱会珍　丁争文　蔡晓宇　方龙杰　李文雪
罗　兰　时元振　张　诚　刘　雄　程昆仑　沈光宇　龚慧华　李亚秋　师靖宇
王　维　张晓虹　艾婷婷　尹翠云　董晓群　黄世旭　胡　文　李芳芳　刘苗苗
刘小霞　唐丹丹　谢凡凡　杨秋芳　印德琴　张仕婷　张娅洁　周　丹　李　婷
梁　涛　罗伊婧　吴丽倩　武文林　孟　哲　孙　亮　曹　威　代　玲　邓凯妮
浩涛涛　吉振凯　李文静　潘　望　彭　松　冉　有　申　国　宋　磊　王前梅
王帅飞　王　雯　吴江林　章华星　张京川　张　谦　赵元疆　王亚琛　陈芳芳
成天琼　洪　琪　侯忠燕　梁艳丽　李　璐　李鹏辉　李小玲　秦　淼　孙晓慧
王　娟　谢　青　张　慧　赵健茗　周文君　邓　杰　林晨璐　何尧东　李彩利
刘　丹　刘芳铭　王凯隆　王乙涵　魏文超　赵朝霞　江蓉君　骆玥橙　王　悦
吴　萍　左旖旎　胡玲玲　罗天荥　秦辉环　吴　芳　张林萌　张　熙　冉玉钊
符之海　葛云晨　郭兴华　刘　莹　唐思群　张克亚　曹素娟　柴淑丽　邓亦麒

丁蒙蒙　李　娜　李数数　刘艳梅　李　岩　舒月悦　杨雯露　姚　民　于换喜

翟晨蕾　张志霞　白　娟　费春艳　张杨雪　邹　婷　晋家正　王小东　魏诗航

颜凡虎　张文博　张　宣　朱博伟　张琼悦　黄　莘　陈次琼　程广阳　李佳楠

李宁浙　刘绒梅　刘筱雪　刘彦希　李云霞　李　周　孙　洋　田圆圆　吴英强

肖可蒙　杨艳鲜　邹文成　屈晓宇　王　颖　宋婷玉　白九元　樊　晶　韩林利

黄　奎　蒋学飞　刘双双　刘盈盈　穆雪梅　王明秀　张长斌　李褚喆　张　丹

肖　燕　吕芊锐　肖雪薇　李　昂　李正阳　陈晶晶　方　超　葛帅帅　侯　伟

刘三许　罗　玉　宋　亮　孙丽娟　徐东圣　朱加琳　贺正池　吕　灿　万一平

赵明朗　蔡警清　苏稚喆　胡清勇　廖　望　李有为　路凯敏　王　旺　王　鑫

王　鑫　张金龙　赵志强　朱茜茜　尹金维　张春燕　崔　凯　刘云山　汪伟伟

蓝艳红　罗　浩　彭长军　代　娇　关　茹　李　楠　王　灿　陈映竹　陈泽源

韩雨青　郝艳芹　刘　衎　刘思彤　苏晓敏　唐　宇　钟　燕　周　宇　陈俊橙

麻锦楠　王田静　张馨月　李金玺　林贞涛　李威力　李绪琴　马秋娜　莫　军

孙慧锦　薛红艳　张龙霞　杨梦琳　陈潇杰　陈真真　何建波　尹　杨　罗文君

文　鸿　孟雪飞　郑　刚　雷　毅　罗亚雄　曹瀚文　凌冰冰　王福政　张　申

曹　羽　高　文　崔贤慧　苟于单　郭明刚　韩云霞　何　翠　何南燐　何贞岑

后爱强　梁　婷　刘泽宇　吕　丽　马丹丹　严觉民　袁志红　张　佳　张莉焕

胡元鑫　程夏杰　樊　聪　龚红霞　韩　磊　李媛媛　卢鹏飞　倪小林　戚　磊

王　维　席双惠　张　琴　陈　吉　冯雷豪　吴京军　杨　鸣　张保卫　朱婷婷

朱笛恺　刘　燕　康　珂　孔群首　何雨桐　胡　浩　郑晓柯　朱秋辉　王晓哲

蒋　永　曹晓春　李明华　郑成浩　曹　旭　陈傅璇　陈军清　陈　林　陈蒙蒙

陈祥辉　陈泽堃　丁祝祥　杜春林　樊　蓉　高志华　郭甲戌　郭柯娜　侯文慧

黄雯嘉　黄义纯　胡灿林　胡珅健　胡　伟　李记鹏　刘保江　马　东　石亚玲

施泽浩　孙建伟　王　丹　汪　伟　王玉伟　肖锦琦　肖尚华　谢文舟　谢　越

徐细林　徐梓桉　周孙春　邹　越　柏靖云　蔡梦倩　陈　晨　陈雪莲　戴陈卡

董立军　甘　伟　苟成秋　何立红　何丽坤　侯雲峰　胡耀炜　孔莉莉　雷　春

李程鹏　李存燕　李靖民　李　康　李　娜　黎婷婷　李　彤　刘常娟　李武波

李潇瑶　李　艳　马晨曦　庞珍珍　齐凌云　秦　璐　孙运淼　唐发燕　陶　菁

王建华　王思雅　王屯屯　汪文涛　温明莉　吴　瑕　鲜　茜　尹颜朋　游思兰

袁　璐　张若愚　张思原　张兆坤　詹　洋　赵　轩　郑艳梅　朱以汀　吴　洋

曹　勇　陈　军　代林沅　李　理　李　然　邵维专　王　逊　董　雪　王虹胜

孟蓉蓉　谢瑞麟　余方姝　余瀚游　李　博　刘　蕊　冯　唐　张　扬　曹艳军

曹忠诚　段传奇　贺　庆　李伟剑　蒲　强　石　维　王林慧　王晓龙　夏应奇

徐慧贝　徐　锐　张海龙　景　丽　林玮佳　刘晨飞　桑　瑞　王　婷　杨文雨

张国泰　周远春　胡　驯　贾梦迪　李佩纹　卢正则　任晓婷　王凤玲　王　雪

王旭辉　王月静　向虹霖　肖　维　肖　雨　张华锦　唐嘉婧　陈雯霏　崔洋洋

崔　怡　蒋　芬　姜科君　李　昕　李　琰　乔尉真　卿　红　王慧洁　杨柳青

张　博　张　过　周子楦　翟映红　杨永茂　李宇茜　孙嘉茵　胡　丹　唐维英

王伟英　贺　丽　王春月　黎　慧　李淑娟　李晓云　胡　楠　胡晓青　杨小佳
刘　惠　唐　瑞　田雅兰　叶晓莉　张芸榕　张祚洁　李瑞娜　尹珊珊　周晓丹
邓朋庆　刘　菲　狄嘉玫　李羽晗　卢慧芳　吕正超　张　飞　朱　敏　刘梦晨
王发禄　王　欣　胡　成　林　艺　易　增　阳　繁　林琬婷　陈悦嘉　周　静
田　洋　程　婕　陈　杨　陈自敏　杭晓航　黄　镕　黄文杰　黄　永　李莎莎
李思颖　刘　银　牛　璐　王华丽　吴　静　徐　佳　杨正楠　姚佳林　姚小敏
张　倩　黄康敏　李莉容　李笑颜　秦　娇　王　黎　雍　鑫　郑媛媛　彭圣贤
李长城　李　宁　林良斌　刘　超　刘洁雅　马玲玲　牟　军　秦菲菲　王妍蔺
夏旭阳　叶　飞　张玉青　赵　娟　龚艳秋　何　宇　李梦元　李　涯　王英智
余春娥　孙　柯　程　鹏　兰庭轩　田　兰　王秀轩　吴云飞　肖鸿颖　张永光
汤玺川　吴玉娇　池文娜　蒋林宏　蒋晓娟　金全胜　李卓玲　许志强　闫　伟
郑赵悦　崔　静　王素雅　杨　朔　陈宣明　冯艳汝　陈青云　刘　磊　张家碧
曹潇月　付春艳　傅海滢　赵　梦　王亚宁　胥　瑶　刘　飞　石秋晓　曾　直
孟丽英　柴莹莹　李长富　郑云小竹　Daniel Garcia Medranda

工学 901 人

董　阳　何　超　何冬林　胡　庆　马小春　汪　超　王佳恒　夏文星　陈华康
范少川　林　巍　刘　洋　吴　双　钱　辉　钱　正　陈　怡　阚　韬　刘维玲
金成英　李　建　宋梦洒　肖　飞　许仁超　赵亚龙　陈雨婷　王　莹　李腾飞
曹劭文　李嘉琦　刘凤馨　罗　帅　聂建业　王言彪　王亚许　周媛媛　戴茂华
邓媛媛　段竞哲　方志杰　李柏蓉　黎　云　荣　松　宋润泉　汤任君　王贝贝
熊　杰　余军军　周英姿　符博娟　龙　程　陶国娇　熊文诗　赵　琛　邹　彬
方明江　张　磊　董俊峰　刘士杰　李永烽　王文实　吴秉琪　尹　晨　赵应盛
苏政铭　杨　勇　张　迪　张馨丹　郑亚琪　曹锴源　刘海家　李岚硕　崔潇田
邓　蕾　范　梦　高中杰　韩　杰　何　珊　李济海　李　琴　李　顺　刘　超
彭　超　彭志伟　孙瑜鲁　索士尧　苏　婷　汪思思　王永俊　吴　成　吴永盛
夏晨木　袁　媛　喻　芹　周永强　朱照阳　朱珍林　曹婷翠　鄢小慧　张廷蓉
夏德春　武其达　乔立能　蔡　丽　陈富琴　马佳佳　牟　跃　沈志伟　陶福煜
徐　腾　曾　超　张德茂　金宁敏　刘　凯　陆少鹏　邱月阳　刘存普　陈泽峰
陈　政　冯　鑫　何　平　蒋钟庆　卢正军　王　炎　吴　姝　肖顺陶　徐　爽
张腾飞　周　颖　朱　军　荣倖萍　李　琰　邱利茂　宋创创　薛　敏　张　婧
周　航　周　敏　何祝青　黄　林　黄　勇　康朋新　雷　川　李小兵　李　周
路敦利　卢倩雯　唐铭豆　叶宇昀　张富才　赵娅琳　周　磊　白兴都　陈婷婷
崔舒婷　邓　力　刘玉茹　张　耀　唐天宇　毕　雪　何思颖　李　康　覃施颖
王登智　王韬文　杜　果　卢红婷　沙铭宇　陶　红　钟　静　梁　珊　杨　双
汤　丹　张　菲　龚　兵　郭华强　黄建昕　黄　倩　梁纯平　廖　健　李　荀
冉　科　宋成胜　汤争耀　王　曼　王伟怡　魏　锋　余兴学　赵　潇　周宏桥
蒋凤舟　李万东　沈祖佳　苑　薇　张　鸽　张瑞雪　李　波　曹　潜　肖佳佳
李少杰　高　旭　马　枭　张开放　庄　艳　左东奇　何　鸿　徐　娜　范瑞琪

胡金龙	蒋　伟	刘　威	张　敏	张先萌	何林桐	黄玮海	霍相茹	江卫锋
李　超	李梦蝶	牟　亮	冉仁杰	唐　星	王　虹	杨　圣	袁　彪	庄文敏
黎显滔	张世伟	田　庸	黄柳儒	周永洪	董会云	何益江	黄文强	罗经平
叶枫菲	袁泽林	蒋明华	赵顺洪	李　焕	王鹏举	张国梦	赵　蛟	赵　军
张　弦	王焌雄	王少君	徐　前	徐天雄	杨　旭	叶北发	邹　宏	覃宏超
李柏翰	王　尧	周　甜	邓鑫林	邓　丽	罗　跃	段从武	吴远波	邢　展
许　博	罗　建	谭　星	王少纯	李深厚	李体军	钱柄男	苏　颖	叶俊镠
张　弘	张嵩清	张向峰	覃秋慧	帅　帆	王　琳	魏　灿	杨建宁	晏尚华
段　炼	周宇鑫	韩　峰	张　曦	白祥昌	陈韵竹	梁梦可	刘思聪	刘天宇
刘永强	李星雨	李　阳	李志晗	毛　义	谭　啸	谭秀美	王长虹	王柯岩
王　跃	魏金萧	杨　常	毕　悦	黄文婧	蒋正华	刘　凯	马菁曼	苗　丹
谭　鹏	王炫丹	袁少宁	张程翔	赵浩然	赵　曦	余雪莹	陈　讴	张福忠
李天华	王　剑	赵世林	毛人杰	胥章科	余　炎	丰　遥	刘丹华	张　芮
李琪菡	王　亚	黄亚兰	李佳逸	游志昆	董兴建	冯传信	耿子惠	荆　波
廖一名	刘保磊	李欣然	孙静月	徐泽兵	李佳涵	刘文通	李　欣	陶文娟
连天友	卢　勇	杨　帆	杨双祥	罗连杰	麻俊辉	王　清	宣　晓	张科比
陈思南	安冬冬	陈利波	敬雪平	田永良	王前慧	魏文涛	郑昌江	汪　鑫
游　洪	卢用煌	蓝启杰	李心灵	刘　飞	王籼君	杨　冰	赵利博	吴玉枝
李雪莉	刘琪琪	石锦涛	石珮生	杨　红	张浩东	朱　毅	刘海陆	刘孟轲
郭　杨	汪小梦	王　雄	任佳聪	黎坤运	万志鹏	张　丹	段佩吟	韩　悦
刘　可	陶　陶	王　甜	王　荻	高志伟	高　原	胡唯哲	姜　丰	刘秦见
孟春阳	聂婷婷	施泽彬	应　鹏	史亚龙	郭　灿	郭　卉	何美博	柯亭伶
李成乐	李雪莹	李　跃	马文卓	王　超	王济港	王　盼	王　帅	杨　毅
姚思聪	张昊焓	赵培焱	周　静	周　霜	安晓倩	秦之湄	沈丹杰	唐玉露
王　梅	王　荣	冷　强	李　伟	张明益	邓　彪	付　雄	龙　军	潘露露
张　恒	张宇洲	曹晋妍	方宁杰	郭颖慧	蒋茜茜	刘舒心	谭　潇	王　玲
王　萍	易　悦	王婷庭	刘小彬	齐　欢	王祎颖	曾　静	张燕琦	邹林芸
李亚茹	魏　阳	鄢婷然	唐　静	左　锐	陈波羽	黄夕芮	向　高	胡中华
李鹏成	卢　博	王　涵	汪文勇	薛　晨	杨　莹	张　印	杨以荣	樊立敏
黄月华	贾澄澄	蒋　炼	刘加丽	王　卓	杨学超	邹佳良	高蔺云	任林波
王春懿	袁　满	张朝飞	江方利	覃　琳	叶濒璘	张德彬	钟　瑞	林宁亚
宋以兴	程　凯	丁　灿	顾继一	黄　略	李秋林	李世城	李　昕	李轶蓝
马志伟	宋文帅	王启艳	徐亚亚	袁　佺	岳珍珍	张进文	张耀文	赵明辉
袁　嫄	曹　蕊	黄雅楠	马　冰	唐元会	许增培	于合理	郑媛予	邵　帅
张　鹏	邱学峰	石　强	田　也	文艳琳	吴发名	张先帅	寇清剑	李乾德
李　旭	李　雪	辛　航	杨金旺	袁艳玲	张园园	邹　璇	李金遥	杨素立
杨永刚	赵　萍	赵　琼	黄嘉秋	黄小利	李志杰	王　俊	郭文思	史新杰
陈　辉	李秦灿	胡金鹏	王　管	曹思雨	温　冬	张　科	顾灿鸿	胡　悦

姜　鹏　雷　许　李　丰　李彦成　李永胜　宋　畅　王虢元　王　琨　汪　瑶
查方发　张　秀　赵　鹏　郭杨锐　李海念　刘　学　罗安安　罗显富　冉洺东
王夏青　曾清荣　张建华　陈寿同　段兰娟　杜　宇　贺　娟　孙白宇　薛　潇
邓富丽　黄　懿　闫　钊　陈　雎　陈　婷　陈亭儒　范雄华　何凯武　胡　畅
胡晓伟　景　江　李　娜　林　锶　刘亚南　李志录　罗悦昭　马海斌　彭　旭
邱　毅　任明明　孙书雄　唐　聪　唐　游　王　藤　万佳丽　熊章星　杨亚铃
杨永昌　姚升超　袁　川　张　顺　张　雄　赵　倩　周　旋　朱春晓　刘　强
李瑶瑶　青宇杭　吴　超　颜培洁　杨玉荣　余德芳　张　迪　张　平　张文婷
郑思怡　郑雯佳　梁伟杰　赵靖文　吕永博　谢　艺　张　琦　陈科伶　陈小娟
杜巧红　李晓鹏　石伊园　王福欢　王亚玲　王照猛　徐龙坤　张国麒　张　海
赵　瑶　朱凯旋　黄华莹　青　颖　孙莉娟　王　秧　冯　媛　李艳平　吴　聪
董　冰　付丁强　黄小霞　姜红武　康允尧　李　渊　伍　娇　张艳锦　范晓星
王晓姣　冯丽源　蒋　萃　曾际颖　张　康　钟　琴　周　勇　杜邹菲　古　隆
杨亚玲　黄晓宇　张伶俐　姚锦涛　焦淑静　金　青　史玉媛　蒋　洁　程　骋
赵鲁丹　郑　威　李晴碧　白　玲　侯燕燕　李登勇　鲁凤娟　张　旭　陈国兵
陈梦梦　邓航霞　赖双权　孙小鹏　汪保川　王　帅　杨书广　于　凤　张　梵
郭学方　贾欣驹　王　芳　魏建宇　刘晓文　瞿　怡　宋勇峰　赵　丽　宁鸿宇
陈切希　罗　雯　秦凤娇　张嘉林　张亚豪　陈　洁　苟安娜　刘福权　岳雨曦
朱一伦　曾　鑫　王　刚　姜　燕　李嘉峰　李先娥　敖成鸿　陈　静　丁　磊
井　尧　雷　爽　林云杰　刘长青　刘　庆　邱翠波　尚文翰　帅小玉　孙秀茹
王　臣　王青福　王　蓉　汪亚民　吴鹏伟　薛　杰　徐　昉　许立富　殷　敏
袁若鑫　余　鑫　赵　伟　赵洲祥　周安娜　周军军　陈　薇　董仁琼　高笑笑
黄文娟　罗元林　蒲水琴　孙楚博　王早铭　王　千　余育晏　孙贞燚　汪灵骥
熊　晨　杨　屹　朱汶易　楚　佳　侯丰仪　胡文涛　李文泽　罗国君　罗　欢
彭伟明　武红元　肖　伟　谢　燕　熊　健　叶建刚　张　翔　赵志豪　朱小康
谢丹丹　黄　翔　赖香伶　李凌燕　桑子红　孙洪雯　孙小蓉　王捍卿　王乾瑜
王　昭　杨静娴　余　婷　周　满　冯志豪　卢思宇　查湘军　蒋瑶珮　刘　康
王家儒　魏来蕴　肖永聪　郑　豪　车俊瑾　杨团团　张翼蓝　李　杰　陈　昌
成　康　陈立业　陈胜求　代　洁　邓　博　邓飞飞　邓　鹏　高　源　韩艾纯
何　强　虎晓东　黎　洪　李瑞光　李　帅　刘天宇　刘小刚　刘雪辉　李　瑶
李正坤　李志愿　卢洪超　宁田丽　彭黎莹　任怡怡　宋杭岭　宋梦梦　王　刚
王吉康　王　晶　王乐泉　王　宁　汪　锐　王文强　武　萌　杨超男　杨丹丹
杨　寒　叶　恒　袁　伟　曾　杰　张　斌　张开业　张　力　张　青　张小姣
张伊伊　郑鹏飞　朱戈亮　邹　琴　白卫云　曹　杰　洪达伟　吕婉婉　石志清
王　冰　王建涛　王蒙蒙　位云侠　张秋静　黄雪连　任延富　李　宝　郭江龙
刘　丹　裴　玄　王　璟　朱　羽　刘晓露　邓　依　夏福明　龚居霞　尤伟婷
蒋宇卓　王　超　杨　磊　金正浩　贾文博　殷　琨　魏子淇　张振华　戴　翎
王　磊　何东阳　刘成俊　赵梦雪　梅立波　黄畅昕　李　朋　黄　敏　赖　欣

卢杰宏　梅全静　任　欣　闫　艳　邱　露　夏维清　陈鳞泉　王诗炎　王鲍雅琼
Basheer Mohammed Salem Mohammed Al-ahdal

农学 17 人

孟肖依　李瑞瑞　张雯娟　詹二宝　郭　昕　高续恒　杨　娜　查艳梅　罗后巧
杨云芬　史健阳　常　聪　张　宇　金　菁　彭梦瑶　王家星　张文娟

医学 257 人

戴历群　申　越　夏佩萱　车光璐　简　洁　马其钊　许　倩　翟小倩　陈建霞
崔井会　邓春草　高泽华　葛汾汾　李和沛　林　伟　田　欢　王　倩　张旭东
赵　丽　李雪榕　韦庆涛　国琪伟　杜　彬　张　姝　王　拴　王主君　刘　沁
高　哲　罗　林　苏　杭　代昕雨　杨　钊　苏冬梅　苏　飞　姜瑞瑞　王亚健
王一婷　余明静　曹　迪　陈　薇　陈艳华　董　杨　耿　冲　蒋利成　金　晶
刘古月　刘　菁　刘　露　刘　婷　刘志月　李欣然　罗承昕　陆　杨　彭　薇
尚　进　孙　偲　唐小琼　万　珊　阳钰婕　余　乐　张冬梅　张苗苗　张甦菡
张馨月　赵　丽　高芸艺　黄媛媛　蒋　昱　吴鸿雁　杨晓雪　杜　蓉　何军颧
邹　蓉　黄静兰　李伟然　陈　超　王雨婷　杨　帆　郭毅佳　黄宏燕　朱丽娜
刘　辉　张　乐　张灵语　高　猛　谢　敏　黎安琪　杨北辰　杨　琴　鲁　璐
罗　强　段　婷　彭婉琳　斯　艺　王　婷　张　菁　陈　豪　苟　瑜　郭思琪
吴晓娟　李亚梅　郭　英　龙　芳　蔡　鹏　陈家乐　范　强　金　谌　廖登勇
刘宏远　马广智　宋小海　谭一非　王成鸿　王启光　汪祝乐　吴昊言　徐洪卫
杨先伟　尹晓南　张秋铭　郑　羽　周　坤　朱　策　韦诗友　杨玉帛　周宇婷
李殊颖　牛艺臻　谢义东　赵聆君　郭珍珍　刘若无　陈　玥　侯婉婷　胡珂嘉
刘佳奇　庞　琛　周雪艳　朱月婷　范晶晶　刘洪红　刘　静　徐菲菲　赵文玲
石　钰　王　红　蓝　敏　刘凤阳　王金姮　徐金艳　刘珍君　朱　月　许彬彬
杨　杰　黄亚玲　李晗婧　王　刚　常小霞　张馨予　黄　靖　宋媛媛　宋雨晴
王文秀　文　信　游华轩　杨冬菊　樊亚平　胡晓宇　李　倩　吴家顺　霍凤莉
蒲玲玲　张　鹏　张　璇　熊　萍　贺亚萍　刘春容　刘　晗　彭友悦　蒲　晨
杨　婷　郑敬环　杜旭东　刘霖芯　刘婷婷　刘小锦　李亚茜　骆焕园　牟雨婵
孙晓蒙　王　楠　吴芸芸　徐嘉悦　曾　苗　朱　萍　陈虹宇　周芸竹　陈媛媛
廖欣怡　潘香香　单靖焱　殷　俊　于晓红　曾　香　邓远乐　李晓萌　王嘉怡
曾小庆　张洁怡　赵蓉萍　周凤鸣　张素华　朱卫南　廉　楠　徐　淼　钟　伟
李明昕　刘　银　王　倩　刘雪薇　陈亚玲　蒋明娟　刘思静　秦倩倩　王　瑶
柏　鸽　崔欢欢　郜　佳　何　琳　汤海涛　徐菁佩　丁士祥　叶睿雪　朱嘉琳
杨　展　陈雯雯　陶　欢　伍薪羽　陈　雨　赖雨洁　王美林　欧阳力雪
林诗蓓蕾　旦增曲珍　卓玛拉措　次仁央宗　Shashi Shah　Vivendar Sihag
Thongher Lia　Dujanand Singh　Sujan Shakya　Rina Pradhan
Saurav Sunder Shrestha　Kunal Mreedha　Aslam Mohammed
Divya Tara Ghimire　Hirose Shakya

管理学 249 人

曹乂文　李　姚　秦　意　曾　臻　段苏芮　吴俐君　陈　楠　胡雪芹　陈楷健
陈坤蓝　陈少锋　邓其瑶　韩　雪　简思梦　李　娟　李佩堂　任泽伟　汪玉兰
邢盼盼　许朝中　杨柳松　袁　丹　于　悦　张　超　张建华　赵慧婷　陈　帆
崔李花　代　倩　方林雪　何佼佼　李登黎　李　卉　李　林　陆佑海　彭海燕
舒皓羽　王文东　杨环环　田　柳　王　星　杨　娟　游梦琦　胡英鹂　罗皑皑
章振颖　骆　宏　曾文麒　王丹梅　刘严匀　吴依贤　张雅博　赖阳磊　杨　楠
陈建容　陈奕莹　甘念灵　何凤琳　姜微波　江阳阳　林长江　李少爽　刘　恋
马鑫茹　任　兵　孙艳红　王　聪　王　刚　王　梦　韦莉娟　徐　陈　赵萌雅
钟　瑶　朱　敏　代晓旭　曹梦潇　董瀚之　郎冬雨　李珊珊　李佳桧　李舒敏
刘　刚　李　雪　李亦琛　罗云洁　宋文弢　王　洪　王　卫　王业玉　张　逸
张　越　朱雪丽　戴晓海　惠　阳　刘博强　覃蔺蔚　邓　蓉　杨宇航　吴　键
窦珍珍　高晶晶　李妙月　潘铭杰　唐艺志　吴格格　高秀娟　唐雪馨　吴晓梅
张宽馀　陈　毅　毕凌凌　姜　瑜　刘　青　龙伟华　毛　艳　秦　嘉　沈宪伟
田华丽　肖新华　张　洁　翟　婷　李佳佳　李晓娇　马雪杨　强正佩　席　戬
杨　璐　朱美玲　马小云　余　超　夏林玉　杨德兴　崔贤朕　刘　澈　宁璐嘉
徐　璐　张谙宁　贺意林　金　石　李　帅　胡利佳　蒋小蓉　刘任烨　陈庆庆
龚梦瑶　江　潇　龙珊珊　代　阳　连　湘　满　艺　翟倩妮　周莉莉　雷　琴
丁　洁　庞　琪　张一迪　李秋林　陈　萍　王　倩　马　隽　苏晓灿　邢建凯
熊　望　祝　凯　邓　爽　肖　敏　张　月　蔡湑庆　侯晓隆　陈　鹏　刘海涛
李　灵　黄　琳　罗　娜　周翊君　梁绍东　李艳佳　孙　洋　王国蒙　陈立嘉
陈　巧　陈勇利　李　欢　陆宣婷　任琳琳　苏彩云　王乐朋　魏慧慧　姚　聪
喻上坤　梁　攀　姜慧妮　刘昱彤　潘少辉　孙晓东　杨雅婷　熊　石　陈　琪
陈潇亮　冯德平　冯　磊　覃春华　孙新宇　王希文　谢　涛　熊　恋　熊位耀
杨晓青　曾杜娟　张瑞昕　邹驰研　李丽艳　董贵华　刘芮辰　刘　余　伍　玲
肖　笛　张楚雪　张茂园　赵艳斐　郑贤莉　赵　璐　仲淑欣　朱旭东　李羽佳
熊　静　闫光辉　于添添　陈　禹　潘康康　田　旺　王彦婷　肖　宝　雷　玉
李　佳　唐　贝　魏孟飞　詹生清　程　琳　黄　璜　李　俏　刘劲松　杨　璐
韩　宁　邱实张华　Ulfat Rasool Gohar　Thu Hien Pham　Sayantan Ghosh
Talat Qadeer

艺术学 102 人

郑皓莹　柯馨语　李瑞英　苗丹阳　杨柳新　周东东　史　曼　张梦璐　周子恒
丁　果　王　猛　高　瑄　刘　晨　阮加乐　苏国昌　王　珏　王鑫豪　王羽慧
谢晓婷　黄　河　余　瑞　王　丽　张　鹏　何　弦　张晨薇　曹诗旋　程　茜
郭峙含　侯　帆　纪元媛　李　唱　邵骏雅　尹德锦　钟长超　李瑞洁　郅　好
段　敏　黄媛媛　黄子薇　欧阳聪　任甲重　拾　蕊　王喜娟　王　璇　张明月
李　易　肖光耀　高　莉　李乐怡　罗　冬　曲　歌　赵　源　吴雨蓓　梁　爽
吕柔漫　唐艺菲　武　岳　徐梦莹　苑雨萌　于孝介　黄诗雄　张佳颖　童怡祥

叶　筱　陈　序　何　苗　金绍琛　李文艺　李雨婷　向　静　杨刚亮　殷慧芳
袁　瑜　张　鸣　陈朵朵　郭　俣　宗志威　关孟康　陈子豪　何欣城　胡伊然
李　欣　庞冰洁　宋南昕　胥　倩　徐心竹　杨青苑　张　晶　常朦朦　刘　振
骆玉阳　马富仲　马星玮　秦　瑾　王国辉　吴艺璇　徐　恒　闫璐瑶　张竹莉
尤毅恒　杨　婧　潘　蕾

（六）全日制专业学位硕士 2273 人

金融 52 人

李彦池　罗旌旖　郭佳鑫　郭　丹　赵雅君　罗科学　滕　岱　李心怡　王翔宇
张云宇　胡腾升　郑琪元　方　晴　王艺燕　秦雪峰　刘芳楼　付得利　陈杰超
唐志坚　罗　洪　管丽倩　张　翔　王甜甜　张嫚玲　郭世泽　刘　颖　王　玮
管　双　孟令宇　高　莹　廖欣钰　胡　梦　王清波　张秋源　王　康　宋文浩
许　佳　陈　语　刘　洁　凌永林　陈　珏　何晨菲　陈美熹　肖　俊　曾栎丞
张丽川　贾雪杰　李晓阳　陈浩苗　滕　浪　吴为然　谭　杰

应用统计 8 人

谢正娟　梁下蹊　吴　彬　钟敏嘉　袁文杰　吴鹏程　柳　睿　杨　锐

税务 8 人

杨培怡　黄林坡　游　翊　汤默默　秦　松　甘　孙　段鑫艺　王叶婷

国际商务 6 人

田　华　周方翔　罗亚兰　刘思绮　陈旺北　张菲菲

保险 4 人

刘露瑶　张　茜　黄嘉陵　刘　艳

资产评估 4 人

王昱厶　马文杰　何东生　涂　静

法律 114 人

马立元　陈上鉴　曹　娜　胡梦瑶　夏新祺　张楚研　蔡文文　邓丽瑶　何中堂
侯　萱　吴　思　魏　虹　杨智楠　赵亚飞　张子伟　朱玉玲　蔡婧雪　程书京
陈开兵　陈　瑞　陈　艳　崔梅楠　丁冰洁　董　睿　董小钰　方　成　方　徐
樊家齐　冯兴艳　苟洲旻　郝欣欣　何卓律　侯如霞　黄烁心　姜燕红　简　硕
赖福林　廖永钰　李泓江　李红伟　李林烨　李　琼　李　双　刘梦凯　刘亚欣
李修品　李雪琴　李　莹　李作人　路国宇　罗怀霞　罗智科　聂　超　邱　方
任和吉　石　敏　苏康宁　唐　郡　王　浩　王欢欢　王　璐　魏　铮　吴海霞
吴　昊　吴虹林　吴亚光　武子焱　夏　烺　谢从雪　许凯雅　燕　晨　杨　超
杨　燕　杨　熠　杨洲芳　颜　宁　游　爽　俞蓝天　喻亚楠　张　藐　张天昊
张怡兴　郑丹丹　郑　月　周程程　周小丁　周亚辉　周勇锋　朱　海　卓文彬
朱燕萍　朱雅文　李银翠　陈小琴　胡春燕　李爱君　黎　红　林　丽　倪　倩
彭　严　王亚男　阳　皓　于海艳　赵艳霞　徐永炜　余　盼　陈柱宇　耿丹萍
宋进宇　万　莉　于潇杰　张前程　张语函　晏　鹏

社会工作 5 人

李梦雅 杨　令 唐露萍 陈　玲 张晗睿

教育 1 人

李佩玉

体育 2 人

王欣佩 梁朝娜

汉语国际教育 74 人

罗青青 杨宗果 伏利平 高潞西 康　晔 李　思 陆雨晨 欧曦钰 宋丽丽
文　媛 尹婷婷 白新杰 陈立军 陈　曦 邓沁语 杜雪薇 方　玉 范琳沂
郭丹妹 黄梦媛 蒋林洋 敬玙菡 李晨蕾 李冬梅 李海兰 李　敏 刘　琴
李文倩 李　雪 李熠楠 李　媛 李云飞 彭玉璐 蒲茂林 蒲苗苗 冉　爽
邵亚茹 史可璞 唐　欢 唐　宁 唐　雯 谭思璐 王冬成 王静静 王李霞
王　霞 汪亚辉 王　扬 王阳洁 王雨婷 吴　磊 吴文婧 肖　蕊 许明月
袁沛云 袁作燕 余　琴 曾　敏 张　慧 张梦诗 张清君 郑　瑾 郑晓沁
郑　伊 周丽娟 周　校 邓琬莹 胡　扬 韦婧曦 张　黎 何燕芳
Daryna Drotska Akerke Alisheva Chika Miyajima

应用心理 7 人

李昀烨 王夏歌 毛琳璐 张红霞 张俊丽 刘昊雨 帅雨徽

翻译 39 人

张雪琴 陈双凡 丁　祥 陈荟竹 何慧玲 吉　洁 柯美辰 南玉琢 王　玲
文　巧 文玮林 闫春清 周银秒 李念浓 山玉梅 王　丹 王　茗 谢晓羽
邢友萍 薛　景 赵雪薇 朱　娅 王思力 白芮千 郭梦云 李蕊岑 吴楚伊
幸　雅 李怡然 薛　晓 叶虹玙 李　铖 卜丹辉 贾春燕 刘　秀 谢　飞
阳　奕 张艳阳 江何安琪

新闻与传播 69 人

林　帅 孟　婷 郭维怡 高艺晋 蔡　娟 成世凤 陈嘉玲 陈文飞 段　然
段智翔 樊　周 冯　露 葛碧溪 贺子龙 侯　玥 黄　然 梁晨晨 刘潇媛
刘宇航 刘昱阳 李　想 李　欣 李　阳 李越琦 王　林 汪　玥 肖　玲
徐靖德 杨　洁 杨　颖 姚　凌 姚正洋 袁世峰 赵坤洋 周瑞英 朱小敏
祝悦珂 郝姝雨 廖存希 苏胜波 谢宇烽 戴林峰 何冬梅 焦家奇 李　正
满　霜 苗　言 潘思宁 史旖珺 孙　行 王　璐 魏清露 谢　恬 邢天然
杨慧华 杨　眉 杨晓菲 颜　颖 晏　悦 姚婉洁 易思明 衣晓峰 赵　洁
钟雯霁 周晓娟 朱昊赟 申梦芸 刘杨川月 曾明星宇

出版 15 人

李　洋 董小夏 康晴晴 李静悦 刘海英 刘　澜 罗　思 邱子昊 史香玲
孙可心 杨　棣 赵祖念 祝子民 晏江楠 雷雪瑶

文物与博物馆 31 人

冯萍莉 付茂原 杜彤昕 程　龙 王美霖 周志坚 唐　静 赵　兵 钟晓寰

付　泉 钟紫伊 李知萁 王　雅 杜卓然 曾　宇 王　楠 喻子曦 张倩影
邹　义 王　鹏 曾　凯 黄砾苇 代秀丽 王苒滢 胡　程 雍　倩 高瑜雪
欧亚菲 付卫杰 胡　月 邱阳乐渝

工程 491 人

石　柯 陈桎远 贺云鹏 刘　彪 舒　磊 文玉梅 章筱迪 邹建雄 张冬冬
耿　琦 彭静珊 乔　洁 单　策 唐健雪 涂　潇 王志红 姚润东 朱娟娟
刘　鑫 蔡发明 陈　林 顾升学 胡锐峰 梁井川 李春江 李春晶 李凤娇
李贵鹏 刘　琦 宋雅莉 王　健 徐　娇 陈　旭 龚运鸿 孙彦楠 曹　诚
陈　才 程　相 陈志鹏 冯子通 韩润兵 胡明明 纪执楷 李建春 李　君
李　路 李卓尔 王玖林 王梓杰 万园洁 韦招静 于海东 张　典 郑广春
钟　飞 周　颖 黄锐杰 谢李旭 余昊霖 安健樟 陈　寒 代　旭 冯　波
郭快乐 郝　文 胡定琴 来豪杰 李盛义 刘梦迪 刘莎莎 李晓鹏 马　敏
荣鹏程 孙　钰 王　飞 王开树 王晓博 王义春 王战胜 万里佳 魏宇航
向仁平 肖富强 杨越迪 闫鑫坤 岳现华 张珂玮 张　培 周　川 周飞龙
周龄童 周宇环 左小艳 何小桃 江　汇 孙少强 余杨杰 褚　宇 邓　兵
范绍捷 黄俊豪 赖　力 李　斌 李彬彬 刘　畅 刘　超 刘焕金 刘　坤
李现春 李　毅 陆红红 卢斯伟 满　斌 欧　彬 彭　骥 宋兴格 田　昆
妥世花 王袈欢 王　磊 王晓东 魏炫宇 卫亚斌 文　华 伍雪松 谢志豪
杨博宇 杨少令 杨洋洋 易　亮 曾　龙 张启帆 张文君 周建钦 朱昆仑
邹晗阳 李亭亭 辛军强 刘俊波 胡宇宙 许安航 罗广顺 潘玉霞 胡茂芹
陈科彬 史光耀 邓　旗 邓苏娟 杜蜻蜓 蒋红亮 蒋　容 景卫哲 靳雯皓
李　丹 李　瑾 刘　迪 刘　广 李雪松 罗大厅 宁世超 吴泽穹 吴志祥
杨　超 杨　林 尹　龙 翟亚飞 张百甫 周春燕 朱雨薇 阳莉汶 郭焱林
郭　超 廖秋萍 刘远帆 孙晓艳 王　迪 王　鑫 杨　跃 杨植雅 张程嘉
张弘历 赵海杉 程冠鸿 杜静雯 何泉林 吉　蕊 林　闻 李银锋 谈继勇
王　江 王　仑 吴其凡 向雨晴 银玉琳 张欢庆 张佳楠 陈　琳 王洪奎
徐　文 李敏毓 曹亚波 程小林 邓文杰 郭　文 黄超凡 贾柯祯 江　存
江　雷 金　玉 赖　飞 黎　鸣 李　璞 李施豪 刘　留 刘奇聪 李　旭
李宇衡 李　赟 龙敬文 卢　峰 吕华富 庞廷海 潘　倩 沈建凯 史魁洋
孙伟杰 王　浩 王培武 王秀席 王　月 王　岳 王泽荣 鲜　伟 谢　凯
杨　欣 杨镇豪 叶雄峰 于　超 于晓敏 曾　辉 张　青 张园林 张振宁
赵洪田 郑俊伟 郑腾霄 郑伟超 周　飞 朱庆垚 车　奔 陈小林 邵　丽
张世西 陶　祝 陈　功 陈新义 杜文超 冯俊凯 李　涛 潘科学 卿　伟
王　凯 王　跃 张代齐 张　良 张鹏博 张　毓 邹　涛 罗小涛 覃　涵
李辉进 李田野 刘　源 孙浩轩 孙　欣 卫陈默 赵新辉 柏　洁 梁　飞
刘千梦 彭　博 瞿书舟 陈　勇 陈玥希 冯欣怡 贾博涵 蒋京晏 刘　凡
刘雪萍 李英杰 马　帅 唐　纲 唐伟枫 王博知 王清森 严　岩 余　渊
张浩凡 张玉梅 邹敏杰 王世朋 周　晨 韦　晶 昌子多 樊　旭 郭　会

贾　栖　梁楚盛　李　勃　李纪龙　潘雪倩　彭罗成　彭　引　曲　田　舒付军
宋家俊　宋　凯　唐南波　田　雨　汪厚松　王　军　王　琼　王汝林　王新栋
王　喆　王之晗　王子华　吴　池　夏雪平　谢潇潇　易恒如　张　飞　赵志鹏
陈　瑜　邓朝福　李安强　李丽勤　李　萌　林　星　宋　俊　王塞玉　姚瑞虎
张秀红　胡赛潇　谢锐敏　高士元　齐瑞峰　邹江东　毕　娜　蔡　炜　陈　冲
但顺民　邓婉琴　冯　洁　干沛然　葛　敬　韩　雪　黄博文　胡海洋　胡俊要
雷玉庄　李锦东　刘　强　刘殊壮　陆振谱　梅显斌　倪海翔　邵志亮　陶　阳
田昭翔　汪　霖　王美美　王　正　肖亚雄　谢晨光　谢　逸　严志辉　曾　霞
张棋茜　张晓同　甄方臣　郑晗骁　周明明　周　鹏　朱晓红　邹腾修　贾晓艳
王　丹　白进维　官小琴　吴柯江　许　飞　戴朵谦　孟雪飞　尚　超　宋士连
朱明津　王　双　王天萍　郭宝夫　张思航　李千姿　贺昇昇　李　丽　李　倩
刘　伟　孙　哲　余　康　张鹤铭　赵保华　周伟杰　曾凡杰　蔡雪梅　高　畅
蒋珊珊　李美凤　马　乐　金　璐　杨飞飞　任颜吉　黄　瑞　任州之　曾　妮
蔡媛媛　曹席磊　陈　功　陈云雷　范雅珺　冯宗东　高传伟　高　俊　郭成瑞
韩　晖　韩伟强　姜晓琴　李双双　刘子正　罗　航　罗翘怀　吕江波　马敬志
彭胤杰　乔允允　宋　言　汤教佳　王伟超　伍丽萍　吴　鹏　邢程鹏　杨舒雅
闫珮瑶　岳　佳　张凡军　邹会昭　梅　鸿　常苏苏　丁智科　方海波　冯成蓉
焦磊磊　贾蕴储　金　磊　练书豪　刘长久　刘航江　刘晶珩　王嘉瑞　魏　蕖
余东京　张小云　张振中　周文婷　周　玲　王　峥　倖　至　何　圆　江　河
刘洪佚　刘　萍　伍岳新　杨　丹　袁　露　赵建刚　牟　莉　魏　玮　李晓杰
陈张宇薇　孙意冉　王　涛　谢世陈　姚思敏蔷

风景园林 20 人

樊晓旭　李学波　邵平悦　颉文怡　余林蔓　梅　杰　白　杨　邓　川　伍美其
吴银鹏　许海波　徐　爽　曾琳莉　张　玲　焦海昕　安晨妤　李曼凌　李　悦
潘　婷　张佳臻

临床医学 187 人

雷甜甜　张俊慧　曾鹤琳　陈　飞　汪　莲　白　敏　岑志富　陈　君　陈晓雪
陈旭萍　冯琳鸿　龚深圳　胡枫湫　姜　珊　郎江莉　李攀龙　李亚容　陆　清
沈　怡　魏　嘉　温美琴　吴雨曦　薛官珍　许　莉　杨　玲　杨　艳　余　恺
张　琪　赵婷婷　郑　雪　周骏腾　李含雨　林丽萍　马一菡　任娜娜　杨　雪
叶连松　玉　珍　周振兴　卓　玛　葛　敏　郭兆明　孙静静　张　蕾　陈　斌
梁　金　刘　颖　李晓冉　郑融融　林　敬　李少平　赵佳驹　杨平原　何永萍
刘小晓　李　云　张自晖　汪　翊　崔福涛　蒋　丽　陶　博　王紫薇　谢林均
叶芷君　余佳泽　姚玉唐　彭　武　王　霞　杨婷婷　刘敏雪　魏　彬　赵珍珍
范　闻　马　皓　唐剑伟　唐小捷　武佐威　蔡　合　陈　康　陈　梅　方　丹
郭耀川　廖　建　李博华　李　刚　李俊宏　刘富均　刘金鹏　刘　亚　龙能吉
卢　山　马清泉　孟维锟　聂　攀　牛小东　沈嘉渝　王天伟　王政昊　向立历
肖　杨　晏兆魁　叶　州　尹诗九　曾俊峰　张　恒　张　凌　张心怡　张　扬

赵　坤 赵　锐 支振亚 李金龙 舒　驰 王军克 王　森 张少云 郑二良
龚　敏 敖　雪 陈代娟 邓莉芸 何　继 李婷婷 刘丹霓 刘诗羽 普筱敏
乔　琳 唐慧芸 许　钰 尹　霞 易启华 岳　驰 张　欢 王瑞瑜 曾晓峰
李水珍 罗荣莹 闵晓雪 杨尚飞 张自绒 赵慧杰 孔维丽 钟　兵 邓云富
秦怡嘉 付小波 何海霞 黄　婧 刘　兰 田　雪 卫治功 翁华伟 杨宁宁
张　欢 赵　健 周科汛 田雨可 万于茗 张　瑜 印金平 陈长伟 邓超奕
侯　芹 孙佩佩 辛　娟 张玉涵 郑碧鑫 周璞真 张海燕 陈雅丽 韩学广
李培艺 罗　蓉 郝　迪 姚　鹏 陈蝉娟 黄　丹 康鸿鑫 任泓宇 曾　艳
石婷婷 颜　彬 周沛萱 朱文君 江　荷 景秋洋 尹晓雪

口腔医学 120 人

陈　刚 龚　立 胡　琛 刘　琰 肖妍荻 晏吟秋 张　念 白　林 陈瞳霄
陈　熙 代佳琪 戴敏佳 杜　倩 高晓蕾 高晓磊 何双双 黄椿棚 霍媛媛
蒋伊晨 江义笛 纪焕中 李锦锦 李龙飚 刘　丹 刘明曦 刘　珊 刘映伶
栗　智 龙　婷 陆君卓 鲁立光 罗　天 罗惟丹 罗雪婷 陆洋宇 马华钰
裴心佛 乔翔鹤 覃之凡 任　倩 舒亦轩 宋雪娟 唐智群 谭显坤 田陶然
王　璨 王鸿哲 王茂夏 王　鹏 王秀清 魏子豪 吴虹乐 吴　琪 肖佳妮
徐佳蕾 许　婷 杨　梨 姚懿桓 衣晓伟 张建康 张尽美 张　萧 张　鑫
张扬根 周腾飞 周雪曼 周羽洁 朱　鑫 朱　燕 顾旖菲 梁静鸥 田泽芸
万凌云 王禹弘 徐　舟 许罗娜 杨旻玥 杨　卓 元　博 张　琦 郑英成
朱　甜 黄　鹂 甯佳丽 黄翔陽 魏章明 詹维晟 夏思思 胡　洲 张　智
余云波 王　帅 李博磊 王　晖 王　拯 刘　畅 万　震 徐舒豪 杨　苛
肖　遥 罗　涛 杨金民 黄　皓 韩　轩 王　禄 马全诠 陈方曼 崔迪新
谷　天 刘一颖 陈　莉 席苒珲 陈娅倩 宗　弋 胡洪英 余　萍 田志燕
董星彤 蓝露芳 Yun Hee Jung

公共卫生 22 人

李姗珊 陈沛然 陈　倩 高　旸 胡　晓 吉园依 刘　琳 李文龙 李兴桥
罗佳伟 马原林 邱　炜 孙　冉 唐　雪 王小燕 伍梓汐 杨梦平 袁雪莲
甄丽丽 周晓婷 马爱军 杨柳青

护理 8 人

傅文静 刘雨薇 陶　琳 王金垚 颜　文 胡紫宜 雷　蕾 朱　红

药学 35 人

靳茜婷 廖　琪 常怡然 程家鑫 邓　菲 冯　双 桂莹莹 谷漫峡 李佳莲
刘　贝 李维欢 李汶睿 孟　娇 宁婧婧 潘昭平 覃先燕 石继祥 苏　趁
田方圆 王鸿茨 王　颖 汪忠军 尉广飞 吴嘉伟 胥玲玲 许雅萍 游　蓝
周　瑶 周颖钰 林逸云 牟泽东 熊　露 阳述平 杨玉屏 杨苏瑁鑫

工商管理 109 人

魏　瑜 赵　超 千国良 李　锋 代文豪 陈　鹏 苟　芳 王进雷 高　姗
张远骑 武新蜀 尤　卓 黄正徐 徐珍珍 张龙云 王　川 蒲　旭 张　彪

张　辉　戴　敏　李东升　朱自然　向春晖　张继青　王　迪　韩江雪　彭　松
黄萱琦　涂伊兰　陈　璐　陈　松　常　畅　陈　宇　何　河　贺前艳　黄纯惠
李　娜　李万涛　李思佳　李静宁　刘　珊　倪诗语　彭艳霞　乔旭阳　权　欣
沈　珩　孙婉露　涂　雯　王小东　武嘉敏　谢　缇　曾　静　朱珞珈　邹　英
曹金凤　陈瑾静　陈　军　查日苏　寸文龙　樊　璠　高艳萍　龚晓伟　郝　奕
何鹏威　黄仁鹏　胡适知　胡永军　江　建　江　美　冷　超　梁立昆　梁　敏
梁　元　连琳杰　廖迪文　李　丹　刘佩佩　刘　奇　刘三英　刘　伟　李　雪
黎瑜琳　毛　强　苗　蕾　秦　超　任　翔　苏　玮　谈美希　田　攀　万正军
文　华　吴俣佳　夏　娟　向俊锦　叶帅兵　曾恕萍　张　煜　朱　衍　唐兴林
罗　建　严　莉　滕东海　庞　波　李　茜　王祥安　Jinho Park
Miock Kim　Shinho Jung　Booyeon Kim

公共管理 98 人

王建荣　何佳琰　黄静茹　郑　华　余　飞　李俊龙　刘晓玥　廖　云　刘　甜
周　沁　程思瀚　但　蕾　罗鸿译　张　博　丁洁文　彭　啸　汤　沛　唐唯轩
唐月明　王　伦　周晨晨　曹　蔚　常　扬　陈凤英　程玉波　邓淑文　邓汀杉
丁　翔　杜璐桐　杜银田　冯梦龙　冯文晰　符　磊　高炳焱　胡　明　胡文琳
胡晓梅　姜　君　冷奇柏　乐益矣　梁睿纳　梁徐斌　廖　敏　李光霁　李　堃
李　玲　李林芝　林东升　林航吉　李世贤　刘　凯　刘颖杉　刘　雨　李汶遥
李　越　牟诗瑀　潘　玮　彭　虹　彭　涛　任　娜　沈福玉　汪琛尧　王径舟
王梦霏　王映晖　王　越　万志海　魏英明　吴泓翰　吴　梅　向　磊　肖建隆
谢　军　胥　欢　徐　蕾　杨彩云　杨　帆　杨　江　杨　鹏　杨志茹　叶　岚
叶　灵　叶　露　袁　曦　余　璐　张旭东　张　玉　张紫玉　赵婧汐　郑　锐
郑雯丹　钟宇心　周　蕾　周　冕　周秋菊　周　涛　朱宏杰　朱晓琳

会计 10 人

向　倩　柴鑫涛　杨　静　程　越　李　萌　宋婧雯　何　琪　陈彦琼　黄　姿
康　辉

旅游管理 8 人

马　芬　张晶晶　倪　璇　幸　运　马于稀　蒲彦儒　刘　影　卢　晓

图书情报 5 人

杨　艺　詹佳鑫　陈　静　王国硕　李秋静

工程管理 9 人

彭力沛　陈　松　周成刚　刘巧玲　何　华　阮晓涛　邹　娟　游　佳　陈　锐

艺术 18 人

李　雪　袁小倩　于进杰　李佳芮　余　荣　易婷月　邓菡宇　卢方琳　王　庭
魏　华　席珺榛　尧　婷　曾　亚　周　倜　陈志龙　郭俊楠　刘亚芳　徐　雅

法律 21 人

陈　璋　庞式博　胡　蕾　卜志伟　马汪璐　柏　兰　邓雪梅　林　兰　钟　锐
刘　海　何梦妮　资阳斌　王　思　熊　壮　周　晴　张凌瀚　张瀚文　魏运军

张敬一　苏　敏　唐靖虹

工程 551 人

黄治中　朱思田　杨智云　徐　芳　陈　渝　董立志　陈佐昀　包　礼　李海峡
韩　霖　陈　龙　张亚伟　卫剑文　张　云　张晓程　张　波　肖超文　李　玺
白晶斐　罗　意　苗　磊　张　杰　关田甜　张绪平　马　磊　罗太元　程　聪
陈雅洁　尹仲夏　熊　波　尤语菲　钟世东　刘志威　周小琴　朱明蕊　杜　垚
吴　凯　吴　悠　宋　科　王　昊　颜　龙　王　进　杨　宇　张　璐　刘元忠
王丽娜　龙正义　廖世军　龙　腾　何书宇　张　杰　王　晶　张勤勤　唐　麟
于步亚　朱　猛　李　慧　宋　涛　李　维　黄闻韬　杨昕怡　刘　鹤　王　刚
张　旭　李　波　陈　阳　仲　平　范嘉俊　邓　颖　李光华　谢　超　李　强
吴　梅　李泓钢　郑银铃　隆小刚　张　帆　李西洋　陈　翔　马　健　张　华
郑　韵　田　冰　杨少锋　李　楠　李泳龙　聂　潇　谢滨泽　谢艳丽　张　博
刘凯豪　杨海运　刘浩宇　王　恒　陈　凤　闵　也　经　菁　王东辉　魏　瑶
李宇泽　熊学锋　马文科　张昊霖　徐　磊　文　洋　杜慧琴　张　薪　张　恺
唐　恬　徐龙亮　蒋奇祥　李召恒　彭　鑫　阮靖云　沈家佳　向佳里　张友为
贺　杰　汪　洋　肖鑫子　闫　正　李　靖　魏万波　周　杰　吴　瑶　陈举林
谭　飞　黄　衎　文　勇　姚云青　罗　波　马骏逸　赵　矛　何一平　李浩立
杜丰瑞　赵文霞　曾　东　杨　俊　温翔宇　刘　源　梁　萌　岳丽华　王　兰
卢　骏　于志亮　张　越　陈　影　陆　林　姚　勇　周　海　祝宇杰　晋　军
刘　茜　满　达　徐子怡　潘　诚　张　瓒　吴义锦　李海滨　郭富强　高　虹
曲　丽　廖　健　赵常未　陈　杰　吴　东　徐　政　郑　华　李　钰　刘　泽
王宣文　张中南　姚　瑶　李　敏　王润生　尹　剑　王朝林　钟　真　高　峰
孙　靖　范晓天　熊方新　陈　康　李静菲　赵　翔　张　夏　王雪玲　牟昱东
王　珊　朱峥任　宋宇达　荣　莉　蒋玲珑　何易燃　支国良　杨鹏程　沈　礁
牟　洁　王　红　李小智　杨庆元　徐小皓　刘蓓君　朱文翰　毛　侃　屈园林
曹　智　刘海洋　刘春甫　崔冰洁　郭丽丽　郭　岩　郝　琰　何昊婧　侯樱笛
黄　山　李椿雁　李　丹　刘　佳　刘　静　任云飞　邵宏跃　孙美玲　孙　星
田程鹏　王　义　辛旭光　杨梅子　杨　哲　于　伟　张嘉川　张潍鹏　张雪松
张莹莹　张苑馨　张云英　赵　忠　周　静　陈　彦　高　浪　韩　璐　胡　适
凌　丽　刘　嘉　刘　骏　刘　青　罗　曼　马　文　乔　清　孙罗伽　薛宇斐
杨丽璇　尤万方　张　晔　朱海峰　朱海湉　顾胜丰　刘安骞　张　昀　苏　兵
郭杰峰　丁　晶　周　霖　张黎天　姜　剑　唐明瑜　张　磊　葛伟彬　沈　驰
周佳斌　王海辉　张进步　符谷斌　李　翔　张奕宏　孙　晶　董效壮　梅　俊
陈　红　郭　帅　潘春燕　万兵兵　朱口天　侯　宇　郑　峰　杨健冬　高逸凡
芦　璐　薛小品　李攀峰　赵银培　王振关　李　力　徐风扬　陈　翔　贾　红
张会林　葛云龙　崔　巍　崔域琦　黄佳琪　王现红　杨　柳　张　鑫　吴二辉
吴建峰　王延超　王耀达　王璐娜　刘　洋　王天一　葛立雪　耿　欣　杨　光
曹　晨　赵虹雅　王　莹　窦　帅　马亚辉　陈姝亦　刘士琛　郭媛媛　刘世雨

周扬扬 段绪 王然 张雪 王越洋 王思远 张燕平 孙建成 王旭
兰婷 李世羽 胡成川 邓钦 刘祝瑛 李轲 王朝波 张佳佳 陈太平
陈况岑 林强 刘蓓 毛熠辉 张勇 李莹 张巍瀚 赵婧婷 李丽
雷建容 王琴梅 严昭昭 岳定楷 仲荣坤 章林 詹婉璐 张霖 许瑞安
王先炼 姚林 刘方 郭锐 张军 费文伟 张洪毅 齐智勇 白二
刘圆林 汪跃 胡江龙 张红 王永旺 杨昌敏 上柱社 戴延龙 徐卫忠
蒋永平 陈方林 张宇恒 王东琳 蒋开勇 高利 张旭琼 安顺燕 杜维密
杨羽茂 胡少琴 李子健 羊德文 吴小清 周能武 黄蓉 张利 赵东华
王明洪 杨文萍 邹胜 黄娟 陈旭 文武 丁峰 杨帆 区志宏
史达 许炎森 朱剑平 郭鑫 陈良 徐彬 陈杰 陈佩 张海峰
亓志辉 冯明明 刘良果 陆妍 丁凌龙 唐皓 郭又元 孟玻 滕毅
黄亮 万荣 李建 韦韬 吴羿儒 许光远 付有竹 亓劼 党伟菱
王新海 张泽忠 赵岩 张弦 冯骏 陈细妹 张梦思 谢增 高燕妮
赵晓梅 李方剑 徐国平 卢山 周波 付娟 李坤晋 徐凤琴 张尧
张鲁杰 何显金 王贵来 王昭力 姜波 向梅竹 黄孝军 陈勇 赵杨
潘光琨 孙绍金 徐庭淞 张智勇 冯千武 杨一帆 陆星 薛志凌 毛晔
王鸿飞 朱茂林 黄斌杰 蒋放 蔡友刚 吉声宝 田功臣 吴玲莉 包友刚
王聪 胡虹 殷旭 朱喜 张州 朱玉庭 魏永鸿 邵增富 胡吉伟
吴剑 李文 张峰 石林垣 黄薇娜 严贵清 丁雯婧 王艳珍 吴松传
邓华 杨德嵩 黄世荣 许佳 刘探 刘燃 杨燕君 韩诚 袁志镭
梁旭 黄宁 杨群 李凤鸣 罗令林 刘畅 杨宇 张红 周禹江
杨霄 潘柏屹 蒋璐 余秀莲 赖丽玮 杨雨晨 罗小娅 尹华虎 刘娟
李培娴 张谦 伍远朋 乐志豪 杨三川 徐永超 舒鹤 王久忆 钟敬涛
许劼 彭千春 岑磊 徐磊 金晶 苏岩松 周茂霞 代玲倩 夏小涵
杨银银 肖凡 曾鹏程 宋静 蒋雯 张欢 王瑶 马枢杰 魏来
陈杰 欧阳方云

风景园林 10 人

刘杨 杨静 付玉 文泉霖 江雪梅 陈峰澜 邓琪琳 石湘芸 张新玉
王丽

公共卫生 34 人

张娴 王建华 许蕾 王静 杨帆 孟德姣 黄志勇 李钟 李平
陈翔 汤丽 黄金星 喻文杰 张文韬 程水华 杨远姣 彭媛 刘媞
刘松梅 向丽佳 李俊龙 杨文婷 谭昊 唐榕 童颜 邓蕾 吴雅枫
袁晓宇 刘皑雪 王娟 杨金鑫 刘佩 何伟 陈琳

高级管理人员工商管理 28 人

王敏 徐莉 刘双全 卜发良 祁云凌 田晶晶 魏伟 胡杰华 李长虎
杨文 张新鑫 杨锦宇 武敏 徐阳 张冬生 杨辉 王为 资源
邓瑶 黄永华 张丽 何英 赖云桥 沈悦 艾雪 李莎 李一松

陈　娅

公共管理 50 人

董　祥　高　源　徐　杰　何　力　任　杰　张　茜　熊　炬　黎嘉纪　唐学洁
罗丹妮　陈　铎　王海燕　刘　敏　刘程诚　杨金鹏　张瑞娟　宋运祥　廖方兰
袁　超　陈晓嘉　杨宇捷　谭雪婷　杨　昕　李文耀　刘　妍　廖　立　王　芹
陈　晨　张　莉　唐雨泉　余　浩　闫　莉　刘应奎　万　静　史　蓓　纪丁文
王智慧　张　冉　何香霓　雒晓峰　刘　娟　边　徐　唐　微　李虹雨　张忠洋
冯　川　贾　丁　李虹筑　舒　婷　谢榜威

（七）同等学力科学学位硕士 86 人

教育学 2 人

代友利　田　晨

理学 6 人

滕文顶　唐雪梅　陈路佳　邓　毅　程　希　陈枳漶

医学 77 人

朱　勐　吴娜娜　李　旸　何　俊　潘红霞　卢秀英　魏　璐　刘　俊　邓　洪
田义阳　蔡　忠　孙　羽　夏万敏　陈　央　吴娅秋　黄正辉　蔡　丹　罗晓娟
徐　敏　彭　科　杨小莉　刘　露　罗　微　余　姝　王永芹　何晓凤　李均勇
赖　繁　周成香　徐　珂　熊　英　张　佩　贺　莉　刘亚斌　杨丽青　张　睿
凌　华　刘蓉安　李银萍　杨小玲　卢小丽　刘思佳　康钦炯　徐　驰　刘　丹
苗　强　刘　雅　李引钰　杨　铭　李　倩　杨　懿　龙　丹　王晓莉　杨　巍
贺安东　杨　丽　刘太容　周　益　王　阳　曾永军　刘　楠　张　静　杨红梅
张　雯　王云涛　余　谦　刘国敏　张晓林　古　瑶　李　志　龙虹宇　黄红玉
廖周谊　谢　勇　黄宏杰　刘江川　安　祥

管理学 1 人

吴　娇

（八）同等学力专业学位硕士 42 人

临床医学 42 人

李　玲　陈　洋　许　飞　张琴琴　于卓良　杨齐峰　李　丹　吴仁梅　罗伟东
沈成奇　明互琼　张士放　彭大庆　王笑晴　林　阳　唐　飞　肖　雄　李　姝
孟晓彦　张薇薇　胡　旭　常佳莉　唐　露　张雪露　高　云　周文霞　刘国琴
张　然　谢璟璐　曾涵江　郭　娇　田　野　宋明泽　郭春红　秦　瑶　周　然
任金涛　梁　霄　蒋丽莎　陈黎章　邓丽莎　周　波

二、2018 年 9 月授予博士、硕士学位名单

（一）科学学位博士 58 人

哲学 3 人

陈星君　郎江涛　王　侃

经济学 4 人

毛孟凯　杜立钊　王　瑜　郑亚光

法学 1 人

赵立永

文学 7 人

李瑞春　廖重阳　唐　雪　李　斌　王媛媛　钟　毅　吴术驰

理学 22 人

林　记　吴　娜　蔡苹杨　冯　静　刘永江　熊　静　聂武成　杨敬天　杨永强　赵倩伟　李雯雯　张晞倩　滕　燕　李　丹　张臣良　王　韬　朱武政　李君丽　李春雷　肖园园　方代龙　李如利

工学 10 人

张文丽　张　宏　李梦瑶　李　浪　罗　毅　范　茜　王海周　奚月恒　唐　欢　Ahad Amini Pishro

医学 11 人

阿　鹏　侯慧芳　王馨苑　李小雪　李寅飞　陶亚超　王金祥　黄子星　邓　佳　海克蓉　陆玫竹

（二）全日制专业学位博士 13 人

工程 1 人

奉　强

临床医学 9 人

朱芸杰　朱蕾蕾　韩丽娜　王前前　赵德婉　叶　成　曾　玺　毛　野　范　丹

口腔医学 3 人

李波儿　吴　冷　张玥玲

（三）同等学力科学学位博士 2 人

医学 2 人

杨　滨　石晓青

（四）同等学力专业学位博士 2 人

临床医学 2 人

张　立　谌宏军

（五）科学学位硕士 62 人

法学 2 人

郭轶飞　李　亮

教育学 2 人

谭　煌　张世力

理学 37 人

吴建林　冯剑月　何　媛　徐　伟　杨修光　尹昌臻　朱煜旻　刘海霞　康艳丽　戚　敏　史月全　吴志正　邓小莹　王水秀　李函伟　洋仁强　文　瑞　张利荣

高　莉　邓定浩　葛　虎　张敬梅　王　迪　杨春兰　王秋莹　杨　雯　张亚斌　宝　钲　汪林夕　李君花　吴立煌　徐洋杨　唐家源　何俊辉　任思学　李昕欣　汪洋点点

工学 13 人

张　敏　李　凡　王慧霞　余小龙　陈　静　杨文博　罗若瑜　任　瑶　胡流云　黄福进　唐梦蛟　罗晓威　余　成

农学 1 人

徐振鹏

医学 7 人

杜小航　张亚军　束坤鹏　张　郡　涂　梨　朱琪琪　杨文杰

（六）全日制专业学位硕士 8 人

出版 1 人

抗万生

工程 3 人

李宗鑫　柳科欢　徐雅轩

风景园林 2 人

孙冬梅　苏月荷

临床医学 2 人

范欢欢　何凌霜

（七）同等学力科学学位硕士 8 人

医学 8 人

莫　宏　韦晓霞　文　娇　尧逢友　胡雅岚　刘　音　王　娜　李艳芳

（八）同等学力专业学位硕士 1 人

临床医学 1 人

韩德前

三、2018 年 12 月授予博士、硕士学位名单

（一）科学学位博士 165 人

哲学 2 人

吴　华　武清旸

经济学 10 人

白佳飞　黄　滢　陈　江　周怡沛　李　燕　周学立　刘学鹏　徐海锋　万春林　朱高峰

法学 3 人

韦晓一　王沿琰　孙彦波

文学 9 人

刘志超　田王晋健　彭成广　郑颖琦　靳雅婷　曹漪那　帅志强　黄伟珍　ATIPHAT PANAPAKDEE

历史学 10 人

李树浪 周 坤 刘 勇 张 弘 辛 艳 车人杰 胡中华 孙 炜 陆雨思 朱晓舟

理学 35 人

尹秋雨 彭 晨 张志超 牟茂淋 石彦立 王 平 魏 雪 陈贵英 刘 晖 王勇祥 王 川 葛梦芸 房文倩 莫春横 张旭东 罗 耀 乔麦菊 张 磊 曾晓勇 万韶鹏 张 益 周 林 马生贵 王 雨 冷玲颖 汪小蓓 陈治超 周红静 李中平 胡小艳 石 刚 杨 超 韩晓娟 李艳艳 熊 彧

工学 64 人

王 玲 钟 睿 赵德川 殷家家 张罗致 刘一麟 刘臻龙 杨贵德 杨智鹏 安旭光 母仕佳 张梦蛟 周登梅 赵 航 刘一凡 祝汝松 袁 萍 周博芳 应林志 金 鑫 邓红莉 莫 娟 甄亮利 邵国林 杨 昆 张 静 梁 危 王 俊 袁书成 杜 杰 杨 林 何克杰 刘雨露 毛 伟 于 娜 刘 杰 张潇潇 金 鑫 沈春颖 李登松 韩 迅 程 林 郭章龙 杨 涛 胡再银 邓 科 彭翠婷 牛美灿 王 芳 王振华 周泽航 皮 林 黄妍斐 米大山 唐 兵 谭 潇 卫 丹 赵 欢 许罗鹏 刘 蕴 杨 勇 罗 琴 李小琴 纪 森

农学 1 人

张丽芳

医学 10 人

陈 恒 曹成建 彭 璇 陈 帆 刘君瑜 杨星亮 曾泓泽 陈月红 李祎铭 成福义

管理学 16 人

蔡 溢 易 婧 肖海燕 李 明 李聪聪 刘雯琪 刘亚婷 姚立飞 张雨萌 王 华 敖仪斌 杨 锐 邹品佳 贺雅文 李晓斌 李毅光

艺术学 5 人

蒋 伟 卢 康 张一骢 万荣英 王书峰

（二）全日制专业学位博士 10 人

工程 2 人

罗 莉 胡权芳

临床医学 7 人

刘 馨 胡 敏 李晓雪 杨 曦 殷维瑶 赵希同 胡 霄

口腔医学 1 人

宋 宁

（三）同等学力科学学位博士 1 人

文学 1 人

钱春蓉

（四）同等学力专业学位博士 4 人

临床医学 4 人

黄成亮　万　灵　谢　尧　贺　勇

（五）科学学位硕士 51 人

哲学 2 人

张宇琛　吴仁闯

经济学 1 人

郭　黎

法学 1 人

黄　坤

文学 12 人

吴　悠　王　鸽　杨　笑　夏飞帆　胡湉湉　廖雅熠　阮银雪　罗嘉欣　郭玉雪
蔡　茜　刘宇杉　周　薇

历史学 2 人

杜　沁　石钟磊

理学 16 人

华腾飞　王紫江　马紫玲　凡　飞　王茹玉　刘　英　赵　宁　孙天琳　王　巧
郑序根　彭　刚　李茜锦　张　力　刘媛媛　胡　升　杨丽君

工学 5 人

王慧琳　王　杨　刁于真　高海琪　孔逸然

医学 5 人

李　雪　张春曦　杨　静　张　钰　蔡文璟

管理学 4 人

朱琼琼　韩茹雪　高　瑞　杨谱芸

艺术学 3 人

王智莛　吉　丽　岳雅轩

（六）全日制专业学位硕士 463 人

法律 74 人

贺　琪　陈旭东　卢　皓　王　凯　王　博　杨　涛　顾　杨　唐丽红　李树斌
袁千述　许洪强　冯一峰　刘志强　党顺建　徐　阳　孙永旭　叶贝儿　刘　坤
刘昱贝　陈　雄　王　帅　刘绍钧　夏　威　李　茂　王　婧　李　凯　罗浩文
汤国淮　黄　科　安国祥　朱　明　邱一康　刘顺雨　杨小勇　赵　川　李莉莎
王　伟　陈　玉　王洪滢　巩海慧　康　宁　马　云　霍　晴　郭　蕊　柴子烨
王　立　高　凯　张　宁　蔡智远　王　翔　塔　琼　任雪凤　德　吉　王　洁
苏成祥　张坤坤　郑林浩　旺　扎　黄楷利　李抒怡　罗梦婕　赵　曼　杨婷婷
次旺白姆　旦增拉吉　强巴曲培　格桑顿珠　德吉贡佳　白玛加布　格桑拉姆
次仁卓玛　索朗吉宗　德吉曲宗　嘉央次珍

翻译 3 人

余晓彤　高铭余　魏启宇

新闻与传播 1 人

张蔚哲

文物与博物馆 2 人

郭一丹　刘　浏

工程 9 人

刘　弈　葛凌霄　陈海祥　吉娃阿英　李　素　于奥运　杨文太　张　堃　唐由川

风景园林 1 人

邹沛翰

临床医学 13 人

邓明彦　冯惠茹　何时旭　李　辰　李俊英　杨　欢　蒋松霖　廖文圣　尚启新
李　娜　刘　芳　罗　迪　谭清元

工商管理 329 人

王　芳　张　放　吴　奇　邓　强　杨嫦勇　蔡林钋　孙宏艳　周小力　邹振华
刘荣熙　虞媛媛　杨加涛　张　羽　王姝妍　魏玉杰　陈　超　王　洁　焦立峰
邓　伟　高　彤　陈　欣　戴　兵　戴　博　郭　洋　黄　榕　刘剑秋　严崇月
袁虓野　张克善　张雯娣　周炎焱　陈　忱　陈　静　罗曼思　骆　奕　宋先燕
唐栋梁　王方媛　王　洁　王启明　王　星　万　劼　文　亮　吴奕洁　杨　俊
严亚兰　钟　浩　田会东　延二会　夏　毓　余楚芮　陈　昆　卿　伟　白永刚
王　宇　鲁　玮　徐小媛　庞志锋　张丽萍　蒋立宇　潘　然　李春辉　魏琳琳
聂　焱　施可财　阎玉丽　刘雪莹　钟　磊　王　洋　赵邦媛　曹　壹　肖　宁
李艺萌　杨舒涵　姜　亚　陈炜文　陈渝文　谭茂涛　刘漱菡　刘正文　张汉彬
杨启超　王丽娟　刘祖丹　罗安琼　周　全　刘英男　严继华　王孝发　谭年琼
黄　强　于海男　李　智　房　芳　郑智佳　赵冰月　赵兰萍　傅光耀　袁　娅
左成良　梁　柱　罗芳琳　潘俊竹　王　冰　郭明健　李晶晶　王晓慧　谭艳秋
张　恒　彭　浩　李文思　李敏捷　任彦铭　周　进　付　毅　陈　娴　王　聪
史　涛　李　亮　贺　黎　刘欣慧　蒋裕凤　高冰洁　黄光辉　高筱航　刘　隽
何福升　徐晓莉　朱宸冉　颜　凤　张永康　杨　卓　谢　莉　石　菁　许飞鹏
杜灵芝　吕雨薇　杨蕊梦　朱海涛　吴丽媛　张　茜　龚湉湉　李凯西　陈　璇
孙　健　刘守伟　曾　月　李　铖　赵瑞娟　钟显旭　赵洋生　王海树　金芳宇
曹　罡　黄　鹏　陈昱翰　侯　晔　严　怡　吴昊悦　程　杰　黄懋楠　陈柯宇
刘　攀　张　浩　陈伟聪　刘永超　唐　怡　刘　颖　曹　韵　王小林　邓　凡
陈科宇　张　傲　王　雷　何岱眉　周昕婷　陈明晖　郑　偲　李佩臻　张绮思
向　强　廖学路　蔡丽佳　万　硕　周　孟　马培沛　李元洁　李小波　赵　博
邱文正　刘　佳　李　倩　廖梦丹　林　瑶　李　曦　冯坤伦　刘　永　赵舒柳
费　雪　杨雯茜　刘贵满　许传兴　王　帅　李　涛　方树安　李晓宇　史兴龙
王　倩　唐加华　侯靓亮　李渊明　张文成　杜　刚　黄　璞　张寅卿　蔡文仪

宋慧兰　刘　海　吴宵汉　李风雨　赵　亮　张霈儿　李柯蓓　范丽萍　曾　嘉
侯　静　金　韬　李璐辰　代　雯　田　野　陈利芳　陈知子　郭亚南　张　瑶
康劭农　李　叶　章承科　王诗思　李　楠　贾　煜　单雪阳　苟　红　岳锐昌
燕　文　王　阔　杨棣茹　黄梅琳　郝雪梅　赵鹤鸣　黄　羽　文　锐　于　娟
胡雪君　赵敏君　郭　畅　张藜山　梁　龙　陈　洁　陈德平　张杨涛　陈朱强
喜　悦　崔　璇　杨　浩　冯丽桃　周非易　曾　悦　孟翠娟　陈　萍　张春梅
贾雨川　何鑫乐　李昱锟　谭亚军　倪　鹏　宋　华　肖奇杨　雷　波　樊　茂
龙　嘉　李智翀　陈家宁　鲍俊军　官孝雯　张　涛　朱佩涵　李　霞　李红德
吴　男　申　焱　陈美西　郗骢昊　石文豪　黄　勇　骆洪梅　陈春丽　吴依西
何　莉　王　凯　胡艳玲　刘韦利　何　麒　杨　莉　汤　军　刘育池　吕琳瑶
何胜金　席力凡　方　炜　王　全　罗勇军　陈　佳　方鹏飞　曾　畅　龚　捷
易作林　赵聪敏　王丽晶　李世明　胡燕英　魏广东　陈思韵　钟秋阳　晏　飞
徐　健　肖　明　唐祯祯　赵　哲　方星智

公共管理 29 人

李超龙　沈　璐　王学礼　王冶丹　苗芮溪　蔡　湃　毛　毅　彭川宗　张　一
程奕然　何　梅　黄　伟　黄　焱　李昊霖　刘锦程　秦　阳　宋　丹　田郸琦
田　玲　王　刚　王　泓　王　珊　王新瑞　夏　欣　幸杰运　张惠玲　张巧灵
周志敏　邹　恒

工程管理 1 人

苗　强

艺术 1 人

陈柏君

（七）非全日制专业学位硕士 506 人

法律 53 人

李启德　袁小飞　张　幻　张　渊　彭　程　张　玲　梅　松　安世东　唐　雄
林　军　王鹏辉　徐艳红　曹　骥　唐森山　张嘉雯　李　蓉　任玉龙　梁　毅
黄　凯　杨舒涵　尚靖元　邓海川　吴　宇　刘雷霆　赵　烨　肖莉莎　薄星星
程　玮　张文敏　韩　义　王平锋　刘　侃　侯　坤　高健铭　谢小兵　张　祥
刘　扬　周　敏　杨玉芳　钟　友　傅崇海　李　聪　吴锦熠　袁　月　郭东宁
黄晟铭　雷　鑫　刘　超　肖　华　申兆民　邹　洁　张　维　欧阳建文

工程 356 人

张　敏　陈　辉　任　祺　王　熠　陈江瑜　薛娇龙　袁光中　游代乔　孙登波
王　语　赵洪图　龚圆杰　雷　波　蔡　健　许绍炮　张婧如　王毛毛　田志强
蒲　静　徐涛峰　赵　清　石　罡　彭　彬　徐扬帆　冯　媛　郑防震　罗勇浩
张军杰　潘木林　周有福　蔡雪刚　陈　侨　吴　博　向　冲　吴海峰　曾　严
张　皓　薛彬鑫　黄　森　王　泉　王义沣　李方兰　戚　炎　朱　昊　简　韬
陈文超　张　强　张文志　王军成　熊世川　张　帆　韦　倩　郑成阳　张鹏飞
黄文明　陈昱圻　高全德　吴国栋　张寅盈　彭永洪　白吉昌　杨　舟　郑嘉龙

许可　罗杨　黄宇杰　熊颖　王科　韩辞　徐新川　李嘉铭　罗建蓉
庄阳　卫新海　胡添翔　舒顶凤　程浪　孙虎强　赵雪萤　胡广　刘坤
陈伟为　刘刚　裴志康　汪琴　张二鹏　钟明波　何大地　罗舒丹　李运筹
王艳君　王英桥　陈维民　邓鸿茗　付廷　黄露琮　申畅　沈洁　谭骏跃
王佳珍　叶智尊　易薇　尹茜　张祎　邓骁　童薪颖　苏洋　王莉
冯海芹　李游　张梦娇　申及　佟昕　陈玉菡　李嘉　林晓波　费赛尔
陈建武　孙大勇　吴群芳　李大龙　汤剑锋　熊平　魏鑫　胡畅　杨睿
雒蓉　陈晓蓉　李涛　叶磊　孙鹏　杨千容　荆川　徐子清　秦国舰
陶鑫悦　彭曦　陈吉鹏　于建清　刘旭　彭杰文　陈英　万宇　俞鹏飞
朱勇　陈宇　刘锡钰　何振宇　黄秀一　魏文强　罗明翔　曹肇阳　贺珺
陈鹏　吴健　彭磊　郭然　纪晓燕　李辰　李子超　刘民　刘晓亮
满丽娟　商晓亮　邵小龙　宋吉祥　徐小涵　谢海星　徐力　邹雪峰　张荣
孙博　沈徐洋　程晓强　李力原　孙小华　夏许峰　刘语晗　马腾飞　付建军
李志超　刘晶晶　徐超　赵耀　戚文斐　张波　原野　王卓　高灿
姚晓辉　袁甜　郭沛　田轶楠　任子龙　刘丹娜　孟文雄　段笑阳　王静蕾
蔡萌　姬代玲　钱辰龙　徐佳卉　韩雪　李峰　尹钟　舒林　胡俊义
隆飞　何欢欢　陈跃　刘相　马晋嘉　何晓燕　邓研　马雪铭　廖莉容
王棋赟　周子航　王小会　王博　陈陶　彭昊　欧阳进　王曦　刘蕾
华融　陈诚　李波　赖见令　陈申伟　涂勇　蒲甫全　杨永洪　李忠民
蔡宜晴　杨妤婕　郭玉乐　胡德昌　赵业文　朱义刚　田恒双　卢卫静　罗盈
顾志　朱鸿　向尚君　代鑫　邹龙　印泾经　赖永华　谷传伟　王静
何子佼　李宗方　才武英　胡君　吴晓江　何雪莲　文虎　左东亮　谢显春
兰瑞桦　罗伦忠　文冰　高汕　郭礼波　黄晓春　王荣念　周宏伟　宋锡洋
韩春雨　朱鸿伟　李永峰　张伟　易嘉　马君　仝令祥　蒋世国　刘荆风
刘辉　庞西南　马杰　王川　张莲莲　黄金竹　甘晓虹　卿伟健　谭必武
王萍　黄昆明　刘强　刘志刚　钟望　周晓莉　李帆　罗敏　吴君
谢桂芳　邓南　曾晓军　叶如滢　燕辰凯　雷雅寒　徐坤　谭滔　秦义娟
林城　陈红霞　陈德英　李洁　汪碧云　董晓峰　褚永鑫　罗苗　蒙星宇
徐猛　陈前锋　鲁涵予　张俊娇　张文婷　王亚峰　周术华　王册　唐健
廖君杨　张凡　李兆　夏鹏　刘炀　郭伟　罗秀卿　彭伟　王皓
陈凌　吴冲　汪翠茹　戴冀　陈劼　郑彪　刘明　郭莹　陶飞
雷熠　余金成　尹凤霞　唐霄　曹嘉　曾莉　胡磊　李毅　耿若竹
龙莹　谭菲　王婧　王璐萱　罗金柳生

风景园林 13 人

王美人　熊俊岚　黄婧婷　刘娜　巫霞　李春燕　邱冕　肖淋　姚媛
余娟莉　段益莉　何斌睿　陈孟琰

公共卫生 11 人

孙华杰　马建明　陈燕华　施雅莹　周玲　王嘉为　刘宣辰　游延军　吕伟超

杨　薇　刘　杨

高级管理人员工商管理 44 人

张寓瑞　方　军　张兴全　王兆宇　胡钰明　何志勇　熊祥飞　李　平　吕万全
李　忠　董　青　何西平　丁文弢　林国进　王　冠　彭　畅　徐泽彬　史　骅
王　斌　袁新见　赵克敏　雷　辉　冯一笑　刘　宁　罗　智　王　娟　刘　斌
钟绪德　董兴中　何　枚　何　超　罗　岚　明　园　刘家骥　李　丹　苏蓉蓉
陈　强　王晓丽　张巧龙　谈云海　杨　洋　张　娟　叶志新　李才军

公共管理 29 人

邓力赫　赵　澜　邱　婷　张晓阿　吴约成　沙斯满　何　倩　张世敏　黄　强
赵瑞霞　李　娜　王梦蝶　陈艺文　李　薇　徐雯雯　陈　瑜　陈建君　查星任
黄庆龄　李江原　卢　璐　尹　珍　李诗杰　熊雨雯　张沛淇　张隆敏　吴　瑶
张永莉　周夏会

（八）同等学力科学学位硕士 1 人

医学 1 人

雷岸江

（九）同等学力专业学位硕士 2 人

临床医学 2 人

杨　航　周亚雄

（以上资料由研究生院许海青提供）

中国港澳台地区学生及华侨学生教育　留学生教育

一、中国港澳台地区学生及华侨学生教育

2018—2019 学年，学校多渠道、多形式提高对港澳台侨学生招生宣传力度，进一步扩大招生规模，提升了学校的影响力。本年度，我校新招收 130 名港澳台侨新生，在校的港澳台侨学生总数为 368 人，共有 50 名港澳台侨生学成毕业。

2018 年，为加强对港澳台侨学生的国情教育，认真落实中央的惠港、惠台政策，支持港澳台学生在内地就业创业，促进在校港澳台侨学生对国家、民族的认同和了解，学校积极邀请成都市相关部门做政策宣讲，组织了“民族情·复兴路”主题征文活动，举办“香港毕业生分享会”，组织学生参观省内的高新区与创客基地，与成都市政协合作举办“为梦想助跑，在明天起航——在蓉港澳台大学生专场招聘会”，组织学生参加了“川台青年魅力遂宁行”等文化交流活动。

表 31　四川大学 2018 年港澳台侨学生统计

	本科生/人	硕士生/人	博士生/人
香港	152	6	—
澳门	33	1	—
台湾	165	8	2
华侨	1	—	—
总计	351	15	2

表 32　四川大学 2018 年港澳台侨学生毕业、招收情况统计

	本科生/人		硕士生/人		博士生/人	
	招收	毕业	招收	毕业	招收	毕业
香港	47	22	3	1	—	—
澳门	9	5	—	—	—	—
台湾	52	19	18	3	1	—
总计	108	46	21	4	1	—

二、留学生教育

2018 年来华留学生规模达到 3851 人次，同比增长 12.6%，来自全球 103 个国家和地区；其中长期生共 2891 人，比去年增长 8.9%；学历生共有 2123 人（其中本科生 1535 人，硕士研究生 383 人，博士研究生 205 人），占留学生总数的 55.1%，同比增长 14.3%。

1. 丰富全英文课程

全英文授课本科专业“公共管理”首次运行。学校全英文授课专业建设达 16 门，包括临床医学（MBBS 项目）、口腔医学、能源与环境、软件工程、土木工程、中国经济、中国旅游文化与管理、信息安全、国际工商管理、公共管理、中国学、商业分析、医学信息工程、康复医学以及应用统计学和预防医学专业。

2. 助力“一带一路”建设

自 2016 年学校“一带一路”来华留学生奖学金设立以来，得到了“一带一路”沿线国家政府、驻华使领馆和高校的积极响应，截至 2018 年底共有 891 名来自“一带一路”沿线国家的留学生通过该奖学金来校学习和培训。

学校努力打造成为“一带一路”高级专业人才、治理人才、未来领导者的培养高地。2018 年举办了“一带一路”亚洲青年领导力培训班，培训了来自柬埔寨、印尼、泰国等高校的青年领导人才；与四川省外办联合举办了两批俄罗斯鞑靼斯坦共和国高级公务员培训班，推动中俄地方合作。曾在川大学习的贾瓦利阁下以尼泊尔外长的身份率团到访，这是对川大高级政务研修班取得丰硕成果的充分肯定和积极回馈。

3. 构建来华留学生第二课堂

学校着力加强来华留学生第二课堂建设，培养知华、友华的国际友人。2018 年，学校开展了纪念中国改革开放 40 周年系列主题教育活动，举办了“壮阔东方潮·奋进新时代”四川大学留学生征文展和“留传经典”四川大学留学生中华经典

诵读大赛，部分优秀征文已在《四川大学报》2018 年第 15 期刊登。

表 33 四川大学 2018 年留学生情况统计表

	长期生（人）					短期生（人）	合计（人）
	普通进修生（包括语言生）	高级进修生	本科生	硕士生	博士生		
招收	375	7	413	67	39	960	1861
在校生	756	12	1535	383	205	960	3851
毕业	472	9	122	33	12	960	1608

（以上资料由国际合作与交流处程小钰提供）

成人继续教育

成人继续教育学院是学校高等学历继续教育（成人教育、网络教育）、高等教育自学考试及非学历继续教育的业务归口管理部门和集中办学实体。学院共设 26 个部门，分别为党委办公室、学院办公室、招生办公室、继续教育部、成人教育部、职业技术教育部、教育培训管理办公室、自学考试办公室、学生服务中心、教学服务中心、学生工作部、华西医学继续教育部、继续教育服务中心、国家级专业技术人员继续教育基地、人力资源部、财务部、技术开发中心、数字化教学资源中心、校园文化建设中心、教学质量管理办公室、北方管理中心、远程教育培训中心、高管培训中心、财税（党政）培训中心、专业技术培训中心、医学教育培训中心。

一、教师队伍

现有教职工 164 名，其中编制内职工 58 名（含编制内退休返聘 4 名）、院聘职工 106 名（含编制外退休返聘职工 1 名）；具有高级职称者 14 名，中级职称者 46 名，初级职称者 2 名；五级职员 7 名，六级职员 10 名，七级职员 18 名，八级职员 8 名。

二、专业建设

成人继续教育学院主要依托办学学院开展专业建设，高等学历继续教育（成人教育、网络教育）、高等教育自学考试 2018 年共设 92 个招生专业：专科专业 21 个，专升本专业 71 个。其中成人教育专科专业 7 个，专升本专业 23 个；网络教育专科专业 9 个，专升本专业 25 个；高等教育自考助学专科专业 5 个，专升本专业 23 个。

2018 年成功申报四川大学自考主考的产教融合新工科软件工程专升本专业。

三、人才培养

1. 学历继续教育

按照学院稳定学历继续教育规模的工作思路，2018 年，学院学历继续教育共报到注册学生 44761 人，其中成人教育函授学生 1050 人，成人教育业余学生 6208 人，网络教育学生 29267 人，自考助学学生 8236 人。

2018 年，学院学历继续教育在读人数共 118939 人，其中成人教育函授学生 3642 人，成人教育业余学生 16269 人，网络教育学生 82743 人，自考助学学生 16285 人。

2018 年，学院学历继续教育共毕业学生 28595 人，其中成人教育函授学生 1463 人，成人教育业余学生 5325 人，网络教育学生 18103 人，自考助学学生 3704 人。

2018 年，共有 1866 名学生获得成人学士学位，其中高等学历继续教育成人教育学生 314 人，网络教育学生 598 人，自考助学学生 954 人。

2018 年成人教育设置函授站及教学点 6 个，网络教育设置校外学习中心 205 个（其中自建 104 个，奥鹏授权 101 个），自学助考校外教学点 18 个。

2. 非学历培训

认真行使学校教育培训管理办公室的管理服务职能，加强对全校培训项目的归口管理。2018 年办理结业证书 22373 份，收集、汇总 301 份教学计划，从 2811 门次的课程中整理出本年度授课教师信息 439 条，3 个办学学院共计举办培训班 7 期，培训学员 1933 人次。

充分发挥国家级专业技术人员继续教育基地和继续教育示范基地的引领作用，依托四川大学学科优势，大力发展非学历继续教育。2018 年成人继续教育学院共举办培训项目 330 期，培训学员 21543 人。学员覆盖 22 个省市自治区，涉及财税金融、司法、环境、农业农村、城市治理、教育、文化产业、旅游、统战、医卫管理等 33 个各级党政机关、行业。

四、教学改革

积极进行教育教学改革与创新，在成人教育中开设实时互动网络课堂教学课程，开设了 35 门网络在线直播课程。

网络教育依托校内各学科丰富的教学资源和师资力量，发掘校外学习中心的办学特长，开办了专科与专升本层次，共计 34 个专业，涉及理、工、文、法、经、管、医等学科门类。落实教育思政课要求积极推进思想政治课程资源开发；进一步深化教学改革，推动开展网络教育考试信息化建设，在 1805 批次考试中试点数码印刷和电子阅卷，不断提升教学支持服务水平，考试通过率稳步提高，应届授位率保持稳定。

2018 年成人继续教育学院加强教学资源建设，制作完成 10 门课程教学课件、9 门课程教学大纲、465 套模拟题。制作提供教学课件光盘母盘 64 门，向合作资源服务方传输提供课程资源 29 门。

五、规范办学

成人继续教育学院认真抓好质量工作，编制了《四川大学成人继续教育学院 2017 年质量工作报告》。

规范教学过程及学生管理，2018 年修订了关于学籍管理、考试考务管理、学生考试违纪作弊处理等文件，进一步推进成人教育和网络教育深度融合。

开展教学检查，加强教学督导。结合办学实际，印发了《关于做好 2018 年学历继续教育校外合作办学单位规范办学检查工作的通知》等文件。先后于 2018 年 3 月、11 月和 12 月对成人教育水利厅干部学校，巴中、甘洛、青羊校区等合作单位进行教学检查，保证成人继续教育学院办学正常教学秩序。

做好各省级教育行政主管部门对各远程教育校外学习中心的评估工作，顺利完成各省级教育行政主管部门组织的对学院校外学习中心的年检年报工作。2018 年重庆市、天津市、新疆维吾尔自治区、云南省、湖北省、河北省和山东省等 7 省市区开展了此项工作，参与评估学习中心均合格。

严肃考风考纪，加强考试管理。考前组织监巡考人员、合作单位管理人员等培训，考后组织总结、经验交流会等；与校外学习中心签署《考试工作安全责任书》，确保了正常的考试秩序。

六、党建工作

以习近平新时代中国特色社会主义思想和党的十九大精神为指引，树牢“四个意识”，坚定“两个自信”，践行“两个维护”，扎实推进“两学一做”教育活动，抓好班子成员及全体职工学习教育工作。2018 年，成人继续教育学院党委通过党委扩大会、中心组学习、党政联席会、专题党课组织开展学习培训 45 次。学院党委书记、院长带头讲党课，各基层党支部也开展了“深入学习贯彻党的十九大精神——支部书记讲党课”等活动，班子成员带头做主题发言。

做好支部书记队伍建设和基层组织建设和考核，2018 年支部书记参加学校、学院业务培训累计达 80 人次。以北方管理中心为基础，将学校借调到北京各部委的党员同志组建成立北方管理中心党支部。制定了《成人继续教育学院教工党支部工作考核办法（试行）》，定期开展教工党支部工作考核活动并做好 2018 年基层党支部“三分类三升级”工作。

2018 年，成人继续教育学院工会两项活动入选学校工会特色活动，获得经费资助 5 万。

七、学生工作

加强校园文化建设，举办了“学习贯彻十九大精神汉字比赛”“庆祝改革开放 40 周年摄影大赛”；举办了网络教育新生开学典礼和毕业生授位典礼，丰富了学生的校园文化生活；坚持安全稳定教育经常化，密切关注学生思想动态和表现情况，做好舆论引导，杜绝各种安全隐患。

八、扶贫工作

发挥高校教育资源的优势，开展“扶贫+扶智”工作。通过举办短期培训、专题培训和学历提升项目及送教上门等形式，为甘洛县和岳池县共举办培训班 9 个，培训基层党政干部、专业技术人员人次 1464 人。通过高等学历继续教育网络教育“圆梦计划”项目和成人教育“扶贫+扶智”项目为甘洛县培养基层党政干部、专业技术人员 90 人；组织志愿者服务队赴甘洛，举行讲座，与甘洛县斯觉镇中心医院举办联合义诊；安排甘洛县医院 4 名医生、岳池县医院 4 名医生到华西医院进修。

2018 年为教育扶贫工作直接投入 28.4 万元，减免各类扶贫培训项目费用、学生学费约 88.98 万元 。

【成功申报主考新工科产教融合专业】2018 年邀请高校专家、行业专家和教育行政主管部门对新工科软件工程专业（专升本）进行论证，产教融合新工科试点专业软件工程（专升本）（计算机前端应用领域）建设得到全国高等教育自学考试指导委员会的指导和认可，有望于 2019 年开考。

【推进社会主义核心价值观进课堂】贯彻《新时代高校思想政治理论课教学工作基本要求》文件精神，修订本专科教学计划，完成了社会主义核心价值观网络课堂的课件开发。

【规范学籍管理和师资管理】2018 年 9 月，修订印发《四川大学高等学历继续教育学生学籍管理规定》。2018年4月，印发《关于加强学院非学历继续教育师资选聘及课堂秩序管理的通知》，规范教学行为，严把意识形态关。

【探索混合教学模式】在甘洛“扶贫+扶智”项目教学班探索混合教学模式，根据教学资源，师资情况和课程特点，对甘洛教学班四个专业共69门课程，分别采用了27门在线课程、18门光盘教学资源、15门平台课件及9门“超星公司”平台学习的方式。

【获批国家级专业技术人才知识更新工程高级研修项目】围绕国家人才战略，进一步加强国家级和省级基地建设，2018年组织申报12个项目，其中《工程创面生态修复技术高级研修班》获批为国家级项目。

【获2017年北京市高等教育教学成果奖一等奖】2018年4月，清华大学主持、四川大学成人继续教育学院参与的“建设继续教育示范基地，引领高校继续教育创新发展”项目获2017年北京市高等教育教学成果奖一等奖。

【工会志愿服务队赴甘洛扶贫】2018年10月11日—14日，由学院冉蜀阳院长、院工会主席殷明等一行9人赴甘洛县参加扶贫活动。成人继续教育学院分工会赴甘洛扶贫志愿服务队在甘洛地区开展的医疗卫生扶贫系列活动取得了良好的社会反响。

【远程教育获奖】2018年11月1日—2日，四川大学成人继续教育学院《对标报告要点 全面加强质量管理》荣获“2018中国高校继续教育优秀成果及特色案例奖”。四川大学成人继续教育学院现代远程教育广安职业技术学院学习中心和现代远程教育伊犁哈萨克自治州经贸培训中心校外学习中心荣获2018年全国高校现代远程教育优秀校外学习中心奖牌。

【成人继续教育学院承办四川省深度贫困县医卫人员培训】2018年11月26日—12月29日，组织承办四川省深度贫困县卫生计生人才振兴工程的岗位培训项目中四川省卫健委疾控处委托举办的“2018年四川省深度贫困县疾病预防控制人员岗位培训班”，共计5期，参训学员500人次。

【召开四川大学高等学历继续教育（网络教育）2018年校外学习中心工作会】2018年11月28日，四川大学高等学历继续教育（网络教育）2018年校外学习中心工作会在成都顺利召开。全国高校现代远程教育协作组常务副秘书长李德芳教授，四川大学副校长张林，四川大学成人继续教育学院、办学学院领导以及来自全国66个校外学习中心的代表和学院有关部门负责人共180余人参加了会议。

（以上资料由成人继续教育学院刘智勇提供）

出国培训

出国留学人员培训部与出国留学预备学院按“一套班子、两块牌子”运行，部院下设党政办公室、招生办公室、教务办公室、考务办公室、学生管理办公室、预科教育中心等部门；设语言课教研室、专业课教研室。

出国留学人员培训部（出国留学预备学院）高度重视学习贯彻党的十九大精神，准确把握党的十九届二中、三中全会精神，全面学习领会习近平新时代中国特色社会主义思想，紧紧围绕“外语培训、外语考试、出国留学”三大中心工作，求真务实、勇于开拓，全力践行“不忘初心、牢记使命”，稳步推进本单位的改革发展，各项工作都取得了好的成绩，为学校推进“双一流”建设做出了贡献。

2018年出国留学人员培训部（出国留学预备学院）有在职教职工（含项目制助理）34人，其中，行政人员16人，专职教师18人（教授1人，副教授7人，讲师10人）。另外，聘有外籍专家10人，兼职外教20人，合同制行政教学辅助管理岗位人员45人。

面向社会开展各级各类全日制、夜校、周末班、考前班、寒暑假班共126个教学班，培训学员3772人次；完成教育部公派留学人员培训926人，开展团体培训班18个；新增湖南大学培训点；圆满完成2019年世警会的相关任务，为成都市公安局出入境管理局培训两期共60名警官。

加大为川大服务的力度。为学校开设第十五期外专局师资班教师、第九期国家留学基金委教师英语高级培训班，培训教师68人；开设师资、行政管理人员以及各类学生（拔尖人才、吴玉章学院学生、贫困学生、国际组织实习学生等）培训班11个，培训师生833人，为川大学子400余人减免培训学费共计116万余元。

共有留学预科项目14个，覆盖7个语种14个留学国家，招收留学预科新生517人，往届学生中98%顺利出国。开展学院“平安留学”行前培训系列讲座，已形成较完善的课程体系，新编一套有“大川”特色的留学辅助材料，全年培训学生2000余人次；把社会主义核心价值观和爱国主义融入其中。

组织IELTS、TOEFL、GRE、BEC、CATTI、TOPIK、WSK、JLPT、BFT、J. TEST、APTIS、MSE、HSK和医学博士入学考试等各项国家级外语考试和海外考试共计14种，共135场，各类考试人数总计达19869人次。完成了“剑桥通用五级英语证书考试（MSE）”的建点签约工作，考试人数达1069人。

【开展雅思教师官方培训课程】完成两期雅思教师官方培训课程，作为西部唯一、全国第三家的雅思教师官方培训基地，填补了雅思教师专业系统培训在西部地区的空白。

【协办教育部“平安留学”宣传活动和“平安留学”行前培训会】6月1日，

由教育部国际合作与交流司主办、教育部留学服务中心承办、四川大学协办的2018年教育部“平安留学”出国留学行前培训会在四川大学望江校区顺利举行，来自四川大学、中科院相关研究所、四川农业大学等近400名留学人员参加了行前留学培训会。

【国际关系学院成立独立总支】10月，在组织关系挂靠部院期间，部院党总支切实加强了所有教职工的思想政治教育工作，认真部署合理安排与国际关系学院相关工作事宜，为国际关系学院的发展与壮大做出了不懈的努力。

【召开部院双代会】11月，召开了出国留学人员培训部、国际关系学院第三届教代会暨第三届工代会第二次会议。审议并通过了部院《工作报告》《财经工作报告》和《工会工作报告》，以及《出国留学人员培训部教职工年度考核实施办法及绩效工资实施方案》《四川大学出国留学人员培训部（出国留学预备学院）科研奖励计划》和《出国留学人员培训部教职工请假暂行规定》。

【开展教育扶贫工作】11月，对中小学英语教师进行了首次短期英语教学能力提升培训，（由岳池县教育科技体育局组织），培训全县700多名中小学英语教师，培训效果良好。

【高端国际交流合作持续推进】与美、英、澳等国家的多所大学构建多形式的学生联合培养体系；推动与国外大学硕士项目及本科项目学分互认；与美国纽约州立大学布法罗分校、匹兹堡大学、亚利桑那州立大学、澳洲新南威尔士大学、乐卓博大学、新西兰坎特伯雷大学等互访；启动“川大—乐卓博大学优秀学生奖学金计划”；加强与国外一流大学联系和沟通，新签校际合作协议4份。

（以上资料由出国留学人员培训部邱杰提供）

科学研究与科技产业篇

哲学社会科学

一、哲学社会科学人才队伍概况

1. 哲学社会科学师资概况

2018年，四川大学哲学社会科学院所教学科研人员总数1552人（含合同制专职科研人员），其中教授431人，副教授409人。

2. 在编哲学社会科学优秀人才概况

截至2018年12月31日，四川大学哲学社会科学拥有“杰出教授”3人，“长江学者奖励计划”特聘教授（不含讲座教授）11人，“万人计划”哲学社会科学领军人才5人，“杰青”人才1人，“四青”人才16人，“新世纪百千万人才”4人。

二、哲学社会科学科研基地与平台概况

2018年新增1个四川省哲学社会科学重点研究基地（扩展），即四川佛教文化遗产研究中心。

三、哲学社会科学科研项目和科研经费概况

2018年四川大学哲学社会科学常规纵向项目420项。其中，国家社科基金项目68项，国家自然科学基金项目11项，教育部人文社会科学项目29项，其他部委项目4项，四川省社科规划项目及省级其他规划项目70项，市厅级项目126项，校级常规项目92项。全年哲学社会科学科研经费总额1.73292亿元。

四、哲学社会科学科研成果与获奖概况

1. 哲学社会科学科研成果情况

2018年全校哲学社会科学科研成果中，C刊及以上论文1125篇，出版著作323部，重要智库成果65项。

2. 哲学社会科学科研成果获奖情况

2018年四川大学哲学社会科学科研成果获教育部高等学校科学研究优秀成果奖（科学技术）一等奖1项，获第七届钱端升法学研究成果二等奖1项、三等奖1项；国家民委一等奖1项，二等奖1项，三等奖3项；《儒学文献通论》《宋会要辑稿》《中国道教思想史》（4卷）获“第三届全球华人国学大典”优秀成果奖；《儒藏精华》获2017年度优秀古籍图书奖一等奖。

【四川大学杰出教授曹顺庆教授当选为欧洲科学与艺术院院士】2018年3月，四川大学杰出教授曹顺庆在奥地利萨尔兹堡举办的欧洲科学与艺术院年会及接受新院士典礼仪式上，以其在比较文学研究领域的突出成就，当选为欧洲科学与艺术院院士。

【3人入选国家“万人计划”、1人入选青年拔尖人才】四川大学文化科技协同创新研发中心姜生教授、公共管理学院姜晓萍教授2人入选哲学社会科学领军人才，文学与新闻学院傅其林教授入选国家教学名师，商学院方正教授入选青年拔尖人才。

【新增教育部“长江学者奖励计划”特聘教授2人、“青年长江学者”2人】四川大学文学与新闻学院张弘教授、金惠敏教授入选教育部“长江学者奖励计划”特聘教授，文学与新闻学院周维东教授、历史文化学院吕红亮教授入选“青年长江学者”。

【商学院徐泽水教授入选2018年全球“高被引科学家”名单】徐泽水教授入选2018年度全球“高被引科学家”名单，徐泽水教授已于2014—2018年连续入选全球“高被引科学家”“中国高被引学者”。

【国家社科基金面上项目立项总数排名全国高校第一】2018年度，四川大学获得国家社科基金项目68项，立项数位列全国高校第一。其中，国家社科基金重点项目立项数11项，与中国社会科学院并列全国第一。

【牵头承担国家“十三五”规划“重大文化工程”《中华续道藏》的编纂工作】由詹石窗教授担任首席专家，道教与宗教文化研究所负责牵头执行的国家“十三五”规划“重大文化工程”《中华续道藏》编纂项目，正式签订战略合作协议落户我校。该项目预计总经费1.5亿元。

【获国家重点研发计划“公共安全风险防控与应急技术装备”专项立项】法学院王竹教授获得“公共安全风险防控与应急技术装备”（司法专题任务）重点专项，立项经费3418万元。

【资政服务做出新贡献】1篇研究报告获得党和国家领导人肯定性批示；1篇研究报告入选教育部《高校智库专刊》；1篇研究成果入选全国社科规划办《成果要报》；65篇研究报告入选重要智库专刊。

【教育部项目立项情况】2018年，我校共获得教育部人文社会科学研究一般项目23项，基地重大攻关项目1项，基地重大项目1项，专项项目4项。

【省市项目立项情况】2018年，我校获得四川省社科规划项目及其他省级项目共计70项。另获市厅级项目126项。

【校级项目立项情况】2018年，我校中央高校基本科研业务费研究专项（哲学社会科学）常规项目共评选出92项予以立项支持。其中学科前沿与交叉创新研究项目36项；出版基金项目8项；决策咨询项目18项；区域与国别研究项目6项；校青年教师科研专项基金项目24项。

【落实校院两级管理改革，科研经费管理下拨至各学院】为充分发挥文科院（所）在科研管理中的积极性、主动性，推进校院两级管理体制改革，我校将2018年中央高校基本科研业务费（哲学社会科学）专项经费的50％下放文科各院（所）自主管理。

【出台《四川大学繁荣发展哲学社会科学的若干意见》】2018年，我校在广泛调研的基础上，深入研究我校哲学社会科学发展的优势与问题，查找差距，探讨举措，出台了新时代我校哲学社会科学发展的纲领性指导文件《四川大学繁荣发展哲学社会科学的若干意见》（川大社科〔2018〕6号）。

【出台《四川大学哲学社会科学研究奖励办法》】2018年，为充分调动哲学社会科学研究人员的积极性和创造性，不断增强我校哲学社会科学研究的竞争力和影响力，出台了《四川大学哲学社会科学研究奖励办法》，加大对标志性成果的奖励力度。

【召开四川大学2018年哲学社会科学科研工作会和哲学社会科学主题论坛。】2018年9月，我校在望江校区召开2018年哲学社会科学大会，校党委书记王建国、校长李言荣出席并讲话。本次会议全面总结了2017年度哲学社会科学科研工作，表彰了哲学社会科学科研工作先进单位和个人，同时吹响了优化文科、实现哲学社会科学繁荣发展的新号角。在会议期间，我校举行了主题为“建设世界一流文科的理念与方略”的哲学社会科学论坛，为学校推进文科优化、哲学社会科学繁荣发展提供精神动力和智力支持。

【挂牌成立“四川大学中华文化研究院”】2018年，我校进一步整合校内外优质资源，推动我校儒释道深度融合，与四川省委宣传部共同组建“四川大学中华文化研究院”。2018年9月27日，四川大学中华文化研究院成立大会在四川大学望江校区隆重举行。

【召开“哲学社会科学40年——庆祝改革开放40周年学术研讨会”】2018年12月，我校在望江校区明德楼召开“哲学社会科学40年——庆祝改革开放40周年学术研讨会”，总结改革开放40年来哲学社会科学领域取得的突出成就和经验。中央党校原副校长李君如出席研讨会并做主题报告。经济学院院长蒋永穆教授、法学院徐继敏教授、文学与新闻学院赵毅衡教授、艺术学院学术院长黄宗贤教授、历史文化学院副院长鲍成志教授、公共管理学院余平教授、商学院副院长顾新教授、国际关系学院黄金辉教授等8位来自学校哲学社会科学各学科的专家学者做主题发言。

表1　四川大学2018年社科科研经费总量及其结构（万元）

项目 时间	纵向经费	横向经费
2018年	10347.72	6981.4890
2018年总计	17329.209	

表2　四川大学2018年社科常规纵向科研项目一览表

项目名称		个数（个）
纵向项目	国家社科基金项目	88
	国家自然科学基金项目	11
	教育部人文社会科学项目	29
	其他部委项目	4
	四川省及其他省级哲学社会科学规划项目	70
	市厅级纵向项目	126
	校级纵向项目	92
共计		420

表3　四川大学2018年科研成果统计表

成果形式	成果数量
出版著作	323部
发表C刊及以上论文	1125篇

续表3

成果形式	成果数量
重要智库成果	65 篇
总计	1513 部/篇

我校获批的 5 个重大招标项目分别是经济学院蒋永穆教授申报的“精准扶贫思想：生成逻辑、内容体系和实践效果研究”；法学院顾培东教授申报的“我国成文法体制下判例运用的理论与实践”；外国语学院赵艾东教授申报的“美英涉藏档案文献整理与研究”；历史文化学院原祖杰教授申报的“十九世纪美国工业化转型中的农村、农业与农民问题研究”；历史文化学院霍巍教授申报的“四川新出土南朝造像的整理与综合研究”。

（以上资料由社科处刘小娟提供）

自然科学

一、科技项目与经费

2018 年到校科研总经费达 21.60 亿元（其中，理工医到校科研经费 19.87 亿元）。

科技部项目方面，获准国家科技重大专项各级立项 16 项，总经费 7.98 亿元。承担国家重点研发计划各级项目立项总经费 7.52 亿元，其中，四川大学法人单位牵头项目 8 项、专项经费 1.54 亿元。此外，获准科技部政府间国际科技创新合作项目 3 项，ITER 计划课题 2 项，创新工作方法专项 1 项。

国家自然科学基金项目获准 503 项，获准总经费 4.5 亿元。其中，获准面上项目 259 项、青年项目 190 项；人才类项目方面，获准创新群体项目 1 项、滚动资助 1 项，获准杰出青年基金项目 2 项，获准优秀青年基金项目 9 项；重大仪器研制专项项目（部门推荐）取得首次突破，谢和平院士牵头的“深部岩石原位保真取芯与保真测试分析系统”项目获批，项目经费达 6820.43 万元。

四川省科技厅项目方面，获准 609 项，立项经费 1.5 亿元。教育部、成都市、其他部委省市项目共立项 176 项，较 2017 年增长 71%；获准经费 3610.43 万元，较 2017 年增长 42%。

获准高技术项目 199 项，获准经费 11032.6 万元，较 2017 年增长 55.8%。其中，获准纵向项目 50 项，获准经费 6440 万元；获准横向项目 151 项，经费 4592.6 万元。

新签企事业单位委托合同 1745 项，合同总经费 9.8 亿元，其中，签订技术转让合同 60 项，合同经费 1.59 亿元。

2018 年我校到校科技经费（理工医）来源渠道详见表 4。

二、科研基地和人才队伍建设

新增科研基地方面。“疾病分子网络前沿科学中心”获教育部批准建设；新增

“环境与火安全高分子材料”省部共建协同创新中心1个；新增“无线能量传输”教育部重点实验室（B类）1个；新增省级科研基地6个：四川省植物来源药物工程实验室、四川省精准医学应用工程实验室、四川省干细胞临床转化工程实验室、四川省小分子药物精准化工程技术研究中心、新型能源系统与工程安全国际科技合作基地、空天信息与智能装备示范型国际科技合作基地。

科研基地建设运行管理方面。“生物治疗协同创新中心”顺利通过了教育部的绩效评估；“水力学与山区河流开发保护”和“高分子材料工程”国家重点实验室，以及“皮革化学与工程”“深地科学与工程”“高能量密度物理（B类）”3个教育部重点实验室顺利通过评估；“环保型高分子材料”国家地方联合工程实验室，以及“口腔转化医学”“医疗信息化技术”“环境友好高分子材料”3个教育部工程中心通过验收。

人才队伍建设方面。新增国家自然科学基金创新群体1项、滚动资助1项；新增国家自然科学基金杰出青年项目获得者2人；新增国家自然科学基金优秀青年项目获得者9人；新增科技部“创新人才推进计划”“中青年科技创新领军人才”4人、“重点领域创新团队”1个；“万人计划”入选者11人；“天府万人计划”天府创新领军人才5人、天府科技菁英7人。

三、科技成果

2018年度获省部级及以上科技成果奖励44项。其中，获国家科技奖励6项。这6项中牵头4项，分别是建筑与环境学院王清远教授等完成的“超长寿命疲劳裂纹萌生机理与寿命预测”获国家自然科学奖二等奖，生物治疗国家重点实验室杨胜勇教授等完成的“基于药效团模型的原创小分子靶向药物发现”获国家自然科学奖二等奖，高分子研究所王琪院士等完成的“新型三嗪阻燃剂清洁制备及阻燃塑料加工关键技术”获国家技术发明奖二等奖，化学工程学院褚良银教授等完成的“微细矿物颗粒封闭循环利用高效节能分离技术与装备”获国家技术发明奖二等奖。2018年度牵头获得高等学校科学研究优秀成果奖（科学技术）一等奖4项（自然科学一等奖2项，技术发明一等奖1项，科技进步一等奖1项），牵头获得四川省科学技术进步奖励一等奖7项（自然科学奖一等奖2项，科技进步奖一等奖5项）。

其他重要科技奖励方面。获未来科学大奖物质科学奖1项、何梁何利基金奖1项、轻工业联合会奖2项、中华医学奖2项、华夏医学奖5项、电子学会技术发明一等奖1项等。

中国科学技术信息研究所2018年公布的科技论文数据显示，2017年度我校SCI收录论文数（Article和Review论文）4606篇，较2016年度增长10.80%，在全国高校中列第5位，较去年上升1位；EI收录论文数2267篇，在全国高校中列第20位；MEDLINE收录论文数3156篇，较2016年度增长14.39%，在全国高校中列第5位，较去年上升1位；发表国内统计源期刊论文3969篇，较2016年度增长5.14%，在全国高校中保持第5位。

我校2008—2017年国际论文累计被引用33096篇，共计329872次，篇数列全国高校第5位，引用次数列第10位。卓越国际论文（原“表现不俗论文”，其被引用次数高于该学科国际平均线的论文）1974篇，较2016年度增长4.61%，在全国高校排名中列第8位。四川大学华西医院卓越国际论文数在全国医疗机构中排名第 1 位。华西口腔医院卓越国际论文数在全国口腔医学领域排名第 1 位。

2018 年全年申请专利 1383 项，其中：发明专利 1205 项，实用新型 159 项，外观设计 17 项，国外专利申请 2 项。2018 年共获得专利授权 1036 项，其中：发明专利 594 项，实用新型 418 项，外观设计 17 项，国外专利 7 项。

四、科技成果转化与校地合作

进一步完善《四川大学科技成果转化行动计划（试行）》相关配套实施细则及操作流程。文件实施以来，已确权 70 余项科技成果，科研人员创办科技企业 30 余家。建立产学研科技合作信息系统（“两网五库”），系统汇总 4 万余项科技合作项目，结合地方需求，推进科技成果转化。

校地企合作加速深入推进。校地战略合作资金项目稳步深入推进。2018 年“川大—泸州”战略合作资金支持项目 31 项，新增产值约 2 个亿，利税超 4000 万元；四川大学泸州产业技术研究院成立，作为“川大—泸州”战略合作的重要载体。2018 年“川大—德阳”战略合作资金支持项目 22 项，年预期利税 1.3 亿元。与自贡市签订战略合作协议，第一批立项 26 项。与攀枝花市签订战略合作协议。校地战略合作已扩大到四川省 8 个地市州，资金总规模达到 5 亿元，有效推动四川各地经济社会发展。

进一步深化与成都市融合发展，与成都市共建前沿医学研究中心、面向新经济的技术交叉与转化中心等；与双流区共建环川大江安校区国际化创新创业示范带和先进高分子材料研究院；推进学校老师全面参与成都市产业功能区建设，已与产业功能区及园区签约 16 个项目。

四川大学青岛研究院已建成高分子新材料等科研平台，建立青岛市 2200 家企业基础数据库，“胜利油田钻井液改性加重剂及相关产品开发”项目进入中试阶段；与青岛啤酒共建中试实验室，共同开发的“皇冠瓶盖密封材料”投资 1700 万元在青岛建设产业化基地。与江苏省产业技术研究院、南京市江北新区共建的先进高分子材料研究所已注册成立。

国家“双创”示范基地变革性技术国际研发转化平台建设成效显著。平台获批准与北航共同成立“虚拟现实/增强现实技术及应用国家工程实验室”；获批建设省级实验室 2 个，已建成中试平台 2 个、示范生产线 2 条；与北京东方雨虹防水技术股份有限公司签署科技合作项目，产学研合作经费 1000 万元。

进一步深化与大企业合作，培育及促进重大科技成果转化。与联想（北京）有限公司共建“人工智能研究中心”，该研究中心已正式揭牌成立；与网易共建“未来网络技术研究中心”；与东方电气集团共建智慧能源电气装备与系统国家技术创新中心；与上海医药集团共建小分子药物精准化工程技术研究中心；与四川金川磷化工有限责任公司共建金川磷化工技术研发中心；与贵州川恒化工股份有限公司共建绿色化工技术研发中心；与埃克森美孚公司签署“高分子复合物加工领域研究”合作协议。

表 4　2018 年到校科技经费（理工医）来源分布　　单位：万元

经费来源		金额	经费来源		金额
教育部	科研项目	370.4	国家自然科学基金		33741.02
	高校基本科研业务费	4348.33	国务院其他部门		1333.92
	其他	2185.86	高技术项目		6266.45
	小计	6904.59	省市自治区	项目经费	18339.1
科技部	国家科技重大专项	1795.79		其他	469
	973 计划项目	102.9		小计	18808.1
	863 计划项目	47.6	企事业单位委托		83115.94
	支撑计划	6.25	校资助和转让咨询		1942.69
	其他	12102.05	国际合作		1115.48
	国家重点研发计划	31441.44	合计		198724.22
	小计	45496.03			

表 5　2018 年各学院获奖情况　　单位：项

序号	校内单位名称	合计	国家奖		部省奖			其他奖励
			一等奖	二等奖	一等奖	二等奖	三等奖	
1	水利水电学院（含水力学与山区河流开发保护国家重点实验室）	21		1	3	2	1	14
2	华西临床医学院（含生物治疗国家重点实验室）	20		2	3	2	5	8
3	电气信息学院	7					4	3
4	高分子科学与工程学院（含高分子研究所）	5		1		2		2
5	建筑与环境学院	4		1				3
6	化学工程学院	3		1				2
7	数学学院	3			2		1	
8	化学学院	3			1		1	1
9	轻纺与食品学院	3			1	1		1
10	华西口腔医学院（含口腔疾病研究国家重点实验室）	2			1			1
11	网络空间安全学院	2			1			1
12	制造科学与工程学院	2				1	1	

续表5

序号	校内单位名称	合计	国家奖		部省奖			其他奖励
			一等奖	二等奖	一等奖	二等奖	三等奖	
13	计算机学院	2					1	1
14	生命科学学院	1			1			
15	灾后重建与管理学院	1			1			
16	商学院	1					1	
17	华西第二医院	1					1	
18	电子信息学院	1						1
19	材料科学与工程学院	1						1
20	华西药学院	1						1
21	国家生物医学材料工程技术研究中心	1						1
22	空天科学与工程学院							
23	物理科学与技术学院（含720所、原子与分子物理研究所）							
24	华西公共卫生学院							
25	华西基础医学与法医学院							
26	分析测试中心							
合计		85		6	14	8	16	41

表6 2017年度科技论文情况

	数量（篇/次）	全国高校排名
SCI论文数	4606	5
MEDLINE论文数	3156	5
国际论文被引篇数	33096	5
国际论文被引次数	329872	10
国内论文总数	3969	5

注：1. 表中数据来源于中国科学技术信息研究所2018年发布的《2017年度中国科技论文统计结果》；

2. SCI论文数和国内论文总数只含Article、Review两类文献收录；

3. 国际论文被引篇（次）数是指以SCI数据库统计，2008—2017年收录的论文截至2018年10月累计被引用的篇（次）数。

表7　各单位 SCI、EI 论文情况

单位：篇

序号	学院（所、中心等）	SCI 论文		EI 论文	
		2017 年	2016 年	2017 年	2016 年
1	华西临床医学院（含生物治疗国家重点实验室）	1438	1176	45	61
2	高分子科学与工程学院（含高分子研究所）	378	350	357	358
3	化学学院	339	251	184	166
4	华西口腔医学院（含口腔疾病研究国家重点实验室）	266	209	44	35
5	化学工程学院	223	211	185	188
6	物理科学与技术学院（含 720 所、原子与分子物理研究所）	196	198	158	158
7	材料科学与工程学院	171	169	151	185
8	华西第二医院	160	150	1	3
9	生命科学学院	153	208	29	36
10	华西药学院	136	149	36	46
11	建筑与环境学院	124	100	121	119
12	电子信息学院	113	127	107	178
13	轻纺与食品学院	109	109	96	97
14	数学学院	92	95	29	38
15	水利水电学院（含水力学与山区河流开发保护国家重点实验室）	89	81	140	186
16	华西基础医学与法医学院	77	78	1	2
17	国家生物医学材料工程技术研究中心	70	52	54	47
18	计算机学院	64	56	73	74
19	华西公共卫生学院	64	49	8	5
20	制造科学与工程学院	49	60	90	103
21	电气信息学院	41	41	100	116
22	分析测试中心	34	43	24	28
23	空天科学与工程学院	26	32	30	40
24	新能源与低碳技术研究院	15	11	16	11
25	网络空间安全学院（含网络空间安全研究院）	9	2	9	11

续表7

序号	学院（所、中心等）	SCI论文		EI论文	
		2017年	2016年	2017年	2016年
26	其他单位	170	150	179	117
合计		4606	4157	2267	2408

注：SCI论文数只含Article、Review两类文献收录。

表8 各单位“卓越国际论文”论文情况

序号	学院（所、中心等）	2017年度		2016年度	
		“卓越国际论文”论文（篇）	占SCI总数比例%	“卓越国际论文”论文（篇）	占SCI总数比例%
1	华西临床医学院（含生物治疗国家重点实验室）	611	42.49	491	41.75
2	化学学院	203	59.88	167	66.53
3	高分子科学与工程学院（含高分子国重室、高分子研究所）	166	43.92	203	58.00
4	华西口腔医学院（含口腔疾病国家重点实验室）	139	52.26	96	45.93
5	化学工程学院	103	46.19	98	46.45
6	材料科学与工程学院	82	47.95	97	57.40
7	华西药学院	74	54.41	91	61.07
8	物理科学与技术学院（含720所、原子与分子物理研究所）	56	28.57	69	34.85
9	建筑与环境学院	55	44.35	43	43.00
10	生命科学学院	54	35.29	75	36.06
11	华西第二医院	52	32.50	54	36.00
12	轻纺与食品学院	38	34.86	44	40.37
13	水利水电学院（含水力学与山区河流开发保护国家重点实验室）	36	40.45	32	39.51
14	生物材料工程研究中心	30	42.86	38	73.08
15	华西公共卫生学院	28	43.75	16	32.65
16	华西基础医学与法医学院	26	33.77	47	60.26
17	数学学院	26	28.26	26	27.37
18	电子信息学院	25	22.12	26	20.47
19	电气信息学院	19	46.34	13	31.71

续表8

序号	学院（所、中心等）	2017 年度		2016 年度	
		“卓越国际论文”论文（篇）	占 SCI 总数比例%	“卓越国际论文”论文（篇）	占 SCI 总数比例%
20	分析测试中心	18	52.94	25	58.14
21	计算机学院	18	28.13	19	33.93
22	制造科学与工程学院	13	26.53	19	31.67
23	空天科学与工程学院	11	42.31	14	43.75
24	新能源与低碳技术研究院	9	60.00	5	45.45
25	网络空间安全学院（含网络空间安全研究院）	0	0.00	1	50.00
26	其他单位	82	48.24	78	52.00
合计		1974	42.86	1887	45.39

注：各单位“卓越国际论文”论文占 SCI 总数比例＝“卓越国际论文”论文数 / SCI 论文总数。

表 9　2018 年度各单位发明专利授权情况　　单位：项

序号	学院（所、中心等）	国家发明专利	国防专利	国外专利	2018 年合计	2017 年合计
1	高分子科学与工程学院（含高分子研究所）	60			60	64
2	制造科学与工程学院	57			57	41
3	华西医院（含生物治疗国家重点实验室）	55			55	45
4	水利水电学院（含水力学与山区河流开发保护国家重点实验室）	48		5	53	46
5	轻纺与食品学院	51		1	52	62
6	电气信息学院	41			41	38
7	化学工程学院	36			36	34
8	建筑与环境学院	35			35	15
9	电子信息学院	35			35	45
10	计算机学院	25			25	29
11	物理科学与技术学院（含 720 所、原子与分子物理研究所）	23			23	23
12	化学学院	23			23	31

续表9

序号	学院（所、中心等）	国家发明专利	国防专利	国外专利	2018年合计	2017年合计
13	国家生物医学材料工程技术研究中心	20			20	15
14	华西第二医院	15			15	6
15	生命科学学院	12			12	12
16	材料科学与工程学院	11			11	30
17	华西药学院	10			10	10
18	分析测试中心	10			10	11
19	华西口腔医学院（含口腔疾病研究国家重点实验室）	8			8	12
20	空天科学与工程学院	7		1	8	10
21	商学院	4			4	3
22	华西公共卫生学院	2			2	
23	华西基础医学与法医学院	2			2	
24	新能源与低碳技术研究院	2			2	
25	网络空间安全学院	1			1	
26	其他单位	1			1	5
合计		594		7	601	587

表 10　四川大学理工医各单位 2018 年到校大财务科技经费统计表

单位：万元

学院中心	国家自然科学基金	国家重大科技专项	国家重点研发计划	973 计划	国家科技支撑计划	863 计划	国家其他科技计划	其他（含教育部、其他部委、省市项目等）	横向（含转让）	合计
经济学院	241	0	0	0	0	0	0	48	0	289
法学院	8	0	1223	0	0	0	0	30	0	1261
历史文化学院	4	0	15	0	0	0	0	63	0	82
灾后重建与管理学院	30	0	45	0	0	0	0	63	27	165
体育学院	16	0	0	0	0	0	0	40	0	56
数学学院	1202	0	293	0	0	0	0	230	71	1796
新能源与低碳技术研究院	132	15	363	0	0	0	6	58	221	795
物理科学与技术学院	645	0	647	0	0	0	45	507	1128	2972
720 所	226	0	148	0	0	0	0	207	568	1149
原子与分子物理研究所	153	0	278	0	0	0	35	188	277	931
化学学院	3098	0	587	0	0	0	188	1103	738	5715
生命科学学院	2282	117	1529	0	0	0	372	1438	1309	7048
电子信息学院	266	0	2468	0	0	0	25	1753	1193	5705
材料科学与工程学院	272	0	417	0	0	0	0	869	603	2162
制造科学与工程学院	515	132	54	0	0	0	223	1477	1318	3719
电气信息学院	274	0	254	0	0	0	0	381	2655	3564

续表10

学院中心	国家自然科学基金	国家重大科技专项	国家重点研发计划	973计划	国家科技支撑计划	863计划	国家其他科技计划	其他（含教育部、其他部委、省市项目等）	横向（含转让）	合计
计算机学院（软件学院）	751	0	1189	0	0	13	0	844	907	3704
网络空间安全学院	16	0	0	0	0	0	0	63	222	300
建筑与环境学院	486	47	1069	0	0	0	245	797	2604	5248
水利水电学院	369	0	2428	0	4	0	60	661	3039	6562
水力学与山区河流开发保护国家重点实验室	782	0	627	0	0	0	930	142	2560	5041
化学工程学院	882	0	1329	0	0	0	8	1012	1736	4967
轻纺与食品学院	436	58	2033	0	0	0	32	999	1303	4861
高分子科学与工程学院	2269	136	1297	0	0	0	50	762	1384	5898
高分子研究所	950	27	334	0	0	0	1030	699	1741	4781
国防重点实验室	0	0	0	0	0	0	0	0	0	0
学报（自然科学版）	0	0	0	0	0	0	0	1	0	1
华西基础医学与法医学院	1250	0	78	0	0	0	0	182	112	1621
华西医院	6560	544	3246	103	0	35	247	7387	390	18511
生物治疗国家重点实验室	3899	558	1346	0	0	0	6114	614	349	12880
华西口腔医学院	1280	0	1357	0	0	0	3276	1767	325	8005
华西公共卫生学院	252	113	504	0	0	0	0	304	556	1729

续表10

学院中心	国家自然科学基金	国家重大科技专项	国家重点研发计划	973计划	国家科技支撑计划	863计划	国家其他科技计划	其他（含教育部、其他部委、省市项目等）	横向（含转让）	合计
华西药学院	820	0	25	0	0	0	30	1303	662	2841
华西第二医院	1666	50	4364	0	2	0	70	1450	612	8214
公共管理学院	19	0	0	0	0	0	0	70	0	89
商学院	275	0	0	0	0	0	0	200	0	475
空天科学与工程学院	254	0	213	0	0	0	0	501	670	1637
网络空间安全学院	216	0	29	0	0	0	0	209	163	617
科研院	14	0	0	0	0	0	0	2366	50	2430
医学管理处	0	0	0	0	0	0	0	1	0	1
图书馆	0	0	10	0	0	0	0	5	0	15
实验动物中心	0	0	0	0	0	0	0	45	24	69
分析测试中心	322	0	64	0	0	0	0	245	1024	1655
生物材料工程研究中心	575	0	1579	0	0	0	0	1174	504	3832
匹兹堡学院	30	0	0	0	0	0	0	0	0	30
工程设计院	0	0	0	0	0	0	0	0	375	375
其他单位	0	0	0	0	0	0	0	88	0	88
合计	33741	1796	31441	103	6	48	12987	32342	31422	143885

（以上资料由科研院所黄文提供）

科技产业

2018年，科技产业集团管理和代管企业共有63家，其中，集团参控股企业49家（控股15家、参股34家），代管四川大学全民（集体）所有制企业11家和四川大学参控股企业3家。科技产业集团2018年年末合并报表显示：资产总额93923.87万元，所有者权益55596.81万元，营业总收入44041.50万元。

【企业改制进展情况】2018年，科技产业集团继续会同国有资产管理处等学校相关部门，以深化巡视整改为抓手，攻坚克难，进一步加大力度推进全校剩余11家全民（集体）所有制企业的改制及关停转工作。各企业改制进展顺利，其中，1家已收章缴照关停，2家开展了企业工商变更和资产划转至科技产业集团的相关工作，3家完成了清产核资工作，3家开展了清产核资工作，1家开展了资产评估工作，1家通过司法途径，完成了法院开庭审理待宣判，较好地达到预期目标。

【所属企业体制改革试点工作推进情况】2018年9月，四川大学被教育部确定为中央高校所属企业体制改革试点高校后，成立了以学校党委书记、校长为第一责任人的四川大学所属企业体制改革工作领导小组，领导小组下设办公室，挂靠科技产业集团，同时印发了《四川大学所属企业体制改革试点工作推进实施意见》，全面启动学校所属企业体制改革试点工作。首先，对校属所有企业进行全面摸底和相关分类工作，完成了《四川大学所属企业体制改革全面摸底工作报告》并上报教育部。按照“一企一策”的原则，制订了《四川大学所属企业体制改革方案》并上报教育部，待教育部批准后将于2019年全面推进体制改革。

【科技成果作价设立公司】以国家、学校实施“双创”政策为契机，2018年，科技产业集团牵头完成了以四川大学生物治疗国家重点实验室团队的多个科研成果作价投资入股7家科技型公司的设立，其中一项成果入股的深圳高尚科美生物科技有限公司在本年度已有新产品投入市场；完成了以四川大学电气信息学院刘俊勇科研团队技术成果作价入股成都智源优象网络科技有限公司的设立。上述转化科技成果总额4.92亿元。

【高校校办产业改革发展研讨会召开】2018年10月19日，我校资产公司——科技产业集团与重庆大学资产经营公司共同发起举办了“高校校办产业改革发展研讨会”，四川省教育厅后勤与产业管理指导中心领导，四川、重庆、云南、贵州等西南地区八所“211”高校资产经营公司负责人共20余人出席了会议。会议研讨和谋划新时代、新要求下的高校校办产业发展方向、实现目标、改革路径等内容。

【科技产业集团第三届职代会暨第三届工代会第二次会议召开】2018年10月26日，科技产业集团第三届职代会暨第三届工代会第二次会议召开，大会审议和通过了《科技产业集团总经理工作报告》

和《科技产业集团工会工作报告》，并对科技产业集团政务公开工作、工会工作和科技产业集团工会主席履职情况进行了满意度测评。

【四川大学国家双创示范基地——高新技术企业孵化平台建成】 2018年，按照国家发改委要求的先进性、示范性、可复制、可推广的“双创”平台建设标准，科技产业集团克服诸多不利因素，对展业大厦进行整体改造，8月底改造工程顺利竣工验收。同时着力打造创新企业服务体系，年底前完成了四川大学国家双创示范基地——高新技术企业孵化平台的建设，其中改造了13026.1平方米的空间，建立了4大服务系统，构建起“五位一体”（物理空间、行政服务站、投融资服务平台、互联网+服务共享平台、增效服务体系）的全方位创业孵化支持体系，为创业团队和企业提供链条式、全方位的孵化服务。同时制定出台了《四川大学高新技术企业孵化平台管理办法（试行）》，并按照该管理办法的入驻要求，实现了企业（项目）的入驻。

【专项扶贫工作开展情况】 按照学校统一部署，2018年科技产业集团及所属企业四川大学工程设计研究院有限公司承担了岳池县和甘洛县的部分扶贫任务，其中，四川大学工程设计研究院有限公司于7月完成了甘洛县格布村党群活动明德广场项目规划设计，11月完成了岳池农家生态文化旅游区核心区项目规划设计的正式审查文本，同时规划中的“竹山曲苑”“七彩凤谷”“灵龙福地”片区已进行了部分施工。上述两项目共减免设计费100余万元。

（以上资料由科技产业集团严萍提供）

医疗卫生篇

医学管理

一、深化医学校地合作，以“一心、一谷、一环”战略布局，共建新医学高地

（一）与高新区共建前沿医学研究中心

认真贯彻落实成都市校院企地深度融合发展重要精神，建设国际一流的“医学+”创新研究、项目孵化和产业导入高地，与高新区共建成都前沿医学中心。已完成《前沿医学研究中心落地方案》并签订《成都高新区管委会—四川大学共建“前沿医学研究中心”项目合作协议》，“前沿医学研究中心”以“一心统揽、两极支撑”进行建设，目前，成都前沿医学中心已经在成都高新区新川生物医药创新孵化园挂牌，计划在2019年8月完成Ⅳ-39地块的创新研发中心和Ⅳ-40地块的孵化加速中心的整体装修，并启动项目入驻；位于华西校区的“研究极”大楼计划在2019年12月底以前启动施工。

（二）与武侯区政府共同推进环华西智慧医谷建设

华西四家附属医院与武侯区人民政府签署了“环华西智慧医谷”战略合作协议，与武侯区共同打造华西智慧医学2.0升级版。配合武侯区开展“环华西”区域城市设计，初步划定学校用地红线，优化提升环华西区域的空间布局和产业生态。

（三）推进医教研产“四位一体”模式的创智特色医学中心环建设

根据成都市的战略规划布局推进创智特色医学中心环建设。东面，华西二院锦江院区已运行，华西医院锦江院区建设正在进行；南面，国家紧急医学救援移动处置中心、国家紧急医学救援综合基地建设进展顺利，华西医院牵头筹建的国际应急医疗队（中国四川）正式通过认证评估，成为全球第15支EMT，同时也是全球第二支、中国第一支世界最高级别Type3EMT。华西天府国际医学中心、华西天府医院等项目建设持续推进。

二、推进医学平台建设，努力建设最好的医科

（一）推动“3+6”“医学+”学科平台建设

对5个“医学+”平台的建设情况进行全面跟踪，整理提交《“医学+”平台调研报告》，并对“医学+”学科平台的建设和管理提供合理化建议。

（二）启动艾滋病防控综合研究平台建设

根据省委省政府召开的艾滋病防治工作会会议精神，牵头组织各参与建设学院专家完成艾滋病防控综合研究平台《建设方案》和《实施方案》，组织专家进行论证，并报双一流办待学校统一立项。

（三）为办最好的医科展开深度调研

深入调研华西基础医学与法医学院、华西公共卫生学院和华西药学院等学院，探讨学院建设及提升学科排名的思路。向国内一流医学院校取经学习，结合自身优势完成《“办华西特色最好的医科”调研报告》，提出“抓人才，凝方向，建机制，

优平台，促交叉”的“医强”思路和四个“一”的具体举措，即通过与成都市人民政府共建成都前沿医学中心（一个中心），共创“医学+创新基金”（一个基金），制定医科引育人才“3510”计划（一个计划），进而推进一流医学学科建设。

（四）深入分析学科评估报告，提出填平补齐思路

结合第四轮学科评估《学科分析报告》和《学科评估简况表》，透彻分析学科评估指标体系及权重影响，提出《医学各学科填平补齐思路》，明确医学各学科差距、提升目标及实现路径。

（五）举办“华西坝院士大讲堂”，拓宽师生学术视野

为拓宽医学师生学术视野，加强校际合作，2018年成功举办了三期“华西坝院士大讲堂”，分别邀请了刘德培、陶澍和马丁三位院士为全校师生做前沿热点专题学术报告。

三、加强附属医院服务协调工作

（一）积极服务新形势下附属医院住院医师规范化培训及职业医师管理工作

积极推进以住院医师规范化培训为主的全科人才培养模式，促进医教协同。2018年招收住院医师规范化培训学员938人，专科医师规范化培训学员175人，总计1113人（其中含专业学位硕士研究生505人）；毕业住院医师规范化培训学员874人，专科医师规范化培训学员125人，总计999人（其中含专业学位硕士研究生322人）。为附属医院执业医师管理做好服务，梳理四川大学执业医师注册和变更注册办事流程，提高服务效能和服务水平。

（二）推动护理学科发展，提升护理学院学术能力和附属医院护理管理能力

组织护理学院和四所附属医院与复旦大学医院管理处及护理学院、附属医院护理专家就护理学科建设、临床护士分层管理、专科护理等领域进行交流、学习；联合华西护理学院，举办四川大学2018年国际护士节表彰暨一流护理学科推进研讨会，评选10名十佳护士和2个优秀护理集体，并就一流护理学科推进工作进行研讨，为学校办最好的医科提供助力。

（三）统一思想、整合医学资源、形成合力

召开医学中心主任联席会4次，从医学高端人才引进和培养、“医学+”的落实、科研标志性成果突破三方面推动“办最好的医科”工作；从管理机制、支撑及保障条件、建设筹备组织架构等方面进行研究、推进成都市与四川大学共建“成都前沿医学中心”相关工作；针对第四轮学科评估中医学各学科差距分析、研讨填平补齐思路及措施，推进医学学科发展。

四、持续推进医学社会服务和师生服务工作

（一）扎实推进医学精准扶贫和对口支援工作

1. 组织做好医学对口支援和定点扶贫（双联）工作

贯彻落实学校2018年对口帮扶精准扶贫工作精神，两次召开医学精准扶贫专题工作会，选派人员随赴岳池现场调研，跟进并推动甘洛县、岳池县医学定点精准扶贫工作。针对甘洛、岳池两县远程医疗会诊38例次；远程网络教学199场次，两县医务人员7211人次、654人参加；医务人员义诊8人，义诊患者167人次；医生坐诊36人次，门诊量2906人次；手术74例，新技术10例；讲座5次；接受进修16人；接受短期学习1人。

2. 组织做好医学对口支援工作

继续做好对口支援西藏大学、湖北民

族大学、西北民族大学相关工作，协调参观学习、进修培训等工作；贯彻落实国家和省卫健委关于加强三级医院对口帮扶贫困县县级医院工作；组织协调附属医院继续做好甘洛县、岳池县医疗扶贫及入户帮扶工作，通过远程网络联盟帮助医疗会诊、医学教育，通过专科联盟促进专科建设，通过免费进修培养医务人员；督导医学各学院、医院根据受援需求实地调研，及时形成扶贫工作计划、方案、措施并反馈学校；组织填报“中央单位定点扶贫责任书”医学相关数据统计。根据教育部和学校要求，组织附属医院形成教育部直属高校精准扶贫精准脱贫典型项目（医学）推选材料。

（二）积极服务师生，共享华西优质医疗资源

继续开展华西四所附属医院对口支援校医院工作，将校医院华西专科门诊的号源纳入华西医院挂号系统，根据师生医疗需求和“华西专科门诊”运行情况，提升就医与医疗资源使用效率；督促校医院与附属医院续签对口支援协议并到四川省卫健委备案；帮助校医院医务人员提高临床诊疗及科技创新能力；建立师生就诊、转诊、急诊绿色通道。

2018 年，附属医院专家出诊 167 人次，诊治患者 865 人，师生健康服务办公室方便师生就医绿色通道转诊共 37 人(其中教职工 26 人，学生 11 人)。办理回复“双代会”091 号“关于在华西医院设立川大教职工绿色就诊通道”的提案。

（三）完成学校交办的重大活动医疗保障工作

组织做好教育部 2018 年“新时代全国普通高校本科教育工作会议”“生物材料定义研讨会暨生物材料前沿与发展趋势国际论坛”、四川大学实践及国际课程周、国家体育总局乒乓球队备战亚运会成都集训、市校共庆及 77/78 级校友返校活动等重大医疗保障工作，圆满完成医疗保障任务。

（四）组织做好四川大学突发公共卫生事件应急处置领导小组办公室工作

协调安排春夏等季节性传染病防控、食品安全、高校艾滋病防控工作等工作。协助做好禁毒防艾骨干人员培训工作等。

五、配合各级卫生行政部门推选医学高层次人才

向四川省卫健委选拔推荐了一批学术技术带头人和学术技术带头人后备人选。祝烨等 65 名同志入选第十三批四川省卫生健康委学术技术带头人，万美华等 72 名同志入选第十三批四川省卫生健康委学术技术带头人后备人选。

六、加强对外宣传华西形象，开展华西医学展览馆布展讲解和科普宣传工作

做好参观接待、讲解宣传及协调修缮工作。2018 年度共接待四川大学华西医学新生及个人参观 1500 余人次。利用新浪认证微博等新媒体做好宣传工作。

七、管理“蒋庆云·德医奖学基金”，推进医学基金健康发展

开展 2018 年“蒋庆云·德医奖学基金”评审工作。评选出受资助本科生 20 名、研究生 15 名、出国进修青年教师 3 名。同时，进一步加大和校友、社会企业联系，积极拓展基金筹资来源。

八、其他工作

组织医学各单位切实做好华西医学品牌保护相关工作。做好华西医学校友联络、华西医学中英文网站建设维护工作。

主办第四届成都精准医学国际论坛，参会人员近千人。为中国精准医学前沿技术创新融入全球化进程提供医、产、学、研、资、创的多方交流平台，助推中国精

准医学科技和产业发展。

完成华西协合大学建筑图纸资料电子化、修复及保存工作。

完成四川大学医学伦理委员会工作，共计审查科研项目 131 项。

举办 2 期药物临床试验质量管理规范培训班，参训人员 500 余人次。

【学科建设稳步提升】召开 4 次华西医学中心主任联席会议，研究“办最好的医科”、前沿医学研究中心、第四轮学科评估分析等专题工作。临床医学学科 ESI 迈入“国际顶尖”（全球前 1‰）行列，华西医院牵头申报并成功获批教育部“疾病分子网络前沿科学中心”。食品卫生与营养学、卫生检验与检疫两个专业在武书连版 2018 年学科排名第一，公共卫生与预防医学学科在上海软科学科排名由全国 12 名提升至 11 名。口腔医学在全国首次口腔医学专业学位水平评估中荣列 A+。新获批 2 个省部级平台（四川省植物来源工程实验室、四川省小分子药物精准化工程技术研究中心）。

【创新人才培养改革稳步推进】在第四届中国“互联网+”大学生创新创业大赛中获 3 金 1 银；在 2018 年“创青春”全国大学生创业大赛中获得 1 金 2 铜。在“首届全国大学生公共卫生综合知识技能大赛”获特等奖。参加“第十届全国大学生药苑论坛”获一等奖 1 项，三等奖 3 项，优秀论文奖 1 项。华西口腔医学院语言艺术协会、医学英语协会、牙颌面畸形临床与基础研究协会在“燃青春・聚能量”第二届全国学生社团影响力评选中获“全国学生最具影响力理论学术社团奖”。启航创就社获“全国学生最具影响力双创社团奖”。华西口腔医学院志愿服务项目获“2017 年度青春伴夕阳・全国高校陪伴实践大赛”一等奖，获四川省志愿服务项目大赛银奖。华西口腔医学院实践队获 2018 年全国大学生“一带一路”暑期社会实践专项行动优秀团队奖。

【师资队伍建设取得新进展】新增“优青”人才 3 名（华西二院周圣涛、华西二院郭帆、生物治疗国重巩长旸）。药学院积极实施“111 引智计划”，邀请近 20 位国际学术大师来访，聘任英国剑桥大学前副校长 Nigel Slater 教授为川大名誉教授。华西临床医学院周总光教授荣获国家“万人计划”教学名师。新增国家基金委杰出青年基金 1 人（华西口腔叶玲），万人计划创新科技领军人才 3 人（华西口腔袁泉、生物治疗国重钱志勇、药学院黄园）。祝烨等 65 人当选为第十三批四川省卫生健康委学术技术带头人，万美华等 72 人当选为第十三批四川省卫生健康委学术技术带头人后备人选。

【科学研究取得新的突破】2018 年共计到校科研经费 5.20 亿元人民币。获准国家自然科学基金 261 项，获准国家科技重大新药创制专项 1 项，护理团队实现国家自然科学基金零的突破，获准面上项目 1 项、青年基金 2 项。获国家自然科学二等奖 1 项，国家科技进步二等奖 1 项；教育部科技进步二等奖 1 项；四川省科技进步一等奖 3 项、二等奖 3 项、三等奖 6 项；中华医学奖二等奖 1 项、三等奖 1 项；华夏医学科技一等奖 1 项，三等奖 3 项。华西口腔医院 2018 年 QS 世界学科排行榜前进 6 位次，位列全球口腔医学第 33 位。华西口腔医院主办发行的 2 本全英文学术期刊 *International Journal of Oral Science*（IJOS）和 *Bone Research*（BR），在 2018 年科睿唯安公布 IJOS 影响因子 4.138，在 SCI 收录的 91 种口腔医学类期刊中位列第 5 位，连续 6 年位居 Q1 区，进入世界权威口腔医学期刊行列，荣获第四届中国出版政府奖·期刊奖，并入选2018年度中国高校杰出·百佳·优秀科技期刊。BR（*Bone Research*）影响因子12.354，位列本学科SCI数据库收录期刊第2位，亚洲排名第一，入选2018年度中国高校杰出·百佳·优秀科技期刊。

【交流与合作取得了新的成效】2018年华西校区接待来自60多个国家和地区的国（境）外来宾超过200批次，共计900余人次。其中接待的政要包括中国香港特别行政区行政长官林郑月娥一行、加拿大驻华大使John McCallum及驻重庆总领事Jeff David一行、卢旺达驻华大使Charles Kayonga一行等；接待的国际知名专家包括英国伦敦大学玛丽女王学院Colin Grant副校长及王文副校长、英国帝国理工学院数据科学研究所所长、英国皇家工程学院院士、欧洲科学院院士郭毅可教授等。出国（境）人数计1550余人次，其中教师900余人次、学生650余人次。主办国际学术会议22次。入选国家医疗队开展援外医疗，4人赴圣多美和普林西比、2人赴莫桑比克。由华西医院牵头筹建的国际应急医疗队（中国四川）成功通过世界卫生组织"国际紧急医学救援队伍（EMT）第三类队伍"认证评估，成为全球第一支国际最高级别的非军方国际应急医疗队。华西公共卫生学院建立海外实训项目基地——美国德州大学圣安东尼奥分校。华西口腔医院协助成都市政府成功获得2021年第99届国际牙科研究协会（International Association for Dental Research，IADR）年会举办权，这是IADR年会历史上第一次在中国举办。

【医疗卫生和社会服务做出新贡献】附属医院共完成门急诊855万人次，出院病人29.83万人次，各类手术20.22万台次，较2017年均有上升。华西医院连续5年名列中国医院科技量值（STEM）综合榜排名第一；19个学科排名前十，其中护理学、急诊医学获得学科第一；呼吸病学获得学科第二；消化病学、精神病学、普通外科学、神经病学获得学科第三。华西口腔医院连续五年蝉联口腔专科医院第一名。华西医院连续九年"中国最佳医院排行榜"中名列全国第二。专科声誉排名中，麻醉科连续九年排名第一，放射科和急诊医学排名第二，7个专科排名第三（神经外科、泌尿外科、普通外科、康复医学、老年医学、病理学、超声医学），10个专科排名前三，17个专科排名前五，28个专科排名前十。专科综合排名中，2个专科排名第一（麻醉科、放射科），4个专科排名第二（普通外科、病理科、急诊医学、泌尿外科），5个专科排名第三（神经外科、核医学、检验医学、康复医学、老年医学），11个专科排名前三，17个专科排名前五，27个专科排名前十。专科声誉和综合排名继续呈现稳中有升的总体格局。华西医院荣获"WHO感染病流行病及控制合作中心"卓越中心称号。护理团队获国际、国家级、省级品管圈大赛奖项8项，疼痛科护理团队获得2018亚洲医院管理奖银奖。华西医院重症医学、老年医学、普通外科学、小儿麻醉学四个专科成功获批国家第二批专科医师规范化培训制度试点专科。2018年医院"自然指数"（Nature Index）排名中，华西医院排名国内医疗机构第一（全球第37），华西口腔医院排名第七，全国口腔医学学科第一。华西口腔医院在2018年复旦医院管理排行榜中国医院总排行榜中位列全国口腔医院第一，科研产出位列全国口腔第一。华西口腔医院在中国校友会2018中国大学口腔医学专业排行榜中荣获八星级，世界知名高水平、中国顶尖专业，排名第一。华西医院在全国医院品管圈大赛连续六年荣获一等奖，华西医院及疼痛科护理团队荣获 2018 亚洲医院管理奖金奖 1 项、银奖 1 项。华西附二院被评为“全国改善医疗服务最具示范案例”单位，获批全国首批、四川唯一的“全国出生缺陷防治人才培训基地”和全国首批“新生儿围产期医学专科医师规范化培训基地”。华西附二院被中国医师协会授予“2018 年人文爱心医院”称号，被四川省医学会评为“2018 年人文医院创建模范单位”。小儿心血管科被全国妇女联合会评为“全国三八红旗集体”。由政府主管部门授权成立的全国第一家省级安宁疗护教育培训机构“四川省安宁疗护教育培训中心”在华西第四医院挂牌成立。

（以上资料由医学管理处唐瑷璘提供）

医院管理

华西临床医学院（华西医院）

【概况】华西临床医学院（华西医院）有职能部门 36 个，临床科室 46 个，医技科室 9 个，国家重点实验室 1 个，部级重点实验室 2 个，中心开放实验室 60 个。

师资队伍方面。2018 年共有从业人员 11576 人。在职高级职称专家 926 人（正高 396 人，副高 530 人）、中级专业技术人员 1904 人；博士生导师 299 人，硕士生导师 390 人；科研和科研辅助人员 403 人。有中国科学院院士 1 人、中国工程院院士 1 人（双聘），“长江学者奖励计划”特聘教授 12 名，“973”首席科学家 3 人，国家杰出青年科学基金获得者 14 人。有国家级教学名师 2 人，省级教学名师 3 人，国家级教学团队 2 个。

学科建设方面。有临床医学、中西医结合、护理学 3 个一级学科。拥有 9 个国家重点学科：内科学（呼吸系病）、内科学（消化系病）、外科学（普外）、外科学（胸心外科）、外科学（骨科）、肿瘤学、影像医学与核医学、精神病与精神卫生学、麻醉学。拥有 33 个国家卫生计生委临床重点专科及实验室建设项目：消化内科、骨科、重症医学科、麻醉科、病理科、实验医学科、专科护理、心脏内科、血液内科、内分泌科、神经外科、胸外科、耳鼻咽喉—头颈外科、心脏大血管外科、精神科、中西医结合科、呼吸内科、神经内科、肾病科、普通外科、泌尿外科、眼科、皮肤科、急诊医学科、肿瘤科、医学影像科、感染病科、康复医学科、风湿免疫科、器官移植科、疼痛科、老年科，以及移植免疫研究室。本科教育设有临床医学（含 5 年制和 8 年制）、护理学、医学检验技术、眼视光学、医学影像技术、康复治疗学 6 个专业系。研究生教育有临床医学、中西医结合、护理学、医学技术 4 个一级学科博士、硕士学位授权资格；有硕士学位点 44 个，博士学位点 42 个，博士后流动站 8 个。

人才培养方面。招生方面，2018 年华西临床医学院招收本科生 630 人、硕士生 526 人、博士生 314 人。2018 年在读本科生 2875 人、硕士生 1490 人、博士生 816 人，在站博士后 347 人。课程建设方面，2018 年新增国家级平台上线慕课 10 门、“国家精品在线开放课程” 1 门，国家级课程建设项目总数 36 门次。主编出版国家级规划教材 4 部。获国家级教学成果特等奖 1 项（参与），四川省教学成果一等奖 4 项（参与 1 项，负责 3 项）、二等奖 1 项（负责）。连续第七年荣获四川大学本科教学工作先进单位。

科研方面。在中国医学科学院“2018 年中国医院科技量值（STEM）综合排名”中连续第五年综合排名第一。在 2018 年全球医疗机构“自然指数”（Nature Index）排名中，四川大学华西医院位居国内医疗机构第一名，全球排名第 38 位。项目课题方面，获准国家科技重大新药创制专项 1 项，获批中央专项经费 7694.66 万元；国家自然科学基金获批 168 项，申请专利 403 项，获专利授权 204 项。全年获准纵向科研经费 2.69 亿元、横向科研经费 1.97 亿元，总经费 5.51 亿元。论文方面，全年发表 SCI 论文 1479 篇，其中 IF 5—10 分论文 179 篇、IF 10 分以上 30 篇、IF 20 分以上 9 篇，发表在 B 级以上刊物论文 50 篇。成果奖项方面，自 2015 年后再次实现国家奖的突破；获国家自然科学二等奖 1 项，国家科技进步二等奖 1 项（第二完成单位）；获四川省科技进步一等奖 3 项、二等奖 1 项、三等奖 3 项获；中华医学奖二等奖 1 项、三等奖 1 项；获华夏医学科技一等奖 1 项、三等奖 3 项，其他奖励 1 项。

合作交流方面。2018 年员工参加国际学术交流、短期进修 841 人次，接待境外来访学者 194 批次、566 人次；学生出国/出境访学 592 人次，接收 50 名国外学生/进修生来院短期学习。聘请国外客座教授、特聘专家 28 人、期刊外籍编委 7 人。主办/承办国际会议 18 项。

党建及学生工作方面。深入学习贯彻习近平新时代中国特色社会主义思想和党的十九大精神，扎实推进“两学一做”学习教育常态化制度化。坚持突出领导班子成员示范作用，班子将政治理论学习作为政治任务抓紧抓实，带头讲党课、做宣讲；以院内各类宣教平台、双周一次职工政治学习为抓手，加强职工思想政治教育；通过调整教学内容、修订教材讲义、开展教学研讨和专题教学等方式加强学生思想政治教育。扎实推进“两学一做”学习教育常态化制度化，修订《支部党建考核办法》，将“两学一做”常态化要求融入党建指标考核体系中，在全院全面实行支部书记述党建和党建单独考核。大兴调查研究之风，成立目标效能办公室，扎实开展目标效能建设，以信息平台全面跟进 2018 年党政重点工作任务 97 项。深入推进全面从严治党，坚持把政治建设放在首位，落实党建目标责任制，党建考核指标增加党总支考核内容，启动党支部委员工作职责梳理、考核指标制度及价值体系认定工作，编制支部党务工作实务手册；《四川大学华西医院：锐意创新 把党支部建在学科上》在《光明日报》刊发；选送急诊科为全国“党建样板支部”（全国高校首批百千万计划）；骨科党支部《两学一做，抗震救灾——义不容辞，情系九寨》获第二届全国“两学一做”风采展示优秀教工支部案例；向教育部思政司报送基层党组织书记工作案例《应急救援中无坚不摧的战斗堡垒》等。坚持党管干部、党管人才原则，干部人才队伍不断优化，顺利完成院内干部集中换届调整，《暑期干部培训：打造我院干部培训精品品牌》获全国医管经典案例奖。强化党建理论研究，全院申报党建课题104项。党风廉政建设持续深化，开展“四定五督”活动及干部防止利益冲突报备和专项督查，启动“阳光推荐”工作，进一步规范医药代表及供应商管理；多形式宣教，建立干部职工个人廉洁档案，推进党风廉政行业作风教育常态化。加强纪律审查与执纪问责规范化标准化建设，建立法、纪、规衔接良好的执纪问责体系，坚持“五个必查”，保持遏制腐败高压态势。聚焦主责主业，统筹实现纪委工作“三转”。着力加强内部控制建设，设立内控办公室，编制内控手册，建立内审信息管理系统，全面提升风险防控能力。强化培训夯实责任，落地落细意识形态责任制。全面加强宣传工作，强化医院与媒体合作，人民日报报道华西医院13条次、光明日报报道3条次、健康报报道19条次（头版头条1次），其他国内主流媒体，如新华网、人民网、健康时报、中国网等报道的国内正面信息近10万条次。成立校友办公室和华西临床医学院校友会，组织校友返校等校友活动11次，服务校友1000余人次。创新统战工作方法，创建“华西同心行动”品牌，各民主党派组织、知联会围绕品牌开展义诊等公益活动47次。强化医院文化建设，成立医院文化建设领导小组、调整工作委员会，与新华文轩签订战略合作协议，确立《华西医学大系》丛书风格、丛书子系列（7个）、丛书顾问、编委名单及分册编委产生办法、出版流程，出版《基层党建的华西实践》《华西医院辟谣小分队——医学科普读本》2册。打造健康扶贫华西模式，充分践行使命担当，派遣财务管理和信息化管理援藏干部2人，组织4项援藏科技项目，总经费达321.5万元；牵头“大数据驱动的医疗健康决策体系研究与应用示范”援疆项目，帮助克拉玛依市搭建DRGs质效评价精细化管理平台；聚焦甘孜管理提升，强化健康扶贫“内生动力”，举办甘孜州医务人员培训班3期，培训560人次，打造11县22个特色学科，制定2018—2020三年帮扶计划；新选派4名优秀干部到马边县、石渠县驻村扶贫。落实三全育人要求，制定《四川大学华西临床医学院践行社会主义核心价值观医学生公约》；顺利召开全国知名医学院校学生思政论坛以及院第十三次学生代表大会；组织申报大学生创新创业训练计划492项，同比增加43%；举办各类院级素质教育活动97次。

【临床医学进入ESI全球1‰行列】 2018年3月，四川大学临床医学学科领域首次进入全球前1‰行列。

【牵头筹建国际应急医疗队通过世界卫生组织认证评估】 2018年5月，由四川大学华西医院牵头筹建的国际应急医疗队（中国四川）正式通过世界卫生组织认证评估，成为全球第一支国际最高级别的非军方国际应急医疗队。

【华西临床医学院获批教育部首批国家虚拟仿真实验教学项目】 2018年6月，四川大学华西临床医学院“智能化多模态临床综合技能虚拟在线自主训练课程”荣获教育部首批国家虚拟仿真实验教学项目。

【“创青春”四川省大学生创新创业大赛获佳绩】 2018年6月，华西临床医学院学子在2018年“创青春”四川省大学生创新创业大赛决赛中获得4金1铜（创业计划类3金1铜，公益创业类1金）。

【荣获“2018年‘5·12’汶川特大地震10周年纪念仪式”系列活动医疗卫生保障工作先进集体】 2018年6月，四川大学华西医院荣获“2018年‘5·12’汶川特大地震10周年纪念仪式”系列活动医疗卫生保障工作先进集体。

【中国四川国际应急医疗队被评为“中国好医生、中国好护士”月度人物（团队）】2018年7月，在中央文明办和国家卫生健康委员会联合主办的全国道德模范与身边好人“中国好医生、中国好护士”现场交流活动中，由四川大学华西医院牵头组建的中国四川国际应急医疗队被评为5月月度人物（团队）。

【荣获“WHO感染病流行病及控制合作中心”卓越中心称号】2018年7月，四川大学华西医院被评定为世界卫生组织感染病流行病及控制合作中心的卓越中心。

【转化医学国家重大科技基础设施（四川）项目——四川大学华西医院转化医学综合楼正式开工建设】2018年8月，四川大学华西医院转化医学综合楼正式开工建设。

【两名医师荣获第十一届“中国医师奖”】2018年8月，在中国医师协会主办的首个“中国医师节”庆祝大会暨第十一届“中国医师奖”颁奖表彰大会上，四川大学华西医院严律南教授、刘进教授荣获“中国医师奖”。

【获批成立成都市“院士（专家）创新工作站”】2018年9月，四川大学华西医院获得成都市科学技术协会、中共成都市委组织部、成都市经济和信息化委员会、成都市科技局、成都市人力资源和社会保障局、成都市工商业联合会共同批准成立成都市“院士（专家）创新工作站”。

【华西学子在第四届中国“互联网+”大学生创新创业大赛中喜获2金1银】2018年10月，在第四届中国“互联网+”大学生创新创业大赛总决赛中，华西临床医学院学子夺得金奖2项、银奖1项。

【疾病分子网络前沿科学中心获教育部批复】2018年10月，教育部正式发文，决定对四川大学华西医院牵头的疾病分子网络前沿科学中心予以立项建设。

【华西学子在2018年“创青春”全国大学生创业大赛中勇夺1金2铜】2018年11月，华西临床医学院学子在2018年“创青春”全国大学生创业大赛中获得1金2铜的成绩。

【复旦大学医院管理研究所“中国最佳医院排行榜”连续九年排名全国第二】2018年11月，复旦大学医院管理研究所“2017年度中国最佳医院排行榜”中，四川大学华西医院连续第九次蝉联综合排名全国第二。专科声誉方面，麻醉科连续九年排名第一，放射科和急诊医学排名第二，7个专科排名第三，10个专科排名前三，17个专科排名前五，28个专科排名前十；在新发布的专科综合排名中，2个专科排名第一（麻醉科、放射科），4个专科排名第二，5个专科排名第三，11个专科排名前三，17个专科排名前五，27个专科排名前十。在“2017年区域医院综合实力排行榜”中，四川大学华西医院在西南区区域综合排行榜中以满分蝉联第一；在“2017年区域医院专科声誉排行榜”中，涉及的37个专科中有31个专科排名第一。

【获评国家卫生健康委“全国援外医疗先进集体”“全国援外医疗先进个人”称号】2018年12月，在北京人民大会堂举行的全国派遣援外医疗队55周年表彰大会上，四川大学华西医院血管外科获得国家卫生健康委“全国援外医疗先进集体”光荣称号、胰腺外科李昂副教授荣获“全国援外医疗先进个人”表彰。

【中国医院科技量值排行榜综合类排名第一】 2018年12月，在中国医学科学院北京协和医学院主办的“2018年（2017年度）中国医院科技量值发布会”上，四川大学华西医院获得2018年（2017年度）中国医院科技量值（STEM）综合榜第一。

［以上资料由华西临床医学院（华西医院）何宁提供］

华西第二医院

【概况】 有编制床位1580张。其中，华西院区730张、锦江院区850张。人民南路院区占地22亩，建筑面积59100平方米；锦江院区占地95.9亩，建筑面积154596平方米。拥有职能部门35个，临床科室22个，医技科室6个，教育部重点实验室1个。

综合管理方面。四川大学华西第二医院以锦江院区开业和建院三十周年为契机，以推动华西妇幼医学迈向世界一流为目标，推动了以技术、品牌有效输出为主题的妇幼健康产业的发掘与精进，实现医教研管社会服务各项事业与健康产业各项工作的提档升级。建立医院资源规划系统（HRP），实现全面预算管理与物资的全生命周期管理；稳步推进绩效改革，充分调动员工积极性。初步完成了儿科医生基于DRGs模式和妇产科医生基于RBRVS模式的绩效改革方案测算，为下一步实施临床绩效改革奠定了基础。

师资队伍方面。医院有员工2981人，正高级师资141人，副高级师资151人，博士生导师70人，硕士生导师104人。“长江学者奖励计划”特聘教授1人，教育部“长江学者青年学者”5人，国家杰出青年科学基金获得者1人，教育部新世纪人才8人，四川省学术和技术带头人38人，四川省卫生计生委学术和技术带头人93人，享受国家级政府津贴和部、省级有突出贡献的中青年专家44人。

学科建设方面。推动传统学科的持续发展，新生儿科通过国家临床重点专科复评并被认定为省市危重新生儿救治中心；优生学科、儿童感染科、循证药学顺利通过四川省医学重点学科验收评审；获准开展胚胎植入前遗传学诊断/筛查技术（PGD/PGS）；获准“西南呼吸介入联盟常务理事单位”和中央财政“儿童消化系统疾病诊治平台”建设项目。进一步完善学科建制和布局，配合锦江院区启用，开设妇科肿瘤放化疗科、小儿呼吸免疫科等，实现妇产科和儿内科亚专业的全覆盖。

在复旦大学医学管理研究所发布的2017年度医院排行榜中，医院综合排名67名，妇产科专科排名第6名，小儿内科专科排名第8名。在2017年度中国医院科技量值综合排行榜中，医院跻身前百强，在医院“自然指数”百强榜中，医院位列第27名。

人才培养方面。医院继续坚持立德树人、强化育人为本，积极高质地完成教学任务。全年完成本科课堂教学1205学时，实践教学2664学时；招收研究生85人；招收规培学员490人，接纳外校实习生364人。新增博士生导师4人、硕士生导师7人，编写出版教材、专著30本。获批全国首批、四川唯一的“全国出生缺陷防治人才培训基地”和全国首批“新生儿围产期医学专科医师规范化培训基地”。获得全国“十佳住培基地负责人”“优秀住院医师”等各级表彰。妇产科学获准“国家精品在线开放课程”。首次获得“四川省第八届高等教育教学成果奖一等奖”。获批国家继教项目61项。

科学研究方面。通过系统的分析与多维度的创新，全年获批各类课题193项，其中国家重点研发计划15项，国家科技重大专项1项，国家自然科学基金20项；获批科研经费首次破亿，达12326.24万，到校经费历史最高，达8354.30万元，发表各类论文889篇，其中SCI 262篇，首次突破200篇；在*Lancet*（IF=53）、*BMJ*（IF=23）、*JAMA Oncology*（IF=21）、*Cell Research*（IF=15）、*Circulation Research*（IF=15）、*Genome Biology*（IF=13）、*Nature Communications*（IF=12.353）等国际顶尖杂志上发表论文7篇；获准发明专利14项，实用新型专利30项，实现医院第一例作价入股成果转化。

合作交流方面。2018年，医院接待境外专家42人（均为学术交流），接收2名外国学生的临床见习，因公出国（出境）97人次。妇幼人才振兴计划海外培训持续推进，资助1名高级访问学者、16名青年学者、10名护理人员前往海外进修；医院管理人员海外培训计划顺利启动，37名管理人员赴我国台湾地区、新加坡培训。

党建工作方面。按照“支部建在科上”的原则，2018年底调整换届之后支部数达到40个。2018年党委出台党建相关制度、文件26个（其中党风廉政建设制度7个），实现了用制度管人管事，确保党建工作的制度化、规范化、常态化。医院党委旗帜鲜明讲政治，坚决做到“两个维护”，带领全院教职员工高举中国特色社会主义伟大旗帜，以习近平新时代中国特色社会主义思想为指导，牢固树立“四个意识”，坚定“四个自信”，确保国家医疗体制改革各项政策、措施得到落实，充分发挥党委的政治把关作用。医院党委对思想政治工作常抓不懈。全年通过6次中心组学习会、3次管理干部培训会、2次党务干部培训会、14次教职工双周政治学习（含5次电视晨会）等，深入学习贯彻落实党的十九大、全国宣传思想工作会议等精神，全面从严治党，确保思想政治工作在各个层面的宣传、贯彻与落实。贯彻落实四川大学有关意识形态工作责任制实施办法，定期组织召开意识形态研判会，深入开展意识形态内审内巡，保障意识形态领域安全，全年医院未发生政治及意识形态舆情事件。全院各党支部严格落实“三会一课”制度，严肃党内政治生活；围绕“不忘初心、牢记使命”主题教育活动积极开展活动；围绕改革开放40周年和建院30周年组织“微党课”“艺术月”等各项特色活动。医院党委通过基层党建督查/考核，压实支部党建责任；通过党建信息化考核管理平台，做到对基层支部的指导和监管“严在平常”。医院党委围绕“推动党建工作与业务工作‘双融合 双促进’”的年度工作主题，以“人文医院建设工程”“以党建引领医院基层组织建设推动患者满意度提升”等项目为抓手，团结带领全院教职员工，以团结、务实、创新、奉献的精神面貌，持续推进了医院医、教、研、管各项事业健康良好发展。

医疗服务方面。2018年门急诊人次243.2万，出院人次5.66万，手术及操作4.21万人次，分娩人数1.23万，平均住院日5.4天。本年度医疗技术和服务不断创新与精进，妇科开展了单孔腹腔镜技术，PICU则实现了四川省首例儿科ECMO技术运用，生殖医学科获准开展胚胎植入前遗传学诊断/筛查技术（PGD/PGS）；麻醉科全面推进规范化分娩镇痛，分娩镇痛率由10%升至近40%；小儿呼吸科成功实施经软式支气管镜异物取出术；产科开展了一体化产房（LDR）分娩服务。医院进一步加强了多学科联合会诊（MDT）。儿科康复开通夜间和周末门诊，全年两院区共服务患儿6319人次；儿科日间治疗病房于9月启用，已服务患儿3119人次；新申请日间手术病种及术式8种，全年开展日间手术364例。第三方患者满意度调查结果显示，2018年门诊、急诊和住院患者平均满意度较同期分别上升2.88%、6.35%和4.68%。

【党建理论研究取得硕果】医院党委2018年党建工作的整体思路是“推动党建工作与业务工作‘双融合 双促进’”。在这一思路指导下，成功申报四川大学校内党建课题/项目3项。医院被中国医师协会授予“2018年人文爱心医院”称号，被四川省医学会评为“2018年人文医院创建模范单位”，举办党建主题国家级继续教育项目1项，省级继续教育项目1项；医院党委王素霞书记受邀在国家卫健委党群干部培训班上授课2次。组织申报院内课题项目17项（第一年拟拨付经费51000元）；发表党建主题论文4篇（北大核心2篇），2篇论文在省级学术大会上获奖。

【锦江院区（一期）全面开诊】2018年7月，锦江院区（一期）全面开诊，四川大学华西第二医院正式步入双院区并行发展的新时代。

【初步实现“一部手机走全院”】信息化支撑医疗服务，改善就医体验，继续在“互联网+医疗”不断探索和创新。2018年，在全流程微信就诊服务基础上，新增电子健康卡多卡结合与全程应用、AI智能分诊、视频问诊、电子签名、入院申请、出院结算、人脸识别办卡与就医应用等功能，极大改善患者就医体验。

【设立国有全资公司】获批设立“四川华西妇幼健康科技有限公司”，积极围绕医院事业发展，探索产业发展道路。配合医院一体化产房运营开展了母婴护理人员培训项目，围绕锦江院区患者需求开展了配套生活用品服务和锦江院区停车场管理项目。

【构建“华西妇儿联盟”】与成都市8个区市县、6家区级妇幼保健院、83家基层医疗机构共同构建“一干多支”的四川首个区域性儿科专科联盟——“华西妇儿联盟”。已有73名基层医生经考核认证被授予“华西妇儿联盟医生”称号。19106名患儿通过“华西妇儿联盟”尝试基层首诊，并有75.11%在基层复诊，转诊率为0.098%。家庭就诊次均费用下降了35%，就诊满意度达95%，真正实现了闭环式利益共享的分级医联体模式。

（以上资料由华西第二医院谢沁宜提供）

华西口腔医学院（华西口腔医院）

【概况】华西口腔医学院（华西口腔医院）集医疗、教学、科研、预防为一体，学院设6个学科系，35个教研室，是国家级教学团队、国家级实验教学示范中心、国家级虚拟仿真实验教学中心、国家“双创”示范基地、国家口腔疾病临床医学研究中心。拥有国内本学科领域唯一的国家重点实验室——口腔疾病研究国家重点实验室、口腔再生医学国家地方联合工程实验室（发改委）以及其他6个部省级重点实验室和工程研究中心。华西口腔医院是中国第一个口腔专科医院，是国家首批三级甲等口腔专科医院，有22个临床科室、7个医技科室。是国家部署在中国西部的口腔疾病诊疗中心、国家药物临床试验机构、国家医师资格考试实践技能考试与考官培训基地、国家住院医师规范化培训基地、四川省护士规范化培训基地和四川省口腔医疗质量控制中心挂靠单位。

师资队伍方面。学院有教职工896人，其中专任教师236人、教授（级）89人、副教授（级）102人、博士生导师58人、硕士生导师70人；2018年，新增国家杰青1人，长江青年学者1人，万人计划创新科技领军人才1人，四川省有突出贡献中青年专家1人，四川省学术和技术带头人4人，四川省学术和技术带头人后备人选5人，四川省“天府万人计划”6人。同时，新增四川大学高端外籍教授4人，四川大学讲座教授1人次，四川大学特聘研究员1人、特聘副研究员2人；1人获四川大学优秀青年教师国际访学项目资助，7人获四川大学第二批教师赴英国牛津大学访学项目资助。

学科建设方面。拥有口腔医学国家级重点学科；拥有5个博士学位授权学科，5个硕士学位授权学科，1个博士后流动站；有四川省重点学科5个，分别是口腔解剖生理学、口腔生物学、口腔修复工艺学、口腔整合医学、儿童口腔医学。

2018年，医院口腔医学专业在全国首次口腔医学专业学位水平评估中荣列A+；在中国医院科技量值（STEM）排行榜上位列口腔医学第一名；软科中国最好学科排名中，华西口腔位列中国第一，较上一年度前进1名；在自然指数（Nature Index）排行榜位中，华西口腔位列中国医院总榜第七，全国口腔医学学科第一；复旦医院管理排行榜中国医院总排行榜中位列全国口腔医院第一；全国医院科研产出排行榜中位列全国口腔医院第一；中国校友会2018中国大学口腔医学专业排行榜中医院口腔医学专业荣获七星级，世界知名高水平、中国顶尖专业，排名第一。

人才培养方面。截至2018年年底，有学生2091人，其中本科生1286人，硕士研究生564人，博士研究生241人。2018年本科生招生人数为231人，其中口腔医学技术17人，口腔医学五年制184人，口腔医学八年制30人。2018届毕业生就业率100%。

有国家级精品视频公开课1门，国家级精品资源共享课程6门，省级精品在线开放课程7门，省级精品资源共享课2门。《儿童口腔医学（Pediatric Dentistry）》获批2018年校级“英语授课品牌课程”建设项目。《探索生命健康相关的口腔问题》和《口腔美学的意蕴》获批2018年校级“四川大学通识模块课程”。

科学研究方面。共计申报各级各类科研项目388项，获准各类纵向科研项目共139项，批准经费合计4141万元（未含国家自然科学基金间接经费）；以一作一单位发表SCI论文282篇，卓越论文数159篇；授权专利14项，其中发明专利4项、实用新型9项，成果转化2项；获四川省科技进步一等奖1项、中华口腔医学会科技一等奖1项和华夏医学科技奖三等奖1项。

主办发行2本全英文学术期刊*International Journal of Oral Science*（*IJOS*）和*Bone Research*（*BR*），均被SCI数据库收录。2018年IJOS影响因子4.138，在SCI收录的91种口腔医学类期刊中位列第5位，连续6年位居Q1区，已进入世界权威口腔医学期刊行列。BR影响因子12.354，位列本学科SCI数据库收录期刊第2位，亚洲排名第一。主办发行两本中文学术期刊《华西口腔医学杂志》和《国际口腔医学杂志》。2018年《华西口腔医学杂志》再次入编《中文核心期刊要目总览》2017年版（即第8版）

“口腔科学”类核心期刊；3 篇文章入选 2018 领跑者 5000——中国精品科技期刊顶尖学术论文；荣获 2018 年度中国高校百佳科技期刊；清博大数据公司公布了我国科技期刊微信公众平台的 WCI，《华西口腔医学杂志》微信公众号的 WCI 为 360.55，位居前列。《国际口腔医学杂志》入选 2018 期刊数字影响力 100 强；荣获 2018 年度中国高校优秀科技期刊。

合作交流方面。接待来访外国专家 148 人次，分别来自美国、英国、加拿大、德国、日本、法国、意大利、韩国等国家以及中国台湾、香港地区。续签合作备忘录 1 个，新签合作备忘录 4 个。共计组织派出 252 人次前往国外讲学、参加国际学术会议和进修学习。邀请来自美国、英国、荷兰、日本、缅甸、泰国等高校的 33 名国际交流生参加 2018 年国际口腔医学本科生操作技能大赛和国际交流营。

党建及学生工作方面。2018 年，华西口腔医学院（华西口腔医院）开展重要会议、讲话精神视频学习会、专题宣讲会等 9 次，党支部集中学习讨论 172 次，院领导、支部书记讲党课 47 次，增强“四个意识”，坚定“四个自信”。严格执行学院科级干部选拔任用工作实施办法，完成科级干部换届工作。强化意识形态阵地管理，官网设置专题专栏 8 个，推送各类新闻、通知公告近 400 条。人民日报、光明日报等主流媒体报道华西口腔医（学）院医疗、教学、科研等进展 50 余条。配齐配强党支部书记，实现教师党支部书记“双带头人”全覆盖。组织党员观看《厉害了，我的国》爱国主义电影、参加“不忘初心、牢记使命”建川博物馆主题党日活动，持续开展党内帮扶，组织 100 余名党员参加“9·20 全国爱牙日”主题义诊暨科普宣教等 50 余场公益服务活动，持续推进服务型党组织建设。坚决打好脱贫攻坚战，选派 4 名优秀员工到南充市嘉陵区桥龙乡羊龙庙村担任驻村干部，累计派出 100 余名医护人员到定点帮扶地区医院进行讲座培训、实操训练，组织口腔义诊、健康宣教 15 次。认真召开全面从严治党工作会，分解全面从严治党工作任务 36 项，组织 22 个行政科室负责人、支部书记 44 人次签署责任书，定人定责定时限，调研督查实施情况 2 次。开展干部任前集体廉政谈话 71 人次，出具党风廉政意见 122 人次，在元旦、清明等重要节点向 238 人次推送廉政信息。针对硕博士研究生招生录取、本科生转专业选拔、规培生进修生招录等重点工作开展 6 次专项巡察，开展公务出国、办公用房专项调研，持续加强医德医风建设，检查 348 份临床医技科室学习记录，营造风清气正的政治生态环境。在四川大学 2018 年度基层党委（总支）党建工作考核中被评定为“优秀”。

医疗工作方面。深入贯彻落实新时代国家卫生健康工作方针，坚持稳中求进工作总基调，持续推进公立医院综合改革。积极推进医联体工作，开展远程医疗工作，认真开展对甘孜、凉山、南充、甘洛、岳池的医疗帮扶工作；着力推进四川省健康服务业项目，培训医务人员 600 余名，派出 23 名专家援疆援藏、2 名医务人员援非、16 名医生参加“西部行”志愿者活动、2 名医务人员参加四川省“三下乡”活动；持续开展改善医疗服务行动计划，开展新技术 10 项，其中国际领先新技术 4 项、国内领先 6 项；进一步推进日间手术，日间手术例次同比增长 126.53%；平均住院日下降到 7.64 天；临床路径患者入径率增长 27.63%。“关爱残障儿童　助推健康扶贫——微笑天使甘孜行”唇腭裂患儿修复手术活动和“服务百姓·健康行动”“9·20爱牙日”等大型义诊活动均取得良好社会影响；患者满意度在四川省卫健委公布的2018年省重点监管32家医疗机构中位列第二名。在“2018年进一步改善医疗服务行动计划全国医院擂台赛”中，医院《创一流环境、做一流服务、全面提升患者满意度》获全国十佳案例，《“一带一路”让距离“近在咫齿”》获西南赛区十大价值案例。获得2018年成都市健康单位命名。

【袁泉教授入选2017年度“长江学者奖励计划”青年学者项目】1月5日，教育部人事司公布了2017年度“长江学者奖励计划”建议人选名单，华西口腔医（学）院袁泉教授入选青年学者项目。

【IJOS荣获第四届中国出版政府奖·期刊奖】1月17日，国家新闻出版广电总局公布了《关于第四届中国出版政府奖表彰决定》，四川大学华西口腔医学院主办的英文期刊《国际口腔科学杂志》（*International Journal of Oral Science*）从一万多种期刊中脱颖而出，摘得“第四届中国出版政府奖·期刊奖”（共20种）。

【4个学术型社团在团中央未来网第二届全国学生社团影响力评选获奖】1月30日，共青团中央网络影视中心、未来网公布了“燃青春 聚能量”2017年第二届全国学生社团影响力展示活动评选结果。华西口腔医学院语言艺术协会、医学英语协会、牙颌面畸形临床与基础研究协会获得“全国学生最具影响力理论学术社团奖”；启航创就社获得“全国学生最具影响力双创社团奖”。

【袁泉教授入选“万人计划”领军人才】3月8日，中组部办公厅下发了《关于印发第三批国家“万人计划”入选人员名单的通知》。华西口腔医（学）院袁泉教授入选“万人计划”科技创新领军人才。

【志愿服务项目荣获“青春伴夕阳·全国高校陪伴实践大赛”一等奖】3月28日，2018年“心系大学生”孝心工程全国启动暨全国高校陪伴实践大赛启动仪式在四川师范大学举行。华西口腔医学院志愿服务项目荣获“2017年度青春伴夕阳·全国高校陪伴实践大赛”一等奖（唯一）。

【国家口腔疾病临床医学研究中心（四川大学华西口腔医院）建设推进会顺利举办】5月20日，华西口腔医（学）院成功举办国家口腔疾病临床医学研究中心（四川大学华西口腔医院）建设推进会，吸纳全国40余家知名口腔院校成为中心网络成员单位，与高科技研究型伙伴科大讯飞、阿里云、成都医云、博奥、医学材料工程技术研究中心共同签署战略合作协议，整合优势资源，在人工智能与口腔医学相关领域的创新融合、提升基层口腔医疗服务能力和打造智慧医院等诸多方面展开积极探索与合作。

【在全国首次口腔医学专业学位水平评估荣列A+】7月26日，全国首次口腔医学专业学位水平评估结果公布，华西口腔荣列A+。在口腔医学领域中，全国共有17所授权单位符合参评条件并参评，华西口腔荣列A+。

【叶玲教授获得国家自然科学基金杰出青年科学基金资助】10月26日，国家自然科学基金委公布了2018年度国家杰出青年科学基金申请项目评审结果，华西口腔医（学）院叶玲教授获2018年度国家杰出青年科学基金资助。

【蝉联教育部高等学校口腔医学类专业教学指导委员会主任委员单位】11月1日，教育部在京召开2018—2022年教育部高等学校教学指导委员会成立大会，华西口腔医（学）院蝉联教育部高等学校口腔医学类专业教学指导委员会主任委员单位，院长叶玲教授当选主任委员。

【软科中国最好学科排名中，华西口腔医（学）院口腔医学学科位列中国第一】 11月1日，软科正式发布2018“中国最好学科排名”。四川大学在口腔医学学科中以总分1244位列全国第一，较2017年排名提升1位。

【IJOS和BR入选2018年度中国高校杰出·百佳·优秀科技期刊】 11月4日，中国高校科技期刊研究会公布了2018年度中国高校杰出·百佳·优秀科技期刊评选结果，华西口腔医（学）院主办的国际英文学术期刊IJOS和BR双双入选中国高校杰出科技期刊（共24种）。

【出版《华西口腔医院医疗诊疗与操作常规系列丛书》17部】 11月10日，《华西口腔医院医疗诊疗与操作常规系列丛书》新书发布会在华西口腔学术报告厅召开，华西口腔医（学）院出版《华西口腔医院医疗诊疗与操作常规系列丛书》17部。

【在复旦大学医院管理排行版中国医院总排行榜中，位列全国口腔医院第一】 11月17日，复旦大学医院管理研究院正式发布《2017年度中国医院排行榜》（综合），四川大学华西口腔医院位列综合55名，在口腔类医院中排名第一。

【成功承办2018年发展中国家系统性数字化正畸诊疗技术国际培训班】 11月12日，由国家科技部国际合作司主办，华西口腔医（学）院承办的2018年发展中国家系统性数字化正畸诊疗技术国际培训班开班仪式在华西口腔医（学）院举行。本次国际培训班是国家科技部国际合作司主办的第一个口腔正畸学领域的发展中国家国际培训班，也是四川大学承办的首个发展中国家技术培训班项目，旨在通过系统化的口腔正畸诊疗技术培训，提高发展中国家受训学员正畸诊疗能力和水平，为“一带一路”沿线国家培养中高端正畸专业技术人才。

【学生实践团队获团中央学校部2018全国大学生“一带一路”暑期社会实践优秀团队奖】 12月7日，团中央学校部公布“丝路新世界·青春中国梦”2018年全国大学生“一带一路”暑期社会实践专项行动表彰通知，华西口腔医学院的“西游记”——印度民众眼中的“中国符号”实践队获优秀团队奖。

【连续五年蝉联中国医院科技量值排行榜口腔医学第一名】 12月23日，由中国医学科学院主办的“2018年（2017年度）中国医院科技量值（STEM）发布会暨第六届中国医学科学发展论坛”在中国医学科学院礼堂举行。在此次公布的“2018年（2017年度）中国医院科技量值（STEM）”中，华西口腔医（学）院位列口腔医学第一名，连续五年蝉联口腔医学第一名。

【发起成立全国口腔医学“双一流”建设协作组】 12月25日，为推动口腔医学学科的“双一流”建设，积极落实教育部、财政部、国家发展改革委印发的《关于高等学校加快“双一流”建设的指导意见》，在教育部学位管理与研究生教育司关心下，在医学“双一流”联盟秘书处的指导下，华西口腔医（学）院成功举办口腔医学“双一流”建设专题论坛，并发起成立全国口腔医学“双一流”建设协作组。

【在自然指数（Nature Index）排行版中位列中国医院总榜第七，全国口腔医学学科第一】 12月，自然指数发布了最新的数据，四川大学华西口腔医（学）院 Life Science 分类中取得 Nature Index 文章数 16 篇、FC 得分 5.18 的优异成绩，位列中国医院总榜第七，全国口腔医学学科第一。

【协助成都市获得 2021 年 IADR 全球大会举办权】全国多个省市竞争 2021 年 IADR 全球大会申办地。在省政府和成都市多位领导的支持下，华西口腔医（学）院全力配合市政府争得申办权，IADR 主席及理事会成员对成都申办工作予以高度认可，一致同意将 2021 年全球大会举办权授予成都市，届时将有来自全球 80 多个国家、5000 余名国际知名口腔专家学者、厂商参会。

［以上资料由华西口腔医学院（华西口腔医院）韩向龙、柳茜提供］

华西公共卫生学院（华西第四医院）

【概况】华西公共卫生学院设 6 个学系、1 个教学科研共用实验中心、1 个研究中心（艾滋病防治研究中心），包含 4 个省级重点实验室（食品安全监测与风险评估四川省重点实验室、分子毒理学重点实验室、公共卫生实验教学示范中心、职业卫生应急省重点实验室）和 8 个基础课程教学实验室；设有分析测试中心、计算机分中心、实验动物中心；学院主办的《现代预防医学》是中华预防医学系列杂志之一、科技部统计源期刊和北京大学图书馆核心期刊；华西第四医院是全国唯一一家国家卫生健康委员会委管三甲职业病专科医院，编制床位 600 张；现有 21 个临床科室、12 个医技科室，以职业中毒、尘肺、老年骨痛骨质疏松、肿瘤姑息医学、睡眠呼吸疾病、高压氧抢救治疗、职业体检、工伤鉴定等医疗服务为特色，是四川大学老年病学、姑息医学、职业病学、内科学等学科的临床实习教学基地，是四川省、成都市化学品中毒救治基地，成都市核辐射救治基地，国家卫健委职业病医师培训基地，国家级卫生监督人员培训基地。

师资队伍方面。2018 年在岗职工 796 人。有教授 41 人、副教授 76 人、高端外籍教授 1 人，讲座教授 2 人；有优青 1 人，政府特殊津贴 2 人，省学科带头人 4 人，省学科带头人后备人才 1 人，引进人才 6 人。2018 年引进特聘研究员 1 人、特聘研究员 3 人、专职博士后 14 人，引进四川大学客座教授 1 人、华西公共卫生学院客座教授 1 人。

学科建设方面。1 个国家临床重点专科建设项目（职业卫生与职业医学）、4 个省级重点学科（老年保健与姑息医学、卫生检验、劳动卫生与环境卫生学、社会医学与卫生事业管理学）；公共卫生与预防医学一级学科博士学位授权点和博士后流动站，7 个二级学科博士点和 11 个硕士点，1 个专业学位硕士点（公共卫生专业）；3 个本科专业（预防医学、卫生检验与检疫、食品卫生与营养学）。

人才培养方面。设有预防医学、卫生检验与检疫、食品卫生与营养学 3 个本科专业。2018 年招收本科生 232 人、研究生 139 人，其中包括硕士研究生 116 人（全日制硕士研究生 103 人，非全日制硕士研究生 13 人），博士研究生 23 人。截止到 2018 年 12 月，在读本科生 1018 人、硕士研究生 344 人（全日制硕士研究生 297 人，非全日制硕士研究生 47 人）、博士研究生 86 人。截止到 2018 年 6 月，2018 年应届本科毕业生共有 217 人，212 人获得学位证书。本届毕业论文共计 216 篇，其中预防医学专业论文 132 篇，卫生检验与检疫专业论文 58 篇，食品卫生与营养学 26 篇。本科生高质量多样化毕业论文（设计）19 篇，共 12 篇论文推荐为校级优秀毕业论文，其中一等奖 1 篇，二等奖 3 篇，三等奖 8 篇。2018 年度大创立项项目为 125 项。2018 年接收进修医生 26 人。2018 年，在课程建设方面，学院坚持对“探究式—小班化”教学的深入探索，同时加强了对课程考核的管理。2018 年，在四川大学课程中心建设网上课程新增 13 门，共计 55 门课程。现有博士课程 18 门，硕士课程 53 门。张慧东教授获得四川大学“青年科技人才奖”；潘杰教授获四川大学“好未来优秀学者奖”。

科学研究方面。2018 年全院共有 236 项在研科研课题，到账经费 2323.09 万元。获批国家自然科学基金项目 8 项，总经费 294.8 万元；四川省科技厅项目 5 项，经费 85 万元；成都市科技局项目 6 项，经费 90 万元；四川省卫计委项目 6 项，重点项目 1 项，应用项目 5 项，经费 4.5 万元；四川省教育厅项目 2 项，经费 0.8 万元；四川大学科研院理工医类火花库获批 3 项，经费 74 万元。四川大学 2018 年专职博士后项目 3 项，经费 50 万元。2018 年全院共发表科技论文 377 篇，其中 SCI 论文 132 篇，累计 IF547.78，EI 论文 1 篇，SSCI 6 篇，MEDLINE 39 篇，CSSCI 2 篇，CSCD（中国科技期刊引证报告）3 篇，核心期刊 166 篇，会议论文 26 篇。编写出版各类科技专著 23 部，共计约 170 万字。张立实教授获得教育部科学技术进步奖二等奖，李晓松教授获得四川大学“科研经费累计贡献奖”。

合作交流方面。组织完成 2018 年“国际交流营”项目。参加本次交流营的外国学生共计 14 人（9 人来自美国德州大学圣安东尼奥分校、5 人来自波兰华沙大学），华西公共卫生学院学生 16 人，活动内容包括课堂授课、讲座、现场考察、文化交流与学生活动等。建立了首个海外实训项目基地——美国德州大学圣安东尼奥分校，8 名本科学生赴美参加为期两周的“美国公共卫生本科教育之德州全民健康促进模式实践”。2018 年秋季，学院与泰国玛希隆大学达成合作关系，并于 12 月选派 39 名本科生赴泰国开展交流活动。2018 年通过“大川视界”等项目，6 名本科生参与了国际交流。2018 年学院邀请美国国家科学院院士 Barry R. Bloom 教授等公共卫生国际知名专家 14 人次到学院进行访问交流。组织第三届“华西卫生政策与经济博士生论坛”。美国国家科学院院士、哈佛大学公共卫生学院原院长 Barry R. Bloom 教授应邀做了题为“全球健康领域的问题与挑战”（Big issues and opportunities in Global Health）的学术报告。

医疗工作方面。截至 2018 年 11 月底，总诊疗 214310 人次，其中挂号 159980 人次，体检 54330 人次；出院病人 11443 人次；入院病人 11451 人次；病床使用率 112.3 %，平均住院日 12.4 天。2018 年开通医师在线问诊服务，48 名医师开通在线问诊。实施分级诊疗制度，至今已与成都市及周边 56 家卫生医疗机构签署《双向转诊协议》。对口支援帮扶工作开展坐诊 45 次、查房 88 次、疑难病例讨论 55 次、会诊 39 次、手术操作 5 例、培训讲座 24 次。作为四川省化学中毒救治基地，2018 年应甘洛县环保局邀请到当地开展甘洛县工业集中区规划环评修编人群健康调查工作，包括对血铅、尿铬、尿砷进行筛查。2018 年院内开展了手术中紧急用血应急救援演练和突发公共卫生事件的应急演练，通过演练检测和评估应急流程合理性、科学性。

党建及学生工作方面。2018 年新发展党员 34 人，按期转正党员 77 人。院班子 4 次赴甘洛县和宣汉县雨台村开展扶贫调研、义诊、慰问等，在甘洛县了解并积极解决贫困户脱贫“负面清单”，开展入户慰问活动，对当地卫生院进行调研，开展健康知识普及和宣教工作，与甘洛县人民医院开展对口帮扶座谈会，全年派出医师 36 人次前往甘洛县人民医院开展帮扶工作，选派 4 名同志担任雨台村驻村干部，派出 2 名医师到凉山州疾控中心和西昌市人民医院开展“传帮带”帮扶工作。2014 级预防医学学生邵俊参与项目“wowgo 我行专业户外服务平台项目”获中国“互联网+”大学生创新创业大赛全国金奖，2014 级预防医学学生普利明参与项目“神经可视化脊柱微创手术导航系统”获中国“互联网+”大学生创新创业大赛全国金奖。

【开展第 16 个《职业病防治法》宣传周活动】华西第四医院彭莉君副主任医师在华西公卫学术报告厅进行了关于职业病防治的学术讲座和交流。职业评价科王永伟主任分别在成都四威高科技产业园有限公司和艾仕得华佳涂料（黄山）有限公司西南分公司为工人进行粉尘和噪声防护的讲座。职业病科伏代刚副主任医师在成都天马微电子有限公司和四川南都国舰新能源股份有限公司为工人进行职业性铅中毒的预防和治疗方面的讲座。

【四川省安宁疗护教育培训中心正式挂牌成立】2018 年 12 月四川省安宁疗护教育培训中心在华西第四医院正式挂牌成立，这是由政府主管部门授权成立的全国第一家省级安宁疗护教育培训机构，肩负起全省安宁疗护教育培训、业务指导、质量控制、考核评估等工作，将对提高四川省安宁疗护机构及从业人员综合素质及业务水平、推动四川省安宁疗护事业健康发展起到重要作用。

[以上资料由华西公共卫生学院（华西第四医院）姜春萍、廖海鹰提供]

合作与交流篇

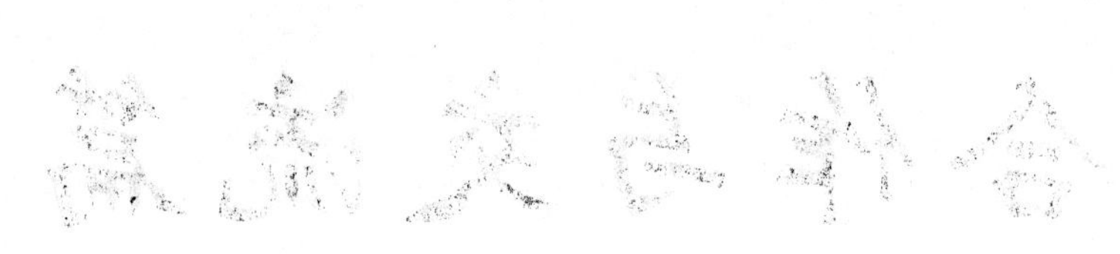

国际合作与交流

【高端发展战略】2018年9月13日，四川大学发展战略国际咨询理事会第一届第三次会议顺利召开。原国务委员戴秉国，成都市政协原主席黄忠莹，诺贝尔物理学奖获得者丁肇中教授，以及来自哈佛大学、美国国家工程院等全球著名高校、研究机构和跨国企业的校长、院士、教授、商界精英等19位理事，共同围绕“综合型大学的学科交叉融合机制”主题开展了深入研讨，为四川大学建设世界一流大学积极建言献策。

2018年，学校代表团赴英国、德国、美国、加拿大成功举办4场四川大学海外推介会，延揽海内外高层次人才，扩大和深化与海外高校的合作交流，提升学校国际影响力和显示度。

【推动中外友好交往】德国总统施泰因迈尔阁下应国家主席习近平邀请于2018年12月5日至10日对我国进行国事访问，其间于12月7日至8日访川。学校圆满完成施泰因迈尔阁下访问川大的外事接待工作，获得外交部和四川省相关部门的高度肯定；学校代表团随四川省委书记彭清华一行访问俄罗斯，参加第四届东方经济论坛，并全程参与国家主席习近平同俄罗斯总统普京出席的“海洋”全俄儿童中心接待汶川地震灾区儿童10周年纪念仪式。此外，学校顺利完成多项重要接待工作，包括尼泊尔外交部部长普拉迪普·库马尔·贾瓦利、埃塞俄比亚水、灌溉和电力部部长塞拉西·贝克利、澳大利亚贸易投资委员会首席执行官斐思迪博士等多个外国政要团组，从层次或规模都产生较大的国际影响。

2018年学校与国外机构签署合作协议55个，申报/举办高端国际会议和双边论坛39个。2018年2100余人次短期外国专家来访讲学，其中诺贝尔奖获得者4人：诺贝尔物理学奖获得者丁肇中教授、诺贝尔化学奖获得者Ada Yonath教授、诺贝尔物理学奖得主Anthony Leggett教授、诺贝尔和平奖的主要贡献者Daniel M. Kammen教授，有效促进了我校的高端学术交流。

以纪念汶川地震十周年为契机，深化防灾减灾领域的国际合作。先后举办汶川地震十周年国际论坛、中国（四川）——“一带一路”防灾减灾区域合作研讨会暨第二届南亚防灾减灾论坛以及四川大学第五届“青年·责任·梦想”大学生抗灾减灾灾后重建国际论坛，搭建跨学科的区域合作新平台，在国际防灾减灾救灾领域分享川大经验、贡献川大智慧。

服务国家对外开放，积极促进“一带一路”国际协作：与中东阿拉伯联合酋长国哈利法大学建立了合作关系，这是我校在中东海湾地区开拓的第一个友好合作学校；与中国招商局集团在斯里兰卡首都科伦坡共建四川大学“一带一路”海外实训基地；与成都市共建成都市“一带一路”教育协同创新研究中心。

深度参与主导中俄“两河流域”高校

联盟工作，推动教育深度合作。围绕中俄首个非毗邻地区合作机制，中俄“两河流域”高校联盟秘书处在高端智库建设、青年论坛、网站建设、交流互访等方面取得显著进展，为中俄青年之间的交流搭建了重要平台。

【引智工作】构建中外合作支撑平台。2018 年学校申请获批外国文教专家聘请经费 1368 万元，新增 1 个“高等学校学科创新引智基地”（总计 6 个，1 个已建设满 10 年顺利通过评估考核，并进入“111 计划 2.0”项目），获批 90 项引智项目，其中国家重点项目“高端外国专家项目”“一带一路”“创新引智计划 2.0”“111 基地”等 16 项。

引智工作取得长足进展。在校工作的长期外国专家和外籍教师达到 160 人，其中高端外籍专家 60 人，“外专千人计划”专家 3 人。引进的高端外籍专家 Phil Coats 教授获得中国国际科学技术合作奖，高端外籍教师、加拿大皇家科学院和工程院两院院士 Chul B Park 教授荣获四川省人民政府“天府友谊奖”。

【第七届国际课程周】打造“国际课程周”升级版，增设“博士研究生高端国际学术论坛”“创新创业展”和“留学生文化、美食交流展”。2018 年，来自 26 个国家和地区的 144 所国外大学的 187 名教授为全校师生开设了 220 余门全英文国际课程和学术讲座；40 多个不同主题的“国际交流营”活动中，600 余名国际学生与川大学子交流互动。

表 1　四川大学 2018 年与外国机构签署协议统计（新签/续签）

序号	国外机构名称	签署时间	我校签字人	对方签字人	备注
1	美国新墨西哥大学	2018－4－25	李言荣	Jean Chambaz	学术交流协议
2	美国华盛顿大学圣路易斯分校	2018－5－12	晏世经	Holden Thorp	学术合作谅解备忘录
3	美国德州理工大学	2018－8－7	李言荣	Lawrence Schovanec	校际合作协议
4	美国时尚设计商学院	2018－7－11	晏世经	Barbara Bundy	谅解备忘录
5	哈佛大学公共卫生学院	2018－3－16	Xiaosong Li	Michelle A Williams	院际谅解备忘录
6	新西兰奥塔哥大学校	2018－11－18	李向成	Jason Cushen	校际合作协议
7	新西兰坎特伯雷大学	2018－11－12	李向成	Lynn McClelland	校际合作协议
8	加拿大爱德华王子岛大学	2018－12－13	李言荣	Alaa Abd-EI-Aziz	谅解备忘录
9	美国田纳西大学健康医学中心	2018－6－8	Jing Jing	David L. Miller	学术交流协议
10	美国圣地亚哥州立大学	2018－11－12	晏世经	Norah Shultz	学术交流协议

续表1

序号	国外机构名称	签署时间	我校签字人	对方签字人	备注
11	美国新墨西哥大学	2018-11-27	张嗣杰	Nicole Tami	学术交流协议续签
12	美国亚利桑那州立大学	2018-11-27	张嗣杰	Nicole Tami	交换生协议续签
13	比利时布鲁塞尔自由大学	2018-9-1	李言荣	Prof. dr. Vanderkerken	3+2 联合培养
14	比利时根特大学	2018-6-26	李言荣	Prof. Dr. Rik Van De Walle 授权 Prof. Dr. Caroline Pauwels	谅解备忘录 MOU
15	比利时根特大学	2018-6-26	李言荣、魏于全、李光宪	Prof. Dr. Rik Van De Walle \ Prof. Dr. Karen De Clerck \ Prof. Dr. Ludwig Cardon	共建 3D 打印技术的联合实验室
16	波兰雅盖隆大学	2018-12-4	李言荣	Wojciech Nowak	谅解备忘录 MOU
17	波兰雅盖隆大学	2018-12-4	李言荣	Wojciech Nowak	交换生协议
18	德国亚琛工业大学	2018-4-2	张嗣杰	Yves Gensterblum	谅解备忘录 MOU
19	德国亚琛工业大学	2018-3-8	李言荣	Ernst M. Schmachtenberg	合作协议(Cooperation Agreement)
20	法国雷恩商学院	2018-10-8	李言荣	Thomas Froehlicher	学术交流协议书
21	法国索邦大学	2018-4-25	李言荣	Jean Chambaz	学术交流协议书
22	法国图卢兹南部比利牛斯联合大学	2018-5-15	李言荣	菲利普．翰博	校际合作协议
23	捷克托马斯拔佳大学	2018-6-27	何有节	Assoc-Prof-Milan Adamek, Ph. D Dean of Faculty of Applied Informatics	四川大学轻纺与食品学院与捷克托马斯拔佳大学应用信息学院关于双边科技合作的协议

续表1

序号	国外机构名称	签署时间	我校签字人	对方签字人	备注
24	捷克托马斯拔佳大学	2018－6－27	何有节	Prof. Ing. Petr Saha. CSc（Rector）	四川大学轻纺与食品学院与捷克托马斯拔佳大学院关于双边科技合作的协议
25	瑞士弗里堡大学	2018－4－3	李言荣	Professor Astrid Epiney	谅解备忘录 MOU
26	西班牙格拉纳达大学	2018－2－12	李言荣	María Pilar Aranda Ramírez	合作协议
27	西班牙格拉纳达大学	2018－2－12	李言荣	María Pilar Aranda Ramírez	学生交流协议
28	意大利佩鲁贾大学	2018－3－20	李言荣	Franco Moriconi	校际合作协议
29	意大利佛罗伦萨大学等（德国罗斯托克大学、瑞典Mlardalen大学、欧洲研究和倡议中心、同济大学、华东理工大学）	2018－6－1	李言荣	Prof. Benedetto ALLOTTA 贝内代托	伊拉斯谟＋项目高等教育领域的人才培养计划合作协议
30	英国阿伯泰邓迪大学	2018－9－30	晏世经	Mark Batho（大学事务分管副校长）	MOU 谅解备忘录
31	英国诺丁汉大学	2018－7－14	晏世经	Prof. Nick Miles OBE（Pro-vice-Chancellor Global Engagement）	3＋2 协议（与建环学院）
32	英国牛津奥利尔学院	2018－6－8	晏世经	Moira Wallace OBE	谅解备忘录
33	英国创意艺术大学	2018－5－10	李言荣	Prof. Bashir Makhoul Vice-Chancellor	谅解备忘录 MOU
34	英国纽卡斯尔大学	2018－6－25	晏世经	Prof. Suzanne Cholerton，Pro-Vice-Chancellor	学生交流项目协议备忘录
35	英国伦敦大学皇家霍洛威和贝德福德新学院	2018－10－29	晏世经	Katie Normington，Senior Vice Principal	增补国际关系学院
36	日本千叶大学园艺学部园艺研究科	2018－9－25	熊峰	小林达明	合作友好协议

续表1

序号	国外机构名称	签署时间	我校签字人	对方签字人	备注
37	日本千叶大学园艺学部园艺研究科	2018-9-25	熊峰	小林达明	学生交换项目协议书
38	招商局科伦坡国际集装箱码头	2018-7-2	李言荣	黄鹏	合作协议
39	金沢大学	2018-4-10	晏世经	Yoshio Otani	校际合作协议
40	日本东北大学	2018-1-19	李言荣	Hide Ohno	学术交流协议书
41	本古里安大学	2018-5-6	李言荣	Zvi Hacohen	校际合作协议
42	韩国首尔国立大学	2018-6-20	李言荣	Sung Nak-in	校际合作协议
43	大韩民国檀国大学	2018-7-5	李言荣	张淏星	校际合作协议
44	斯里兰卡佩拉德尼亚大学		李言荣	乌普尔·B. 迪萨纳亚克	学术合作备忘录
45	日本金泽大学	2018-4-10	晏世经	Yoshio Otani	交换生协议
46	日本东北大学	2018-1-19	李言荣	Hide Ohno	学生交换协议书
47	新加坡国立大学计算机学院		吕建成	Mohan Kankanhalli	谅解备忘录
48	新加坡国立大学计算机学院		吕建成	Mohan Kankanhalli	夏季讲习班协议
49	新加坡国立大学计算机学院网络空间安全学院		陈兴蜀	Mohan Kankanhalli	夏季讲习班协议
50	日本大阪大学		(处长)	有川友子	夏令营项目
51	阿联酋哈利法大学		李言荣	Arif Ai-Hammadi	校际交流协议
52	泰国玛希隆大学		李晓松	Chanuantong Tanasugran	谅解备忘录
53	印度三军协会	2018-9-10	孙士海	Maj Gen BK Sharma	谅解备忘录
54	斯里兰卡探路者基金会	2018-11-6	孙士海	Bernard Goonetilleke	谅解备忘录

表 2 四川大学 2018 年举办国际会议和双边会议统计表

序号	会议名称	会议召开日期	会议结束日期	主办单位
1	第六届生物发泡材料国际会议	2018-09-26	2018-09-28	国际合作与交流处

续表2

序号	会议名称	会议召开日期	会议结束日期	主办单位
2	生物材料定义研讨会暨生物材料前沿与发展趋势国际论坛	2018－06－11	2018－06－13	国际合作与交流处
3	可积系统与辛几何研讨会	2018－05－21	2018－05－25	数学学院
4	生命道教暨卿希泰先生道教学术思想研究国际论坛	2018－05－19	2018－05－22	道教与宗教文化研究所
5	2018年国际妇科肿瘤与女性盆底功能障碍性疾病多学科国际论坛	2018－06－08	2018－06－10	国际合作与交流处
6	第14届马氏过程及相关论题国际研讨会	2018－07－16	2018－07－20	数学学院
7	第六届气化及其应用国际研讨会	2018－10－25	2018－10－28	化学学院
8	信息与通信技术在山区自然灾害救援中的应用国际研讨会	2018－08－27	2018－08－29	国际合作与交流处
9	“中国和印度：现状与未来发展”研讨会	2018－09－10	2018－09－13	南亚研究所
10	2018地质力学、地下能源与资源国际会议	2018－09－21	2018－09－25	水利水电学院
11	第四届成都精准医学国际论坛	2018－09－08	2018－09－09	华西临床医学院（华西医院）
12	中以生物技术国际研讨会	2018－07－16	2018－07－20	国际合作与交流处
13	原子核的结团物理研讨会	2018－11－09	2018－11－13	物理科学与技术学院
14	第十届图形与图像处理国际会议	2018－12－12	2018－12－14	计算机学院（软件学院）
15	第二届中澳旅游论坛	2018－11－21	2018－11－24	历史文化学院（旅游学院）
16	佛教文献与文学国际学术研讨会	2018－11－09	2018－11－12	文学与新闻学院（新闻学院）
17	纪念徐中舒先生诞辰120周年国际学术研讨会	2018－10－19	2018－10－22	历史文化学院（旅游学院）
18	承继、拓展与建构——中国现当代美术史论国际研讨会	2018－12－08	2018－12－09	艺术学院
19	非交换几何和表示论研讨会	2018－05－28	2018－06－01	数学学院
20	汶川地震十周年国际论坛	2018－05－10	2018－05－14	灾后重建与管理学院
21	2018国际软物质研讨会暨第七届“China Soft Matter Day”会议	2018－06－08	2018－06－11	化学工程学院
22	2018年第三届自动化，控制和机器人技术工程国际会议暨2018年第三届人工智能与机器人国际会议	2018－07－19	2018－07－22	电气信息学院

续表2

序号	会议名称	会议召开日期	会议结束日期	主办单位
23	第三届四川大学——华沙大学国际关系研究圆桌会	2018—07—07	2018—07—07	国际关系学院
24	无穷维和随机动力系统国际研讨会	2018—06—30	2018—07—04	数学学院
25	地方治理创新国际学术论坛	2018—07—08	2018—07—10	公共管理学院
26	2018统计科学论坛暨一流学科建设研讨会	2018—07—06	2018—07—08	数学学院
27	东欧马克思主义批判理论国际会议	2018—11—16	2018—11—19	文学与新闻学院（新闻学院）
28	中德药物的水污染防治与混合毒性评价会议	2018—09—19	2018—09—20	无
29	2018中法虚拟现实前沿研讨会	2018—08—27	2018—08—29	计算机学院（软件学院）
30	中日考古论坛	2018—10—20	2018—10—21	历史文化学院（旅游学院）
31	第二届国际应激医学前沿论坛	2018—09—25	2018—09—26	华西基础医学与法医学院
32	2018年发展战略国际咨询理事会会议	2018—09—12	2018—09—15	国际合作与交流处
33	第十届中日酿造技术与食品学术研讨会	2018—09—12	2018—09—15	轻纺与食品学院
34	四川大学—图卢兹大学复几何会议	2018—10—20	2018—10—21	数学学院
35	2018年软物质科学与技术国际研讨会	2018—11—03	2018—11—06	高分子科学与工程学院
36	第三届“华西卫生政策与经济博士生论坛”	2018—11—01	2018—11—03	华西公共卫生学院
37	第七届山地户外安全与健康国际会议	2018—12—28	2018—12—30	体育学院
38	“一带一路”教育合作论坛	2018—12—16	2018—12—18	国际关系学院
39	2018年国际宗教艺术与文化学术研讨会	2018—11—03	2018—11—04	艺术学院

表3　四川大学2018年外籍教师名单

序号	外教姓名	所在学院
1	木田建次	建筑与环境学院
2	Yao Gang（姚刚）	建筑与环境学院
3	藤井明	建筑与环境学院

续表3

序号	外教姓名	所在学院
4	Brarnabas Cordell Seyler	建筑与环境学院
5	Michael Lee Reed	匹兹堡学院
6	Richard Stehle	匹兹堡学院
7	Jangho Yoon	匹兹堡学院
8	Pu Wang	匹兹堡学院
9	David Jeffrey	匹兹堡学院
10	Amy Puett	匹兹堡学院
11	Saeed Reza Ghalambor	匹兹堡学院
12	James McDougall	匹兹堡学院
13	Surya Liman	匹兹堡学院
14	Mingjian Hua	匹兹堡学院
15	Tony Ho	匹兹堡学院
16	John Rhym	匹兹堡学院
17	Timothy C. Moermond	生命科学学院
18	Xiao Zhixiong（肖智雄）	生命科学学院
19	黄震（Zhen Huang）	生命科学学院
20	Yuanping Han	生命科学学院
21	Price Megan Lynette	生命科学学院
22	Liu Yan（刘岩）	生命科学学院
23	Alan Nan Yang	出国留学人员培训部
24	John Scott Brown	出国留学人员培训部
25	Khampasong Soutthavy	出国留学人员培训部
26	Lee Hui Shan	出国留学人员培训部
27	Robert George Norris	出国留学人员培训部
28	John Patrick Tobin	出国留学人员培训部
29	Philip Lee Blackmon JR	出国留学人员培训部
30	Dimitry Polyakov	物理科学与技术学院
31	林兴德	物理科学与技术学院
32	Filippo Boi	物理科学与技术学院
33	James Brister	物理科学与技术学院
34	Siddharth Dwivedi	物理科学与技术学院

续表3

序号	外教姓名	所在学院
35	Sang Kwan Choi	物理科学与技术学院
36	Maureen Willis	物理科学与技术学院
37	Reetanjali Moharana	物理科学与技术学院
38	NikolaosDimakis	物理科学与技术学院
39	Shababi Homa	物理科学与技术学院
40	Borowiec Joanna	物理科学与技术学院
41	庞霖	物理科学与技术学院
42	Bo Xiao	生物治疗国家重点实验室
43	Stephen William Attwood	生物治疗国家重点实验室
44	Dong Chyuan Liu（刘东权）	计算机学院
45	Saira Mohsin	华西公共卫生学院
46	Safyeldin Mahdy Abdelaziz Mahdy Hasouna	华西公共卫生学院
47	Yang Min	华西公共卫生学院
48	Yu Mei	华西口腔医学院
49	He Jian Qing	华西口腔医学院
50	刘寅	华西基础医学与法医学院
51	Lucio David	华西临床医学院
52	NITIN BHARAT，CHARBE	华西临床医学院
53	Wen Geng Zhang（张文庚）	华西临床医学院
54	Coid Jeremy Weir	华西临床医学院
55	Kang Yu Jian James（康裕建）	华西临床医学院
56	Li Hao	灾后重建与管理学院
57	Jan Dietrich Reinhardt	灾后重建与管理学院
58	OSAMUKOIDE	灾后重建与管理学院
59	Gretchen Lynn Kalonji	灾后重建与管理学院
60	Xu Xiaohe	公共管理学院
61	Roger Colin Shouse	公共管理学院
62	Zhang Wei（张威）	公共管理学院
63	Jesper Schlaeger	公共管理学院
64	Annick Jau Lin	公共管理学院
65	Rudolf Walter Schweidler	公共管理学院

续表3

序号	外教姓名	所在学院
66	Xavier Gheerbrant	公共管理学院
67	Jason Joseph Chruma	化学学院
68	Kadam Vilas Digambarrao	化学学院
69	Michal Poznik	化学学院
70	Kannekanti Vijaya Kumar	化学学院
71	Kuppusamy Kanagaraj	化学学院
72	Lei Zhang	经济学院
73	Xiong Hui	经济学院
74	Muhammad Kashif Javed	经济学院
75	Antoine Michel Sylvain LE RICHE	经济学院
76	Kui Yu（余睽）	原子与分子物理研究所
77	SangaraiahNagarajan	原子核科学技术研究所
78	Duca Daniela	商学院
79	VioricaBoaghi	商学院
80	Richard Austin Guidry	外国语学院（大外口语）
81	Daniel Justice	外国语学院（大外口语）
82	James Leo Daniel Mire	外国语学院（大外口语）
83	Craig Aron Chanley	外国语学院（大外口语）
84	Kevin Patrick Manzi	外国语学院（大外口语）
85	Nicholas Campbell Newling	外国语学院（大外口语）
86	Callum Robert Warner Tipper	外国语学院（大外口语）
87	Thomas Joseph Burke	外国语学院（大外口语）
88	Robert Tanner	外国语学院（大外口语）
89	Jayden Weisbrod	外国语学院（大外口语）
90	Jonathan Paul Baird	外国语学院（大外口语）
91	Alexander Andrew Grainger	外国语学院（大外口语）
92	Allen Dantzler Clayton	外国语学院（大外口语）
93	Peter Josiah Rodda	外国语学院（大外口语）
94	Damon Skinner	外国语学院（大外口语）
95	Timothy Joseph Stalker	外国语学院（大外口语）
96	Jenna Treiber	外国语学院（大外口语）

续表3

序号	外教姓名	所在学院
97	Christian Larkin Guinn	外国语学院（大外口语）
98	Wasif Haneef	外国语学院（大外口语）
99	Ian Lee Clavis	外国语学院（大外口语）
100	Carl Dudley	外国语学院（大外口语）
101	Joseph Cassar	外国语学院（大外口语）
102	Mohamed Shahazad Murad Abdul Careem	外国语学院（大外口语）
103	Julius Alfons Gylys	外国语学院（大外口语）
104	Adam Paul Ecklund	外国语学院（大外口语）
105	Danny Antonio Dixon	外国语学院（大外口语）
106	Michael Wilson Woodward	外国语学院（大外口语）
107	Declann Jack Harris	外国语学院（大外口语）
108	Melanie Ann Moran	外国语学院
109	James Edward Graham	外国语学院
110	Timothy Daniel Johnson	外国语学院
111	Joshua Charles France	外国语学院
112	Keith Michael Kilcommons	外国语学院
113	Ryan Gage Friesen	外国语学院
114	Penney Candis Percival	外国语学院
115	Robyn Lee Najar	外国语学院
116	Jean-Philippe Croteau	外国语学院
117	Herve Georges Daniel Francis Thomas	外国语学院
118	Miroslaw Andrzej Jelonkiewicz	外国语学院
119	Danuta Jelonkiewicz	外国语学院
120	Marta MalgorzataUlanska	外国语学院
121	Kazuhiro Ichiura	外国语学院
122	William John Matsuda	外国语学院
123	Kobrin Kirill	外国语学院
124	Lidiia Zolotykh	外国语学院
125	Erica Bondi	外国语学院
126	Elizabeth Tuleja	外国语学院
127	Oliver Schulte	艺术学院

续表3

序号	外教姓名	所在学院
128	Farkhod Eshmatov	数学学院
129	Anurag Sharma	水利水电学院
130	Juan Manuel Sanchez Cerritos	数学学院
131	Faraj Yousef	化学工程学院
132	Li Yu Niu（李玉牛）	历史文化学院
133	玉珠措姆	历史文化学院
134	Leonard W. J. van der Kuijp（高端外籍）	历史文化学院、藏学所
135	Didier Astruc（高端外籍）	轻纺与食品学院
136	Volker Wilhelm Olles	道教与宗教文化研究所
137	Richard Fraser	国际关系学院
138	Vladimir Evgenievich Dobrenko	国际关系学院
139	Yan Feng	华西医院
140	Muthuchamy Maruthupandy	高分子科学与工程学院
141	Mahdi Tabatab Aei Mala	水利水电学院
142	Aaron Lee Moore	文学与新闻学院
143	pradeepkarn	电子信息学院
144	Anurag Sharma	水力学与山区河流开发保护国家重点实验室
145	Lee Cheng-Yang	物理科学与技术学院
146	Jason Jean	公共管理学院
147	Gutierrez Blesa Concepcion	外国语学院
148	Matthew McCartney	社会发展与西部开发研究院
149	Barend J. Ter Haar	社会发展与西部开发研究院
150	Nikolaos Dimakis	物理科学与技术学院
151	Peer Michael Ranta	文学与新闻学院
152	Kristian Bankov	文学与新闻学院
153	Thomas Oliver	文学与新闻学院
154	Michael Leonard Laurens Gerard	文学与新闻学院
155	Tamburello Giuseppa	文学与新闻学院
156	Yamaguchi Mamoru	文学与新闻学院
157	杨国斌	文学与新闻学院

续表3

序号	外教姓名	所在学院
158	伍晓明	文学与新闻学院
159	Joel Robert Christenson	外国语学院
160	Mainka Anna	外国语学院

公派出国

2018 年，全校师生因公出国合计 4321 人次，同比增长 30%。其中，国家公派出国项目派出总计 376 人次（教师 77 人次，学生 299 人次）；学校公派出国项目派出总计 3945 人次（教师 2244 人次，学生 1701 人次）。

学校在原有的学生互换和学术交流项目基础上，首次推出了“大川视界”“海外实习实训”“好未来启蒙访学计划”“博士研究生国（境）外短期访学”等各类学生出国（境）访学项目，鼓励学生赴世界一流大学交流学习、参加国际会议和各类竞赛，鼓励学生到学校海外实训基地和国际组织参与实习实践活动。

学校严格执行中央八项规定，进一步加强和规范因公临时出国（境）管理，制定了《四川大学因公临时出国（境）管理细则》，编印了《四川大学因公出国（境）行前指南》，完善行前教育工作。

表 4　四川大学 2018 年国家公派出国＼学校公派出国统计表

国家公派出国/人次				校际交流及其他出国 /人次			
学生			教 师	学生			教师
本科生	硕士生	博士生		本科生	硕士生	博士生	
67	16	216	77	1139	233	329	2244

表 5　四川大学 2018 年校际交流及其他出国统计表（出访类别）

学生/人次		教师/人次	
短期出国	长期（3 个月及以上）出国	短期出访	长期（3 个月及以上）出国
1623	78	2201	43

港澳台地区事务

2018年，接待香港特别行政区行政长官林郑月娥，澳门大学校长宋永华，台湾辅仁大学副校长袁正泰、台湾辅仁大学副校长李天行，台湾光华教育基金会执行长陈振川，台湾淡江大学董事、前校长张家宜，香港理工大学副校长阮曾媛琪等港澳台来宾162批1113人。先后接待国务院港澳办主任张晓明、中央人民政府驻香港特别行政区联络办公室主任王志民等到校调研，陪同考察四川大学—香港理工大学灾后重建与管理学院。

友好学校的规模进一步扩大，与澳门大学等5所高校分别签订/续签了合作交流协议（与台湾中正大学、台湾彰化师范大学、澳门大学签订了校际合作交流协议和交流生项目协议，与台湾义守大学新签订了2+2联合培养学生协议，与香港城市大学、台湾义守大学续签了合作协议）。

获批教育部“香港与内地高校师生交流计划项目”（万人计划项目）13个，教育部对台项目2个。共有145批次，654人次的港、澳、台地区的教师、学生、专家等来我校交流访问，有186位香港、澳门、台湾地区的教授、老师来我校举办讲座及学术交流活动，有8位教授来我校短期授课。

表6 四川大学2018年与港澳台地区大学签订合作协议统计表（新签/续签）

序号	协议单位	时间	名称	有效期
1	台湾中正大学	2018.4.20	中正大学与四川大学学术交流合作了解备忘录	五年
2	台湾中正大学	2018.4.20	四川大学与中正大学访问学生计划	五年
3	彰化师范大学	2018.4.20	彰化师范大学与四川大学合作交流合约书	三年
4	彰化师范大学	2018.4.20	四川大学与彰化师范大学交换学生合约书	三年
5	澳门大学	2018.7.3	四川大学与澳门大学研究合作与学术交流协议书	五年
6	澳门大学	2018.7.3	四川大学与澳门大学本科生交换计划协议书	五年
7	香港城市大学	2018.7.15	香港城市大学与四川大学学生交换计划协议书	三年
8	台湾义守大学	2018.7.17	四川大学与义守大学双联学制合作项目同意书	四年

表 7　四川大学 2018 年赴港澳台人员情况统计表

	学术会议（人次）	交流考察（人次）	培训及短期学习（人次）
赴港	50	59	51
赴澳	26	1	0
赴台	40	53	188
总计	116	113	239

（以上资料由国际合作与交流处程小钰提供）

党的建设篇

党建及组织工作

一、聚焦学懂弄通做实，夯实理想信念根基

（一）深入学习贯彻习近平新时代中国特色社会主义思想，加强党员干部理论武装

1. 深入学习贯彻习近平新时代中国特色社会主义思想和党的十九大精神

深入开展“大学习、大讨论、大调研”活动，通过党委理论学习中心组专题学习研讨、干部集中培训、辅导报告、个人自学等形式，深入学习贯彻习近平新时代中国特色社会主义思想和党的十九大及历次全会精神，深入学习贯彻全国教育大会精神和习近平总书记对四川工作系列重要指示精神等，全年举办校党委理论学习中心组专题研讨会 10 次。持续将学习贯彻习近平新时代中国特色社会主义思想纳入校院两级中心组学习、党支部组织生活、师生政治学习、干部培训和思政课教学，加强宣传、研究和阐释，全校开展宣讲活动 200 余场；校党委书记带头宣讲和讲党课 7 场，校领导班子成员带头宣讲和讲党课共 50 余场。设立研究项目和课题 108 项，出版了《中国特色社会主义发展新时代新理论研究》等理论专著。召开纪念马克思诞辰 200 周年学术研讨会。通过举办专题讲座，打造名师示范课堂等方式，扎实推进习近平新时代中国特色社会主义思想“三进”工作。

2. 加强领导干部教育培训

积极推荐校院两级领导干部等参加中组部、国家教育行政学院、国家留学基金委、省委组织部、省教育厅等上级部门举办的各类培训班，共计 61 人次参训。举办学校中层领导干部履职能力提升专题培训班、教师党支部书记“双带头人”专题培训班、海归学者国情校情研修班、新晋研究生导师研修班等共 33 场次，培训 3012 人次。

（二）深入推进“两学一做”学习教育常态化制度化

组织基层党组织、党员开展经常性学习教育活动，将学习贯彻习近平新时代中国特色社会主义思想和党的十九大和十九届二中、三中全会精神作为学习培训的主要内容，以“三会一课”为基本制度，以“两学一做”为主要内容，将“弘扬爱国奋斗精神，建功立业新时代”“法律进学校”等活动作为规定内容，强化政治学习和教育，突出党性锻炼，推动组织生活经常、认真、严肃开展。

二、聚焦坚持和加强党的全面领导，落实高校党建重点任务

（一）坚持把政治建设摆在首位

认真学习贯彻《中共中央政治局关于加强和维护党中央集中统一领导的若干规定》，树牢“四个意识”，坚定“四个自信”，做到“两个维护”，在思想上政治上行动上同以习近平同志为核心的党中央保持高度一致。召开学校党委常委会 8 次，及时传达学习全国宣传思想工作会、全国组织工作会、全国教育大会等重要会议精

神，结合学校实际和师生特点制定贯彻措施、加强督促检查，确保党中央决策部署在学校落地生根。坚持请示报告制度，学校工作中重大问题及时请示报告，临机处置突发情况事后及时报告，个人有关事项按规定向党组织请示报告。

（二）坚持和完善党委领导下的校长负责制

认真贯彻执行并不断坚持和完善党委领导下的校长负责制，修订了学校《坚持和完善党委领导下的校长负责制的实施细则》，完善党委职责，充分发挥学校党委的领导核心作用，把方向、管大局、做决策、保落实，全面领导好学校各项工作。修订了党委全委会、党委常委会、校务会、专题会等4个会议制度，健全各类会议议事规则和决策程序；认真执行民主集中制和“三重一大”集体决策制度，不断提高决策科学化、民主化水平。全年召开校党委常委会23次，校务会12次。坚持书记、校长周一会商制度和班子成员周一工作会商制度，全年进行工作会商31次，及时交流思想、交换意见、商量和研讨重要工作，营造了团结共事的和谐氛围。

（三）落实高校党建工作重点任务

根据中组部、教育部、省教育工委下发的《高校党建工作重点任务》要求，制定学校《落实〈高校党建工作重点任务〉工作分解方案》共39项具体工作。组织党群部门负责同志召开专题会议，对39条具体任务逐条明确工作要求，落实工作责任，推进任务完成。按省委组织部、省教工委的要求，定期对党建工作重点任务落实进行督查，形成并上报《中共四川大学委员会党建工作重点任务自查情况报告》。

（四）修订学院党政联席会议制度

修订印发《四川大学学院党政联席会议制度实施办法》，健全院级党组织领导和运行机制，强化基层党委的政治核心作用。举办解读党政联席会议制度专题培训会，推进学院党政联席会议制度的深入实施。

（五）推进党建工作与事业发展融合考核

制定印发《四川大学关于在基层单位年度考核中进一步做好党建工作与事业发展融合考核实施办法（试行）》，下发《关于认真做好四川大学基层单位2018年度考核工作的通知》，组织校内基层党委（总支）书记、直属党支部书记进行现场述职。做好支部考核工作，选取校内7个党支部书记进行现场示范述职。

三、聚焦提升组织力，加强基层党组织建设

（一）强化基层党组织建设

1. 加强组织体系及党务工作队伍建设

理顺党组织隶属关系，2018年先后设立国际关系学院党总支和灾后重建与管理学院、匹兹堡学院、海外教育学院、网络空间安全学院等4个直属党支部。举办新成立党组织党务工作经验交流会、全国党员信息管理系统培训会。以“提升组织力，不断增强基层党组织的创造力、凝聚力、战斗力”为主题，先后对12个基层党委的支部书记、一线党务工作者展开培训。

2. 选树典型发挥引领作用

按照教育部党组有关要求实施了“对标争先”建设计划，遴选推荐的马克思主义学院党委和华西临床医学院（华西医院）急诊科党支部、化学工程学院化工系党支部，分别获批“全国党建工作标杆院系”和“全国党建工作样板支部”。推荐化学学院环保型高分子研究生党支部、化工学院研究生过程装备与安全科学党支部申报教育部“百个研究生样板党支部”，获得批准。开展了先进基层党组织、优秀共产党员和优秀党务工作者评选表彰，授予30个基层党组织“先进基层党组织”称号；授予38名同志“优秀共产党员”称号；授予8名同志“优秀党务工作者”称号，制作并印发《2016—2018年度先进基层党组织、优秀共产党员、优秀党务工作者风采录》。

（二）发挥党支部战斗堡垒作用

1. 持续开展党支部“三分类三升级”活动

在全校982个党支部中持续开展“三分类三升级”活动，其中610个党支部被评定为先进，368个党支部被评定为一般，4个党支部被评定为后进。

2. 推动党支部工作创新和理论研究

2018年，学校为基层党组织划拨党建活动经费154.75万元，用于党支部工作和党员教育活动的开展，实现党建活动经费全覆盖。设立党建特色活动专项基金，用于基层党组织开展党建研究和专题特色活动，共评选设立14项党建课题、21个党建特色活动，支持经费25.25万元。

3. 抓好教师党支部书记“双带头人”培育工作

制定下发《中共四川大学委员会关于教师党支部书记“双带头人”培育工程的实施方案》。推荐马克思主义中国化教工党支部书记工作室申报首批全国高校“双带头人”教师党支部书记工作室，并成功获批。启动教师党支部书记“双带头人”培育工作，推选马克思主义中国化教工党支部书记李红同志参加全国高校教师党支部书记“双带头人”高级研修班、全国高校教师党支部书记“双带头人”培训示范班学习。

（三）加强党员队伍建设

做好党员骨干和党员发展培训工作，2018年发展党员3208名，转正党员2988名，延长预备考察期2人，取消预备党员资格2人；全年调训学生党员骨干250人，培训发展对象3189人，其中学生党员发展对象3119人，教职工党员发展对象70人。做好党员组织关系转接工作，全年共转出党员5747人，转入党员2811人，处置失联党员1282人，口袋党员68人。做好中组部、省委组织部等上级部门到校对高知识群体以及大学生发展党员的调研工作。

四、聚焦精准选人用人，加大组织选拔力度

（一）做好干部选任工作

坚持选人用人标准，严格工作程序，2018年完成了1个中层领导人员岗位的任命、9个中层领导人员岗位的选任工作。根据《四川大学专职组织员管理暂行办法》，结合实际工作需要，按照《四川大学中层领导班子和领导人员换届调整实施意见》规定的基本条件和基本资格，选任专职组织员22名。

（二）坚持严管厚爱做好干部监督管理工作

坚持把干部提醒函询诫勉作为干部监督管理的一项常态化工作常抓不懈，落在实处、严在经常。2018年共开展提醒7人次，函询8人次，与中层领导干部谈话20余人次，帮助解决工作中遇到的问题，激励干部新时代新担当新作为。完成171名中层领导人员个人有关事项报告的填报、录入、汇总及上报工作。严格执行领导干部因私出国（境）审批和证件集中保管制度。修订印发《四川大学中层领导人员因私出国（境）管理细则》，完善因私出国（境）审批管理制度。加强对中层领导人员社会兼职的审批管理，2018 年共审批中层领导人员社会兼职 70 余人次。持续做好干部人事档案管理工作。

五、聚焦政治引领，做实人才队伍建设

（一）做好干部推荐工作

先后 7 次配合中组部、教育部、省委组织部到校开展干部推荐、考察和调研工作。按照教育部驻外后备干部选拔推荐的要求，向教育部推荐 17 名同志，其中 7 人进入考试环节，4 人进入考察环节，1 人进入岗前培训环节，1 人即将派出。配合省委组织部，做好省属本科院校行政副职的推荐考察工作，提任交流 1 人到省属高校任副校长。积极同成都市委组织部建立“双向挂职”的干部交流培养机制，选派 3 名优秀年轻干部到成都市发改委、高新区生物产业发展局、天府新区科技创新与新经济局挂职，接收成都市委组织部推荐的 2 名干部到学校党委保卫部（处）、后勤管理处挂职。配合团省委做好团中央第十七次全国代表大会委员、候补委员的推荐考察工作。配合成都市妇联，推荐 1 人作为四川省妇女第十三次代表大会代表候选人，推荐 2 人作为成都市妇女第十五次代表大会代表和执委候选人，推荐 19 人进入成都市优秀女性人才后备库。接收学校对口支援西藏大学 3 名干部来校挂职锻炼。

（二）强化党管人才作用

充分发挥人才工作牵头抓总作用，推动各类人才项目落实到位。新选派 35 名干部人才参加援疆援藏、“博士服务团”“第一书记”、定点扶贫、江苏“科技镇长团”等挂职项目，特别是选派的 16 名扶贫干部人才，在凉山州甘洛县、广安市岳池县形成了覆盖县、乡（镇）、村三级的“1+N”干部扶贫工作新模式，教育部思政网、四川机关党建、四川脱贫攻坚领导小组《脱贫攻坚简报》等进行了专门报道。出台《四川大学挂职干部人才管理暂行办法》，进一步做好对挂职干部人才的激励保障工作。印发《挂职干部人才工作简报——扶贫干部专辑》，报道扶贫干部新闻，积极向国务院扶贫办、省扶贫办推荐报送扶贫征文 18 篇，其中，5 篇入选国务院扶贫办主题征文获奖名单。

六、聚焦提升组织工作质量和水平，做好党建研究相关工作

（一）做好直属高校“双肩挑”领导人员从事学术活动规范研究

承担教育部人事司委托的“直属高校双肩挑领导人员从事学术活动规范研究”课题研究，组织相关部处领导及专家学者召开十余次课题讨论会，对课题研究调查问卷、课题报告的内容进行讨论研究，并将课题研究前期报告上报教育部人事司。

（二）做好高校党支部书记工作案例选编工作

按照中组部和教育部要求，组织 6 个党支部起草凝练党支部工作案例，其中 1 个工作案例入选中组部将出版的《高校党支部书记工作案例选编》。作为《高校党支部书记工作案例选编》编写小组成员单位之一，积极参与党支部书记工作案例编写工作。

（三）做好四川省高校党建理论研究会工作

认真做好四川省高校党建理论研究会各项日常工作，包括年度报告和年度账务审计、账户年检工作。组织召开 2018 年年会，50 余家会员单位参会。

表 1　2018 年学校领导干部主要培训学习一览表

序号	参训人员	培训时间	培训机构	项目内容
1	王慧敏	2018.01.18—2018.01.19	中组部	全国干教系统学习贯彻习近平新时代中国特色社会主义思想和党的十九大精神培训班
2	侯太平	2018.02.27—2018.04.12	国家教育行政学院	第 56 期高校领导干部进修班
3	王智猛	2018.02.27—2018.05.30	国家教育行政学院	第 53 期高校中青年干部培训班
4	范瑾	2018.03.27—2018.03.30	省教育厅	组织部长专题培训班
5	黄菲娅	2018.04.09—2018.04.27	省教育厅	第 17 期女干部培训班
6	焦阳	2018.04.09—2018.04.27	省教育厅	第 17 期女干部培训班
7	李志强	2018.05.07—2018.05.25	省教育厅	第 43 期新任中层领导人员培训班
8	王建国	2018.06.10—2018.09.30	中组部干教局	“深入学习贯彻习近平新时代中国特色社会主义思想”网上专题班
9	李言荣	2018.06.10—2018.09.30	中组部干教局	“深入学习贯彻习近平新时代中国特色社会主义思想”网上专题班
10	陈志坚	2018.06.10—2018.09.30	中组部干教局	“深入学习贯彻习近平新时代中国特色社会主义思想”网上专题班
11	李向成	2018.06.10—2018.09.30	中组部干教局	“深入学习贯彻习近平新时代中国特色社会主义思想”网上专题班
12	晏世经	2018.06.10—2018.09.30	中组部干教局	“深入学习贯彻习近平新时代中国特色社会主义思想”网上专题班
13	侯太平	2018.06.10—2018.09.30	中组部干教局	“深入学习贯彻习近平新时代中国特色社会主义思想”网上专题班
14	李旭锋	2018.06.10—2018.09.30	中组部干教局	“深入学习贯彻习近平新时代中国特色社会主义思想”网上专题班
15	许唯临	2018.06.10—2018.09.30	中组部干教局	“深入学习贯彻习近平新时代中国特色社会主义思想”网上专题班
16	曹萍	2018.06.10—2018.09.30	中组部干教局	“深入学习贯彻习近平新时代中国特色社会主义思想”网上专题班
17	敬静	2018.06.10—2018.09.30	中组部干教局	“深入学习贯彻习近平新时代中国特色社会主义思想”网上专题班
18	梁斌	2018.06.10—2018.09.30	中组部干教局	“深入学习贯彻习近平新时代中国特色社会主义思想”网上专题班
19	李蓉军	2018.06.10—2018.09.30	中组部干教局	“深入学习贯彻习近平新时代中国特色社会主义思想”网上专题班
20	张林	2018.06.10—2018.09.30	中组部干教局	“深入学习贯彻习近平新时代中国特色社会主义思想”网上专题班

续表1

序号	参训人员	培训时间	培训机构	项目内容
21	梁斌	2018.06.25—2018.07.15	中组部	厅局级干部“学习贯彻习近平新时代中国特色社会主义思想，加强党性修养”专题培训班
22	李蓉	2018.06—2018.08	留基委	国家留学基金委研修项目——发展规划和科研管理
23	管清贵	2018.06—2018.08	留基委	国家留学基金委研修项目——人力资源管理、综合行政管理
24	范瑾	2018.06.25—2018.06.27	中组部办公厅	全国党员管理处（组织处）处长业务培训班
25	刘小华	2018.07.14—2018.07.18	教育部	百千万人才工程国情研修班
26	雷鹏	2018.07.16—2018.09.15	省委组织部	省委组织部年轻干部铸魂工程递进培养班
27	王建国	2018.07.23—2018.07.27	中组部办公厅	部分高等学校党委书记、校长专题班
28	李言荣	2018.07.23—2018.07.27	中组部办公厅	部分高等学校党委书记、校长专题班
29	席旸玺	2018.07.23—2018.07.27	省直机关工委	大小凉山彝区驻村干部师范培训班
30	侯太平	2018.08.07—2018.08.20	教育部人事司、国际司	双一流建设——中国大学校长赴耶鲁大学培训团
31	刘畅	2018.08—2018.12	教育部驻外处	教育部驻外后备干部岗前培训
32	李蓉军	2018.09.01—2018.10.15	国家教育行政学院	第 57 期高校领导干部进修班
33	毕玉	2018.09.01—2018.11.29	国家教育行政学院	第 55 期高校中青年干部培训班
34	王春举	2018.09—2018.11	留基委	国家留学基金委研修项目——国有资产与财务管理、后勤管理
35	吴家刚	2018.10.08—2018.11.02	省教育厅	第 7 期高层次复合型人才培训班
36	章乐	2018.10.08—2018.11.02	省教育厅	第 7 期高层次复合型人才培训班
37	李旭锋	2018.10.15—2018.10.19	省教工委	四川省高校深度扶贫专题培训班
38	黄海	2018.10.15—2018.10.19	省军民融合发展办	第 37 期全省军民融合发展专题研讨班
39	张嗣杰	2018.10.16—2018.10.18	省委组织部、省政府外事侨务办	第五期中国外交培训学员地方课堂暨四川省外事工作领导干部培训班
40	郑成斌	2018.11.06—2018.12.14	省委组织部	第二十一期高层次复合型人才进修班
41	李佳伟	2018.11.12—2018.11.16	省教育厅	安全工作专题培训班
42	许唯临	2018.11.21—2018.12.11	教育部人事司	国防专题研究班（第 12 期）

续表1

序号	参训人员	培训时间	培训机构	项目内容
43	王建国	2018.12—2019.02	中国干部网络学院	“新时代必须坚持新发展理念”“脱贫攻坚”等8期网上专题班
44	李言荣	2018.12—2019.02	中国干部网络学院	“新时代必须坚持新发展理念”“脱贫攻坚”等8期网上专题班
45	陈志坚	2018.12—2019.02	中国干部网络学院	“新时代必须坚持新发展理念”“脱贫攻坚”等8期网上专题班
46	李向成	2018.12—2019.02	中国干部网络学院	“新时代必须坚持新发展理念”“脱贫攻坚”等8期网上专题班
47	晏世经	2018.12—2019.02	中国干部网络学院	“新时代必须坚持新发展理念”“脱贫攻坚”等8期网上专题班
48	侯太平	2018.12—2019.02	中国干部网络学院	“新时代必须坚持新发展理念”“脱贫攻坚”等8期网上专题班
49	李旭锋	2018.12—2019.02	中国干部网络学院	“新时代必须坚持新发展理念”“脱贫攻坚”等8期网上专题班
50	许唯临	2018.12—2019.02	中国干部网络学院	“新时代必须坚持新发展理念”“脱贫攻坚”等8期网上专题班
51	曹萍	2018.12—2019.02	中国干部网络学院	“新时代必须坚持新发展理念”“脱贫攻坚”等8期网上专题班
52	敬静	2018.12—2019.02	中国干部网络学院	“新时代必须坚持新发展理念”“脱贫攻坚”等8期网上专题班
53	梁斌	2018.12—2019.02	中国干部网络学院	“新时代必须坚持新发展理念”“脱贫攻坚”等8期网上专题班
54	李蓉军	2018.12—2019.02	中国干部网络学院	“新时代必须坚持新发展理念”“脱贫攻坚”等8期网上专题班
55	张林	2018.12—2019.02	中国干部网络学院	“新时代必须坚持新发展理念”“脱贫攻坚”等8期网上专题班
56	赵立强	2018.12.02—2019.01.19	省教育厅	第1期“治蜀兴川”优秀中青年干部递进培训班
57	段磊	2018.12.03—2019.01.18	省教育厅	第1期“治蜀兴川”优秀年轻干部递进培训班
58	张婧怡	2018.12.04—2018.12.13	中组部	调查研究和文稿写作能力提升班
59	陈志坚	2018.12.09—2018.12.14	省教工委	高校领导干部西南交通大学培训班
60	张珊珊	2018.12.24—2018.12.26	中组部	干部人事档案工作培训班
61	范瑾	2018.12.25—2018.12.27	国家教育行政学院	直属高校及部省合建中西部高校党委组织部长专题培训班

（以上资料由党委组织部桑启源提供）

党风廉政建设

一、四川大学2018年纪检监察巡察工作总体情况

2018年，学校纪委和纪检监察部门坚持以习近平新时代中国特色社会主义思想为指导，认真学习贯彻党的十九大精神，全面落实十九届中央纪委二次全会、全国教育系统全面从严治党工作视频会、四川省纪委十一届二次全会部署，忠诚履行党章赋予的职责，聚焦监督执纪问责，用心用情，坚定不移推进学校全面从严治党向纵深发展。

（一）深入学习贯彻习近平新时代中国特色社会主义思想，践行“两个维护”

1. 筑牢“两个维护”的思想根基

深入学习贯彻习近平总书记关于教育的重要论述，全国教育大会精神和习近平总书记系列讲话、有关指示批示精神，召开校纪委全委会4次，组织廉想论坛7期。结合中央纪委二次全会精神、中央和教育部五年巡视规划、新修订的《中国共产党纪律处分条例》《关于深化中央纪委国家监委派驻机构改革的意见》等，以党委理论学习中心组领学促学，为领导干部编发学习材料4期，校纪委和纪检监察部门主要负责人主题宣讲10余场。

2. 严明政治纪律和政治规矩

开展中层干部考核考察、民主生活会督导和日常监督检查60余次，切实加强对校内各二级党组织和党员领导干部党内政治生活状况、党的路线方针政策执行情况、民主集中制等各项制度执行情况的监督检查，确保党的路线方针政策、重大决策部署和学校“两个伟大”重要工作举措贯彻落实。

（二）协助推动全面从严治党政治责任落实，持续营造风清气正的校园政治生态

1. 压紧压实“两个责任”

召开年度全面从严治党工作会，印发全面从严治党工作要点，分解8方面21项年度任务，与校内88个单位签订责任书，推动各级党组织担起管党治党政治责任。开展对责任落实情况的专项督查，准确了解情况，及时总结经验、改进不足、推动年度任务落地。将9个中层领导班子及其成员的问责情况纳入日常考核观察点纪实负面清单，以考核问责确保责任落实。

2. 巩固拓展落实中央八项规定精神成果

强化对《四川大学贯彻落实中央八项规定精神及实施细则的实施办法》及系列配套制度贯彻执行情况的监督检查。抓牢重要时间节点，针对性通报典型案例、分析文章及系列报道，发送廉洁短信1600余人次，强化警示教育。坚决反对特权思想和特权现象，按照教育部统一部署，深入开展学校领导班子成员津补贴发放和取酬相关专项自查自纠，以上率下，形成“头雁效应”。

3. 发挥巡视利剑作用

持续深化巡视整改。开展中央巡视整改任务落实情况复查，加强跟踪问效，对

新制定各项制度的执行、落实情况进行督查，防止已整改问题反弹回潮，不断巩固和扩大巡视整改成果。

（三）把握新时代纪律建设新要求，切实履行监督第一职责

1. 坚守政治监督

完善监督体系，把“两个维护”落实到强化监督、执纪审查、巡视巡察、问责追责等具体工作中；探索“监督的再监督”工作路径，通过统筹进度、督查督办、汇总分析、总结汇报等方式，推动各监督主体认真履责，2018年督促责任单位推动或复查相关专项监督检查及问题整改20项。按照四川省纪委要求，开展推进党风廉政建设和反腐败工作、落实四川省纪委相关文件精神情况自查自纠；结合问题线索处置，协助党委分析研判校园政治生态，并向驻部纪检监察组报告。

2. 强化日常监督

紧盯关键少数，提升监督质效，结合干部考核考察、离任审计工作等，对领导班子和领导人员执行政治纪律和政治规矩、履行管党治党责任、推进党风廉政建设和反腐败工作情况，开展相关监督检查200余次。建立廉政档案制度，设立档案室，完善中层领导干部“一人一档”，健全相关档案材料使用管理办法；严把廉洁意见“回复关”，针对干部任期审计、提拔任用、推优评奖等开展廉洁审查1200余人次。督促学校党的工作部门及各级党组织、党员领导干部落实践行监督执纪“四种形态”的实施办法和党员干部苗头性问题“早发现早提醒早纠正”机制，校内各党委（总支）主要负责人、二级纪委主要负责人及党政领导班子其他成员领导开展廉政约谈2051人次。

（四）一体推进不敢腐、不能腐、不想腐，以反腐败工作成效回应师生群众的期盼

1. 强化纪律审查

下发《关于切实加强和规范二级纪委问题线索处置管理工作的通知》，规范二级纪委问题线索处置管理。开展2013年至2018年信访举报件办理和问题线索处置、审查调查安全工作专项自查自纠，并明确整改思路与举措。按照驻部纪检监察组统一部署，开展党纪政纪处分执行情况专项检查，维护党纪政纪的严肃性和权威性。2018年办理、处置信访举报和问题线索103件，践行监督执纪“四种形态”，运用第一种形态179人次，第二种形态10人次，第三种形态3人次，第四种形态0人次，通过办案避免和挽回经济损失215.57万元。

2. 标本兼治深化反腐败工作

结合推进“两学一做”学习教育常态化、制度化，组织党员干部和教职工“廉行蓉城”，赴党风廉政建设、警示教育基地开展主题党日活动。打造“互联网+”纪律教育模式，通过“川大廉泉网”“川大廉享”微信公众号、线上学习讨论平台等，发布、推送信息324条，提升教育生动性和针对性，引导师生崇善、向上、守廉。认真落实“三个区分开来”，完善函询采信制度，为27名受到错告、诬告的干部澄清事实。

（五）坚持打铁必须自身硬，不断加强纪检监察队伍建设

1. 增强履职本领

结合学习贯彻《监察法》，举办专兼职纪检干部专题培训，选派、借调专职纪检干部参加上级组织培训9人次，参与办案实践10人次，推动校院两级纪检监察机构联动协作及一体化建设。协助省纪委、省纪检监察学会举办以“廉政建设理论与实践——基于国家监察体制改革新形

势新任务新要求”为主题的天府廉政论坛，完成高等教育学会廉政建设分会委托课题1项。

2. 严格自我约束

制定完善《纪检监察信访举报指南》，加强宣传引导，营造良好工作秩序。全面梳理并严格执行纪检监察信访举报、线索处置、谈话函询、初步核实、立案审查等工作流程8项，完善工作台账3个，制定部门工作制度2项，明确责任主体，规范工作标准，健全保障监督执纪工作规范高效运转的制度体系，努力打造忠诚坚定、担当尽责、遵纪守法、清正廉洁的纪检监察干部队伍。

二、2018年度重要事件

【中央纪委国家监委驻教育部纪检监察组组长吴道槐一行来校调研】2018年3月13日，中央纪委国家监委驻教育部纪检监察组组长吴道槐同志一行四人到我校调研全面从严治党工作情况，对学校纪检监察工作取得的成绩给予了充分肯定，并就做好下一步工作进行了指导，要求和希望学校要充分认识高校纪检工作的重要性，结合学校特点和知识分子的特点做好纪检监察工作；要准确把握新形势新要求，深刻认识高校纪检工作中存在的问题，持续深化“三转”，聚焦主责主业，抓好自身队伍建设。

【全面推进校内巡察】加强顶层设计，制定学校2018—2022年巡察工作规划，下发工作通知、具体方案，梳理流程，细化82个观测点，选编巡察相关制度，做到有规划、有目标、有流程、有标准；建好工作队伍，制定巡察工作机构设置及队伍建设的实施意见，成立巡察工作领导小组和巡察工作办公室，建立巡察干部人才库，制定管理办法，组建巡察组；强化过程督导，建立巡察工作联系制度以及巡察组工作推进情况定期督查、巡察组长专题会议等机制，及时总结经验，改进不足，提高实效；完成第一轮对6个校内单位的巡察，发现问题220余项，并持续跟踪巡察整改情况，加强督办落实。

【开展党风廉政教育宣传月活动】2018年4月，在全校范围开展“我的初心，我的使命，我的一流”党风廉政建设主题教育宣传月活动，校内各党委（党总支）认真部署，精心组织、统筹安排，积极创新宣传教育活动形式，通过以讲助学，提高认识凝聚共识；以文化人，增强师生文化自信；以赛促学，在寓教于乐中营造廉洁氛围；发挥新媒体作用，提升宣传教育的吸引力和感染力等方式，组织全校教职工、学生党支部开展专题学习619场。

【召开警示教育大会】2018年11月28日，学校召开警示教育大会，传达学习教育部直属系统警示教育大会精神，通报近年来学校查处的违纪违法典型案例18个，释放出越往后执纪越严的强烈信号。

（以上资料由校纪委办公室、监察处张莉提供）

宣传教育工作

一、思想政治教育与意识形态工作

深入学习宣传习近平总书记在北京大学师生座谈会、纪念马克思诞辰200周年大会、全国宣传思想工作会议等会上的重要讲话精神，制定《四川大学关于深入学习贯彻习近平总书记在北京大学师生座谈会上重要讲话精神的通知》《关于深入学习贯彻习近平总书记在纪念马克思诞辰200周年大会上重要讲话精神的通知》《关于加强和改进新时代宣传思想工作的实施意见》等文件。组织文科知名专家学者领衔推进习近平新时代中国特色社会主义思想“三进”工作；加强习近平新时代中国特色社会主义思想研究中心建设。

推进党委理论学习中心组学习、教职工双周政治学习常态化制度化，制定《四川大学2018年校院党委（总支）理论学习中心组重点学习内容安排》，编印和选购《新时代面对面》《习近平新时代中国特色社会主义思想三十讲》等学习资料。2018年全年安排教职工政治学习18期。做好《四川大学关于加强和改进新形势下思想政治工作的实施办法》116条重点任务的巩固落实，持续开展督查工作。制定《庆祝改革开放40周年系列主题活动方案》《“弘扬爱国奋斗精神、建功立业新时代”活动的实施方案》《落实〈高校思想政治工作质量提升工程实施纲要〉重点任务分工方案》，全面加强学校思想政治工作。提炼特色经验《四川大学打好提高思政课质量和水平攻坚战》被教育部门户网站专题报道，全国高校思政网刊载学校特色工作20篇。

全年召开11次安全稳定和意识形态工作会。面向机关各党支部、新任导师、学校管理干部开展意识形态工作培训。向中宣部组织报送舆情研判稿件264篇，被采纳32篇，3篇获得习近平总书记批示，被中宣部评为“优秀单位”。落实定期汇报和属地管理制度，及时向教育部党建工作领导小组办公室、省委教育工委报告学校党委意识形态工作责任制落实情况。加强网络舆情监测、研判及应急处置工作，全年组织编写网络舆情周报、月报10期，妥善处置多起网络舆情危机。参与全省网络舆情会商互通机制建设。审批学术讲座、报告会、论坛30场次，审阅出版物10部，审批二级域名30个，审查发布学术看板300条，审批各类校园文化活动70次，审核标语展板等各种宣传品60个（次），审查媒体进校采访30次。加强宣传工作保密制度，完善校园网信息发布保密提醒功能。结合校内巡察工作，建立意识形态工作校内巡察机制，制定内审内巡实施方案，对26家单位意识形态工作责任制落实情况开展专项巡察。

二、新闻宣传工作

积极宣传党的路线方针政策、中央重大决策部署，围绕全面推进学校“两个伟大”，聚焦学校“校院两级管理体制改革”年度主题，以正面舆论氛围引领学校各项事业科学发展。抓好校园网主页“特稿”

栏目群建设，关注校园优秀典型人物，推出系列人物报道，展示师生风采。深入教育教学、科学研究、医疗卫生和社会服务一线，加强对学校教学科研社会服务等重大成果的宣传报道。加强新闻宣传联动机制建设，强化对学校基层宣传队伍的意识形态工作指导与业务培训。深化与校外高层次媒体沟通，扩大学校社会影响力。围绕学校中心工作，对接国家级权威媒体，建设完善媒体联盟群，推出系列反映学校改革发展成就的重大专题报道，加强对外传播能力和对外话语体系建设。

中央电视台、人民日报、光明日报等重要媒体报道学校重大活动、重要进展等合计 500 篇（条），其中，人民日报 28 条、中央电视台 10 条、光明日报 37 条、中国日报 21 条、科技日报 5 条、中国教育报 5 条、四川日报 25 条、封面新闻 4 条、人民网 97 条、新华网 55 条、光明网 71 条、中新网 65 条、中青网 31 条、中国网 59 条。

三、网络文化及新媒体建设

完成学校主页改版，突出大学学术、大学人物、大学故事及大学文化形象的传播，日均阅读量 5 万人次，全年新增访问量 1500 万。出版《四川大学报》22 期，4 件新闻作品在“全国高校校报好新闻”评选中获奖，获得“成都新闻奖”专项奖 2 项。

加强教育电视台硬件设施建设，完成望江校区 LED 大屏改造，启动建台以来珍贵视频资料的抢救和数字化存档，对校园有线闭路电视播出系统和节目时段进行升级改造，学生电视台完成了全景虚拟演播室组建。

“大川”微博发布微博 4000 条，阅读量过 3 亿次，粉丝数超 28 万；“大川”微信推送 320 期，阅读量 750 万人次，粉丝总数超 28 万，多次在全国高校官微中排位第一。增加“大川”微视制作设备，人员配备和学生电视台整合，直播 12 次；制作视频 35 期；新闻类视频推送 37 次。学校官微获中国青年报社“2017—2018 中国大学官微十强”。“在官微运营中积极打造正能量‘川大网红’”获教育政务新媒体年度案例。获清博大数据评选的“2018 高校新媒体传播力奖”，位列高校新媒体传播力十强。

参加全国高校网络名站名栏评选活动，开展学校网络安全宣传周系列宣传教育活动，组织四川大学第三届大学生网络文化节活动。指导相关部门按照中宣部统一部署策划开展“我和我的祖国”主题教育快闪活动。参与教育部、省委宣传部、省教育厅关于礼敬中华优秀传统文化、推进校园文化建设、打造中华经典诵读工程、深化红色文化弘扬工作等方面的调研与汇报。

四、校园文化建设

深入挖掘学校红色资源，组织“校友江竹筠烈士纪念展”暨“做新时代红色传人”主题教育活动，以“打造一个馆、创作一台剧、建设一个班”（江姐纪念馆、《江姐在川大》精品舞台剧、“江姐班”荣誉班级）为重点，传承红色基因，弘扬革命传统。

依托迎接新时代全国高校本科教育工作会议、建校 122 周年市校同庆、庆祝改革开放 40 周年，利用主页“映像图志”频道、主题橱窗、橱窗公益广告、校园 LED 屏等载体，营造校园文化氛围，协助成都市举行建校 122 周年市校同庆大型汇展。组织学校重大宣传教育主题橱窗及各单位主题橱窗汇展 9 期。发布全覆盖川大映像橱窗海报 3 次共 400 个、主页映像图志发布 60 幅。

（以上资料由党委宣传部赵淑亮提供）

统战工作

学校有党外知识分子6800余人，有7个民主党派基层组织，包括32个支部(支社)，民主党派成员1297人，其中，民革113人，民盟376人，民建133人，民进98人，农工188人，致公党74人，九三315人。侨联基层组织成员800余人。四川大学知识分子联谊会第一届理事30人。四川大学留学人员联谊会第一届理事27人。各级人大代表29人、政协委员54人，其中，全国人大代表5人，省人大代表8人，市人大代表9人，区人大代表7人；全国政协委员5人，省政协委员17人，市政协委员27人，区政协委员5人。省政府参事2人，市政府参事13人，四川省文史研究馆馆员7人，特约馆员4人，市文史馆员2人。

一、党外干部队伍建设

推荐无党派代表人士75人，成都市欧美同学会理事29人。开展2名党外干部挂职期满考察，推荐2名党外干部参加2019年省内挂职。民主党派发展新成员32人，其中，教授7人，22人具有博士学位。九三、农工川大委员会完成换届并选举出新一届领导班子。

二、参政议政与社会服务

组织统战人士深入学习贯彻习近平新时代中国特色社会主义思想和党的十九大精神、十九届二中、三中全会精神。围绕纪念中共中央“五·一口号”发布70周年，庆祝改革开放40周年等主题，组织统一战线开展纪念中共中央“五·一口号”发布70周年系列活动，通过座谈会、征文、制作宣传册、校报专版等主题活动，共同重温历史，在弘扬传统中铭记多党合作初心。组织党外专家参加省“留学报国市州行”“知行巴蜀 同心筑梦”等社会服务活动，各民主党派和统战团体通过科技扶贫、业务培训、义诊活动、法律咨询、专题讲座等方式组织和参加各类社会活动98项，提交提案、报告和建议146项，获市级以上奖励28项。组织党外代表人士围绕学校中心工作积极建言献策。

坚决防范和抵御境外敌对势力利用宗教进行渗透和校园传教，制定四川大学抵御境外利用宗教进行渗透和防范校园传教的工作方案和应急预案，加强与地方政府沟通联系，与地方统战部、民宗局、公安局联动，积极稳妥处理非法宗教活动。加强形势分析研判，及时通报学校宗教工作情况，稳妥处理全校宗教工作的重要问题。

认真学习宣传《中央新疆工作协调小组关于新疆若干历史问题研究座谈会纪要》，加强师生的教育引导，组织专家面向全校新疆籍少数民族学生、少数民族预科生开展爱国主义专题教育2次，引导学生特别是少数民族学生树立正确的历史观、民族观、宗教观。赴新疆和田地区对20余名同学家庭走访慰问。

成立四川大学留学人员联谊会，发挥统战团体桥梁平台作用，召开四川大学留联会成立大会暨“留学报国、爱国奉献”

庆祝改革开放 40 周年论坛。学校知联会举办“高等院校专业咨询大型教育公益活动”，组织 60 多位教授为家长与考生答疑解惑。校侨联组织专家赴简阳调研，围绕简阳城市规划、品牌营销、人才引进等方面献良策、促发展。

中央统战工作领导小组第八组、四川统战工作领导小组第一组来校进行统战和宗教工作督查，对学校统战工作和宗教工作给予充分肯定，并提出新的更高工作要求。按照督查组要求，学校认真抓好整改落实工作，进一步加强和改进学校统战和宗教工作。

三、理论研究与交流

民盟中央副主席一行访问学校并与川大民盟基层组织座谈，2 所兄弟高校来我校交流统战工作。撰写的《着力强基固本，服务中心大局，不断开创新时代高校统战工作新局面》一文被省委统战部《四川统战工作》第 32 期全文刊发，提交 2 篇论文参加全省党建理论研究会统战分会第五次年会交流。

（以上资料由党委统战部石琼提供）

离退休工作

截止到 2018 年 12 月 31 日，全校有离退休人员 8328 人，其中，离休干部 118 人，退休校级干部 37 人，80—89 岁 2158 人，90—99 岁 215 人，100 岁以上 6 人，最高年龄 101 岁。

一、“两项待遇”工作

根据相关文件精神，为 16 名生活完全不能自理的离休干部申报并落实新护理费待遇；为 74 名建国初期退休干部办理 2018 年度门诊医疗费用划拨事宜。新退休人员共 239 人，组织召开四川大学 2017—2018 年度新退休教职工座谈会，80 余名新退休人员参加；组织召开重阳节老同志座谈会。加强老同志活动场地建设，望江校区竹[illegible]londitional400 余平方米老年文化活动场地正式启用。

二、日常服务工作

全年组织 4350 余位退休人员和 90 位离休干部进行健康体检。坚持离休老干部定人定时联系制度和重大节日及生病住院慰问制度，全年看望生病住院、困难离退休人员 600 余人次，协助离休干部家属报销医疗费及办理住院、出院手续工作；为 2370 位退休人员发放生日慰问金 27.1 万元；做好离退休人员去世后的丧葬及善后事务 180 件，并上门慰问遗属和发放慰问金 18 万元；下拨二级单位退休人员活动及福利经费 247.06 万元；为 223 位申请特殊困难补助的退休人员发放困难补助 38.45 万元。开展每周一次的免费法律咨询活动；与成都市蜀都公证处合作为老同志提供免费公证法律咨询；接待老同志来电来访，并及时反馈协调；收集整理养老机构信息，为广大离退休同志提供参考信息；协助工行、建行宣传社保卡办理工作，协助民盟开展我校退休人员身份核定，协助棕东社区开展我校老龄人员的服务工作。健全我校退休人员高龄、病残、空巢、独居、孤寡、失能人员数据库，不断完善对该类群体的关心和帮扶措施。

三、庆祝改革开放40周年系列活动

组织老同志以亲历者、建设者、见证者和受益者的亲身体会撰写文章，组织工作人员对老同志四十年对国家发展变化的经历和感受进行采访，共收集文章310多篇。组织退休校级干部、离退休人员骨干召开庆祝改革开放40周年座谈会。组织开展离退休人员骨干参观、学习、交流活动70余次，参加人数达6000余人次。组织开展庆祝改革开放系列活动，配合老年大学二分校举办“欢歌新时代——庆祝改革开放四十周年”文艺展演，配合枫叶艺术团和东区老年体协举行庆祝改革开放四十周年联谊会和“致敬改革开放40周年”文艺演出，配合老年大学一分校举办“纪念改革开放四十周年书法绘画展”。

四、老年文化建设工作

做好口述历史访谈录的人物采访及稿件写作工作，收集和整理老同志们为庆祝改革开放40周年而撰写的新闻稿件；完成并出版自办刊物——《秋实》第十五、十六期；启动专题片《川大记忆》新一期的相关工作；完善离退休工作网页；制作主题专栏宣传橱窗；启动专题片《川大记忆》的相关工作。举办了以“回眸四十载拥抱新时代——庆祝改革开放四十周年”为主题、全校500余名离退休同志参加的四川大学离退休同志第十三届文艺汇演。

五、管理工作

组织召开了2018年全校各二级单位、部门联络员工作会，修订《离退休工作联络员工作手册》。深入学校7个二级单位进行调研，了解单位离退休工作的开展情况，听取对学校离退休工作的建议和意见，并指导和督促该项工作的进一步开展。通过各种座谈讨论、设置公开电话、意见箱、邮箱等方式，认真听取方方面面的意见、建议。

六、关工委、老年大学及各社团工作

依托学校关工委、老年大学、新四军研究会、老年体协和各老年艺术团等主要老年工作平台，组织和支持他们在校内开展“老有所为，老有所教，老有所学，老有所乐”的各种有益于老同志身心健康的活动。配合关工委向教育部关工委“读懂中国”活动推荐3个优秀微视频、5篇优秀征文，其中，机关党委关工委组织吴玉章学院学生撰写的《访欧阳钦教授》获得“读懂中国”活动最佳征文奖，文新学院关工委组织录制的《访邱沛篁教授》获得最佳微视频，并在中央教育电视台展播。配合四川省新四军研究会川大分会召开了“新四军抗战第一枪80周年纪念”“纪念济南战役胜利70周年”“纪念淮海战役70周年”座谈会。配合、协助老年体协举行了老同志春季校园健康跑、冬季校园健步走、棋牌比赛和门球邀请赛和新春游园等活动。支持和协助老年大学、各艺术团体开展工作，配合他们举办各类学习教育和文体活动；配合老年大学完成了2018年招生工作，全年招生6000余人次。组织校领导和离休干部书画作品参加长江学者书画展。

七、对外交流工作

承办了由四川省教育厅主办的“全省高校离退休教职工第四届摄影技术培训班”；组织老同志参加全省高校排舞比赛、乒乓球比赛活动，分别荣获团体第一名和团体第三名；组织学校离退休同志合唱团代表省教育系统参加省老体协组办的歌咏比赛，并荣获优秀奖和优秀组织奖。对涉老政策、养老机构、老同志需求等进行专

题调查研究；接待 9 所高校来校学习调研。

（以上资料由离退休工作处向丹提供）

工会、教代会工作

一、“双代会”及民主参与工作

组织召开四川大学第四届教职工代表大会第二次会议暨第三届工会会员代表大会第二次会议。大会以“深化校院两级管理体制改革，加快中国特色世界一流大学建设步伐”为主题，听取和讨论了李言荣校长所做的《校长工作报告》，听取和审议了《四川大学 2017 年财经工作报告》，审议了《四川大学 2017 年教代会和工会工作报告》；表彰了四川大学 2017 年度“双代会”代表优秀提案和提案办理工作先进单位以及精品特色工会工作项目。会议下发了《四川大学校院两级人事管理制度改革实施细则》等校院两级管理体制改革文件征求意见稿、《四川大学各学院年度发展评估报告（2017 年）》《四川大学 2017 年度教代会提案办理和回复情况报告》《校工会 2017 年财务工作报告》等文件供代表们讨论审议。全年共征集到提案 115 份，其中，立案 3 个，重要建议 7 个，一般意见建议 98 个，提案回复率为 100%，首次满意率为 97.4%。

完善“双代会”制度，制定工会系统考核办法。简化学校“双代会”大会流程、缩短会期，强化教代会日常民主管理、民主监督和民主参与工作。全年召开团长联席会议、专门工作委员会会议 12 次。工会系统积极参与与文里住房选购工作，整理报送教职工意见建议 2558 条，组织教代会代表团团长、专委会主任联席会议 2 次讨论审议分配原则和选购方案。参与全校学院、业务实体及机关各部处 55 次共 292 人的应聘和续聘工作。制定出台《四川大学工会分会工作考核实施办法（试行）》。

健全以基层单位“双代会”为主体的学院民主管理和民主监督机制。全校二级单位均召开了学院（单位）“双代会”或工代会。完成校务公开栏 6 期，公开各种文件、资料 20 余份，各学院（单位）公开事项 1660 项。举办校领导接待日 20 次，参加人员 400 余人次。以分会工作考核办法为主体，完善了对二级单位民主管理、民主监督工作具体规定和考核依据。完成学校人事争议调解委员会和各单位二级调解小组换届工作。修订《四川大学劳动人事争议调解办法》，制定学校人事争议调解委员会工作规则与校院两级调解流程，开展调解员法律业务培训。

二、创先争优工作

以庆祝改革开放 40 周年为契机，开展“中国梦·劳动美”主题系列活动。组织开展学校青年教师教学比赛，全校 32 个学院（单位）共推荐 54 名青年教师参加学校决赛，选派优秀选手参加四川省第四届青年教师教学竞赛分获一、二、三等奖及优秀奖。文学与新闻学院李果作为四川省文科组第一名参加第四届全国高校青年教师教学竞赛并获得三等奖，被授予四川省“五一”劳动奖章。校院两级工会举办了“劳动美·图说川大”——学校教职工庆祝改革开放40周年主题摄影书画比赛、首届教职工厨艺大赛、“我新我秀”医护人员诊疗技能培训、首个后勤“优质服务月”等系列活动。

响应精准扶贫号召，承担对口帮扶社会责任。制定《四川大学工会系统2018年助力脱贫攻坚教职工志愿服务工作方案》并发出《倡议书》，各工会分会成立教职工志愿服务队伍32支，教职工志愿者610余人；全年列支扶贫专项经费21.8万元；会同组织部等单位对学校派驻扶贫干部开展节日慰问；配合学校组织动员教职工开展以购代捐活动，认购甘洛特产乌金黑猪1810套合计90余万元，购买甘洛山羊肉向全校教职工免费发放羊肉汤1882份；资助成人继续教育学院工会赴甘洛开展卫生扶贫志愿服务，资助外国语学院工会赴渠县巨光乡中心学校开展教育帮扶项目；组织女工委、青工委委员及工会分会代表开展志愿服务社会实践活动。

三、为教职工办实事工作

健全困难帮扶机制，加大帮扶力度。全年慰问帮扶困难职工243人次，发放慰问金66.7万元，为1名全国劳模申请特殊帮扶金5000元。做好教职工和劳模普惠性慰问工作，全年集中开展五一节、端午节、国庆节、中秋节和元旦春节慰问，组织采购慰问品44140份，共计金额498.1万元；为年龄“逢五逢十”的教职工1617人发放生日慰问蛋糕券，合计金额52.41万元；组织劳模体检29人次，疗休养2人次，慰问劳模6人次，方便就医5人次。关心女教职工和青年教职工的工作和生活，开展三八节“美丽川大·魅力女性”主题月活动，组织“美丽川大·锦绣芳华”团队拓展，邀请华西医院和华西第二医院专家举办健康知识讲座，启动首批女教职工艺术修养精品课程。组织“春华秋实川大梦·勠力同心展新篇”——2018年新进教职工入会仪式暨青年教师团队建设培训活动，举办“图书出版与编写”“青年教师教学竞赛经验分享”和“哲学社会科学研究能力提升”等系列青年教师沙龙。举办全校教职工亲子趣味运动会，联合图书馆工会举办“书香川大·亲子悦读”活动，联合华西口腔医学院（华西口腔医院）工会举办以“口腔健康·全身健康”为主题的爱牙日教职工亲子科普暨义诊活动，被《人民日报》刊载。做好我校教职工子女参加高校科学夏令营、就读川大幼儿园的相关工作和高考政策宣讲会和出国留学政策公益宣讲会。举办教职工银婚纪念庆典，单身教职工组织联谊活动。各工会分会结合实际积极服务教职员工。

举办丰富多彩的教职工文体活动。举办学校第四届教职工男子篮球赛、教职工运动会；组队参加四川省高校教职工羽毛球和气排球比赛，分别获得全省团体第二名、第三名；举办2019年教职工新年晚会，继续举办教职工瑜伽培训，增设教职工网球、羽毛球、健身操、足球等课程的免费培训；工会分会积极开展社团活动和文体活动，商学院工会组织教职工羽毛球队、乒乓球队、合唱团等社团坚持每周开展活动，计算机学院（软件学院）羽毛球协会参加“国家示范性软件学院联盟杯”羽毛球比赛（中西部片区）并荣获冠军。机关工会组织开展校园定向越野，近200个教职工家庭参与，分析测试中心工会举办“趣味在发生 快乐PLUS”迎新春素质拓展活动，华西临床医学院（华西医院）工会举办了教职工交谊舞比赛、“疯狂加勒比暨趣味水上运动会”等。

四、加强自身建设工作

增“三性”、去“四化”，强基层、促创新。落实党建工作责任制，加强全校工会系统党的建设。严格按照学校部署做好纪律警示专项教育活动，学校工会班子带头严守政治纪律，严格按制度和程序办事。制定《四川大学工会经费收支管理办法》《四川大学工会系统理论研究工作实施办法》《四川大学工会分会特色工作项目申报实施办法》等制度，制定完善校工会各类工作服务指南 33 项；完成四川大学教职工信息服务平台建设并投入试运行，导入工会会员实名制管理数据库会员数据 20460 人并实行动态管理；首次设立全校工会系统校内社科课题申报项目，确定立项课题 18 项；完成全校 40 个工会分会调研和赴清华大学、北京大学、吉林大学、上海交通大学和复旦大学等兄弟高校专题调研；开展工会分会特色工作申报，收到申报 51 个，审批通过 32 个，资助经费 63.33 万元。

继续做好教职工思想政治工作。持续深入开展对习近平新时代中国特色社会主义思想和党的十九大及十九届二中、三中会议精神、中国工会十七大会议精神及学校重要会议精神等的学习教育工作。落实学校和上级工会关于信访工作有关要求，实行教职工信访工作定期报告制度。校院两级工会积极在教职工中开展“弘扬爱国奋斗精神、建功立业新时代”“我心中的马克思和马克思主义”“《邓小平文选》中的党建工作”“党史党建知识竞赛”等主题教育活动。

不断提升学校工会工作整体水平。开展教代会提案、财经工作、摄影宣传、信息化建设和人事争议调解等主题培训 6 期，组织选派工会干部参加上级工会举办的教职工之家建设、经费管理、信息督查等专题培训学习；积极做好校院两级工会工作宣传，利用工会官微推送信息 36 篇，向上级工会、学校新闻网等报送重大新闻稿件 11 篇，编印宣传橱窗 6 期，刊印《川大教工》第 51—52 期合刊，开展“入工会、维权益、促就业”宣传周活动。召开校工会经审委工作会议 2 次，完成校工会财务预决算、拨缴经费核算等专项工作。四川大学工会获得四川省教科文卫工会系统年度工会工作目标考核一等奖，学校获四川省教科文卫工会命名的劳模（职工技能人才）创新工作室 3 个，文学与新闻学院王彤伟家庭获评第三届全国“书香之家”，体育学院张晓波教授获评“四川省优秀工会积极分子”，华西二院刘兴会教授获得四川省“三八红旗手”称号、李春梅教授获得四川省“巾帼建功标兵”称号。

（以上资料由校工会刘姝提供）

安全保卫工作

一、维稳工作

加强各特殊时期的维稳工作。针对“两会”“3·14”“7·5”及五一节、建党节、国庆节等各重要敏感时期，以及校闹、医闹、学生意外伤亡、与文里教职工住房选购等特殊敏感事件，严格落实各项安全制度及24小时值班巡逻制度，做好政治维稳、治安管理、消防预警、反恐防暴等方面的应急预案，确保应急处置机制健全。

完成各类大型活动安保任务。2018年，学校承办各类大型活动60余次，接待国内外高级别访问20余次，包括5月香港特别行政区行政长官林郑月娥来访、6月新时代全国高等学校本科教育工作会议、9月教育部本科教学审核评估、学校122周年校庆之市校共建庆典活动、11月四川省委书记彭清华来校视察、12月德国总统弗兰克－瓦尔特·施泰因迈尔来访，以及校运会、迎接新生、大型招聘会、大型考试、开学典礼、毕业典礼等各类大型活动。对此，制定相关工作预案，采取前期部署、现场控制等有效工作措施确保校园安全稳定。特别是在重要安全保障工作中，积极配合中央及省市警卫、维稳、治安、交警、消防等部门，切实做好校内及周边的安全保障。

开展《国家安全法》《反间谍法》等宣传教育工作。按照四川省国安厅成都国家安全局的相关要求，多形式开展学习宣传教育活动，增强了广大师生的国家安全意识和保密意识。

开展防范邪教宣传教育活动。广泛开展新生反邪教宣传，并联合望江街道办在望江校区展开防邪教宣传，发放《反邪教知识读本》《防范抵御邪教 共建美好家园》等反邪教等宣传资料。联合省委防邪办、四川正道文化公司在江安校区开展一系列防邪教宣传，现场宣传和讲解“什么是邪教”“邪教的骗人手法”“邪教的暴力手段”“邪教对人们生活的危害”等知识，推送四川省反邪教协会微信公众号“锦官驿站”。

二、治安防范与治理

加强校园安全技防建设。完成2018—2021年四川大学校园指挥中心监控系统一期二期维保服务的招标工作，并监督落实维保工作的开展。同时，积极推进“四川大学校园指挥中心监控系统”三期工程建设，已完成江安校区学生宿舍人脸识别系统建设。

完善校地联动工作机制。成都市公安局二处副处长李俊挂职担任四川大学党委保卫部（处）副部（处）长。完善综合防控体系，三个校区与辖区所属公安分局、街道、派出所、周边高校及学校附属医院，开创性建立“地与校、警与校、校与校”联防联动机制，在校园维稳、信息互通、应急处突、舆情引导、安全教育等方面加强联动合作，共同打造平安片区。

三、消防安全工作

加强消防基础设施建设。完成2018年灭火器材购置计划，共购置灭火器6200具，回收过期失效灭火器4640具。完成四川大学远程消防监控中心建设项目（三期）招标及建设工作。

开展年度“119”应急疏散演习。保卫部（处）联合学校相关部门、学院，在望江校区体育馆举行了“四川大学2018年度‘119’消防安全、反恐防暴应急演练活动”，邀请成都市消防支队、武侯区分局飞鹰突击队到校开展技能培训，各学院分管领导和500余名师生代表参加了应急演练活动。组织30名学生参加成都市第八届高校消防运动会。

开展2018年“安全生产月”和“安全生产万里行”系列活动。根据教育部有关要求，保卫部（处）会同实验室及设备管理处在望江、华西、江安三校区同步开展以“生命至上、安全发展”为主题的相关宣传、演练、咨询活动，切实推动安全文化进校园，着力提升师生应急意识和安全素质。

四、校园环境整治

加强校园机动车源头管理。改革机动车出入证的有效期限制，车主仅需在车证有效期满一年前一个月，按照续办方式办理下一年度机动车出入证。截至2018年12月底，共办理各类机动车出入证8000个。

完成华西校区地下停车场管理服务招标工作。经学校综合招标组公开招标，完成2018年3月—2019年3月四川大学华西校区地下停车场管理服务的招标工作。同时，继续贯彻学校“打造地面无车校区”核心理念，坚持华西校区交通管理措施。

解决望江校区南大门交通拥堵问题。与成都市交警一分局联系，邀请交管局领导现场调研师生反映望江校区南大门外交通拥堵的情况，最终由交警安排专人引导南大门外道路交通，对交通违规行为进行严格执法，并建立长效机制。

五、户籍管理和证照办理

积极开展“人才落户”主题宣传活动。为贯彻落实成都市“人才优先”发展战略，邀请成都市公安局户政管理局、出入境管理局走进学校，在望江校区、江安校区开展“落户成都，我们共创美好未来”主题宣传活动，对成都市人才落户新政、毕业生办理流程、落户手续、申领出入境证照和留学生创业、实习签证等便民服务举措进行现场宣传和答疑。

完成毕业生户口迁移工作。高效、准确地完成了2500余名毕业生户口迁移数据录入、户口迁移证打印及发放工作，保证了毕业生顺利离校。

完成新生入户工作。2018年完成入户新生2220人，其中研究生迁入户口988人，本科生迁入户口1232人。

表2　2018年度安全保卫工作有关数据

一、维稳工作情况			
配合公安、国安机关来校开展调查工作	30批次 68人次	配合上级开展背景调查工作	69人次
审核申请因私出国（境）人员信息	65人次	新增、撤销、更新备案人员信息	806人
学生参军、就业政审	381人次	挡获校内外非法传教	46人

续表

二、治安工作情况			
三个校区校园“110”报警服务中心接处警	1900 次	挡获各类违法犯罪嫌疑人	38 人
追回被盗电动车、自行车	26 辆	追回被盗笔记本电脑	16 台
追回被盗手机	15 部	受理求助	300 次
配合公安机关查处案件	30 余起	治安安全检查	400 次
下发整改通知书	186 份	受理机动车预约申请	43628 次
取缔违规摊点	400 个	收缴、暂扣各种“野三轮车”	12 辆
挡获违规张贴广告	16 人次	尚在营运的人力三轮车	48 辆
三、消防工作情况			
重点单位/部位检查	200 次	下发整改通知书	82 份
参加学校招投标工作小组招标及验收工作	20 次	开展校内防火培训、演练	30 次
更换过期失效灭火器	4640 具	参与火灾事故处置	3 起
四、户证工作情况			
毕业生户口迁移	2500 余人次	新生入户	2220 人
研究生入户	988 人	本科生入户	1232 人
接待师生员工办事及咨询	40000 余人次	办理机动车出入证	8000 个

（以上资料由保卫处李锟提供）

保密工作

2018 年，四川大学按照中央、教育部和四川省保密管理部门的要求和部署，结合学校实际，大力开展保密宣传教育，健全完善各项保密措施，努力提高保密工作科学化、保密管理法制化、保密技术现代化、保密队伍专业化水平，取得了较好成效，全年无失泄密事件发生。

一、全面学习贯彻习近平新时代中国特色社会主义思想和中央、教育部及四川省保密工作会精神，严守“党管保密”原则，切实落实保密工作责任制

2018 年，学校党委高度重视保密工作，深入学习贯彻习近平新时代中国特色社会主义思想和党的十九大精神，以习近平总书记关于保密工作重要讲话精神为行动指南，将保密工作相关内容纳入校党委理论中心组学习内容，将保密工作纳入学校年度工作要点、年度工作总结，深入推进学校保密工作。校党委书记王建国、校长李言荣带头学习习近平总书记关于保密工作重要讲话和中央保密委、四川省委保密委 2018 年度保密工作会议精神，参加保密专题学习，并在相关文件批示、会议讲话中对保密工作提出明确要求，及时解决学校保密工作中的重点难点问题。校保密委主任李旭锋和副主任陈志坚、许唯临主持召开 4 次学校保密工作专题会，对保密工作进行研究、部署和总结；要求定期组织开展校内保密检查，督促相关单位和人员对检查中发现的问题及时进行整改；及时听取校保密办的工作汇报，督促保密工作落到实处。

学校保密委成员积极学习保密工作文件精神，认真落实保密委成员职责，向学校保密委员会报送了 2018 年保密工作履职情况。学校保密归口管理部门继续深入落实保密归口管理责任，把保密工作与业务工作同计划、同部署、同检查、同总结、同奖惩，并通过定期检查、专项检查等督促校内各单位落实保密责任，及时发现解决检查中的问题，做到业务谁主管、保密谁负责。

二、加强保密法制宣传，开展保密教育

学校高度重视对领导干部和涉密人员的保密教育培训。2018 年组织召开了 5 次校级层面的保密宣传教育活动，校内各二级单位开展保密宣传教育活动百余次，接受保密宣传教育人员总计 5000 余人次；安排校内 190 余名涉密人员进行了保密知识培训和考试，做到了涉密人员保密宣传培训工作全覆盖。通过专家授课和涉密人员知识测试，学校相关人员系统学习了当前保密工作形势任务、保密法律法规、保密技术防范等方面知识，增强了保密意识。校保密办每月按时向校领导及涉密部门负责人发放《保密工作》杂志，保证其及时了解保密工作最新动态。

同时，学校通过多种形式，面向师生职工广泛开展保密法制宣传教育。2018 年，学校党校对 3189 名（其中：教职工 70 名，学生 3119 名）入党积极分子进行了保密教育；人事处和校保密办对439名新上岗教职工进行了保密安全培训；校保密办会同校保卫处、国际处，对出国（境）人员进行行前保密教育共4840人次（其中，因私25人次，因公4815人次），因私出境人员均发放了《四川大学出国（境）人员须知》，因公出境人员均进行了行前教育；学工部、研工部、马克思主义学院与各学院充分利用党团组织生活会、学生形势教育和思想政治课等渠道和形式，对学生广泛开展保密知识教育。

学校还充分利用相关时间节点开展保密宣传教育。联合四川省国家保密局、成都市国家保密局等相关部门开展全校“415”全民国家安全教育日系列宣传活动，邀请了相关专家为师生开展保密宣传教育讲座，各二级单位积极响应并利用新媒体开展国家安全保密宣传教育，相关工作得到了省保密局领导肯定；校保密办主任在新生军训期间，深入学生中结合国内外形势开展保密宣传教育讲座；学校联合成都市国家保密局和成都市国家安全部门在江安校区开展“12·4”国家安全保密法制现场宣讲活动。

三、健全保密工作制度，优化保密归口管理流程

2018年，根据中央保密办、国家保密局、教育部有关文件精神和要求，制定了《关于加强和改进新形势下学校保密工作的若干意见》，及时贯彻落实上级要求、解决学校保密管理工作中发现的问题，指导校内各单位做好保密工作。学校各保密归口管理部门根据学校保密工作相关制度，继续深入优化业务保密工作流程，将保密工作要求进一步融入业务工作流程中，规范了学校各个业务环节过程中的保密管理。学校针对保密工作业务具体流程，编印了《四川大学涉密人员保密工作操作手册》，进一步加强学校各单位和人员开展涉密事项的过程指导。学校相关单位和课题组进一步结合本单位工作实际，在学校和本单位保密制度的基础上进一步细化，制定了本单位的保密工作规则。

四、健全完善涉密人员管理机制

2018年，学校按照《四川大学涉密人员管理办法》，继续做好涉密人员岗前、在岗和离岗管理，并针对被校外单位定为涉密人员的管理加强了要求。学校2018年完成了全校涉密人员资格培训证书更换工作。涉密人员在公安机关出入境管理机构进行了登记备案，因私护照按人事档案管理权限由组织部和人事处集中保管。涉密人员因公、因私出国（境）履行了审批手续，签订了保密承诺书。

五、切实做好涉密载体过程管理工作

学校贯彻落实《武器装备科研生产单位保密资格标准》等文件要求，结合校内实际，按照依法、规范、从严、全覆盖的要求，继续做好定密工作。

2018年，学校继续加强涉密载体全过程管理，落实了各环节审批制度，明确了管理和使用涉密载体人员的责任，按照涉密载体知悉范围严格控制涉密载体接触和知悉人员。各学院定期对涉密载体使用过程中的收发、借阅、携带外出等环节进行清理，确保涉密载体管理有迹可循，有账可查，实现涉密载体从产生到销毁全过程闭环管理。2018年，学校还组织了3次涉密载体、涉密信息设备、涉密存储介质、内部文件等销毁工作，销毁3吨多文件材料。

六、严格信息设备管理，规范信息保密审查

2018年，学校严格做好涉密信息设备日常管理，深入落实信息设备安全保密管理责任制，规范学校信息系统、信息设

备和存储介质等各环节的管理和使用，加强信息安全保密管理员队伍建设，积极组织开展信息安全保密管理培训，并将日常工作检查和指导服务有机结合，提高了学校涉密人员信息设备安全保密技术防护能力。完成了学校电子政务内网建设和接入工作，组织学校信息安全“三员”接受省政府电子政务网培训工作。

积极做好互联网安全保密管理，认真落实校内各单位的网络安全责任制，将贯彻落实网络安全责任制纳入单位年度议事日程；校园网用户实行实名注册制，一人一账号，并对校园网出口端进行了上网行为审计和流量控制，做到安全事件可追溯、可审计。

2018 年对全校 58 台涉密计算机开展了 3 次定期保密检查，组织各学院、各部门对非涉密计算机进行抽查，确保“上网信息不涉密、涉密信息不上网”。健全完善了涉密信息设备、涉密移动存储介质台账，对 3 台新增涉密设备进行了审批、登记和管理。

七、进一步规范涉密科研项目保密管理

学校高度重视涉密科研项目保密管理，涉密项目从申报到结题均严格进行保密监管。2018 年对涉密科研会议进行了 6 次保密技术检查，并制定和落实了保密工作方案；对 75 篇拟发表论文、专著和 8 项新闻宣传报道进行了专项保密审查，对全校 4 名研究生的涉密论文答辩进行了保密审批。健全完善了涉密项目组涉外活动管理，对项目组涉外活动进行了保密审批和监管。

八、开展保密检查和先进评选，做好迎接上级保密工作督查和调研

2018 年，学校组织了 2 次全面的保密检查；校保密办及校内相关保密归口管理部门对涉密单位和涉密课题组开展了 3 次专项保密检查。对检查中发现的问题提出了书面整改要求，明确了整改时限，并督促各单位进行了整改。学校还开展了 2017—2018 年度国家安全保密工作先进集体和先进工作者的评选工作，评选出了 10 个国家安全保密先进集体和 20 名国家安全保密先进工作者。

2018 年，学校接受上级保密行政管理部门的保密相关检查 2 次，调研 1 次。2018 年 1 月学校以高分顺利通过军工保密资格审查认定；6 月顺利通过四川省国家保密局和四川省教育厅保密自查自评自纠督查并取得“优秀”；9 月学校接受国家保密局指导管理司来校考察调研，学校保密工作得到了国家保密局的肯定。此外，按照四川省国家保密局和省教育厅的安排和委托，学校于 2018 年 6 月以四川省高校保密督查第一督查小组组长单位的身份，开展了对省内 5 所高校的保密督查工作，圆满完成了上级保密行政管理部门交办的保密督查工作任务。

九、加强四川大学国家保密学院暨国家保密教育培训基地成都分基地建设，健全保密人才培养和学科建设机制

2018 年，四川大学国家保密学院联合四川省国家保密局、计算机学院等为 2017 级本科生开设保密概论、应用密码学、电子政务与电子商务等特色课程，为 2016 级本科生开设“保密检查技术”“通信安全保密技术”“涉密信息系统工程”等专业课程。截至 2018 年，保密学院有信息安全（保密技术方向）专业在校本科生 80 人（2014 级 24 人，2015 级 29 人，2016 级 27 人），在校研究生 20 人；保密技术方向专业 24 名本科生、5 名研究生全部顺利毕业，国内外升学率达 41.67%，就业率 100%。2018 年，国家保密学院学生参加第十一届（2018）全国大学生信息安全竞赛，12人荣获全国二等奖，4人获得全国三等奖；国家保密学院教师共申报保密技术类科研项目6项和保密管理类项目1项，到校经费总计60余万元。

2018年，国家保密教育培训基地成都分基地继续做好保密教育培训工作，承办河北、江苏、广西、四川、贵州、甘肃、宁夏、新疆等地党政机关、企事业单位、高校保密教育培训共12期，总计1067人次。

（以上资料由校党委办公室吕顺提供）

社区工作

一、巡视整改工作

认真执行《四川大学已售房家属区防范境外宗教渗透工作方案》，及时掌握不安全、不稳定因素，提前预判，制定应急预案，指定专人负责，做到“步步跟进，层层预防，及时汇报”，确保了意识形态的安全。进一步做好校园环境综合治理工作，配合政府执法部门开展违章搭建、违规装修举证工作21起，配合强制拆除违章搭建1起。

二、社区安全整治工作

认真做好已售房家属区各种安全宣传、教育和检查等工作；协助各院落自治组织、物业服务企业做好日常安全及防汛、防盗工作等；认真执行节假日院落安全隐患排查、寒暑假前安全大检查及安全温馨提示的长效机制。高度重视小区安全稳定工作，与江安办、规建处、房产公司等部处妥善处理社区相关问题，包括农林村产权证办理问题引发的住户诉求问题，文星花园4栋业主反对在西航港大道修建高速路的问题，江安花园小区因拖欠水费而导致停水的问题等。针对成都市气象台5月22日发布第14号大风蓝色预警信号，通过微信、短信等形式第一时间给自治组织及物业服务企业发《强风预警加强小区安全的通知》。在三个校区16个小区内开展冬季燃气安全使用的专项宣传活动。

三、指导、协调小区自治和物业工作

指导、协助自治组织开展换届选举、成员增补、院落管理、纠纷调解、安全等自治工作106件。指导和协助农林村业委会成员成功增补，新北村自治组织成员成功增补；指导协助川大花园做好第六届业主委员会换届选举工作；稳定华西南苑、南台村小区自治管理队伍；协助江安花园成功选出第五届业主委员会、业主监督委员会和业主代表委员会；指导各院落合理使用公共收益，对公共设施设备和院落绿化等进行维护。协助各物业院落开展涉及物业费缴纳、门卫清洁费代扣、水费催缴、矛盾协调以及加强管理工作等方面的工作。协助农林村更换项目经理事宜；大学路12号平稳完成物业管理暂时交接工作；江安花园物管公司对1栋和2栋的1楼商铺自来水管网进行一户一表改造。

四、服务居民群众工作

协助保卫处做好机动车出入证B2和D2证的新办、续办及更换工作，分别办理B2证136个、D2证96个。认真处理并回复校领导信箱、校领导接待日及党委办公室等各类信访共30件。针对老旧院落公共应急维修，严格经费管理和项目审批，认真做好核实查证工作，共计处理98起应急维修。经过多次协调和多方努力，确定望江街道办事处作为科产集团员工遗属、智力残障人士唐芳的监护人。

五、社区志愿服务工作

加强对川大家园社区志愿服务队的指导和管理。开展了3次大型社区志愿服务活动，服务内容主要包括义诊和社区意愿调查等方面，继续推动“健康进社区”品牌活动，并探索其他类型的系列志愿活动。

六、与政府共驻共建工作

稳步推进与政府共驻共建工作机制，协助完成70余件工作。在望江校区推动与望江路街道办事处、棕东社区签订新的三方协议；配合武侯区政府锦江治污工作的开展，完成华西新村片区雨污水分流应急抢修工作；协助望江路街道办事处社区发展治理研讨会、国家卫生健康委员会疾控局走访检查、经济普查、南园小区街面文化墙打造等专项工作；配合政府开展维稳工作3起、处理政府投诉9起；协助政府执法部门采集7个已售房小区违章建筑信息497处、配合2018年违章搭建举证工作18起、违规装修3起，其中，成功劝阻违规装修2起，劝说自行拆除违建4起，配合强制拆除违章搭建1起；协助棕东社区公服资金的申请和使用、自治组织培育、旧衣物公益捐赠等其他服务项目的开展。在华西校区推动小区公服资金的使用及配合所辖社区开展各类活动等。积极联系沟通辖区地方政府和相关部门，成功协调了江安花园小区拖欠水费和停水问题，成功协调了文星花园部分业主要求将成乐高速扩容项目高架桥改道的诉求等。

七、推进学校老旧小区增设电梯工作

针对我校教职工及家属对小区增设电梯反应较强烈的情况，成立电梯安装工作小组认真做好相关政策学习和工作调研。在3个家属区开展了意愿摸底调查工作，共收回问卷1339份，占三个小区总户数的59.5%。组织人员前往成都市住建局、成都市商业街社区、泸州市江阳区住建局等单位调研，实地考察已成功安装电梯的住宅小区，从政策层面、实践层面和从政府、社区以及业主的角度，多方面大量收集相关信息。召开座谈会、入户访谈等10余次，进行政策宣讲、调研结果汇报及交流等。积极协助3个单元增设电梯意愿强烈的业主，按政策要求稳步推进自主增设电梯的相关工作。

八、完成学校专项工作任务

根据学校“按照成都市环境改造的相关要求继续做好2018校园污雨水管网改造工程”的会议精神，严格按照有关规定，完成“校宅分离工程的子工程——华西新村片区雨污水管网改造工程”的招标工作，并积极推进该工程的实施。

（以上资料由社区建设办公室高翠兰、康劼提供）

大学生思想政治工作篇

理论教育与成长指导

一、时政学习与思想政治教育管理

深入学习贯彻习近平新时代中国特色社会主义思想和党的十九大及十九届二中、三中全会精神，培育和践行社会主义核心价值观，大力加强学生思想政治教育。在全校范围通过《形势与政策课》、座谈会、主题班团活动等深入开展习近平总书记系列重要讲话学习宣传教育活动。组织全校学生学习宣传党的十九届三中全会精神、两会精神、全国教育大会精神等，学习习近平总书记给莫斯科大学留学大学生重要回信精神、习近平总书记在北大师生座谈会上的重要讲话精神等。开展本科生学习十九大精神系列宣讲、征文、演讲比赛等主题教育活动 4 次，举办改革开放 40 周年本科生主题教育活动 3 次。组织研究生开展学习党的十九届三中全会精神及“两会”精神宣讲大赛，围绕“政府工作报告解读”“宪法修正案主要精神”“国家监察法主要精神”等内容在三校区举办形势政策大讲堂 3 期，举办研究生“庆祝改革开放 40 周年，我回家乡看变化”征文比赛，并进行线上展示展播，引导研究生感受改革开放 40 年以来家乡取得的巨大成就；以“改革开放四十年民法学的发展”“深入学习习近平关于意识形态工作的论述”和“改革开放 40 年来中国对外贸易成就、挑战与改革方向”为题举办形势政策大讲堂 3 期。举办新四军抗战第一枪 80 周年座谈会、纪念济南战役胜利 70 周年座谈会、纪念淮海战役 70 周年座谈会，组织学生观看电影《厉害了，我的国》。

深入开展诚信主题教育活动。修订原《学术道德与学术规范》一书为《学术道德与学术规范——信息化时代的要求与演进》，并发放给全体 2018 级新生。利用新生入学教育契机开展学术诚信教育，组织 9133 名本科新生、7430 名研究生新生签订诚信承诺书。举办 2018 年“诚信教育宣传月”系列活动，包含“诚信”主题宣传展示活动、诚信教育教学课件展示及优秀主讲教师评选活动、第四届“德渥群芳”育人文化优秀团队评选表彰活动、研究生“学术之星”选树宣传活动、“如何维护和对待人生的第一笔信用”的故事分享、征集活动、研究生专业伦理论坛。评选学术道德教育课程优秀主讲教师 12 人，第四届“德渥群芳”育人文化建设标兵团队 14 个、优秀团队 14 个。申报的“研究生学术道德教育体系建设项目”成功入选教育部第一批高校思想政治工作精品项目。向四川省教育厅选送征集到的诚信公益短片、公益宣传画和公益短信等优秀作品 56 个。继续推进学术诚信教育案例教学试点工作，升级改版“四川大学学术诚信与科学探索网”。

加强学生党建工作，坚持党建带团建推进大学生思想政治工作。选派学生骨干参加教育部思政司主办的高校辅导员、青年学生骨干学习十九大精神网络培训示范班。组织学生党员参加四川省高校学生党员骨干示范培训班。举办学生党员骨干专题网络培训班和新党员专题网络培训班。开展了全校研究生党建工作调研，促进文理工医各单位经验交流，形成《四川大学研究生党建工作调研报告》，评选出研究生党建精品项目22个、优秀项目12个。组织全校36个基层团委、1500余个班级团支部开展“牢记时代使命，书写人生华章”等主题团日活动2000余场，覆盖团员青年6万余人次。以“青春大学习，奋斗新时代”“重走改革开放路，砥砺爱国奋斗情”为主题，组织近2万名师生奔赴全国26个省（区）、83个市县开展社会实践活动；组织示范性学生理论社团开展读原著、学原文、悟原理活动130余次；开展爱国主义集体观影活动，组织千名师生同看《厉害了，我的国》《建党伟业》等爱国主义影片，开展国庆升旗仪式、“钓鱼岛的历史与主权”图片展、《绒花·红梅赞》原创红色歌曲展演、“岁粤如歌”首届粤语歌唱大赛、“一二·九”主题合唱大赛等爱国主义教育活动。依托“川大青年说”，开展以“凝聚青春力量，闪耀青春光彩”为主题的典型人物宣传活动，选树了10名团员青年标兵，组织10位川大青年说选手开展了30人次的宣讲活动，覆盖1.2万余人次。开展“法律知识进校园”主题辩论赛，营造学法、知法氛围。校团委荣获第二届校媒·全国高校新媒体评选最佳“原创内容奖”。完善团干部选拔培养管理考核机制，选拔4名校团委挂兼职干部，其中，2名教师、2名学生。推动“班团一体化”制度运行，全校1035个班级团支部实施班团一体化制度，占比85.5%。修订《四川大学基层团组织建设考核办法》，出台《共青团四川大学委员会工作规则》《共青团四川大学委员会常务委员会工作规则》等工作制度。制定《四川大学学院学生代表大会工作规则》，规范校院两级学生代表大会。深入实施基层团支部活力提升工程，举办第四届“基层组织建设展示月”，启动团支部建设发展基金4批次，共确立36个团支部项目，发放资金5.8万元。遴选全校39个团支部开展“时代加速度”主题团日集中展示活动，举行2017—2018年度五四表彰活动，选树785个优秀集体和个人典型。

积极推进校园文化和红色基地建设工作。完成与汶川县委党校的红色基地共建工作，举办四川大学毕业季“江姐颂”主题文艺晚会，举行四川大学“江姐班”授旗仪式，组织学生参加江姐纪念展开展仪式。

二、思想政治理论课教学

以思想政治理论课为载体，进一步加强大学生思想政治教育工作。在马克思主义理论一级学科下新增了“习近平新时代中国特色社会主义思想专题研究”“习近平教育思想”等研究生专业课程。接受教育部社科司对于学校马克思主义理论学科学位授权点的调研督查。顺利通过马克思主义理论一级学科博士学位授权点合格评估。成功举办纪念马克思诞辰200周年学术研讨会、天府廉政论坛、庆祝改革开放40周年·马克思主义理论教育研讨会、第九期青椒论坛等系列高水平学术会议。

加强思想政治理论课集体备课力度，提升课堂教学质量，制订《四川大学马克思主义学院思想政治理论课课程改革五年（2017—2022）规划方案》。开展教学研究、教学主题活动创新、教学能力提升等工作，全面做好本科教学质量提升工程，修订《四川大学思想政治理论课教学基本规范》。全面推进习近平新时代中国特色社会主义和党的十九大精神“三进”工作，制定《四川大学马克思主义学院关于推进十九大精神“三进”工作的实施方案》。组织开展了“红动1小时”“四十年·新时代：变迁与超越——改革开放40年口述史访谈”“思想政治教育大讲堂”等系列活动。刘吕红教授团队入选四川省首批高校思想政治理论课名师工作室。冯兵老师荣获2017年“高校思想政治理论课教师年度影响力人物”。1项成果荣获教育部第二届“我心中的思政课”全国高校大学生微电影展示活动比赛特等奖和最佳创意奖。3项成果荣获第八届高等教育四川省教学成果二等奖。

三、大学生心理健康教育

继续做好大学生心理健康教育教学工作。2018年面向本科生开设2门必修课，其中，“大学生心理健康”开设46个班，选课人数8841人；“心理健康教育”开设2个班，选课人数158人。同时，开设了“得觉智慧课”“学习心理学”“积极心理学”“认知心理学”4门选修课，共4个班次，合计选修学生530人次。

心理健康教育中心和华西心理卫生中心专家紧密配合，在三个校区继续开设专家心理咨询门诊。2018年度华西心理卫生中心派出77人次专家为学生开展门诊心理咨询工作，使学生得到专家的及时诊断和帮助。全年专家咨询门诊共接待学生424人次。在开设专家门诊的同时，每周在三校区5个咨询室开展21个单元的普通心理咨询，全年普通咨询接待学生1800人次，在新生适应、学习、人际交往和人际关系、求职择业、情感、个性发展等方面给予学生帮助。在心理咨询中发现并及时转介送诊了多位有心理疾患的学生。

2018年度开展全校心理测评20000余人：2015级本科生参评1173人，2016级本硕博学生共参评2412人，2017级本硕博学生参评2808人，2018级本硕博学生参评15514人，少数民族预科生参评91人。危机干预118人次；并对在咨询中发现的高危学生进行及时转介送诊25人次。

四、军事教育与国防生工作

顺利完成2017级9016余名本科生为期14天的军事技能训练并取得良好成效。完成2017级、2018级本科生的军事理论课的教学工作。在吴玉章学院和创新人才拔尖班的学生中开设了军事理论课“慕课”教学。

开展兵役登记和征兵工作宣传。2018年学校入伍学生10人，144名优秀毕业生到部队工作。慰问复转军人、军人家属、军烈属、伤残军人、离休干部、老红军共1835人次。

加强国防生的选拔培养、管理教育工作，进一步规范国防生教育管理体制。2018年在校国防生有132人，其中，本科生130人、研究生2人；7名国防生面向地方分流就业；19名国防生报考（推免）研究生。积极搭建国防生锻炼和展示平台，承担对少数民族预科生的早锻炼带训工作。选派15名国防生参加北川西苑中学新生入学教育军训。

【承办“纪念马克思诞辰200周年学术研讨会”】2018年5月19日，学校成功举办了“四川大学纪念马克思诞辰200周年学术研讨会”。中国中共党史学会副会长、中共中央原党史研究室副主任李忠杰，中央新疆工作协调小组办公室副主任、教育部原副部长鲁昕，南开大学原副校长、讲席教授逄锦聚，中国人民大学荣誉一级教授、校务委员陈力丹，省委宣传部、省委党史研究室、省社科联、省社科院有关领导，以及来自清华大学、中国人民大学、复旦大学、浙江大学、中央党校、中国社科院等国内高校和科研机构的200余名专家学者参加了研讨会及相关活动。此次学术研讨会产生了广泛的学术影响，对进一步推进马克思主义理论学科建设与发展发挥了积极作用。

【成功举办全国首届西部青年马克思主义者论坛】2017年12月8日上午，学校举办首届“西部青年马克思主义者论坛·高校学子看十九大”活动。论坛吸引了来自中国西部地区14所高校的150余名研究生参加。论坛搭建了西部高校学子学习宣传和研究阐释党的十九大精神的良好平台，对于建立西部高校马克思主义学院研究生交流常态化机制，积极营造西部高校学子学习宣传贯彻落实党的十九大精神的良好氛围，充分发挥西部高校马克思主义学院学子在党的十九大精神宣传和青年学生思想引领中的积极作用有重要的意义。

【接受中宣部、教育部全国重点马克思主义学院年度检查】2018年9月，中宣部、教育部全国重点马克思主义学院建设督查组到校，实地督查学校重点马克思主义学院建设情况。专家组对学校马克思主义学院建设高度评价，认为在学校党委的领导和关心支持下，川大马克思主义学院在全国重点马克思主义学院建设过程中积累了宝贵经验。

【举办第五届“青年·责任·梦想”大学生抗灾减灾灾后重建国际论坛】2018年5月12日，在“5·12”汶川特大地震十周年之际，四川大学学生会主办第五届“青年·责任·梦想”大学生抗灾减灾灾后重建国际论坛，邀请海内外十多个国家和地区的大学生相聚成都，以讲座、论坛、参观等形式，就防灾减灾、灾后重建发表观点，就汶川抗震救灾中的文化认同与民族精神、灾后重建与可持续发展、科技创新与现代减灾、减灾与应急学科发展及青年人才培养、国际减灾与青年大学生的责任等议题进行汇报展示。论坛旨在宣传防灾减灾知识，帮助大学生树立防灾减灾意识，勇敢肩负起共建人类命运共同体的社会责任。

基础管理与服务

一、本科生服务管理

构建完善资助育人体系。为1.1万名学生发放国家奖助学金4164.1万元。为426人次发放长学制学生奖助学金389.1万元。为65名学生发放关工委奖学金10.35万元。为2018年“助学、筑梦、铸人”活动90名获奖学生发放8.65万元奖金。完成社会奖助学金的评选工作，为3090人次共计发放社会奖助学金1589.6万元。发放伙食补贴、临时困难补助等各类补助达2万人次，共计698.8万余元。为2676名家庭经济困难毕业学生发放就业帮扶费用和求职创业补贴共计276.48万元。为176名新疆籍少数民族学生发放

2017—2018 学年学生助学金 12.8 万元。2018—2019 学年认定家庭经济困难学生 9846 名。

做好国家助学贷款相关工作。完成 289 人 845.8 万元新贷款、1532 人 1482.4 万元续贷放款工作。为 59 名毕业学生办理国家助学贷款再贴息手续，为 129 名毕业生办理还款协议。为 1057 人次发放补偿代偿款 723.3 万元。

做好勤工助学工作。为 20255 人次发放勤工助学费 784.46 万元；勤工助学中心为 769 名学生创造了 86.63 余万元的勤工助学收入。

表彰先进树立典型。共评选出年度综合及单项奖学金学生 13004 人，优秀学生、优秀学生干部 4121 人，优秀毕业生、优秀毕业生干部 1315 人，省级优秀毕业生 157 人。表彰“百佳”学生 100 名、“百佳”班长 50 名、“百佳”班级 50 个、“百佳”学生社区干部或寝室长 99 名、“百佳”寝室 100 个。开展 2017—2018 年度五四表彰活动，选树优秀集体和个人典型 785 个。

提高学生日常管理教育水平。修订、再版 2018 年《四川大学学生手册》《四川大学依法治校学生承诺书》。发放《四川大学预防艾滋病健康教育处方》《珍惜爱明白艾——大学生预防艾滋病宣传手册》《识毒·防毒·拒毒——四川大学毒品预防宣传手册》30000 份；开展防艾系列主题教育活动近 100 场。开展预防艾滋病骨干教师、学生代表的专项培训。

二、研究生教育管理

做好国家奖助学金、学校学业奖学金、助研岗位津贴、社会奖助学金的评选发放工作。全年评选出国家奖学金获得者博士研究生 176 人、硕士研究生 361 人，共计发放 1250 万元。为 19703 名研究生发放国家助学金 16122.95 万元。为 11840 名硕士研究生发放学业奖学金 8108.26 万元，为 3532 名博士研究生发放学业奖学金 3466.4 万元；为 15186 名硕士发放助研岗位津贴 2936.28 万元，为 4370 名博士发放助研岗位津贴 3573.28 万元。2 名研究生荣获 2018 年度百人会英才奖学金，100 名研究生荣获 2019 年度光华奖学金。

加强家庭经济困难研究生关爱帮扶工作。为 862 名家庭经济困难研究生发放助学金 97.2 万元；为 41 名家庭经济困难研究生发放 5.9 万元临时困难补助；为 636 人发放勤工助学费 84.69 万元。

开展研究生评选表彰。进行 2018 届省级优秀毕业生评选，评出省级优秀毕业研究生 69 名；评选 2017—2018 学年优秀博士 446 人、优秀硕士 2016 人、优秀研究生干部 666 人、2018 届优秀毕业研究生 1129 人、毕业研究生干部 303 人。

提高研究生第二课堂教育质量。举办“川大论坛”4 期、“青年博士沙龙”4 期、“走进实验室”9 期、“中华文化行”9 期等学术交流活动。举办了研究生校园风采大赛、研究生综合文化素质培训课程、研究生篮球联赛、研究生乒乓球联赛、“川作之合”交友联谊活动等文体活动。

强化实践育人。组织研究生赴康定、井冈山、延安等地，开展革命传统教育。组织开展 5 期赴行业企业参观考察活动；拓展研究生挂职锻炼、见习实习、志愿服务和创新创业的校外基地 20 余家。举办研究生职业能力大讲堂、创新创业大讲堂 6 期，推动研究生职业能力和创新创业能力提升。组织研究生开展 2018 年暑期专题调查研究实践活动，参加 2018 年“全国研究生创新实践系列活动”，获得二等奖 6 项、三等奖 4 项。举办 2018 年四川大学模拟联合国大会、模拟亚欧会议——“一带一路与亚欧互通互联建设”。选派4名学生代表赴西安参加“2018年纽约国际模拟联合国大会中国会”，获得“最佳国际风采精神”团体奖。

三、学生思想政治工作队伍建设

推进“六位一体”思政工作队伍体系建设。出台《四川大学辅导员队伍建设实施办法》。2018年公开招聘17名普通专职辅导员，其中新疆籍少数民族2名；从在读硕博士研究生中选聘116名优秀研究生担任本科、研究生兼职辅导员。出版《研究生教育管理探索与创新研究文集》。修订思想政治教育系列专业技术职务申报条件。

加强辅导员的培育工作。推荐20名辅导员参加全国思政教师骨干培训班、四川省高校辅导员专题培训班；选派45名专兼职辅导员参加2018年辅导员远程培训。组织开展2018年四川大学辅导员工作精品项目申报工作，评出项目30项，其中重点项目6项，一般项目24项。

不断完善教导员工作机制。2018年，全校28名教导员走访学生寝室2762个，看望学生人数27347人，覆盖围合21个，开展有关讲座148次，听众人数20341人次，参加学校学院学生活动383次，个别谈话2448人次，通过电话、短信、微信、QQ网上交流9596人次，在帮助学生解决学习、生活中的困难和疑惑方面发挥了积极的作用。

【出台《四川大学辅导员队伍建设实施办法》】 2018年12月，学校制定出台《四川大学辅导员队伍建设实施办法》（川大委〔2018〕82号），进一步推进辅导员队伍专业化、职业化建设。

【四川大学入选第一批全国普通高校中华优秀传统文化传承基地】 2018年11月，经高校自主申报、省级教育行政部门推荐、专家遴选与公示，教育部认定四川大学巴蜀文化传承基地等55个基地为第一批全国普通高校中华优秀传统文化传承基地。

【四川大学商学院郑洪燕老师获评第四届四川省高校辅导员年度人物】 2018年4月，由四川省教育厅主办的“第四届四川省高校辅导员年度人物”评选活动结果揭晓，我校商学院辅导员郑洪燕获评“辅导员年度人物”。

【学生艺术团在全国大学生艺术展演活动中再创佳绩】 2018年4月，四川大学学生艺术团参加了由教育部与上海市政府共同举办的全国第五届大学生艺术展演活动，学校学生高水平艺术团民乐团、合唱团、戏剧团的三个参赛节目全部荣获一等奖，舞蹈团节目获得三等奖，是历年以来我校参加全国大学生艺术展演活动的最佳成绩，为学校赢得了荣誉。

素质拓展与实践

一、素质教育和创新创业教育

加强学生创新创业教育平台建设。搭建公共交叉学科平台与学生公共实验交流空间，组建12个跨学科交叉创新的“智造梦工场”主题工坊、4个新工科创新实验室，涵盖20多个学院学科，共4家高水平创新企业提供专业训练、实习实训岗位；推进与百度公司共建大学生人工智能创新实验室、学术性社团等合作；与成都市高新区创新创业中心签订大学生创新创业基地合作框架协议；与川大智胜公司合作共同建设虚拟现实中心。

开展学生科技创新创业活动。组织高水平学术科创竞赛校级竞赛6项，跟进省级、国家级高水平学术科创竞赛15项，参赛项目437个，其中获得校级奖项98项、省级奖项40项、国家级奖项43项，赛事覆盖学生达3380人次。组织第十六届“挑战杯”校院宣讲会5场，开展竞赛组队沙龙，活动影响覆盖学生2285人次。设立“挑战杯”项目孵化基金，给予优秀项目孵化经费支持。2018年“创青春”全国大学生创业大赛备赛周期，举办“创青春”大赛训练营行课4次，时长共计18小时，覆盖780人次。

在本科生中开展创新创业培训19次，科技创新创业活动50余次，以“挑战杯”“创青春”为牵引开展科技节赛事16项覆盖5000余人，获国家级奖36项，获评小平科技创新团队、四川省大学生创业典型。组织研究生参与2017年“全国研究生创新实践系列活动”、第三届中国“互联网+”大学生创新创业大赛。在第三届中国“互联网+”创新创业大赛中，学校获得金奖3项。在第四届中国研究生智慧城市技术与创意设计大赛中，学校连续四年获大赛一等奖、二等奖、三等奖各1项；在第十四届中国研究生数学建模竞赛中，获得一等奖1名、二等奖1名、三等奖3名；在第三届中国研究生未来飞行器创新大赛中获得二等奖1名；在第十二届中国研究生电子设计竞赛中获三等奖1名。

以吴玉章学院为主要平台，加强本科拔尖创新人才培养。2018年吴玉章学院毕业生人数160人，其中，50%的学生被保送至北京大学、清华大学、中国人民大学、浙江大学、复旦大学等国内知名高校攻读硕士研究生或硕博连读研究生，33%的毕业生申请到国外知名高校深造，毕业生一次性就业率达98%。2018年吴玉章学院学生在各种学科类、技能类竞赛累计获得国际级奖项13次、国家级奖项43次、省部级奖项19次，发表学术论文及作品共计11篇，获得发明专利1项，13名学生被选派代表学校参加国际会议。

加强文化艺术素质教育工作。“凤凰展翅”四川大学2018年文化艺术节开展各类校园文化活动50余场；“I创意We实现”学生活动基金孵化学生创意活动30余项，共覆盖学生2万余人次。举办“强国一代有我在”四川大学2018年迎新晚会、师生厨艺大赛、“三封家书”等活动，营造爱校、爱家校园文化。举办“寝同一家”寝室文化节活动，吸引2018级本科学生228个寝室近3000人参与，评选出“最优寝室文化奖”“最牛学霸寝室奖”。全年举办高雅艺术在校园文艺演出9场、沙龙7期、快闪8次、美术活动10次、“轻骑兵”项目38次。四川大学《巴蜀文化》成功立项成为教育部首批中国优秀传统文化传承基地。

加强学生对外学术交流活动。组织2000余名学生参加诺贝尔物理学奖获得者、白俄罗斯驻华大使、尼泊尔外长等10余场国际学界、政界杰出人士访校演讲活动。遴选推荐100余名师生参加“中日韩SERVE—2018”“知行中国——中美高校学生领袖学院”等8个国际交流项目。组织全校4000名学生参加2018年

UIP开幕式。启动实施“大川视界”大学生海外访学计划，组建“大川视界”学生成长协会学术型社团，编写“大川视界”大学生海外访学计划100问。开展大川视界学生外语能力提升训练营2期。555名学生申请“大川视界”专项资助，发放资助经费483.9万元。

二、学生社团工作

组织示范性学生理论社团开展读原著、学原文、悟原理活动130余次。在爱心公益社团自强社成立十周年之际，举办了2018年高校公益社团发展论坛、自强社十周年社庆纪念晚会等系列活动，全国16个高校公益社团师生以及爱心公益团队参加。依托第十七届“逐梦青春”学生社团文化节开展学术科技、文化艺术、体育健康类社团活动逾5300场。学术型社团学生申报“大学生创新创业训练计划”项目1017项，占项目总数的34%。

完成四川大学“第二课堂成绩单”项目库建设，全校693个第二课堂活动项目首批入库并投入运行，实现第二课堂活动课程化、系统化、制度化、规范化。录入并激活用户19278人，覆盖99.78%的2018级学生；已完结活动1006个，通过系统参与活动人数达34164人次。

三、志愿服务工作

2018年校内注册志愿者59582人，全年志愿服务时长262309小时。全校56支志愿服务团队组织策划1557项志愿活动，包括143场社区志愿服务行动。全年组织无偿献血活动6场，2541名学生献血近70万毫升。四川大学“五彩石”儿童关爱志愿服务团和“解语花”翻译及就医陪同志愿服务团在2018年第四届中国青年志愿服务项目大赛中分获金奖、银奖。2018年，四川大学研究生支教团42名同学在凉山彝族自治州甘洛县、昭觉县、美姑县进行接力支教扶贫，全年教授课时1.5万，覆盖95个班级的学生近7000名；募集资金80万元，资助554名学生完成学业；募集物资价值86万元，为1万余名学生改善学习生活条件；募资300万元修建乡村幼儿园1个、乡村小学教学楼1座、多媒体图书室2间、图书角25个、乡村桥1座。

四、社会实践工作

组织65支学生“双创”团队767名师生赴甘洛、岳池、延安、临沂等贫困地区、革命老区开展“青年红色筑梦之旅”实践活动，学习革命精神，助力精准扶贫、乡村振兴，累计对接1500名农户，创造收益60万元。以“青春大学习，奋斗新时代”“重走改革开放路，砥砺爱国奋斗情”为主题，组织近2万名师生奔赴全国26个省（区）、83个市县开展社会实践活动。组织研究生开展赴行业企业参观考察活动5期；拓展研究生挂职锻炼、见习实习、志愿服务和创新创业的校外基地20余家，为150余名研究生提供了挂职锻炼和实习实践机会。举办研究生职业能力大讲堂、创新创业大讲堂6期，促进研究生职业能力和创新创业能力提升。发挥研究生专业优势特长和课题研究能力，组织研究生开展2018年暑期专题调查研究实践活动。组织41支研究生队伍、133名研究生积极参与2018年“全国研究生创新实践系列活动”，获得二等奖6项、三等奖4项，并获优秀组织奖。

（以上资料由学生工作部田蕾、心理健康中心罗莹、研究生工作部代振东、校团委寿刘星、马克思主义学院屈荣提供）

办学条件保障及公共服务体系篇

基本建设

2018年竣工新建项目12个，累计完成建筑面积17502平方米，累计完成投资9030万元；正在施工新建项目11个，正在施工总建筑面积133050平方米，总计划投资63031万元；准备开工新建项目9个，准备开工总建筑面积233969平方米，总计划投资135279万元。其中，有序推进转化医学国家重大科技基础设施（四川）项目等国家重点项目建设进度；依法依规处理好华西科教楼施工单位违约纠纷事宜，切实维护学校利益，保证了正常的校园施工秩序；认真做好匹兹堡学院大楼·现代工学互动教学中心、多学科交叉研究创新大楼等一批在建项目的管理工作，所有工地未发生重大安全事故，保障了施工现场周边正常的教学、生活秩序。

【推进校园规划建设，一次性取得了四个项目教育部正式立项】积极开展各项调研工作，深入论证，着重推进先进材料科研大楼、江安东园高层学生宿舍3、4、5号楼、江安游泳馆的教育部立项工作，并于2018年10月取得了教育部正式批复，总投资约12亿元。目前，正在全面推进项目开工准备工作，争取2019年开工建设。另外，全面开展调研和专家论证工作，召开多次调研会，广泛征求各方面意见，持续推进完善校园规划和建设工作。

【积极沟通协调推动市校共建项目落地落实】2018年6月，学校与成都市充分发挥双方资源优势，签署了《深入推进市校合作 共建世界一流大学 助推国家中心城市建设合作协议》。提出了共建开放型人文·自然博物馆、前沿医学研究中心、面向新经济的技术交叉与转化中心三大项目。学校多次组织召开沟通洽谈会和现场调研会，针对市校共建开放型人文·自然博物馆项目，认真筹划，积极沟通，确定概念性规划方案。

【竣工项目获得广泛好评】江安校区第三学生食堂及素质教育中心投入使用，食堂可容纳6000余人用餐，师生上下楼用餐时只需乘坐电梯，十分便利。在内部景致上，采用白色与木色作为主色调，装饰有晶莹的吊灯，脚下是暗红色的地板。整体环境简约而雅致，小清新的基调让人心情愉悦。优美环境、优质菜品获得广大师生一致好评，成为“网红食堂”。

高层学生宿舍1、2号楼投入使用，22学生组团全面完工，总共增加了约3400个床位，为学校教学、科研管理重心逐渐过渡到江安校区创造了条件。

【以人为本大力解决师生关注的热点问题】按照学校整体部署，2018年年初提出了为师生办10件实事，学校全力落实相关工作要求，大力推进校园民生工程。目前，江安校区高层学生宿舍1、2号楼和第三学生食堂及素质教育中心的建设工作已经全部完成，并已投入运行，进一步改善了广大师生学习生活条件，受到广泛好评；将校医院改扩建工程及幼儿园改扩建工程纳入学校整体规划工作，努力为教职工提供更好的医疗生活环境；已开展多次共和村及新校区教职工住房、周转房、公寓的建设思路的论证工作，积极争取改善教职工尤其是青年教师住房条件；深入实施校园环境及景观绿化改造提升工程，已完成原总务处用房及生命科学学院周边景观改造工程、江安东园片区及长城路沿线景观改造工程；已彻底解决了“江安花园”分户国土证问题；基本完成“文星花园”不动产证办理工作；顺利推进与文里项目建设收尾工作。正在积极推进农林村大产权证办理工作，正在准备规划验收事宜。

【提升服务理念，做好建设项目招标工作】作为学校建设维修工程招投标专业组组长单位，全年共组织开展校内开评标会议13次，完成华西校区逸夫基础医学楼装修改造工程等校内招标项目30余个；组织校外开标会议20次，完成多学科交叉研究创新大楼附属用房等25个项目的校外招标工作，保证了每次招投标工作阳光公开。

【严格把关做好项目审核结算工作】在清单编制、认质认价、成本跟踪、工程审核等方面严格把关。2018年度共审核完成了江安校区高层学生宿舍1、2号楼等44个项目的结算审核工作，审减金额共计1570万元。其中，望江华西校区10个项目，审减金额为127万元；江安校区结算审核项目33个，包括高层1、2号楼、江安围墙及道路改造项目（一期）及配套工程等项目，审减金额为1443万元。

（以上资料由规划建设处刘鑫提供）

实验室及设备

出台《四川大学实验仪器设备开放共享收费标准（试行）》（川大实〔2018〕1号）、《大学生“双创”智能化自主实验室建设及运行管理办法（试行）》（川大实〔2018〕10号）、《四川大学仪器设备报废及处置管理办法（修订）》（川大实〔2018〕15号）、《四川大学实验室安全与环保事故应急处置预案（修订）》（川大实〔2018〕16号）。参与《四川大学校院两级公共资源配置改革细则》的论证制定，并推进落实相关内容。协助完成本科教学审核评估，完成对岳池和甘洛相关扶贫工作。协助承办中国高等教育学会在成都主办的高等教育博览会（HEEC）。

【教学实验室建设与管理】建成临床、口腔、电气、文综4个大学生“双创”智能化自主实验中心，在支撑大学生创新创业教育方面取得预期成效。完成网络靶场“双创”实验平台、智能空天技术“双创”实验平台的硬件建设工作；完成水利土木与地球科学双创实验平台、绿色化学与创新药学双创实验中心、绿色化工特色工程双创实验平台、生物医学双创实验平台、“新工科”材料类双创实验平台等申报立项工作。完成大学生“双创”智能化实验室综合运行管理平台（校级）的硬件建设和软件主体功能建设。完成2018年国家级、省级和2019年校级虚拟仿真实验教学项目的申报，新增 2 个国家级和 2 个省级示范项目。

【实验技术与管理队伍建设】出台以实验设计师和实验管理师为导向的新版《四川大学专业技术职务申报条件（试行）【实验技术系列】》。完成工程实验系列专业技术职务岗位 87 名申报人员申报材料的审核以及学科评议组的评议。完成 8 个国家级和 15 个省级实验教学示范中心、3 个国家级和 1 个省级虚拟仿真教学中心主任的重新认定。完成 2015—2017 年实验技术立项成果奖评选，评选出一等奖 10 项，二等奖 11 项。完成 315 人次国内外交流学习与培训。

【“中央高校改善基本办学条件专项”的申报、评审、立项、建设】完成 2017 年度 13 个项目（7413 余万元）的验收、2018 年度 10 个项目（7558.6 万元）的建设、2019 年度 13 个项目（1.2 亿元）的评审入库以及 2020 年和 2021 年 25 个项目（2.72 亿元）的入库。

【实验仪器设备管理】推行全校仪器设备资产报废处置和备案制改革，扩大学院设备报废审批权限，简化设备报废的申请、审核、审批与备案程序，精简纸质版资料。完成 1111 项共 3.98 亿元的设备采购任务。新增设备建账 23211 台（套）（总值 5.07 亿元），设备报废处置 8279 台（套）。完成学校进口免税设备金额 3455.60 万美元，为学校减免增值税 3945.30 万元人民币、关税 696.50 万元人民币。

【实验仪器设备开放共享和考核】完成全校实验仪器设备开放共享的中期预考核和年终考核（包括实验仪器设备开放共享工作二级单位年度目标任务考核和单台件 40 万元及以上实验仪器设备开放共享年度效益评价）。全年仪器设备开放共享收入 1353.68 万元。完成国家科技部牵头的重大科研基础设施和大型科研仪器设备 2017 年度开放共享考核。2018 年进入科技部“重大科研基础设施和大型科研仪器国家网络管理平台”设备（单台件≥50 万元）台件数新增 173 台，总数达 590 台，大型仪器设备对社会开放的力度进一步加大。

【实验室安全与环保】完成近 6000 间（含隔板间）实验室的学院自评与专家抽评；以专家评估结果为主的挂牌工作正在全力推进。完成江安校区实验室危险废弃物临时库房的建设，初步形成江安校区污水处理站升级改造技术方案。全面推行实验室安全准入考试，全校师生约 3000 人次参加实验室安全与环保管理学习及考试；建立学校实验室安全环保培训基地，并完成安全技能实训课程建设；成功开展安全生产系列活动、“挑战杯”2018 年学生科技节之实验室安全与技能大赛等活动；组织开展第一期实验室安全环保应急处置（救援）能力培训班及全校 81 位放射工作人员的上岗再培训。全年规范收集处置实验室危险废弃物 700 余吨。

【报表统计与各类设备数据上报】完成教育部《2017/2018 学年高校实验室信息统计数据（基表一、二、三）》《2018 年全国高校教学基本状态数据库》《2018 年高等教育基层统计报表》、教育部国管局《2017 年度中央行政事业单位国有资产决算表》《中央行政事业单位新增资产配置表（车辆、设备）》、学校《2017 年账务决算表》《四川大学本科教学工作审核评估自评报告》及《四川大学 2017—2018 学年本科教学质量报告》相关数据的统计上报。

（以上资料由实验室及设备管理处邱晓幼提供）

后勤管理及保障

一、后勤管理

【节约型校园建设取得可喜成绩】学校荣获全国“公共机构能效领跑者”称号。11月7日，国务院副秘书长、国家机关事务管理局局长李宝荣来校视察节能减排工作，对我校节能减排工作予以肯定。12月2日，我校高校建筑节能改造补助资金项目顺利通过验收。

【进一步推动落实“放管服”工作】推动建立学院物业自主管理新机制。制订全校楼宇公共物业服务基本标准，建立校园楼宇物业服务企业供应商库，确立校院两级物业管理试点学院，完成物业管理服务招标和物业合同的签订。推动建立学院水电气使用自主管理机制。核定并发布2018年度学校各学院的水电定额指标，推动建立学院水电气使用自主管理机制。

【持续实施校园设施及环境改造提升工程】改造完成江安高层学生宿舍东四、东五舍共34间自助服务室、32间自习室、2间多功能会议室、2间健身房及公共大厅区域。完成望江东二教学楼，江安一教B、C座，华西第九、第十教学楼等10余栋建筑公共区域的空调系统改建项目，实现公共教学区域空调全覆盖。完成望江校区桃林村周边景观改造、体育馆周边绿化景观提升、南园片区道路及环境改造，江安校区子衿路学生宿舍区行道树更换，华西校区女生园景观改造等项目，全年累计完成改造面积近2万平方米，校园环境进一步优化。

【深化后勤服务信息化建设】推进后勤服务信息平台新增功能模块的建设和上线进度，“学生公寓管理”和“餐饮管理”板块进入正式运行。完善后勤服务信息平台网上报修流程和线下支持，扩大报修范围，提高维修办理效率。全年报修总量达4.55万次，8小时内维修率达56.47%，大幅提高报修的处理时间，学生满意率达99%。

【成功引进开通校园巴士】8月底，引进成都市公交集团开通新能源纯电动绿色校园巴士，在望江校区开设1号线共20个站，望江校区和华西校区之间开设2号线共10个站。两条线总计日均开行120班次，截止年末，累计运送乘客13万余人次，师生出行更加舒适便捷。

【稳步推进“与文里”新建住房选购工作】完成“与文里”住房出售前期基本数据梳理及准备工作，牵头起草并发布“与文里”住房选购方案指导原则、工作流程、应急预案等。成立住房出售工作小组，完成两轮意见征集工作，第一轮收集书面意见1697份，电话及现场咨询700余次；第二轮收集书面意见782份，电话及现场咨询600余次。根据“与文里”住房出售征求意见形成售房建议方案初稿。

【升级青年教师周转房硬件，提升住房补贴水平】完成望江校区竹林公寓以及江安校区文星花园共计235套（间）青年教师周转房的改造，配置空调、热水器等基本生活设施，达到拎包入住标准，青年教师公寓住宿条件得到进一步改善。切实提升住房补贴发放水平。住房补贴预算下达金额5664万元，较上年增长650万元，人均住房补贴增长75元/月；按月住房补贴领取人数达到2748人，新增182人，其中含119名专职博士后。发放安家费268人，金额510万元。完成2019年住房补贴预算工作，预算人数2971人，涉及金额7233.18万元。

【加强非售房区住改商专项整治工作】会同武侯区城管部门，开展校地联合整治，加大力度、多管齐下整治“破墙开店”，控制增量，减少存量。全年对住改商整治区域进行巡查40多次，使住房改商业的总户数从51处减少到25处。完成武侯区城管执法局四川大学执法中队筹建工作。

【加强专项经费预算和实施】中央高校改善基本办学条件专项和住房补贴专项经费执行情况良好，基本确保经费执行率100%。完成2019—2021年中央高校改善基本办学条件专项资金项目的征集申报工作，2019年经评审入库项目33项，评审金额28426.26万元，获批金额20177万元。

（以上资料由后勤管理处张振芳、徐瑗提供）

二、后勤保障

2018年，后勤集团在学校党政的正确领导下，在分管校领导的直接领导和指导下，在学校各部门和各学院的大力支持下，高举中国特色社会主义伟大旗帜，以习近平新时代中国特色社会主义思想为指导，深入学习贯彻党的十九大精神和十九届二中、三中全会精神，不忘初心，牢记使命，增强“四个意识”，坚定“四个自信”，坚持党要管党、从严治党，全面落实学校第八次党代会和后勤集团新一届党代会精神，全心全意依靠广大干部员工，顺利完成了2018年脱贫攻坚任务，成功承办教育部机关职工食堂并顺利开餐，圆满完成了学校各项服务保障任务，维护了学校的安全稳定大局，各项后勤事业都取得了重要进展。

（一）党建与思政

1. 持续深入学习宣传贯彻习近平新时代中国特色社会主义思想和党的十九大精神以及十九届二中、三中全会精神，全面学习落实习近平总书记来川视察重要讲话、在全国教育大会上的重要讲话等系列重要讲话精神，并将系列学习教育纳入集团党委中心组（扩大）学习会、干部培训会、党政联席会、党支部组织生活及员工政治学习的重要内容，入脑入心，确保实效。

2. 认真落实“三会一课”制度，各支部全年召开组织生活184次，支部书记讲党课34次。组织开展了“我的初心，我的使命，我的一流 ”为主题的党课培训和以“传承红色基因”为主题的党建教育活动。完成了各党支部“三分类三升级”工作。全年新发展党员5人，预备党员转正3人，办理党员关系转入、转出6人次。

3. 后勤集团领导班子严格落实“一岗双责”要求，加强对分管干部的教育、监督和管理，全年开展谈心谈话180余次。组织党员干部认真学习《中国共产党廉洁自律准则》《中国共产党纪律处分条例》等法规文件。与下属各单位签署廉政责任书25份，深入基层开展廉政谈话20余次，对发现的问题或苗头及时提醒劝诫，立行立改，及时消除存在的风险和隐患。

4. 认真落实双周五职工政治学习制度，结合后勤实际将政治学习融入业务学习中，全年共开展政治学习283次。严格按照《后勤集团信息发布分级分类管理办法》加强宣传阵地管理；加强了信息管理和工作督查，强化了对各敏感时段的信息监控和收集上报工作；严格信息发布审核和报批制度，认真抓实抓细意识形态工作。开展意识形态及安全稳定工作专题研判2次、防邪工作会1次，加强对重点人员的教育、引导、转化和管理。

（二）管理与服务

1. 后勤集团2018年实现产值5亿元，亏损减少252.12万元，减亏5.6%。在学校对后勤管理服务型单位2018年度考核和验收中，宿管中心90.41分（2017年91.79分），校医院89.83分（2017年90.53分），校园中心90.88分（2017年87.39分），水电中心88.23分（2017年87.15分），饮食中心86.57分（2017年85.75分），全部通过学校的考核和验收，其中宿管中心和校园中心2个单位获得优秀（90分以上），尤其校园中心首次突破90分，工作成绩得到了考核组成员单位及师生代表的一致认可。

2. 进一步完善了安全稳定工作机制，多次召开安全稳定工作专题会议，及时贯彻落实各级政府及学校的有关要求和精神，对各个时期的安全及维稳工作做出部署和强化落实，领导定期带队深入基层检查安全工作，督促各单位及时整改存在的安全隐患，安全维稳与日常工作有机融合，确保了后勤集团安全稳定。在119消防宣传日举行了后勤职工消防演练和应急逃生演练，提高了员工的火灾应急处置能力和消防安全意识。

3. 引进博士2名，开展各类培训1000余人次，通过内培外引不断充实管理和技术骨干队伍。结合近几年实际运行情况，在充分论证基础上科学编制财务预算，实现预算全覆盖，严格预算刚性执行。

4. 完成了学校和集团“双代会”代表换届工作，召开了后勤集团第三届职代会暨第三届工代会第二次会议。获得2018年学校教职工田径运动会团体总分第一名。

5. 校园中心全力做好三校区大楼物管、环卫保洁、绿化养护、会务服务等日常校园物业服务，圆满完成德国总统来访等大型活动服务保障60余次。极端天气做好校园排危抢险20余次，清理倒树350余棵、断桠1000余棵，及时恢复校园正常秩序。积极推进校园环境综合整治，加强室外公厕清扫保洁服务与管理，使整个室外公厕卫生面貌得到了显著改善，受到了师生的广泛好评。

6. 宿管中心优质完成了各项日常管理与服务，确保了宿舍安全稳定；顺利完成了2018级新生入住、2016级学生搬迁、2017级学生军训、2018届毕业生离校等重要年度例行任务。江安校区宿舍人脸识别门禁系统安装启用；江安东园4、5舍高层学生宿舍顺利投入使用；完成了华西校区学生宿舍园区景观升级改造工程。

7. 水电中心全力保障了全校水电气正常安全供应。顺利完成水电气费收支审计工作并按照审计意见和学校要求认真整改，建立行之有效的长效机制。加强巡查整改，减少跑冒滴漏，消除安全隐患。完成了住建部对我校2016年专项节能技改项目的验收。

8. 饮食中心利用国拨资金260万元、自筹20余万元改造学生食堂安防及餐厨设施，完成了15个食堂的监控全覆盖和明厨亮灶工程。望江活动中心食堂“时光里特色水吧”5月建成营业，望江东二食堂二楼“校园时光餐吧”10月正式营业；各食堂积极推陈出新，新开发的麻辣小龙虾、香辣佛手螺、土耳其烤肉等新品得到了广大师生的热烈响应。为1284名春节留校学生免费提供汤圆、水饺，大年三十晚上提供了温馨的“一分钱”年夜饭；圆满完成了藏历新年、彝历新年、古尔邦节等民族同学节假日的餐饮服务保障工作。

9. 商贸中心进一步规范商铺管理，严格按照学校招投标制度完成2018年三校区118户商铺续租商务谈判，进一步提高了商铺租金。2018年回收租金645.58万元全部上缴学校财务。

10. 交通中心全力配合学校推进公车管理改革；圆满完成了学校、集团以及各院系的派车任务。

11. 接待中心各宾馆努力克服周边施工、停车困难等不利影响，大力拓展客源市场，努力提高经营效益，顺利完成了学校和集团下达的经济目标任务。

12. 通讯中心完成了文科楼、滨江楼等区域光纤资源建设；完成三校区学生宿舍、华西东园食堂、望江体育馆等区域4G室分系统建设。主动适应业务转型，努力创造效益为学校和集团做贡献。

13. 修缮中心认真完成学生宿舍网上报修、大量零星维修和应急抢修抢险任务，取得了良好的效果；完成了全校1.5万余间学生寝室的电风扇维修和学生宿舍暑期集中维修；进一步规范合同管理，落实了安全责任，提高了工程质量和效益。

14. 金帆监理公司2018年签订监理合同46个，合同监理费约190万元，所监理的工程施工验收均一次性合格。

15. 校医院购置的螺旋CT机9月投入使用；2018年再投入400余万元购置彩超、免散瞳眼底照相机等为进一步提高诊疗水平创造了条件。2018年完成门诊142647人次、住院治疗2350人次、体检48729人次。华西专家门诊全年就诊634人次，其中：华西医院625人次，华西附二院98次，口腔医院38人次，附四院14人次。

16. 三所幼儿园2018年新招教职工子女（含附中附小附属医院职工子女）213人，孙辈79人。川大一幼通过幼儿园自培、“师徒”结对、外出培训等途径着力提高教师专业化水平；通过开展丰富多彩的儿童活动，搭建儿童成长舞台，彰显园本文化；川大二幼细化落实教学层级管理提升保教常规质量；立足教科研过程管理，推进园本课程实施，不断提升办园品质；华西幼儿园以调结构、强专业、重文化为路径，以“研·培·训”为主导，着力打造高水平教育团队，实现幼儿园可持续发展。

【校医院和幼儿园改扩建工程取得积极进展】学校将校医院改扩建工程和幼儿园改扩建工程纳入2019年中央修购计划，分别列支了一期建设资金280万元和200万元。校医院加快推进改扩建工程，努力建设好惠及全校师生职工的校医院新体检中心（华西医院体检分中心），设立了师生健康服务办公室，积极办好华西附属医院专科门诊及教职工就医绿色通道，尽力为师生员工享受华西优质医疗资源做好服务。启动了老校区幼儿园改扩建工程的前期勘查和规划设计，并利用暑期先期完成了华西幼儿园老教学楼排危加固维修工程；四川大学江安幼儿园筹备和建设也取得积极进展。

【后勤服务信息平台不断完善并发挥积极作用】自2017年5月10日运行以来，后勤服务信息平台已陆续开放运行了5个应用模块，包括“网络维修”“服务监督”“失物招领”“二手市场”以及“人力资源管理”模块，正在调试“学生公寓管理”和“餐饮管理”模块。后勤服务信息平台手机 App 下载量已经超过 4.8 万余次，累计完成网上报修 6 万余次，平均完工时间 4—8 小时，满意率超过 99%。

【圆满完成甘洛县和岳池县的扶贫攻坚任务】后勤集团认真组织开展对岳池县和甘洛县的产业扶贫、教育扶贫、医疗扶贫等对口帮扶精准扶贫工作，取得了良好成效：2018 年商贸中心在川大教育超市开设的甘洛县农特产品专柜全年累计销售 5 万余元；饮食中心定点采购甘洛县和岳池县的土豆、南瓜、猪、牛、羊等农副产品总值 200 余万元；三所幼儿园全力办好“四川大学·甘洛·岳池”校地合作幼儿教师影子跟岗学习班和名师讲堂，开展影子跟岗学习班 5 批次，为甘洛县、岳池县培训骨干教师 150 余名，深入到当地开展“名师讲座”，指导当地幼儿园教育教学活动，取得了良好的效果；后勤职工自发购买甘洛县和岳池县农副产品，积极为两地脱贫致富贡献力量。

【成功申办教育部机关职工食堂，努力为教育部机关职工提供具有川大特色的优质餐饮服务】2018 年 6 月，后勤集团成功申办 2019—2020 年度教育部机关职工食堂餐饮服务工作。后勤集团高度重视，组建了由分管副总经理杨凌云任组长的赴教育部机关职工食堂管理团队，从各食堂和宾馆抽调 60 余名优秀员工、在京招聘 20 余名优秀人才加盟，组建了 80 余人的员工团队；多次实地调研，反复酝酿研究，制定了可行的运行方案，从 9 月开始依托江安校区第三学生食堂作为员工培训基地开展全面培训。积极与上轮承办学校做好沟通衔接和各项前期准备，行前做好首餐演练，确保了按时顺利开展。

【江安校区东园研究生食堂及教工食堂投入运行，为江安校区师生提供了更加舒适、温馨、多元化的餐饮消费新选择】江安东园第三食堂一楼基本大伙、二楼特色餐饮于 9 月 29 日校庆日当天正式营业，三楼教工餐厅于 12 月 24 日试运行；新食堂舒适的就餐环境、精美的菜品设计、高标准的用餐服务，为江安校区师生提供了更加舒适、温馨、多元化的餐饮消费新选择，赢得了师生的广泛赞誉。

【开展了优质服务月系列活动】2018 年 5 月，后勤集团以“让优质服务成为一种习惯”为主题，以“强化服务意识、增进师生理解、提升后勤形象”为目的，组织开展了“优质服务月”系列活动，得到了广大师生的积极参与和互动，为进一步促进师生认识后勤、了解后勤工作、理解尊重后勤员工，营造更加融洽和谐的环境氛围起到了良好的效果。

【全面关闭三校区公共浴室】按照学校专题会议精神，2018 年暑假全面关闭各校区公共浴室，对相关工作人员进行了分流和安置，对开水热水服务运行保障等改革方案整体规划、分步实施。

【关停法人企业注销工作取得积极进展】启动关停注销程序的 8 家企业中，已有 4 家全部完成注销手续。另有 1 家已经完成国税、地税注销，正在办理工商注销手续，近期将完成最终注销；1 家因牵涉法律纠纷未了结暂缓注销；1 家因工商执照已吊销不能正常办理注销，拟提交学校研究后再行办理后续手续；华西医科大学印刷厂拟报学校研究决策后再按程序办理注销。

（以上资料由后勤集团张一弛提供）

财 务

【全面推进校院两级财务管理制度改革】按照学校校院两级管理体制改革总体目标，出台《四川大学校院两级财务管理制度改革实施细则》。充分下放财务管理权限，合理划分校院两级财权，明晰校院两级事权和责任，扩大学院的经费统筹权，增强学院成本核算意识。完善以目标为导向的预算分配机制，提高经费使用绩效，激发办学活力，构建起符合学校实际特点、与世界一流大学建设相适应的现代大学财务治理体系和运行机制。

【完成政府会计制度改革实施工作】根据财政部关于贯彻实施政府会计准则制度的要求，为确保2019年1月1日顺利完成新旧制度转换，财务处牵头成立政府会计制度衔接领导小组，根据校内各单位职能和与政府会计制度改革的相关性，明确各部门分工并制定任务清单及时间表，做好督促落实工作。将重点工作落实到位，在2016年资产清查基础上，进一步清理核实和分类统计各类资产数据，建立资产、财务系统数据对接，实现信息共享和业财一体化。全面开展往来款项、代管款项的专项清理和账龄分析，做好坏账计提的准备工作。完成基本建设账务的全面审计工作，根据审计报告办理基本建设项目竣工财务决算及固定资产入账等手续。

财务处内部分工协作，设立科研课题，加强理论研究，成立四个攻关小组，针对难点问题积极提出解决措施。开展多场政府会计制度校际交流，共同探讨实施过程中的共性问题。教育部76所直属高校中，四川大学于2018年7月与三所试点高校一起率先启动政府会计试运行转换工作，保障了2019年1月1日按期顺利进行新旧制度转换。

【加强制度建设，规范财务管理】根据财政部和教育部要求，为贯彻落实关于科研“放管服”的精神，结合学校发展和经费管理的需要，对学校现有制度进行了全面清理，编制《财经工作文件汇编》（2018版上、下册）。进一步修订和完善相关财经制度，制定《四川大学国内公务接待管理细则》《四川大学财务信息公开实施办法》《四川大学国库资金管理办法》等文件，进一步规范了学校公务接待管理，加强财务信息公开和国库资金的管理。

【顺利完成新个人所得税法实施后系统的更新、对接及个人信息的维护】完成四川省国税局稽查局对我校2015年—2017年税收检查工作，形成《四川大学关于报送税收自查情况的报告》上报省国税局稽查局，完成2017年度企业所得税汇算清缴的申报工作。根据新修订的《中华人民共和国个人所得税法实施条例》及国务院《关于印发个人所得税专项附加扣除暂行办法的通知》（国发〔2018〕41号），对四川大学个人所得税申报系统里的基础人员信息进行清理与核实，累计清理与更正各类人员信息50400多条，确保新个人所得税法实施后系统的顺利对接。

【推进财务信息化建设，提升财务服务效率】全面推行网上自助报账，完善学费收费系统、网上缴费平台，实现扫描二维码进行微信和支付宝缴费。财政票据电子化管理系统先于川内其他高校正式启用，截止到2018年底已完成16万多份财政电子票据的开具，基本上实现90%的学生缴费票据电子化开具和管理。完成与国资处、设备处信息系统对接，实现了财务与资产管理部门“建账报销一体化”，在此基础上进一步开展与人事处、科研院等部门系统对接与数据共享，简化办事流程，提升服务效率。

【深入学院宣讲政策，提升财务管理能力】为贯彻落实教育部等五部门关于深化高等教育领域“放管服”的精神，全面深化“以学院为主体”的校院两级管理体制改革，财务处率先启动对学院的财经政策宣讲，将财务工作人员对口联系学院制度落到实处。由处领导带队，按文理工医分为四个组深入学院宣讲。宣讲内容涉及预算管理、网上自助报账、科研经费管理和财务信息化等方面。2018年财务处赴校内各学院进行了13场财经政策宣讲，加强财务处与师生的联系，规范财务管理、严肃财经纪律，提升财务管理和财务服务水平。

【圆满完成培训任务，建设优秀培训基地】四川大学作为教育部全国教育财会人员培训基地，连续五年承办教育部财会人员培训班。于2018年3月26日—29日、8月13日—15日和11月28日—29日分别承办了教育经费监管工作专家培训班、“‘三区三州’教育脱贫攻坚项目管理与服务系统”使用培训班和教育部行政事业单位资产管理信息系统（三期）应用培训班，三期培训班共有来自全国高校、地方教育战线550余位财务、审计和资产方面的工作人员参加培训。由于培训工作时间紧任务重，作为主要承办方，财务处为本次培训班进行了充分的准备，会务工作受到与会代表的高度评价，得到教育部财务司领导的充分肯定。

【多渠道推行财务信息公开】在学校双代会上公布学校年度预决算和财务收支情况，接受双代会代表的审议；根据教育部规定的内容和时间节点将财务管理制度、年度预决算、经费来源、收费标准等在学校信息公开网上进行公开；通过财务处网站、财务处综合信息门户，分级别、权限将国家及学校的财经制度及业务类数据向师生进行发布；通过财务处官方微博、微信以及网站及时发布财务信息，广泛收集师生的意见与建议。

（以上资料由财务处龙雪娇提供）

审 计

全年共开展各类审计项目1324项，涉审资金总额3905799.08万元，工程审减3884.31万元，提交审计报告1264份，提出审计建议195条，审计公示147项，审签281项。

【圆满完成教育部委托项目】5月审

计处承担国家开放大学书记、校长任期经济责任审计项目现场工作，收到教育部财务司致四川大学的感谢信，业务能力和敬业精神得到充分的肯定。

【开展中层换届后的经济责任审计】5月启动离任审计项目共46项，其中选取后勤集团开展党政同审试点。召开进点见面会26场，加大经济责任审计政策的宣讲力度，并对以往审计发现的典型问题进行通报，提高领导干部守法、守纪、尽责的意识。

【探索创新型审计业务】开展四川大学2018年资产管理内部控制审计项目，推动资产管理业务的内部控制建设，切实防范风险。开展2017年中央高校改善基本办学条件专项资金设备购置绩效审计，检查绩效目标完成情况。

表1　2018年审计工作完成情况及审计绩效

序号	类别	完成审计项目数（项）	审计金额（万元）	审计绩效				
				提出意见建议被采纳（条）	查纠有问题资金（万元）	节约投资资金（万元）	移送纪监部门（件）	受党纪政纪处分（人）
1	预算管理审计	3	802690.53	13	13224.10			
2	财务收支审计	6	107366.01	20	1981.65			
3	专项审计	3	29364.85	17	1746.68			
4	科研经费审计	7	5730.79	6	26.01			
5	报表审计	2	403.74	0	0			
6	清产核资审计	6	5318.19	2	381.71			
7	资产评估审计	3	2767.72	0	0			
8	经济责任审计	26	2917798.69	135	14927.76			
9	竣工财务决算审计	1	587.45	2	0			
10	建设工程和修缮工程审计	1207	33771.11	0	0	3884.31		
11	科研经费结题审签	117	0	0	0			
12	银行账户对账单复核审签	164	0	0	0			
	合　计	1545	3905799.08	195	32287.91	3884.31	0	0

（以上资料由审计处胡卫忠提供）

国有资产

【报送事业资产相关报表及报告】组织填报《四川大学2017年度中央行政事业单位国有资产决算报告》《四川大学高校文物藏品情况统计表》《四川大学固定资产及无形资产明细表》《四川大学资产情况表》《四川大学国有资产收益征缴情况表》《四川大学国有资产管理内部控制报告》等资产报表共8份。

【资产管理】完善国有资产管理制度。制定《四川大学保护建筑使用管理办法》（川大国资〔2018〕7号）、《四川大学科技成果资产评估项目备案管理办法》（川大国资〔2018〕9号）、《四川大学公务活动用车使用管理实施细则》（川大委〔2018〕53号），修订《四川大学国有资产处置管理暂行办法》（川大国资〔2018〕12号）、《四川大学公车管理使用办法》（川大国资〔2018〕31号）、《四川大学办公用房使用管理细则》（川大委〔2018〕52号）。

2018年向教育部资产处置备案3笔，处置资产原值7812.98万元，其中报废家具1818件，原值111万元。

【公房管理】完成2017年度公房核算工作。纳入收费和补贴范围的学院和独立科研机构共28个，其中：超面积学院和独立科研机构16个，超面积26815.76平方米，超面积费用的标准为100元/平方米，共收费2681576元整；缺面积12个，缺面积16547.85平方米，缺面积补贴标准为100元/平方米，共补贴1654785元整。

支持双一流建设，为一流学科的学科建设和人才引进配置科研用房。使用面积共计7312平方米，包括化学学院在望江东印刷厂配置公房2000平方米、化学学院冯小明院士团队在望江东第一理科楼配置公房480平方米、数学学院（天元数学中心）在望江东外文楼配置公房2540平方米、国家生物医学材料工程技术研究中心张兴栋院士团队在望江西展业大厦配置公房532平方米、计算机学院章毅“互联网+医学”科研团队在望江西展业大厦配置公房252平方米、詹石窗教授《中华续道藏》科研团队在望江东文科楼配置公房330平方米、中华文化研究院在望江东江姐纪念馆配置公房183平方米、材料科学与工程学院在望江东第一理科楼配置公房250平方米、空天科学与工程学院在江安校区学生临时食堂配置公房745平方米。2018年共计调配公房114间，使用面积合计6614.34平方米（其中，收回38间，使用面积1550.64平方米）。

严格落实公房巡查制度。聘请学生助理10人，协助公房管理员加强公房巡查，及时发现公房安全隐患，纠正公房违规使用行为，提高公房使用效率。共计巡查公房6881（间·次）。规范使用行政办公用房，对全校432名处级领导干部办公用房进行了清理，编制《四川大学办公用房清理整改情况的文件汇编》。

【公房出租监管】2018年学校房屋出

租面积共39963平方米，租金收入3533.8551万元（税前），所有房租收入上缴学校。其中，委托科技产业集团管理的出租面积共31891平方米，租金收入2600万元（税前）；委托后勤集团管理的出租面积6610平方米，租金收入726.5098万元（税前）；委托体育中心管理的出租面积896平方米，租金收入99.6346万元（税前）；国有资产管理处（财务处）管理的出租面积共566平方米，租金收入107.6726万元（税前）。

【公房维修管理】完成2018年中央改善基本办学条件项目6项，合计经费2755万元，包括：华西校区第八教学楼房屋维修改造（一期）（600万元）；高分子材料工程国家重点实验室改造（一期）（160万元）；国家级保护建筑及老旧建筑维护（一期）（357万元）；教学、科研大楼屋面防水治漏工程（一期）（300万元）；江安校区建环大楼实验室空间升级改造（二期）（1000万元）；运动场及体育设施维修（二期）（338万元）。完成零星维修100余项，经费共计700余万元，其中零星治漏面积超过15000平方米。

【采购管理】启用“四川大学招投标与采购管理系统”。推进系统融合，整合“信息孤岛”，逐步实现采购申请网上审批、与财务系统对接、共用供应商库及专家库等功能，切实提高服务效率和服务水平。

开通“四川大学采购商城”（网上商城），开通电商直购功能，引入京东、办公伙伴等大型电商以及本地优势服务商。

2018年度四川大学政府采购总金额为502633341.78元，其中货物采购金额344931766.37元、工程采购金额118334975.41元、服务采购金额39366600元。

【无形资产管理】新注册“川大校友”“川大牙科”等商标33件；补充申请注册商标“華大HUADA”（41类）1件；续展注册“川大”“儒藏”等商标19件。应对“華大HUADA”商标（注册号1479321）、“华西”商标（注册号1400837）被提起的“撤销连续三年不使用注册商标”异议，向商标局提供商标使用证据；进行“华西牙科”（41类）商标无效宣告答辩。授权华西医院，就“华西”商标侵权行为开展维权工作。选聘成都神丁商务服务有限公司高新分公司为学校的商标代理机构。

【公车管理】推进学校公务用车制度改革工作。向教育部报送《四川大学公务用车制度改革方案》（川大国资〔2018〕19号）等“1+3方案”，并获得教育部的批复同意（教办函〔2018〕15号）；完成学校下属独立法人单位公务用车制度改革方案审批；报送《四川大学车改工作总结报告》（川大国资〔2018〕44号）；完成2018年的车辆租赁工作，共租用10辆。2018年四川大学存量公车77辆。

（以上资料由国有资产管理处蔡敏提供）

图书馆

2018年，图书馆以习近平新时代中国特色社会主义思想为指引，紧密围绕学校“两个伟大”，形成党的建设和事业发展“相互促进、融合发展”“相互支撑、创新发展”的良好局面，各项管理服务不断取得新的进展。第一，构建“一室、四馆、六中心”新的组织架构模式，实行全员述聘上岗。第二，加强资源建设，发挥四川大学图书馆工作委员会和文献信息资源建设专家委员会作用，重点开展电子资源使用效益评估和学科专家论证。第三，推进“藏、借、阅、咨”一体化模式和一站式服务，统一设置服务台，集中提供相关基础服务，进一步改善自主学习室、研修室、阅览室和书库服务环境，简化和调整本科毕业生离校手续。第四，开展特色主题文献服务。初步建成“明远文库”，专架陈列和展示朱德、吴玉章、张澜、江竹筠、巴金、郭沫若等著名校友和两院院士、杰出教授等著名学者文献。开展革命烈士江姐和老校长张澜专题文献数据库建设。打造“习近平论治学修身”“川大院士与杰出教授”“一书一馆皆世界”“馆藏革命烈士毕业论文”等文化展示区。第五，继续开展“四季书香”阅读推广活动，包括春季“激昂青春之光，传承中华文化——四川大学第十三届大学生阅读文化节”、夏季“毕业对话——毕业季”系列活动、秋季“迎新季”系列活动、冬季“积蓄新力量，迎接新时代——读者服务宣传月”系列活动。举办“四川大学图书馆改革开放四十年发展成就”展览。第六，深化知识服务创新。推出以ESI数据分析、学科发展评估、学者影响力分析、专利竞争力分析、教研成果评价等为主题的《四川大学知识服务速报》共11期，为学校“双一流”建设提供决策支持和发展参考，初步打造高端学科服务平台“大川智圕”，初步建成大学生数字图书馆双创实验中心“数圕新工坊”。第七，强化教学支持服务。顺利通过教育部本科教学工作审核评估，完成“明远讲坛”“明远学堂”“明远影苑”改造工程，全面优化本科生文献流通政策。“马克思主义理论研究和建设工程重点教材专区”全年新增专区教材3000多册。以本科生为主体的图书馆志愿者队实现四馆全覆盖，全年共计1454人次参加图书馆志愿者队服务，工作时长28129小时。第八，提高馆藏特色文化资源开发水平。完成古籍编目14363册，完成尊经书局270块雕版整理和编目，完成古籍单刻本部分图书资产核查，启动大型特藏文献《美国宗教合集》缩微胶卷数字化建设项目，再造出版唐敦煌写本《大般若波罗蜜多经卷》第廿二卷等，初步建成馆史展览馆。第九，打造融合媒体服务平台。建设阅读文化创新服务平台和终端工作站“明远驿站”。利用移动图书馆、微信、微博等新媒体和网络社交平台，开拓文献信息服务新途径。移动图书馆注册用户4.5万人，访问量高达1.4亿次。微信粉丝数8.4万人，阅读总数21.5万人次；微博粉丝数超过2.4万人，发布信息9198条。图书馆管理服务新成果获得良好社会反响，中国新闻网、全国高校思想政治工作网和《成都日报》等新闻媒体进行专题报道。第十，加强区域协调。主办“双一流”大学图书馆建设川大论坛等系列活动，组织召开四川省高校图书馆贯彻落实全国教育大会精神和首届“悦读新时代：四川高校阅读文化节”活动，积极推进四川省“双一流”大学图书馆协同创新发展战略，开展西南地区各高校图书馆服务协调，推进区域性文献资源共知、共建和共享，扩大在全省和全国高校图书馆的社会影响。

2018年图书馆获得四川大学信息公开先进单位、四川大学先进党支部、四川大学先进个人、四川大学唐立新服务标兵、四川大学优秀共产党员、四川省科技情报工作先进单位、CALIS杰出贡献奖、CASHL宣传推广奖和优质服务二等奖、CALIS联合目录馆藏数据建设先进单位、CALIS联合目录中文数据库建设先进单位、CALIS联合目录俄文数据库建设先进单位、四川省高校图书馆知识服务创新“未来”畅想案例大赛一等奖等奖项。

【开展“三个生日”送祝福活动】2018年1月，图书馆开展“三个生日”送祝福活动，培育优秀组织文化。即在每一位职工“人生生日”“职业生日（到校工作纪念日）”和每一位党员“政治生日（入党纪念日）”发送祝福短信和电子贺卡。

【举行“四川大学第十三届大学生阅读文化节”暨“首届‘经典守护者’中华经典美文诵读大赛”启动仪式】2018年4月18日，以“激昂青春之志，传承中华文化”为主题的“四川大学第十三届大学生阅读文化节”启动仪式暨“首届四川大学‘经典守护者’中华经典美文诵读大赛”决赛在图书馆举行，四川大学党委副书记、副校长李向成，校党委副书记曹萍，校党委宣传部、学生工作部、校团委、研究生工作部、图书馆、海外教育学院等相关单位负责人出席，现场参与人数400余人。在阅读文化节期间，还举办了“弘扬文化，传承经典”志愿者队系列活动、悦读经典之《诗经》悦读分享会等活动。

【“理想的灵魂 真理的光芒”——四川大学纪念马克思诞辰200周年主题文献展开幕】2018年5月4日，“理想的灵魂 真理的光芒”——四川大学纪念马克思诞辰200周年主题文献展在工学图书馆揭幕，校党委常委、副校长张林，校长办公室、校党委宣传部、学生工作部、研究生工作部、档案馆、图书馆、马克思主义学院等单位负责人及马克思主义学院、高分子科学与工程学院等学院师生代表出席揭幕式。主题文献展同时在文理图书馆、医学图书馆、江安图书馆展出。

【举行《习近平谈治国理政》多语种图书捐赠仪式】2018年5月29日，《习近平谈治国理政》多语种图书捐赠仪式在文理图书馆会议室举行。北京崇学文化发展有限公司向四川大学捐赠《习近平谈治国理政》第一卷多语种和第二卷中文版系列图书，共计8个语种版本320册。四川大学党委副书记曹萍代表学校接受捐赠，向捐赠单位代表余富文先生颁发捐赠证书、赠送纪念品并致辞。

【举办“毕业对话—2018年毕业季”系列活动】2018年6月，图书馆开展了“毕业对话—2018年毕业季”系列活动，包括：“毕业情书：毕业生阅读对账单”“毕业对话：请回答2018”毕业季签名墙、“沐心杯”心理知识训练营、“书香川大——母校送你终身书房”“毕业捐书”等活动。“毕业对账单”活动首次与四川大学微信平台合作。毕业季签名墙中的毕业生留言被李言荣校长在2018年毕业典礼中引用。

【设置“学习书架”】 2018年9月，为深入学习习近平新时代中国特色社会主义思想，领略高尚的人生志趣、精神境界和家国情怀，图书馆在江安图书馆一楼专门设立“学习书架”，重点推荐习近平总书记办公室书架上陈列的书籍和习近平总书记著作，共计100种图书进行展示，并制作发布《“学习书架”专题书目》。

【举办“77、78级川大学人文献展”】 2018年9月，在江安图书馆明远文库举办“77、78级川大学人文献展”，庆祝改革开放40周年，成都日报、中国新闻网报道了展出盛况。

【明远驿站建成开放】 2018年9月，四川大学阅读文化创新服务平台——明远驿站建成开放，在校内师生学习的重点区域，包括望江校区启秀楼（基础教学楼）、鸿雋楼（研究生院楼）、瑞文楼（东二教学楼），华西校区敬德堂（第九教学楼），江安校区启明楼（第一教学楼）等处部署完毕，以泛在方式为师生提供电子图书借阅、可视化阅读、专题推送、活动推广、服务宣传等特色服务。

【“青春之我·真人书屋”启动仪式暨首场讲座成功举行】 2018年9月27日，四川大学党委宣传部、党委学生工作部（处）、研究生工作部、图书馆联合主办的“青春之我·真人书屋”启动仪式暨首场讲座在江安图书馆报告厅成功举行，首期“真人书屋”嘉宾四川大学杰出教授曹顺庆教授讲述“我的学术之路”，现场有200余名师生参与。

【图书馆向对口扶贫的岳池县图书馆赠书】 2018年9月29日，四川大学图书馆向四川大学对口扶贫的岳池县图书馆捐赠人文社科图书2451种6350册，同时向岳池县图书馆和广安市邓小平图书馆捐赠馆藏精品《清初四川通省山川形胜全图》仿真复制件一套。

【四川省“双一流”大学图书馆协同创新发展战略发布会召开】 2018年10月11日，四川省“双一流”大学图书馆协同创新发展战略发布会在四川大学召开，党跃武馆长代表四川省高等学校图书情报工作委员会和四川省“双一流”大学图书馆建设联盟，宣读了“四川省双一流大学图书馆协同创新发展战略”倡议书。

【举办“积蓄新力量，迎接新时代——庆祝改革开放四十周年”为主题的“2018年读者服务宣传月”活动】 2018年11月，图书馆组织举办了以“积蓄新力量，迎接新时代——庆祝改革开放四十周年”为主题的“2018年读者服务宣传月”活动。实现四个分馆、六个中心联动，共组织“庆祝改革开放40周年”主题活动、志愿者系列活动、“青春之我·真人书屋”系列活动、服务与资源推广系列活动、“沐心小屋”系列活动、“我的川大我的圕”征文及征集活动、师生定制服务七个大类的活动，这七个大类包括“与书同行——1978—2018年‘阅读之最’年度图书评选及书目发布”“岁月悠悠，往事如昔：四川大学77、78级校友著作推介”“光影记忆：改革开放40年电影选播”等共24个子活动。

【中共四川大学委员会第一轮巡察第三巡察组对图书馆党委进行巡察】 按照学校党委统一部署，2018年11月6日至11月28日，中共四川大学委员会第一轮巡察第三巡察组对图书馆党委进行了为期23天的巡察。

【图书馆调整本科生借阅政策】 2018年12月，图书馆为进一步支持本科教育，调整了本科生借阅政策，包含五年制本科生、四年制本科生、一年制联合班在内，本科学生借书册数由20册/人增加至30册/人。

表2 2018年图书馆基本数据

<table>
<tr><td rowspan="7">文献资源建设</td><td rowspan="6">购置</td><td rowspan="2">图书</td><td>中文</td><td>92970册</td></tr>
<tr><td>外文</td><td>7549册</td></tr>
<tr><td rowspan="2">报刊</td><td>中文</td><td>2139份</td></tr>
<tr><td>外文</td><td>395份</td></tr>
<tr><td rowspan="2">数据库</td><td>中文</td><td>97种</td></tr>
<tr><td>外文</td><td>214种</td></tr>
<tr><td colspan="3">期刊合订本</td><td>9474册</td></tr>
<tr><td rowspan="10">读者服务</td><td colspan="2">书刊借还册次</td><td colspan="2">127万册次</td></tr>
<tr><td colspan="2">到馆读者人次</td><td colspan="2">389万人次</td></tr>
<tr><td colspan="2">通借通还册次</td><td colspan="2">12.5万册次</td></tr>
<tr><td colspan="2">预约图书册次</td><td colspan="2">4.9万册次</td></tr>
<tr><td colspan="2">讲座与培训期次/人次</td><td colspan="2">140场，12906人次</td></tr>
<tr><td colspan="2">文献检索课人次</td><td colspan="2">3443人次</td></tr>
<tr><td colspan="2">文献传递（篇）</td><td colspan="2">3751篇</td></tr>
<tr><td colspan="2">课题查新（项）</td><td colspan="2">294项</td></tr>
<tr><td colspan="2">代查代检（项）</td><td colspan="2">4607项</td></tr>
<tr><td colspan="2">主页访问量（次）</td><td colspan="2">3000万</td></tr>
<tr><td>总藏书量</td><td colspan="4">690.16万册</td></tr>
</table>

（以上资料由图书馆姜晓提供）

档案馆（校史办公室）

2018年，在学校党政以及档案管理和校史工作委员会的领导下，档案馆（校史办公室）深入学习贯彻党的十九大精神，以习近平新时代中国特色社会主义思想为指引，进一步贯彻落实中共中央办公厅、国务院办公厅《关于加强和改进新形势下档案工作的意见》，紧密围绕“强服务、顾大局、高效率、创一流”的工作理念，坚持“工作思路抓创新、基础工作抓规范、重点工作抓特色、责任机制抓完善”的原则，以优良党风带动优良馆风，作风建设推进能力建设，优质服务促进科学发展，努力构建面向师生、面向社会和面向发展的现代化档案信息资源建设体系、服务体系和安全体系，为学校全面推进“两个伟大”做出新的贡献。

2018 年荣获“教育部直属高校档案工作协会档案规范化管理先进单位”“四川省高校档案文化建设先进单位”“四川省高校档案信息化建设工作先进单位”、“四川大学 2016—2017 年度信息公开工作先进单位”“四川大学机关党委 2018 年‘朗读者’廉洁诗文朗诵大赛”三等奖、“四川大学机关党委 2018 年‘改革发展铸辉煌，砥砺奋进新时代’微党课展示活动”优胜奖等荣誉。全馆有 15 人次在教育部和四川省高校档案工作协会、学校、机关党委组织的各类评比中获奖。3 项部门特色工作被新华社、央视、四川日报等多家媒体报道。

第一，不断深化学习教育实效。

坚持做好思想教育、学习宣传和意识形态工作，以习近平新时代中国特色社会主义思想为指导，全面深入学习党的十九大精神和全国教育大会精神，推进“两学一做”学习教育常态化制度化，推动全面从严治党向纵深发展。进一步贯彻和落实中共中央办公厅、国务院办公厅《关于加强和改进新形势下档案工作的意见》，继续大力推行在国内具有引领作用的若干管理服务新举措，坚持深入开展调查研究，切实解决热点难点问题，努力形成档案管理和校史工作的新思路、新举措和新成果。

第二，继续加强廉政建设。

严格落实“一岗双责”要求，落实“廉政风险防控”工作，把廉政责任落实到每个岗位和每位职工，积极开展党风廉政教育宣传。严格执行“三重一大”事项集体决策，规范使用三公经费，严格执行中央八项规定和反四风要求，严格执行信息公开，实现“阳光馆务”。进一步学习《关于新形势下党内政治生活的若干准则》《中国共产党党内监督条例》等党内法规，努力做到勤政廉政，知晓“红线”、筑牢“防线”、守住“底线”。结合档案工作的实际规范档案收集和保管，为党风廉政建设奠定档案基础；提高管理服务效率，为党风廉政建设提供服务支撑；开展校史教育和宣传，为廉政文化建设做出新的贡献。

第三，全面加强“三个体系”建设。

1. 进一步加强档案管理服务能力建设。根据国家新制定颁发的档案行业 12 项标准，进一步修订完善档案管理和校史工作各项规章制度，进一步全面加强学校档案管理工作的规范化、科学化和制度化。进一步完善并严格实行管理服务工作督办制、工作考评制、责任追究制、服务满意度测评制度、服务质量测评制度以及寒暑假假期集中服务制度等管理服务制度。坚持全面服务、优质服务和主动服务，建设“指尖上的档案馆”，推出“四川大学档案馆（校史办公室）”微信公众号，开通网站“远程服务”，努力提升档案利用服务水平，让师生校友“少跑马路、多走网路”。不断完善档案管理和校史工作咨询馆员制度和档案管理服务工作督办制度，切实为广大师生和校友提供“广、快、精、准”的档案信息服务。

2. 不断提高档案管理服务水平。进一步加强与学校各部处、各学院的沟通，对各立卷单位做好联系指导，进一步加强各类普通档案归档情况清理，加大催收力度，不断提高归档率，2018 年共收集教学、党政、科研、基建、财会等各类普通档案 16886 卷，整理上架 15890 卷。进一步规范学生档案和材料的收集清查工作，2018 年共接收学生档案 13776 卷，材料 15528 份，完成材料的装档和各类目录编制。完成结业生档案材料的接收、更换和补寄，清理本校考免研毕业生档案 1899 卷次，核查和移交 107 卷本校选留、博后入站、在职攻读学位人员档案及材料并配合人事处入职报到工作，完成新增 1390 卷遗留档案的清理核对工作，接收长期保管教职工人事档案 105 卷（人）。2018 年共利用各类普通档案 30687 卷，14508 人次；集中转递 2018 届春夏两季毕业生档案共 16000 余卷，零散转递档案 948 卷，查阅学生档案 4131 卷（含政审、党员材料核查），学生档案咨询、去向查询 2700 余人次。查阅其他长期保管教职工人事档案 94 卷（人）。协助组织部、人事处完成教职工档案咨询服务工作，协助人事处处理教职工档案历史遗留问题。办理成绩、学历证书、学位证书的英文翻译和校对共计 4933 件、3336 人次，审核医师资格申请表 60 余人次，函查函办 1800 余人次，处理服务邮箱邮件 3700 封，出具各类证明 53500 余份。

3. 不断加强档案管理现代化建设。继续大力推进“档案数字化建设工程”，建设“指尖上的档案馆”，开通网站“远程服务”，推出“四川大学档案馆（校史办公室）”微信公众号，完成“历史档案数字化建设项目（第四期）”，实施“学籍档案数字化项目（第一期）”，进一步推进档案管理信息系统建设工作，“川大兰台”档案信息管理系统正式开通使用。进一步加强档案的信息化管理，非涉密类档案入库前，案卷目录和卷内目录全部录入档案信息管理系统。录入历史档案条目 50000 余条，挂接图片 300000 余张，“学籍档案数字化项目（第一期）”已数字化 13000 余卷，扫描并编目 23 卷基建工程图纸，共 397 张。

4. 积极做好档案管理发展规划。以“夯实档案资源建设，真实记录学校发展”为主旨，进一步全面实施《四川大学档案管理和校史工作“十三五”发展规划》，积极开展高校档案工作发展现状调研，结合四川大学档案馆工作实际，针对档案馆大楼荷载超标等安全隐患问题及档案库房日趋饱和紧张情况，进一步加强向学校相关部处汇报联系，推进档案馆新馆规划建设工作，力争解决制约学校档案工作发展的难题。

5. 深化档案安全管理和教育。按照教育部转发《国家档案局关于进一步筑牢安全防线确保档案安全的通知》和学校《关于做好档案和拟归档材料安全保管工作的通知》要求，由档案馆牵头组织了四川大学各单位档案安全自查自纠工作，并由四川大学档案馆、党委办公室、校长办公室、保卫处、国资处、设备处、后勤管理处等单位成立联合检查组，对校内重点档案管理单位（华西医院、华西附二院、华西口腔医院、华西附四院、人事处、后勤集团、设备处、成教院、教育电视台、图书馆、博物馆、自然博物馆、档案馆）进行了档案安全专项检查，查找档案安全管理问题并提出整改要求。认真贯彻执行党和国家的保密工作方针政策和法律法规及学校保密工作的有关规定，定期开展安全检查和保密检查，加强对保密专用档案库房的建设和管理，积极组织单位工作人员参加学校举办的保密教育、培训，不定期组织本单位工作人员，特别是涉密人员进行保密知识学习，切实做好保密安全工作。重视社会治安、消防安全管理工作，强化大楼物业管理，严格出入登记制度，开展专题消防安全培训和消防学习。

第四，不断强化校史研究育人。

1. 切实做好校史展览宣传教育，打造强化文化育人效益的重要平台。2018年共接待校内外人员参观27878人次，安排273场次人工讲解。组织举办三场“纪念改革开放四十年——校史大讲堂”活动。完成全校公选课“四川大学校史文化”课程的教学活动，积极筹备开设校史慕课，大力推进校史教育全覆盖。加强对学术性社团“四川大学学生校史文化协会”的指导，以“发掘川大校史，增进文化自信，探寻发展之路，弘扬川大精神”为己任，组织和动员广大同学，积极参与校园文化建设。在清明节和“烈士纪念日”组织开展“缅怀先烈”活动。

2. 加大校史资料收集整理力度。大力实施“校史文化建设工程”，长期广泛收集学校历史照片、书籍、优秀教师教案和学生笔记等珍贵史料，广泛征集师生校友的书信、手稿、书画作品，积极筹备“川大学人手札展”。选编三校历史中的中国共产党组织活动的相关照片，采访江姐生前好友，多方收集有关江姐、陈文贵、杨达、吴玉章的材料。征购到江姐遗书高清件，征集到马秀英、胡其恩烈士的老照片，收集工学院毕业证书、外国政要和国外诺贝尔奖得主来川大访问资料等校史材料，完善十名校长廉政建设故事并查找照片，收集、整理“南昌起义中川大校友”相关档案材料。

3. 不断推进校史文化资源开发。积极推进校史文化育人，营造“知史爱国、知史爱校”的文化氛围。积极宣扬“红色文化”，加强“红色教育”。参加“江姐纪念馆”的筹建工作，积极推进“江姐纪念馆”的建设，四川大学“江姐纪念馆”于11月27日举行了正式的开展仪式，并已接待来自校内校外的多个单位的参观学习。开设“足音——吴玉章与四川大学”专题展、“诺贝尔奖获得者在川大”及“外国政要在川大”专题展，与学校宣传部共同筹备的“四川大学纪念改革开放暨恢复高考四十周年专题展”在校内轮展并最后设立于校史展览馆常展。

4. 加强四川省社科普及基地建设。紧紧围绕“展示高等教育发展历史和辉煌成就，凝练和弘扬大学精神”“展现杰出科学家和教育家治学风范，宣传和普及科学精神”“契合青年学生发展需求和时代需要，培养和提升文化素质”三大主题，以“弘扬大学精神，提升文化自信”为重点，利用网上和网下两个平台，不断加强四川省哲学社会科学普及基地——四川大学“大学精神与大学文化教育社科普及基地”的建设。四川大学“大学精神与大学文化教育社科普及基地”顺利通过了四川省哲学社会科学普及基地评估验收。积极开展丰富的社科普及教育活动，进一步积极开展形式多样的“校史文化走出展馆系列活动”，开展了向吴玉章家乡荣县图书馆赠书活动，共精选各类工具书、科普知识图书和校史文化图书266册。

第五，大力促进管理服务协作。

继续担任四川省高等学校档案工作协会理事长单位、四川省文献影像技术协会副理事长单位、中国高等教育学会档案工作分会副理事长单位、中国高等教育学会校史研究分会副理事长单位，组织贯彻落实四川省教育厅、四川省档案局《四川省〈高等学校档案管理办法〉实施细则》，组织开展四川省高等学校档案工作协会档案管理科研课题结题验收和档案管理科研课题申报工作，组织四川省高等学校档案工作协会第七次会员代表大会等会议，组织四川省高等学校 2018 年国际档案日系列活动暨档案工作优秀案例表彰会。采用多种形式先后与清华大学档案馆、云南大学档案馆、山西师范大学档案馆、湖南省省直单位档案工作第二十协作组等 30 余所高校和行业组织开展学习交流，接待俄罗斯鞑靼斯坦档案交流团，参加教育部直属高校档案工作协会第八次代表大会暨馆长论坛。

【大力推动档案数字化和信息化建设】完成历史档案数字化建设项目（第四期）以及学籍档案数字化项目（第一期），“川大兰台”档案信息管理系统正式开通使用。打造“指尖上的档案馆”，推出“一站式”档案服务微信平台；实现档案业务的“远程在线服务”，为师生校友提供“足不出户”“触手可得”的查档体验。

【宣扬“红色文化”，加强“红色教育”】开展“传承弘扬江姐精神，做新时代红色传人”活动，建成江姐纪念馆，举办了“锦江红梅傲雪开——四川大学校友江竹筠烈士纪念展”，产生了良好的社会反响。

【强化校史研究育人】举办“四川大学庆祝改革开放四十周年主题展”；完成“外国政要和诺奖获得者在川大”专题展览；开展“纪念吴玉章诞辰 140 周年”系列活动，举办“吴玉章与四川大学专题展”“吴玉章诞辰 140 周年纪念展”，编印纪念吴玉章诞辰 140 周年“不忘初心、牢记使命”学习教育读本。

表 3　2018 年普通档案管理和服务统计表

馆藏全宗（个）	馆藏档案（卷）	新中国成立前档案（卷）	收集档案（卷）	入库上架档案（卷）	接待查借阅档案（人）	查借阅档案（卷次）
22	296000	9000	16886	15890	14508	30687

表 4　2018 年学生档案管理和服务统计表

馆藏档案（卷）	接收整理档案（卷）	归档材料（份）	转递档案（卷）	查、借阅档案（卷、次）	清理档案（卷）
71544	13881	15528	17055	6925	19289

表 5　2018 年校史工作统计表

接待参观（人、次）	接待讲解（场）	开设专题展览（个）	授课（不含讲座，课时）
27878	273	5	36

（以上资料由档案馆王娣提供）

博物馆

2018 年博物馆始终坚持以党的十九大关于文化强国的重要行动方略、以四川大学双一流学科建设等中心工作为目标，根据学校党委、行政工作统一部署，在相关部处的指导和协助下开展工作。作为一座已有百余年历史的老馆、中国高等院校以及西南地区创建最早、历史最悠久的博物馆，我们的目标是办成四川大学——这所“双一流”高校独一无二的文化符号。

【全馆掀起政治学习新风潮　夯实文化建设的思想基础】2018 年，四川大学坚持深入学习党的十九大精神和习近平新时代中国特色社会主义思想、总书记来川视察重要讲话、关于高等教育系列重要指示、在北京大学调研时重要讲话以及在庆祝改革开放四十周年大会上的重要讲话等，要求不断增强四个意识。博物馆贯彻落实了党支部组织生活学习制度，而且及时组织全馆职工开展政治学习和理论研讨，结合工作实际情况，提升全馆对新时代文化建设工作方略的认知。

【注重夯实日常运营基础工作，全年安全无事故，平稳运行】博物馆运营，安全是首要责任。学校领导非常重视这项工作，召集相关部门集中检查、整改了博物馆的消防、电力系统、气体灭火装置，一定程度上消除了安全隐患。同时，博物馆主动联系学校保卫处和消防部门来馆开展安保和消防技能培训，有效提升了相关人员的业务工作能力。2018 年博物馆在设施设备改造及维护方面主要做了如下工作：陆续为博物馆二、三层展厅更换了空调设备；完成了博物馆建筑一、二期及门卫房全部屋顶的防漏工程；完成各种水电、管道应急抢修工程十余次，包括夏季暴雨时漏水应急处理；对展厅、厕所及实验室进行维修；为重要接待及展示需要进行了墙体粉刷、地毯铺装等；检修全馆监控系统，增设内外监控探头 16 处，数字显示系统 1 套；维修涉及 16 个点位的录像设备 1 套；全面检查消防设施设备，更换增压气体灭火罐近 40 个。预防性工作加上及时的抢险救急应对，博物馆全年无一例安全责任事故发生。

【狠抓博物馆中心职能，全馆上下齐心协力举办展览，丰富校园文化，扩大社会影响】四川大学博物馆在西南少数民族地区历史文化、民族民俗方面积累了大量的实物资料和研究成果，也拥有一支实力强劲的专业人员队伍，2018 年全馆在服务民族地区文化建设方面也取得了突出业绩：完成三期西藏博物馆专业人员培训班；完成了本馆和西藏博物馆合作、入选了国家民译工程的《历史的见证》一书的藏文版翻译；与阿坝州理县人民政府联合办展、为茂县羌族博物馆输送展览；为阿坝州编制藏族文化数据库建设项目规划书，还为中国文物信息中心举办的“藏传佛教文化遗产保护培训班”授课并在博物馆开设现场观摩课，为阿坝州公安局鉴定收缴的藏文木刻经版等文物共 3 批次近百件。

【服务学校工作大局，圆满完成重要来宾及大型活动接待任务】 博物馆是学校的窗口单位，2018 年全年共接待参观 4.5 万余人次，提供讲解 1200 余场。全国本科教育大会、教育部青年长江学者发展论坛、成都市人民政府和四川大学联合举办的“蓉”归故里·四川大学校友返校日活动等陆续在我校召开，博物馆对返校校友参观实行全免费接待。9 月，为迎接学校的本科教学审核评估工作，博物馆以“扶翼教育逾百年 厚植人文培英才”为专题策划展出二十多个展板，讲述了四川大学博物馆办馆历程、学术人文、校园文化建设、促进学科发展、培植志愿精神等内容，受到校内各方以及评估专家的一致好评。全程参与成都市、四川大学合作共建新型人文·自然博物馆项目的前期调研、论证工作，参与了项目选址、实地踏查、接待省市主要领导调研、与成都市文广新局对接、提出新馆建设项目展览规划初步方案等各个环节的工作。

【加强馆藏文物和古籍旧档的保护管理，持续开展藏品数据库建设】 按照新时代文物管理的要求，加强了文物本体的预防性保护，进一步完成数字化信息的收集和整理，为下一步研究、展示等开放利用打下基础。文物管理上进一步严格了规章制度，井然有序地向前推进数字化信息采集工作。典藏部全年接待社会人士申请观摩文物十余次，接收文物捐赠两批次共百余件。葛维汉图书馆持续开展图书基础数据采集工作，并编定四川大学博物馆葛维汉图书馆特藏书库管理规定、资源库录入操作规范等制度。完成现代中文图书信息采集条目 2415 条；完成馆藏民国中文出版物的信息核对工作，将书目编辑成册；对全套《皇家亚洲学会华北分会学报》、法文版《河内博古院报告》等进行修复整理；装订 2015—2017 年度过刊 767 册。此外，对馆藏珍稀古籍文献采取低温杀虫、抢救性拍照等措施实施保护。专程采购了高拍仪，对《姚石倩古印》等 6 种珍稀古籍进行拍摄，共计拍照 42 本，2000 多张。

【以多种形式开展教育活动，优化服务方式，多层次满足社会公众的需求】 2018 年博物馆以举办专业培训、科普讲座、青少年教育活动等多种多样的形式开展教育活动。以实际行动智力援藏，为西藏自治区博物馆完成 3 期共 56 人的文博人才培训。其中西藏展览中心转岗博物馆培训班 16 人、边疆地区少数民族博物馆运营研讨班两期共 40 人，圆满完成目标任务。配合三次临时展览、5·18 国际博物馆日以及考古、文博、历史、艺术等专业学术活动，博物馆邀请来自美国纽约大都会博物馆、旧金山艺术博物馆、敦煌研究院、台湾史语所等海内外专家举办讲座十余次，听众六七百人。与成都市青少年宫合作，开展“蜀绣”“皮影”专题的非物质文化遗产小传人实践活动 3 批次、“筑梦高校”研学之旅活动两批次，建立了相对稳定的合作关系和教育模式，为建立长期的青少年社会教育合作机制打下了良好基础。为创造更好地观展环境，加强与观众的互动，博物馆斥资近 20 万元，对内大屏进行了更换。增设自动售卖机，解决观众饮水难问题。灵活安排沙发、座椅，方便观众随时落座休息。增加了三种风格的语音导览系统，帮助观众使用手机自主收听语音讲解，更好地理解展览内涵。

【注重公共宣传】 2018 年博物馆的宣传工作取得了非常突出的成绩。首先，注重优化自身平台建设，对博物馆官方网站进行了更新，新网站即将建成投入使用。

组织历史文化学院“博行物语”学生社团加强博物馆微信公众号的运营，发布了不少信息和相关推文。积极联系学校党委宣传部，两次登上校园网首页图片新闻。组织四川大学历史文化学院、文新学院相关专业研究生，策划创作了“川大宝藏——大石壁的前世今生”网络漫画版，两日内获几万条关注和转发。此成果还获得共青团成都市委 2018 年“青聚成都”成都大学生新媒体创意挑战赛二等奖；联合全国著名手机短视频制作公司“二更视频”，将四川大学博物馆发掘三星堆的历史和大石壁漫画故事的创作故事糅合在一起，策划编导了五分钟短视频“大石壁的故事”，在成都地铁免费播放一周；推出了“我在川大博物馆修文物——霍大清的故事”“陶然士与川西”等视频短片。抓住“成都平原与两河流域青铜文明对话展”开展时机，利用第二届中国考古学大会在川召开和省委宣传部的支持，积极配合中央、省级、市级新旧媒体开展立体化宣传，各种网络直播、电台直播、电视新闻、报纸采写共计 20 余次，很好地宣传了四川大学以及四川大学博物馆。中国教育网还专门发表了题为“四川大学博物馆　一流大学的文化符号”专题文章。

表 6　2018 年博物馆开展社会服务相关活动

项目	内容	数量	备注
新展	敦煌壁画艺术精品高校公益巡回展	约 100 套/件	3 月—4 月
	陶然士与川西——百年老照片专题展	142 件	5 月—8 月
	成都平原与两河流域青铜文明对话展	101 件	10 月开始
活动	2018 年国际博物馆日主题：“超级连接的博物馆：新方法、新公众”		4—5 月
	成都市青少年宫“发现之旅——发现两河文明和古蜀文明”公益研学活动		6 月
学术交流与讲座	17 场次		全年
库区接待	16 场次	64 人次	专家观摩、校外博物馆咨询及学生培训

（以上资料由博物馆周静提供）

出版社

2018 年，四川大学出版社按照教育部、国家新闻出版广电总局的要求，在学校党委的坚强领导下，认真学习贯彻党的十九大精神，牢牢把握党的出版方针和政策，积极响应四川省委振兴四川出版走高质量发展之路号召，以做好平台、做好系列、做好品牌、做好文化“四个做好”为抓手，坚持服务学术、传承文化的大学出版宗旨，坚持社会效益优先、社会效益和经济效益相统一，进一步规范出版流程，积极探索融合发展创新道路，取得新的成绩。

【服务双一流建设成效显著】主动为学校教学科研服务，出版我校教师编写精品示范教材60余种，约占本年出版教材的40%。出版《四川大学外国语学院学术文丛》《中国符号学丛书》等本校作者学术专著和文集约100种，约占本年出版的全部学术图书的30%。协助《儒释道学刊》创刊申报工作，出版各学院主办的学术集刊10余种，其中《中外文化与文论》《符号与传媒》《汉语史研究集刊》为CSSCI收录。与各学院联合开展“学术写作与出版沙龙”等交流活动，指导青年教师和在读博士生撰写学术著作。

【出版项目再创新高】获得国家级重点出版项目6项：《5·12汶川特大地震十周年纪念及灾后重建系列丛书》增补列入“十三五”重点出版规划；《中国文化走出去的策略与路径创新思考》获国家出版基金资助；《岷江流域方音字汇——20世纪四川方音大系之一》《日本侠文学变迁与中国传统文化之关系》《行政行为与公共服务论互证研究》获国家社科基金后期资助；《哲学符号学：意义世界的形成》（法文版）获“经典中国国际出版工程”资助，这是我社首次获得该项目资助，“走出去”取得新进展。获省部级项目、奖项20余项：《中国精神文化大典》《现代信息革命再认识》《巴蜀文化精粹丛书》《师道全书（精华编）》入选四川省2018—2019年度重点图书出版规划；《口腔修复工艺学》《韦庄集注》《李源澄全集》《刘攽诗编年笺注》《巴蜀川剧文献集成》入选省委宣传部“振兴四川出版”重点图书规划；《中国特色社会主义政治经济学丛书》《黄少荃史论存稿》《三国志研究史》获省委宣传部“振兴四川出版”重点出版项目补助；《成都老字号》入选四川省2018年度社会科学“十三五”规划项目（普及项目）；《中国符号学丛书》《默室遗稿》《蜀学丛刊》《蜀韵古镇》《中国精神文化大典》获新华文化公益基金资助。《青少年心理深呼吸丛书》等图书获得各类出版奖项、行业奖项6项。

【融合发展取得新突破】我社成立了数字传媒分社，开发了App，加强了电子书资源开发；联合信息中心等单位申报了“大学科教文化资源融合服务平台建设项目”，获得省科技厅示范项目立项；联合校友企业申报了“成都AI音乐出版及数字化创意产业园”，获批省发改委2019年全省重点项目。2018年，我社微信公众号在全国大学出版社公众号活跃度加强。微店销售收入显著增长，社会影响明显扩大。

【坚持文化传承使命】我社组织开展了国学进社区、进高校，宪法知识进监狱等文化普及活动；主动策划传承中华文化、巴蜀文化、川大文化的系列图书，重点做好了《儒藏》《巴蜀全书》出版工作，出版《李源澄集新编》《黄少荃史论存稿》以及川大“先贤丛书”等整理保护巴蜀文脉的重点图书，策划出版一批校情校史类图书，弘扬川大精神，传承川大文化，提高川大品牌美誉度。

【突出加强规范管理】坚守意识形态阵地，采取多种措施，有效加强了质量管理，确保了内容导向正确。开展了财务制度完善、清理财务和库存工作。开展了定点印刷企业招标等重要工作。全年出版图书1656种，其中新书（含再版）1075

种、重印书 581 种，品种稳定；总印数 835 万册，生产码洋 2.39 亿元，实现一定幅度增长；营业收入、单书效益等经济指标均较上年有所增长。

【圆满完成学校教材发放工作】教材中心全年完成了全校本科生教材的计划、订购和发行工作。全年教材入库总数量为 48.1223 万册，总码洋为 1956.2189 万元，出库总数量约 39.8151 万册，总码洋约 1310.8063 万元；共接待学生 6 万多人次。为毕业生办理对账、结算、盖章等离校手续 0.5 万多人次。

（以上资料由出版社李金兰、欧风偃提供）

信息管理中心

四川大学信息管理中心负责四川大学校园网络建设、学校信息化总体建设和监管，智慧校园、数据治理、网络应用、校园卡系统的规划、建设、运行及服务，学校信息统计分析以及校园有线电视网络的运行、服务等工作。2018 年信息管理中心扎实落实教育部《智慧校园总体框架》和《教育信息化 2.0 规划》，继续深化四川大学智慧校园 1-2-5 工程建设，在网络与信息化基础设施建设、信息化服务平台建设、数据治理与共享以及网络视频保障服务等方面取得了明显成效。信息管理中心下设信息管理部、信息应用部、网络技术部、客户服务部、校园卡服务分中心 5 个科室，员工总人数 59 人。

【党建工作】2018 信息管理中心党支部厉行全面从严治党，统筹推进党的各项建设，坚持围绕业务抓党建，抓好党建促发展。中心领导在工作中做到民主决策、信息公开，并认真落实书记抓党建和党建工作的三张清单制度；中心高度重视内控机制建设，严格把控廉政风险，逐步健全完善规章制度，深化党建责任制，推动形成制度管人、流程管事的常态化和长效运行机制，通过一系列廉洁承诺书的签署与执行，狠抓廉洁风险防控，强化制度红线意识；中心充分发挥党员、干部先锋模范作用，支部书记和副书记在重要时间节点带头深入基层，查找基层工作中存在的问题并落实到具体责任人和解决方案，保障了全校网络及信息系统的安全通畅，以实际行动推进党建工作取得了实效。

【专项项目建设】信息管理中心 2018 年双一流计划专项建设完成网络及信息化项目 23 项，主要成果：完成数据治理服务（一期）工程，制定了《四川大学教育管理信息标准》；完成自动办公系统（OA）、网站群与安全运维集控平台系统、电子邮箱系统的全面升级，大大提升学校管理和服务能力；完成四川大学可视化智慧校园（一期）工程，初步建成虚拟化智慧校园。修购计划专项完成网络及信息化建设 24 项，主要成果：采购更换交换机 300 余台，改善了望江校区北苑学生宿舍，及华西、江安校区部分教学行政区域的网络，网络终端接入速度从 100M 提升到支持 1000M；完善 IPv6 网络安全防护措施，增加了 IPv6 出口防火墙、上网行为审计，进一步增强 IPv6 环境下的网络安全；建设完成江安校区 4 个围合 48 个单元 1728 个房间学生宿舍无线网络。

【信息化基础建设】2018 年信息管理中心强化了意识形态制度管理和网络安全防范措施，确保了网络安全零事故，在党的十九届二、三中全会、新时代全国高等学校本科教育工作会等重要时期，保障了网络的安全稳定；进一步扩展和完善了校园云平台，为教务处、人事处等 38 个部处，计算机学院、物理学院等 32 个学院提供云服务器（虚拟机）851 台，扩容存储池 96T，新增服务器 10 台，新增 CPU 虚拟化存储软件授权 18 颗，云平台自动化软件授权 125 个，实现资源的统一管理和共享；建设完成无线校园网热点 5000 余个，实现了无线校园网络在三校区行政、教学科研及公共区域的全覆盖，启动了江安校区网络建设规划，正在实施学生宿舍有线无线网络一体化改造。中心通过与电信运营商合作，在有限经费内将校园网带宽由 5G 升级到了 21G，比以前提高了 4.2 倍；建成 7 套高清视频会议系统，实现与教育部等上级单位无缝对接和三校区互通互联；加入覆盖 101 个国家和地区，超过 6000 家科研机构和教育机构的 eduroam 全球教育无线网络漫游联盟；完成四川大学可视化智慧校园（一期）项目，建成了包含 GIS 平台、可视化专题图、可视化迎新、可视化校庆、全景漫游、位置服务引擎等 6 大应用以及 30 多个子功能的四川大学可视化智慧校园。

【信息应用系统升级】2018 年信息管理中心建设完成新的 OA 系统，集成了公文收发、督办、会议通知、手签等功能，全面支持移动化办公，有效提升了办公自动化便捷性，解决了旧 OA 系统功能单一、不支持手机、应用范围小等问题；中心重点打造了学校主页网站，网站群与安全运维集控平台系统已完成新建网站 60 个，迁移网站 32 个，实现了校园信息发布平台统一建设、结构化数据统一管理、平台运维情况统一集控、安全运维学校统一把控。2018 年中心上线新邮件系统，教师自建邮箱容量扩至 5GB，学生/校友云托管邮箱容量无限，有效解决了师生海外收发不畅，垃圾邮件泛滥等问题，大大提升了使用体验；建成了川大智慧共享会议室管理服务平台，以信息化技术破解学校在教育教学、管理效能、服务效率中的难点、热点问题；启动党建平台项目、移动校园 App 平台及应用技术开发服务项目和四川大学智慧门户建设，打造功能更为齐全的具有川大特色的移动信息门户。

【数据治理和信息共享】实现对学校人、财、物的全生命周期信息化管理与监控，实现全校各类信息资源的大汇聚、大整合及分级分类共享。完成数据治理（一期）工程，起草《四川大学教育管理信息标准》，完成相关部处数据需求调研及数据集成，打通人事、科研、教务、财务、研究生、社科六大核心系统，形成教师一张表，实现年终总结和职称申报材料的自动生成，免去教师重复填写困扰；充分运用数据分析技术，建设可在线采集教育事业统计数据，动态反映学校教育教学基本状态的数据统计分析系统，2018 年顺利完成审核评估基本数据统计分析，为学校教育事业综合数据统计分析提供了质量保障，该方案获评教育部评审全国一等奖。

【校园卡与客户服务】2018 年度继续完善了川大生活服务 App 功能，顺利完成 2018 年度迎新任务，完成新生卡 1.9 万张，完成人事处新进教工校园卡打印机设备安装与调试，完成江安三食堂的设备调试工作。校园网新开 2018 级新生网络约 1.9 万人（含外国学历生），新开教师网络 281 人次。客户服务办理云服务器、域名业务约 25 次，江安校区办理新装校园宽带 3357 余户。2018 年学生邮箱数新增 1.88 万个，教职工邮箱数，新增 285 个。助力学校主办的各类大型活动，提供网络保障和无线 Wi-Fi 体验。

【信息统计工作】2018 年完成教育部《基本状态数据库》《高等教育基本信息采集表》等以及科技部、财政部、省教育厅、省卫生厅等各级各类涉及全校 96 个部门 147 张报表数据统计及分析工作，保障了学校教育事业统计数据质量，提高了教育改革发展数据服务水平；完成学校评估前《四川大学 2018 年数据分析报告》1 份，各学院《数据分析报告》32 份，《2018 年四川大学数据分析问题表》1 份，其中分析发现问题 54 项，推动召开 2 次解决相关问题的学校专题会，为学校迎接教育部审核评估工作完善数据赢得了时间。

（以上资料由信息管理中心向芃提供）

对外联络工作

一、校友工作

2018 年，外联办形成了校友工作“124N”的校友工作体系，即每年举办“一”场校庆活动；设立“两”个岗位：校友招生宣传员和校友年级联络人；举办四个品牌活动；指导各校友分会开展多场校友活动，以“校庆活动”凝聚校友，以“打造品牌活动”感染校友，以“提升服务水平”感动校友，不断提升校友服务水平。为校友与母校之间、社会资源与母校之间都搭建起更加畅通的合作、交流平台，同时利用校友资源，反哺社会与母校，助力学校世界一流大学建设。

【组织了四川大学 122 周年校庆相关活动】与成都市联合举办“蓉”归故里·四川大学校友返校日活动，邀请海内外 322 名校友参加“大川汇贤，智润天府——共建世界一流大学，助力国家中心城市建设”主题峰会及考察；举办四川大学第三届全球校友代表大会；邀请 216 名校友参加“77/78 级入学四十周年纪念大会”；指导学院开展 122 周年校庆校友值年返校“六个一”活动：“一”个入学报到仪式、“一”场座谈会，“一”个讲座、“一”次回忆餐，“一”次校园参观、“一”个捐赠仪式，共计 2000 余名校友返校。

【推动了校友工作组织建设】成立了四川大学山西校友会、全球校友创业家中部联谊会、全球校友创业家华东联谊会、四川大学珠中江澳校友会、澳大利亚新西兰校友会、瑞士校友会，校友分会达 97 个（详见表 7）。巩固校友会组织建设工作。以迎新校友活动为载体，指导北京、济南、福州等地校友会理事换届，加强各校友分会组织建设，提高校友分会活力。指导和参与各校友分会校友活动 100 余场。结合学校建设世界一流大学发展方向，有针对性地拜访重点校友及校友企业

40余次，进一步寻找校友资源与母校建设发展的契合点。

【搭建一流校友服务平台，校友服务品质稳步提升】设立两个岗位：校友年级联络人和校友招生宣传员，提升校友服务品质。策划四大品牌活动（即“乐跑回家”校友返校环校跑活动、智汇百川·2018四川大学校友企业招聘季活动、“校友创新创业大赛”、毕业季和迎新季活动），营造校友活动氛围，打造川大校友文化。制作并发放2018届毕业生校友卡15220张，发放《致2018届毕业生的一封信》18000封。利用多种新媒体宣传手段，定期向校友推送母校发展动态、宣传校友事迹，推送微信信息200余条，采编、出版了《川大校友》第43、44期。

【汇聚校友资源，引导校友助力学校“双一流”建设】召开“同心同行 共筑梦想”——四川地区校友会会长秘书长座谈会，共商校友会助力学校世界一流大学建设大计。邀请杰出校友贾金生、王仕锐、陈立参加毕业典礼和开学典礼并讲话，激励后学。依托四川大学美国、加拿大校友分会协助学校做好人才引进工作。

表7　2018年四川大学成立地方、行业校友会情况

四川大学山西校友会	成立时间	2018年1月20日
	名誉会长	彭堃墀（院士）
	会长	周小波
	副会长	李峻、郝晓刚、宗建文、陈智、薛亚峰、刘志英、米德宪、杨光
	秘书长	米德宪
	副秘书长	高星、左江涛、张文、白仁莉、李平、荣娜、那海峰、张晁、李文林、梁梦
	常务理事	李峻、左江涛、候晓荷、郝晓刚、张卫国、张文、李文林、范力、宗建文、周小波、薛亚峰、陈智、白仁莉、李平、张晁、那海峰、杨光、荣娜、刘志英、梁梦、米德宪
	理事	李峻、左江涛、候晓荷、郝晓刚、张卫国、张文、李文林、范力、宗建文、施叶玲（09级硕电气）、周小波、薛亚峰、陈智、白仁莉、李平、张晁、那海峰、杨光、荣娜、刘志英、梁梦、米德宪

续表7

四川大学全球校友创业家中部联谊会	成立时间	2018年4月21日
	名誉会长	刘贵中、梅宝富
	会长	高洪敏
	副会长	孙晓刚、周小波、张永年、寇晓康、杨焕涛、李松、唐全胜、谢岚、涂政文、张立忠、古陵波、陈治军、李晓东、马道林
	秘书长	李建新
	常务副秘书长	谢鸿利
	副秘书长	史英儒、沈洪、徐强、李博文、皮亚斌、曾龙、周玉忠
	常务理事	史英儒、沈洪、徐强、郭芳坤、李建新、谢鸿利、李博文、崔正军、吕付春、耿颖强、张涛、皮亚斌、曾龙、周玉忠
	理事	杨挺、常森、孙建勋、王广伟、魏爱华、王文辉、熊伟程
四川大学全球校友创业家华东联谊会	成立时间	2018年6月23日
	会长	聂圣哲
	执行会长	王钢
	常务副会长	杨相宁、李青、李前进、马健雄、刘曙阳、杨焕涛、章少华、居年丰、向方逊、曾文平、白仲宝、汪岩、张东
	副会长	张明发、武晓龙、徐荣、吴国钦、俞捷、赵顺兴、陈治军、杜毅杰、李映红、许建斌、刘星辉、常潇文、汪华林、张婷、张永红、王全、雷小东、朱建琴、周恭明
	秘书长	杜毅杰
	副秘书长	钭勇亮、何桃、袁依梅、孙剑、何斌、林海堤
	理事	韩波、沈翔、陈昌辉、孙科峰、吕伟民、钭勇亮、赵崇甫、何婉婉、徐伟平、甘力、范金梅、何斌、韦丽明、韩东进、张刚明

续表7

四川大学珠中江澳校友会	成立时间	2018年8月5日
	名誉会长	宋永华
	会长	吴杨
	副会长	胡丹、余忠旺、高华、何震明、邓锡伟、杨锐彬、潘伟潮、王聪、王志刚、谢左理、段东飞、李壮军、丁文清、郑翼、邹祖军
	秘书长	胡丹（兼）
	副秘书长	刘明洋、彭贵平、聂振泰、黄雄锋、李涛、曹晓青、王武平、范大良、许虎、唐开雄、蒲丽
	理事	马庭合、王琳、王梓善、崔凯、苏夔、罗运中、林俊荣、杜远霞、张仕元、李华兴、黄满标、弓巧敏、张勇、喻厚芬、陈忠仁、童芃
四川大学澳新校友会	成立时间	2018年11月18日
	会长	张大伟
	副会长	洪党才、王劲松、肖乐、朱豫川、徐舒
	秘书长	肖乐
	常务理事	刘月钟、杨月蓉、张卫东、朱珍、唐彩焱
	荣誉顾问	黄勇
四川大学瑞士校友会	成立时间	2018年12月8日
	会长	曲云鹏
	副会长	荀思、吴诚光、王东东、郭士祺
	理事	韩阳阳

二、基金工作

2018年，捐赠收入规模不断扩大，总收入10196万元，其中接受捐赠收入9514万元，增值收入682万元，成功获取中央财政配比资金3943万元。新增捐赠项目62项，到账超过100万元的大额捐赠项目有15项，协议金额超过100万元的捐赠项目有19项，自成立以来累计设立捐赠项目347项。实施开展130余项捐赠项目，公益支出3706万元，其中，奖学奖教金支出1990万元，校园建设支出340万元，科学研究支出374万元，惠及千余名在校师生。项目管理水平不断提高，中基透明指数（是由基金会中心网及清华大学廉政与治理研究中心联合发布的中国公益基金会透明指数）连续三年获得100分，全国排名第一。

三、扶贫工作

2018年，四川大学坚持以习近平总书记关于脱贫攻坚重要思想为指导，全面贯彻落实党的十九大精神和中央《关于打赢脱贫攻坚三年行动的指导意见》，将定点扶贫工作作为重大政治任务，紧密结合甘洛县、岳池县脱贫攻坚实际需要，加大帮扶力度，高质量完成年度定点扶贫工作。学校召开党委常委会、领导小组专题会、工作会商会等11次，制定年度计划，明确工作目标、任务、内容、责任等。多次与两县召开帮扶项目对接会，制定任务清单，将帮扶任务分解到校内各责任单位。强化资金投入，实现帮扶资金“充足合理，监管到位”，学校多渠道积极筹措帮扶资金，财政专项资金100万元、工作经费50万元；下拨的党费260万元用于扶贫工作；学校教育基金会筹资100万元支持扶贫工作。各项目实施单位自筹资金分项投入102.5万元。吸纳校友企业及社会资金644.92万元。岳池县贫困县退出专项考核已顺利通过市级验收，并于2019年2月接受了省级专项考核，考核指标一切良好。甘洛县格布村退出专项考核已顺利通过县、州、省三级验收考核，村退出“一低六有”、户退出“一超五有”所有指标全部合格，群众满意度及认可度好评超预期。岳池县安家坝村、红朝门村，在2018年度“回头帮、回头看”专项核查工作中，未出现1例“错退、漏评”户，也未出现1例“返贫户”。

【教育帮扶助力素质提升】为两县量身定制了三年培训规划。开设党政干部能力提升脱产培训班4期，培训219人。举办优秀校长综合管理能力提升培训班，培训50人；开展跟班教学培训幼教老师131人；举办送教到县专业讲座5次，培训2070人。开展远程医疗会诊38例次；远程网络教学199场次，7211人次、654名医务人员参加；接受进修16人；医务人员义诊8人，义诊患者167人次；医生坐诊36人次，门诊量2906人次；手术74例，新技术10例。新派教师7名支教甘洛职业中学。

【智力帮扶助力规划发展】实施“凝智”计划，着力为地方经济社会发展出谋划策，鼓励专家针对两县脱贫攻坚工作开展专项研究，直接投入研究经费19.5万元，减免研究经费100万元，完成甘洛县《政府PPP项目的策划方案》《招商引资项目潜力挖掘研究报告》《斯觉镇精准扶贫产业规划（2018—2020）》《斯觉镇格布村精准扶贫产业规划（2018—2020）》；正在完成《甘洛县旅游资源普查报告》《岳池农家生态文化旅游区核心区修建性详细规划》《岳池长滩寺河污染初步治理方案》。全年直接投入研究经费21.6万元，减免研究经费95万元。

【人才帮扶助力队伍建设】利用人才、学科优势，在原选派1名县级领导和1名“第一书记”的基础上，根据两县人才需求，积极选派农业、水利等学科领域方面的干部人才，形成覆盖县、乡（镇）、村三级的梯队式干部扶贫工作格局，构建了1名县级副职+3～4名县局副职+1名乡镇副职+1～4名驻村干部的“1+N”干部人才精准扶贫新模式，全年共派驻扶贫干部16人。

【医疗帮扶助力疏解民困】捐赠价值数万元的医疗设备，改善地方医疗基础设施，提高手术的安全性。开展医务人员技术培训，开展健康知识普及和宣教工作，提高当地医疗技术水平。开展远程教学、各类专科讲座、远程会诊、义务诊疗、送医下乡活动，提供优质的医疗服务。完成远程会诊14例次，远程教学1850人次，在甘洛县人民医院坐诊36人次，门诊量2906人次，开展手术74例，开展新技术10项，开展讲座5次。

【民生帮扶助力村容村貌发展】投入370万元用于建设格布村幼教点及党群多功能活动中心综合体建设，投入33万元修建格布村上学路1.2公里，入户路3.5

公里；投入 4.35 万元用于村内道路路灯建设。投入 23.405 万元用于改善格布村村民生活条件。在岳池县红朝门村，投入 5 万元提档升级农民夜校。在石板坂村投入 20 万元建设党群活动室、路灯、垃圾站。

【结对帮扶提升贫困户幸福感】学校发动 14 个学院分别结对精准帮扶甘洛格布村、岳池石板坂村，着力解决贫困户的“负面清单”。在甘洛格布村，出资 4.11 万元开展卫生创建活动；出资 23.41 万元为贫困户搬迁新居添置家具；出资 5.38 万元开展暖冬活动，为全村添置棉被，在彝族新年为每户拍摄“全家福”。在岳池石板坂村，为老百姓建鸡圈、办义诊、放电影、搞表演，还为村里的五保户、特困户添置家具等。

（以上资料由对外联络办公室徐慧媛提供）

学 院 篇

经济学院

【概况】学院下设经济学系、经管与财税系、国际经济与贸易系、金融学系 4 个教学单位和中国特色社会主义政治经济学研究中心、企业研究所等 14 个研究单位。学院现有金融保险实验室、行为模拟实验室、量化交易实验室、EM 云路演实验室 4 个高水平现代化实验室。

师资队伍方面。学院现有在职教职工 145 人，其中教授 37 人、副教授 52 人，博士生导师 23 人、硕士生导师 68 人。拥有享受国务院政府特殊津贴专家 5 人，教育部“新（跨）世纪优秀人才支持计划” 4 人，“长江学者奖励计划”讲座教授 1 人，国家社科基金重大招标（委托）项目首席专家 4 人，四川省有突出贡献专家 2 人，四川省学术和技术带头人 9 人，四川省学术和技术带头人后备人选 8 人。入选四川大学“双百人才”计划 A 类学者 1 人、B 类学者 3 人。

学科建设方面。学院有理论经济学和统计学一级学科博士学位授予点 2 个，理论经济学、应用经济学、统计学一级学科硕士学位授予点 3 个，理论经济学博士后流动站 1 个，专业学位硕士点 7 个（含 MPA），政治经济学国家重点学科 1 个、省级重点学科 2 个，本科专业 7 个。2018 年，学院制定了学科建设和学位点“填平补齐”工作方案。另外，除“数学经济创新班”“计算金融交叉试验班”外，联合建筑与环境学院、灾后重建与管理学院开展“跨学科、项目制教学探索项目—可持续城市系统（SUSP）”课程。全年主办全国性大型学术会议 7 场，国际学术会议 3 场，极大提升了学院学术声誉度和社会影响力。

人才培养方面。2018 年度，学院有在读学生 2881 人，其中，本科生 2138 人、研究生 743 人。学校获得的国家级教学成果特等奖中，学院 2 位教师为主要参与人。获四川省教学成果二等奖 2 项、三等奖 1 项，校第八期教改立项重大项目 1 项。学生参与“大创”项目结题 74 项、新立项 51 项。学生国家级比赛获奖 176 人次、省部级比赛获奖 236 人次。应届本科生就业率为 97.77%。研究生培养稳步推进，研究生生源结构明显改善，硕博士招生中来自双一流大学的生源比例明显提升；全面实行硕士学位论文预答辩，博士学位论文预答辩全部请校外专家组成专家组；研究生就业率 100%。

科学研究方面。发表国际顶级期刊 AER 1 篇，获得国家社科基金重大招标项目 1 项。全年教师共发表 C 级以上论文 100 篇，其中，A 级论文 12 篇、SSCI 论文 18 篇。获国家社科基金 6 项、自然科学基金项目 1 项、教育部项目 3 项，立项数为近三年来最高。共有 3 项国家社科、自科项目结项评为“优”。

合作交流方面。学院开设全英文课程 32 门；举办“经彩四川”国际交流营；2018 届毕业生赴境外深造 88 人，进入全球前 100 名高校深造 71 人。学院全额资助师生参加各类国际学术会议，师生出国参加高水平学术会议并宣读论文 20 人次，主办国际会议 3 场，国际课程周期间开设 5 门全英文课程、接待 34 名留学生，参加“大川视界”和联合培养项目出国出境学术 103 人次。

社会服务方面。相关教师完成中宣部交办重要工作；承担四川省对外开放调研课题；选派两批师生约 30 人承担国家脱贫攻坚第三方评估工作；完成甘洛县格布村的对口帮扶，在甘洛举办“纪念改革开放四十周年暨反贫困高峰论坛”；选派教师赴岳池县挂职锻炼；院领导班子带队赴广安 7 地开展院地合作和人才培养调研，并与自贡市富顺县、广元市利州区签订合作协议。学院党外专家积极参政议政，建言献策。

【从全方位，做实“两个伟大”深度融合】提高党的建设质量与科学推进一流事业深度融合。领导机制深度融合。形成书记院长“齐抓共管”机制，通过“党委会、教授委员会、党政联席会、双代会”决策机制实现党政工作深入融合。班子工作深度融合。书记全面参与一流学科建设顶层设计、学科发展调研、方案制定，联系金融系的学科发展；院长积极谋划党建工作，参与中宣部相关工作，参与“马工程”教材建设，多次为学生讲思政课，担任教师入党积极分子的入党介绍人；副院长主动参与十九大精神阐释、承担大学生思想政治教育工作；副书记、纪委书记全面参与事业发展的监督工作。支部工作与事业发展深度融合。支部书记担任副系主任，负责政治把关，全面参与系的学科建设、人才培养、师资队伍建设等工作，系主任兼任支委与支部书记共同负责教师年度考核，推动考核质量显著提升。

推进党的理论研究与做强政治经济学学科深度融合。依托政治经济国家重点学科，强化政治经济学、党的创新理论研究协同。举办 4 次有全国知名教授参加的中特政经高峰论坛；教师参与中宣部重要文件起草；教师发表阐释习近平新时代中国特色社会主义思想、改革开放成就、“一带一路”等党和国家政策的理论性文章 21 篇，包括人民日报 2 篇，四川日报 2 篇。发表省级重要成果专报 1 份。参加国务院扶贫开发领导小组征文获奖 2 篇。

一流师资打造与党组织、党员队伍建设深度融合。推进马克思主义学习型政党建设，打造又红又专一流师资队伍。全面推行“双带头人”“双向培育”机制。支部书记与支委均是中青年学术骨干；新增社科重大、重点项目负责人，以及 80% 的 A 级论文作者均是党员；青年海归谭宏茹（2018 年在全球顶尖经济学期刊 AER 发文）成为入党积极分子。

【推动人才培养优先发展】一流本科教育国际化发展、学科交叉、学生综合能力亮点突出。研究生培养在抢抓生源、资源分配、论文质量提升三大举措方面成效明显。2018 年度，高水平大学推免生占总录取比达到 45%；招生指标分配向“国家重大（点）项目承担者”“科研大户”倾斜；论文实施预答辩全外部专家制，博士论文盲审全覆盖，评审一票否决。2018 年博士论文国家抽检全部合格。提出并深入贯彻教学成果奖和科研成果同等对待、教改项目和科研项目同等对待、教改论文和科研论文同等对待。出台约束条款，将过程考核做实、班主任制度做实、进导师课题组做实。设立学生“成长风险监控、应急处置与综合解决”机制，妥善化解了“网贷”等新风险。

【驱动学科发展聚焦优化】舍弃或减少非优势学科与自设方向，将理论经济聚焦为政治经济学、西方经济学、世界经济学、人口资源与环境经济学4个优势方向，应用经济聚焦为金融学、国民经济学、区域经济学、财政学4个主干方向。通过师资引进、招生指标分配、考核资源向主业集聚。启动学院“四青人才”“青苗人才”培育计划；推进“149”空间与环境优化工程，打造学术中心；每月举办全国性高水平学术会议。

【主动推进学院各项改革】结合校院两级体制改革，以将改革进行到底的决心和勇气，勇于承担责任，通过赴7所一流高校调研，主动推进学院各项改革。顶住压力、凝聚共识，冲破利益藩篱，将8个系整合为4大系，实现系与学科资源对接、发展同轨。对4个系大胆推行“放、管、服”，从学科规划、师资引进、专业研究生教育，到高端会议举办、公共服务承担，工作均以系为主体开展。敢于推进经费“使用”，不断提高经费使用率。

（以上资料由经济学院刘丸源提供）

法学院

【概况】法学院设有法理、宪法与行政法、刑法、民法、经济法、诉讼法、国际法等教研室7个，实践教学中心1个，刑侦实验室1个，校院两级科研机构22个。

师资队伍方面。教职员工91人，其中，专任教师58人，教授25人，副教授26人，专职科研队伍14人，思政教师6人，教辅、行政人员13人。具有博士学位人数63人。硕士生导师46人，博士生导师18人。享受国务院政府特殊津贴专家7人，教育部“长江学者奖励计划”特聘教授1人，“全国杰出资深法学家”1人，“国家级千百万人才”2人，“全国十大青年法学家”2人，四川省学术带头人8人，四川省教学名师1人，四川大学杰出特聘讲座教授1人，四川大学二级教授5人。

学科建设方面。法学院本科专业为法学专业，具有硕士一级学科授权点和法律硕士专业学位授权点，法学博士一级学科授权点，以及法学博士后科研流动站。法学院现有四川省哲学社会科学重点基地1个，“985”工程研究平台2个，法学学科为四川省一级重点学科，入选四川大学重点建设“十二个一流学科”之一的“管理科学与国家治理学科群”。2018年上海软科法学学科排名上升至第14位。

人才培养方面。2018年招收本科生172人，硕士研究生356人，博士研究生21人。在校生共2007人，其中本科生885名，硕士研究生1055名，博士研究生67名。本科开设课程196门次，其中全英文课程20门，上线慕课4门，在建慕课5门，王竹主讲《侵权责任法》和李平、刘畅主讲《公司法》入选“学习强国”慕课栏目；新建通识模块课程2门，新建跨学科课程2门。组建“法学—法医学”交叉学科专业实验班，开设“实证法律研究”“法律大数据分析”交叉学科课程2门，重点建设的优质课程13门。出版教材3本，校级教改8期立项3项，

“跨学科专业一贯通式”人才培养专项项目立项4项。王竹获得四川省教学成果奖三等奖，徐继敏获得2018年四川大学第五届“卓越教学奖”三等奖，刘畅获得四川大学2018年“唐立新教学名师奖”，黄俊获得2018年“四川大学·五粮春思政教师奖”。蝉联“瀛和杯”第六届全国大学生模拟法庭竞赛冠军，获得第六届“天伦杯”全国政法院校辩论赛亚军，获得第三届四川省学生“学宪法讲宪法”主题辩论赛第一片区赛亚军。2018年四川大学“凤凰展翅”辩论赛季军。

科研方面。CSSCI及以上期刊共发表论文69篇，其中在A级期刊发表论文5篇（左卫民、龙宗智、顾培东、景风华），B级期刊发表论文20篇。被中央各部委和省委省政府采纳的决策咨询报告7篇。国家级项目立项11项，其中国家社科重大招标项目1项（顾培东），国家重点研发项目1项（王竹），国家社科专项重大项目2项（王建平、杨遂全），国家社科基金项目7项（左卫民、刘昕杰、王蓓、杨亦晨、邹奕、杨翠柏、王竹）。教育部项目3项（李成、赵悦、徐铁英）。四川省级项目立项6项，其中省社科基地重大项目1项，省社科项目3项，省软科学项目2项、厅级项目8项。2人荣获第七届钱端升法学研究成果奖（部级）。

合作交流方面。法学院现已与加拿大蒙特利尔大学法学院、美国迈阿密大学法学院、美国加州大学欧文分校法学院等6所国外高校法学院达成合作意向。2018年，法学院教师赴境外交流18人次，学生赴境外交流30余人次。联合培养博士生2人。全年邀请境外学者来院讲座或访学28人次，其中开展UIP项目课程共12人次。8名外国留学生在读，其中硕士研究生5名、博士研究生3名。

党建及学生工作方面。法学院持续深入学习贯彻习近平新时代中国特色社会主义思想和党的十九大精神，全面从严治党纵深推进，抓党建谋发展，坚持党建工作和事业发展同频共振、相互促进、深度融合，坚持同谋划、同部署、同安排、同考核，充分发挥学院党委政治核心作用。自筹经费设立“塑造新时代的法律人”“学习贯彻习近平总书记在中国政法大学考察时重要讲话专项研究”“研究阐释党的十九大精神”等院级课题57项。法学院共有党支部33个，党员490人，正式党员374人，入党积极分子273人。开展党支部书记抓党建期中、年终述职考核工作；选优配强党支部书记，深化教师党支部书记“双带头人”培育工程。截至11月30日，本科生就业率为82.27％，深造率32.73％，研究生就业率为88.99％。77人次获得各类社会奖学（资助）金。学生会和研究生分别荣获四川大学“十佳学生会”和“十佳研究生会”。14人在全国大学生英语竞赛中获奖，帅沛含同学获第三届中华大学生金牌调解员技能大赛三等奖，赵珂团队荣获第四届四川大学“互联网＋”大学生创新创业大赛二等奖。

【四川省政法委和四川大学共建法学院签约】9月28日上午，四川省委政法委与四川大学共建四川大学法学院签约仪式在学校望江校区贵宾厅隆重举行。四川省委常委、省委政法委书记邓勇，省法院常务副院长熊焱，省检察院常务副检察长张燕飞，及省公检法司安系统领导出席签约仪式。校党委书记王建国，校长李言荣，副校长晏世经、梁斌，法学院党委书记何继业，院长左卫民及学校相关单位负责人参加了签约仪式。双方将在共同打造法治宣传阵地、法学教育培训基地、实践教学基地、法治四川高端智库，建设四川省法律文献信息中心，构建业务骨干交流机制，创办法学刊物等八个方面加强共建合作，为法治四川的建设提供更加强有力的支持。

【法学院承办中国法学会法学期刊研究会 2018 年年会】 10 月 20 日—21 日，法学院承办了以“法学期刊在依法治国 40 年进程中对法学事业的服务与引领”为主题的中国法学会法学期刊研究会 2018 年年会。中国法学会副会长李林教授，四川大学副校长梁斌教授，四川大学法学院院长左卫民教授，中国法学会法学期刊研究会会长、《中国法学》总编辑张新宝教授，在出席开幕式上致辞并发表了重要讲话。中国法学会法学期刊研究会的会员、理事及相关专家、编辑和学者代表共 150 余人参加会议。此外，法学院还邀请知名期刊编辑、科研管理机构人员、学校科研管理部门人员到法学院进行科研论文投稿、科研项目申报、科研奖励申报政策的宣讲和解读，助力教师科研水平的提升。

【法学院深化体制机制改革激发内生动力 助推学校实现“两个伟大”】 法学院紧紧抓牢深化校院两级管理体制改革的契机，围绕“一流学科、一流专业”建设，坚定政治站位，统一思想，凝聚共识，不断增强改革创新意识，不断强化责任担当，汇聚力量，锐意进取，坚持高质量内涵式发展道路，全面落实深化校院两级管理体制改革。一是人尽其才，激发教职员工“内生动力”。全面推进“人才强院”战略，加强高端人才引进与培育，加强青年骨干教师队伍的培育，加强师德师风建设，完善绩效考核制度。二是强化成本核算，统筹经费使用。加强成本核算，统筹预算；完善以业绩贡献度为导向的考核奖励办法；增加经费投入，扩大科研奖励支持力度；积极筹措发展资金，以更好地服务和支持法学学科建设；建立健全评估机制。三是以人才培养为中心，办最好的法学教育。坚持党的领导、坚持立德树人；进一步强化本科教育的中心地位；构建社会共建、多学科交叉合作机制。四是优化资源配置，提高利用效率。整合办公室，实现合并办公集中办公；建立健全办公用房和实验室智能化、规范化管理制度；创新实践教学基地建设；建成法学院图书馆。

（以上资料由法学院李双君提供）

文学与新闻学院

【概况】 文学与新闻学院下设中国文学系、中国语言学系、新闻学系、广告与传播学系、影视艺术系、艺术理论与文化产业系等 6 个教学系，另设中国俗文化研究所、汉语言文学研究所、汉语史研究所、比较文学与比较文化研究所、中国多民族文化遗产与文化凝聚协同创新中心、新闻传播研究所、广播电视研究所、符号与传媒研究所、新媒体研究所、现代中国文化与文学研究中心、西部广播电视研究中心、文学艺术研究中心、阿来研究中心等 17 个科研机构。现有文艺学、中国古典文献学、中国古代文学、中国现当代文学、比较文学与世界文学、语言学与对外汉语、汉语言文字学、少数民族文学与文学人类学、新闻学、广播电视学、广告学、传播学与新媒体、编辑出版学、戏剧与影视学、艺术理论与文化产业15个教研室。学院共创办学术刊物12种，其中《东方与西方》（*Comparative Literature: East & West*）为国际刊物，由英国著名出版集团 Taylor and Francis 出版。《中外文化与文论》《汉语史集刊》《现代中国文化与文学》《符号与传媒》为CSSCI来源集刊。

师资队伍方面。拥有教职工156人，其中教授58人（文科杰出教授2人，二级教授11人），副教授40人，博士生导师53人。有国务院学科评议组成员1人，国家社科基金评委1人，享受国务院政府特殊津贴专家9人，四川大学文科杰出教授2人，欧洲科学与艺术院院士1人，教育部“长江学者奖励计划”特聘教授3人、青年学者2人，国家“万人计划”教学名师1人，教育部社科委委员1人，教育部教学指导委员会副主任委员2人，教育部跨世纪优秀人才及教育部新世纪优秀人才共9人，四川省学术带头人13人，全国百篇优秀博士论文获得者1人，国家级学会正副会长9人。

学科建设方面。拥有中国语言文学、新闻传播学、艺术学三大学科群，其中中国语言文学为国家重点一级学科；现有中国语言文学、新闻传播学、艺术学理论3个一级学科博士学位授权点，下含22个博士点，28个硕士点，其中有汉语国际教育、新闻与传播、出版3个专业硕士学位点。设有中国语言文学博士后科研流动站和新闻传播学博士后科研流动站；有汉语言文学、对外汉语、新闻学、广播电视新闻学、网络与新媒体、广告学、编辑出版学等7个本科专业；有2个四川省重点学科；1个“985工程”哲学社会科学创新基地；2个“211工程”重点建设学科；2个全国高等学校特色专业；1个教育部人文社会科学重点研究基地；1个文科国家基础学科人才培养和科学研究基地；1个国务院侨务办公室华文教育基地；1个四川省本科人才培养和科学研究基地，2个四川省哲学社会科学重点研究基地（社会舆情与信息传播，比较文学研究），1个四川省哲学社会科学普及基地；1个四川省2011协同创新基地（中国多民族文化凝聚与国家认同协同创新基地）。

党建工作方面。学院党委深入学习贯彻习近平总书记系列重要讲话精神，严格遵守八项规定，特别是党的十九大之后，学院认真领会会议精神，团结带领全院师生员工抓党建谋发展，从基层党组织规范化建设、班子作风建设、制度建设等方面抓好整改，全面加强和改进党建和思想政治工作。同时推进教研室的创新与改革，以各教研室为单位成立党支部和工会小组。

人才培养方面。2018年共招收博士生74人、硕士生394人，本科生383人，留学生25人（博士10人，硕士15人）。本科生创新创业计划覆盖率、国际化教育覆盖率、新建学术型社团等12项任务项目超额完成。在教育部对学校的本科教学审核评估中，参评专家对学院给予充分好评，哈佛大学评估专家在评估专家意见反馈会上点名表扬文学与新闻学院。

科研方面。国家社科基金获得立项12项，其中包括胡易容冷门“绝学”和国别史等研究专项项目1项和李怡重点项目1项，学院教师论文发表数量与专著出版数量以及各项科研指标大幅度上升。教育部人文社科基金获得立项 6 项、四川省哲学社会科学获得立项 5 项，校级中央高校基本科研业务费研究专项 73 项，横向科研经费 6 项，总计科研到校经费 700 余万元。本年度出版专著、编著、译著共 31 部，发表 C 级以上刊物论文 209 篇，其中权威核心期刊论文 20 篇。

合作交流方面。成功举办“第二十五届中外传记文学研究年会”“佛教文献与文学”“东欧马克思主义批判理论”等多个国际学术会议。邀请 5 位来自美国、澳大利亚等国家的外籍专家及教授参加四川大学国际周授课，邀请 33 名国际学生参加实践及国际课程周。2018 年 10 月，举办第 11 届“华文教师证书”研习班，共有来自美国、英国、德国、法国、西班牙、加拿大等 10 余个国家共计 65 位华裔教师参加此次研习班。举办“改革开放 40 年新闻教育发展论坛”“文学研究中的跨域对话”学术研讨会暨 2018 年度《文学评论》编委会议、四川大学中国诗歌研究院成立揭幕式暨中国新诗高峰论坛、新闻传播思想史、符号学研究、现代文体学与中国新文学百年等学术研讨会。

学生工作方面。文新团委学生会荣获 2017—2018 学年四川大学“十佳学生会”，学院社团雷雨话剧社获得四川大学“十佳社团”称号。2017 级本科韩墨言同学在 2018 年第三届中国诗词大会中获得全国季军。

【曹顺庆教授当选欧洲科学与艺术院院士】欧洲时间 2018 年 3 月 3 日，曹顺庆教授在奥地利萨尔兹堡举办的欧洲科学与艺术院年会及接受新院士典礼仪式上，因在比较文学研究领域的突出成就，当选为欧洲科学与艺术院院士。

【新增“长江学者奖励计划”讲座教授 2 人，青年长江学者 1 人，国家“万人计划”教学名师 1 人】张弘、金惠敏入选教育部“长江学者奖励计划”特聘教授；周维东入选“长江学者奖励计划”青年学者；傅其林入选国家“万人计划”教学名师。

【“双一流”学科群建设成效显著】10 月，成立四川大学中国诗歌研究院和刘福春新诗文献馆，以学院作为主要单位参与成立了四川大学中华文化研究院和中国新闻史学会符号传播学研究委员会，四川大学巴蜀文化基地入选教育部全国第一批中华优秀传统文化传承基地。

【大力推动慕课（MOOC）建设，本科教学获佳绩】慕课“走近杜甫”和“中国现代文学”分别获得全国最美慕课一等奖与二等奖；李果获全国高校青年教师教学比赛三等奖、四川省青年教师教学比赛一等奖，并获得省五一劳动奖章；2018 年四川大学教学三大奖评选中，王晓路荣获第五届“卓越教学奖”二等奖，俞理明荣获第四届“星火校友奖教金”二等奖，朱姝荣获“五粮春青年教师优秀教学奖”。

【学生创业创新成果突出】本科生大创项目共 86 项，学院参与指导立面咖啡室、i 创街文新工作坊“乾坤有道”等创新项目。研究生科研创新基金项目成功申报 6 项，5 个项目顺利通过了中期考核（含 1 个重点项目）。

【开创学院管理工作新模式】一是对教研室主任进行换届，同时推进教研室的创新与改革，以各教研室为单位成立党支部和工会小组，即教研室、党支部与工会支部成为三位一体的基层单元。加强教研室的主体地位，有利于教研室集中力量开展各项工作。二是对行政人员重新定岗，一岗多职，规范行政人员岗位职责，提高学院行政工作效率。

（以上资料由文学与新闻学院梁小梅提供）

外国语学院

【概况】外国语学院下设英文系、俄文系、法德文系、日文系、西班牙文系、大学外语一系、大学外语二系和波兰语专业等8个教学单位；设有美国研究中心、欧洲研究中心、加拿大研究中心、拉美研究所及美国文化中心等5个科研机构。拥有数字语言实验室、同声传译实验室、笔译实验室、多媒体电子阅览室、外语广播电台、卫星电视等现代化教学设施。学院建有图书室、犬饲和雄日语文库，拥有中、英、俄、日、法、德、西班牙、世界语等语种书刊7万余册。

师资队伍方面。在岗教职工（不含外籍教师）219人。其中专任教师189人、实验室系列9人、图书资料室1人、思政教师7人、行政系列13人。专业教师中有教授19人，副教授65人，特聘副研究员1人，专职博士后5人。其中博士生导师10人，硕士生导师20人。外籍教师共有42人。

学科建设方面。拥有外国语言文学博士学位一级学科授权点1个，英语语言文学和外国语言学及应用语言学博士学位二级学科授权点各1个。外国语言文学硕士学位一级学科授权点1个。翻译硕士专业学位授权点（MTI）1个，招收英语口译和英语笔译两个专业方向的硕士研究生。外国语言文学一级学科为四川省重点学科。学院设有英语、日语、俄语、法语、西班牙语、波兰语等6个本科专业。其中英语专业为国家级特色专业，俄语专业为四川省特色专业。除外语专业教学外，学院还承担了全校文、理、工、医科研究生和本科生的外语教学工作。“英汉口译”课为国家级精品课程，“大学英语”和“外国语文导论”为省级精品课程，“英语写作”和“翻译理论”为校级精品课程。

人才培养方面。拥有学籍学生人数1435人。其中本科生924人、硕士研究生433人、博士研究生78人。6月，2018届本科毕业生有190人、硕士毕业研究生138人、博士毕业研究生14人。截至12月，本科就业率为97.37%、研究生就业率为97.35%（其中，硕士研究生为97.08%、博士研究生为100%）。2018年，外国语学院开设课程总门数2290门次，教授授课比例100%，参加高水平实习基地实习的学生比例达到100%，研究生联合培养人数1人次，建设并运行示范性专业学位研究生实践基地1个，本科生参加创新创业训练计划人数达到322人，共获得国家、省级和校级创新创业项目92个。

科研情况方面。各类到校科研经费共计365.7万元。其中获批立项国家社科基金重大项目1项，国家社科基金项目7项（重点项目1项，一般项目3项，青年项目2项，西部项目1项），教育部人文社会科学项目2项，中央其他部委项目4项，省级项目9项，四川大学中央高校基本科研业务费项目及其他校级项目56项，发表A级期刊2篇，CSSCI及以上期刊论文 40 篇，组织和承办了各类学术讲座共计 77 场次。出版各类学术专著 12 本、译著 16 本、教材 13 本。

合作交流方面。10 月 20 日，在成都香格里拉酒店成功举办了由美国亚利桑那州立大学和中拉青年共同体主办，拉美研究所和西班牙文系协办的“中国、美国和拉丁美洲：文化融合与文化创新”国际研讨会。全年有 22 名教师参与了 193 项省、市、校重要外事活动，包括为四川省委书记和成都市委书记出访担任口笔译、翻译《四川大学本科教学工作审核评估自评报告》8 万字等。有 237 名学生参加了 17 项重大涉外活动志愿服务，包括协助成都市接待奥地利总理来蓉访问、孔子学院大会等。有 47 名学生参加了“大川视界”短期项目外出交流学习，68 名学生参加了国际交换交流学习项目。2015 级本科生倪海苓完成海牙国际刑事法庭实习。

党建和学生工作方面。学院党委把深入学习贯彻习近平新时代中国特色社会主义思想作为重要政治任务，组织学院中层干部集体学习了习近平总书记来川视察重要讲话精神。组织全体党员开展了“不忘初心、牢记使命”纪念改革开放 40 周年主题朗诵比赛。坚持党管干部，落实“两个责任”，强化“一岗双责”，制定了学院中层干部考核办法，加强了学院中层干部的教育培训和监督考核。持续加强党风廉政建设，4 月开展了党风廉政教育主题宣传月活动。扎实做好意识形态工作，召开了 6 次学院意识形态和安全稳定研判会。学院党委荣获 2016—2018 年度四川大学“先进基层党委”荣誉称号。12 月统计显示，学院有在职教职工党员 97 人，学生党员 197 人。发展学生党员 36 人，转正 21 人。推荐 3 名教职工发展对象参加学校培训。9 月，外国语学院招收 256 名本科生（境外学生 9 名），139 名硕士研究生，11 名博士研究生。在学校“五四”表彰中，学院团委荣获四川大学“五四红旗分团委”荣誉称号。学院学生会被评为“十佳学生会”，排名文科第二。在学校 2016、2017 年度“百佳”学生集体和个人评比上，学院共 12 个集体和个人获得表彰。

【外国语学院接受校党委巡察】 11 月 7 日—27 日，四川大学党委第一轮巡察第二巡察组对外国语学院展开为期 21 天的集中巡察。巡察组通过查阅工作材料，问卷调查，教师座谈会，个别谈话，观摩教研活动，列席党委会、党政联席会议和党支部组织生活等形式开展巡察工作。外国语学院针对巡察过程中的意见反馈，成立了学院即行即改工作组，即知即行即改，对学院现有内控制度存在的隐患和不足，进行自查、修订和完善。

【外国语学院召开“双代会”】 12 月 21 日，学院举行“第四届教职工代表大会暨第四届工会会员代表大会第二次会议”。大会主题是“行稳致远，干在实处，实现本科教育的‘四个回归’，加快一流学科建设步伐”。大会听取、审议并通过了院长工作报告、财经工作报告和工会工作报告等文件。

【系（中心）干部换届】 1 月，外国语学院完成了新一届系（中心）干部换届工作。经公示后，任命方小莉为英文系系主任、克非为副系主任，张平为日文系系主任、黄晓波为副系主任，邱鑫为俄文系系主任、马文颖为副系主任，敖敏为法德文系系主任、韩梅为副系主任，史维为西班牙文系系主任、李訸为副系主任，余淼为波兰语专业主任，王茜为大外一系系主任、郭霞为副系主任，闫艳为大外二系系主任、马林兰为副系主任兼外语语言训练中心（外语专业实验室）副主任、张春燕为副系主任（兼管研究生公共外语教学），刘佳为MTI教育中心主任、胡敏霞为副主任，饶坚为外语语言训练中心（外语专业实验室）主任、曾玮为副主任。7月，学院通过公开竞聘任命苏德华为波兰语专业副主任。

【李言荣校长到外国语学院进行工作调研】5月10日，校长李言荣院士到外国语学院进行工作调研。李言荣校长听取工作汇报后，就学院的师资队伍建设、学科建设、人才培养等问题与参会人员进行了深入交流，并提出了工作要求。

【聘请张隆溪任名誉院长】6月29日，外国语学院聘请著名美籍华人文化学者，瑞典皇家人文、历史及考古学院外籍院士，欧洲科学院外籍院士，国际比较文学学会主席，香港城市大学教授张隆溪担任名誉院长。李言荣校长为张隆溪教授颁发聘书。

【外国语言文学一级学科博士学位授权点合格评估】7月13日，外国语学院外国语言文学一级学科博士学位授权点通过校外专家合格评估。专家组通过听取自评汇报、查阅资料、教师座谈、学生座谈等形式，对学位授权点的办学理念、学科定位、培养目标、师资队伍建设、科研能力、课程设置、学生培养质量进行了全面评估。专家组经合议后，向学院反馈了意见并宣读了评估决议。

【本科教学工作审核评估】9月17日—20日，教育部高等教育教学评估中心组织专家对四川大学开展了本科教学工作审核评估现场考察。专家组成员抽检了外国语学院试卷，旁听了专业课程，并分2次到外国语学院与学院师生代表座谈。

【外国语言文学在2018年软科中国最好学科排名中名列第12位】2018年软科中国最好学科排名公布，在0502外国语言文学117所上榜学校中，外国语言文学一级学科排名第12位，位居前10%排名的首位，较2017年的排名提升了10位。

【赵艾东教授申报课题获2018年度国家社科基金重大项目立项】赵艾东教授的课题“英美涉藏档案文献整理与研究”获得2018年度国家社科基金重大项目立项。

【教师获奖】2018年，石坚教授荣获“宝钢优秀教师奖”和四川大学第五届“卓越教学奖”特等奖，赵艾东教授荣获四川大学第四届“星火校友奖教金”一等奖，曾国才副研究员荣获四川大学“五粮春青年社科之星奖”。著名翻译家杨武能教授获中国翻译协会授予的“翻译文化终身成就奖”。

【四川省英语写作大数据研究中心成立】3月30日，四川省英语写作大数据研究中心成立并正式落户四川大学，为大学生英语写作能力训练提供有效资源和充分保障。

【大学英语四六级口语考点建设】四川大学大学英语四六级口语考点由教务处牵头，外国语学院协助建设。一期工程建设按期结束并于11月17日—18日完成首考，共组织考试20场次，1760考生参考。第二期外语语言训练中心考场建设已启动。

【公共外语赛事】4月，组织举办了2018年全国大学生英语竞赛四川大学赛区比赛。四川大学报名参赛学生有7408人。19名学生荣获四川省总决赛C类（非英语专业类）全国特等奖。在全国总决赛上，指导学生获一等奖1个、二等奖1个。9名教师获得优秀指导教师特等奖。指导学生参加“外研社杯”四川省大学生英语技能挑战赛并获一等奖2个、二等奖3个。1名学生在全国总决赛中获得季军。

在批改网“百万同题”写作大赛中，参赛学生获得3个一等奖、2个二等奖和1个三等奖。

【专业外语赛事】英语专业本科生李妍获第二十一届“外研社杯”全国大学生英语辩论赛全国总决赛二等奖。俄语专业本科生张梓轩、徐然分获全国高校俄语大赛高年级组和低年级组三等奖。西班牙语专业本科生李佳婧获全国“西班牙语之星”演讲大赛一等奖。英语口译专业研究生郎婧好、杨思佳以及英语专业本科生王伟豪分获外研社“国才杯”全国英语演讲大赛一等奖、二等奖和三等奖。英语口译专业研究生陆逸君获第七届全国口译大赛（英语）全国赛区一等奖，钱龙、关小雨、王依文、杨晋获二等奖。

【筹建四川大学“天府成都国际传播研究中心”】应时任中共成都市委常委、宣传部部长田蓉同志的邀请和提议，与成都市委宣传部、成都传媒集团、成都广播电视台合作，以学院为基础成立“四川大学天府成都国际传播研究中心”，开展诸如成都国际形象研究推广、国际性运作、课题研究、提供决策报告和策划方案、媒体传播项目平台建设、语言服务、专业人才培训和大学生实习等工作。经过数次协商，已敲定相关合作内容并开展部分合作。

（以上资料由外国语学院胡刚提供）

艺术学院

【概况】艺术学院下设美术学系、艺术设计系、绘画系、广播电视编导系、舞蹈系、表演系、音乐系、数字艺术系共8个系部，拥有美术研究所、环境艺术研究所、视觉艺术研究所、四川大学非物质文化遗产研究中心等4个科研机构。

师资队伍方面。学院共有139名在岗教职工。其中专业教师119人、行政教辅20人。专任教师高级职称比例58.8%，具有博士学位比例为36.1 %，硕士、博士生导师共45人，其中含博导11人。1人获得四川大学“卓越教学奖”三等奖、1人获“五粮春”社科之星奖。学院不仅拥有一批国内外著名的艺术教育家和艺术家，还聘有一批海内外著名专家、学者担任名誉教授、客座教授。

学科建设方面。艺术学院构建了本科、硕士、博士一体的人才培养体系，有11个本科专业，3个一级学科博士授权点、3个一级学科硕士授权点和2个艺术专业硕士（MFA）授权点。有1个国家级特色专业、1个省级特色专业、2个校级特色专业、1门省级精品课程，1个国家级实验教学中心。

人才培养方面。2018级本、硕、博招生人数分别为398人、105人、12人，2018级本、硕、博在读人数396人、105人、12人。截至11月，就业率分别为98.47%、93.14%和100%。学生论文发表共计198篇，其中C刊22篇。学生各类获奖及作品展演共545个，其中国家级107个，省部级105个，市级28个，校级 204 个，院级 97 个，专利 4 个。本学年学生共申请课题 27 个，其中国家级课题 3 个，省部级课题 4 个，校级课题 20 个，有两名硕士研究生受邀参加国际学术会议并发言。

科研方面。各类科研项目立项合计 83 项，其中省部级以上项目 18 项。顺利结题 36 项，其中省部级以上项目结题 8 项。在 C 级及以上期刊发表论文 52 篇（其中 A 级 3 篇，B 级 15 篇）。科研进校经费达 250 万元。其中纵向 201 万元、横向 49 万元。教师出版学术专著 14 本，教材 4 本，为省政府和社会机构撰写咨文及研究报告 16 篇。多位教师参加国际国内学术活动并发表主题演讲。积极参加全国性展演 9 次，获得国际大奖 1 次，获得全国性奖励 4 次，连续第三年参加中央电视台春节联欢晚会，出版退休教授画册 3 本。

合作交流方面。派出教师出国（境）人数 18 人次，派出学生出国（境）人数 52 人次，接待国外（境外）短期、长期学习及来访学生共 118 人，对外交流活动 37 场次，出国交换项目学生人数共 5 人。国际课程周期间，共邀请国外 6 位专家到学院为学生们授课，邀请来自英国、美国、法国的 13 名国际留学生参加夏令营。协助学校成功举办 2018 年“一带一路”教育合作论坛。

党建工作方面。认真组织师生积极学习贯彻党的十九大、十九届二中、三中全会精神和习近平新时代中国特色社会主义思想，大力推进“两学一做”学习教育常态化制度化，严格落实“三会一课”制度，严肃党内政治生活，不断加强学院党风廉政建设，在师生党员中卓有成效地开展各项党建工作。结合庆祝改革开放 40 周年，开展“灾后重建十周年伟大成就感党恩”主题活动，组织艺术学院全体党员赴映秀镇学习参观灾后重建成果。学院本年度，共发展党员 56 人，共召开 5 次党委会，2 次党建工作会，6 次党委中心组学习会。

【精准扶贫】学院 2 次组织专业老师到学校对口支援的岳池县苟角镇和甘洛县进行艺术扶贫。分别对岳池县苟角镇创建“中国书法之乡”项目进行专业调研，对甘洛县近 50 名舞蹈教师进行了专业培训，受到该县教育局及受训教师的高度评价。

【2018 年春节联欢晚会】2 月 15 日，艺术学院舞蹈系 80 名学子参演 2018 年春晚的 7 个节目，分别是开场歌舞《万紫千红中国年》、歌曲《山笑水笑人欢笑》、歌曲《再一次出发》、歌曲《我们的新时代》、零点民族歌舞《中华手拉手》、舞蹈《亮花鞋》、结束歌舞《难忘今宵》。川大学子在全球瞩目的央视春晚舞台上，用优美、绚烂的舞姿陪伴海内外观众共度佳节。

【艺术学院召开第三届双代会第二次会议】7 月 6 日，四川大学艺术学院第三届双代会第二次会议举行。参加会议的正式代表 33 名、列席代表 26 名。会议由学院党委副书记杨梅同志主持，院长韩刚、院工会主席李延浩分别代表学院党政班子、学院工会向大会作了《艺术学院院长工作报告》《艺术学院财经工作报告》和《艺术学院工会工作报告》，院党委书记汪东升同志代表学院党委致闭幕词。

【承办 2018 年第一届国际宗教艺术与文化学术研讨会】11 月 3 日—5 日，承办的 2018 年第一届国际宗教艺术与文化学术研讨会成功举办。来自英国格拉斯哥大学、荷兰乌特勒支大学、意大利拿波里大学、日本早稻田大学等高校的专家学者出席了开幕式并参与了研讨会。

【江竹筠烈士纪念展启动仪式隆重举行】 11月27日，艺术学院师生主持设计的“锦江红梅傲雪开——四川大学校友江竹筠烈士纪念展”暨“做新时代红色传人”主题教育活动启动仪式于望江校区原国立四川大学女生院举行。艺术学院博士生导师段禹农教授为项目带头人，侯汝军、续昕等共产党员师生为主的设计创作课题组，通过积极开展调研，针对性地收集和参阅相关史料、扎实创作设计、全程严格监督施工，使江姐纪念馆在历时近九个月的时间得以完成。把红色文化融入学校的生活环境中，使得红色基因得以传承。

【承办中国当代美术建设专题研讨会】 12月8日，承办的“中国当代美术建设专题研讨会系列：承继、拓展与建构——中国现当代美术史论国际研讨会”成功举办。来自巴黎国立高等美术学院、美国西东大学、德国波恩大学、四川大学、清华大学、中山大学、中国美术家协会、中央美术学院等20余名专家学者齐聚一堂，就此次会议的主题展开了讨论。

【教师发展佳绩频传】 艺术学院韩刚教授、黄宗贤教授分别入选2018—2022年教育部高等学校艺术学理论类、美术学类专业教学指导委员会委员；吴永强教授、支宇教授任四川省评论家协会理事；韩刚教授担任四川省文艺评论家协会第四届主席团副主席兼秘书长；黄宗贤教授担任四川省美术家协会第七届主席团副主席；李延浩教授担任四川省舞蹈家协会第八届主席团副主席；吕金光教授、杨帆博士担任四川省书协第七届协会理事；刘志超老师担任教育委员会副秘书长；学院7位老师增列为国家社科基金同行评议专家。陈小林教授再次荣获2018年“世界之星”WorldStar Packaging Awards包装大奖；吴卓老师指导项目斩获“互联网+”全国大学生创新创业大赛、全国大学生创业视频大赛两项金奖；音乐系教授宋阿依姆荣获“第六届孔雀奖全国高等艺术院校声乐展演”三等奖等。

（以上资料由艺术学院刘婷提供）

历史文化学院（旅游学院）

【概况】 历史文化学院（旅游学院）下辖历史系、考古学系、旅游与景观学系、国际旅游与酒店管理系（全英文）、会展与休闲学系5个教学系；设有中国藏学研究所、古籍整理研究所、国际儒学研究院、城市研究所、历史研究所等10个研究所，西南文献研究中心、东西方社会文化比较研究中心、三国文化研究中心、长江文明研究中心等6个科研中心以及1个区域历史与民族文化社科普及基地（四川省哲学社会科学普及基地）；主办四川省巴蜀文化研究会。学院设有2个编辑部，出版《中国历史学前沿》（英文）和《旅游人类学杂志》（英文）2种刊物。藏学研究所出版《藏学学刊》（CSSCI来源辑刊）和《南方民族考古》，古籍整理研究所出版《宋代文化研究》期刊。学院设有3个实验室：四川大学考古学实验教学中心、四川大学旅游管理实验室、四川大学历史文化学院口述史实验室。其中，考古学实验教学中心是全国4个国家级考古学实验教学示范中心之一，同时亦是四川大学“523实验室工程”二期建设项目和四川大学“985工程”专业实验室建设项目。

师资队伍方面。在职教师159人（含高端外籍教师1人）。其中专业教师135人（含思政教师7人）、教辅岗12人、行政管理人员10人，教授（研究员）41人，二级教授共5人，三级教授8人，副教授（副研究员）46人；硕士研究生指导教师37人，博士研究生指导教师32人；杰出教授1人，长江学者3人，青年“长江学者奖励计划”1人；获得国务院特殊津贴8人，四川省学术和技术带头人9人。

学科建设方面。设有3个博士后流动站，有考古学、中国史、世界史3个一级学科，有中国史、世界史、考古学、旅游管理、民族学5个一级学科硕士点以及中国史、世界史、考古学、旅游管理学、文化遗产与旅游开发和藏族历史、经济与社会发展6个博士点，有民族学、中国史、世界史、考古学、旅游管理、酒店管理学、会展节事与管理等7个硕士研究生专业及文物与博物馆硕士和旅游管理硕士2个专业学位硕士专业。本科设有历史学（基地班）、考古学、文物与博物馆学、旅游管理、会展与经济管理5个专业。

人才培养方面。在校本科生803人、硕士生506人、博士生139人、外国留学研究生61人；招收硕士新生187人，博士新生50人；毕业硕士生164人，授予硕士学位164人；博士生毕业39人，授予博士学位37人；博士后出站4人，进站28人，在站博士后87人。2018年度，学院开设本科课程261门，包括，全英文课程9门、实验课程16门、MOOCs15门。

科研情况方面。出版专著39部（套），发表论文234篇。其中C级及以上论文160篇，在《历史研究》《考古学报》《新华文摘》等权威核心期刊、SSCI（1、2区）、A&HCI A级期刊上发表论文18篇，B级论文60篇，C级论文80篇；新增国家社科基金重大招标项目2项，国家社科基金项目15项，教育部重大课题攻关项目1项，省规划7项。科研总经费达1500余万元。获第四届全国民族研究优秀成果奖一等奖1项、三等奖2项，中国藏学研究最高奖——第四届“中国藏学研究珠峰奖”一等奖1项、二等奖2项、三等奖1项。

合作交流方面。邀请国外、港澳台专家、知名学者到我校参加学术访问及讲座20余人次；举办国际会议4个。派出教师参加国际学术交流29人次，派出学生出境交流24人次，接收境外学生69人，培养境外学历生（本、硕、博）共计123人。在国家留学基金委联合培养博士生方面，学院共有4名博士生分别前往美国哈佛大学、日本早稻田大学和九州大学进行交流学习。

党建及学生工作方面。学院党委深入学习贯彻习近平新时代中国特色社会主义思想和党的十九大精神；坚持从严治党，强化党建工作主体责任，加强制度建设；重视党风廉政教育；加大意识形态和思想政治工作力度，严把政治关，推动学风教风建设；完成教师党支部支委换届工作，落实教师党支部书记“双带头人”培育工程，加强基层组织建设。本年度确定40名党员发展对象参加党校培训，新发展党员52人，师生党员共计366人；开展支部书记培训2次，派出4名支部书记前往井冈山参加党性教育专题培训、1 名教师党支部书记参加“双带头人”培养工程，提高党支部书记的党务素质。

学院学生工作紧紧抓住学生思想政治教育的主线，认真学习贯彻“两学一做”学习教育、习近平系列重要讲话精神和党的十九大会议精神，以学生全面发展为导向，着力培养学生自我教育、自我管理和自我完善意识，切实提高学生的综合素质。通过各种形式和主题加强学生思想政治教育，确保学生安全稳定；严格入党工作程序，全过程加强学生党建工作；注重学生日常行为规范管理，努力培养学生自我管理和自我完善意识；以学生为本，全员参与，精准帮扶特殊群体学生。

【庆祝中国共产党成立 97 周年暨表彰大会顺利举行】6 月 28 日，举行庆祝中国共产党成立 97 周年暨表彰大会，大会以“不忘初心，砥砺前行”为主题，共表彰优秀共产党员 16 名、优秀党务工作者 12 名和先进党支部 3 个。

【重走长征路主题党组织活动圆满成功】11 月 9 日至 11 日，学院党委组织师生党员代表、非党员人士代表 30 余人赴赤水开展了为期 3 天的“重温四渡赤水，传承革命精神”重走长征路主题党组织教育学习活动，学习四渡赤水战役文化，感受四渡赤水精神，坚定理想信念。

【2018“软科中国最好学科排名”获佳绩】2018“软科中国最好学科排名”，学院三个一级学科获佳绩——中国史学科排名第 2 位，考古学学科排名第 4 位，世界史学科排名第 13 位。

【教育教学改革成果丰硕】学院教师参与获国家级教学成果奖特等奖 1 项；学校第五届“卓越教学奖”三等奖 1 项、第四届“五粮春青年教师优秀教学奖”1 项；东西部联盟慕课《巴蜀文化》入选“最美慕课——首届中国大学慕课精彩 100 评选展播活动”；获国家精品在线开放课程奖励 1 项、省级精品在线开放课程奖励 3 项；学生带队获第四届全国“互联网+”大赛金奖 1 项。

【学生综合能力培养亮点突出】院学生会以全校排名第四的好成绩，获四川大学 2017—2018 年十佳学生会称号；学生刘勇参与“wowgo 我行专业户外服务平台项目”获第四届全国“互联网+”大赛金奖；邵伟恒获全国大学生游泳锦标赛男子 4×100 米自由泳接力第四名。

【多渠道“引培”高水平人才，成果显著】成功引进原国家图书馆常务副馆长陈力教授、牛津大学 Spalding 讲席教授（全球印度学领域最具影响力的讲席之一）、埃迪斯科文大学黄松山教授、三级教授李锦老师，特聘副研究员 3 人，选留专职博士后 9 人；获 CSC 资助赴剑桥等境外访学 2 人。

新增青年长江学者称号 1 人，入选第十二批四川省学术和技术带头人、后备人名单 4 人，获宝钢优秀教师奖 1 人。

博士后工作再创新高。进站博士后 28 人，较去年增长约 150%，且进站博士后构成丰富，包括本院老师 12 人、外院老师 9 人、外校老师 4 人，联合培养 3 人。

【举办高水平学术交流活动，搭建高水平学术平台】10 月 19 日至 22 日，由四川大学、中国先秦史学会、中国古文字研究会联合主办，学院承办“纪念徐中舒先生诞辰 120 周年国际学术研讨会”，省委常委宣传部甘霖部长全程参与此次会议。

10 月 19 日至 21 日，藏研所主办“第七届西藏考古与艺术国际学术讨论会”，本次大会是迄今为止中国举办的规模最大、最为成功的一次国际藏学会议。

10月22日至24日，参与主办第二届中国考古大会，考古系承办“中国考古学研究·第二届中日论坛”、博物馆展出“两河流域与三星堆文明对话展”等，均获成功。

10月27日至28日，参与主办“中国与世界：多元视野下的中国城市史研究学术研讨会暨中国城市史研究会2018年会”，为中国城市史研究注入新的活力和生机。

11月20日至24日，与埃迪斯科文大学联合主办“第二届中澳旅游论坛”，被多家媒体报道，获社会关注。

【国际合作平台搭建工作取得新进展】 4月25日，与美国圣路易斯华盛顿大学共建的“亚洲山地考古联合实验室”项目签署学术合作备忘录。

5月10日，斯里兰卡考古学实习基地拓展——南亚考古发掘项目正式签署合作协议，曼泰遗址中斯联合考古前期探测调查工作取得新突破。

5月，与哈佛大学费正清中国研究中心共建成的“西部中国研究中心”进入实质性合作阶段，共有2个合作项目由学校立项支持并取得初步成果。

［以上资料由历史文化学院（旅游学院）胡乐玺提供］

数学学院

【概况】 数学学院设拓扑学、几何代数、数论及其应用、微分方程、函数论、信息与计算科学、经济与金融数学、概率与统计、高等数学9个教研室，四川大学数学研究所（1978年学校批准成立，1983年教育部批准）、长江数学中心（2004年成立的“985工程”创新平台）、四川大学统计学研究中心（2013年学校批准成立）、国家天元数学西南中心（2017年国家自然科学基金委批准）等3个中心，以及包括四川省重点实验室在内的3个专业实验室。设有图书馆数学学院分馆，具有中外文藏书近8万册，期刊300余种，现刊170余种，以及涵盖几乎所有重要的数学电子期刊与书库。

师资队伍方面。学院有教职工共177人。其中专任教师135人、研究人员19人、教辅人员4人。有教授50人，特聘研究员1人，副教授47人，特聘副研究员9人，讲师38人，专职博士后9人。博士生导师41人，硕士生导师59人。有中科院院士1人，国务院学位办学科评议组成员1人，国家杰出青年科学基金获得者5人，教育部“长江学者奖励计划”特聘教授4人，国家“万人计划”科技创新领军人才1人，国家优秀青年科学基金获得者5人，教育部长江计划青年学者2人，国家杰出青年科学基金（B类）获得者5人，教育部“长江学者奖励计划”讲座教授2人，国家有突出贡献中青年专家3人，国家百千万人才工程第一、二层次人才2人，教育部跨（新）世纪优秀人才14人，教育部高校青年教师奖1人，教育部优秀青年教师资助计划5人，省部级有突出贡献优秀专家5人。

学科建设方面。数学学科是一级学科国家重点学科，具有一级学科博士学位授予权，是“211”“985”工程重点建设学科，首批进入国家基础科学人才培养数学基地和国家基础学科拔尖学生培养试验计划的学科。学院设有四川大学数学博士后流动站；博、硕士学位授权学科包括数学、统计学两个一级学科及所有二级学科；本科设有数学与应用数学、信息与计算科学、统计学3个专业。

人才培养方面。招收本科生215人、硕士生65人、博士生32人。在读本科生864人，分布在数学拔尖班、数学基地班、数学—经济创新班、数学大类等，在读硕士研究生183人，在读博士研究生100人，在站博士后研究人员4人。2018年度，学院学生获第一届“阿尔·花刺子模”国际大学生数学竞赛1金1银2铜，美国大学生数学建模竞赛一等奖5项、二等奖27项、三等奖19项等国际级奖项，获全国大学生数学竞赛一等奖1项、二等奖3项、三等奖2项等国家级奖项。此外，在大学生创新创业训练计划中获国家项目2项、省级项目2项，在全国大学生数学竞赛四川赛区7个决赛名额中川大数学学院占6名。

学院在2018年调整和更新了本科本专业的教学大纲，新出版教材5种，其中《单变量微积分》（邹云志教授编写）版权已输出到德国德古意特出版社，在德国出版并在全球发行。另外，新建MOOC 2门，4人次教师在全国高校数学微课竞赛中获奖，包括全国决赛一等奖1名、全国决赛二等奖1名、西南赛区特等奖2名。这些条件保障了学院的人才培养。

科研建设方面。共申请国家自然科学基金41项。其中获批17项，含重点1项、优青1项、面上项目9项、青年项目4项，到校经费达1143万元。共发表SCI论文（仅统计第一作者第一单位或通讯作者第一单位）121篇，包括B级期刊17篇、C级期刊25篇。

合作交流方面。承办超过千人规模的CSIAM（中国工业与应用数学学会）年会，主办2018统计科学论坛暨一流学科建设研讨会、第五届川渝数论研讨会、2018李群与自守表示研讨会、数学拔尖学生联合暑期学校、西部高校数学教师暑期培训班等28场次，邀请超过100名有国际知名度的专家来到学院做学术报告563场，包括“菲尔兹奖”获得者、美国国家科学院院士、美国艺术与科学学院院士Efim Zelmanov，美国科学院院士、美国艺术与科学院院士郁彬，国际著名数学家、美国人文与科学院院士张寿武，以及国内一大批知名数学家如姜伯驹院士、马志明院士、严加安院士、田刚院士、袁亚湘院士、张平文院士、汤涛院士、江松院士等。

党建及学生工作方面。积极推进“党委理论学习中心组”“基层党支部书记”“基层党支部”“全院教职工集中学习”开展专题学习教育活动，形成了“领导班子—支部书记—支部党员”为主线的理论学习教育制度，同时积极推行“书记院长为学生讲党课制度”“党委委员深入支部讲党课”等学习制度。书记院长全年为学生上党课共计3次，为教职工上思想政治课共计7次；党委委员深入支部讲党课20余次。2018年，学院党校举办发展对象培训班1期，培训发展对象46人，发展党员30人。

【党风廉政工作常抓不懈】4月，学院紧密围绕“我的初心，我的使命，我的一流”活动主题，通过班子中心组学习、全院教职工大会专题学习、党支部主题组织生活、教研室学习及展板主题宣传等形式，组织全院广大党员及师生职工全方位多方面地深入进行 2018 年党风廉政教育宣传活动，认真践行党的宗旨，保持党的纯洁性，使全院师生和党员干部在思想上、行动上受到了一次广泛深刻的教育。

【举办“青年学者论坛”】 5 月 16 日，成功举办第三届全球青年学者论坛暨数学分论坛，来自麻省理工学院、加州大学欧文分校、英国赫尔大学等国际知名高校和研究机构的 7 名优秀青年学者通过专题报告、学术研讨等形式，与学院专家学者进行了深入的交流。

【举行庆祝中国共产党成立 97 周年暨表彰大会】 6 月 29 日下午，学院隆重举行庆祝中国共产党成立 97 周年暨表彰大会。表彰学院 2 个“先进基层党支部”、11 名“优秀共产党员”以及 3 名“优秀党务工作者”。

【中心建设成果显著】 10 月，李安民院士成功通过了国家自然科学基金委员会数学天元基金的“天元数学中心项目”答辩，在东北、西北、东南等中心竞争中夺得唯一一项一期四年的“国家天元数学西南中心（2019—2022 年）”共计 1200 万元资助。

【支部及教研室建设扎实推进】 学院继续加强支部及教研室建设，选优配齐支部书记和教研室主任。各基层党支部和教研室积极开展活动，并取得积极成绩。创建“党员之家（线上线下）”；探索“支部建在教研室上”的教师支部发展路径；学生支部开展形式多样的专题活动；积极推进“互联网＋”支部建设工作。2018 年学院各支部和教研室开展各类活动 160 余次，并积极开展特色活动。

【科研及获奖】 学院承担的国家自然科学基金创新群体项目“数学物理”连续获得第三次（6 进 9）滚动支持，李安民院士团队参加的国家自然科学基金重大项目“模空间理论与几何不变量的构造”获得批准。获四川省自然科学一等奖 1 项（李安民院士主持）、教育部自然科学一等奖 1 项（张伟年教授主持）、国家自然科学基金重点项目（张伟年教授团队）、国家重点研发计划课题（课题负责人胡兵教授）。

【人才获奖】 刘建军获得国家优秀青年科学基金，吕琦获得中国工业与应用数学学会应用数学青年科技奖，张旭获天府杰出科学家，张伟年获天府创新领军人才，沈晓静获天府科技菁英，杜力力、洪绍方、潘建新、彭联刚、谢小平、张树果获第十二批“四川省学术和技术带头人”，付晓玉获第十三批“四川省有突出贡献的优秀专家”，胡文贵、胡泽春、吕琦、沈晓静获第十二批四川省学术和技术带头人后备人选。

【人才队伍进一步壮大】 “菲尔兹奖”获得者、美国国家科学院院士、美国艺术与科学学院院士 Efim Zelmanov 和美国科学院院士、美国艺术与科学学院院士郁彬受聘为四川大学名誉教授，中国科学院院士马志明受聘为四川大学特聘院士。

【教育教学获奖】 张伟年获四川省教学成果一等奖，杜正东获“唐立新教学名师奖”，胡朝浪获四川大学“星火校友奖教金”二等奖，翁洋获“五粮春青年教师优秀教学奖”，陈闯、杨亮、赵永红获四川大学 2018 年青年教师教学竞赛奖，李洪旭、罗伟获四川大学 2017—2018 年度先进个人优秀教师奖。

（以上资料由数学学院杨亚岚提供）

物理科学与技术学院（核科学与工程技术学院）

【概况】 物理科学与技术学院（核科学与工程技术学院）下设2个相对独立的研究所（原子核科学技术研究所和原子与分子物理研究所）、3个系（物理学系、核工程与核技术系、微电子学系）、2个教学中心（基础物理教学中心和基础物理实验教学中心）、1个理论物理中心、2个教育部重点实验室（高能量密度物理及技术教育部重点实验室及辐射物理及技术教育部重点实验室）。

师资队伍方面。有教职员工241人，其中院士2人、特聘和兼职院士3人、博士生导师50人、教授（研究员）64人、副教授（副研究员）70人；教育部“长江学者奖励计划”特聘教授2人，国家外专局高端外籍专家2人；国家中青年科技创新领军人才1人，新世纪百千万人才工程国家级人选1人；国务院学位委员会学科评议组成员2人，教育部高等学校教学指导委员会委员3人，四川省学术和技术带头人14人，教育部新世纪优秀人才9人。新进特聘副研究员、专职博士后等17人，退休5人，2018年学院青年教师荣获“第二届‘高等教育杯’全国高等学校物理基础课程青年教师讲课比赛”全国决赛二等奖、“四川大学2018年青年教师教学竞赛”理科组二等奖、“全国高等学校电子信息类专业青年教师授课竞赛决赛”一等奖、“第四届四川省高校青年教师教学竞赛理科组”优秀参赛奖、“四川大学2018年青年教师教学竞赛”理科组一等奖。

学科建设方面。学院有1个博士后流动站（物理学），2个一级学科博士授权点（物理学和核科学与技术），在11个专业招收博士生，18个专业招收学术硕士或工程硕士生。有3个本科专业，其中物理学为“国家理科基础科学研究和教学人才培养基地”和“国家基础学科拔尖学生培养试验计划”学科，核工程与核技术为教育部第一批高等学校特色专业建设点。学院建有辐射物理及技术、高能量密度物理及技术2个教育部重点实验室、核科学与核技术教育部网上合作研究中心以及原子分子工程与高压合成、微电子技术和光学3个四川省重点实验室、理论物理研究中心以及（四川大学—伦敦大学玛丽女王学院）中英联合材料研究所。拥有原子与分子物理、核技术及应用2个国家重点学科，凝聚态物理国家重点学科培育学科，以及光学和理论物理四川省重点学科。学院顺利完成“核科学与技术交叉创新研究科技平台”和“极端条件物理与技术研究科技创新平台”两个“985工程”平台建设项目。

1月，学院正式获批并启动四川大学一流学科建设项目：“量子科学及新型外场下的物理学”及“基于加速器的核技术及应用”。经过一年的时间，取得了丰硕成果：2018年物理学发表文章的总影响因子达到了532.5，其中IF>3的文章有64篇；A级期刊1篇；*NATURE INDEX* 的文章有 28 篇，包含 *Nature Communitions*、*Physical Review Letters*、*ASC NANO*、*Physical Review B*、*Applied Physics Letters* 等期刊发表的论文，实现了重大突破。2018 年度学院到校科研总经费首次突破 5000 万元，是学科历年最高值；其中国家重点研发计划 647.26 万元，单项经费超过 1000 万元的重大项目有 2 项。高能量密度物理及技术教育部重点实验室以优异成绩通过教育部评估；新型外场下的原子分子物理及高压物理、新型外场下的材料结构与性能研究、量子点合成与性质调控以及生物成像应用、多场耦合下量子输运及低维拓扑体系的量子光学研究、新型光场与物质相互作用的量子调控及电子激发动力学等一流学科建设平台取得显著成果。同时，学院顺利完成大学生双创物理前沿双创智能化自主实验平台建设并顺利开展本科生通识课程及科研训练，取得很好的成效。

人才培养方面。招收本科生 282 人、硕士研究生 55 人、博士研究生 27 人；毕业本科生 222 人、硕士生 37 人、博士生 19 人；在读本科生 1138 人、硕士生 219 人、博士生 119 人。全年共开出本科课程 167 门、594 门次，其中全英文授课课程 10 门，邀请校外专家开设实践应用及创新创业型课程 8 门，教授为本科生上课比例 100%，高水平教材使用率达 80.3%。课程建设方面，目前进入四川大学课程中心网站建设的课程总数达 34 门，“光学”为国家级精品资源共享课程、省级精品在线开放课程，“大学物理学”为省级精品资源共享课程、省级精品在线开放课程，“大学物理实验”为省级精品资源共享课程。2018 年出版“十二五”国家级规划教材《医学物理学》及 *String Fields, Higher Spins and Number Theory* (World Scientific 出版社出版)。2018 年共有 11 个项目获批四川大学新世纪高等教育教学改革工程（第八期）研究项目，其中 1 项为重点项目，16 项在研四川大学实验技术项目。2018 年“实践及国际课程周”期间，物理学院组织本院教师为 2015 级、2016 级物理学、核工程及核技术、微电子科学与工程专业的同学安排了短期研讨课程、学术竞赛培训、创新创业论坛、创新实验及科研训练、产业发展调查、赴签约实习基地开展科研及参观实习等丰富多彩的实践活动，邀请了来自英国、美国名校的 7 名外籍教师来校开设了 8 门全英文短期课程。8 月 19 日—9 月 2 日遴选了 19 名学业成绩优秀、创新能力突出的物理学专业本科生到牛津大学 Hertford 学院进行了为期 2 周的“Science in Oxford Programme”暑期交流学习活动。全年赴境外参加课程学习、毕业论文设计、短期交流及学术会议的学生总数达 49 人次。学院本科生在 *Physical Review B*、*Applied Physics Letters*、*Optics Express*、*Am. J. Phys* 等中英文学术期刊发表论文 15 篇，在导师指导下申报国家发明专利 3 项。有 50 人次在国际基因工程机器大赛（IGem）、第九届中国大学生物理学术竞赛（CUPT）获团体三等奖、四川省第四届大学生普通物理知识竞赛等学科竞赛中获团体特等奖。

学院进一步提升研究生培养质量，2018 年学院新增 3 门研究生课程，分别是“实验粒子物理（中英文）”“稀有事例的统计学方法”和“辐射探测与测量工程基础”。2018 年学院研究生获得 3 项四川大学研究生科研创新基金项目，其中 1 项为重点项目。学院博士发表 SCI 论文 56 篇；获得授权专利 8 项；博士参加国际会议或短期学习 11 人次。与国外高水平大学及研究机构联合培养研究生 6 人次。2018 年 7 月学院成功举办了第二届“四川大学物理科学与技术学院全国优秀大学生暑期夏令营”，研究生生源质量得到有力保障。

科学研究方面。共发表 SCI 论文近 230 篇。在 *Physical Review B*、*Applied Physics Letters* 等 B 级及 B 级以上期刊共发表 SCI 论文 40 余篇。全院进校经费 5033.12 万元。学院积极组织申报各类重点、重大及自然基金项目近 70 余项，比 2017 年大幅增加且类别呈现多元化。获得国家自然科学基金资助 22 项，特别是优秀青年基金项目实现了零的突破。学院青年教师还荣获四川大学青年科技奖、四川大学青年科技学术带头人培育项目等。全院教师授权发明专利近 20 项。与清华大学、中国工程物理研究院等深度合作，合作经费单项超过 200 万元的横向课题数目 2 项。

合作交流方面。承办了第二十届全国凝聚态理论与统计物理学术会议、高纯锗半导体探测器新技术及天文物理前沿学术研讨会、2018 年原子核团簇物理国际研讨会、第四届核科学与技术协会学术年会及“四川大学青年学者论坛——物理专场”。先后邀请了包括学院名誉院长、诺贝尔物理学奖得主丁肇中教授，诺贝尔物理学奖得主、美国伊利诺伊大学安东尼·莱格特教授，美国科学院院士、美国加州大学戴维斯分校 Alexandra Navrotsky 教授，中国工程院夏佳文院士及多名专家为学院师生做学术报告，取得了很好的效果。

党建与学生工作方面。学院共设置基层党支部 21 个，其中学生党支部 9 个、教工党支部 12 个。共有党员 433 人，其中 2018 年新发展党员 41 人、转正 31 人。本科生参加 75 项“大学生创新创业训练计划”，其中国家级 7 项、省级 7 项、校级 61 项；24 人次获得国家级及省级学术竞赛奖项。本科生 14 人次获得国家奖学金、43 人次获得国家励志奖学金，研究生 8 人次获得硕士国家奖学金、6 人次获得博士国家奖学金；2018 年物理科学与技术学院获得军训先进团队和本科招生工作先进集体；学院教师获得“学生工作系统学生关心帮扶工作先进个人”“2017—2018 学年社团十佳指导教师”“第四届四川省大学生普通物理知识竞赛优秀指导教师”“军训先进团队个人”“四川大学 2017 年年度优秀思政教师”和“五粮春优秀辅导员”“2017 年本科教学工作课堂教学质量优秀奖”等荣誉称号。本年度，学生获得学校第二届体育舞蹈团体赛体育道德风尚奖、第三届瑜伽团体赛体育道德风尚奖、第七届拔河比赛体育道德风尚奖、第六届 20 人 21 足比赛第七名。学院顺利召开“四川大学物理科学与技术学院、核科学与工程技术学院第三届教职员工暨工会会员代表大会第二次会议”。

【高能量密度物理及技术教育部重点实验室顺利通过教育部评估】 10 月，高能量密度物理及技术教育部重点实验室在北京顺利通过教育部评估，重点实验室主任张红教授从实验室总体定位及发展潜力、研究水平及贡献、队伍建设及人才培养等方面，向专家们做了详细讲解。

【一流学科、大学生双创平台建设取得丰硕成果】 “量子科学于新型外场下的物理学”“基于加速器的核科学与技术” 2 个一流学科平台建设取得丰硕成果。共发表 SCI 论文近 130 篇。科研总经费首次突破 5000 万元。获得国家自然科学基金资助 22 项，特别是优秀青年基金项目实现了零的突破，专职科研队伍年度引进 13 人。高端国际合作及青年教师培养均取得了优异成绩。

以物理实验中心牵头的大学生双创平台建设顺利完成，基于平台的相应通识课程及科研训练取得成绩，本科生在双创平台所做的创新训练成果发表在 *Physical Review B* 等物理学顶级期刊论文。

【学院国内外学术交流及合作取得成果】 6 月，诺贝尔物理学奖得主、美国伊利诺伊大学莱格特教授来访学院并受聘为四川大学物理学院名誉教授。9 月，物理学院名誉院长、诺贝尔物理学奖得主、美国麻省理工学院丁肇中教授再次来访学院并为学院师生做了学术报告，对学院一流学科建设提出建议和意见。

学院成功举办了“全国第二十届凝聚态理论与统计物理学术会议”“四川大学全球青年论坛——物理专场”“高纯锗半导体探测器新技术及天文物理前沿学术研讨会”“原子核团簇物理国际研讨会（WNCP）”“手征有效场论以及第一性原理方法”“Chengdu—CUSTIPEN workshop on theory of rare nuclear decays”“天文物理锗探测器新技术应用研讨会”“第一原理原子多体理论在暗物质直接探测实验的效应研讨会”、“QCD 轴子和轴子暗物质候选者研讨会”及“2018 Workshop on nuclear cluster workshop”等高水平国际学术会议，并成功举办“2018 年优秀大学生暑期夏令营”。

【四川大学物理学院教师国内外影响力不断提升】 白春林教授获得优青资助，实现了学院优青零的突破；林方老师获得“四川大学五粮春青年教师优秀教学奖”；张红教授荣获国务院政府特殊津贴专家称号；张红教授、朱建华教授、杨朝文教授被聘为新一届教育部教学指导委员会委员；高福华教授荣获四川省学术和技术带头人后备人选；张红教授受聘为国际物理学期刊 *Physics B* 编辑。

【多项科研成果荣获四川省科技进步二等奖】 卢铁城教授课题组提出超高压低温烧结理论并成功实现高韧性大尺寸纳米透明陶瓷制备，获得 2017 年度四川省科技进步奖（自然科学类）二等奖。刘宁教授课题组构筑了具有显著特色的加速器同位素研究及应用的技术平台，建立了具有自主知识产权的新型和特殊放射性同位素的制备工艺路线，获得 2013 年度四川省科技进步奖二等奖。勾成俊教授课题组成功研制了用于肿瘤放射治疗的重要设备三维放射治疗计划系统（TPS）和自动多叶准直器（MLC），获得 2013 年度四川省科技进步奖二等奖。

【完善人事考核及绩效分配制度，坚持师德教育、坚持立德树人根本任务】 进一步完善了人事考核及绩效分配制度，坚持立德树人这一根本任务，绩效分配向教学效果好、学科贡献突出的一线教师大幅倾斜。认真学习《新时代高校教师职业行为十项准则》，把教书育人和自我修养相结合，进一步加强师德建设，在教师年度考核、表彰奖励等工作中严格进行师德考核，实行师德失范“一票否决”。

［以上资料由物理科学与技术学院（核科学与工程技术学院）刘银娟提供］

化学学院

【概况】化学学院现有化学专业、应用化学专业及化学基地班和拔尖班，设有无机化学、有机化学、分析化学、物理化学、高分子化学与物理、放射化学、绿色化学、化学生物学共8个教研室以及化学基础实验中心和仪器测试中心。学院主办有国内外公开发行的化学类中文核心期刊《化学研究与应用》。

师资队伍方面。在职教职工178人，其中教学科研岗专任教师124人（含思政教师5人）、专职博士后2人、实验教辅人员30人；专任教师中有正高69人、副高42人、博导54人、硕导97人（含博导）。有中国科学院院士2人（其中1人双聘）、中国工程院院士1人、教育部"长江学者奖励计划"特聘教授3人、讲座教授1人、国家杰出青年基金获得者6人、"万人计划"科技创新领军人才2人、国家教学名师1人、新世纪百千万人才工程国家级人选4人、"万人计划"青年拔尖人才1人、国家优秀青年基金获得者6人。新增国家杰青1人（彭强）、"万人计划"科技创新领军人才1人（汪秀丽）、国家优青2人（陈力、余达刚）、第四届中国科协青年人才托举工程人选1人（赵海波）、四川省学术与技术带头人3人（刘小华、刘波、郑成斌）、四川省杰出青年科技人才2人（郑成斌、宋飞）。胡常伟教授当选教育部大学化学课程教学指导委员会副主任委员；郑成斌教授当选教育部高等学校化学类专业教学指导委员会委员；王玉忠院士当选四川大学教学指导委员会主任。

学科建设方面。设有化学一级学科博士学位授权点及化学博士后科研流动站。建有环保型高分子材料国家地方联合工程实验室、绿色化学与技术教育部重点实验室、环境友好高分子材料教育部工程研究中心、绿色化学四川省高校重点实验室、降解与阻燃高分子材料四川省高校重点实验室、四川省环境友好高分子材料国际联合研究中心等国家及省部级科研。与生命科学学院共同承建有能源植物生物燃油制备及利用国家地方联合工程实验室，作为依托单位合作建设有四川省环境保护环境催化材料工程技术中心。现有国家基金委创新研究群体1个、教育部创新团队2个。有机化学学科为国家重点学科，高分子化学与物理学科是国家一级重点学科"材料科学与工程"重要建设单位之一；化学一级学科为四川省重点学科；化学专业为国家特色专业；放射化学学科是国家"特殊学科点"。新增"环境与火安全高分子材料省部共建协同创新中心"获教育部首批认定。11月，学院作为主要贡献单位的四川大学化学学科进入ESI前0.5‰。同时，化学学科的全球自然指数排第20名，实现大幅度提升。

人才培养方面。有国家教学团队1个，国家级精品课程1门，建有理科基础科学研究和教学人才培养基地，是国家拔尖人才培养试点单位。顺利通过本科教学评估和四川大学化学一级学科学位授权点合格评估，完成教育部高等教育司关于开展“基础学科拔尖学生培养试验计划”实施十年的自评，制定并实施《四川大学化学学院关于博士研究生招生管理实施细则》《四川大学化学学院博士研究生申请考核制招生实施办法》《四川大学化学学院研究生学位论文质量管理细则》。共招收本科生 273 人、硕士生 164 人、博士生 67 人；毕业授位本科生 201 人、毕业硕士生 117 人，博士生 51 人，化学分委会授位硕士生 127 人、博士生 59 人。目前在读本科生 967 人、硕士生 440 人、博士生 179 人。2018 届本科生就业率 98.15%，研究生就业率 100%。

科研方面。学院高度重视基础研究，加大投入力度，采取多种方式鼓励全院教师积极申报各类计划项目和单位委托项目。申报国家自然科学基金 85 项，获准 28 项，获准率 32.9%，比去年上升了 6%；获批项目包括重大项目 1 项、国家重大科研仪器研制项目 1 项、面上项目 16 项、青年基金 4 项、联合基金 1 项、国家杰出青年科学基金 1 项、国家优秀青年科学基金 2 项。省部市级项目共获批 18 项（申报 32 项），校级项目获批 17 项（申报 31 项）。到校总经费 5193 万元，比 2017 年增长 26%；申请中国发明专利 64 项，授权发明专利 27 项；以第一作者/第一单位发表 SCI 收录论文 336 篇，高水平论文数量持续增长，6 篇文章发表在 A 级期刊，123 篇文章发表在 B 级期刊，篇均影响因子由 2013 年的 4.28 上升至 6.00，IF>10 的期刊文章发表总数从 2013 年的 19 篇上升至 36 篇。

合作交流方面。获准国家建设高水平大学公派研究生项目出国联合培养 3 名。共邀请国内外著名专家学者 88 名来校讲学，其中包括 55 名国外及港澳台知名学者。国际课程周期间，学院共邀请 6 名化学领域国际知名学者来校开设课程，10 名来自英国和美国的留学生与学院大学二年级本科生共同参加交流营系列活动。百余人次参加全国学术会议，38 余人次参加境外国际学术交流及研讨会。组织 13 名 2016 级拔尖班学生赴美国弗吉尼亚大学、杜克大学进行为期两周的交流学习；与香港理工大学合作申请 2018 年度香港与内地高等学校师生交流合作项目，香港理工大学 23 名本科生及 2 名博士生于八月来院交流。承办了第六届气化及其应用国际研讨会。

党建及学生工作。学院党委组织庆祝中国共产党成立 97 周年活动、组织党员观看电影《厉害了，我的国》、组织师生观看纪念马克思诞辰 200 周年直播实况、组织师生观看改革开放四十周年大会、组织邓小平故里——华蓥山红色革命基地参观、开展“重走改革开放路，砥砺爱国奋斗情”主题活动和社会实践活动、举办“改革春风‘化’新翼”主题文艺晚会等纪念改革开放四十周年系列活动。通过这些活动，扎实有效地推进了社会主义核心价值观培育践行。继续开展岛津科技创新和宏坤·银杏杯化学知识竞赛活动。举办 77 级、78 级校友入校 40 周年纪念大会并颁发第二届“桃李芳华奖”。

【集体或个人奖励】11 月 18 日，第三届未来科学大奖颁奖典礼在北京隆重举行。冯小明院士以其在发明新催化剂和新反应方面的创造性贡献，为合成有机分子特别是药物分子提供了新途径的杰出成果获颁“物质科学大奖”。王玉忠院士主持完成的“不易成炭高分子材料的高效凝聚相阻燃体系构建及其作用机制”荣获高等学校科学研究优秀成果自然科学一等奖。

12 月，教育部公示全国高校“百个研究生样板党支部”评审结果，学院环保型高分子党支部获 2018 年教育部高校“百个研究生样板党支部”。12 月，经第十五届中国青年女科学家奖评审委员会初评、复评，学院刘小华教授荣获第十五届中国青年女科学家奖。冯小明院士获中国化学会黄耀曾金属有机化学奖。刘小华获 2018 年中国化学会——英国皇家化学会青年化学奖。余达刚获 2018 年中国化学会青年化学奖。2015 级本科生唐宇斌、吴东山和刘馨遥荣获第十一届全国大学生化学实验邀请赛银奖。

此外，学院党委获 2016—2018 年度四川大学先进基层党组织，环保型高分子支部荣获先进基层党支部，化学生物学团队荣获四川大学第四届“德渥群芳”育人文化建设标兵团队，学院团委荣获“四川大学 2017 年度共青团工作科技活动奖”，学院团委学生会荣获 2018 年团学新媒体优秀运营管理奖。学院获 2017—2018 年度四川大学先进集体、2017 年度四川大学本科教学工作先进单位、2016—2017 年度四川大学信息公开工作先进集体、2018 年四川大学诚信教育宣传月优秀组织奖、2018 年四川大学学术型社团先进集体。

【召开化学学院第四届双代会第二次会议】会议听取并审议了《院长工作报告》《财经工作报告》以及邓锦琳主席所做的《化学学院“双代会”工作报告》和《化学学院工会经费报告》；讨论了《化学学院教职工年度考核细则（修订稿）》和《化学学院科研管理经费使用细则》。

（以上资料由化学学院杜晓燕提供）

生命科学学院

【概况】四川大学生命科学学院历史悠久，始建于 1916 年。著名生物学家、教育家周太玄，近代植物学的奠基人钱崇澍，著名植物学家方文培，细胞生物学家雍克昌等中国近代生物学先驱曾在此辛勤开拓，为开创和发展我国的生物学事业做出了杰出贡献。学院 2012 年被教育部遴选为全国首批教育教学改革试点学院。2017 年教育部学科评估，生物学科为 A 类，“资源生物学与高原生态学”列入双一流大学重点建设学科。学院设有生物学、生物技术、生态学和计算生物学 4 个本科专业。有“国家生物学人才”和“国家生命科学与技术人才”两个培养基地，拥有教育部“基础学科拔尖人才实验班”、国家级生物科学实验教学示范中心和国家级生物科学与技术虚拟仿真实验教学中心。学院所属自然博物馆已有近 80 年历史，是全国最大的大学自然博物馆，馆藏植物标本 80 万份，动物标本 14 万份。作为全国首批 17 个“教育教学改革试点学院”之一，秉承“创新教育模式，培养一流人才”的理念，在招考制度、培养模式、课程设置、人才管理、国际联合办学等方面进行了一系列改革创新实践。

生命科学学院设有 3 个系（生物科学

系、生物技术系、生态学系）。拥有教育部重点实验室1个（生物资源与生态环境教育部重点实验室），与成都大熊猫繁育研究基地联合建立的“四川濒危野生动物保护生物学”部省共建国家重点实验室培育基地1个，拥有省级重点实验室7个（资源生物学及生物制药工程四川省重点实验室、濒危野生动物保护生物学四川省重点实验室、分子生物学及生物技术四川省重点实验室、动物疫病防控与食品安全四川省重点实验室、资源微生物及生物技术四川省重点实验室、微生物与代谢工程四川省重点实验室以及特色生物资源研究与利用川渝共建重点实验室）。拥有研究中心3个（四川大学西南资源环境人口科学研究中心、四川大学生长代谢衰老研究中心、四川大学分析仪器研究中心），研究所3个（四川大学生物化学技术研究所、四川大学食品与发酵工程研究所、四川大学生物工程研究所）。

师资队伍方面。有教职工170人。有国家教育部“长江学者奖励计划”特聘教授1人，青年长江学者1人；国家万人计划1人，国家百千万人才工程1人；国家杰出青年基金获得者2名，优秀青年基金获得者2人；国家级教学名师1人，教育部（跨世纪）优秀人才计划9人；973首席1人；四川省学术及技术带头人19人；高端外籍教师3人。学院有教授（研究员）52人，副教授（副研究员）47人；博士生导师47人，硕士生导师37人；专任教师中，93.4%有博士学位，70%有在国外学习和工作的背景，50岁以下占60%。

学科建设方面。学院有生物学和生态学2个博士后流动站，植物学和遗传学2个国家重点学科，生物学和生态学2个一级学科博士学位授权点，林业专业学位硕士授权点。2018年，学院对四川大学ESI的贡献度不断提高：植物学与动物学进入前1%，贡献度75.16%（第1）；生物学与生物化学进入前5‰，贡献度14.96%（第3）；农业科学进入前1%，接近5‰，贡献度18.48%（第2）；分子生物学与遗传进入前5‰，贡献度21.72%（第2）；环境科学/生态学已接近前1%，贡献度23.38%（第1）；微生物学未进入前1%，贡献度39.61%（第1）。学院还积极推进学科平台建设，打造国内一流的公共实验平台，组建显微成像和蛋白质/代谢组学平台实验室，升级成像设备，购置一批先进的实验设备，建立国内一流的共享设备管理系统。

人才培养方面。学院拥有“国家生物学人才培养基地”“国家生命科学与技术人才培养基地”及“基础学科生物学拔尖创新人才培养试验班”，拥有“国家级生物科学实验教学示范中心”，拥有“国家级虚拟仿真实验教学中心”，拥有国家级的“四川大学—四川峨眉山环境科学、生物多样性野外实践教育基地”，生物科学为国家级特色专业，生物技术为省级特色专业。2018年，学院招收本科生196人，硕士研究生178人，博士研究生68人，博士后8人。截至12月31日止，在读本科生704人，硕士研究生528人，博士研究生265人，在站博士后18人。开设本科生课程158门、264门次，小班教学185门次，国际课程周开课33门。其中，新建课程19门，全英文课程11门，实验实践课程20门，校外专家开课19门。开展“国际交流营”活动，接收美国、印度等国外交流学生共计10人。开设实验项目187个，其中虚拟仿真实验项目24个，完成实验教学任务达112128人学时，实验学生共计2690人，覆盖全校30个学院。开设研究生课程 69 门，博士论文实现了盲评全覆盖。现有国家级精品资源共享课程 3 门，国家级精品在线开放课程 1 门，省级精品资源共享课程 9 门，与软件学院联办交叉专业 1 个（计算生物学）；学院“2018 级生物科学拔尖试验班”设立为我校第一个“江姐班”。本科生推免研究生总数 71 人，其中 2 人进入“3+2+3”硕博连读计划，总体读研率达到 72.6%。出国出境交流及学习人数首次突破 50 人次，达到了创纪录的 55 人次。2018 年，新申报并获得立项的“大学生创新创业训练计划”项目共 131 项，其中国家级 13 项、省级 16 项、校级 102 项。学院老师申报 2018 年度国家级教研教改项目 1 项，申报“四川大学新世纪高等教育教学改革工程（第八期）研究项目”获批 7 项。获四川大学立项建设教材 2 本、获得校级优秀教材 1 本；出版主编教材 2 本、参编教材 3 本。本科生参与发表 SCI 论文 18 余篇，其中一作署名发表 SCI 论文 1 篇，一作专利 1 项。2018 年共开展“教师开放日”活动 31 次，基层教研活动 26 次；教学观摩课已经常态化；12 位学院领导参加听课，听课 47 门次；举行了第三届“探究式—小班化”教学竞赛学院初赛，33%的专任教师积极参与；开展 2 期研究生助教培训工作，共计培训 60 人。研究生以第一作者或并列一作共发表 SCI 论文 118 篇（其中博士 75 篇，硕士 43 篇）。其中，IF＝3.0 及以上的共计 56 篇，IF=5.0 及以上的 18 篇，IF=10.0 及以上的 4 篇。2018 年，学院荣获四川省教学成果奖一等奖 1 项，荣获“2017 年本科教学工作先进单位”等奖项，荣获四川大学 2018 年本科招生工作先进集体称号；王红宁教授动物疫病防控与食品安全团队获评四川大学“德沃群芳”14 个标兵团队之一；教师个人获得校级以上相关奖励 51 人次。学生参加各类竞赛共获得国家级奖项 13 个。其中，荣获 2018 年“国际遗传工程机器大赛（iGEM）”全球总决赛银奖。获省级奖项 16 个。

科研方面。到校经费共计 7074.97 万元，为历年到校经费最高。获国家自然基金重点项目 2 项，获批自然基金直接经费 1212 万元。获得学校 100 万元科研经费奖励。发表 SCI 论文 228 篇，影响因子>10 的论文共计 3 篇，10>IF>8 的论文共计 5 篇，8>IF>5 的论文共计 30 篇，Nature Index 2 篇。平均影响因子 3.54，平均影响因子为历年最高。获四川省科技进步一等奖 1 项。获得授权专利 14 项，其中国家发明专利 12 项，实用新型专利 2 项。

合作交流方面。公派留学学生 7 名，接收境外交流学生 22 名；出国出境交流访问的教师有 29 人次，学生有 55 人次；在读留学生 6 名及 1 位中国台湾博士研究生。邀请国内外著名专家学者举办各种高层次高水平学术讲座共 51 次，其中包括英国皇家科学院 Cathie Martin 院士、法国图卢兹大学特级教授 Mondher Bouzayen 院士、扬州大学刘秀梵院士、哈佛大学施国平教授等国内外知名专家等。承办 1 个国家级大型学术交流会议——“转基因重大专项成果交流对接会”。

党建及学生工作方面。学院党委认真开展党的十九大精神、第八届党代会精神、两会精神、十九届二中和三中全会精神、“两学一做”常态化学习系列学习教育活动中，通过观看视频、联合座谈、做 PPT 学习报告等传统学习方式之外，学院党委还创新了专题教育学习活动，着力打造利用好党建云信息平台，充分利用了新媒体的特点开展相关专题教育活动。学院党委先后组织了中心组的理论学习9次，组织教职工政治学习13次，党委书记和院长亲自讲党课，学院的所属党支部开展了各项学习教育活动共达150余场次。全年发展党员50人，转正51人，确立青年教职工积极分子1人。参与举办了第145期学生业余党校入党积极分子培训班，53人顺利结业。组织学生开展全校性的大型活动18次，开展其他各项思想教育活动60余次，微信推送思想政治教育类内容10余篇。学术社团共计20个，目前学生总数与学术性社团的比例为73∶1，总体开展学术活动200余次。2018年学院毕业生的一次就业率：本科生81.6%，硕士90.3%，博士91.4%。本科生国内外升学率72.6%，常规学院排位列第一（除吴玉章学院）。

【队伍建设取得优异成绩】引进优青1人：张胜；引进高端外籍教授1人：法国图卢兹大学特级教授 Mondher Bouzayen 院士。

【承办“转基因重大专项成果交流对接会”】6月23日—25日，学院与四川省细胞生物学学会在成都共同承办了“转基因重大专项成果交流对接会”，科技部重大专项办公室杨哲副主任、农业农村部科技教育司汪学军副司长、专项总设计师万建民院士和来自专项内外的全国60多个科研单位和育种企业的280余名代表参加了本次会议。

【荣获四川省教学、科研成果奖】教学成果“虚实结合，提升学生创新创业能力——生物科学类实践教学体系改革”荣获四川省教学成果一等奖。科研成果“蛋鸡细菌病防控系统创新与安全蛋品生产关键技术”荣获四川省科技进步一等奖（王红宁、张安云、雷昌伟、杨鑫，川大排名第1）。

【本科人才培养工作成效显著】顺利完成2018年教育部的审核评估工作；荣获“2017本科教学工作先进单位”（学校排序第3）、“基础学科拔尖学生培养试验计划”先进单位；5门课程入选四川大学在线开放课程建设项目；白洁老师荣获四川大学第四届“星火校友奖教金”奖、吴传芳老师荣获2018年四川大学“唐立新教学名师奖”；学院47人次分获2017年四川大学各类课堂教学奖项。学院教师个人获得校级以上相关奖励51人次。

【各类竞赛获佳绩】学生荣获国家级及以上奖项13个，其中荣获2018年“国际遗传工程机器大赛（iGEM）”全球总决赛银奖1个；荣获第三届全国大学生生命科学创新创业大赛一等奖1个、二等奖2个、三等奖2个；荣获第三届“全国大学生基因应用创意大赛”全国二等奖1项；荣获“共享杯”大学生科技资源共享服务创新竞赛二等奖1项、三等奖1项；荣获第二届中国微生物培养皿艺术大赛三等奖1项；荣获第五届“创青春”中国青年创新创业大赛全国总决赛全国银奖2项；荣获第二届海峡两岸生物学知识竞赛一等奖1项。

（以上资料由生命科学学院谭芙蓉提供）

电子信息学院

【概况】 电子信息学院设有无线电电子学系和光电科学技术系，拥有2个专业实验室（电子信息技术专业实验中心、光电专业实验室）、2个本科创新实验室和7个研究所（激光微纳工程研究所、应用电磁研究所、图像信息研究所、智能控制研究所、三维光电技术研究所、信息显示研究所、通信与信号处理技术团队），以及1个校级研究中心（四川大学光电子研究中心），1个省级电子信息工程本科人才培养基地。

师资队伍方面。在编教职工120人。其中，中国工程院院士1人，教育部“长江学者奖励计划”特聘教授2人，国家杰出青年基金获得者2人，新世纪百千万人才工程国家级人选1人，教育部跨世纪优秀人才1人，教育部新世纪优秀人才5人，省学术带头人5人，省学术带头人后备人选10人，省有突出贡献专家2人，市有突出贡献专家1人，博士生导师23人，硕士生导师32人，教授（级）31人，副教授（级）40人，专任教师91人。引进专职博士后5人，特聘副研究员1人。学院80%的教师有海外留学和学术交流的经历。

学科建设方面。有一级学科博士学位授权点2个（信息与通信工程、光学工程），均设有博士后流动站。二级学科博士学位授权点5个（光学工程、光学、通信与信息系统、信号与信息处理、无线电物理）。硕士点9个（通信与信息系统、信号与信息处理、电路与系统、电磁场与微波技术、无线电物理、模式识别与智能系统、光学工程、光学、物理电子学）。工程博士招生领域1个（电子与信息），工程硕士招生领域2个（电子与通信工程、光学工程）。本科专业5个（电子信息科学与技术、电子信息工程、电子科学与技术、光信息科学与技术、信息安全）。四川省重点学科3个（光学、光学工程、通信与信息系统），省部级重点实验室4个，人才培养基地2个（省级电子信息工程本科人才培养基地、校级电工电子基础课程教学基地）。

人才培养方面。2018年招收本科生326人，全日制硕士生272人，非全日制硕士研究生24人，博士生35人。在读本科生1504人，硕士生781人，博士生160人。本科生毕业375人，硕士研究生毕业194人，博士生研究生毕业23人。学院长期开展“创新人才培养工程”，秉承坚持学院创新人才培养特色，吸取先进经验，不断强化创新人才培养建设的方针，2018年先后前往清华大学、武汉大学等10余所大学，开展学生培养、管理、招生、评估等工作的专项调研活动。2018年本科共开设课程279门次，实践周开课22门，新增2个研究生课程建设项目。

完成了教育部本科教学审核评估和学院5个学位授权点的自评估各项工作。启动了本科专业优化调整工作，逐步将本科专业由现在的4个调整为2个（电子信息工程、光电信息科学与工程）。完成了学院“电子与信息”工程博士点、“光学工程”和“电子与通信”工程硕士点的调整工作。

获四川大学新世纪高等教育教学改革工程（第八期）研究项目13项，其中重大项目1项，重点项目1项。

组织申报四川大学2018年度“大学生创新创业训练计划”项目54项，其中国家级项目5项，省级项目7项（其中2项为省级创业实践项目）；完成2017年度“大学生创新创业训练计划”结题项目45项。研究生科创基金入选“重点项目”1项，“一般项目”4项。

制定了《2018年电子信息学院研究生复试工作办法》《2018年硕士研究生复试安排》《2018年电子信息学院研究生复试须知》等文件，2015级应届生（378人）中有76人获保研指标（其中“3+2+3”计划3人），推免率为20.11%。

制定了《2018年四川大学电子信息学院研究生学位论文质量管理细则》，教学和学位论文质量不断提升，博士生生均发表SCI 0.6篇。

举办2018年优秀大学生夏令营工作，179名同学顺利入营，145名同学获得优秀营员称号。

完成了2014级本科“卓越工程师培养计划”为期半年的企业培养和毕业设计（论文）工作，2015级本科生生产实习工作；2014级本科毕业生获校优秀论文22名，其中一等奖2名，二等奖4名；2018届电子信息工程卓越计划51名学生获得工学学士学位。

完成了2016级研究生的中期分流工作，214名研究生均顺利进入下一阶段的研究生阶段，其中19名研究生进入了免试攻博名单；完成了本科2018级电子信息工程卓越班的选拔工作，2017级电子信息类分专业分流工作，以及本科转专业工作，接收学生50名。

曹益平老师、闫丽萍老师等50余位教师获得宝钢优秀教师奖、卓越教学奖、“唐立新教学名师奖”等各类个人奖项，三维传感与机器视觉团队荣获“德沃群芳”标兵团队。

科研方面。正式启动科技部国家重点研发计划项目1项，组织集中申报国家自然科学基金35项，获准面上项目4项，青年基金5项，国际合作项目1项；获准四川省科技计划应用基础项目1项，高新技术发展及产业化重点项目1项，面上项目4项；组织申报四川大学科技奖励22项，获准四川大学创新火花库项目1项；组织四川省科技计划项目验收、863项目验收结题及国家自然科学基金结题9项。制定《电子信息学院科研提升计划项目管理办法》和《电子信息学院专职博士后研发基金资助实施办法》。修订“四川大学SCI期刊分级方案”，提交校科研院3个一级学科形成的意见和建议，发表SCI论文120余篇。到校科研经费5704.59万元，较上一年度增长105.02%，正高人均科研经费173.14万元，列全校第一。激光微纳团队获校科技进步一等奖1项，电磁应用团队获校技术发明二等奖1项，信息显示团队获中国电子学会技术发明一等奖1项。

合作交流方面。邀请来自新加坡国立大学、美国宾夕法尼亚州立大学等10个国家20余人次的外籍专家学者进行学术交流和学术讲座20余次，派遣36位老师参加国际会议和学术交流，16名本科生参加2018年新加坡国立大学为期31天的暑期实习项目，共计44位本硕博学术出国参加国际会议和海外实习实训，开展

2018年“国际交流营”活动。

党建与学生工作方面。认真学习习近平新时代中国特色社会主义思想、党的十九大和十九届二中、三中全会精神，开展学习活动20余次，深入推进“两学一做”学习教育常态化制度化建设，开展常态化教育10余次，规范中心组学习，开展学习活动19次。思政教师发表论文9篇，立项省级课题2项，校级课题3项，辅导员工作精品项目3项。开展党校培训2次，结业97人，发展党员95人；组织学生党支部书记、党建骨干培训会7次，培训学生党建骨干180人次。组织学生开展学习习近平新时代中国特色社会主义思想、党的十九大和十九届二中、三中全会精神等系列活动30余次。利用第二课堂，举办各类弘扬社会主义核心价值观、提升专业实践能力的活动500余次，参与人数超过5000人次，29个学术型社团在学校2018年考核全部获得学术型社团优秀奖，连续五年列全校第一，获先进集体奖，电子科技园团支部获四川省五四红旗团支部。完成第十五届“锦电杯”及第四届“五粮春杯”科技创新竞赛，有104队同学获奖。积极组织学生参加国家级及省级科技竞赛，获全国大学生电子设计竞赛一等奖等国家级奖项6项，四川省级奖项15项。开展学生心理健康活动20余次，成功处置学生心理异常事件10余起。2018届本科生就业率为97.33%，深造率47.20%，列学校工科第二名，研究生就业率为99.08%。

【入选教育部高等学校教学指导委员会】冯国英教授获选保密管理专业教学指导分委员会委员，曹益平教授获选光电信息科学与工程专业教学指导分委员会委员。

【配合学校工作　勇担社会责任】全年共有6位教职工赴甘洛、新疆、江苏、教育部财政司挂职，开展产学研转化、参与援疆和扶贫工作。

（以上资料由电子信息学院李运国提供）

材料科学与工程学院

【概括】材料科学与工程学院设有材料科学系、金属材料系和无机非金属材料及生物医学工程系、新能源材料系四个教学系、1个“材料科学与工程教学实验中心”国家级和省级实验教学示范中心和1个“特种材料及制备加工技术”教育部B类重点实验室（均与高分子科学与工程学院共建）、1个“后续能源技术”教育部工程研究中心、1个四川省材料科学类人才培养基地、5个部省级研究中心 、8个校级研究所；设有材料物理、材料化学、金属材料工程、无机非金属材料工程、生物医学工程、新能源材料与器件等6个专业实验室和1个学院中心实验室。

师资队伍方面。现有教职工94人，其中教学科研岗教师74人（博士学位获得者71人），教辅人员6人，思政教师6人，行政管理人员8人。专任教师中现有正高 35 人，副高 29 人，中级及以下职称 10 人；博士生导师 23 人，硕士生导师 28 人。教师中有中国工程院院士 1 人，国家有突出贡献中青年专家 1 人，国务院特殊津贴获得者 6 人，教育部高校教学指导委员会委员 1 人，国家优秀青年基金获得者 1 人，四川省学术与技术带头人 6 人，四川省“有突出贡献专家”5 人，入选教育部新世纪优秀人才支持计划 5 人。2018 年引进特聘研究员 2 人，特聘副研究员 2 人，专职博士后 3 人。现有二级岗教授 5 人、三级岗教授 5 人。

学科建设方面。学院现设有材料科学与工程、生物医学工程、物理学 3 个博士后科研流动站，有材料物理与化学、凝聚态物理、材料学、生物医学工程、纳米材料与纳米技术、新能源材料与器件等 6 个博士和硕士学位授权点，在材料工程、生物医学工程 2 个领域招收工程硕士；设有材料物理、材料化学、金属材料工程、无机非金属材料工程、生物医学工程以及新能源材料与器件等 6 个本科专业，参加了材料科学与工程、生物医学工程等 2 个一级学科国家重点学科的建设工作，参加了材料学、材料加工工程等 2 个二级学科国家重点学科的建设工作，1 个教育部本科特色专业（新能源材料与器件）、1 个四川省本科特色专业（材料物理）。

人才培养方面。2018 年学院招收本科生 269 人，硕士研究生 119 人，博士研究生 29 人。毕业本科生 260 人，硕士研究生 106 人，博士研究生 15 人（含留学生 1 名）。截止到 2018 年 12 月 31 日止，在读本科生 990 人，硕士研究生 340 人、博士生 118 人。2018 年度开设本科生课程 224 门，研究生课程 98 门。现有国家级精品课程 2 门，省级精品课程 7 门。

科研方面。2018 年度学院到校科研经费达到 2293 万元，新增纵向和横向科研项目 71 项，其中新获准国家重点研发计划项目 1 项、课题 1 项及子课题 2 项；获准 3 项地方重大项目和重大横向项目；获准国家自然科学基金项目 4 项；获准四川省科技厅项目 11 项。2018 年学院分选 SCI 论文 171 篇（其中 B 级以上论文 27 篇），2018 年自然年度学院接收和发表 SCI 论文 178 篇（其中 A 级 1 篇、B 级 30 篇、Nature Index9 篇），获国家授权专利 10 项。

合作交流方面。学院邀请了来自海外名校的 13 名外籍教师和 1 名外籍学生来校交流，新增外籍学生 2 人。学院有 31 名本科学生参与境外交流学习项目，派出教师参加各类国际学术会议共计 25 人次。

党建及学生工作方面。学院党委认真组织全院师生员工学习贯彻十九大精神和十九届二中、三中全会精神和习总书记系列重要讲话，认真落实校第八次党代会全面推进“两个伟大”的工作部署。加强党风廉政建设，落实“两个责任”，坚持把反腐倡廉建设放在突出位置。认真落实党风廉政建设责任制，加强重点部位和关键环节的监督管理，严格财经纪律，强化财务管理，构建廉政风险防控管理机制。加强师生员工党风廉政教育和专题警示教育，党委书记、纪委书记多次传达党风廉政建设教育的要求并进行工作部署，纪委书记为全院教职工上廉政党课。

坚持支部“三会一课”制度，规范支部两周一次的集中学习，严格党员每月按期缴纳党费，切实担负起教育、管理、监督党员的职责。加大对支部活动的经费投入，支持支部开展内容丰富、形式多样的党组织生活。各党支部开展了赴红军长征纪念馆主题活动、赴两弹城主题活动、金沙博物馆主题党日等学习活动。获评

2018年四川大学优秀党支部的材料学院博士生党支部作为学院优秀党支部的代表参加了四川大学2018年度党支部书记抓党建示范述职大会。

2018年度在学生中发展党员35人，转正预备党员35人，发展对象预审51人，培训入党发展对象64人。学院设专职党建组织员1人，负责在学生党员发展、党支部建设等方面给予监督和指导。研究生党员志愿服务小分队获评四川大学2018年研究生党建工作精品项目。

【整合资源，优化专业】根据全球材料学科发展趋势和国家需求，突出特色与优势，将现有材料物理、材料化学、金属材料工程、无机非金属材料工程、新能源材料与器件等5个本科专业整合为材料科学与工程、新能源材料与器件2个本科专业。

【教学成绩斐然】举办学院第一届教学竞赛，评选出一批教学素质过硬的中青年教学骨干，推进课堂建设改革；建成首批2个海外实习基地（澳大利亚和印尼）；发起并成功举办四川省大学生材料设计大赛等，搭建了以学生为中心的优质精品实践平台；多名学生获第十一届“挑战杯”大学生创业计划竞赛金奖、全国高校大学生金相大赛特等奖、全国生物医学工程创新设计大赛一等奖。

【完成无机专业认证】完成学院第一个OBE导向的专业认证，中国工程教育专业认证材料类专家组现场考察后给予了高度肯定。

【科研取得新突破】优青获得者吴家刚教授在Springer Nature出版英文专著1本（独著），所带领的团队在国际材料科学领域顶尖综述期刊*Progress in Materials Science*（IF=23.75）发表长篇综述论文。2018年发表SCI论文的影响因子总和达885，其中影响因子大于6的论文28篇，Nature Index论文9篇。刘颖教授主持的科研项目获四川省科学技术进步一等奖。

【院地合作取得重大进展】学院领导带队亲自赴攀枝花市开展钒钛新材料科技成果推介和合作，与攀枝花市东区人民政府签署了院地合作协议，并成功承办了攀枝花市人民政府—四川大学共同主办的钒钛新材料新技术新应用学术报告会。

【引进大师，拓宽国际视野】为加强国际交流，学院特邀诺贝尔物理学奖得主、美国伊利诺伊大学安东尼·莱格特教授访问我校并发表公开演讲。聘请莱格特教授为名誉教授，指导相关团队规划研究方向，协助学院物色引进海外高端人才。

（以上资料由材料科学与工程学院刘丽娟提供）

制造科学与工程学院

【概况】制造科学与工程学院坚持“以人为本、崇尚学术、追求卓越”的办学理念，将学院发展方向定位为“研究教学型学院”。学院以人才队伍建设为核心驱动力，以提高科学研究水平和提升办学质量为导向，促进学科交叉融合，驱动科研创新突破，构建高水平交叉学科平台，进一步推动国际合作与交流，培养具有国际竞争力的一流人才，服务国家和地方社会经济发展。行政管理设置党政办公室、科研科、教学科、学生科 4 个科室；教学系所设置机械工程、工业设计、材料成型及控制工程、测试技术与控制工程 4 个系；2 个校级中心：四川大学工程设计中心（国家级文科综合实验教学示范中心）和四川大学工程训练中心（国家级实验教学示范中心）；拥有创新设计与创新方法、先进制造技术、人机系统及仿生工程、先进材料成型及模具技术 4 个四川省高校重点实验室。

师资队伍方面。学院及 2 个校级中心现有教职工 185 人；学院本部有专任教师及教辅人员 118 人、党政管理及思政教师 21 人；学院教师中正高职称 31 人、副高职称 46 人；学院有硕士研究生指导教师 61 人、博士研究生指导教师 20 人。享受国务院政府特殊津贴专家 2 人，四川省学术技术带头人 8 人、四川省学术技术带头人后备人选 7 人，教育部“新世纪优秀人才支持计划” 2 人，“香江学者计划” 1 人。

学科建设方面。学院有四川省一级学科重点学科 2 个、四川省二级学科重点学科 1 个、四川省重点实验室 4 个、国家级实验教学示范中心 2 个、教育部高等学校特色专业 1 个、四川省特色专业 2 个、四川大学特色专业 1 个、一级学科博士学位授权点 1 个、二级学科博士学位授权点 2 个、一级学科硕士学位授权点 3 个、二级学科硕士学位授权点 1 个、博士后流动站 1 个、本科教学专业 4 个。学院学科和团队参与到学校双一流建设的智能空天信息与先进装备学科群、工业互联网学科群两个超前部署学科建设中，2018 年召开学位授权点合格评估工作布置会，组建学位授权点合格评估工作小组，完成学院机械工程、测试计量技术及仪器和仪器科学与技术 3 个学术学位授权点，以及机械工程、仪器仪表工程和工业设计工程 3 个专业学位授权点共 6 个学位授权点自我评估总结报告。

人才培养方面。学院 2018 年招收本科生 471 人、全日制硕士研究生 136 人、全日制博士研究生 18 人，非全日制专业学位研究生 22 人。2018 年在读本科生 1644 人、全日制硕士研究生 595 人、全日制博士研究生 86 人、非全日制硕士研究生 203 人。2018 年，学院获国家级教学成果一等奖 1 项、四川省第八届高等教育教学成果二等奖 1 项；1 名教师获得四川大学第四届“五粮春青年教师优秀教学奖”，1 名教师获得学校青年教师教学竞赛优秀奖，5 名教师获得学校“探究式—小班化”教学质量优秀奖，15 名教师获得课堂教学质量优秀奖，1 名教师获得全英语授课教学质量优秀奖，1 名教师被评为文化素质公选课最受欢迎教师，25 名教师被评为大学生创新创业教育优秀指导教师。19 项教改项目获得四川大学新世纪教育教学改革工程（第八期）研究项目立项；2 部教材获得四川大学建设教材书目立项。

科研方面。2018 年学院科研总经费 3811.22 万元，获授权国家发明专利 56 项；发表 SCI 论文 50 篇；4 名教师获得国家自然科学基金资助，其中 3 名教师获得面上项目资助，1 名教师获得青年项目资助，总经费为 204 万元。学院教师团队项目获四川省科技进步二等奖 1 项、三等奖 1 项；参研项目获教育部技术发明一等奖1项。

交流合作方面。2018年学院进一步加强与英国思克莱德大学、卡迪夫大学和新加坡国立大学的合作，卡迪夫大学的5名学生以及1名教授参加了学院“智造星工场”创客国际交流营活动；学院的11名学生及1名带队教师参加了英国思克莱德大学举办的暑期夏令营活动；6名全球知名高校的青年学者参加了四川大学第三届及第四届全球青年学者论坛的制造科学与工程学院分论坛；1名青年教师申报并通过了2018年“国家公派青年骨干教师出国研修项目”；接收“一带一路”项目硕士留学生1人，在校境外学历生人数达到12人，实现了留学生本、硕、博各层次培养全覆盖。

党建及学生工作方面。2018年学院党委结合工作实际，规范党员发展程序，严抓党员发展质量，举办专题党校学习一次，培训党员192人；举行144期党员发展对象培训班培训，94人顺利结业；新发展青年教工党员1人，本科生党员44人，硕士生党员13人，博士生党员1人，共计59人；新生党员转入34人，毕业生党员派遣133人；学院先后组织党员教师赴建川博物馆、两弹城、成都市规划馆等爱国主义教育基地开展主题教育活动；积极开展宣传工作，打造学院文化墙、LED宣传屏和党员活动室等，新建学院微信公众号，制作了三期学校南门橱窗宣传栏，利用网站、新媒体、宣传栏等多种形式开展各项宣传活动，积极向学校宣传平台和社会媒体报送学院重大新闻素材，营造风清气正、积极向上的良好氛围。2018年学院就业率名列学校前茅，本科生就业率为99.31%、研究生就业率为100%；2018年度，学院荣获本科招生工作先进集体、四川大学学生运动会团体总分第四名、四川大学十佳学生会、四川大学十佳研究生分会、四川大学五四红旗团委等多项荣誉。

【发展规划】1月12日，在四川大学世界一流大学建设推进大会上，校长李言荣与重点建设学科（群）和超前部署学科的首席科学家们签署了《一流学科建设目标责任书》，学院参与了智能空天信息与先进装备学科群、工业互联网学科群两个超前部署学科建设；王杰院长代表学院与学校党委书记王建国签订了2017—2021年度基层单位领导班子任期考核目标任务书。

【制度改革】年初，为进一步深化人事分配制度改革，切实加强岗位考核，学院制定《关于教学科研岗教师岗位浮动的实施细则》，根据近三年考核结果对教师实行岗位浮动，有一位教授和一位副教授实行高职低聘。

【专业认证】6月4日—6日，以贵州大学机械工程学院副院长赵津教授为组长的中国工程教育专业认证现场考查专家组莅临学院，对材料成型及控制工程专业进行了工程教育专业认证现场考查。12月28日，学院召开了机械设计制造及其自动化和测控技术与仪器两个专业工程教育专业认证工作启动会，对2019年两个专业的工程教育专业认证工作进行了具体布置安排。

【校外专家聘任】7月19日，谭建荣院士受聘为学院特聘院士，学校副校长许唯临在望江校区明德楼贵宾厅会见了谭教授，并为其颁发了聘书。10月30日，欧盟科学院院士、加拿大卡尔加里大学终身教授Frank Cheng受聘为四川大学客座教授。

【双代会】12月28日，学院举行第四届教代会暨第三届工代会二次会议。大会汇报了学院财务工作进展情况，解读了“四川大学校院两级管理体制改革和四个配套实施细则”。

【保密工作】2018 年，学院严格落实“党管保密”责任，顺利通过省保密委、教育厅、学校三次保密检查，学院荣获四川大学年度保密工作先进单位称号。

【本硕创新培养】2018 年，学院创新创业教育成效显著，开展双创类第二课堂活动 40 余次，共有近 1300 人次学生参与，在“2018RoboCup 机器人世界杯中国赛”“2018 中国工程机器人大赛暨国际公开赛”等各类创新创业大赛及学科竞赛中获得国家级奖项 39 项，省级及以上奖项 100 余项，获奖学生 300 余人次，研究生机械设计创新团队荣获“小平科技创新团队”称号。

【人事工作】新入职教师 5 人，其中引进特聘副研究员 1 人。2 名青年教师出国访学；1 名海外专家申报“长江学者奖励计划”讲座教授；1 名教师参加哈佛大学“交叉学科创新能力”（第一期）项目培训；2 名教师参加“工程教育与实践培训计划”（第五期）课程短期培训项目，进行为期四周的海外培训；1 名教师参加“四川大学教师外语培训”第十六期英语培训班。

（以上资料由制造科学与工程学院李腾提供）

电气信息学院

【概况】电气信息学院下设电气工程系、自动化系、通信工程系、医学信息工程系、电工电子基础教学实验中心和电气信息工程专业实验中心 6 个教学研究单位。拥有 1 个智能电网四川省重点实验室，拥有电能质量与电磁环境学、信息与自动化技术 2 个四川省高校重点实验室，建有国家双创示范基地平台“超导与新能源中心”，全国示范性工程专业学位研究生联合培养基地、省级电气信息科学与工程本科人才培养基地和校级工科电工电子基础课教学基地、三个国家级和一个省级“卓越工程师培养计划”实践基地。

师资队伍方面。学院有在岗教职工 172 人（另有高端外籍教师 3 人），其中专任教师（含思政教师）125 人、教辅人员 27 人，行政管理人员 20 人。专任教师中有教授 28 人，副教授 62 人，中级及以下职称 35 人。博士导师 12 人（另有兼职博导 13 人），硕士导师 46 人。拥有国务院特殊津贴获得者 2 人，返聘院士 1 人，四川省有突出贡献的优秀专家 1 人，四川省学术和技术带头人后备人选 3 人，省级教学名师 1 人，校级教学名师 4 人。

学科建设方面。设有电气工程一级学科博士点；设有电气工程、控制科学与工程 2 个一级学科硕士点，信号与信息处理、医学信息工程 2 个工学硕士学位授权点，以及电气工程、控制工程、生物医学工程 3 个专业硕士授权点；设有电气工程及其自动化、自动化、通信工程、医学信息工程 4 个本科专业。

人才培养方面。电气工程及其自动化专业通过工程教育专业认证。通过教育部本科教学工作审核评估。全年开出本科课程 434 门次，其中全英文课程 3 门，在线建设 MOOC 课程 1 门，新建实习基地 1 个，续建实习基地 1 个，国内外专家开设实践应用、创新创业型课程以及国际周短期课程 20 门。邀请 5 名外籍教授和 21 名外籍本科生来校参加了实践与国际课程周。学院获 2018 年四川大学“互联网+”大学生创新创业大赛优秀组织奖。在国际、国内重大赛事中，获国际级竞赛奖项 54 人次，获国家级竞赛奖项 71 人次，获省级竞赛奖项 59 人次，获校级竞赛奖项 45 人次。获得授权专利 21 项。完成电气工程、控制科学与工程两个学科的学术学位及专业学位硕士授权点合格评估。2018 届研究生就业率 100%，本科就业率为 94.65%，就业质量名列学校前茅，2018 届本科生升学率 38.14%。

科研方面。获准国家重点研发计划（课题）3 项，申报国家自然基金项目 23 项，获准 7 项。以第一完成单位荣获四川省科技进步奖 1 项。到校科研经费 3639 万元。发表 SCI 收录论文 61 篇，创历史新高，发表 EI 收录论文 77 篇。智能电网四川省重点实验室被评为 2017 年度四川省优秀重点实验室。

合作交流方面。选送 33 名学生赴海外深造与交流，教师短期出国（境）参加学术会议和交流共 45 人次。与美、英、德、日等 18 个海外院校及机构代表开展学术讲座与交流合作。与美国加州大学伯克利分校的可再生能源实验室签署了合作谅解备忘录，搭建世界一流团队合作平台；与德国克劳斯塔尔工业大学签订合作协议，电气工程学科纳入联合学院建设学科；与澳门大学就共同开展学术合作、人才联合培养、“大川视界”项目等事宜签署合作协议。召开第三届自动化、控制和机器人工程国际会议、第三届四川大学—冈山县立大学双边论坛。

党建与学生方面。学院党委认真组织学习习近平新时代中国特色社会主义思想、党的十九大和十九届二中、三中全会精神、全国教育大会、全国高校思想政治工作会议、全国组织工作会议等重要会议精神，认真开展“弘扬爱国奋斗精神、建功立业新时代”主题教育活动，制定并完善《四川大学电气信息学院党政联席会议制度实施办法》《四川大学电气信息学院党费收缴、使用和管理办法》《中共四川大学电气信息学院委员会关于教师党支部书记“双带头人”培育工程的实施方案》等一系列党建制度。完成各系中心主任和副主任换届选举。党支部 24 个，其中教职工党支部 8 个，学生党支部 14 个，离退休党支部 2 个。共培养发展对象 63 人，发展党员 94 人，转正 121 人，接收组织关系 61 人。评选表彰了 15 名学院优秀共产党员、5 名优秀党务工作者和 3 个先进党支部。学院官网使用新域名 ceeit.scu.edu.cn，组建学院综合媒体中心，新推出“电气信息学院”“SCU 电气团委”官方微信公众号。召开“研究生导师能力提升培训会”“新进教职工培训座谈会”等，提升教师立德树人、师德师风行为规范。荣获“诚信教育活动”优秀组织奖，张英敏老师被授予“诚信教育教学课程优秀主讲教师”称号。研究生党支部“精准扶贫、助力甘洛”爱心活动获得校研究生党建工作精品项目。

学生方面。招收 393 名本科生，工学硕士研究生 81 人，全日制专业硕士研究生 153 人，非全日制专业硕士研究生 73 人，博士研究生 9 人。学院针对一年级本科新生开设职业生涯规划课程。对毕业班学生开设就业指导课程。学院分团委获得校“五四红旗分团委”，学院学生会获得校“十佳学生会”称号。学院有22个在册的学术型社团，新成立8个学术型社团，参与指导学术型社团的教师人数共有25人，占学院教师总人数比例为21.9%，李小根老师被评为学术型社团指导教师标兵，6个学术型社团获得学术型社团优秀奖。成立学院学生事务中心，科学培养和管理学生助理和学生干部。2017级电力系统及其自动化专业硕士一年级研究生郑仙同学获第十届四川大学研究生“十佳学术之星”。新设立四川大学“星空计划”奖学金、四川大学“新得利奖助学金”、四川大学电气信息学院“国臣优质供电”创新创业基金。

【成功获批电气工程一级学科博士点】3月22日国务院学位委员会下达学位〔2018〕9号文件，电气信息学院电气工程一级学科博士点获增列。

【电气信息学院学科建设发展咨询理事会成立大会暨第一次会议成功举行】6月9日，四川大学电气信息学院学科建设发展咨询理事会成立大会暨第一次会议隆重举行。邀请海外院士2人，国内院士7人共29位专家为学科发展提供咨询建议，提出的“面向能源变革的电气科学与工程”超前部署学科建设方案，凝练了4个实现学科发展的学科方向。

【学院召开第四届双代会第二次会议】7月6日，学院举行第四届双代会第二次会议，会议主题是“强化本科教育 坚持人才强院 全面加快一流学科建设步伐”。大会听取了2017年度院长工作报告、财经工作报告、教代会和工会工作报告。审议了新制定的《学院岗位工作量考核与绩效分配方案》和《学院教职工福利慰问实施办法》。

【师德师风建设成效显著】刘天琪教授带领的电力系统稳定与控制团队荣获四川大学第四届“德渥群芳”育人文化建设活动“标兵团队”称号。雷勇教授荣获四川大学“卓越教学奖”三等奖；莫思特副教授荣获校“唐立新教学名师奖”。学院综合媒体中心采编的学院退休教师熊世文的《熊世文：初心不改，寄情未来》一文获得四川大学“读懂中国”活动征文一等奖；“帽子老师”张英敏和她的弹幕课堂在川大新闻网“川大人物”中展示。佃松宜、王为老师获得校“2017—2018”优秀教师。

【定点扶贫工作取得良好成效】党委书记及班子成员多次带队到甘洛县斯觉镇格布村开展入户慰问、爱心帮扶，为贫困家庭募集爱心捐款40795元、积极开展以购代捐活动，收到受助对象写来的感谢信。完成中美合作“互联网+新能源”助力金盆小学发展“智慧乡村”15千瓦太阳能光伏系统项目。开展“助力健康温暖凉山”系列活动，为甘洛县马拉哈等小学送去爱心洗漱礼包，带领“青年红色筑梦之旅”科技中国小分队到四川省宜宾市珙县巡场镇中学举办红旅活动等。

（以上资料由电气信息学院邓丽华提供）

计算机学院（软件学院）

【概况】四川大学 1958 年设立计算机专业，1981 年建立计算机科学系，1998 年 6 月设立计算机学院。软件学院成立于 2001 年 12 月，是教育部和国家计委批准的首批 35 所国家级示范性软件学院之一。2005 年，计算机学院和软件学院行政班子合并，实行“一套班子、两块牌子”的管理模式。学院下设五个系，即：计算机科学系、计算机网络与通信系、物联网工程系、软件工程系、数字娱乐系；一个所和两个校级中心：计算机图象图形研究所，计算机基础教学实验中心和 IBM 技术中心。

师资队伍方面。学院现有教职工 233 人，教师 173 人，省学术带头人和后备人选各 9 人，中国科学院院士 1 人、四川大学理科杰出教授 1 人、IEEE FELLOW 1 人、国家杰出青年科学基金获得者 1 人、国家优秀青年科学基金获得者 1 人、教育部新（跨）世纪人才 8 人、四川省学术和技术带头人 9 人及后备人选 9 人、省有突出贡献专家 7 人、省级教学名师 2 人。正高级专业技术职务 37 人，副高级专业技术职务 58 人；全职博士生导师 23 人，硕士生导师 72 人。

学科建设方面。学院拥有“计算机科学与技术”“软件工程”一级学科博士学位授权点；“电子与信息”工程博士学位授予权；有“计算机应用技术”国家二级重点学科和“计算机科学与技术”四川省一级重点学科各 1 个；拥有国家级重点实验室 2 个，部级工程研究中心 1 个（教育部现代交通管理系统技术工程研究中心），四川省工程实验室 1 个（四川省网络大数据认知分析工程实验室），四川省高校重点实验室 2 个（智能系统重点实验室、知识工程与网络智能重点实验室）；有计算机科学与技术博士后科研流动站；本科设有计算机科学与技术、软件工程、网络工程、物联网工程 4 个专业；还拥有计算生物学、计算金融方向。

人才培养方面。招收博士生 41 人，硕士生 272 人（其中全日制 221 人，非全日制 51 人）。全日制硕士研究生获得学位人数共 164 人，非全日制硕士研究生获得学位人数共 330 人，博士研究生获得学位人数共 8 人。面向硕博士研究生组织高水平学术讲座 34 余次，参加境外高水平学术交流活动共 12 人次；博士发表 SCI 论文共计 41 篇；20 人获得国家奖学金。由 2017 级博士生汤臣薇负责的项目“AI 创艺馆”被评选为 2018 年“四川大学·五粮春创新创业之星奖”团队奖。开设企业参与的课程“技术前沿与专业实践”“职业素养与竞争力”，将企业的前沿科技以及企业的文化素养提前带入课堂。整合学校与企业资源，积极举办兼有学术与生活气息的活动，全年开展各类活动近百场，评选各类社会奖学金 18 人次。圆满完成 2018 年研究生创新实践能力提升项目；获准“研究生科研创新基金项目”重点 1 项、一般 2 项；CCF 学生 Chapter 第三次获得全国“优秀学生分会”称号。

计算机学院招收本科生 399 人，并在全校新生中选拔“拔尖学生培养试验计划”试验班学生 25 人，在全院新生中招收计算金融交叉学科创新班学生 27 人，在读 1747 人。组织学生到腾讯（成都）有限公司、四川华迪信息技术有限公司、成都拓思爱诺科技有限公司等企业开展实训。邀请 Huiru Zheng 等 5 位国内外知名教授为本科生开设 UIP 课程 6 门，邀请英国林肯大学留学生来学院开展国际交流营活动。获准教育部产学协同育人项目立项 5 项，立项“大学生创新创业训练计划”项目 101 项，“拔尖人才科研训练计划”项目 9 项；四川大学立项建设教材 4 项；获得四川大学新世纪高等教育教学改革工程（第八期）项目立项 16 项，其中重点项目 1 项；获得四川大学创新创业专题研究项目立项 2 项；获得 MOOC 课程立项建设 3 项；学院与腾讯公司微信事业群创新教学形式，联合开设课程“微信应用程序开发”受到学生欢迎。向教育部提交“人工智能”本科新专业申请。

软件学院招收本科生 186 人，在校本科生 1030 人。2018 年度，继续依照《四川大学软件学院创新班选拔实施方案》选拔新一届卓越计划培养学生；开设了参与度覆盖卓越计划全体学生的“程序设计实践”“IT 企业实训”等实践性课程，选送 16 名 2015 级学生参加成都拓思爱诺科技有限公司为期半年的培训及顶岗实习。继续推进创新创业训练，共孵化出 95 项大创项目，项目参与学生达 307 人；组织学生参与国内外各类专业竞赛、大学生创新性实验计划、技能训练等活动，学科竞赛获得国家级一等奖 6 项，国家级二等奖 8 项，国家级三等奖 13 项，省级一等奖 9 项，省级二等奖 19 项，省级三等奖 12 项。互联网+省级金奖 1 项。参加“中国高校微信应用教育联盟”，组织腾讯微信小程序应用开发赛西南地区的初赛和决赛，获得西南地区一等奖 3 项，二等奖 2 项，其中 1 项直接进入全国总决赛。本科生以第一作者在 EI、ISTP 期刊发表论文 4 篇，在核心期刊发表论文 2 篇。

科研方面。到校经费合 3459 万元，完成了年初学校制订的全年进校经费目标。2018 年在高水平科研论文发表方面据分选结果统计，发表 SCI 论文 63 篇，其中 B 级 13 篇，数量为历年最高。在顶级会议方面，2018 年共在 CCF-A 级会议发表论文 4 篇，同样创下了历年的最好成绩。2018 全年共申报国家发明专利 37 项，授权 30 项。2018 年自然科学基金集中申报 24 项，共获准 11 项，其中重点 1 项、重点国际合作 1 项，获准率达 45.8%，无论是资助数量，还是资助率都创了历年最高。郭兵教授获湖北省科技进步一等奖（2017）；蒲亦非教授获四川省科技奖励自然科学类三等奖（2018）；2018 第八届吴文俊人工智能奖学院 2 位教授获奖，其中章乐教授获二等奖（技术发明类），蒲亦非教授获三等奖（自然科学类）。继续支持 13 个学院科研团队的建设。在“双一流”学科建设方面，计算机学科首次进入 ESI 全球排名前 5‰，跨入全球拔尖的行列。继续推进四川省科技创新苗子工程四川大学项目管理工作，2018 年苗子工程四川大学共获得 19 项，项目数和资助额均为全省最多。

合作交流方面。正式与新加坡国立大学计算机学院签署了“3.5+0.5+1”联合培养项目并选派了 8 位同学参加此项目；与新加坡国立大学苏州研究院签订了学生暑期实习协议并选派了 43 人赴新加坡国立大学学习。与芬兰坦佩雷大学续签了“3+1+1”联合培养协议。学院教师出国（境）参加学术会议，进修或开展合作研究40人次。学生出国（境）学习或交流121人次。学院新招收软件工程全英文授课项目本科留学生69人，计算机科学与技术中文授课项目本科留学生2人，交流学生4人，港澳台本科生3人，计算机科学与技术硕士留学生2人，计算机科学与技术博士留学生博士1人。为2014级—2018级本科软件工程全英文专业留学生开设27门次课程。邀请了10位国外高校教授来院为本科生授课全英文暑期课程20门。邀请美国、英国等国知名学者34人来院为学院师生开设学术讲座34场。积极参与学校与德国克劳斯塔尔工业大学合作共建的中德国际学院（双校区）报备、筹建等工作。引进原剑桥大学教授、伦敦大学玛丽女王学院教授、物理学院副院长 Martin Travis Dove 教授为学院全职高端外籍教授。举办了国际会议“第十届图形与图像处理国际会议”及“第五届中法虚拟现实双边研讨会”。

党建及学生工作方面。学院党委根据学校党委工作部署开展各项工作，认真学习贯彻执行党的十九大及历次中央全会精神，深入贯彻落实习近平新时代中国特色社会主义思想，认真贯彻落实中央重大决策部署和上级党组织重要工作部署。抓好党风廉政建设，为全面推进学校党的建设新的伟大工程和全面建设世界一流大学新的伟大事业提供坚强的思想政治保证。加强基层党组织建设，开展党员教育活动，丰富支部生活内容。严格按照新的党员发展教育要求，党校培养入党积极分子178人，发展新党员103人，101名预备党员按期转正。高度重视反腐廉政建设，严格执行党风廉政建设责任制，实行“一岗双责”，加强对招生、毕业生选聘等重点环节的监督。加强和改进思想政治工作；做好宣传工作，坚持育人为本、德育为先；抓好就业工作。关心照顾引进人才、青年教师，解决科研用房、启动经费、子女入托入学问题。派员参加各类人才选聘会，通过网络等渠道招聘人才；制定高端人才配套支持措施。

【本科生国际化培养举措】学院引进20门外教课程共计320学时，选修学生约1000人次。选派43名学生参加新加坡国立大学暑期实训进行“遥控机器人深度学习”“现代敏捷型全栈应用开发”等9门课程，学生各门课程成绩均名列前茅。2018年实践及国际课程周期间，软件学院邀请21名外籍师生与学院学生共同开展了主题为“交流创造未来”的国际交流营活动，共邀请4位国内外知名大学教授来学院为本科生开设16门全英文专业课程，并组织国际教学交流会，与国外教师的教学经验交流会，交流现代教育、教学模式。

【交叉专业人才培养】2018年软件学院获得3项四川大学“跨学科专业一贯通式”人才培养平台专项建设项目：“医学+信息学科”创新人才培养实验班、“口腔医学技术—信息技术”跨专业本科双学位实验班、“力学+软件”跨专业人才培养。继续联合生命科学学院开设跨理、工学科的“计算生物学”专业，本届招生共30人。与生命科学学院、建筑与环境学院多次围绕交叉专业本科培养计划、联合培养模式、科研合作模式等进行了主题性研讨，2018年计算生物学专业完成招生并按照教学计划正常运行。

【软件学院教育教学改革全面开展】2018年，软件学院针对8门主要课程、40个教学班实施教育教学改革，推行翻转课堂、模块化教学、小班化教学等教学策略，全面实施以“全过程考核、非标准答案考试”为特色的学业评价改革，实行试题上网公布制度。并完成改革后期数据分析、教学模式研讨工作。获得2017年度四川大学本科教学先进单位，以及“课程建设突出贡献奖”“课堂教学质量优秀奖”等本科教学单项奖30余项。“中国大学MOOC上线课程 新生研讨课”获得教育部国家精品在线开放课程；“工程实践教育与科训体系相融合，培养‘互联网+’时代软件双创人才”项目获得四川省教学成果一等奖。开展8项四川大学新世纪高等教育教学改革工程（第八期）研究项目工作，获得3项教育部教改项目。实施教育部产学研合作教改项目，实施“中国大学MOOC上线课程新生研讨课”教育部国家精品在线开放课程建设，2018年两次上线，完成该课程的联络、问题处理和线上管理工作；在暑期针对高考结束后的高中学生，在线开设课程，提前进行大学入学教育。

【软件工程全英文授课本科项目】学院软件工程全英文授课本科项目2018年在读国际留学生共188人，2014级6人，2015级19人，2016级35人，2017级59人，2018级69人。2018年2014级6位本科生同学顺利毕业，成为学院第二批顺利毕业的全日制留学生本科生。

【研究生工作成果突出】招生抓入口质量：发挥“互联网+”平台优势，线下与线上结合，借助导师名册、校院官微、实验室网页等，构筑以每位导师和优秀学长为节点的招生网络，吸引优质生源。第7年组织优秀大学生暑期夏令营，规模持续成倍增长，覆盖全国50余所双一流高校；第5年提前超额完成推免招生任务，优质生源逐年上涨 ，2018年接收比例达56.2%，优质率97.5%。考核制博士招生规模再创新高。硕博士规模和质量双提高。

培养抓出口水平：落实“干在实处、走在前列”的学科建设方针，制定“填平补齐”具体措施；开展主题鲜明的导师培训，制定并严格执行基于培养质量和科研积累的动态招生资格管理办法；制定体现学科特点和发展需求的研究生授位申请学术成果要求，提升学科影响力；硕博士学位论文全覆盖双盲审，确保质量；重视国际化，打造硕博士留学生培养与鼓励境外深造的双向国际化通道。连年超额完成目标任务书各项指标，培养成效持续稳步提升。

思政抓党建：围绕研究生群体特色的课题结题考核为优秀，指导硕士支部活动被组织部评选为党建特色项目，主持项目被研工部评选为研究生党建精品项目。

顺利完成4个学位授权点合格评估，作为牵头单位组织6个学院，完成电子信息专业学位调整申报。

［以上资料由计算机学院（软件学院）董柯平提供］

建筑与环境学院

【概况】建筑与环境学院前身是由教育部批准成立于1988年的城建环保学院。设力学科学与工程系、土木工程系、环境科学与工程系和建筑系；有力学、土木工程、环境科学与工程、建筑学、城乡规划学、风景园林学6个一级学科；有固体力学、岩土工程、生物医学工程3个国家重点学科；有工程力学、土木工程、给排水科学与工程、工程造价、建筑环境与能源应用工程、环境科学、环境工程、建筑学、城乡规划、风景园林10个本科专业；有国家烟气脱硫工程技术研究中心，深地科学与工程教育部重点实验室，破坏力学与工程防灾减灾、生物力学工程、环境工程、有机废弃物资源化利用4个省重点实验室；有教育部西部资源与环境网上合作研究中心、省力学实验教学示范中心。学院形成了一套完备的人才培养体系和科研体系。

师资队伍方面。有教职工255人，其中专任教师200人。有中国工程院院士1人、特聘院士2人，杰出青年基金获得者2人，教育部跨/新世纪优秀人才6人，川大“高端外籍教师”特聘教授2人，全职外籍教师1人，四川省学术和技术带头人10人、学术和技术带头人后备人选25人，博导30人，教授47人，副教授78人，名誉（讲座）或客座教授60余人。2018年新进教职工24人，其中引进人才6人，专职博士后16人，思政岗位2人。新进教学科研岗职工中校外博士比例达72.7%，有海外留学经历的博士比例达54.5%。积极配合学校做好“全球青年学者论坛”活动，有142位优秀青年学者依托学院报名，20人通过遴选顺利参加学校组织的论坛活动。

学科及专业建设方面。组织全院师生迎接并圆满完成教育部本科教学审核评估工作，顺利完成并通过建筑学专业教育评估/认证及城乡规划专业教育评估中期督查工作。建筑学专业接受住建部专业教育评估/认证并顺利通过复评，有效期为4年；城乡规划专业也接受了中期督查并顺利通过。

人才培养方面。招收本科生478人，硕士203人，博士35人。有在读博士生194人，全日制硕士生456人，非全日制硕士生308人，本科生1898人。组织900余名本科生参与了国内外各类学科竞赛，培训参赛学生数878人次，省级及以上奖项获奖数目达120项/157人次，获全国一等奖5项、二等奖6项、三等奖12项，省级一等奖18项、二等奖31项、三等奖50项，荣获国际、国家、省级团体/个人参与奖等其他奖项45项；获大创项目148项，覆盖学生达584人次，覆盖率达62%；博士研究生发表SCI论文57篇，生均0.42篇，完成率达168%。学生就业创业工作成效显著。2018届本科毕业520人，就业率99.23%；研究生毕业151人，就业率100%。

科学研究方面。以川大作为第一单位

获国家自然科学二等奖1项，获准国家自然科学基金12项（面上4项）；到校科研经费4991.26万元，首次突破四千万，完成率达171.6%，其中纵向到校经费2387.27万元，横向到校经费2603.99万元；发表SCI论文127篇，增长14.2%。

合作交流方面。国际课程周期间开设“国际交流营”4个、UIP项目数10个、全英文课程7门、接待来自境外10个国家/地区的师生70余名；接受境外学生总数达254人次，较去年增长26.3%；派出师生出国（境）100人次，30位本科生参加“大川视界”大学生海外交流计划；博士研究生出国（境）参加高水平国际学术会议或其他高水平学术交流活动17人次；与境外高校/科研机构联合培养研究生18人次；邀请诺奖、院士等学术大师/知名学者开展访问及讲座87人次，是年度目标任务要求的3.63倍；有攻读本科学位留学生177人，攻读研究生学位留学生20人，培养境外学历生人数达212人，为留学生开设全英文课程28门。

党建及学生工作方面。有教工支部8个（在职教工支部6个、退休教工支部2个），学生支部17个；党员509人（教工党员192人、学生党员317人）；组织支部书记培训4次，在职教工支部设置“双带头人”支部书记达100%；实施《党支部工作考核实施办法》，严格“三会一课”制度，组织24个支部开展集中政治学习17次，学习活动开展有签到有记录有报道，向学校报送学习材料5次，新闻稿6篇。2018年学院党委获评“四川大学先进基层党委”，学院获2018年度“四川大学新闻舆论工作先进单位”，在省高等院校党建理论研究会2018年优秀论文评选中获一等奖1项。

严格党员发展程序，召开规范党员发展程序培训会2次，举办党校发展对象培训班2期，发展党员76人，转正52人；创新支部设置形式，设本硕博学生混合支部3个，通过本硕博学生党员纵向交流，实现相互促进共同成长，形成良好“传帮带”效应；支部书记选优配强，3名专职博士后分别任3个学生支部书记；对支部工作进行指导，及时优化支部设置，环境系支部由原来1个支部分设2个支部。

【科研获奖和平台建设取得新突破】以川大作为第一单位获国家自然科学二等奖1项，国家级科研奖项实现重大突破；获省科技进步二等奖1项，川大“青年科技人才奖”2项、首届川大“好未来优秀学者奖”1项；深地科学与工程教育部重点实验室顺利通过评估；通过全球招聘，为国家烟气脱硫工程技术研究中心成功聘任中心主任，完成工程技术研究中心技术委员会换届。

【本科教育教改取得新进展】获省级优秀教学成果一等奖、第三届西浦全国大学教学创新大赛二等奖各1项；获学校第四届“星火校友奖教金”二等奖1项、“五粮春青年教师优秀教学奖”1项。川大第八期教改项目共立项27项，入选教育部“新工科”重大项目2项（全校共6项）；“跨学科专业一贯通式”人才培养项目立项10项，立项数居全校第三；新增在线开放课程5门；开设全英文品牌课程7门、校外专家课55门，两类课程开设门数均居全校第一；教材立项7门，2门为优秀教材。

【举办纪念汶川地震十周年系列活动】为学校举办纪念汶川地震十周年系列学术成果展搜集整理材料，成果展中有7张展板展示建环学院在区域综合防灾减灾方面所取得的成果。承办中国工程科技论坛暨第十届全国防震减灾工程学术研讨会。41

位院士、185个单位，700余名与会代表参加了研讨会。会上7位院士做主旨报告，34位长江、杰青等以及来自欧洲、澳洲、日本的知名学者做大会主题报告，全面总结分享汶川地震抗震救灾和灾后重建经验。

【扎实推进脱贫攻坚工作】组织实地调研30余人次，开展项目/课题20余项，经费600余万元，造福居（村）民近百万人，承担了甘洛县格布村党群活动广场、岳池县石板坂村美丽新村建设、阿坝州乡村振兴规划等项目设计和规划。依托学校“1+N”干部精准扶贫模式，派驻张艳茹挂职岳池县住建局副局长，发挥专业优势和桥梁纽带作用。组织党员师生参与脱贫攻坚中期督导和第三方评估2次，确保脱贫攻坚实效。形成了“输血与造血结合、帮扶与合作并举”的精准扶贫“建环模式”。

【校友工作取得新成绩】接待校友200余人次回校开展本科毕业10周年、20周年值年活动；组织77级、78级校友返校，安排专门师生座谈会，做好庆祝改革开放40周年系列活动；川大杰出校友、周志成院士新晋为2018年国际宇航科学院院士、2018年度何梁何利基金奖当选者，被学校专题报道；接待时任环能科技股份有限公司（上市公司）董事长、工程力学专业校友倪明亮来访，探讨校企合作；与学院校友、兴文县委书记张健共推学院与兴文校地合作事业。

（以上资料由建筑与环境学院钱玉琼提供）

水利水电学院

【概况】学院设有水利水电工程系、水文与水资源工程系、农业水利工程系、岩土与地下工程系、能源与动力工程系及水利水电工程实验中心。学院有水力学与山区河流开发保护国家重点实验室、岩土工程四川省重点实验室、水文学及水资源工程四川省重点实验室、四川大学深地科学实验室等科研平台与基地。

师资队伍方面。学院有教职工208人，包括正高级职称67人，副高级职称70人，博士生导师39人。两院院士2人，特聘院士3人，“长江学者奖励计划”特聘教授2人、讲座教授2人，高端外籍教授2人，“万人计划”1人，“四青”人才5人，国家杰出科学基金获得者4人，全国百篇优秀博士学位论文获得者1人，国务院学科评审组成员3人，新世纪人才9人，霍英东教育基金会高等院校青年教师3人，四川省学术和技术带头人17人，省青年科技奖3人，省杰出青年基金4人，省市有突出贡献专家7人。具有博、硕士学位的教职工人数占88%以上，40岁以下教师出国经历为66%。

学科建设方面。拥有水利工程、土木工程2个博士后流动站，水利工程、土木工程2个一级博士点学科，8个博士点和

9个硕士点；设有水利水电工程、水文与水资源工程、能源与动力工程、农业水利工程、地下空间工程5个本科专业，其中水利水电工程和水文与水资源工程为国家特色专业，农业水利工程为省级特色专业，水利水电工程为国家首批“卓越工程师教育培养计划”建设专业。拥有“水力学及河流动力学”“岩土工程”2个国家重点学科和“水文学及水资源”国家重点学科培育学科，水利工程一级学科省级重点学科。学院牵头建设的“深地岩体力学与地下水利工程”学科（群）列入四川大学建设A类行列；高质量完成水利工程一级学科学位授权点合格评估和学科优化调整。

人才培养方面。启动本科专业“水利科学与工程”大类培养综合改革；高质量完成教育部本科教学审核评估及本科专业自评工作；上线MOOC课程4门，获批校级教材7部、教改项目24项，教师获校级以上各类奖励51人次；开设首届“深地与地下水利”国重创新班。谢和平院士牵头获国家教学成果奖特等奖，陈建康教授参与获国家级教学成果二等奖，牵头获四川省教学成果二等奖1项。苟思老师获第四届四川省青年教师教学竞赛工科组三等奖，周家文、李俊、苟思老师分别获第六届全国水利类专业青年教师讲课竞赛专业组一等奖。本科生第一作者发表论文23篇，第二作者1篇，发明专利3项，获全国及省部级各类学科竞赛奖19项。博士研究生刘燚获全国宝钢特等奖学金，研究生团队获第五届中国装备创新设计大赛三等奖，魏明东获四川大学“百佳”标兵学生、2014级水工一班获“百佳”标兵班级、班长欧阳嘉艺获标兵班长，冯鹏获研究生“十佳学术之星”。学院获四川大学“五四红旗团委”和“十佳”学生会称号。在校学生本科生1193人，研究生622人，2018届本科生就业率98.71%，研究生就业率95.21%。成人教育校本部和校外站点共有在读学生496人。

科研方面。2018年到校科研经费1.16亿元，其中纵向6003.82万元，横向5599.38万元；新签科研项目235项，其中纵向53项，横向182项；新签合同经费2.16亿元，其中纵向12711.69万元，横向9230.10万元。申报国家自然科学基金60项，含重大仪器（推荐）1项、重点3项、杰青6项、优青4项。获国家自然科学基金共15项，其中国家重大科研仪器研制项目（部门推荐）1项、优秀青年基金1项、面上项目9项，青年科学基金4项，获准直接经费共计7595.43万元；定向组织国家重点研发计划项目申报3项，获国家重点研发计划项目1项，课题4项。2018年学校认定的三大检索论文231篇，其中SCI收录91篇（含IF>2论文48篇），EI收录140篇；出版专著2部；授权专利105项，其中发明专利53项（含美国发明专利5项），实用新型专利52项。科技获奖共21项。申报国家科技进步奖2项，获国家科学技术进步二等奖1项（张建海参与）；牵头申报省部级科技奖励4项，牵头获准教育部科技进步一等奖1项、教育部技术发明一等奖1项、四川省科技进步二等奖1项；排名第三获湖南省科技进步一等奖1项，排名第二获河南省科技进步二等奖1项、四川省科技进步三等奖1项。学院在*Nature*子刊、Nature Index期刊发文均实现零的突破。范念念老师在*Nature Communications*上发表文章1篇，赵涛老师在*JGR-Solid Earth*（Nature Index期刊）上发表文章2篇。水力学与山区河流开发保护国家重点实验室顺利通过科技部评估；谢和平院士领衔的四川大学深地科研团队与剑桥大学地球科学系科研团队达成一致意见，将共建川大—剑桥深地科学研究中心。

合作交流方面。举办“2018 年优秀大学生暑期夏令营”和“2018 年国际交流营”活动；“智者论水”讲座、“知者议水”学术沙龙、“水与争锋”世界水日活动顺利开展；聘请国内外专家和学者来院任教、讲学、访问。戴峰教授和林鹏智教授入选 2018 年度 Elsevier 中国高被引学者。积极推进与中国电建成都勘测设计研究院有限公司、国电大渡河流域水电开发有限公司、华能雅江公司、成都城投城建科技有限公司、四川省水文水资源勘测局、四川省水利科学研究院等单位合作与交流。主办“第二届国际地质力学、地下能源、地下资源国际会议”“第一届中国生态水文论坛暨中国生态学学会生态水文专业委员会 2018 年会”“2018 中国・都江堰水生态文明高峰论坛”。

完成四川省委省政府“2018 年防汛安全隐患排查”任务（23 位教师，历时 1 个月，涉及 2 市 11 县区 158 处工程）；邓建辉教授、戚顺超副研究员等分三批次进入金沙江白格堰塞湖现场抢险；圆满完成岳池县水利扶贫、石渠县脱贫攻坚成效评估、夹江县脱贫督导，范刚副研究员挂职凉山彝族自治州甘洛县水务局副局长（1 年）。

党建及学生工作方面。深入学习贯彻习近平新时代中国特色社会主义思想和党的十九大精神，深入开展庆祝改革开放 40 周年系列活动。规范调整了相关党支部，有党支部 26 个。进一步完善了系室党建、业务考评体系，根据学校组织部党费收缴有关通知精神，制定了学院党费收缴的相关规定和要求，起草完善了党建工作制度、计划和实施方案，建立了干部绩效考评体系。2018 年共发展党员 113 人。学院新当选全国人大代表 1 人，市人大代表 1 人，政协常委 2 人、委员 3 人；获四川大学“先进基层党委”和“先进集体”称号，2018 年四川大学教职工运动会团体总分第七名，获四川大学体育先进单位一等奖等系列奖励。戴峰教授荣获“四川青年五四奖章”。

【学院首届“互联网+”大学生创新创业竞赛】3 月 19 日，学院首届“互联网+”大学生创新创业竞赛启动。共有 160 多名学生 37 个项目参赛，涵盖互联网+旅游、智能地暖、水土资源保育、营养小助手、在线教育等众多产业领域。

【开展庆祝改革开放 40 周年系列活动】学院组织了庆祝改革开放 40 周年系列活动，如观影活动、社会实践、知识竞赛、演讲比赛、摄影大赛等等。

【学院首届科研训练营成功举办】11 月，学院举办首届“科研训练营”，学院本硕近 60 名优秀学生参加了科研训练营。

（以上资料由水利水电学院毛华丽提供）

化学工程学院

【概况】学院设有化学工程系、过程装备与安全工程系、国家工科基础课程化学教学基地、制药与生物工程系、冶金工程系、化学工程设计研究所和工程实验教学中心。有教育部“磷资源综合利用与清洁加工工程研究中心”、四川省“先进磷化工技术与装备协同创新中心”。建设有“过滤与分离”“多相流传质与反应工程”“制药工程与技术”和“磷化学与工程”4个四川省重点实验室，1个四川省“磷化工技术与装备工程实验室”和1个绿色化工四川省国际科技合作基地。望江和江安校区共计拥有教学实验大楼22000多平方米。

师资队伍方面。有在职教职工200人，其中专任教师164人，教辅岗16人，管理岗18人，工勤人员2人。教授（研究员）51人，副教授（副研究员、高工）64人。博士生导师45人（含兼职博导5人），硕士生导师48人。有兼职/特聘院士6人，杰出教授1人，“长江学者奖励计划”特聘教授1人，国家杰出青年基金获得者1人，国务院学科评议组成员2人，国家百千万人才工程入选者1人，国家有突出贡献的中青年专家2人，全国优秀百篇博士论文指导教师1人，享受国务院政府特殊津贴5人，四川省学术和技术带头人8人，教育部“跨世纪、新世纪人才”8人，国家优秀青年基金获得者2人，国家“万人计划”青年拔尖人才1人，“长江学者奖励计划”青年学者1人。

学科建设方面。有“化学工程”国家重点学科，“化学工程与技术”一级学科博士学位授权点和博士后科研流动站。涵盖二级学科博士点有化学工程、化学工艺、化工过程机械、应用化学、生物化工、工业催化、制药工程、化工安全工程与技术、化学冶金与技术、燃烧动力学。有化学工程、化学工艺、化工过程机械、冶金工程4个四川省重点学科。工程硕士招生领域有化学工程、动力工程、生物工程、制药工程、安全工程。学院设6个本科专业：化学工程与工艺（通过中国工程教育专业认证）、过程装备与控制工程（通过中国工程教育专业认证）、生物工程、制药工程（通过中国工程教育专业认证、国家级特色专业）、安全工程和冶金工程。

人才培养方面。招收本科生379人，博士生39人，硕士生227人，在校学生共计1986人（其中本科生1228人、博士生114人、硕士生644人）。顺利完成化学工程与工艺、制药工程两个专业认证复审，获批大学生创新创业训练计划90项，20篇论文获得四川大学优秀毕业论文。教学质量和教师的教学水平稳步提升，获国家级教学成果奖一等奖1项、四川省教学奖二等奖1项、三等奖1项。60余人次获得各级教学质量优秀奖，学院荣获“四川大学2017年本科教学工作先进单位”。大学生创新创业成果突出，9人次获得省级以上创新创业大赛奖励，化工学子参加全国大学生各类竞赛共获得特等奖1项、一等奖2项、二等奖2项、三等奖4项。

科研方面。到校科研经费为5404.77万元。获准国家重点研发计划重点专项1项，国家自然科学基金集成项目1项。获准国家自然科学基金项目11项，直接经费424.8万元。授权发明专利33项，实用新型专利1项。全年发表SCI论文240余篇。新签订横向合同87项，合同金额合计为4110万元。

合作交流方面。成功举办“国际软物质研讨会暨第七届中国软物质日交流会”“第五届生物化工技术创新及产业发展研讨会暨第二届生物化工青年学者论坛”等重要会议，接待来访专家学者700余人。与澳大利亚、德国、美国、新加坡、比利时等国高校合作，在*Journal of Materials Chemistry A*、*Nanoscale*等高水平期刊发表论文12篇。与荷兰、新加坡、希腊等国签订科技合作协议，与阿联酋哈利法大学进行合作交流。教师出访40余人次，外国专家来校交流26人。

党建及学生工作方面。有党支部29个，其中教工（含离退休）党支部7个、学生党支部22个。抓好基层党组织建设，党员队伍建设成绩喜人。发展党员113人，转正党员84人。转出毕业生党员190人，接收新生党员59人，培养发展对象104人。认真学习贯彻习近平新时代中国特色社会主义思想和党的十九大精神，深入推进“两学一做”学习教育常态化制度化，贯彻落实党风廉政建设“两个责任”，全面贯彻落实学校第八次党代会精神。老党员钟本和教授带领团队获得“全国首届黄大年团队”。20余年党龄的宋航教授获得四川省优秀教师。全年面向2000余名学生开展思想政治教育100余次，帮扶困难学生588人次，评选发放各类奖助学金69万元。2018届本科毕业生就业率为99.71%，研究生就业率为99.54%。获2018年度四川大学招生宣传工作先进集体、2017—2018年度四川大学关工委先进集体、2014—2018年度四川大学“巾帼建功立业工程”先进集体、四川大学2018年十佳学生资助工作单位、四川大学2017—2018学年十佳研究生会等荣誉称号。院团委获得四川大学“五四红旗团委”荣誉称号，研究生罗杰荣获四川“勤学奋进新青年”荣誉称号。

【科研影响力和学科排名持续提升】1月，褚良银教授和储伟教授成为2017年材料科学和化学工程领域的高被引学者。3月，QS全球教育集团发布了第八年度QS世界大学学科排名，化学工程学科再次进入全球300强。7月，2018“软科世界一流学科排名”正式发布，化学工程学科以位列第42位成功入围世界50强。

【获批全国“党建工作样板支部”】12月，学院化学工程系党支部经过层层选拔，成功获评全国“党建工作样板支部”。

【全国高校“百个研究生样板党支部”】12月，依托学院黄卫星、肖泽仪和伍勇老师组成的研究生过程装备与安全科学党支部，成功入选2018年全国高校“百个研究生样板党支部”。

【科技获奖成果突出】钟本和教授获得2018年度何梁何利基金科学与技术进步奖、侯德榜化工科技成就奖，并当选为中国化工学会会士。褚良银教授团队“微细矿物颗粒封闭循环利用高效节能分离技术与装备”获2018年度国家技术发明奖二等奖。

【师资队伍建设硕果累累】褚良银入选天府万人计划创新领军人才。巨晓洁教授入选“四川省学术与技术带头人”和天府科技菁英。谢锐教授入选“四川省有突出贡献的优秀专家”。

（以上资料由化学工程学院李晓燕提供）

轻纺与食品学院

【概况】轻纺与食品学院下设生物质与皮革工程系、纺织与服装工程系、食品工程系、制革清洁技术国家工程实验室、皮革工程国家专业实验室、皮革化学与工程教育部重点实验室、国家固态酿造工程技术研究中心、国家菌草工程技术研究中心分中心（成都）、食品科学与技术四川省高校重点实验室、纺织研究所、合成革研究中心、食品学科农产品加工研究院、杂志社。

师资队伍方面。高层次人才队伍进一步发展壮大，“青拔”实现零的突破，1人入选“天府万人计划”天府创新领军人才，2人入选“蓉漂计划”。常规引进特聘副研究员2人、专职博士后4人，其中校外选留占比达到50%，海外选留占比达到1/3；选留思政教师岗、实验教辅岗、管理岗各1人。4人入选2018—2022年教育部教指委委员，1人连任教育部轻工类专业教学指导委员会主任委员。现有教职工137人，其中教学科研岗99人，专职思政教师岗6人，实验教辅岗22人，管理岗10人；教授（研究员）33人、副教授（副研究员、高工）46人；博士生导师22人、硕士生导师59人。包括中国工程院院士1人，高端外籍教师（欧洲院士）1人，“长江学者奖励计划”特聘教授1人，国务院学位委员会学科评议组成员1人，国家级有突出贡献中青年专家1人，国家级教学名师1人，国家杰出青年基金获得者1人，国家“万人计划”科技创新领军人才1人，“四青人才”2人，全国优秀百篇博士论文获得者1人，教育部“跨（新）世纪优秀人才培养计划”入选者8人，四川省学术和技术带头人9人，四川省有突出贡献优秀专家5人。

学科建设方面。以迎接教育部第五轮学科评估为契机，推进“轻工技术与工程”（博士一级）、“食品科学与工程”（硕士一级）、“纺织科学与工程”（硕士一级）三个院内学科的融合改革，打造“轻工技术与工程”高峰学科。学院牵头建设的“先进轻工与环境保护”一流学科群圆满完成年度目标任务，部分指标得以超额完成。下设二级学科中，“皮革化学与工程”是国家重点学科，“食品科学”“农产品加工及储藏工程”“纺织化学与染整工程”是四川省重点学科；且与高分子科学与工程学院共享“材料加工工程”国家重点学科，与华西公共卫生学院共享“营养与食品卫生学”国家重点学科，与材料科学与工程学院共享“材料科学与工程”国家重点学科。

人才培养方面。组织并完成教育部本科教学工作审核评估、硕博士学位点合格评估的专家论证会以及国务院学位委员会和省学位委员会的论文抽查等工作。围绕新工科建设加快本科专业的升级改造，申报并获准开办“名师领衔交叉学科”创新班，为申办“生物质科学与工程”新本科专业创建基础并扩充资源；食品科学与工程专业完成工程认证工作。推进教育教学改革，承担教育部首批“新工科”研究与实践项目2项（四川大学6项）和校级教改课题9项。不断加强教学能力建设，成功举办首届“探究式—小班化”教学比赛。持续深化课程内涵建设，新建5门模块课程和1门全英文品牌课程。严把培养质量关，发挥过程考核的“增负”效应，修订研究生毕业及学位申请管理办法。本年度学生培养规模为1410人，包括本科生1004人、硕士生301人、博士生105人。本科生的年终就业率为96.84%，硕士生的年终就业率为96.51%，博士生的年终就业率为100%。100人次学生参加20余项学科竞赛，19人次获得国家级二类以上奖励。

科研方面。1位青年教师获得“四川大学学术新人奖”（全校10人），1项标志性研究成果入选“四川大学年度十大基础科学进展”。新增国家重点研发计划课题4项、子课题2项；在2017年增长133%的基础上，科研经费总额持续增长并达到4861万元。218篇论文被SCI、EI收录，其中1篇影响因子大于30、4篇影响因子大于10、31篇影响因子大于5，包括3篇Nature Index收录论文和45篇B级及其以上期刊论文；授权国家发明专利53件、国外专利1件；获省部级技术发明和科技进步一等奖各1项。皮革化学与工程教育部重点实验室顺利通过教育部第二轮评估，与罗马尼亚共同开展“一带一路”国际联合实验室的建设。

合作交流方面。承办东亚传统食品质量与安全国际研讨会暨第十一届中韩食品技术国际学术研讨会、第十届中日酿造技术与食品学术研讨会暨食品营养与安全学术交流会等国际学术会议。与俄罗斯布里亚特共和国东西伯利亚国立科技与管理大学签订战略合作协议。邀请欧洲院士、世界Top－100化学家Didier Astruc教授及美国康涅狄格大学、法国雷恩第一大学等高校的学者，到校访问并举办学术讲座；开设5门国际交流课程，受益学生近400人。面向英国伯明翰城市大学和荷兰万豪劳伦斯坦大学的留学生，成功举办一期国际交流营。组织两支队伍前往法国、澳大利亚等海外实习基地开展海外实习、实训。继2017年招收1名境外本科学历生后，招收境外硕、博士学历生各1名。

党建及学生工作方面。坚持党对高校的全面领导，组织开展多形式的学习教育、谈心谈话和警示教育，进一步强化师生的政治站位，带领全院师生员工加强时代精神武装和认真贯彻执行上级的决策部署。营建良好的政治生态，严格贯彻党委会、党政联席会、院务会、各专业委员会的议事原则和“三重一大”集体决策制度。扎实做好基层党建工作。包括推进党支部书记双带头人培育工程，平稳完成全体教工党支部书记交叉任职的调整工作；组织实施党支部中期考核和党支部书记年度述职，指导党支部依托自身特点开展主题实践活动。推进全面从严治党向纵深发展，始终做到把党风廉政建设和反腐败工作，与其他发展工作同部署、同监督、同考核。坚持党政同向同行，紧扣时代脉搏深化改革，基于“强中枢、蓄实力、添动力、促活力”的全院共识，全力推进学院运行模式调整、本科专业改造及学科融合、目标管理责任制实施、国资配套优化等四项改革，对标一流加快学院的建设和发展。

建立起“六位一体”的完整学生思政工作队伍体系，全面保障学生思想政治教育和管理服务工作有序、高效开展。在强化学生政治站位、巩固学生成才意识的基础上，实现管理服务工作零事故。

【师德典范】央视网2018年7月15日以“被学生拍桌子也不急眼 却被称‘最严’导师”为题报道石碧院士的育人事迹；田永强教授获学校“唐立新教学名师奖”。

【教育部教指委】石碧院士连任教育部高等学校轻工类专业教学指导委员会主任。2018年12月成功承办教育部高等学校轻工类专业教学指导委员会成立大会暨第一次工作会议。

【高水平成果】石碧院士课题组的研究成果在 *Energy & Environmental Science*（*IF*＝30.067）上发表。范浩军教授、邓锐杰研究员、辜海彬副教授的研究成果分别在 *Chemical Communications*、*Analytical Chemistry*、*Angewandte Chemie International Edition* 等 *Nature Index* 收录刊物上发表。

【互联网＋】2011级学生朱彬担任负责人的“薪公益——保障农民工工资支付项目”获第四届“互联网＋”大学生创新创业大赛全国银奖。

【参政议政】2018年3月石碧院士当选全国政协十三届委员会常务委员。

（以上资料由轻纺与食品学院祝蔚提供）

高分子科学与工程学院

【概况】四川大学高分子科学与工程学院设有高分子材料工程国家重点实验室、新型聚合物加工技术及装备四川省重点实验室、高分子研究所、高分子科学系、高分子材料系、高分子材料加工工程系、医用高分子材料及人工器官系、化学纤维研究所和高分子材料与工程专业实验室等教学科研机构，是教育部直属重点高校中第一个以高分子学科为主体的学科型学院。

师资队伍方面。学院有在岗教职工207人。其中，教授、研究员68人，副教授、副研究员和高级工程师、高级实验师63人，讲师、专职博士后33人，编辑人员3人，实验技术人员22人，行政人员16人。博士生导师62人，硕士生导师82人。中国工程院院士1人，国家“长江学者奖励计划”特聘教授3人，“长江学者奖励计划”讲座特聘教授1人，“万人计划”3人，国家杰出青年基金获得者4人，国务院第五届、第六届学科评议组成员4人，全国先进工作者1人，“百千万人才工程”4人，基金委优秀青年基金获得者4人，国家“万人计划”青年拔尖人才1人，教育部新世纪、跨世纪人才技术人选17人，四川省学术和技术带头人15人。杨鸣波获四川大学第五届“卓越教学奖”一等奖。举办了两期四川大学青年学者论坛高分子科学与工程学院分论坛，共邀请了20余名海内外名校博士来学院交流。

学科建设方面。学院设有本科专业高分子材料与工程，5个研究生培养专业：材料学（高分子材料）、材料加工工程（高分子材料加工工程）、高分子科学与工程、复合材料、生物医学工程（生物医用高分子材料及人工器官工程），5个学科点均具有硕士、博士学位授予权，并建有博士后流动站。材料科学与工程、生物医学工程为国家一级学科重点学科，材料学、材料加工工程为国家二级学科重点学科。所属高分子材料工程学科是“211工程”重点建设学科、“985工程”重点建设学科。高分子材料与工程是国家级特色专业，与材料科学与工程学院共同建有国家级“材料科学与工程实验教学示范中心”。以先进高分子为特色的材料科学与工程进入国家“双一流”学科建设名单。材料学率先进入世界ESI 1‰学科，世界排名第72位。

人才培养方面。全院在校学生2148人，其中本科学生1232人、硕士研究生669人、博士研究生176人，工程硕士50人。2018年招收本科生288人、硕士生229人、博士生79人。“双创”成果突出，大学生创新创业计划立项93项，本科生获四川省“互联网+”大学生创新创业大赛金奖3项，“Colaney血液净化领航者”项目在第六届中国大学生高分子材料创新创业大赛中荣获特等奖。顺利接受了教育部本科教学审核评估，通过了第二次教育部工程教育专业认证（有效期六年）。学院本科生就业率为95.4%，研究生就业率为98.22%。

科研方面。获准自然科学基金项目共计35项，总批准金额1984万元。到校科研经费院所首次突破亿元，达到历史最高，共计1.07亿（学院5898万元，高研所4781万元）。授权发明专利60项（学院30项，高研所30项）。发表SCI论文445篇（学院245篇，高研所200篇），其中IF>6的60篇。EI论文357篇（学院190篇，高研所167篇）。以第一作者或通讯作者在Nature Index期刊上发表以四川大学为第一单位的论文14篇。获国家技术发明奖二等奖1项，四川省专利奖特等奖1项，四川省科技进步奖自然科学类二等奖1项；获准国家重点研发计划1项，科技部重点研发计划项目1项。

合作交流方面。举办了3次高水平国际和双边学术会议，即第六届国际生物泡沫材料会议（9月25日—28日），2018海峡两岸高分子学术研讨会（10月17日—21日），2018年软物质科学与技术国际研讨会（11月3日—6日）。为加强与“一带一路”国家的科技合作，先后访问了法国波城大学“高分子中心”、德国卡尔斯鲁厄工学院“软物质中心”和捷克科学院高分子化学研究所。邀请了美国阿克隆大学程正迪院士、加拿大纽布伦斯威克大学肖惠宁院士等国内外著名专家20余人来学院做学术报告。国际课程周期间，6名外教来学院开设7门全英文课程，举办国际交流营1个。全年两批学生赴美国北卡罗来纳州立大学开展本科生海外实习实训社会实践项目活动。赴国（境）外长短期交流学习本科生人数为52人，研究生与国外高水平大学或研究机构联合培养人数达6人次，博士生出国（境）参加高水平国际学术会议、短期访学或其他高水平学术交流活动达23人次。

党建和学生工作方面。深入学习贯彻党的十九大和十九届二中、三中全会精神，深入推进习近平新时代中国特色社会主义思想“进教材、进课堂、进头脑”，推进“两学一做”学习教育常态化制度化。科学合理规范学生党支部设置，经过调整现有党支部 31 个，其中教工党支部 12 个、学生党支部 19 个。高性能与功能高分子研究中心党支部工作案例被推荐入选中组部、教育部《基层党组织书记案例选编（高校版）》。不断加强党风廉政建设和意识形态工作，统战工作和民主管理扎实推进，召开了第三届教代会暨工代会第二次会议。新发展党员 31 人，转正党员 31 人，学院党委表彰 14 名优秀共产党员、6 名优秀党务工作者，获得学校表彰优秀共产党员 2 人。获 2018 年度“四川大学招生工作先进单位”荣誉称号。

【积极开展甘洛县扶贫攻坚工作】为积极贯彻习近平总书记来川视察重要讲话精神，落实四川大学关于脱贫攻坚的要求，制定了《2018 年高分子科学与工程学院扶贫志愿服务方案》，并出资 15500 元对口帮扶格布村 10 户贫困户。党委书记牟德富和工会主席李艳梅带队到对口帮扶地格布村开展实地帮扶入户慰问工作。

【Chul. B. Park 教授获四川省天府友谊奖】继 2017 年高端外籍教师 Phil Coates 教授荣获中华人民共和国国际科技合作奖后，另外一名高端外籍教师、加拿大皇家科学院和加拿大工程院院士 Chul. B. Park 教授荣获 2018 年度四川省天府友谊奖（四川大学为唯一合作单位）。

【首届四川大学—珠三角“高材人”发展论坛】为纪念改革开放 40 周年、四川大学高分子学科成立 65 周年，5 月 5 日，由学院主办的四川大学—珠三角“高材人”发展论坛在深圳举行。来自全国各地的川大高分子优秀校友、深圳高分子协会以及知名企业代表近 200 人出席了本次论坛。

【高分子材料工程创新创业青椒沙龙】积极搭建教职工学术交流平台，青年教师成立“高分子材料工程创新创业青椒沙龙”并开展了 6 期沙龙活动。

（以上资料由高分子科学与工程学院蒋雨芹提供）

华西基础医学与法医学院

【概况】华西基础医学与法医学院设有 13 个教研室（人体解剖学、寄生虫学、组织胚胎学与神经生物学、药理学、病理生理学、生物化学与分子生物学、生理学、微生物学、免疫学、法医物证学、法医病理学、法医毒物分析、法医精神病学）；1 个国家级实验教学中心（由解剖学实验室、形态学实验室、机能学实验室、生物分子实验室组成）；2 个专业教学实验室（基础医学实验室、法医学实验室）；2 个研究室（生物医学工程研究室、感染免疫研究室）；2 个服务性科室（同位素室、电子显微镜室）。学院公开出版刊物有《四川解剖学杂志》和《四川生理科学杂志》。

师资队伍方面。学院有教职员工 197 人，其中专任教师 106 人（教授 37 人、副教授 36 人、讲师 33 人）；研究人员 31

人（研究员8人、副研究员8人、特聘副研究员4人、助理研究员11人）；教辅人员42人（正高级实验师1人、高级实验师7人、实验师25人、助理实验师2人、工人7人）；管理人员18人。国家重大科学研究计划（973计划）项目首席科学家1人；教育部“长江学者奖励计划”特聘教授1人；国家杰出青年科学基金获得者1人；国家优秀青年基金获得者1人；国家“万人计划”教学名师1人；国家“万人计划”科技创新领军人才1人；四川省教学名师2人；国家法医学教学指导委员会主任委员1人；国家基础医学教学指导委员会委员1人；国务院学科评议委员会基础医学组召集人1人；国家百千万人才工程一、二层次人选1人；教育部跨世纪优秀人才1人；教育部新世纪优秀人才2人；享受国务院政府特殊津贴专家6人；四川省学术与技术带头人12人；四川省有突出贡献的优秀专家11人。

学科建设方面。学院有一级学科2个（基础医学、特种医学），博士、硕士学位授权点18个（人体解剖与组织胚胎学、免疫学、病原生物学、病理学与病理生理学、法医学、医学生物化学与分子生物学、医学神经生物学、医学生理学、医学细胞生物学、生物物证学、法医病理学与法医临床学、法医毒物学、法律精神医学、空间时间生物学、灾害生物学、运动医学与军事体能学、核安全医学、医学材料学），博士后流动站2个（基础医学、特种医学），本科专业2个（基础医学、法医学）；国家重点学科1个（法医学），“211工程”重点建设学科2个（病理生理学、法医学），四川省重点学科5个（人体解剖与组织胚胎学、生理学、生物化学与分子生物学、病理生理学、法医学）；国家卫健委重点实验室1个（时间生物学），四川省重点实验室2个（医学分子生物学开放实验室、干细胞应用研究中心）。学院于2008年被教育部批准为国家“基础医学科学研究和教学人才培养基地”。有国家优秀教学团队1个（法医学）。

人才培养方面。2018年学院本科招生78人，其中基础医学39人、法医学39人。2018年本科生在校人数382人，其中基础医学186人、法医学196人。2018年招收博士研究生30人，硕士研究生41人。2018年博士生在校人数94人，硕士研究生在校人数128人。2018年本科开课课程总门数141门，有国家级精品视频公开课程3门（法医物证学、法医毒物分析、法医学导论），中国大学MOOC 1门（太极拳医学），人民卫生出版社MOOC 2门（法医学和系统解剖学），省级精品资源共享课程11门（法医物证学、法医毒物分析、法医学、生理学、病理生理学、人体解剖学、人体组织学与胚胎学、机能实验学、医学微生物学、生物化学、药理学），四川省在线开放课程9门，省级创新创业教育示范课程建设1门，校外专家开课8门，重点建设的优质课程17门，国际课程周开课6门。2018年本科生参赛获国家级一等奖2项、二等奖3项、三等奖3项，获得四川省教学成果奖一等奖、二等奖各1项，获四川大学2017年度本科教学工作先进单位。2018年研究生开课总门数64门。

科研方面。2018年学院国家自然科学基金申报共计55项，获资助14项，资助金额1660.52万元。获省市资助项目6项，资助金额80万元。全年到校经费1621.22万元（纵向1509.39万元，横向111.83万元）。学院全年发表SCI/EI收录论文84篇，其中SCI收录83篇、EI

收录1篇。

合作交流方面。2018 年学院接收留学生 102 人，留学生在院人数 303 人、港澳台学生在院人数 2 人。2018 年派出教师出国（境）人数 18 人（包括进修和参加学术会议），学生 13 人，进修回国教师 4 人。学院举行 57 场国际化讲座，举办国际学术会议 1 次。

党建及学生工作方面。2018 年学院共有党员 305 人，其中教职工党员 96 人，学生党员 124 人，离退休党员 85 人。学院党委设置 22 个党支部，其中教职工支部 10 个，学生支部 10 个，离退休支部 2 个。学院党委全面落实从严治党政治责任，推进党的建设与学院事业高度融合。开展多层次和多种形式学习，提高政治站位。2018 年学院党委加强学生党支部建设，以“两学一做”为主题，严格执行“三会一课”制度。组织学院本科生的专题教育活动，包括诚信教育、“两学一做”教育以及庆祝改革开放四十周年系列活动等。2018 年组织学院本科生评奖评优和奖学金发放工作，累计 170 多人次获奖，累计金额超过 45 万元。2018 年，学院共认定 103 名贫困生，全部得到国家助学金或校内助学金的资助，累计资助金额超过 42 万元。2018 年度学院分团委有 1 名同学获得校团员青年标兵荣誉称号，1 名同学获得校优秀共青团干部荣誉称号，2 名同学获得四川大学优秀共青团员荣誉称号。学院“天使志愿者服务队”获得四川大学共青团单项奖，1 个支部获得五四红旗标兵创建支部荣誉称号，1 个支部获得五四红旗团支部荣誉称号。

【基金申报获重大突破，高水平论文（B级及以上）篇数超额完成 125%】 学院基金申报获重大突破，院长黄灿华领导的团队获得国家自然科学基金委创新研究群体项目、科技部重点领域创新团队。国家自然科学基金获批 14 项，获批资助经费比 2017 年增长约 80%。高水平论文篇数（B级及以上）超额完成 125%。

【成功举办高水平学术论坛，反响良好】 为了提升学科竞争力，拓宽学术视野，学院举办 4 次“华西坝院士大讲堂”，举办“国际应激医学前沿论坛”、博士研究生“高端国际学术论坛”等学术论坛 4 场，举办高水平学术讲座 52 场。共计邀请院士 4 人，长江学者、杰青等学者 34 人，国外知名学者 57 人，共计 95 位国内外专家做学术报告 60 场。

（以上资料由华西基础医学与法医学院蒋宝晴提供）

华西临床医学院（华西医院）

详见医疗卫生篇的相关内容。

华西口腔医学院（华西口腔医院）

详见医疗卫生篇的相关内容。

华西公共卫生学院（华西第四医院）

详见医疗卫生篇的相关内容。

华西药学院

【概况】华西药学院现有使用面积12440平方米的教学楼和实验楼，现设七系二中心，即药物化学系、药剂学系、天然药物学系、药物分析学系、药理学系、生物技术药物学系、临床药学与药事管理学系，现代药学专业教学中心实验室和分析测试中心，以及1个生药标本馆和药用植物园，另外还设有院史馆、学生学术活动中心、康弘学术报告厅。《华西药学杂志》为药学院公开出版刊物。

师资队伍方面。学院有在职教职工114人。其中，教授25人，研究员2人，编审1人，正高级高级实验师1人，副教授30人，特聘副研究员4人，副研究员2人，高级实验师3人。在岗博士研究生导师25人，硕士研究生导师23人（不含博导）。人才队伍中有双聘院士1人，国务院学位委员会学科评议组成员2人，教育部“长江学者奖励计划”特聘教授1人，国家杰出青年基金获得者4人，国家自然科学基金优青获得者2人，国家百千万人才工程第一、二层次人选1人，人事部“新世纪百千万人才工程”国家级人选1人，全国优秀百篇博士论文指导教师4人，教育部“优秀青年教师资助计划”入选者1人，教育部“新世纪优秀人才支持计划”入选者7人，教育部“优秀青年教师资助计划”入选者1人，科技部科技创新领军人才（万人计划）2人，国家卫健委有突出贡献中青年专家2人，省学术和技术带头人6人，四川省有突出贡献专家4人，省“百人计划”入选者1人。省杰出青年基金获得者 5 人，省天府万人计划天府创新领军人才 2 人，省卫生计生首席专家 1 人，省卫生计生领军人才 4 人，省级教学名师 1 人，省卫计委有突出贡献中青年专家 1 人，成都市有突出贡献专家 1 人。

学科建设方面。学院为药学一级学科博士学位授权单位，有药学博士后流动站 1 个，二级学科博士授权点 3 个（药物化学、药剂学、药物分析学），二级学科硕士授权点 6 个（药物化学、药剂学、药物分析学、生药学、微生物与生化药物和药理学），9 个学科点均可招收博、硕士研究生，设药学硕士专业学位，其中药剂学为全国重点学科，药物化学为四川省重点学科。本年度共开设研究生课程 71 门（春季学期 18 门、秋季学期 53 门），新开研究生课程 4 门、全英文课程 3 门。学院 4 名导师参加了 4 门全国研究生教材的编写，其中主编 2 人。学院开设本科生专业 2 个：药学、临床药学，课程 158 门次。“药用植物学”课程通过“国家精品开放课程”的认定，其中省级精品在线开放课程 3 门（药剂学、药物分析、药用植物学）；国家级精品资源共享课程 1 门（药剂学），国家级慕课 1 门（药用植物学），省级精品资源共享课程 4 门（药剂学、药物化学、药物分析、药用植物学）；国家级精品课程 1 门（药剂学），省级精品课程 4 门（药剂学、药物化学、药事管理学、药用植物学）。

人才培养方面。2018 年招收博士生 42 人、硕士生 153 人。在读研究生 537 人。获得博士学位 34 人、硕士学位 121 人。本科生招生人数 219 人，在读 827 人。2018 年研究生以第一作者发表 SCI 论文 150 篇，其中 IF7-10 的论文 22 篇，IF 高于 10 的论文 10 篇，博士生生均发表 SCI 论文 0.63 篇。研究生获得 2018 年四川大学研究生科研创新基金立项 5 项，其中重点项目 2 项。10 位博士研究生获得四川大学国际学术交流基金项目资助。三位同学成功申请并获得“大川视界”大学生海外访学计划中研究生项目资助。举办 2018 年全国优秀大学生暑期夏令营，吸引来自全国 51 所高校 383 名优秀学生踊跃报名。学院 3 名青年教师参加“全国高等学校专业青年教师微课教学大赛”，均获得一等奖，并进入“2018 年全国高等学校临床药学类专业青年教师教学能力大赛”决赛。其中，周静老师荣获一等奖，杨男和齐庆蓉老师荣获二等奖。组织“大学创新创业训练”计划的优秀项目参加“第十一届全国大学生药苑论坛”，荣获优秀论文奖 2 项，创新成果一等奖 1 项，创新成果二等奖 1 项，创新成果三等奖 2 项。组织开展第四届四川大学“互联网+”大学生创新创业大赛，申报 8 项，荣获省级金奖 1 项。

科学研究方面。2018 年获准纵向横向科研项目共 43 项。其中，自然科学基金 11 项（面上项目 7 项，青年基金 4 项），科技部第三批“万人计划”入选人才 1 项，四川省科技厅 6 项（扶贫项目 1 项，创新人才项目 1 项，重大科技专项 1 项，国际科技合作与交流研发项目 2 项，应用基础项目 1 项），四川大学—泸州项目 4 项，四川大学科技奖励种子培育项目 2 项，四川大学科技领军人才培育项目 5 项，四川大学创新火花项目 3 项，四川大学专职博士后研发基金 4 项，四川省天府万人计划 2 项。学院教师与企业签订科技协作项目 29 项，合同经费 713.8955 万元。学院各项科研经费共计 2656.8548 万元，其中到校经费 2271.8548 万元（纵向 1666.0548 万元，横向 605.8 万元）。发表 SCI 论文 149 篇。申请专利 24 项；授权专利 8 项；转让专利 1 项。

合作交流方面。完成 PharmD 项目三年期派送，并持续进行项目维护。13 名研究生出境参加高水平国际学术会议。本年度共邀请国内外知名专家来学院访问及学术交流 30 人次。

党建及学生工作方面。学院党委中心组围绕习近平新时代中国特色社会主义思想、全国教育大会等内容开展理论学习 5 次。书记院长围绕“改革开放 40 周年”“不忘初心，牢记使命”等开展专题思政课 4 次。制定《华西药学院关于认真学习贯彻落实全国教育大会精神的通知》，通过中心组学习、党支部书记讲党课等方式，在全院党员中深入宣传贯彻全国教育大会精神。研究制定《华西药学院庆祝改革开放 40 周年系列主题活动实施方案》，将学院百年院庆与庆祝改革开放 40 周年紧密结合；组织师生深入对口扶贫岳池县红朝门村、简阳新乐村开展扶贫扶智，参与师生超过 200 人次；组织全院师生党员围绕习近平总书记北京大学师生座谈会重要讲话精神、总书记来川视察重要讲话精神等内容，开展形式多样，内容丰富的组织生活共计 350 余次。

（以上资料由华西药学院彭梦如提供）

公共管理学院

【概况】公共管理学院下设哲学系、社会学与心理学系、信息管理技术系、行政管理系、公共事业管理及公共政策系、劳动与社会保障系、土地资源与房地产管理系、秘书档案系和信息资源管理系共 9 个教学单位和 13 个科研机构。

师资队伍方面。学院有教职工 144 人。其中，教学科研岗专任教师 113 人、短期外籍教授 3 人、思政教师 9 人、教辅人员 2 人、管理人员 17 人。有教授（研究员）36 人、副教授（副研究员）55 人；硕士生导师共 81 人、博士生导师 18 人；国家“万人计划”1 人，“长江学者奖励计划”特聘教授 2 人，享受国务院政府特殊津贴专家 12 人，教育部教学指导委员会委员 5 人，全国 MPA 教育指导委员会委员 1 人，新世纪优秀人才 1 人，四川省学术带头人 6 人，四川省有突出贡献专家 6 人，四川省教学名师 1 人，四川省学术带头人后备人选 20 人，四川大学“青年学术人才”8 人，四川大学教学名师 2 人，四川大学教学名师培养对象 2 人，四川大学百人 B 计划 1 人。2018 年，公共管理学院新增专业教师 12 名。教师来源覆盖全球 5 个国家和地区。

学科建设方面。学院拥有哲学和公共管理 2 个一级学科博士学位授权点，1 个博士后科研流动站（公共管理博士后科研流动站），15 个硕士学术学位授权点（二级学科），4 个专业学位授权点。融合哲学、管理学、法学、教育学 4 个学科门类，拥有哲学、公共管理、图书情报与档案管理、工商管理、管理科学与工程、社会学、政治学 7 个一级学科，其中基础学科 3 个，应用学科 4 个；拥有哲学、劳动与社会保障、档案学 3 个省级特色专业，行政管理、信息管理与信息系统两个校级特色专业，哲学、行政管理 2 个辅修专业；拥有各级精品课程 5 门。

人才培养方面。学院 2018 年录取本科生 383 人；录取全日制研究生 318 人，其中学术学位硕士 153 人，专业学位硕士 165 人，非全日制研究生 378 人；录取博士生 25 人，其中哲学 5 人、公共管理 20 人。2018 年毕业本科生 350 人，学术学位硕士 177 人，全日制公共管理硕士 121 人，非全日制公共管理硕士 67 人，社会工作硕士 5 人，应用心理硕士 7 人，图书情报硕士 6 人，教育管理硕士 1 人，毕业科学博士 12 人，授位 10 人。2018 年在读学生共 2685 人，其中博士 93 人，全日制学术学位硕士 484 人，全日制专业学位硕士 422 人，非全日制专业学位硕士 320 人，本科生 1366 人。

科学研究方面。学院教师共获准各级各类项目 157 项。其中，国家社科基金重点项目 1 项，国家社科基金一般及青年项目 5 项；教育部人文社科规划项目 1 项；省社科和软科学项目 19 项；其他纵向项目 84 项，横向项目 74 项。到校经费 1301 万元。发表 C 刊及以上论文 117 篇，其中权威核心 16 篇，SCI 论文 2 篇，SSCI 论文 13 篇，A&HCI 论文 1 篇。出版专著和教材 11 部；入选《重要成果专报》1 篇。获四川省教学成果一等奖 1 项。

合作交流方面。一是已与欧、美、亚与 15 个国家和地区的 40 余所知名院校签订合作协议，学生联合培养项目（本、硕阶段）数达到 30 余个，派出学生出国（境）人数达到 39 人次。二是教师参加研修学习、交流访问、学术会议等国际交流活动达 35 人次。三是邀请 32 名国际知名学者来院讲学讲座，其中 10 名外籍知名专家在国际课程周期间开设 10 门全英文课程。四是“政治与公共政策”全英文授课本科专业留学生班正式设立并开课，招收全日制本科留学生 40 余名；同时接收来自国外及港澳台地区的长、短期学生 73 名。五是国际课程周期间，举办了主题为“全球治理与管理创新”的国际交流营，共接待 22 名来自加拿大多伦多大学、美国密歇根州立大学、波多黎各埃斯特大学和英国伦敦大学玛丽女王学院的学生，组织开展各类活动 10 余项。六是成功举办“地方治理创新”国际学术论坛。

党建与学生工作方面。学院深入学习贯彻习近平新时代中国特色社会主义思想和党的十九大、十九届二中、三中全会精神，修订完善党建相关制度，不断加强和改进党支部建设。召开中心组专题学习 7 次，党支部组织生活 100 余次，教职工政治学习 17 次。修订《公共管理学院党政联席会议制度实施细则》《公共管理学院党委委员联系党支部制度》《公共管理学院领导干部直接联系师生职工实施办法》等多个文件，完善学院《党建工作制度汇编》，党建工作长效机制进一步健全。打造学院党建精品项目，举办教职工党员专题培训计划和学生党员能力提升培育计划，开展专题讲座 9 场，前往遵义、建川博物馆进行学习，努力提升党员师生的党建理论水平和党务工作能力。坚持“坚持标准，保证质量，完善结构，慎重发展”的原则，培养入党积极分子，发展党员。2018 年学院新发展党员 162 人，转正党员 88 人。

【获“四川大学先进集体”】7 月，在四川大学2017—2018年度“先进集体”“先进个人”评选活动中，学院荣获“四川大学先进集体”。

【公共管理专业硕士招生改革】在全国率先招收公共管理专业硕士（MPA）西藏班，制定单独的培养计划，为民族地区培养人才方面做出贡献；尝试招收公共管理专业硕士（MPA）纪检监察班，力争为四川省培养纪检监察人才。

【获四川大学“唐立新优秀思政教师”和四川大学“五粮春”思政教师优秀奖】吴银雪获得2018年度四川大学“唐立新优秀思政教师”；罗膑露获得2018年度四川大学“五粮春”思政教师优秀奖。

【积极拓展校友工作】搭建校友联络平台，举办“77、78级哲学专业校友毕业四十年聚会”“2004级档案学专业毕业十周年”“2004级公共事业管理专业毕业十周年”纪念活动。借助校友资源，继续开展“华图奖学金”“创行奖助学金”的评选。

【获第三届全国大学生城市管理竞赛全国一等奖1项】10月，第三届全国大学生城市管理竞赛中，由2016级行政管理专业本科学生结宇龙、刘春宝、高博雅、黄宁、李云帆组队提交的报告《远亲何以不如近邻？流动人口邻里关系与包容性城市建设的进路》荣获一等奖。

【获第二届“求是杯”全国公共管理案例大赛国家级二等奖1项】10月，第二届“求是杯”全国公共管理案例大赛中，2016级公共管理专业本科生案例《“殡葬暴利何以终结?”：公墓管理的困境与出路——以成都市经营性公墓为例得到坟地产畸形发展探析》荣获国家级二等奖。

【获第二届全国高校档案学专业大学生课外科技作品竞赛全国三等奖1项】11月，第二届全国高校档案学专业大学生课外科技作品竞赛中，2016级档案学专业本科生陈怡、张玉洁、代林序、杨梓钒等同学作品《HOMEMORY——家庭档案自管理App》荣获三等奖。

（以上资料由公共管理学院丁琳玲提供）

商学院

【概况】商学院设有5个教学系、29个部门（中心），拥有7个实验室，挂靠32个科研机构。

师资队伍方面。学院有专任教师136人（另有全职外教1人），高级职称约占81%（正高47人、副高64人），博士生导师33人，“长江学者奖励计划”特聘教授2人（徐玖平、徐泽水）、讲座教授1人（何佳），“长江学者奖励计划”青年学者1人（方正），新世纪百千万人才工程国家级人选2人（徐玖平、徐泽水），国家杰出青年基金获得者2人（徐玖平、徐泽水），国际系统与控制科学终身院士1人（徐玖平），国际电气与电子工程师协会会士1人（徐泽水），国家有突出贡献中青年专家1人（徐泽水），享受国务院政府特殊津贴专家 2 人（徐玖平、徐泽水），中国青年科技奖获得者 2 人（徐玖平、徐泽水），教育部高校青年教师奖 1 人（徐玖平），“万人计划” 2 人（哲学社会科学领军人才徐玖平、青年拔尖人才方正），“汤森路透全球高被引科学家” 奖 1 人（徐泽水），教育部新世纪人才 6 人（董玉成、干胜道、顾新、谢晋宇、徐泽水、杨永忠），四川省师德标兵 1 人（朱欣民），四川省学术与技术带头人 10 人，四川省有突出贡献优秀专家 5 人，四川省学术与技术带头人后备人选 24 人。专任教师中，78%具有博士学位，60%为中青年教师（50 岁以下），81%有高级职称。

学科建设方面。学院拥有管理科学与工程、工商管理 2 个一级学科博士点与博士后流动站，设有工商管理（运营管理）、市场营销、会计学、财务管理、人力资源管理、管理科学、工业工程、工程管理和电子商务共 9 个本科专业及 1 个会计学（ACCA）专业方向，有系统科学、管理科学（自设）、工程管理（自设）、管理系统工程（自设）、工业工程（自设）、低碳经济与管理（自设）、能源战略与经济管理（自设）、会计学、企业管理、旅游管理、技术经济及管理、公司金融（自设）共 12 个硕士点，并拥有工商管理硕士（EMBA、MBA）、工程硕士（ME，含工业工程、项目管理和物流工程 3 个领域）、工程管理硕士（MEM）、会计硕士（MPAcc）、审计硕士（MAud）等 5 个专业学位（8 个专业方向）授权点。有 2 个四川省重点学科（管理科学与工程、工商管理）、3 个省级特色专业（工商管理、管理科学、工业工程）和 2 个基地（省级人才培养基地——管理科学专业，四川省哲学社会科学重点研究基地——四川省系统科学与企业发展研究中心）。

人才培养方面。学院有各类在读学生近 4600 人（不含成教、网络、二专和留学生）。2018 年，商学院有 98 人获得硕士学位，24 人获得博士学位，438 人获得 MBA 教育专业学位。截至 2018 年末，毕业本科生 465 人，就业率 98%。在 2018 届 ACCA 届毕业生中，14 门全球统考课程通过率达到 36%，为历年新高。

科学研究方面。学院 2018 年纵向项目到账经费 573.77 万元（不含校级项目），横向项目到账经费 670.88 万元，合计到账 1244.65 万元，另有校级项目到账经费 275 万元。教师以第一作者、通讯作者及导师第二作者身份发表 SSCI 论文 110 篇，SCI 论文 159 篇，EI 收录论文 96 篇，CSSCI 来源期刊论文 26 篇，合计 C 级以上论文 220 篇（A 级 81 篇、B 级 62 篇、C 级 77 篇）；出版专著 16 部；申报省部级及以上科研项目 81 项，获准 37 项（国家级项目 13 项），另获准市厅级与校级项目合计 49 项；获 2017 年度高等学校科学研究优秀成果奖（科学技术）自然科学类一等奖 1 项、四川省 2017 年度科技进步奖二等奖 1 项；获校 2017 年度人文社科科研论文贡献一等奖。

合作交流方面。学院接待了来自世界各国和港澳台地区高校来访 15 次、103 人次，开展了 4 个主题交流项目，举办了 2 个国际学术会议。截止到 2018 年 12 月，学院共承担了 244 名留学生以及 44 名港澳台学生的教学培养任务。

党建与学生工作方面。年度内发展新党员 82 人，转正党员 111 人；党员组织关系转入 42 人、组织关系转出 150 人。商学院选送论文在国务院扶贫办主办的“中国扶贫改革 40 周年”征文中获奖；“支部立项”计划立项实施 32 个项目；19 个党支部获评“三分类三升级”先进党支部；郑洪燕老师获第四届四川省高校辅导员年度人物、四川省“优秀共青团干部”称号；市场营销与电子商务团支部荣获四川省“五四红旗团支部”称号；在第四届全国“互联网+”大学生创新创业大赛中，商学院学生中有2人获国家级金奖、4人获得国家级银奖、33人获省级奖励、170人获得校级奖励。2018年暑期，商学院博士生服务团赴甘洛、广元开展调研工作，对当地特色农产品品牌打造、包装设计、营销策略等提出建议，受到人民网、未来网等媒体报道。

【荣获2017年度高等学校科学研究优秀成果奖】2018年1月9日，教育部正式公布2017年度高等学校科学研究优秀成果奖的授奖项目结果，四川大学商学院徐泽水教授、廖虎昌副研究员荣获自然科学奖一等奖。

【举办“2018智慧物流与供应链管理国际研讨会”】2018年1月12日—13日，由四川大学主办、商学院承办的“2018智慧物流与供应链管理国际研讨会”在四川大学商学院召开，来自中国、美国、加拿大、法国、挪威、新加坡等国家和地区的相关领域专家学者及政府部门、行业实践工作者出席会议。研讨会举行了两场圆桌论坛，围绕如何提高企业物流智能化水平、数据驱动的需求预测与物流资源配置、共享经济下的供应链发展等热点问题展开讨论。

【荣获会计案例大赛全国总决赛二等奖】2018年5月4日，在第八届IMA美国管理会计师协会校园管理会计案例大赛全国总决赛中，由商学院ACCA专业许博涵、陈开、谭燕雨、郑直、王缬铮等五位同学组成的四川大学Ernst&MG团队获得全国二等奖。

【荣获“ACCA中国卓越创新教育机构奖”】2018年6月22日，在北京举办的ACCA（特许公认会计师公会）全球高峰论坛中，四川大学荣获“ACCA中国卓越创新教育机构奖”。

【四川大学工商管理（MBA）专业学位评估获A－】2018年7月26日，教育部学位中心公布全国首次专业学位水平评估结果，四川大学工商管理（MBA）专业学位评估获A－。

【徐玖平教授任“第十二届管理科学与工程管理国际会议”大会主席】2018年8月1日—4日，第十二届管理科学与工程管理国际会议在澳大利亚墨尔本召开，该会议由国际管理科学与工程管理学会（ISMSEM）主办、莫纳什大学承办，四川大学商学院徐玖平教授任大会主席。会议以“可持续发展”为主题，来自中国、美国、澳大利亚、法国、加拿大、墨西哥、日本、瑞士、巴基斯坦等国高校与科研机构的102位相关领域知名专家与学者出席了会议。

【徐泽水教授入选2018年全球“高被引科学家”】2018年11月27日，科睿唯安（Clarivate Analytics）发布2018年度全球“高被引科学家（Highly-Cited Researchers 2018)”名单，商学院徐泽水教授同时入选计算机科学、工程学两个学科领域全球“高被引科学家”名单。截至2018年，徐泽水教授已连续五年入选全球“高被引科学家”名单。

【荣获全国高等教育教学成果奖二等奖】2018年12月21日，根据教育部《关于批准2018年国家级教学成果奖获奖项目的决定》（教师〔2018〕21号），由商学院徐玖平教授领衔的教改项目“管理类本科‘全程多维递进’创新创业人才培养工程的建设与实践”获全国高等教育教学成果奖二等奖，主要完成人还有李晓峰、米德超、李小平、黄勇、杨永忠、卢毅、左仁淑、胡知能、王涛等九位老师。

（以上资料由商学院孙志宏提供）

马克思主义学院

【概况】四川大学马克思主义学院现下设马克思主义基本原理教研室、马克思主义中国化教研室、思想道德修养与法律基础教研室、中国近现代史纲要教研室、研究生思想政治理论课教研室、形势与政策课教研室6个教学单位，并设有四川大学中国学中心、四川大学预防腐败研究中心、四川大学农村发展研究中心、四川大学应用心理与心理健康教育研究所等研究机构。同时，学院设有全国高校思想政治理论课教师社会实践研修基地（四川）、四川省高校思想政治理论课教师培训中心。2018年，学院入选高校思想政治工作队伍培训研修中心。学院承担了全校文、理、工、医各学科的博士、硕士研究生和本科生的思想政治理论课的教学任务，以及马克思主义理论等学科研究生培养任务。

师资队伍方面。2018年，全院教职工共85人，其中教授13人、副教授33人，并聘有一批海内外著名专家学者担任名誉教授、客座教授。现任教师中有国务院政府特殊津贴获得者3人，教育部马克思主义理论类专业教学指导委员会委员1人，教育部思想政治理论课教学指导委员会委员3人，教育部新世纪优秀人才2人，宝钢奖优秀教师3人，四川省学术和学科带头人4人，“四川省有突出贡献的优秀专家”3人，四川省学术和学科带头人后备人选12人。

学科建设方面。一是在马克思主义理论一级学科下新增了“习近平新时代中国特色社会主义思想专题研究”“习近平教育思想”等研究生专业课程。二是成功迎接了教育部社科司对于学校马克思主义理论学科学位授权点的调研督查。三是顺利通过马克思主义理论一级学科博士学位授权点合格评估。四是成功举办系列高水平学术会议。学院举办了纪念马克思诞辰200周年学术研讨会、天府廉政论坛、庆祝改革开放40周年·马克思主义理论教育研讨会、第九期青椒论坛等5次学术会议。

教育教学方面。一是完成学校下达的基本任务和目标任务。二是围绕建设全国重点马克思主义学院中心工作，进一步加强了集体备课力度，提升课堂教学质量，制订《四川大学马克思主义学院思想政治理论课课程改革五年（2017—2022）规划方案》。三是开展教学研究、教学主题活动创新、教学能力提升等工作，全面做好本科教学质量提升工程，修订《四川大学思想政治理论课教学基本规范》。四是全面推进习近平新时代中国特色社会主义和党的十九大精神“三进”工作，制定《四川大学马克思主义学院关于推进十九大精神“三进”工作的实施方案》。五是组织开展了“红动1小时”“四十年·新时代：

变迁与超越——改革开放40年口述史访谈”“思想政治教育大讲堂”等系列活动。六是做好校院两级思想政治教育教学改革课题的中期检查和结题工作，以及2018年学院教学改革项目的立项工作。七是荣获各类各级教学奖项。刘吕红教授团队入选四川省教育厅四川省首批高校思想政治理论课名师工作室。冯兵老师荣获2017年“高校思想政治理论课教师年度影响力人物”。1项成果荣获教育部第二届“我心中的思政课”全国高校大学生微电影展示活动比赛特等奖和最佳创意奖。3项成果荣获第八届高等教育四川省教学成果二等奖。八是实验室管理与教学辅助工作进步明显。建成了“四川大学马克思主义文献中心”，提高了图书馆信息化水平。

人才培养方面。2018年，共招收硕士研究生62人，博士研究生19人。完成2018年春季冬季毕业授位博士研究生毕业生4人，硕士研究生毕业授位56人的论文检测、预答辩、专家评审、答辩及毕业工作。学院进一步规范了研究生的培养及管理工作。

科学研究方面。学院获立各类校级以上纵向课题立项93项、到账经费559万元，其中省部级以上课题13项，包括国家社科基金5项、教育部项目3项；横向课题立项4项，到账经费19万元。发表C级以上论文54篇，获得校级及以上奖励8项。

合作交流方面。一是国际交流工作持续推进。举办“文化瞭望镜：中—俄—爱—比国际交流营”。邀请美俄知名教授2位，分别来自俄罗斯乌拉尔联邦大学，美国爱荷华州立大学，共开设3门全英文国际课程。二是对口援建了西北民族大学、湖北民族大学、西华大学马克思主义学院。积极搭建多省（直辖市、自治区）高校师生交流平台，联合兰州大学举办第三届西部高校马克思主义论坛，成功举办首届西部高校青年马克思者论坛。组织扶贫队伍开展扶贫工作并提交工作报告1次，承担扶贫相关课题4项，成功申报国家社科基金项目1项、四川省哲学社会科学项目1项（都与扶贫相关）。三是组织全国高校思想政治理论课骨干教师研修活动4期、共计95人次；承办全省高校思想政治理论课教师培训班4期，培训学员600余名。

党建工作方面。一是认真学习贯彻落实中央和学校党委的各项决策部署。二是召开了学院党风廉政建设工作会，举办了科级干部党风廉政建设约谈暨党风廉政责任书签订会等系列作风督查和强化警示教育活动，加强了学院党风廉政宣传教育等相关工作。三是成功举办首届全国重点马克思主义学院党委书记论坛和高校基层党建与党政同向同行工作研讨会。四是党建工作硕果累累。成功被选为全国党建工作标杆院系。马克思主义中国化教工党支部入选教育部首批全国高校“双带头人”教师党支部书记工作室建设名单。学院在党委组织部组织的课题申报中喜获党建研究课题1项，党建特色活动课题2项。马克思主义中国化教工党支部在“七一”表彰中获得校级“优秀党支部”荣誉称号。

学生工作方面。一是强调学术行为的规范，培养学生课外实践能力。学生申请青年专项课题24项，申报挑战杯18项。二是搭建了“社团+论坛”的工作载体。本学年学院学生五大学术型社团总计举办了50余次学术活动，其中校际红色理论学习活动2场，院际红色理论学习活动2场。三是开展了系列喜闻乐见的校园文化体育活动。四是追求学生工作精细化，关注学生心理健康、家庭情况等。五是开展研究生全程职业教育追踪工作，促进学院学生工作社会实践和就业工作新局面。六是紧抓日常事务管理，关注学生成长成才。

【全面推进党的十九大精神及党的十九届二中、三中全会精神学习研究阐释宣传工作】制订了总体实施方案。举办了各层面学习会和专题党课，学院领导班子成员围绕学习宣传贯彻党的十九大及十九届二中、三中全会精神，结合分管工作开展专题党课和专题发言 17 次，参与师生 400 余人；党支部书记带头开展了学习党的十九大精神的专题党课或在支部进行专题发言 18 次。组织了系列学习宣传教育活动，党员师生开展党的专题教育专题活动 15 次。

【成功承办“纪念马克思诞辰 200 周年学术研讨会”】2018 年 5 月，学院成功承办了“纪念马克思诞辰 200 周年学术研讨会”。中国中共党史学会副会长、中共中央原党史研究室副主任李忠杰，中央新疆工作协调小组办公室副主任、教育部原副部长鲁昕，南开大学原副校长、讲席教授逄锦聚，中国人民大学荣誉一级教授、校务委员陈力丹，省委宣传部、省委党史研究室、省社科联、省社科院有关领导，以及来自清华大学、中国人民大学、复旦大学、浙江大学、中央党校、中国社科院等国内高校和科研机构的 200 余名专家学者参加了研讨会及相关活动。此次学术研讨会产生了广泛的学术影响，对进一步推进马克思主义理论学科建设与发展发挥了积极作用。

【圆满完成教育部本科教学评估检查工作】2018 年 6 月，学校本科教学专项检查专家组和教务处对学院本科教学工作开展了专项检查，获得学校专家组老师肯定。2018 年 9 月，教育部本科教学评估专家组组长程建平教授莅临学院对学院本科教学评估工作进行检查，对学院本科教学工作给予充分肯定。

【顺利通过马克思主义理论一级学科博士学位授权点合格评估】2018 年 7 月，学院顺利通过了马克思主义理论一级学科博士学位授权点合格评估。本次评估是对学科研究生教育质量的发展性评估，重点考察学位点自身办学质量的提升情况。专家们认为本学科点学科方向设置规范、具有特色，学科队伍结构合理，实力较强，科研水平提升较快，成果较多，人才培养规范合格，质量较高，达到了本学科一级学科博士学位授权点的建设要求，评估合格。

【接受中宣部、教育部全国重点马克思主义学院年度检查】2018 年 9 月，中宣部、教育部全国重点马克思主义学院建设督查组到校，实地督查学校重点马克思主义学院建设情况。专家组对学校马克思主义学院建设高度评价，认为在学校党委的领导和关心支持下，川大马克思主义学院在全国重点马克思主义学院建设过程中积累了宝贵经验。

【成功举办首届全国重点马克思主义学院党委书记论坛】2018 年 10 月，全国重点马克思主义学院及四川省重点马克思主义学院党委书记、在川部属院校马克思主义学院领导出席论坛，四川大学有关学院负责同志及马克思主义学院师生代表参加论坛。

（以上资料由马克思主义学院屈荣提供）

体育学院

【概况】四川大学体育学院下设四个教研室，分别为大球教研室、小球教研室、综合教研室、艺术体育教研室，设体育科学研究所、武术文化研究所、公共健康与社会研究所、户外运动研究所4个科研机构。学院还设置校体育运动委员会办公室、学生体质测试中心、体育场馆管理中心、群体竞赛办公室、体育器材装备部等机构，全面开展体育教学、运动训练、运动竞赛、群众体育活动、体育科研、体育场馆管理等方面工作。

师资队伍方面。截止到2018年12月31日，体育学院共有教职工99人。其中，教授8人，副教授40人，讲师36人，教辅人员3人，行政人员12人。拥有博士学位的教师9人，在读博士的教师7人，拥有硕士学位的教师45人。国际级裁判6人，国家级裁判5人，国家级社会体育指导员1人，国家级健身指导员5人。

学科建设方面。体育学院拥有体育学一级学科硕士授权点，拥有体育教育训练学、体育人文社会学、人体运动科学和民族传统体育学4个二级学科专业和体育硕士。

人才培养方面。自体育学硕士研究生招生以来，已成功授位22批共409名硕士研究生，体科所有在读硕士研究生121人。2018年体科所硕士毕业研究生29人。截至2018年11月30日，就业率100%。

教育教学方面。2018年体育学院承担了全校一至二年级本科学生4万余人体育公选课教学，承担舞蹈啦啦操、跆拳道、羽毛球、瑜伽等若干体育项目的文化素质选修课的教学。体育学院完成了2018年度本科教学工作量，承担本科公共体育课程合计932门次。

科研方面。2018年度学院立项纵向课题16项，其中四川省哲学社会科学项目2项，四川省科技厅项目1项，国家自然科学基金青年项目1项，省厅级课题1项；横向课题9项。学院2018年度共计发表论文25篇，其中B级1篇，C级论文12篇；出版著作5部。

合作交流方面。2018年度与德国、韩国、日本、比利时、克罗地亚、法国等国家的大学及专家和港澳台地区的大学展开了广泛的体育交流与合作，取得了圆满的效果。2018年6月23日—29日，台北市立大学体育代表团一行共40人对学校进行了友好交流访问；2018年11月28日—12月4日，学院邱硕立副院长、唐成、李姗姗、苏强、李霞、赵建春等一行共10人赴中国台北市立大学进行“两岸”友好学术交流及台北市立大学校庆相关庆祝活动；2018年6月24日，由工会主席袁志华同志带队，学校师生共32人到香港理工大学进行交流访问；2018年11月28日—12月4日，受教育部委派，学院夏泽友书记带队，任常胜及3名高水平运动员前往法国参加第13届法国大师杯网球赛，取得了第6名的成绩，展现了川大人的风采。

党建及学生工作方面。学院党总支继续严格坚持民主集中制、认真落实党政联席会议制度、“三重一大”集体决策制度、积极推进“院务公开”工作，认真学习贯彻习近平新时代中国特色社会主义思想，全面从严治党，全面深化改革。

2018 年体育学院进行了教师支部增设和换届改选工作，把支部建到教研室，由 2 个教师支部增加到 4 个支部；研究生毕业转走 18 名党员，新进校 18 名党员，新发展 22 名党员；学院党总支坚持党管人才原则，严把人才引进和选拔的思想政治关，很好地发挥了政治核心作用，为学院各项工作的顺利开展提供了坚强的组织保证。

（以上资料由体育学院陈清、王晓均提供）

灾后重建与管理学院

【概况】 2008 年“5·12”汶川特大地震后，四川大学联合香港理工大学，充分发挥两校多学科和人才优势，在香港赛马会慷慨捐资 2 亿元人民币的支持下，共同创建了灾后重建与管理学院。学院于 2013 年 5 月 8 日正式运行，致力于防灾减灾、救灾响应、应急管理和灾后恢复重建领域的开拓创新。学院设有物理治疗实验室、作业治疗实验、灾害护理实验室、假肢矫形实验、深地科学与工程教育部重点实验室以及灾害教育研究中心。

师资队伍方面。有在职全职教师 21 人，具有海外学历或工作经历的有 18 人，其中教授 4 人，副教授 2 人，特聘副研究员 6 人，特聘高级实验师 1 人，助理研究员/专职博士后 6 人，讲师 2 人。兼职教师方面，有客座教授与客座研究员 22 人。

学科建设方面。新增硕士生导师 3 人。学院教授委员会换届顺利完成，形成了跨学科、高水平、国际化的新一届教授委员会并成立学院学位评定专委会。制定了学院研究生学位论文质量管理细则和落实了副导师制。超前部署学科“综合灾害科学与管理”目标任务中的临床医学 ESI 排名已进入千分之一。

人才培养方面。学院录取硕士生 12 人，博士生 16 人；8 名硕士与 2 名博士顺利毕业与授位；博士生出国（境）参加高水平国际学术会议、短期访学或其他高水平学术交流活动达到 15 人次。

科研方面。承担科技部重大研发子课题 2 项，获批国家自然科学基金 2 项、重大研发子课题 1 项，四川省科技厅科技计划项目 3 项。科研进校经费 237 万元，较 2017 年增长 40%。学院共发表 A 级期刊论文 8 篇，C 级以上期刊论文发表 17 篇，学院承担的《泥石流灾害预判与综合防控关键技术》项目，获得 2018 年四川省科学技术进步一等奖。

合作交流方面。5 人次受邀在联合国机构主办的会议上做报告，全面提升了在国际灾害学界的显示度和影响力，积极推进国际协同创新，建造国际防灾减灾科研交流合作平台，在联合国以及“一带一路”沿线国家发出川大声音。在2018年5月举行的世界水论坛上，学院被正式指定为“水与灾害科研与教育联盟的联盟”的牵头组织单位和秘书处，助推联合国防灾减灾工作和仙台框架实施。学院获准成立喜马拉雅大学联盟灾害主题工作组，已召开两次工作会议。

党建及学生工作方面。10月25日获批准建立学院直属党支部委员会。全面深入学习习近平中国特色社会主义思想和党十九大精神，狠抓党员思想建设，完善支部制度，创新支部党建工作方式，着力打造服务型支部。引导学生创立“灾管新视界”交流沙龙活动。2018年全年开展政治学习17次。通过党员大会、党小组讨论、党课、网上讨论、视频交流等形式，多渠道多方式开展党员学习活动。支部开展集中学习活动6次，网上讨论学习2次，发放相关学习材料4份。完善支部制度与组织建设，落实《党员联系群众制度》《支委会工作报告制度》《“三会一课”制度》《党员组织生活制度》《民主评议党员制度》等制度。实现了“一册一表一卡”党员档案动态管理目标。建立了学院党政联席会议制度，为学院重大决策提供制度保障；制作了学院廉洁文化宣传长廊，为师生提供廉洁氛围；通过行政例会、政治学习等形式，开展警示教育，提升教职工的廉洁意识。

【灾害教育研究中心】面向社会开展各类灾害教育科普及技能提升活动，全年共计服务约2920人。联合学校实验室及设备管理处、保卫处等部门开发面向全校师生的灾害教育课程，拟于2019全面实施。

【举办纪念“5·12”特大地震十周年系列活动】2018年5月11日—12日，牵头举办“汶川地震十周年国际论坛”，活动期间中央人民政府驻香港特别行政区联络办公室主任王志民与香港特别行政区行政长官林郑月娥分别率团来学院考察，参观灾害教育培训中心与国际应急医疗队帐篷医院，充分肯定了四川大学及学院在灾后重建、紧急医院救援、港澳交流等方面的工作。

【获批教育部全国青少年防灾减灾教育培训基地】2018年5月，教育部授牌学院“全国青少年防灾减灾教育培训基地”，基地广泛与防灾减灾教学研究机构开展合作，通过开发和建设青少年防灾减灾教育、应急避险能力和校园安全防范安全课程，面向大中小学校以及社会各领域的青少年开展防灾减灾应急逃生、安全防护、生命安全教育和应急培训演练。

【积极响应九寨沟地震灾后重建工作】为了进一步落实四川大学与阿坝州校地科技合作，学院组织团队前往阿坝州开展灾后重建与恢复调研工作，同阿坝州政府相关部门负责人共同就灾害领域科学研究与教育实习基地建设、阿坝州自然灾害监测预警、气象台站建设及九寨沟灾后恢复重建等事项进行了充分交流，为推进阿坝州防灾减灾救灾相关领域的科研及教育工作奠定了较好的前期基础。

（以上资料由灾后重建与管理学院侯永振提供）

空天科学与工程学院

【概况】空天科学与工程学院设有先进引导与飞行模拟、飞行器推进与动力工程、高性能机电传动与运载装备、飞行器结构与强度4个研究方向，成立先进推进与动力、高性能机电传动与运载装备、空天信息处理与应用、智能无人机4个科研团队。设立航空航天工程、飞行器控制与信息工程两个教学系。在江安校区建有川大智胜—川大空天飞行模拟机基地和飞行器创意设计与体验中心各1个。

师资队伍方面。截至2018年底，学院有全职教职工35人，包括教学科研人员28人、行政人员4人、辅导员2人、实验教辅人员1人；专职教学科研人员中正高级职称6人，副高级职称13人，中级职称9人，博士研究生指导教师6人，硕士研究生指导教师6人。另有实际从事本学科教学、科研工作的兼职教授25人。学院专兼职队伍中有院士2人，国务院学科评议组成员4人，国家杰出青年基金获得者3人，“长江学者奖励计划”特聘教授1人，两江学者1人，教育部跨世纪人才和新世纪人才9人，国务院批准享受政府特殊津贴专家11人，何梁何利基金科学与技术奖获得者3人。

学科建设方面。有“0825航空宇航科学与技术”一级学科硕士学位授权点1个、“085232航空工程”专业硕士学位授权点1个。本科按航空航天大类专业招生，培养过程分设航空航天工程和飞行器引导与信息工程两个专业。在学校“双一流”建设工作中，空天科学与工程学院牵头组织的“智能空天信息与先进装备”学科群被学校列为超前部署的聚焦未来新领域的学科（群）。

人才培养方面。2018年招收24名硕士研究生、8名博士研究生和61名本科生，共有在校学生286人，其中研究生97人、本科生189人。2018届毕业生共18人，其中硕士12人、博士6人。共开设本科生课程26门、研究生课程20门。

科研方面。2018年度立项项目总数48项，累计到校经费1636.78万元，科研经费增长率全校第三。人均到校经费63.72万元，45岁以下青年教师人均到校经费61.71万元，高级职称人均到校经费72.02万元，正高职称人均到校经费全校第三。发表SCI论文57篇，其中A级期刊1篇，B级期刊13篇，ESI高被引文1篇，影响因子达24.537的A类期刊论文1篇；获教育部科技进步奖一等奖1项。实现专利实施许可198万元。

合作交流方面。2018年，教师出国11人次，3名博士研究生分别赴美国、法国和日本交换学习。院士和知名专家到访学院21人次。学院代表团应邀前往瑞士和法国，分别与诺贝尔物理学奖获得者丁肇中教授主持的欧洲核子研究组织AMS实验室、法国高等光学学校MANAO实验室进行合作探讨。学院先后与NUMECA（北京）软件有限责任公司、中国科学院空间应用工程与技术中心等开展调研与合作交流，参加第三届航空宇航学科高峰论坛、第三届中国高等工程教育峰会、2018 年中国高校航空学院院长联席会等全国大会，并与中国科学院空间应用工程与技术中心和 NUMECA 签署合作协议。

党建及学生工作方面。四川大学空天科学与工程学院直属党支部委员会设支部书记 1 人，副书记 1 人，纪检委员、组织委员、宣传委员、工青妇委员各 1 人；设教职工党小组和学生党小组，各配备党小组组长 1 人；配备专职辅导员 2 人。学院直属党支部党员共 98 人，发展对象 17 人、入党积极分子 55 人。其中，教职工党员 29 人，研究生党员 46 人，本科生党员 23 人。全年新发展预备党员 32 人、转正党员 15 人。立项 2018 年度四川大学基层党组织党建研究专项课题党建专题特色活动 1 项。新成立学生思政理论研究社团“空天学院思政理论研‘习’社”。新成立学术型社团“飞行模拟协会”，学院学术型社团数量达到 5 个。

【举办纪念改革开放四十周年主题系列活动】围绕改革开放 40 周年主题，先后组织开展纪念改革开放四十周年文艺晚会、观看庆祝改革开放 40 周年大会直播并集中讨论、改革开放再出发——党员集体宣誓、郫都区“战旗村”先进经验考察学习、29 基地科技成就参观学习等活动，承办“航天精神中华行”（成都站）。

【本科教学工作顺利推进】学院顺利完成了 2018 级本科教学计划的全面修订。对学院两个本科专业进行了自评，并顺利完成本科教学工作审核评估。“飞行器模型设计与制作”课程被推荐为新时代全国高等学校本科教育工作会议期间的示范课程；“空气动力学”课程在四川大学 2018 年青年教师教学竞赛中荣获工科二组优秀奖。首次举办“实践及国际课程周”，共邀请到来自国内外航空航天领域的著名大学和科研机构的 9 位专家学者、企业管理者和技术骨干，开设了 6 门实践类课程和 1 门全英文课程。

【高端人才引进和师资队伍建设进展顺利】2018 年，聘任中航工业集团飞机总体设计师杨伟院士为四川大学特聘院士，聘任美国托莱多大学盛春华教授为讲座教授，聘任中国空气动力研究与发展中心国家重点研发计划项目首席科学家王运涛研究员为学院客座研究员。

【中国首批航天员吴杰大校寄语空天学子】4 月 16 日，学院与中国航天英雄、中国首批航天员兼中国人民解放军航天员大队教练员吴杰大校进行深入交流，吴杰大校为四川大学空天学子写下寄语“祝四川大学空天科学与工程学院的同学们在航天精神的鼓舞下，努力学习取得更大的成绩”。

【“罗麦科技航天奖学金”续签】学院院领导赴中国航天基金会和北京罗麦科技有限公司落实“罗麦科技航天奖学金”续签事宜，拜访中国航天基金会袁茂富副秘书长和张声远少将及北京罗麦科技有限公司汪静董事长，三方就继续在四川大学设立“罗麦科技航天奖学金”达成共识。

【教育部官网报道学院学子风采】6 月 21 日，教育部官网发布教育奋进之笔“1＋1”系列发布采访活动之四川行（一），封面报道江安校区 i 创街空天飞行器创意设计与体验中心学院学生熟练操作模拟直升机及富有激情地研讨空中交通管制课题的画面。

（以上资料由空天科学与工程学院刘文红提供）

匹兹堡学院

【概况】四川大学匹兹堡学院是由四川大学与美国匹兹堡大学合作于2014年7月2日由教育部正式批准成立的中外联合学院。学院作为西部地区首个中美合作办学机构，借力四川大学综合性大学以及四川在中国西部作为制造业枢纽的优势，充分融合匹兹堡大学在工程教育领域的先进理念，旨在为中国西部与中国制造业的发展培养高层次人才。

师资队伍方面。2018年，学院共有来自匹兹堡大学、斯坦福大学、德州大学奥斯汀分校等高水平大学的教师34人，包括教授4人，副教授14人，助理教授7人，讲师9人。就教师学历结构而言，博士学历23人，占比约为67.65%；硕士学历10人，占比约为29.41%；学士学历1人，占比约为2.94%。就教师年龄结构而言，40岁以下占比35.30%，40岁至55岁占比38.23%，55岁以上占比26.47%。

学科建设方面。学院设工业工程、机械设计制造及其自动化、材料科学与工程三个本科专业。

人才培养方面。学院有“4+0”“2+2”“3+1”“3+1+1”四种培养模式。学院人才培养工作强调以学生为中心，以培养学生的领导力、创造力、跨文化交流能力、团队协作能力等为核心。2018年4月至6月期间，学院在全国九个省市开展了密集的招生宣传工作。2018年从四川、重庆、湖南、辽宁、北京、山东、浙江、安徽、上海共招收195位学生。其中，工业工程56人，机械设计制造及其自动化69人，材料科学与工程70人。

实验室建设方面。学院参考国际一流大学实验室建设标准，建设完成机械测量教学实验室2间和材料科学实验室1间，申请实验技术项目2项，创新创业教育改革项目1项，已发表国际论文2篇。2018年，学院实验室建立完善了管理运行机制，在硬件方面，初步形成物联网式的实验安全管理系统，包括电子门禁、可接入手机App的监控、在线电子台账等系统，以提高实验室的智能化、信息化管理；在制度方面，形成独具特色的工程师技术分享会，制定《四川大学匹兹堡学院实验室管理总章程》《实验室安全操作细则》等，同时成立匹兹堡学院实验室安保工作领导小组，开展安全培训，定期巡查。

合作交流方面。学院自成立以来，秉承合作发展、互利共赢的理念，在2018年陆续接待了17个海内外的访问团。

党建及学生工作方面。学院于2017年3月14日正式成立四川大学匹兹堡学院党支部，于2018年10月19日成立直属党支部。不断强化制度建设，学院在2018年修订了《匹兹堡学院党支部工作制度（试行）》，制订出台了《四川大学匹兹堡学院关于进一步加强和改进大学生思想政治教育工作实施方案》《四川大学匹兹堡学院突发事件总体应急预案（试行）》等规范性制度文件；加大党员发展力度，学院已发展学生党员 2 人，预备党员 7 人，入党积极分子 42 人。学院坚持以学生成长成才为主要目标，关注学生思想动态，引导学生向上向善。通过组织开展同辈导师计划、一对一谈话等特色服务项目，构建以需求为导向的学生指导与服务体系；结合学院学生管理工作的实际特点，不断强化学生管理的制度建设和规范建设；由学院副院长带头在特殊时期值班、深入学生宿舍，全面加强学生的安全稳定工作；通过定期开展专业答疑会、主题讲座、为新生发放《学术道德与学术规范》读本、组织新生签署《本科生诚信承诺书》等，打造积极向上、健康有序的优良学风。2018 年，学生学术表现优异，66%的学生平均学分绩点（GPA）高于 3.0，42%的学生获得国家级、校级或院级奖学金。

【双学位联合培养项目】截至 2018 年，学院共有 28 名 2015 级学生、58 名 2016 级学生参加“2+2”联合培养项目，14 名 2015 级学生参加“3+1”联合培养项目。学院已与匹兹堡大学、俄亥俄州立大学、威斯康星大学、明尼苏达大学、亚利桑那州立大学、亚利桑那大学、科罗拉多大学、伦斯勒理工学院、雪城大学、犹他大学、德州农工大学、南加大、伊利诺伊大学厄巴纳—香槟分校、新泽西州立罗格斯大学、密歇根州立大学等 16 所世界一流大学建立了联合培养关系。

【iLife 智慧工坊】学院响应国家级双创示范基地建设，带领实验室团队对原有用于学生创新创业实践的 Maker space 进行升级，在学校“双创街”建设完成了以“先进制造、创新设计、智慧机器”为主题的 iLife 智慧工坊，并辅之以技能训练、创新大赛、创新实验、学术讲座等实践环节，初步形成了独具特色的创新创业实践教育体系，受益学生人数 200 余人，孵化国家级创新创业大赛 1 项，国家级科技竞赛 4 项，省级科技竞赛 5 项，学生的创新创业项目自主研发龋齿检测仪器及软件已申请国家专利 2 项，受到校内外参观者的一致好评。

（以上资料由匹兹堡学院侯滟斯提供）

国际关系学院

【概况】国际关系学院由国际政治系、南亚研究所（教育部人文社会科学重点研究基地、教育部国别与区域研究培育基地）、欧洲问题研究中心（教育部国别与区域研究培育基地、“让-莫内最佳欧洲研究中心”）、美国研究中心（教育部国别与区域研究培育基地）、当代俄罗斯研究中心（教育部中俄人文合作工作机制框架内下设中心）、波兰与中东欧问题研究中心（教育部国别与区域研究中心）、巴基斯坦研究中心、中国西部边疆安全与发展协同创新中心、中国南亚研究中心（国家高端培育智库）等优势学科和研究平台组成。

师资队伍方面。学院有教职工 44 人（不含南亚所），其中正高级职称 10 人，副高级职称 12 人，中级职称 15 人，行政人员 7 人，教辅人员 1 人，全职外籍教师 2 人，另有外聘人员 3 人。

学科建设方面。学院积极配合学校组织教学力量顺利完成本科教学审核评估工作，顺利完成政治学一级学科硕士学位授权点评估，积极推进“区域历史与边疆学”一流学科建设。

人才培养方面。作为一个新成立的学院，国际关系学院的办学规模不断扩大，学生人数达到 213 人。积极组织学生申报“大学生创新创业计划”，26 个项目获准立项，包括 2 个国家级项目、4 个省级项目和 20 个校级创新训练项目。学院与华沙大学国际关系研究院合作办学，邀请华沙大学教师来学院讲授 2 门国际政治专业课程。

科研方面。新立项各类纵向项目 66 项，新增横向项目 3 项。其中，2018 年度新增国家社科基金 5 项（2 项重点项目，3 项青年项目），另有 2 项国家社科基金委托专项。2018 年全年实际到校经费 650 万元。国际关系学院教师独著或第一作者发表 C 级以上学术论文 35 篇，其中 A 级论文 2 篇，B 级论文 8 篇。国际关系学院师生以独著或第一作者撰写并上报决策咨询报告 42 篇。2018 年 12 月，西部边疆中心被列入 CTTI 高校智库百强榜单，被评为 A 级高校智库。本年度国际关系学院教师出版、参编学术专著 9 部。丁忠毅老师获得第四届全国民族研究优秀成果奖二等奖，陈超老师的调研报告获得国家民委社科研究成果奖（调研报告类）二等奖。

合作交流方面。学院及下属中心机构积极承办各类国际国内高水平学术会议，包括：第三届和第四届“四川大学—华沙大学国际关系研究圆桌会”“中国与俄罗斯：文明的对话”双边座谈会、“改革、发展、合作、挑战——新时代中国与俄罗斯”高层学术研讨会、“中俄文化对话”国际学术研讨会、模拟亚欧会议成都分论坛：一带一路与亚欧互联互通建设、中印关系发展趋势研讨会、中印关系研讨会、第六届西部边疆安全与发展研讨会、“一带一路”教育合作论坛、学习习近平总书记纪念改革开放 40 周年重要讲话精神专家座谈会等。中国南亚研究中心与中国现代国际关系研究院南亚东南亚大洋洲研究所、四川省国际友好联络会、云南省社会科学院南亚研究所、印度研究所和孟加拉国研究所、云南财经大学印度洋研究中心、云南省社会科学院南亚研究所签订合作协议。当代俄罗斯中心与俄罗斯高等经济学院国际政治与经济系、哈萨克斯坦国家历史研究院、塔吉克斯坦科学院、哈佛大学戴维斯俄罗斯研究中心等国外重要学术机构建立了学术联系。

【成立中共四川大学国际关系学院党总支】2018 年 10 月底，在学校党委的总体规划与部署下，中共四川大学国际关系学院党总支正式成立。

【原国务委员戴秉国到校与国际关系学院本科生座谈】原国务委员、国际关系学院名誉院长戴秉国同志莅临我校江安校区，与国际关系学院全体本科生亲切座谈。

【中印高端二轨对话机制】国际关系学院与中国南亚研究中心共同打造中印高端二轨对话机制，并于 9 月 14 日召开“中印关系研讨会”。来自党、政、军、学、研等部门的权威专家和领导在会上共同探讨和评估了中印关系现状，并提出发展中印关系的下阶段重点。

【与成都市共建“一带一路”教育协同创新研究中心】协助学校与成都市人民政府签订协议，共建成都市“一带一路”

教育协同创新研究中心。12 月 17 日—18 日，2018 年“一带一路”教育合作论坛在我校召开，大会分为医学、灾后重建和人文三个分论坛，邀请到了来自“一带一路”沿线国家共计 50 多名高校校长和权威学者参会。

（以上资料由国际关系学院文铭提供）

网络空间安全学院

【概况】2015 年在整合计算机学院（软件学院）、电子信息学院、信息管理中心和数学学院等相关优势资源的基础上，成立网络空间安全研究院，承担网络空间安全一级学科的建设任务。2016 年 3 月网络空间安全学院成立，是国务院学位委员会批准的首批 29 个网络空间安全一级学科博士点培养单位之一。学院拥有国家网络空间安全人才培养基地；有计算机网络与安全研究所、网络与可信计算研究所和信息安全研究所等特色研究机构。2017 年 9 月被中央网络安全和信息化领导小组办公室、教育部确定为首批一流网络安全学院建设示范项目高校。

师资队伍方面。截至 2018 年 12 月 31 日，学院有教职工 31 人，其中专任教师 26 人，思政教师 2 人，教辅人员 1 人，管理人员 2 人。专任教师中正高级专业技术职务 10 人，副高级专业技术职务 9 人，中级专业技术职务 7 人。博士生导师 3 人，硕士生导师 14 人。专任教师中国家重点研发计划项目首席科学家 1 人，四川省学术和技术带头人 2 人，教育部新（跨）世纪人才 1 人，四川省有突出贡献优秀专家 1 人，四川省学术和技术带头人后备人选 2 人。

学科建设方面。学院拥有“网络空间安全”一级学科博士授权点及“网络空间安全”本科专业。

人才培养方面。学院 2018 年共有学生 509 人，包括本科生 350 人，硕士研究生 138 人，博士研究生 21 人。2018 年招收本科生 151 人，接收本科生转专业学生 26 人；在自主招生中首次设置了网络安全卓越人才计划和网络安全学科特长生。2018 年招收硕士研究生 79 人，博士研究生 13 人。

本科教学方面，2018 年开设本科课程 43 门次；“大学生创新创业训练计划”、科研训练计划等参与人次数比例为 81%；公费派出 7 名本科生赴新加坡国立大学进行暑期实训；重点建设的优质课程 3 门；校外专家开设实践应用型、创新创业型课程 5 门；各级教改立项和教改成果 6 项，组织参加“互联网+”大学生创新创业大赛 5 项；“跨学科专业一贯通式”人才培养举措 3 项。刘嘉勇教授获得 2018 年“全国网络安全优秀教师奖”，方勇教授获得“四川大学第五届卓越教学奖”三等奖，胡晓勤副教授获得“唐立新教学名师奖”。研究生培养方面，2018 年度开设专业课程 22 门；获准研究生课程建设项目

2 项；完成网络空间安全学科研究生培养方案修订；完成与计算机学院关于计算机技术专业硕士招生、培养及授位工作的协调工作；完成专业学位授权点“电子信息”类别网络空间安全专业领域的申报工作；制定完成《网络空间安全专业工学硕博士研究生授位成果要求》《研究生学位论文质量管理细则》《国家奖学金评定办法》等系列研究生培养管理性文件；专门拿出 14 位硕士研究生指标用于开展跨学院、跨学科交叉人才培养；组织优秀本科生暑期夏令营。

科学研究方面。2018 年网络空间安全学院（含研究院）新增科技项目立项 26 项，其中科技部重点项目课题 1 项、子课题 1 项，到校科研经费 1103.49 万元，高级职称人均到校科研经费 64.9 万元；2018 年申报国家自然科学基金 9 项，获准 4 项。45 岁以下青年教师承担非学校资助科研项目人数比例为 70%。2018 年，获得中国标准创新贡献二等奖 1 项，四川省科技进步一等奖 1 项、成都市科技进步一等奖 1 项；发表 SCI 论文 8 篇；取得发明专利授权 3 项，申请发明专利 23 项（实审阶段）；参与国家标准制定 1 项。

合作交流方面。学院 2018 年有 1 名教师公派在国外进行学术访问（一年以上）；公派 7 名本科学生赴新加坡国立大学参加实训；聘请英国萨里大学网络空间安全研究中心陈利群教授为我校客座教授；6 名国外专家或学者到校讲学；与俄罗斯总统学院、以色列特拉维夫大学等协商联合人才培养协议，推进双方的紧密合作。

党建及学生工作方面。2018 年 10 月 30 成立网络空间安全学院直属党支部，共有党员 80 人，其中教职工党员 26 人，学生党员 53 人。直属党支部通过“三会一课”、主题党日等形式，抓好主题学习，全面认真学习贯彻党的十九大及历次中央全会精神，深入贯彻落实习近平新时代中国特色社会主义思想，认真贯彻落实中央重大决策部署和上级党组织重要工作部署。加强党员廉政教育，2018 年 12 月 28 日，组织党员同志参观四川省锦江监狱，开展廉政警示教育活动。2018 年 11 月成立网络空间安全学院分团委。2018 年在校本科生总计获得各类学科竞赛奖 14 项。黎红友老师获得 2018 年度“四川大学五粮春思政教师奖”标兵奖。

【网络靶场建设】2018 年 4 月完成了网络靶场土建招标工作，并正式启动了网络靶场土建工作。2018 年 9 月 27 日，完成所有网络靶场专业设备验收工作。2018 年 10 月起开始进行网络靶场家具设计工作。2018 年 12 月 30 日，基本完成网络靶场土建主体工程。

（以上资料由网络空间安全学院刘艳梅提供）

附　录

学校概况

岷峨挺秀，锦水含章。巍巍学府，德渥群芳。

四川大学是教育部直属全国重点大学，是国家布局在中国西部的重点建设的高水平研究型综合大学。四川大学地处中国历史文化名城——“天府之国”的成都，有望江、华西和江安三个校区，占地面积 7050 亩，校舍建筑面积 256.3 万平方米。校园环境幽雅、花木繁茂、碧草如茵、景色宜人，是读书治学的理想园地。

四川大学由原四川大学、原成都科技大学、原华西医科大学三所全国重点大学经过两次合并而成。原四川大学起始于 1896 年四川总督鹿传霖奉光绪特旨创办的四川中西学堂，是西南地区最早的近代高等学校；原成都科技大学是新中国院系调整时组建的第一批多科型工科院校；原华西医科大学源于 1910 年由西方基督教会组织在成都创办的华西协合大学，是西南地区最早的西式大学和国内最早培养研究生的大学之一。1994 年，原四川大学和原成都科技大学合并为四川联合大学，1998 年更名为四川大学，江泽民、李鹏等党和国家领导人就两校合并为学校题词并寄予深切厚望。2000 年，四川大学与原华西医科大学合并，组建了新的四川大学。李岚清同志在考察新四川大学时说：“四川大学是我们改革最早的大学，对我国高校的改革做出了历史性的贡献，可以说是高校体制改革的先锋。”在 2008 年“5·12”汶川特大地震抗震救灾期间，吴邦国、温家宝等党和国家领导人先后到四川大学视察慰问。2016 年，李克强总理来校视察，勉励川大要为全国“双创”带头，多出世界一流学科。

四川大学承文翁之教，聚群贤英才。百余年来，学校先后汇聚了历史学家顾颉刚、文学家李劼人、美学家朱光潜、物理学家吴大猷、植物学家方文培、卫生学家陈志潜、数学家柯召等大师。历史上，吴玉章、张澜曾执掌校务，共和国开国元勋朱德、共和国主席杨尚昆、文坛巨匠郭沫若、人民作家巴金、一代英烈江竹筠（江姐）等曾在川大求学。中国科学院和中国工程院院士中，有 64 位是川大校友。

四川大学学科门类齐全，覆盖了文、理、工、医、经、管、法、史、哲、农、教、艺等 12 个门类，有 34 个学科型学院及研究生院、海外教育学院等学院。现有博士学位授权一级学科 47 个，专业学位授权点 32 个，本科专业 131 个，博士后流动站 37 个，国家重点学科 46 个，国家重点培育学科 4 个，国家临床重点专科 45 个，是国家首批工程博士培养单位。学校进入 ESI 排名全球前 1%的学科领域 17 个，其中，化学、材料科学、临床医学学科领域进入全球前 1‰。

四川大学大师云集，名师荟萃。截至 2018 年年底，学校有专任教师 4527 人。学校有中国科学院和中国工程院院士 13 人，四川大学杰出教授 5 人，教育部“长江学者奖励计划”特聘教授 42 人、讲座教授16人，国家“万人计划”领军人才23人，国家自然科学杰出青年基金获得者46人，“四青”人才115人次；“973”首席科学家7人（9项）；国家科技重大专项课题负责人4人（4项）；国家重点研发计划项目负责人42人；国家社科基金重大招标（委托）及各类专项项目获得者46人（51项）；国家创新人才推进计划“中青年科技创新领军人才”21人、“重点领域创新团队”2个。

四川大学在长期的办学历程中，形成了深厚的人文底蕴、扎实的办学基础和以校训“海纳百川，有容乃大”、校风“严谨、勤奋、求是、创新”为核心的川大精神。近年来，学校围绕创建一流研究型综合大学的奋斗目标，确立了“以人为本，崇尚学术，追求卓越”的现代大学办学理念，建立了“以院系为管理重心，以教师为办学主体，以学生为育人中心”的管理运行新机制，提出了“精英教育、质量为本、科教结合、学科交叉”的人才培养指导思想，确立了培养“具有崇高理想信念、深厚人文底蕴、扎实专业知识、强烈创新意识、宽广国际视野的国家栋梁和社会精英”的人才培养目标。学校持续推进“探究式—小班化”课堂教学改革，连续成功举办7届“国际课程周”，开展了“大川视界”学生海外访学计划。2003年以来，学校获得国家教学成果奖31项（其中特等奖1项）、国家精品课程33门，国家级精品视频公开课12门、精品资源共享课31门，国家精品在线开放课程19门。2015年以来，学校共获得中国“互联网+”大学生创新创业大赛金奖10项，金奖数位居全国第二。学校现有全日制普通本科生3.7万余人，硕博士研究生2.6万余人，外国留学生及港澳台学生4200余人。

四川大学科研实力雄厚，标志性成果不断涌现。学校现有13个国家重点实验室、国家工程实验室、国家工程技术研究中心及国家地方联合工程实验室等国家级研究基地，4个国家级国际科技合作基地，2个国家临床医学研究中心，16个教育部重点实验室、工程研究中心，1个教育部前沿科学中心，2个国家卫生健康委员会重点实验室；有9个国家人才培养和科学研究及工科基础课程教学基地，8个国家级实验教学示范中心，19个国家级工程实践教育中心，3个国家级虚拟仿真实验教学中心，1个国家级教师教学发展示范中心，1个国家大学生文化素质教育基地，9个国家级大学生校外实践教育基地，1个全国高校心理健康教育与心理咨询示范中心，4个教育部人文社会科学重点研究基地。2005年以来，学校共获国家科技三大奖49项。2018年，学校科研经费达21.60亿元。2017年度发表国内科技论文总数列全国高校第5位，SCI收录论文数列全国高校第5位。在人文社会科学方面，学校先后编撰出版了《汉语大字典》《全宋文》《中国道教史》《儒藏》等大型文化建设成果。

四川大学主动服务国家和区域经济社会发展，大力推进创新创业，服务社会能力不断增强。四川大学国家技术转移中心是全国高校中最早设立的6家国家技术转移中心之一，2008年被国家科技部授予首批“国家技术转移示范机构”，2009年成为首批获得“全国企事业知识产权示范单位”称号的4所高校之一。四川大学国家大学科技园是国家最早批准的15个国家大学科技园之一，2012年被评为国家A类（优秀）大学科技园。2016年，学校被批准成为国家首批“双创”示范基地之一、全国首批深化创新创业教育改革示范高校。近年来，学校与国内近 30 个省（自治区、直辖市）、国内外 150 多个地市和 8000 多家企事业单位建立了产学研合作关系，共建了 200 多个校地企产学研平台。近 5 年来，学校承担了国内外企事业单位委托的技术开发、转让、服务和咨询项目 1.3 万余项，一大批重大科技创新成果已成为相关行业的主导技术。2009 年，学校被批准成为首批 13 个“全国干部教育培训高校基地”之一。学校设有 4 所国家卫生健康委员会预算管理医院，在汶川特大地震、青海玉树地震、雅安芦山地震等重大自然灾害伤员救治过程中发挥了重要作用，为促进我国卫生事业发展、提高人民群众健康水平做出了重要贡献。华西医院牵头筹建的中国国际应急医疗队（四川）通过世界卫生组织认证，成为全球首支非军方Ⅲ类国际应急医疗队（Type3 EMT）。华西远程医学网络成为中国最大规模远程医学教育与分级协同医疗体系，覆盖 20 个省市区、748 家医疗机构，惠及 5 亿多人口。

四川大学坚持开放办学，不断推进交流与合作，国际影响力和竞争力显著提升。目前，学校已与 35 个国家和地区的 286 所大学和研究机构建立了交流合作关系。与美国、加拿大、澳大利亚等 33 个国家和港澳台地区的 220 所国际知名大学构建了全方位、多层次、多形式的学生联合培养体系。与韩国、美国、比利时的 5 所大学合作共建了 5 所孔子学院。与世界一流的研究型大学和相关机构建立的国际和境外科研合作平台和中心有：四川大学九寨沟生态与可持续发展国际研究中心、四川大学中德能源研究中心、四川大学中德水环境研究中心、四川大学中英联合材料研究所、四川大学—意大利国家研究会国际多功能聚合物和生物材料合作研究中心、四川大学西部中国研究中心—哈佛大学费正清中国研究中心双方合作研究中心、四川大学欧洲研究中心、四川大学美国研究中心等。学校与香港理工大学共建了四川大学—香港理工大学灾后重建与管理学院，与美国匹兹堡大学共建了四川大学匹兹堡学院。

四川大学图书馆现有纸本文献 690 万册、中外文数据库 311 个，人文博物馆珍藏文物 8.5 万余件，自然博物馆收藏动、植物标本 87 万余件（份），档案馆和校史展览馆收藏各类档案 30 万余卷（其中珍贵历史档案 9000 余卷）。学校体育场馆设施齐全、设备先进。学校还建有分析测试中心、现代教育技术中心、国家外语考试与出国留学人员培训机构以及成人继续教育学院等。

锦江黉门，弦歌铿锵。当前，四川大学已经确立了“全面推进学校党的建设新的伟大工程和建设世界一流大学新的伟大事业”的宏伟目标。展望未来，学校将始终肩负集思想之大成、育国家之栋梁、开学术之先河、促科技之进步、引社会之方向的历史使命与社会责任，再谱中国现代大学继承与创造并进、光荣与梦想交织的辉煌篇章！

2018年大事记

1月大事记

5日，欧洲科学院院士 Mondher Bouzayen 受聘为我校名誉教授。

8日，我校高端外籍教师、英国皇家工程院院士 Philip David Coates 获国家国际科学技术合作奖。

8日，剑桥大学地球科学系系主任 Simon Anthony Turner Redfern 一行到我校访问。

12日，我校召开世界一流大学建设推进大会。

16日，中航工业集团飞机总设计师、中国航空研究院副院长杨伟院士受聘为我校特聘院士。

18日—19日，教育部高等教育司司长吴岩一行到我校调研本科教学改革创新工作。

22日，斯坦福大学斯泰尔-泰勒中心杰弗里·鲍尔到我校访问。

22日，我校钟本和教授团队入选首批全国高校黄大年式教师团队。

24日，中国工商银行四川省分行行长韩松一行到我校访问。

25日，美国德州大学 MD 安德森癌症中心洪明奇教授受聘为华西基础医学与法医学院名誉院长。

30日，澳大利亚麦考瑞大学校长 S Bruce Dowton 和澳大利亚科利耳公司董事局首席执行官 Dig Howitt 一行到我校访问。

2月大事记

2日，我校与自贡市人民政府签订战略合作框架协议。

6日，2017年度国家社科基金重大项目立项结果和教育部哲学社会科学研究重大课题攻关项目评审结果公布，我校2017年人文社科研究立项数位居全国高校第4位、竞争力位居全国高校第9位。

28日，我校入选教育部2017年国防教育特色学校名单。

3月大事记

9日，中国特色社会主义政治经济学高端论坛在我校举行。

13日，中央纪委驻教育部纪检组组长、教育部党组成员吴道槐同志一行到我校调研。

15日，我校临床医学学科领域首次进入全球前1‰行列，学校 ESI 前1‰学科领域数达到3个。

16日，我校举行改革开放40年与新闻教育发展论坛。

16日，我校华西公共卫生学院与哈佛大学公共卫生学院在北京举行合作备忘录签约仪式。

22日，澳大利亚驻成都总领事 Christopher Lim 一行到我校访问。

23日，白俄罗斯驻华大使基里尔·鲁德一行到我校访问。

23日，我校召开党委理论学习中心组扩大会议，传达学习全国“两会”精神。

28 日，教育部党组成员、副部长杜占元一行到我校调研“双一流”建设推进情况。

29 日，德国克劳斯塔尔工业大学副校长 Alfons Esderts 一行到我校访问。

30 日，俄裔美籍著名数学家、“菲尔兹奖”获得者 Efim Zelmanov 受聘为我校名誉教授。

30 日，我校举行第十届中德教授论坛。

4 月大事记

2 日，四川省人民政府公布了四川省第八届高等教育教学成果奖，我校共有 46 项教学成果分获一、二、三等奖，一等奖及获奖成果总数均居全省高校之首。

4 日，中国建设银行四川省分行行长杨丰来一行到我校访问。

13 日，加州大学伯克利分校杰出教授 Daniel M. Kammen 一行到我校访问。

16 日，教育部科技司司长雷朝滋到我校调研并做专题报告。

19 日，杰出校友、重庆圣华曦药业股份有限公司董事长姜维平来校访问。

19 日，四川省高级人民法院院长王树江一行到我校调研。

20 日，尼泊尔外交部部长普拉迪普·库马尔·贾瓦利到我校访问并做主题演讲。

21 日，习近平新时代中国特色社会主义经济思想研讨会暨中国经济规律研究会第 28 届年会在我校举行。

23 日，新加坡南洋理工大学副校长蓝钦扬一行到我校访问。

25 日，中国银行四川省分行行长郑国雨一行到我校访问。

25 日，我校与法国索邦大学签署学术交流协议。

27 日，美国科学院院士、艺术与科学院院士郁彬受聘为我校名誉教授。

28 日，我校华西医院刘伦旭教授当选美国胸外科学会（AATS）会员。

30 日，我校华西医院与英国牛津大学出版社联合出版的 Precision Clinical Medicine 正式上线。

5 月大事记

9 日，运载火箭系列总设计师龙乐豪院士到我校访问并做主题演讲。

10 日，我校与斯里兰卡佩拉德尼亚大学签署合作协议。

11 日，我校免疫学学科领域首次进入 ESI 全球排名前 1%，ESI 前 1%学科领域数位列“双一流”建设高校第 8 位。

11 日，由中国工程院主办的第 264 场中国工程科技论坛暨第十届全国防震减灾工程学术研讨会在我校召开。

11 日，西班牙驻华大使 Alberto Carnero Fernández 一行到我校访问。

11 日，香港特区行政长官林郑月娥率香港特区政府代表团到我校调研。

12 日，加拿大驻华大使麦家廉一行到我校访问。

22 日，“改革·发展·合作·挑战——新时代中国与俄罗斯”高层学术研讨会在我校举行。

23 日，美国墨西哥州副州长约翰·桑切斯一行到我校访问。

26 日，第四届马克思经济学理论创新与发展论坛在我校举行。

28 日，新加坡管理大学校长梅雅诺一行到我校访问。

31 日，美国驻成都总领事林杰伟一行到我校访问。

6月大事记

4日，全国高校“学习新思想千万师生同上一堂课”四川启动仪式及首场授课在我校举行。

4日—6日，我校与德国、波兰高校共同举办新时期“一带一路”建设中的中欧经贸合作国际会议在德国不莱梅举行。

8日，诺贝尔物理学奖得主、美国伊利诺伊大学物理系和材料系 Anthony J. Leggett 教授受聘为我校名誉教授。

8日—10日，由我校主办的2018年国际软物质研讨会暨第七届中国软物质日交流会在我校召开。

11日—12日，由国际生物材料科学与工程学会联合会主办，四川大学和中国生物材料学会承办的“2018生物材料定义共识会”在我校召开。

13日，四川省副省长杨兴平一行到我校调研。

15日，我校华西医院与依图医疗联合开发的全球首个肺癌多学科智能诊断系统正式发布。

20日，“以本为本 四个回归 一流本科建设论坛”在我校举行。

21日，教育部党组书记、部长陈宝生，教育部党组成员、副部长林蕙青一行来校考察。

21日，由教育部主办的新时代全国高等学校本科教育工作会议在我校召开。

22日，教育部召开新闻发布会，正式发布由四川大学与兄弟高校共同起草并最终形成共识的《一流本科教育宣言（成都宣言）》。

22日，全国哲学社会科学规划办公室发布了2018年国家社科基金年度、青年和西部项目的立项名单，我校共获得国家社科基金面上项目立项68项，立项数居全国高校第一，其中国家社科基金重点项目立项数11项，与中国社会科学院并列全国第一。

26日，阿根廷驻华大使盖铁戈受聘为我校客座教授。

29日，国际比较文学学会主席、瑞典皇家人文、历史及考古学院外籍院士张隆溪教授受聘为外国语学院名誉院长。

7月大事记

2日，澳门大学校长宋永华率澳门高校领导考察团到我校访问并签署合作协议。

4日，新加坡国家发展部副常任秘书陈明锐一行到我校访问。

8日，美国德州理工大学校长 Lawrence Schovanec 一行到我校访问并签署合作协议。

8日，我校与德国克劳斯塔尔工业大学签订合作协议，共建联合学院。

8日，我校举办2018年“地方治理创新”国际学术论坛。

9日，中国人民大学党委书记靳诺一行到我校调研考察。

17日，2018“软科世界一流学科排名”（Shanghai Ranking's Global Ranking of Academic Subjects）正式发布，我校生物医学工程、矿业工程、化学工程、口腔医学、化学、材料科学与工程、纳米科学与技术、药学等8个学科入围世界百强。

18日，民盟中央专职副主席徐辉一行到我校访问。

26日，教育部学位中心公布了全国首次专业学位水平评估结果，我校共有4个学科进入A类，其中口腔医学获评A＋，临床医学、工商管理、公共管理获评A－，全国排名第6。

30日，我校杰出校友、建筑与环境学院1984届毕业生周志成研究员当选为国际宇航科学院工程学部院士。

8 月大事记

15 日，2018 软科世界大学学术排名（ARWU）正式发布，我校排名世界第 189 位，较去年上升 6 位，连续两年并列全国第 8 位。

17 日，2018 年国家优秀青年科学基金项目评审结果正式揭晓，我校华西第二医院周圣涛教授等 9 位学者获得资助，入选总数位列全国高校第 9 位。

19 日，我校华西医院刘进教授、严律南教授荣获第十一届“中国医师奖”。

23 日，我校与西藏大学签订《四川大学对口支援西藏大学合作协议》。

25 日—26 日，教育部“青年长江学者发展论坛”在我校召开。

28 日，我校校友蒋文文、蒋婷婷荣获第十八届亚运会花样游泳双人技术自选赛冠军。

9 月大事记

7 日，埃塞俄比亚水、灌溉和电力部部长塞拉西·贝克利一行到我校访问。

9 日，牛津大学瓦德汉学院院长肯·麦克唐纳德一行到我校访问。

10 日，我校高端外籍教师 Chul B Park 教授荣获四川省人民政府“天府友谊奖”。

11 日，诺贝尔化学奖获得者 Ada Yonath 教授到我校访问。

13 日，2018 年何梁何利基金高峰论坛暨图片展在我校举行。

13 日，我校召开四川大学发展战略国际咨询理事会第一届第三次会议。

14 日，我校与中国东方电气集团签署战略合作协议。

14 日，由中国工业与应用数学学会主办，我校与电子科技大学联合承办的中国工业与应用数学学会第十六届年会（CSIAM 2018）在成都召开。

17 日—20 日，教育部专家组对我校本科教学工作进行审核评估。

18 日，加拿大英属哥伦比亚大学（UBC）脑研究中心创始人 Dr. Max Cynader 院士一行到我校访问。

23 日，谢和平院士荣获 2018 年第七届“IET 杰出大学校长奖”。

25 日，第六届国际生物泡沫材料会议在我校召开。

27 日，我校成立中华文化研究院。

28 日，我校与四川省委政法委签署共建四川大学法学院合作协议。

29 日，我校举行纪念改革开放四十周年——77/78 级入学四十周年纪念大会。

10 月大事记

9 日，国家自然基金委员会副主任高瑞平一行到我校调研。

10 日，五粮液集团有限公司党委书记、董事长李曙光，总经理刘中国一行到我校访问。

11 日，教育部党组成员、副部长朱之文一行到我校调研。

14 日，我校召开“习近平新时代中国特色社会主义思想”名家论坛。

16 日，国际著名肿瘤学家、英国医学科学院院士、欧洲肿瘤科学院 EACS 创始院士、牛津大学 David Kerr 教授到我校访问，并受聘为名誉教授。

20 日，首届全国重点马克思主义学院书记论坛在我校举行。

23 日，我校与中国银行四川省分行签署支持四川大学建设世界双一流大学合作协议。

24 日，贵州省副省长王世杰一行到我校访问。

27 日，故宫博物院院长单霁翔一行到我校访问并与我校签署战略合作框架协议。

30 日，我校与深圳大学签署战略合作协议。

11 月大事记

2 日，校长李言荣带队赴上海交通大学、复旦大学调研。

3 日，我校在 2018 年“创青春”全国大学生创业大赛中荣获两项金奖。

5 日，我校 72 人次入选 2018—2022 年教育部高等学校教学指导委员会。

6 日，我校杰出教授钟本和荣获 2018 年度何梁何利基金奖。

7 日，我校获得 2018 年度国家社科基金重大招标项目 5 项立项。

8 日，澳大利亚贸易投资委员会首席执行官 Stephanie Fahey 一行到我校访问。

8 日，2018 年软物质科学与技术国际研讨会在我校举行。

12 日，首个发展中国家系统性数字化正畸诊疗技术国际培训班在我校华西口腔医院举行。

17 日，复旦大学医院管理研究所发布“2017 年度中国医院排行榜”，华西医院连续九年综合排名第二。

18 日，我校冯小明院士获颁未来科学大奖物质科学奖。

18 日，我校重大学术成果《儒学文献通论》《中国道教思想史》《宋会要辑稿》获“第三届全球华人国学大典”奖。

19 日，我校外国语学院杨武能教授获“翻译文化终身成就奖”。

23 日，四川省委书记彭清华到我校考察调研。

25 日，文学与新闻学院邱沛篁教授获“新闻传播学学会奖‘终身成就奖’”。

26 日，我校与太平人寿保险有限公司签订战略合作协议。

27 日，科睿唯安（Clarivate Analytics）发布了 2018 年度“高被引科学家”名单，我校徐泽水教授、龚启勇教授入选。

12 月大事记

5 日，我校荣获“孔子学院先进中方合作机构”称号。

7 日，德国总统弗兰克－瓦尔特·施泰因迈尔到我校访问。

13 日，我校入选第一批全国高校中华优秀传统文化传承基地。

13 日，国防科技大学校长邓小刚院士一行到我校调研。

20 日，我校牵头的国家“十三五”规划文化重大工程《中华续道藏》在北京举行编纂启动仪式。

22 日，我校南亚研究所、中国西部边疆安全与发展协同创新中心入选 CTTI 高校智库百强榜。

23 日，中国医学科学院、中国医学科学院医学信息研究所发布“2018 年（2017 年度）中国医院科技量值”，我校华西医院连续五年蝉联中国医院科技量值综合榜单首位。

26 日，教育部来校开展“谋划建设长江教育创新带”专项调研。

27 日，我校杰出教授钟本和当选中国化工学会首批会士，荣获第十届“侯德榜化工科学技术成就奖”。

28 日，教育部发布《关于批准 2018 年国家级教学成果奖获奖项目的决定》，我校获高等教育国家级教学成果奖 6 项，其中独立完成特等奖成果 1 项、二等奖成果 1 项，与兄弟高校合作完成一等奖成果 2 项、二等奖成果 2 项。

四川大学2018年校、处级干部名单

一、机关党政系统

（一）校领导

王建国　党委书记（副部长级）
李言荣　校长、党委副书记（副部长级）
陈志坚　党委副书记、校纪委书记
李向成　党委副书记、副校长
晏世经　副校长
侯太平　副校长
李旭锋　党委副书记
许唯临　副校长
曹　萍　党委副书记
敬　静　党委副书记
梁　斌　副校长
李蓉军　副校长
张　林　副校长

（二）校长助理

徐玖平　何继业　郭　勇

（三）党群系统

党委办公室

主　任：郭　勇
书记秘书兼校党委办公室副主任：秦远清
副主任：李喜庆
副主任兼校信访办公室主任：任泰山
政策研究室主任：曹勇明
校保密委员会办公室主任：郭　勇（兼）

党委组织部

部　长：余孝其（任职至2018年9月）
　　　　李旭锋（2018年9月兼任部长）
副部长：管清贵　范　瑾

四川大学党校

常务副校长：范嗣云

党委宣传部（四川大学新闻中心）

部　长（主任）：徐海鑫（2018 年 12 月改任常务副部长）
曹　萍（2018 年 12 月兼任部长）

副部长（副主任）：张宏辉　纪志耿

校刊编辑部主任：罗云丹

校教育电视台台长：蔚　钰

党委统战部

部　长：邱　梅（2018 年 12 月改任常务副部长）
敬　静（2018 年 12 月兼任部长）

副部长：查　庆　唐　锐

校纪委办公室、监察处

校纪委副书记兼纪委办公室主任、监察处处长：张学龙（任职至 2018 年 9 月）
滕文浩（2018 年 11 月任命）

校纪委副书记：滕文浩（任职至 2018 年 11 月）

监察处副处长兼校纪委办公室副主任：范洪远　廖　毅

副处级纪检监察员：刘　肖
李　鲲
丁忠毅（2018 年 11 月任命）

党委巡察工作办公室

主　任：由校党委副书记、校纪委书记陈志坚同志担任

专职副主任：李玉峰（2018 年 12 月任命）

党委学生工作部（处）、武装部（军事教研室）

部（处）长兼武装部部长：陈　森

副部（处）长：卢　莉　蒲于文

副部（处）长兼江安校区管理办公室主任：周志文

江安校区管理办公室副主任：卢希芬　邓　薇

党委保卫部（处）

部（处）长兼防范和处理邪教问题办公室主任：袁　斌

副部（处）长：简渝嘉　叶　勇

副部（处）长兼江安校区管理办公室主任：李佳伟

江安校区管理办公室副主任：兰新宇　杨丙军

防范和处理邪教问题办公室副主任：张俊磊

校工会

主　席：由校党委副书记曹萍同志兼任

常务副主席：罗德明

副主席：冷　泠　吕海涛

校团委

书　记：赵　露

副书记：黄菲娅　苏德强　姜　新

党委教师工作部

部　长：赵长生（兼）

副部长：马 涛　纪志耿（兼）

机关党委

书　记：由校党委副书记、校纪委书记陈志坚同志兼任

副书记兼纪委书记：熊　伟

副书记：韩　杰（兼）　兰利琼（兼）

（四）行政系统

校长办公室

主任兼信息管理中心主任：李中锋

常务副主任兼江安校区管委会办公室主任：曲景学

副主任：韩　杰　吴　刚　黄雯雯　赵昱辉

江安校区管理委员会办公室副主任：吕　蓉

督查办主任：李玉峰（任职至 2018 年 12 月）

信息管理中心副主任：张　磊　王绍朋

法律顾问室副主任：张春霞

人事处

处　长：赵长生

副处长：蒋莉华

人才交流中心主任：李天富

副处长兼青年教师与专职科研队伍管理办公室主任：彭　舰

人才与师资管理办公室主任：杜力力

教务处

处　长：张红伟

副处长：兰利琼　李　华　冉桂琼　严斌宇

教育创新改革办公室主任：刘　黎

现代教育技术中心主任：黎　生

现代教育技术中心副主任：崔亚强

创新创业工作领导小组办公室主任：张　林（兼）

创新创业工作领导小组办公室常务副主任：张红伟（兼）

创新创业工作领导小组办公室专职副主任：吴　迪

社会科学研究处

处　长：傅其林（2018 年 11 月聘任）

常务副处长：傅其林（任职至 2018 年 11 月）

副处长：李　昆　张洪松

科学技术发展研究院

院　长：褚良银
高技术处处长：黄　海（正处）
科技合作与技术转移部部长兼副院长：武　梅（正处）
重大项目与基地管理部部长兼副院长：邹　勇（正处）
基金项目与成果管理部部长兼副院长：吴　尧（正处）
国际合作与综合管理办公室主任：李　蓉
重大项目与基地管理部副部长：胡　涛
科技合作与技术转移部副部长：高德友
基金项目与成果管理部副部长：龙　毅

研究生院

副院长兼培养教育办公室主任：朱　天（正处）
副院长兼研究生学位与教育教学改革办公室主任：赵红军（正处）
副院长兼研究生工作部部长：李栓久（正处）
招生办公室主任：刘　猛
培养教育办公室副主任：杜　瑛

“双一流”建设与质量评估办公室

主　任：李忠明
双一流建设办公室副主任：陈华明
教学质量评估与监督办公室副主任：孙克金
发展研究中心副主任：尹　怡　罗　锋

招生就业处（就业指导中心）

处　长（主任）：潘霜柏
副处长（副主任）：廖爱民　刘若冰

实验室及设备管理处

处　长：敖天其
副处长：夏建钢　金永东

国有资产管理处

处　长：樊庆文
副处长：徐　明
招投标与采购中心主任：何　艳

后勤管理处

处　长：宋戈扬
副处长：周　密　邓　益

国际合作与交流处、港澳台事务办公室

处长、港澳台事务办公室主任：张嗣杰
副处长、港澳台事务办公室副主任：杨　光
副处长兼留学生管理办公室主任：高　健

财务处

处　长：王宝富

副处长：王春举　熊 艳　王 娟

审计处

处　长：江文清

副处长：刘用明　黄云生

老干部党总支

书　记：史冰川

副书记：陈　岗（兼）

离退休工作处

处　长：杨静波

副处长：陈　岗　马绍琼

医学管理处

处长、转化医学国家重大基础设施建设办公室主任：杨志刚

副处长：韩　宇

规划建设处

处　长：华国春

副处长：彭 亮　姚向征　黄绪永

二、业务管理和办学实体单位

对外联络办公室（校友总会、教育基金会、理事会）

主　任（秘书长）：荣建国

副主任（副秘书长）：白　鹏　贾秀娥

心理健康教育中心

主　任：李　涛

常务副主任：陈　森（兼）

副主任：王英梅

档案馆

馆　长：毕　玉

副馆长：李金中

校史办公室主任：毕　玉（兼）

校史办公室副主任：王金玉

图书馆

党委书记：陈明惠

馆　长：党跃武

副馆长兼党委副书记、纪委书记：杜小军

副馆长：李锦清　张盛强

社会发展与西部开发研究院

副院长：王　卓

四川大学社区建设办公室

主　任：严成辉

副主任：魏　忠　康　平

分析测试中心

党总支书记：侯贤灯

党总支副书记：吴　兰

主　任：吕　弋

副主任：谭新禹

出版社及学报党总支

党总支书记：宋绍峰

出版社

社　长：王　军

总编辑：邱小平（正处）

副社长：李天燕

学报

哲学社会科学版常务副主编：原祖杰（副处）

自然科学版常务副主编：陈忠林（副处）

工程科学版常务副主编：费德君（副处）

医学版常务副主编：别明江（副处）

博物馆

馆　长：霍　巍（兼）

副馆长：周　静

实验动物中心

主　任：杨寒朔（副处）

副主任：刘 寅（副处）

成人继续教育学院（成教与网络）

党委书记：刘　娅

党委副书记：乔长江

党委副书记兼纪委书记：刘　勇

院　长：冉蜀阳

副院长：张必涛　唐　洪　罗　娜　李　博　李勇军

出国留学人员培训部（出国留学预备学院）

党总支书记：刘　俐

主　任（院长）：陈　兵

副主任（副院长）：鄢　澜　唐雪虹

海外教育学院

院　长、党支部书记：高　伟

副院长：侯宏虹　雷　莉

全国干部教育培训基地

常务副主任：姜晓萍（兼）

副主任：王慧敏

科技产业集团

党委书记、董事长：王安文

党委副书记兼纪委书记：刘　杰

总经理：王金友

副总经理：颜锦江

川大华西药业股份有限公司

党总支书记、董事长：张　平

总经理：杜　江

川大房地产开发有限公司

总经理：刘礼波

后勤集团

党委书记：罗　卡

党委副书记兼纪委书记：万海清

总经理：肇启伟

副总经理：杨凌云　兰　京　成举权　范庆军

文化科技协同创新研发中心

主　任：姜　生

副主任：袁　雯

三、学院（医院）

经济学院

党委书记：熊　兰

党委副书记兼纪委书记：涂　刚

院　长：蒋永穆

副院长：邓　翔　梁　剑　龚勤林

法学院

党委书记：何继业

党委副书记兼纪委书记：悦　洋

院　长：左卫民

副院长：刘昕杰　谢维雁

文学与新闻学院

党委书记：古立峰

党委副书记兼纪委书记：张　莹

院　长：李　怡

副院长：胡易容
周维东

张　放（任职至2018年6月）

操　慧（2018年11月聘任）

外国语学院

党委书记：王　彬

党委副书记兼纪委书记：黄小虎

院　长：段　峰

副院长：王　欣　黄丽君　池济敏

艺术学院

党委书记：汪东升

党委副书记兼纪委书记：杨　梅

院长：韩　刚

副院长：何 宇　焦 阳

历史文化学院（旅游学院）

党委书记：陶　宏

党委副书记兼纪委书记：姜　华

院　长：霍　巍

副院长：鲍成志　李映福　李志勇　王　果

数学学院

党委书记：胡　兵

党委副书记兼纪委书记：覃孟念

院　长：张伟年

副院长：陈柏辉　寇　辉　徐友才

物理科学与技术学院（核科学与工程技术学院）

党委书记：龚　敏

党委副书记兼纪委书记：廖勇明

党委副书记：张　波

院　长：张　红

副院长：朱建华　向　钢　李志强

核科学与工程技术学院常务副院长：杨朝文

核科学与工程技术学院副院长：刘　宁

化学学院

党委书记：王智猛

党委副书记兼纪委书记：谢　均

院　长：游劲松

副院长：刘　波　郑成斌　李　坤

生命科学学院

党委书记：林宏辉

党委副书记兼纪委书记：吴近名

院　长：王红宁
副院长：赵　云
　　　　李中瀚
　　　　冉江洪（2018 年 11 月聘任）

电子信息学院

党委书记：郃明松
党委副书记兼纪委书记：陈笃海
院　长：冯国英
副院长：张启灿　杨　阳　雷印杰

材料科学与工程学院

党委书记：尹光福
党委副书记兼纪委书记：张晓满
院　长：刘　颖
副院长：吴家刚　林江莉

制造科学与工程学院

党委书记：惠新强
党委副书记兼纪委书记：唐世红
党委副书记：张　毅
院　长：王　杰
副院长：赵 武　方 辉　刘　剑

电气信息学院

党委书记：韩　芳
党委副书记：戴婷婷
党委副书记兼纪委书记：张英敏
院长：肖先勇
副院长：吕　林
　　　　刘友波（任职至 2018 年 10 月）
　　　　李长松

计算机学院（软件学院）

党委书记：蒋　斌
党委副书记：朱　敏
党委副书记兼纪委书记：董柯平
院　长：吕建成
副院长：洪　玫　郭　兵　段　磊　章　乐

建筑与环境学院

党委书记：蒋文涛
党委副书记：王　晖
党委副书记兼纪委书记：孙伯雷

院　长：熊　峰

副院长：兰中仁　李沄璋　刘敏

水利水电学院

党委书记：杨兴国

党委副书记兼纪委书记：黄晓荣

院　长：刘　超

副院长：戴　峰　谢红强　聂锐华

化学工程学院

党委书记：庞国伟

党委副书记兼纪委书记：李天友

党委副书记：姜利寒

副院长：唐盛伟　钮大文　余　徽

轻纺与食品学院

党委书记：刘晓虎

党委副书记兼纪委书记：冯国涛

院　长：何有节

副院长：何　强　肖　凯　彭必雨

高分子科学与工程学院

党委书记：牟德富

党委副书记兼纪委书记：钱祉祺

党委副书记：吴　宏

院　长：傅　强

副院长：李艳梅　冉　蓉　杨　伟

华西基础医学与法医学院

党委书记：李昌龙

党委副书记兼纪委书记：郭晓伟

院　长：黄灿华

副院长：方定志　雷　鹏　梁伟波

华西临床医学院（华西医院）

党委书记：张　伟

党委常务副书记：李正赤（正处）

党委副书记兼纪委书记：程永忠

党委副书记：沈　彬

院　长：李为民

常务副院长：万学红（正处）

黄　勇（正处）

副院长：程南生　曾　勇　龚启勇　刘伦旭　黄　进

护理学院执行院长：李　卡（副处，2018 年 7 月聘任）

内科党总支书记：罗凤鸣
外科党总支书记：胡建昆
门诊医技党总支书记：申文武
临床联合党总支书记：李志平
机关党总支书记：姜 洁
学生党总支书记：廖浩君
后勤党总支书记：余 淳
科研党总支书记：林 苹

华西第二医院

党委书记：王素霞
党委副书记兼纪委书记：王红静
院 长：刘瀚旻
常务副院长：母得志（正处）
副院长：王晓东
牛晓宇
张伶俐（2018 年 7 月聘任）

华西口腔医学院（华西口腔医院）

党委书记：谭 静
党委副书记兼纪委书记：沈颉飞
党委副书记：孙建勋
院 长：叶 玲
常务副院长：陈谦明（正处，2018 年 4 月聘任）
副院长：赵志河 杨 征

华西公共卫生学院（华西第四医院）

党委书记：方 云
党委副书记兼纪委书记：张 琦
华西公共卫生学院（华西第四医院）常务副院长兼华西第四医院党总支书记：赵立强
院 长：李晓松
副院长：裴晓方 潘 杰 沈 江 杨 罗

华西药学院

党委书记：黄 园
党委副书记兼纪委书记：章 程
院 长：秦 勇
副院长：宋振雷 何 勤

公共管理学院

党委书记：姜晓萍
党委副书记兼纪委书记：杨 磊

院　长：史云贵
副院长：夏志强　罗亚玲　熊　林　李　睿

商学院

党委书记：李晓峰
党委副书记：张黎明
党委副书记兼纪委书记：李小平
院　长：徐玖平
常务副院长：邓富民（正处）
副院长：顾　新　米德超　吴　鹏

马克思主义学院

党委书记：刘吕红
党委副书记：刘　渊
院　长：曹　萍（兼）
副院长：何洪兵
王洪树
李建华（2018 年 11 月聘任）

体育学院

党总支书记：夏泽友
院　长：向　勇
副院长：韩海军　邱硕立

灾后重建与管理学院

常务副院长、党支部书记：陈　勇（正处）
副院长：第宝锋

空天科学与工程学院

院　长：王俊峰
副院长兼党支部书记：高志华
副院长：黄崇湘

匹兹堡学院

副院长：陈　薇

国际关系学院

院　长：罗中枢
常务副院长：李志强（正处）
副院长兼党支部书记：黄云松
副院长：宋志辉

网络空间安全学院

院　长：许唯临（兼）
常务副院长：陈兴蜀（正处）
副院长兼党支部书记：秦　燕

副院长：刘嘉勇　杨　频

四川大学体育运动委员会办公室

主　任：向　勇（兼）

国家生物医学材料工程技术研究中心

党总支书记：蒋　青

党总支副书记：田　单

四川大学锦江学院

党委书记：林　红

2018年成立和调整的全校性工作领导小组名单

一、四川大学关心下一代工作委员会（川大委〔2018〕2号）

主　任：李旭锋

常务副主任：唐登学

副主任：李向成　曹　萍　梁　斌　曾学锋　周荣丰　石　坚
郑尚维离退处处长

委　员（按姓氏笔画排序）：

兰礼吉　冯永德　卢生元　任　斌　孙金城　许　虹
余　倩　冷文华　李存厚　李清朗　杨万贵　汪朝清
肖友发　邱华明　陈秉元　周言恭　罗丽君　赵雪琴
徐赐宁　涂敏纳　秦自明　贾勇焗　郭明秀　曹养书
梁明征　黄建铨　傅师申　傅运清　曾志源　曾治玉

以下单位主要负责人：

党委办公室　校长办公室　组织部　宣传部　学生工作部　校工会　校团委
人事处　研究生工作部　财务处　教务处　老干部党总支　后勤集团

秘书长：离退休工作处处长（兼）

副秘书长：老干党总支书记、学工部一位负责人、离退休工作处副处长

办公室主任：汪朝清

办公室专职副主任：离退休处在职正科干部一人

二、四川大学文化建设工作领导小组（川大委〔2018〕7号）

组　长：曹　萍

副组长：李向成　晏世经　侯太平

成　员（以下单位主要负责人）：

党委办公室　校长办公室　宣传部　学生工作部　保卫处　校工会
校团委　教务处　社会科学研究处　研究生工作部　国有资产管理处
后勤管理处　财务处　规划建设处　档案馆（校史办）　图书馆　博物馆
艺术学院

三、四川大学“两学一做”学习教育宣讲团（川大委〔2018〕8号）

宣讲团顾问：王建国　李言荣

宣讲团团长：曹　萍

宣讲团成员（按姓氏笔画排序）：

丁忠毅　王洪树　史云贵　刘　肖　刘吕红　纪志耿　李建华
张　诚　张学龙　张洪松　郑　晔　姚树荣　徐海鑫　蒋永穆
蒋和胜

四、四川大学宣传思想工作和意识形态工作领导小组（川大委〔2018〕9号）

组　长：王建国　李言荣

常务副组长：曹　萍

副组长：陈志坚　李向成　晏世经　侯太平　李旭锋　许唯临　敬　静　梁　斌
李蓉军　张　林

成　员（以下单位主要负责人）：

党委办公室　组织部　宣传部　统战部　纪委办公院　学生工作部
保卫部　校工会　校团委　校长办公室　人事处　教务处
社会科学研究处　研究生工作部　国际处　离退休工作处
出版社　马克思主义学院

五、四川大学法治宣传教育工作领导小组（川大委〔2018〕10号）

组　长：曹　萍

副组长：李向成

成　员（以下单位主要负责人）：

党委办公室　校长办公室　组织部　宣传部　纪委办公室　学生工作部
保卫处　校工会　校团委　教务处　研究生院　研究生工作部　保密办
法律顾问室　法学院

六、四川大学脱贫攻坚工作领导小组（川大委〔2018〕22号）

组　长：王建国　李言荣

副组长：李向成　李旭锋　许唯临　曹　萍　敬　静

成　员：党委办公室、校长办公室、党委组织部、党委宣传部、校工会、校团委、人事处、社会科学研究处、科学技术发展研究院、实验室及设备管理处、国有资产管理处、财务处、医学管理处、机关党委、对外联络办公室、成人继续教育学院（成教与网络）、全国干部教育培训基地、科技产业集团、后勤集团主要负责人

七、四川大学教育综合改革工作领导小组（川大委〔2018〕23号）

组　长：王建国　李言荣

副组长：陈志坚　李向成　晏世经　侯太平　李旭锋　许唯临　曹　萍　敬　静
梁　斌　李蓉军　张　林

专职副组长：李旭锋　梁　斌

成　员：校党委办公室、党委组织部、党委宣传部、党委统战部、党委学生工作部、校长办公室、人事处、教务处、社会科学研究处、科学技术发展研究

院、研究生院、“双一流”建设办公室、招生就业处、实验室及设备管理处、国有资产管理处、国际合作与交流处、财务处主要负责人

领导小组下设办公室，挂靠校党委办公室，办公室主任由党委办公室、校长办公室主要负责人担任。

八、四川大学党务公开工作领导小组（川大委〔2018〕24号）

组　长：王建国

副组长：陈志坚　李向成　李旭锋　曹　萍　敬　静

成　员：党委办公室、党委组织部、党委宣传部、党委统战部、纪委办公室、监察处、学生工作部、党委保卫处、校工会、校团委、校长办公室、人事处、审计处、老干总支主要负责人，党委办公室副主任（1名）

党务公开工作领导小组办公室：

主　任：党委办公室负责人

副主任：党委组织部、党委宣传部主要负责人

办公室设在校党委办公室，由党委办公室、党委组织部负责党务公开的日常工作。

九、四川大学全国干部教育培训基地领导小组（川大委〔2018〕27号）

四川大学全国干部教育培训基地领导小组

组　长：王建国　李言荣

副组长：李旭锋

成　员：党委办公室、党委组织部、校长办公室主要负责人

四川大学全国干部教育培训基地工作班子

主　任：李旭锋

常务副主任：姜晓萍

副主任：王慧敏

成　员：周　山　郭金云

十、四川大学突发公共卫生事件应急处置工作领导小组（川大委〔2018〕63号）

四川大学突发公共卫生事件应急处置工作领导小组

组　长：李向成

副组长：敬　静

成员单位：党委办公室、校长办公室、宣传部、学生工作部、保卫处、校团委、教师工作部、人事处、教务处、研究生工作部、实验室及设备管理处、后勤管理处、国际合作与交流处、离退休工作处、医学管理处、成人继续教育学院、后勤集团、华西临床医学院（华西医院）、华西公共卫生学院（华西第四医院）、校医院

四川大学突发公共卫生事件应急处置工作领导小组办公室

领导小组下设办公室，挂靠医学管理处。

主　任：李向成

副主任：郭　勇　李中锋　杨志刚　李为民　李晓松　黄灿华

成员单位：党委办公室、校长办公室、宣传部、学生工作部、保卫处、教师工作部、研究生工作部、医学管理处、后勤集团、华西临床医学院（华西医院）、华西公共卫生学院（华西第四医院）、华西基础医学与法医学院、校医院

四川大学突发公共卫生事件应急处置工作小组

（一）医疗卫生救援组

华西各附属医院及校医院承担突发公共卫生事件的医疗卫生救援任务。

组　长：杨志刚　李为民　刘瀚旻　叶　玲　李晓松　黄灿华　李云飞

成员单位：医学管理处、华西临床医学院（华西医院）、华西第二医院、华西口腔医学院（华西口腔医院）、华西公共卫生学院（华西第四医院）、华西基础医学与法医学院、校医院

（二）卫生防疫组

组　长：肇启伟　李云飞

成员单位：后勤集团、校医院、后勤管理处、社区建设办公室、华西公共卫生学院（华西第四医院）

（三）师生工作组

组　长：郭　勇　李中锋

成员单位：党委办公室、校长办公室、学生工作部、校团委、教师工作部、人事处、教务处、研究生工作部、实验室及设备管理处、后勤管理处、国际合作与交流处、离退休工作处、华西公共卫生学院（华西第四医院）、成人继续教育学院、后勤集团、校医院

（四）健康教育与宣传组

组　长：徐海鑫　李云飞

成员单位：宣传部、人事处、学生工作部、研究生工作部、国际合作与交流处、离退休工作处、医学管理处、成人继续教育学院、华西公共卫生学院（华西第四医院）、华西基础医学与法医学院、校医院

（五）安保与交通组

组　长：袁　斌

成员单位：保卫部、党委办公室、校长办公室

十一、四川大学对口支援西部地区高等学校工作小组（川大校〔2018〕3号）

组　长：分管人事工作、本科教学工作副校长

成　员：党委办公室主任、校长办公室主任、组织部部长、人事处处长、教务处处长、社会科学研究处处长、科学与技术发展研究院院长、研究生院院长、“双一流”建设与质量评估办公室主任、后勤管理处处长、财务处处长、医学管理处处长

十二、四川大学校务公开工作机构（川大校〔2018〕5号）

四川大学校务公开工作领导小组

组　长：李言荣

副组长：陈志坚　李向成　晏世经　侯太平　李旭锋　许唯临　曹　萍　敬　静　梁　斌　李蓉军　张　林

成　员：党委办公室主任、校长办公室主任、组织部部长、宣传部部长、统战部部长、学生工作部部长、校工会常务副主席、人事处处长、教务处处长、社会科学研究处处长、科学与技术发展研究院院长、研究生院院长、招生就业处处长、实验室及设备管理处处长、国有资产管理处处长、后勤管理处处长、财务处处长、审计处处长、规划建设处处长、机关党委副书记兼纪委书记

四川大学校务公开领导小组办公室

主　任：校长办公室主任

副主任：校工会常务副主席、人事处处长

办公室设在校长办公室，由校长办公室、校工会、人事处负责日常工作。

十三、四川大学信息公开工作机构（川大校〔2018〕6号）

四川大学信息公开工作领导小组

组　长：李言荣

副组长：李旭锋　梁　斌

成　员：党委办公室主任、校长办公室主任、组织部部长、宣传部部长、统战部部长、学生工作部部长、校工会常务副主席、人事处处长、教务处处长、社会科学研究处处长、科学与技术发展研究院院长、研究生院院长、招生就业处处长、实验室及设备管理处处长、国有资产管理处处长、后勤管理处处长、财务处处长、审计处长、规划建设处处长、机关党委副书记兼纪委书记

四川大学信息公开工作领导小组办公室

主　任：校长办公室主任

成　员：党委办公室主任、党委办公室副主任兼校信访办主任、校长办公室督查办主任

办公室设在校长办公室，负责日常工作。

十四、四川大学校园网络安全与信息化工作领导小组、上报数据协调小组（川大校〔2018〕12号）

校园网络安全与信息化工作领导小组

组　长：王建国　李言荣

副组长：李向成　许唯临　曹　萍　梁　斌　张　林

成　员：校党委办公室、校长办公室、宣传部、学生工作部、保卫处、校团委、人事处、教务处、社会科学研究处、科学与技术发展研究院、研究生院、研

究生工作部、招生就业处、“双一流”建设与质量评估办公室、实验室及设备管理处、国有资产管理处、后勤管理处、财务处、审计处、规划建设处、档案馆、图书馆、科技产业集团、后勤集团、信息管理中心、电子信息学院、计算机学院（软件学院）、空天科学与工程学院、网络空间安全学院等单位主要负责人

校园网络安全与信息化工作领导小组办公室设在信息管理中心，办公室组成人员如下：

主　任：梁　斌

副主任：信息管理中心负责人

成　员：校党委办公室、校长办公室、宣传部、学生工作部、保卫处、人事处、教务处、社会科学研究处、科学与技术发展研究院、研究生工作部、“双一流”建设与质量评估办公室、实验室及设备管理处、国有资产管理处、后勤管理处、财务处等单位信息化建设技术骨干及信息管理中心各科室负责人

上报数据协调小组

组　长：梁　斌　李蓉军

副组长：许唯临　张　林

成　员：党委办公室、校长办公室、人事处、教务处、社会科学研究处、科学与技术发展研究院、研究生院、“双一流”建设与质量评估办公室、招生就业处、实验室及设备管理处、国有资产管理处、财务处、信息管理中心等部门负责人，其中信息管理中心为牵头单位。

十五、四川大学实验室安全与环保领导小组（川大实〔2018〕4号）

组　长：李向成

副组长：侯太平　许唯临　梁　斌　李蓉军　张　林

成　员：郭　勇　徐海鑫　陈　森　袁　斌　罗德明　赵　露　李中锋　赵长生
张红伟　褚良银　李栓久　朱　天　敖天其　樊庆文　宋戈阳　王宝富
华国春　肇启伟　张春霞　张俊磊　夏建钢　金永东　李昌龙　庞国伟
游劲松　王　杰　杨朝文　王云兵

四川大学实验室安全与环保领导小组下设办公室，挂靠实验室及设备管理处，负责日常工作。

办公室主任：赵西雄

办公室副主任：何　柳

十六、四川大学财经工作委员会（川大财〔2018〕3号）

主　任：李言荣

常务副主任：梁　斌

副主任：陈志坚　李旭锋　许唯临

成　员：党委办公室、校长办公室、纪委办公室、监察处、校工会、人事处、国有资产管理处、审计处负责人、财务处班子成员

四川大学财经工作委员会主任、常务副主任和副主任为四川大学财经工作领导小组成员，四川大学财经工作委员会下设办公室，挂靠在财务处，办公室主任由财务处处长兼任，具体负责日常工作。

十七、四川大学经济活动内部控制建设领导小组（川大财〔2018〕6 号）

组　长：王建国　李言荣

副组长：陈志坚　李向成　晏世经　侯太平　李旭锋　许唯临　曹　萍　敬　静　梁　斌　李蓉军　张　林

成　员：党委办公室、校长办公室、组织部、学生工作部、人事处、教务处、社会科学研究处、科学与技术发展研究院、研究生院、“双一流”建设与质量评估办公室、招生就业处、实验室及设备管理处、国有资产管理处、后勤管理处、国际合作与交流处、财务处、医学管理处、规划建设处、对外联络办公室（含教育基金会）、档案馆、科技产业集团、后勤集团、信息管理中心、法律顾问室等单位负责人。

四川大学经济活动内部控制建设领导小组下设办公室。

主　任：校长办公室负责人

副主任：财务处、国有资产管理处负责人

十八、四川大学经济活动内部控制评价与监督工作（川大审〔2018〕3 号）

组　长：陈志坚

副组长：审计处负责人

成　员：纪委办公室负责人、监察处负责人、校工会负责人、“双代会”代表、统战人士代表和学生代表

十九、四川大学经济责任审计工作领导小组（川大审〔2018〕4 号）

组　长：王建国　李言荣

副组长：陈志坚　李旭锋　敬　静　梁　斌

成　员：党委办公室、校长办公室、组织部、纪委办公室、监察处、财务处、审计处、医学管理处主要负责人

四川大学经济责任审计工作领导小组办公室设在审计处。

二十、四川大学图书馆工作委员会、四川大学文献信息资源建设委员会（川大馆〔2018〕1 号）

四川大学图书馆工作委员会

（一）主要职责

四川大学图书馆工作委员会作为全校图书馆工作的咨询和协调机构，每年召开一次会议，听取图书馆工作报告，讨论全校文献信息工作中的重大事项，反映师生意见和要求，向学校和图书馆提出改进工作的建议。

（二）组成人员

主　任：李言荣

常务副主任：李蓉军

副主任：李向成　晏世经　许唯临　敬　静　梁　斌　张　林

委　员：学生工作部、校团委、人事处、教务处、社会科学研究处、科学与技术发展研究院、研究生院、研究生工作部、“双一流”建设与质量评估办公室、招生就业处、实验室及设备管理处、国有资产管理处、后勤管理处、国际合作与交流处、财务处、审计处、医学管理处、对外联络办公室、图书馆、出版社、信息管理中心主要负责人，教师代表（文理工医各1名），学生代表（本科生、研究生各1名）

（三）下设机构

四川大学图书馆工作委员会下设办公室。办公室设在图书馆，负责委员会的日常工作。

办公室主任：党跃武

办公室成员：陈明惠　李锦清　杜小军　张盛强　韩　夏

四川大学文献信息资源建设委员会

（一）主要职责

四川大学文献信息资源建设委员会定期或不定期召开会议，研究决定全校文献信息资源建设规划、年度计划、重大事项等，为学校世界一流大学建设的人才培养、科学研究、学科建设、社会服务和文化传承创新提供一流的文献信息资源保障。

（二）组成人员

主　任：李蓉军

副主任：魏于全　石　碧　曹顺庆　彭联刚　党跃武

委　员：教务处、社会科学研究处、科学与技术发展研究院、研究生院、“双一流”建设与质量评估办公室、国有资产管理处、后勤管理处、国际合作与交流处、财务处、审计处、医学管理处负责人，全校各学院负责文献信息资源建设的副院长

四川大学各级人大代表、政协委员、政府参事、民主党派负责人等人员名单

一、各级人大代表（29 人）

1. 第十三届全国人大代表（5 人）

代　表：许唯临　四川大学副校长　（中共、民进）
徐玖平　商学院　（九三）
甘华田　华西临床医学院（华西医院）　（农工）
里　赞　法学院　（民革）
李为民　华西临床医学院（华西医院）　（中共）

2. 第十三届四川省人大代表（8 人）

常　委：杨明洪　经济学院　（民建）
代　表：谢和平　原四川大学校长　（中共）
蔡小于（女）　商学院　（民建）
雷景新　高分子科学与工程学院　（民进）
李　睿（女）　公共管理学院　（民革）
赵　霞（女）　华西第二医院　（民革）
周　波　建筑与环境学院　（无党派）
王坤杰　华西临床医学院（华西医院）　（无党派）

3. 第十七届成都市人大代表（9 人）

代　表：解慧琪（女）　华西临床医学院（华西医院）　（九三）
郑　艾（女）　华西第二医院　（民盟）
赵　宇（回族）　华西临床医学院（华西医院）　（九三）
侯一平　华西基础医学与法医医院　（农工）
黄婉霞（女）　材料科学与工程学院　（民进）
杨家印　华西临床医学院（华西医院）　（九三）
骆　红（女）　水利水电学院　（农工）
刘　莘　公共管理学院　（民进）
项　涛　华西口腔医院　（民建）

4. 第七届武侯区人大代表（6 人）

常　委：史　江（女）　公共管理学院　（民建）

代　表：李向成　四川大学党委副书记、副校长　（中共）
　　　　李光宪　高分子科学与工程学院　（中共）
　　　　肖　阳　华西临床医学院（华西医院）　（中共）
　　　　刘兴年　水利水电学院　（九三）
　　　　王　杭（女）　华西口腔医学院　（无党派）

5. 第十八届双流区人大代表（1人）

许唯临　四川大学副校长　（中共、民进）

二、各级政协委员（54人）

1. 第十三届全国政协委员（5人）

常　委：石　碧　轻纺与食品学院　（无党派）
　　　　陈　放　生命科学学院　（民盟）
　　　　王正荣　华西基础医学与法医学院　（农工）
委　员：李言荣　四川大学党委副书记、校长　（中共）
　　　　冯小明　化学学院　（致公党）

2. 第十二届四川省政协委员（17人）

副主席：王正荣　华西基础医学与法医学院　（农工）
　　　　陈　放　生命科学学院　（民盟）
委　员：朱建华　物理科学与技术学院　（民盟）
　　　　罗德云　华西临床医学院（华西医院）　（民革）
　　　　罗懋康　数学学院　（九三）
　　　　刘　进　华西临床医学院（华西医院）　（无党派）
　　　　刘　宁（女）　法学院　（民进）
　　　　王　杭（女）　华西口腔医院　（无党派）
　　　　尹如铁（女）　华西第二医院　（农工）
　　　　姚　进　制造科学与工程学院　（农工）
　　　　母得志　华西第二医院　（致公党）
　　　　黄灿华　华西基础医学与法医学院　（民盟）
　　　　冯小明　化学学院　（致公党）
　　　　张　彬（女）　电子信息学院　（九三）
　　　　褚良银（土家族）　科研院　（九三）
　　　　熊　峰（女）　建筑与环境学院　（无党派）
　　　　陈德才　华西临床医学院（华西医院）　（九三）

3. 第十五届成都市政协委员（27人）

副主席：徐玖平　商学院　（九三）
常　委：甘华田　华西临床医学院（华西医院）　（农工）
　　　　里　赞　法学院　（民革）
　　　　林鹏智　水利水电学院　（无党派）
　　　　方定志　华西基础医学与法医学院　（无党派）

刘长武　水利水电学院　（致公党）
委　员：李向成　四川大学党委副书记、副校长　（中共）
胡　昂　建筑与环境学院　（中共）
曹　钰（女、回族）　华西临床医学院（华西医院）　（中共）
任世杰　高分子科学与工程学院　（民革）
谢凌志　新能源与低碳技术研究院　（民革）
邓菊秋（女）　经济学院　（民建）
龚玉萍（女）　华西临床医学院（华西医院）　（民建）
高庆红　华西口腔医院　（民进）
陈龙奇　华西临床医学院（华西医院）　（农工）
刘用明　审计处　（农工）
黄　宁　华西基础医学与法医学院　（农工）
符文熹　水利水电学院　（农工）
李玉函　华西临床医学院（华西医院）　（农工）
蒋晓莲（女）　华西临床医学院（华西医院）　（农工）
雷　鹏　华西基础医学与法医学院　（致公党）
裴晓方（女）　华西公共卫生学院　（致公党）
唐玥玓（女）　华西临床医学院（华西医院）　（致公党）
张　蕊（女）　经济学院　（九三）
刘　芳（女）　华西临床医学院（华西医院）　（九三）
刘昕杰　法学院　（无党派）
游劲松　化学学院　（无党派）

4. 第七届武侯区政协委员（3 人）

委　员：邓国营　经济学院　（无党派）
刘　芳（女）　华西临床医学院　（九三）
杨家印　华西临床医学院　（九三）

5. 第十一届双流区政协委员（2 人）

常　委：李　赛　化学工程学院　（民建）
委　员：李沄璋　建筑与环境学院　（致公党）

三、民主党派各级任职人员

（一）民主党派中央委员（9 人）

1. 中国国民党革命委员会第十三届中央委员会

委　员：里　赞　法学院

2. 中国民主建国会第十一届中央委员会

委　员：干胜道　商学院

3. 中国民主促进会第十四届中央委员会

委　员：许唯临　四川大学副校长

4. 中国农工民主党第十六届中央委员会

常　委：王正荣　华西基础医学与法医学院

委　员：甘华田　华西临床医学院

姚　进　制造科学与工程学院

5. 中国致公党第十五届中央委员会

委　员：冯小明　化学学院

6. 九三学社第十四届中央委员会

委　员：徐玖平　商学院

褚良银　科研院

（二）民主党派省委委员（23 人）

1. 中国国民党革命委员会四川省第十二届委员会

副主委：里　赞　法学院

委　员：李　睿（女）　公共管理学院

2. 中国民主同盟四川省第十二届委员会

委　员：尹海林　实验动物中心

朱建华　物理科学与技术学院

3. 中国民主建国会四川省第九届委员会

副主委：杨明洪　经济学院

常　委：蔡小于（女）　商学院

干胜道　商学院

委　员：史　江（女）　公共管理学院

项　涛　华西口腔医院

4. 中国民主促进会四川省第八届委员会

副主委：许唯临　四川大学副校长

常　委：雷景新　高分子科学与工程学院

委　员：黄婉霞（女）　材料科学与工程学院

5. 中国农工民主党四川省第十二届委员会

主　委：王正荣　华西基础医学与法医学院

副主委：甘华田　华西临床医学院

姚　进　制造科学与工程学院

委　员：曹　亚（女）　高分子科学与工程学院

6. 中国致公党四川省第七届委员会

副主委：冯小明　化学学院

委　员：母得志　华西第二医院

刘长武　水利水电学院

7. 九三学社四川省第八届委员会

副主委：徐玖平　商学院

褚良银　科研院

常　委：张　彬（女）　电子信息学院
委　员：解慧琪（女）　华西临床医学院（华西医院）

（三）民主党派市委委员（37人）

1. 中国国民党革命委员会成都市第十二届委员会

主　委：里　赞　法学院
常　委：李　睿（女）　公共管理学院
委　员：傅　江　法学院
罗德云　华西临床医学院（华西医院）
谢凌志　新能源与低碳技术研究院

2. 中国民主同盟成都市第十四届委员会

副主委：朱建华　物理科学与技术学院
常　委：龙恩深　建筑与环境学院
尹海林　实验动物中心
委　员：陈东林　华西药学院
曹　毅　生命科学学院
寇兴明　化学学院
陈彬兵（女）　电气信息学院
陈雪融（女）　华西临床医学院
费德君（女）　四川大学学报（工程科学版）

3. 中国民主建国会成都市第十四届委员会

副主委：蔡小于（女）　商学院
常　委：史　江（女）　公共管理学院
委　员：项　涛　华西口腔医院

4. 中国民主促进会成都市第十一届委员会

副主委：刘　莘　公共管理学院
常　委：黄婉霞（女）　材料科学与工程学院
委　员：况伟宏　华西临床医学院
高庆红　华西口腔医院
谢嘉琼（女）　水利水电学院

5. 中国农工民主党成都市第十二届委员会

主　委：甘华田　华西临床医学院（华西医院）
副主委：尹如铁（女）　华西第二医院
常　委：刘用明　审计处
蒋晓莲（女）　华西临床医学院（华西医院）
骆　红（女）　水利水电学院
委　员：黄　宁　华西基础医学与法医学院

6. 中国致公党成都市第七届委员会

副主委：刘长武　水利水电学院

委　员：李沄璋　建筑与环境学院
谭庆华　华西临床医学院

7. 九三学社成都市第十二届委员会

主　委：徐玖平　商学院
副主委：解慧琪（女）　华西临床医学院
陈德才　华西临床医学院
常　委：张　彬（女）　电子信息学院
委　员：赵　宇　华西临床医学院
李　瑛（女）　化学学院

（四）我校各民主党派负责人

1. 民革四川大学第四届委员会

主　委：李　睿（女）　公共管理学院
副主委：李瑞海　高分子科学与工程学院
罗德云　华西临床医学院
陈红莹（女）　图书馆

2. 民盟四川大学第三届委员会

主　委：朱建华　物理科学与技术学院
副主委：陈彬兵（女）　电气信息学院
陈东林　华西药学院
费德君（女）　化学工程学院
郑　艾（女）　华西第二医院
李荣惠（女）　图书馆

3. 民建四川大学第四届委员会

主　委：项　涛　华西口腔医院
副主委：徐晓东　外语学院
李　赛　化学工程学院
龚玉萍（女）　华西临床医学院（华西医院）
史　江（女）　公共管理学院
邓菊秋（女）　经济学院

4. 民进四川大学第三届委员会

主　委：雷景新　高分子科学与工程学院
副主委：黄婉霞（女）　材料科学与工程学院
刘　莘　公共管理学院
刘　毅　华西公共卫生学院
谢嘉琼（女）　水利水电学院
王　燕（女）　海外教育学院
况伟宏　华西临床医学院（华西医院）

5. 农工党四川大学第四届委员会（2018.11始）

主　委：陈龙奇　华西临床医学院（华西医院）

副主委：刘用明　审计处

朱　渝（女）　华西第二医院

骆　红（女）　水利水电学院

陆　方（女）　华西临床医学院（华西医院）

6. 致公党四川大学第四届总支委员会

主　委：张　苏　艺术学院

副主委：尹　波　古籍整理研究所

裴晓方（女）　华西公共卫生学院

7. 九三学社四川大学第四届委员会（2018.3始）

主　委：张　彬（女）　电子信息学院

副主委：刘兴年　水利水电学院

张　蕊（女）　经济学院

商慧芳（女）　华西临床医学院（华西医院）

揭筱纹　商学院

赵　宇（回族）　华西临床医学院（华西医院）

余　微　化学工程学院

四、各级政府参事（15人）

（一）四川省人民政府参事室参事（2人）

姜晓萍（女）　公共管理学院　（中共）

周　东　华西临床医学院　（无党派）

（二）成都市人民政府参事室参事（13人）

步　宏　华西临床医院（华西医院）　（中共）

邓　翔　经济学院　（无党派）

黄川友　水利水电学院　（农工）

揭筱纹（女）　商学院　（九三）

宋　伟　商学院　（民盟）

张建新　华西公共卫生学院　（致公党）

冯小明　研究生院　（致公党）

李　刚　道教与宗教文化研究所　（中共）

李　蔚（女）　商学院　（无党派）

左卫民　研究生院　（中共）

王建平　法学院　（民革）

张尚福　华西临床医学院　（民盟）

张　苏　艺术学院　（致公党）

五、各级文史馆员

（一）四川省文史馆馆员（7人）

向　熹　文学与新闻学院　（九三）
王世德　文学与新闻学院　（民盟）
马继贤　历史文化学院　（民革）
何　峭　历史文化学院　（无党派）
陈　兵　道教与宗教文化研究所　（无党派）
侯开嘉　艺术学院　（无党派）
江玉祥　文学与新闻学院　（无党派）

四川省文史馆特约馆员（3人）

徐新建　文学与新闻学院　（无党派）
霍　巍　历史文化学院　（中共）
易　丹　文学与新闻学院　（无党派）

（二）成都市文史馆馆员（2人）

陈廷湘　历史文化学院　（中共）
俞理明　文学与新闻学院　（无党派）

六、成都市知识分子联谊会第一届理事会（6人）

会　长：林鹏智　水利水电学院
理　事：邓　翔　经济学院
郑　莹（女）　华西第二医院
李映福　历史文化学院
王　杭（女）　华西口腔学院
蒲晓红（女）　公共管理学院

七、四川省知识分子联谊会第三届理事会（20人）

副会长：石　碧　轻纺与食品学院
常务理事：王　杭（女）　华西口腔医院
王益谦　社会发展与西部开发研究院
齐建国　华西基础医学与法医学院
何一民　历史文化学院
杨力壮　公共管理学院
林鹏智　水利水电学院
曾　智　华西临床医学院（华西医院）
熊　峰（女）　建筑与环境学院
理　事：王东杰　历史文化学院
邓　勇　华西药学院
邓　翔　经济学院
兰建武　轻纺与食品学院

孙　群（女）　生命科学学院
李　涛（女）　华西医院
陈　勇　社会发展与西部开发研究院
李映福　历史文化学院
林　平（女）　图书馆
周　波　建筑与环境学院
郑　莹（女）　华西第二医院

八、四川欧美同学会·四川留学人员联谊会（21人）

会　长：王正荣　华西基础医学与法医学院　（农工）
副会长：李光宪　高分子工程与科学学院　（中共）
石　碧　轻纺与食品学院　（无党派）
常务理事：甘华田　华西临床医学院　（农工）
林鹏智　水利水电学院　（无党派）
周　桥　华西临床医学院　（无党派）
徐　君（女）　历史文化学院　（民革）
龚玉萍（女）　华西临床医学院　（民建）
理　事：刘俊勇　电气信息学院　（中共）
李永生　化学工程学院　（民盟）
苟富均　物理科学与技术学院　（无党派）
杨　毅　生命科学学院　（无党派）
张　林　华西第二医院　（中共）
张　斌　数学学院　（无党派）
易　丹　文学与新闻学院　（无党派）
周　军　外国语学院　（九三）
项　涛　华西口腔医院　（民建）
胡　昂　建筑与环境学院　（中共）
高　鸿　轻纺与食品学院　（致公党）
郭　兵　计算机学院　（九三）
尹海林　实验动物中心　（民盟）

九、成都市新侨联谊会

副会长：游劲松　化学学院　（无党派）
秘书长：胡　昂　建筑与环境学院　（中共）
理　事：刘艺婷　建筑与环境学院　（中共）
李　燕　华西口腔医院　（中共）

十、四川大学第一届知识分子联谊会

会　长：熊　峰（女）　建筑与环境学院
副会长：刘昕杰　法学院
昂　然　物理科学与技术学院

文玉华　制造科学与工程学院
杨　征　华西口腔医院
秘书长：吴　潇　建筑与环境学院
理　事：杨　鑫（女）商学院
蔡尚伟　文学与新闻学院
杨　坤　化学工程学院
王津涛（女）　华西公共卫生学院
嘎尔让　历史文化与旅游学院
刘　凯　电气学院
孙　群（女）　生命科学学院
叶　英（女）　外国语学院
林之恩　化学学院
曾英姿（女）　图书馆
李婉宜（女）　华西基础医学与法医学院
谭　鸿　高分子材料与科学学院
姚　强　华西第二医院
张文学　轻纺与食品学院
林江莉　材料科学与工程学院
胡文传　数学学院
尹宗宁（女）　华西药学院
范　炜　公共管理学院
林　涛　计算机学院
王坤杰　华西临床医学院
李大海　电子信息学院
孙立成　水利水电学院
于　璐（女）　经济学院
周炯焱　艺术学院

十一、四川大学第一届留学人员联谊会（2018.12 成立）

会　长：石　碧　轻纺与食品学院
副会长：李延浩　艺术学院
刘　波　化学学院
万学红　华西临床医学院
李沄璋（兼秘书长）　建筑与环境学院
理　事：章　乐　计算机学院
雷　鹏　华西基础医学与法医学院
王　欣（女）　外国语学院
戴　峰　水利水电学院
钮大文　化学工程学院

周维东　文学与新闻学院
文玉华　制造科学与工程学院
龙炳蔚　物理科学与技术学院
袁　嘉　法学院
唐英凯　商学院
曹中炜（女）　华西第二医院
杨晓庆　电子信息学院
郑　柯　化学学院
韩向龙　华西口腔医院
张楚红（女）　高分子科学与工程学院
胡泽春　数学学院
李　彬　电气信息学院
朱小红　材料科学与工程学院
曾忠东（女）　经济学院
成　果（女）　华西公共卫生学院
张　阳　生命科学学院
张嗣杰　国际合作与交流处
李　睿（女）　公共管理学院

2018年度学生工作主要获奖成果一览表

参赛项目名称	等级	获奖情况	获奖学生/人次数
美国大学生数学建模竞赛	国际级	国际一等奖14项，国际二等奖85项，国际三等奖126项	225
第一届“阿尔—花剌子模”国际大学生数学竞赛	国际级	国际一等奖1项，国际二等奖1项，国际三等奖2项	4
2018 RASC-AL Design Competition Forum	国际级	国际一等奖1项	1
解决抗菌素耐药性问题的创造性方案竞赛（Innovate4MR国际比赛）	国际级	国际一等奖1项	1
俄罗斯第五届语言比赛——医学英语板块	国际级	国际二等奖1项	1
国际遗传工程及其设计大赛（iGEM）	国际级	国际二等奖1项	1
东亚医学生会议—白皮书竞赛（White Paper Competition on East Asia Medical Students Conference）	国际级	国际三等奖1项	1
日本京都国家大学生创新创业大赛	国际级	国际三等奖1项	1
全国大学英语竞赛	国家级	全国特等奖19项，全国一等奖24项，全国二等奖213项，全国三等奖357项	613
第十二届全国大学生化工设计竞赛	国家级	全国特等奖1项，全国二等奖2项，全国三等奖4项，省特等奖1项	8
2018大学生健康教育科普作品大赛	国家级	全国特等奖1项，全国二等奖1项	2
第六届中国大学生高分子材料创新创业大赛	国家级	全国特等奖1项	1
第二届医药院校药学/中药学世界大学生创新创业暨实验教学改革大赛	国家级	全国特等奖1项	1

续表

参赛项目名称	等级	获奖情况	获奖学生/人次数
首届全国大学生公共卫生综合技能大赛	国家级	全国特等奖1项	1
第九届全国大学英语口语测评大赛	国家级	全国一等奖12项，全国二等奖2项，全国三等奖18项	32
第二十届全国机器人锦标赛暨第九届国际仿人机器人奥林匹克大赛	国家级	全国一等奖7项，全国二等奖5项，全国三等奖4项	16
2018全国高校数字艺术设计大赛	国家级	全国一等奖3项，全国二等奖6项，全国三等奖7项	16
第十一届全国大学生药苑论坛	国家级	全国一等奖3项，全国二等奖1项，全国三等奖2项	6
第九届“蓝桥杯”全国软件和信息技术专业人才大赛	国家级、省级	全国一等奖2项，全国二等奖6项，全国三等奖8项，省一等奖27项，省二等奖53项，省三等奖75项	171
第六届“中金所杯”全国大学生金融知识大赛	国家级	全国一等奖2项，全国二等奖6项，全国三等奖6项	14
“园冶杯”大学生国际竞赛	国家级	全国一等奖2项，全国二等奖5项，全国三等奖6项	13
“中国软件杯”大学生软件设计大赛	国家级	全国一等奖2项，全国二等奖3项，全国三等奖3项，省一等奖8项	16
第二届全国“互联网+化学反应工程”课模设计大赛	国家级	全国一等奖2项，全国二等奖3项	5
全国大学生数学建模竞赛	国家级	全国一等奖2项，全国二等奖3项	5
“瀛和杯”第六届全国大学生模拟法庭竞赛	国家级	全国一等奖2项，全国二等奖2项	4
第五届全国基础医学创新论坛及实验设计大赛	国家级	全国一等奖2项，全国二等奖1项，全国三等奖2项	5
第三届中国工程机器人大赛暨国际公开赛	国家级	全国一等奖2项，全国二等奖1项，全国三等奖1项	4
2018第四届全国高等院校工程造价技能及创新竞赛	国家级	全国一等奖2项，全国二等奖1项	3
中国工程机器人大赛暨国际公开赛	国家级	全国一等奖2项，全国三等奖1项	3
全国大学生数学竞赛	国家级	全国一等奖1项，全国二等奖4项，全国三等奖3项，省一等奖74项，省二等奖128项，省三等奖188项	398

续表

参赛项目名称	等级	获奖情况	获奖学生/人次数
第六届全国高校数字艺术大赛	国家级	全国一等奖 1 项，全国二等奖 4 项，全国三等奖 1 项	6
第六届“天伦杯”全国政法院校辩论赛	国家级	全国一等奖 1 项，全国二等奖 3 项	4
2018 年第八届 MathorCup 高校数学建模挑战赛	国家级	全国一等奖 1 项，全国二等奖 2 项，全国三等奖 7 项	10
第三届全国大学生生命科学创新创业大赛	国家级	全国一等奖 1 项，全国二等奖 2 项，全国三等奖 2 项	5
第二届中国纺织类高校创意创新创业大赛	国家级	全国一等奖 1 项，全国二等奖 2 项	3
2018 全国大学生生物医学工程创新设计竞赛	国家级	全国一等奖 1 项，全国二等奖 1 项，全国三等奖 3 项	5
第二届“国青杯”全国高校艺术与设计作品展评	国家级	全国一等奖 1 项，全国二等奖 1 项，全国三等奖 1 项	3
第一届中国软件杯双创大赛	国家级	全国一等奖 1 项，全国二等奖 1 项，省一等奖 2 项	4
2018 年第二届“经世 IUV 杯”全国大学生通信网络部署与优化设计大赛	国家级	全国一等奖 1 项，全国二等奖 1 项	2
第二十届全国机器人锦标赛	国家级	全国一等奖 1 项，全国二等奖 1 项	2
2018 年第九届全国绿色建筑设计竞赛	国家级	全国一等奖 1 项，全国三等奖 1 项	2
ICBC-IBM 全国大学生金融科技创新大赛	国家级	全国一等奖 1 项，全国三等奖 1 项	2
第九届中国大学生物理学术竞赛（CUPT）	国家级	全国一等奖 1 项，全国三等奖 1 项	2
口腔医学本科生操作技能大赛	国家级	全国一等奖 1 项，全国三等奖 1 项	2
全国大学生城市管理竞赛	国家级	全国一等奖 1 项，全国三等奖 1 项	2
第二届全国大学生化工实验大赛	国家级	全国一等奖 1 项，省特等奖 1 项，省一等奖 2 项，省三等奖 10 项	14
微软“创新杯”全球学生大赛	国家级	全国一等奖 1 项，省特等奖 1 项，省三等奖 1 项	3
2018robocup 机器人世界杯中国赛	国家级	全国一等奖 1 项	1

续表

参赛项目名称	等级	获奖情况	获奖学生/人次数
国际生理学知识竞赛 inter-medical school physiology quiz (IMSPQ)	国际级	全国一等奖1项	1
“JoblabX”大学生计算机能力联赛	国家级	全国一等奖1项	1
“红绿蓝杯”第十届中国高校纺织品设计大赛	国家级	全国一等奖1项	1
2018金刺猬全国大学生戏剧节	国家级	全国一等奖1项	1
2018年全国“西班牙之星”演讲大赛	国家级	全国一等奖1项	1
2018全国大学生电子设计大赛模拟电子系统专题邀请赛	国家级	全国一等奖1项	1
Android全国大学生移动互联网创新挑战赛	国家级	全国一等奖1项	1
HACKADAY—360产品创新挑战赛	国家级	全国一等奖1项	1
第二届“泰盟杯”高等学校创新性机能实验设计大赛	国家级	全国一等奖1项	1
第二届海峡两岸大学生生物知识竞赛	国家级	全国一等奖1项	1
第二届全国土地资源管理专业不动产估价技能大赛	国家级	全国一等奖1项	1
第三届全国大学生城市管理竞赛	国家级	全国一等奖1项	1
第十五届中国大学生广告艺术节学院奖	国家级	全国一等奖1项	1
第四届国际生理学竞赛中国大陆地区赛	国家级	全国一等奖1项	1
第五届全国大学生基础医学创新论坛暨实验设计大赛	国家级	全国一等奖1项	1
全国绿色计算大赛（开源标注）	国家级	全国一等奖1项	1
首届全国大学生冶金科技竞赛	国家级	全国一等奖1项	1
中国高校人工智能创新大赛	国家级	全国一等奖1项	1

续表

参赛项目名称	等级	获奖情况	获奖学生/人次数
中国国际飞行器设计挑战赛暨科研类全国航空航天模型锦标赛（省级分站赛+国家级总决赛）	国家级	全国一等奖 1 项	1
2018 年京都大学生国际创业大赛	国家级	全国一等奖 1 项	1
全国高校人工智能创新大赛	国家级、省级	全国一等奖 1 项	1
第十五届五一数学建模竞赛	省级	全国一等奖 1 项	1
ACM/ICPC 国际大学生程序设计竞赛	国家级、国际级	全国二等奖 4 项，全国三等奖 6 项	10
第十一届全国大学生信息安全竞赛	国家级	全国二等奖 3 项，全国三等奖 4 项	7
第十一届全国大学生化学实验邀请赛	国家级	全国二等奖 3 项	3
2018 年中国机器人及人工智能大赛	国家级	全国二等奖 2 项，全国三等奖 3 项	5
2018 年“工商银行杯”全国大学生金融创意设计大赛	国家级	全国二等奖 2 项，全国三等奖 2 项	4
Bridge+第三届国家级青年商战模拟大赛	国家级	全国二等奖 2 项，全国三等奖 1 项	3
中国大学生机械工程创新创意大赛——“三聚福大杯”第 9 届过程装备实践与创新大赛	国家级	全国二等奖 2 项，全国三等奖 1 项	3
蓝桥杯全国软件和信息技术专业人才大赛——智能手机应用设计类	国家级	全国二等奖 2 项，全国三等奖 1 项	3
第十三届“东风日产杯”清华 IE 亮剑全国工业工程应用案例大赛暨中国创新方法大赛工业工程创新方法专项赛	国家级	全国二等奖 1 项，全国三等奖 4 项	5
中国大学生程序设计竞赛	国家级、省级	全国二等奖 1 项，全国三等奖 3 项，省二等奖 1 项	5
第三届“意尔康·工匠杯”鞋靴设计创作大奖赛	国家级	全国二等奖 1 项，全国三等奖 3 项	4

续表

参赛项目名称	等级	获奖情况	获奖学生/人次数
2018 中国高校计算机大赛微信小程序应用开发赛	国家级	全国二等奖 1 项，全国三等奖 1 项，省一等奖 4 项，省二等奖 3 项，省三等奖 2 项	11
第十届全国大学生广告艺术大赛	国家级	全国二等奖 1 项，全国三等奖 1 项，省一等奖 2 项，省二等奖 1 项，省三等奖 4 项	9
Imagine Cup 微软“创新杯”全球学生科技大赛	国家级、省级	全国二等奖 1 项，全国三等奖 1 项，省二等奖 1 项，省三等奖 1 项	4
2018 中国工程机器人大赛暨国际公开赛	国家级	全国二等奖 1 项，全国三等奖 1 项	2
“共享杯”大学生科技资源共享服务创新竞赛	国家级	全国二等奖 1 项，全国三等奖 1 项	2
中国食协 2018 天博全国食品创意大赛	国家级	全国二等奖 1 项，全国三等奖 1 项	2
中华口腔医学会“2018 年大学生口腔科普创新竞赛”	国家级	全国二等奖 1 项，全国三等奖 1 项	2
“能源 · 智慧 · 未来”全国大学生创新创业大赛	国家级	全国二等奖 1 项，省特等奖 1 项	2
第九届中国计算机设计大赛	国家级	全国二等奖 1 项，省一等奖 2 项，省三等奖 1 项	4
2018“外研社杯”写作大赛	国家级	全国二等奖 1 项，省一等奖 2 项	3
第八届 IMA 校园管理会计案例大赛	国际级	全国二等奖 1 项，省一等奖 1 项	2
2018 中国高校计算机大赛——人工智能创意赛	国家级	全国二等奖 1 项，省一等奖 1 项	2
第二届“求是杯”全国公共管理案例大赛	国家级	全国二等奖 1 项	1
“深圳杯”数学建模挑战赛优秀论文	国家级	全国二等奖 1 项	1
2018“外研社杯”全国英语辩论赛	国家级	全国二等奖 1 项	1
2018 年第十五届五一数学建模竞赛	国家级	全国二等奖 1 项	1
2018 年会展未来领导人论坛（IMEX-MPI-MCI Future Leaders 2018）中国区决赛	国家级	全国二等奖 1 项	1

续表

参赛项目名称	等级	获奖情况	获奖学生/人次数
2018 全国大学生基因应用大赛	国家级	全国二等奖 1 项	1
2018 中国年轻设计师创业大赛	国家级	全国二等奖 1 项	1
第 23 届 2018 中国时装设计新人奖	国家级	全国二等奖 1 项	1
第八届全国大学生机械创新设计大赛	国家级	全国二等奖 1 项	1
第二届大唐杯袜艺创意大赛	国家级	全国二等奖 1 项	1
第三届全国高校城市地下空间与工程专业大学生模型设计大赛	国家级	全国二等奖 1 项	1
第十六届“理律杯”全国高校模拟法庭竞赛	国家级	全国二等奖 1 项	1
第五届“中金所杯”全国大学生金融衍生品解疑释惑专项比赛综合类	国家级	全国二等奖 1 项	1
第一届“泰盟杯”中国医学高校创新性机能实验设计大赛	国家级	全国二等奖 1 项	1
首届中国高校智能机器人创意大赛	国家级	全国二等奖 1 项	1
中国大学生智能设计大赛	国家级、省级	全国二等奖 1 项	1
第二届“华南杯”口腔医学生临床技能邀请赛	国家级	全国二等奖 1 项	1
“永冠杯”第九届中国大学生铸造工艺大赛	国家级	全国三等奖 2 项	2
2018 年第十一届“认证杯”数学中国数学建模网络挑战赛	国家级	全国三等奖 2 项	2
第一届全国大学生绿色染整科技创新竞赛	国家级	全国三等奖 2 项	2
全国俄语大赛	国家级	全国三等奖 2 项	2
全国大学生物联网设计竞赛	国家级	全国三等奖 1 项，省特等奖 1 项	2
全国大学生物联网设计竞赛	国家级、省级	全国三等奖 1 项，省特等奖 1 项	2
第六届全国大学生电子商务“创新、创意及创业”挑战赛	国家级	全国三等奖 1 项，省一等奖 1 项，省二等奖 5 项，省三等奖 4 项	11

续表

参赛项目名称	等级	获奖情况	获奖学生/人次数
第二届全国大学生集成电路创新创业大赛	国家级	全国三等奖 1 项，省一等奖 1 项，省三等奖 1 项	3
2018 年“赛佰特杯”全国大学生智能互联创新应用设计大赛	国家级	全国三等奖 1 项，省一等奖 1 项	2
第四届全国高校移动互联网应用开发创新大赛赛	国家级	全国三等奖 1 项，省一等奖 1 项	2
第五届“发现杯”全国大学生互联网软件设计大赛	国家级	全国三等奖 1 项，省一等奖 1 项	2
“赛博特杯”全国大学生智能互联创新应用大赛	国家级、省级	全国三等奖 1 项，省一等奖 1 项	2
全国信息安全大赛	国家级	全国三等奖 1 项，省三等奖 1 项	2
“数创杯”全国大学生数学建模挑战赛	国家级	全国三等奖 1 项	1
2018“骇极杯”全国大学生网络安全邀请赛暨上海市大学生信息安全大赛	国家级	全国三等奖 1 项	1
2018“赛佰特杯”全国大学生智能互联创新应用设计大赛	国家级	全国三等奖 1 项	1
2018“外研社杯”全国英语演讲大赛	国家级	全国三等奖 1 项	1
2018 第六届全国大学生体育影像节	国家级	全国三等奖 1 项	1
2018 谷雨杯全国大学生可持续建筑设计竞赛	国家级	全国三等奖 1 项	1
2018 届斯维尔杯 BIM 大赛	国家级	全国三等奖 1 项	1
2018 年全国大学生物联网设计竞赛	国家级	全国三等奖 1 项	1
2018 全国城市规划专指委城市设计竞赛	国家级	全国三等奖 1 项	1
2018 全国城市规划专指委社会调查报告竞赛	国家级	全国三等奖 1 项	1
2018 全国大学生电子设计大赛嵌入式专题邀请赛	国家级	全国三等奖 1 项	1

续表

参赛项目名称	等级	获奖情况	获奖学生/人次数
ACM/ICPC 国际大学生程序设计大赛	国家级	全国三等奖 1 项	1
MDV 中央空调设计应用大赛	国家级	全国三等奖 1 项	1
第 6 届中国网络视听大会 72 小时限时比赛	国家级	全国三等奖 1 项	1
第二届泽众杯全国医学检验技术专业大学生在线形态读片大赛	国家级	全国三等奖 1 项	1
第二届中国微生物培养皿艺术大赛	国家级	全国三等奖 1 项	1
第六届孔雀奖全国高等艺术院校声乐展演	国家级	全国三等奖 1 项	1
第六届全国大学生光电设计竞赛	国家级	全国三等奖 1 项	1
第三届中华大学生十大金牌调解员技能大赛	国家级	全国三等奖 1 项	1
首届全国法医学本科技能竞赛	国家级	全国三等奖 1 项	1
中国包装创意设计大赛	国家级	全国三等奖 1 项	1
中国大学生物理学术竞赛	国家级	全国三等奖 1 项	1
中国制冷空调行业大学生科技竞赛	国家级	全国三等奖 1 项	1
2018 年全国大学生计算机应用大赛	国家级、省级	全国三等奖 1 项	1
第十三届中华全国日语演讲比赛四川省选拔赛	国家级	省特等奖 1 项，省一等奖 2 项，省二等奖 1 项	4
全国大学生金相技能大赛	国家级、省级	省特等奖 1 项，省一等奖 2 项，省二等奖 1 项	4
四川省第四届大学生普通物理知识竞赛	省级	省特等奖 1 项，省一等奖 1 项，省二等奖 2 项，省三等奖 3 项	7
孙训方力学竞赛	国家级、省级	省一等奖 16 项，省二等奖 30 项，省三等奖 46 项	92
四川省大学生营销策划大赛	省级	省一等奖 10 项，省二等奖 13 项，省三等奖 8 项	31
四川省大学生数学建模竞赛	省级	省一等奖 5 项，省二等奖 7 项，省三等奖 15 项	27

续表

参赛项目名称	等级	获奖情况	获奖学生/人次数
第六届全国大学生工程训练综合能力竞赛四川省比赛	省级	省一等奖 5 项，省二等奖 6 项，省三等奖 4 项	15
四川省大学生电子设计竞赛	省级	省一等奖 5 项，省二等奖 1 项，省三等奖 6 项	12
2018 年四川省大学生电子设计竞赛	国家级、省级	省一等奖 4 项，省二等奖 6 项，省三等奖 3 项	13
第四届四川省创作人才选拔大赛	省级	省一等奖 3 项，省二等奖 3 项，省三等奖 5 项	11
第八届全国大学生机械创新设计大赛四川竞赛	省级	省一等奖 2 项，省二等奖 3 项，省三等奖 3 项	8
2018 年四川省大学生工业工程创新应用案例大赛	省级	省一等奖 2 项，省二等奖 2 项	4
2018 全国高校数字艺术设计大赛四川赛区	省级	省一等奖 1 项，省二等奖 5 项，省三等奖 4 项	10
第十届全国大学生广告艺术大赛（省赛）	国家级、省级	省一等奖 1 项，省二等奖 3 项，省三等奖 3 项	7
四川省大学生数字艺术作品大赛	省级	省一等奖 1 项，省二等奖 2 项，省三等奖 4 项	7
四川广播电视台“熊猫 I 秀”音视频创作大赛	省级	省一等奖 1 项，省二等奖 2 项，省三等奖 2 项	5
2018 年（第五届）四川省大学生“生命之星”科技邀请赛暨全国大学生生命科学竞赛四川省省赛	省级	省一等奖 1 项，省二等奖 2 项，省三等奖 13 项	16
2018“外研社杯”阅读大赛（四川省赛）	国家级	省一等奖 1 项，省二等奖 2 项	3
四川高校团体会员单位土木建筑类学生优秀毕业设计	省级	省一等奖 1 项，省二等奖 1 项，省三等奖 1 项	3
全国海洋文化创意设计大赛	省级	省一等奖 1 项，省三等奖 3 项	4
四川省第四届食品营养产业青年人才产学研创新设计大赛	省级	省一等奖 1 项，省三等奖 3 项	4
2018 年四川省大学生财税实务技能大赛	省级	省一等奖 1 项，省三等奖 2 项	3
2018 年四川省大学生生物与环境科技创新大赛	省级	省一等奖 1 项，省三等奖 1 项	2

续表

参赛项目名称	等级	获奖情况	获奖学生/人次数
“花旗杯”金融信息技术应用大赛	国家级	省一等奖 1 项	1
2018 年全国大学生物联网设计竞赛	国家级	省一等奖 1 项	1
“红铜鼓”中国—东盟艺术教育成果展演	省级	省一等奖 1 项	1
2018 年举行的“绿色价值创造”案例分析大赛	省级	省一等奖 1 项	1
第 16 届共立杯日语演讲比赛四川赛区	省级	省一等奖 1 项	1
全国高校大学生金相大赛余全国大学生材料综合技能大赛	省级	省一等奖 1 项	1
全国高校区块链大赛	省级	省一等奖 1 项	1
四川省第三届青年舞蹈展演	省级	省一等奖 1 项	1
2018 年四川省大学生工业设计大赛	省级	省二等奖 8 项，省三等奖 11 项	19
2018 年第二届四川省日语作文演讲大赛	省级	省二等奖 3 项	3
第十三届全国大学生“恩智浦”杯智能汽车竞赛（省赛）	省级	省二等奖 2 项，省三等奖 3 项	5
第二届四川省大学生原创影视大赛	省级	省二等奖 2 项，省三等奖 1 项	3
第二届西南地区大学生物理学术竞赛	省级	省二等奖 2 项	2
第四届四川省大学生原创微电影大赛	省级	省二等奖 1 项，省三等奖 2 项	3
2018 中国高校计算机大赛微信小程序开发大赛	国家级、省级	省二等奖 1 项，省三等奖 1 项	2
四川传统工艺创意设计大赛	省级	省二等奖 1 项，省三等奖 1 项	2
“亨通杯”2018 年四川省大学生光电设计竞赛	省级	省二等奖 1 项	1
2018 年（第十届）四川省大学生程序设计竞赛	省级	省二等奖 1 项	1
第二届全球大学生国际级经贸与商务专题竞赛	省级	省二等奖 1 项	1

续表

参赛项目名称	等级	获奖情况	获奖学生/人次数
四川省智能车比赛	省级	省三等奖 4 项	4
第十三届 56 个月亮西部大学生动漫节	省级	省三等奖 2 项	2
四川省风景园林大学生设计竞赛	省级	省三等奖 2 项	2
2018 年四川省大学生机械创新设计大赛暨第八届全国大学生机械创新设计大赛	国家级	省三等奖 1 项	1
第十七届全国大学生机器人大赛 ROBOMASTER 2018 机甲大师赛	国家级、省级	省三等奖 1 项	1
全国大学生机器人大赛	国家级、省级	省三等奖 1 项	1
“四叶草安全杯”四川省大学生信息安全技术大赛	省级	省三等奖 1 项	1
2018 年“霞山会杯”日语演讲大赛	省级	省三等奖 1 项	1
全国大学生电子商务“创新，创意及创业”挑战赛四川省赛	省级	省三等奖 1 项	1
四川高校材料设计大赛	省级	省三等奖 1 项	1
四川省“绿色价值创造”案例分析大赛	省级	省三等奖 1 项	1

四川大学2018届省级优秀毕业生名单

经济学院

邓浩田　高静宜　侯茵茵　李睿　李心杨　申国豪　吴永超　徐微　郑怡君

法学院

蔡利军　黄秋鸣　黄燕萍　彭诗睿　张灵曦　赵　敏

文学与新闻学院

戴林峰　丁　果　黄娟娟　邱子昊　杨　珊　陆　韵　夏镜淞　杨茗羽　张婧怡

外国语学院

李　铖　刘东发　王雨桐

艺术学院

简　月　孔文涛　徐梦莹　姚腾飞　臧芯雨

历史文化学院（旅游学院）

张　俊　张　亮

数学学院

闻　天　杨　真　张绍群

物理科学与技术学院（核科学与工程技术学院）

曾雨蒙　王权胜　崔颖琦　苟于单

化学学院

丁　丽　黄天煜　杨　澜　周丹

生命科学学院

代　娇　罗屹枫　时小东　赵姝一

电子信息学院

陈静福　单开禹　苏政铭　徐展鹏　张　华　祝　贺

材料科学与工程学院

刘陶懿　苏思宇　张　博　周龄童

制造科学与工程学院

何媛源　刘源　王晨妍　邬　豪　李　斌

电气信息学院

包明秀　董鑫慧　刘玢岑　罗　玲　徐纯淏　赵世林

计算机学院（软件学院）

韩震博　李　彤　刘思宇　刘宇豪　徐仕佳　杨　旭　张鹏博　苏欣雨　孙灿宇
孙天放

建筑与环境学院

郭　灿　华　文　贾茜越　牛　怡　王　聪　杨　波　邹　萱

水利水电学院

梁　婷　刘嘉瑞　邵　帅　谢　晶　张天成　郑兆强

化学工程学院

李　响　屈海彬　任子健　吴依凡　奚月恒

轻纺与食品学院

李雨霏　严雅丽　章培昆

高分子科学与工程学院

楚　佳　李先娥　李媛薇　王海寰　张弘兴　赵江琦　朱清丽

华西基础医学与法医学院

施　蕾　滕　燕

华西临床医学院（华西医院）

曹德宏　陈月红　罗　晗　陶　琳　王钰娇　吴文文　叶　铮　张程程　张　敬　张　琪

华西口腔医学院（华西口腔医院）

蔡林奕　刘蔚晴　周陈晨

华西公共卫生学院（华西第四医院）

蔡　乾　薛红妹　闫翔宇

华西药学院

刘　菲　梅　凌　王　雨　张缘洁

公共管理学院

崔力得　代佳欣　姜奕良　雷　针　刘　恋　龙珊珊　卢林涛　张丽霞

商学院

韩小云　胡茜茜　李思涵　刘海涛　刘航江　刘劲松　刘　余　罗　娜　邱　璐　杨　竹　游　佳　张慧翔

马克思主义学院

张　瑾

吴玉章学院

李博闻　张　锐

灾后重建与管理学院

郑　瑜

生物治疗国家重点实验室

笪琳萃　张永光

生物材料工程研究中心

张　晓

中美大学战略规划研究所

董伟新

四川大学2018届校级优秀本科毕业生、优秀本科毕业生干部名单

经济学院（81人）

优秀毕业生（59人）

王 紫　李玥瑶　孙志红　田芮瑛　赵博雅　王 妍　邓浩田　刘泽钦　夏誉芸
林力尧　唐家愉　龚 品　蔡萌萌　李国佳　冼家利　陈 旸　修婷婷　席嘉胤
蔡宇泓　秦 园　黄 果　吴 斯　郑怡君　杨彩霞　段素娜　邓晴元　王嘉帆
吴周楠　马 骁　杨克武　吕 琳　陈 欢　肖鹏飞　于 淼　何诗芬　董欣越
王 琳　赵润彦　曾钰婷　梁 洁　郭 香　唐 敏　邢雯婕　吴 尚　郝宇琳
毛嘉仪　牟小茂　秦丽雯　兰 楠　龚 静　闫宇辰　马 灏　赵晓龙　刘雪霏
张 晗　王君珩　王婷芳　郑 琳　周宏宇

优秀毕业生干部（22人）

李 兴　冯承杰　付 天　高静宜　王 琪　徐金铭　杨本鸿　陈钰堰　宫立尧
龙思宇　侯茵茵　胡 杰　高俊飞　林子扬　冯艳茹　张铭朔　李 睿　黄君平
周 倩　苏建功　潘心彤　申国豪

法学院（31人）

优秀毕业生（22人）

郑童心　张灵曦　刘 义　王意雅　李 政　李鹦键　韦香怡　廖小其　余 沁
王雨婷　李雨晗　彭丽婷　米襄怡　冯 意　李海文　陈晓宇　赵天舒　陈 菲
蒋 楠　唐 珊　李 燕　吴 楠

优秀毕业生干部（9人）

胡 翔　赵 敏　陈 帆　卓佳琪　邓 雪　张靖阳　徐琪婷　吴宏业　代存勇

文学与新闻学院（新闻学院）（61人）

优秀毕业生（41人）

夏镜淞　王露冰　颜嘉稹　古欣玉　任禹衡　严雨田　徐子涵　杨思维　吴宇恒
艾珂竹　刘 婷　杨娟娟　陈雅真　左尧依　李长旭　任芮妮　张婧怡　于晓雪
陈翰衢　向萱萱　周旻藜　丁 梦　郭羽思　褚晓萌　王洁心　袁佳慧　杨茗羽
席 瑞　钟 琪　吕泓南　袁思颖　冯子倪　何京芮　余 姗　夏叶景　张 鑫
王 曦　秦 欣　王力晨　王帮燚　钟盈盈

优秀毕业生干部（20 人）

谭振宇 古欣玉 颜嘉稹 王露冰 任禹衡 赵怡晨 杨娟娟 董振宇 任芮妮 陈　佳 袁思颖 王雪羽 邓家钰 张　鹏 夏超棂 周如双 赵雪秀 张　鑫 吕泓南 张笑语

外国语学院（29 人）

优秀毕业生（19 人）

邓　蓉 黄　靓 杨婷婷 蒙一星 李科奇 田　芳 张　旭 费　旸 苟子璇 王雨桐 刘东发 陈红红 陆姿颖 庞雅娟 龚义骁 廖开迪 蔡鑫月 朱新竹 张徐铫

优秀毕业生干部（10 人）

田铠铭 王人和 洪　叶 武亚男 陈周娥 李紫晗 赖思宇 王　丹 姚　博 刘博坦

艺术学院（53 人）

优秀毕业生（41 人）

李星晨 陈淑平 杨捷超 郭思好 邱　宇 芮唯一 普　于 简　月 周　洁 吕　睿 桑庆玲 石雅鑫 杨艺璇 代焯梅 王欣彤 付　宇 臧芯雨 陈国庆 王俐方 张获薇 孙　甜 张瑞祺 杨梦宣 王沁怡 任韵涵 姚腾飞 龙前丹 于熙源 刘梦瑶 高智勇 刘丁霖 代萍贞 王雪瞳 陶　竹 孙　硕 唐思露 杨　庆 谭　雪 胡文涛 王　健 秦　晴

优秀毕业生干部（12 人）

孔文涛 刘婧尧 赵联贺 刘振朋 李海红 许瑞琪 陈怡嘉 张皓妍 陈　峰 粟婧雯 王宇偲 陈　坚

历史文化学院（旅游学院）（35 人）

优秀毕业生（23 人）

赵一凡 付　杰 曹豆豆 谢梦洁 陈钰洋 梅　可 张　颖 戚昱明 冯　艺 徐　阳 陈钰彬 张　睿 陈梦昕 彭　艳 陈　珺 陈咏梅 王荣琳 郭彩虹 张爱敏 林小喻 殷　欣 张小青 张恒锦

优秀毕业生干部（12 人）

卢林明 胡邦英 刘圣杰 赖树金 黄俊林 林　丽 傅范臣 程建会 黄　浩 黄寿游 田远洋 田　源

数学学院（30 人）

优秀毕业生（20 人）

姜文瀚 谢奇伶 刘杨漾 杜雯沁 贾宇竹 肖天南 马宇馨 李晓光 徐茂渊 闻　天 刘哲声 吴　彤 彭益晖 杨　真 景　华 张建华 王扬迪 董智俐 王　亚 闫子慧

优秀毕业生干部（10 人）

康嘉诚 张栩琪 林觃琦 胡鹏冲 曹竹君 陈愚夫 林家榛 黄金丽 赵思宇 吴　旭

物理科学与技术学院（核科学与工程技术学院）（32 人）

优秀毕业生（23 人）

高　竞　谭自鹏　曾雨蒙　彭舒婷　贾报报　刘　洋　朱贵鑫　张　飞　文　露
衷惟良　关国业　曹书睿　林乐澎　李　优　邓有杞　王权胜　廖　挺　马　敏
田耕源　曾成天　安云娜　朱红村　杨艾琳

优秀毕业生干部（9 人）

姚宇鹏　王思琪　李　毅　吕兰兰　孟　倩　杨艾琳　曾成天　段君静　刘松灵

化学学院（33 人）

优秀毕业生（22 人）

王　莎　段　超　高　艳　黄雅琳　贾　超　林千驰　刘德佳　李香丽　糜　基
丁　丽　颜　亚　王依莎　张力丹　湛玉荣　周珂瑶　余　园　杨　澜　胡书杰
康　琪　秦子皓　田素男　王兆旭

优秀毕业生干部（11 人）

陈　平　赵怡昕　魏文婷　李奥琪　赵蕊墨　苏宇彬　赵钒羽　周开锐　尹荣观
李　露　邓昌奉

生命科学学院（21 人）

优秀毕业生（14 人）

罗屹枫　于紫弦　刘茹玥　李嘉璐　严昕昊　翟雨琪　王画妮　李亦林　王津津
王梦媛　马悦原　赵姝一　程胡椒　胡　佺

优秀毕业生干部（7 人）

邓秋穗　李昭智　李蕊晗　王　瑾　兰　月　曹书婷　张周逸林

电子信息学院（59 人）

优秀毕业生（38 人）

张乃荣　祝　贺　陈佳俊　吕卓尔　普跃升　熊祎晨　王冰雪　贾　琦　李汶鲜
邵广琪　张雅静　汪怀珍　文念竹　杨旭萍　姚清秀　尚　雯　韩　洁　姚廷武
王　晴　荣　升　曹艳梅　苏筱婷　李　晓　柯旻晞　李　璐　徐展鹏　李　爽
张雯轩　周　侠　梁登高　朱晓婕　文　奕　孙浩奇　沈亿万　严　寒　陶志毫
张津川　雷诺扬帆

优秀毕业生干部（21 人）

闫艺湃　单开禹　张　津　李在润　徐　榕　陆靖元　周巧玲　汪志琴　王布依祎
余浩然　高萍萍　孙　晋　胡旭伦　任　博　尹誉衡　路泽瑞　赵天成　李闫南琦
何忠奇　凌　祎　陈静福

材料科学与工程学院（38 人）

优秀毕业生（25 人）

帖舒婕　朱思佳　张　楠　万萦菲　张　婕　陈　超　殷潇寒　黄诗育　张子彤
付　敏　董涛生　刘　梅　杨胜男　全鑫瑶　毛丽敏　张　博　韦　涛　王春燕
王予荀　李　莹　李　源　黄昊龙　黄　菊　刘陶懿　栗艺凝

优秀毕业生干部（13 人）

梁欐九 滕晓杰 苏思宇 张金山 张文豪 柴若皓 牛国栋 焦元威 雷鸣珉
周玉寒 黄一苹 史修远 张 豪

制造科学与工程学院（68 人）

优秀毕业生（45 人）

龙湖琳 张桐齐 卢佳玮 钱炳坤 张 欣 李俊宏 冷雨辰 王 林 张 园
韩雪松 孙晓晨 丁国强 袁婷婷 李司晨 廖大鑫 冉晓丽 文杰棱 邬 豪
陈加才 陈 祥 李 靖 李友强 唐 昊 刘 源 李 罂 时志奇 赵啸书
刘 伟 杨 浩 查天明 李大东 余鸿艳 周煜恒 何媛源 徐郡梅 刘思宇
王晨妍 张笑语 曾 环 廖小巧 刘润泽 吴晓涓 郭恒凯 王宏斌 杨斯怡

优秀毕业生干部（23 人）

刘同兴 惠 源 陈昱洲 周家田 陶思佚 渠智恒 喻 豪 孙 涛 施林峰
张 珂 郭战岭 丁 超 熊 超 邱淑娟 张亚涛 王 帅 张 强 赵海伶
阿迪思 逄乃鸣 徐 杰 延东旭 王天宇

电气信息学院（61 人）

优秀毕业生（45 人）

王可可 周立立 李雨姝 王 鹏 李红静 江羽佳 白珈于 刘正东 何函洋
贺帅佳 尹 航 乔雨晴 阮贺彬 刘玢岑 魏镜枫 贾妍博 吴亚君 刘书瀚
卫誉洲 李泽明 张昌浩 孔维禹 董鑫慧 孔佳民 邓靖微 吴若茜 谷 伟
曹 勇 姚登峰 黄文韬 徐新月 李通强 崔婧轩 徐良宇 张骑鹏 李 艳
张梓峤 张坤朋 安 迪 朱万露 彭 杰 刘钟皓 易 剑 郑天君 甯加明

优秀毕业生干部（16 人）

徐 晓 李嘉媚 黄瑞杰 洪艺文 谢成苹 徐纯淏 郑 玫 张 昊 孙伊萌
张康宁 包明秀 杨婧威 王粞宇 刘子豪 彭靖轩 王 杰

计算机学院（60 人）

优秀毕业生（45 人）

应瑶瑶 束晗涛 付 杰 乔亚男 姬云飞 张艺馨 刘 航 钟楚芸 莫燕琳
张 策 吴奇宇 陈小娟 秦超霞 杨玉雷 张艳艳 韩震博 黄佳乐 王 婷
杨 旭 冯润涵 赵科甫 漆 伟 蔡国权 黄 婕 邓茜文 严 治 姜 浩
姚安邦 刘 震 岳凯峰 张媛媛 张旭航 熊 漆 张亚文 何承鑫 聂 宇
许冠斌 陈鹏敬 王艺璇 刘晨静 余城诚 甘淳井 宁珈宁 余 广 刘俊成

优秀毕业生干部（15 人）

韩 琮 左翱骐 田 定 段宛彤 王子月 姜 浩 郭晓峰 宋世明 汤旭成
王新澳 项锡捷 许怡然 徐仕佳 赵珂雨 刘思宇

软件学院（44 人）

优秀毕业生（31 人）

何东轩 陈建明 张 博 俞 娟 刘 哲 易 红 许 曼 刘用翔 梁誉译
崔丁山 黄彦捷 高 跃 高乾锋 陈红妃 姜雨竹 伍 佳 唐 焕 张 强

史梦辰　吕依娜　来　旖　苏欣雨　陈超豪　张　也　夏培萱　刘昭策　徐　磊
孙天放　廖若佳　李松庭　唐钰葆

优秀毕业生干部（13 人）

杨东升　李锐德　董浩阳　刘晓松　罗　进　朱敏娟　叶鹏霄　张家谱　唐国威
张　静　孙灿宇　孙天放　吴永辉

建筑与环境学院（52 人）

优秀毕业生（37 人）

孟　瑶　赵紫彬　潮书镛　邹　萱　李梦晗　王怡云　许瀚文　卢　丹　杨　森
严　晨　李粒珲　李鸿飞　周夏芳　仝　波　朱昱璇　周　童　程皓楠　陈　墨
胡嘉敏　何荔枝　周冠宇　杨　波　王敬荃　唐　鹏　王　凯　王正洪　付艳婷
弓　成　陈　昕　李文伽　肖榆柏　祝盼盼　舒敬恒　杨增宇　贾茜越　石笑羽
谢馥宇

优秀毕业生干部（15 人）

孙　华　杨惠草　李　昕　唐明珠　杨　兰　牛　怡　万诗雨　蒋　嘉　崔玉尧
江文东　陈　浩　王　聪　王冠石　廖雨枫　于福波

水利水电学院（60 人）

优秀毕业生（41 人）

张天成　杨柳新　朱　晨　强皓凡　郭嘉琛　郑兆强　弓新洁　吴　菲　刘禹君
姚慧婷　李岚淼　白雨薇　刘紫微　林楚翘　李晓然　包叶朋　毛玉敏　刘嘉瑞
潘祥东　李可欣　蒋　强　唐瑞雪　陶　剑　卢愈容　彭方俊　黄筱威　梁　婷
王瑛琳　杨　帆　李健薄　方佩佩　曾　俊　雷佳明　翁强鹏　胡德茂　罗婕纯一
朱　杰　王　杰　虎　珀　包志江　陈世宏

优秀毕业生干部（19 人）

袁星宇　肖榆撷　赵洪彬　刘宇博　黄麟林　陈　飞　李炳炎　徐　磊　陈雨果
郭卫民　刘宛莹　李豆乾　石　益　魏勇健　赵　楠　曹鹏昊　张芮瑜　林孝帆
欧阳嘉艺

化学工程学院（41 人）

优秀毕业生（29 人）

罗通宇　郝仁杰　范小祥　祁远红　王旭瑞　王逸楠　邹　雄　闫意舒　刘　瑶
文安戈　任细运　王不二　王旭倩　蔺育菲　任子健　弓子宸　张馨蔓　胡钧婷
杨小雪　粟　苗　吴　霞　钱红云　王　芳　陈　晨　韩子柯　徐佳佳　章立峰
何　金　赵子云

优秀毕业生干部（12 人）

吴成硕　徐志朗　屈海彬　杨　柯　柳光伟　阚泽彦　毛子文　王　卫　吴依凡
杨统统　刘萌芝　张力丹

轻纺与食品学院（37 人）

优秀毕业生（25 人）

李佳璘　严雅丽　唐秋香　王晓钰　陈　祁　宋　膤　韩宇琴　陈仪婷　赵嘉雯

徐美玲　刘瑛琳　胡雅琪　王锡盈　李　璞　陈思成　麻燕青　邓子叙　李雨霏
王　璐　贾文睿　方玉婷　吴雨洁　赵义红　温妙旋　李梦雪

优秀毕业生干部（12人）

李　芳　刘振宇　钟玉琴　刘　琴　李晓庆　王泺晴　戴雨仟　侯科宇　袁琳琳
侯德隆　王　晔　刘文毕

高分子科学与工程学院（43人）

优秀毕业生（34人）

冯依婷　刘梦佳　王一然　庞　潇　张　荣　盘如萍　韩　鸽　朱清丽　李瑞琪
赵　星　周　峰　李钰玺　赵亚晨　王海寰　陈雪冰　邵博文　王丽雪　陈　超
吴绍平　孙强生　李媛薇　吴天琪　熊　慧　杜宣霖　战泽莹　杨　燕　张弘兴
达　祥　杨　欢　赵顺杰　胡心豪　姚良松　王雅哲　岳梓浩

优秀毕业生干部（9人）

雷　元　黄　培　方劲超　李晓德　潘芸琦　王雅钦　邵茗泽　李佳潞　李志鹏

华西基础医学与法医学院（8人）

优秀毕业生（6人）

施　蕾　杨秋韵　冯　越　江沁月　杨　汇　王昱普

优秀毕业生干部（2人）

曹若辰　王森甲

华西临床医学院（56人）

优秀毕业生（39人）

吕梦媛　曾玉萍　孟妍明　买景群　李梦雨　罗才迪　叶　铮　代馨瑶　高映雪
许　可　张　琪　任　倩　魏　倩　万谦益　林　波　王　玺　李海瑞　胡　鹏
张　庆　高　雅　宋慧妍　尚星茹　杨　欢　杨彩凤　刘　颖　吴文文　周　煜
张星霞　武文韬　陶元玲　彭瑶瑶　张　敬　戴　茹　胡渝珠　杨济桥　何月晴
杨辉亮　曾汝君　陈子航

优秀毕业生干部（17人）

孟子芮　罗　蕾　陈曦妍　胡江玲　黄诚一　陈仕东　蔡雨晗　陈　波　李锡泽
刘雨欣　王雯婷　王　霞　赵有良　李旻露　刁凯悦　宋慧子　张颖异

华西口腔医学院（19人）

优秀毕业生（13人）

蔡林奕　文俊儒　路泊遥　刘曹杰　李佳桐　张天旭　吴佳益　郝　渝　钟林娜
王艺儒　亓文婷　余嘉怡　赵梦远

优秀毕业生干部（6人）

戴雯玉　盖　阔　朱冠印　仇学梅　余忠钰　周立言

华西公共卫生学院（30人）

优秀毕业生（22人）

范紫玮　王丽梅　田思成　吴　凌　周田园　冉　睿　周　佳　林信儒　郝　宇
李雪飞　彭　迪　赵田禾　张维欣　王　越　李思成　闫翔宇　孙嘉绿　赵曼羽

吴晨璐　姚　强　喻鑫竹　聂　佳

优秀毕业生干部（8 人）

蔡　乾　陈　婧　曹惜语　谭健霞　陈雪婷　舒　婷　李玲玲　徐小芳

华西药学院（30 人）

优秀毕业生（18 人）

杨莉榕　许璺文　徐佩佩　陈李强　张　蓉　邹祎晴　刘　喜　郭　蓉　刘晓慧
白淑婷　崔灏颖　邓　淼　贾璐宇　莫凡阳　赵　璇　谢　柔　马飞昀　崔　琴

优秀毕业生干部（12 人）

张丽婷　宋　雪　吴晓庆　郑　茜　赵　婕　王　逍　陈　智　黄晶莹　铁昌锐
王琦玮　程　晓　周一康

公共管理学院（59 人）

优秀毕业生（37 人）

吴思奇　聂楚虹　李芳菲　孙珑栩　黄　琳　刘　静　黄安妮　樊　舒　谢若琳
周川雄　张颖晨　林雅琴　文传玲　周　晓　董子晗　王　澍　周　静　吕国庆
雷　针　黄晓雨　岳舜怡　罗浩歌　李依璇　伍小倩　徐兴琼　韦会芳　张昊楠
陈渝皖　黄佳敏　李　叶　陈　婧　罗　茜　宋阿沛　李丽冰　王晰然　施晴妮
易晒忻

优秀毕业生干部（22 人）

许　琰　张建东　张瀚东　王　明　王小鹏　崔力得　庞玲玲　卢林涛　何雅萍
甘信田　李　雪　龙　柯　符诗然　黄　冉　韩心之　姜奕良　曹　钰　张　行
谢文婷　王　强　易崇华　黄裕翔

商学院（62 人）

优秀毕业生（44 人）

汪　倩　郭乃菁　徐　杨　张美娟　温丽君　孟隽伊　陶艳萍　朱曼卿　杨　竹
王一茗　冀鹏宇　王睿宁　刘婷婷　胡　极　余　沁　夏　恒　姜立生　米晓妹
李思涵　秦玉格　李雨洁　王誉萱　王卓睿　黄　敏　孙　倩　叶刘雨　李梦梦
杨晓萍　於泽泉　何　佳　王圣堃　卓倩芸　杨冰洁　张慧翔　何冬梅　胡茜茜
赵　巍　邓程月　武　艺　黄倩玙　许鑫业　谢程程　符　蝶　侯伊姗

优秀毕业生干部（18 人）

韩小云　杨　乐　张贵红　朱颖童　杜思奇　曹　亚　朱海虹　丁　昕　李　丽
夏梦遥　舒　晓　李　阳　周　润　付　萍　方晓红　常鸿博　闫新烨　罗书琴

吴玉章学院（61 人）

优秀毕业生（31 人）

胡闻涛　罗文雪　高庆如　王俊博　孙妍超　唐　茜　耿新平　唐成强　钱　聪
张子明　汪星堃　高寒冰　李凡捷　刘桂旭　史宇昊　尹思凯　王婵媛　谢思宇
刘原草　陈芷妍　吴雨潇　刘洁琛　赵颖楠　唐雨虹　周　鑫　白佳琦　杨令怡
肖子佩　孙茂甡　谢　森　涂玉容

优秀毕业生干部（30人）

张　瑞　李　瑨　黄家声　彭译莹　牛　凯　张家卿　谢子益　王同磊　李博闻
沈奕珺　韩　金　何岩萍　史玙菲　马一心　周娜妮　聂靖璇　彭　叶　刘筱笛
张泽霖　张　锐　陈艳彬　肖燕琦　钟之易　王佳宁　张奕淳　吴晋凯　温婧一
王　晗　闫美如　闫　瑶

四川大学2018届校级优秀毕业研究生、优秀毕业研究生干部名单

经济学院（42人）

优秀毕业研究生（29人）

吴永超　徐　微　刘素青　李　杨　何东生　刘情情　刘　田　关　俞　王　莉
朱高峰　高　立　何　晴　李若静　李艳红　陆禹同　孙佩悦　袁　悦　郭元元
吴先强　谢正娟　吴娉雯　周　魅　邵东杰　袁　帆　钟　源　佘淑媛　罗　洪
汤默默　刘　洁

优秀毕业生干部（13人）

李心杨　戴　欣　周益兴　葛瑞婷　户翔恺　廖欣锐　刘柃灼　龙婷玉　周毓君
龚文艺　郭帅新　曹　黎　王翔宇

法学院（60人）

优秀毕业研究生（46人）

朱　海　周勇锋　罗怀霞　朱燕萍　刘　奕　倪　倩　蒋志翱　雷清琳　赵大琦
游　爽　简　硕　黄烁心　罗智科　蔡利军　余　盼　熊春玲　钱丰恺　黄秋鸣
胡梦瑶　燕　晨　夏　焜　李　宣　彭诗睿　万　莉　彭　昕　黄燕萍　刘　博
侯　萱　谢从雪　杨　燕　汪晓贺　王　健　王　晶　邹禹同　何璐希　刘　涛
姜燕红　喻亚楠　侯如霞　刘　淼　张语函　陆　悦　周　芳　李晓玲　李泓江
罗梦婕

优秀毕业研究生干部（14人）

郑俊杰　何中堂　朱雅文　余俊英　林　丽　徐　睿　周　秘　龙姝辰　金　燚
魏　艳　张子伟　胡　蒙　阳　皓　张　悦

文学与新闻学院（108人）

优秀毕业研究生（85人）

乔生芳　吴雨洁　牟　欢　罗今明　张　景　黄钰皓　陈齐霞　梁凤强　许　漫
高　霞　韩　瑜　陈乔丹　乔雪玮　渠丹丹　周　婷　柯　敏　唐榕培　熊　杨
刘雨荷　刘　朔　郭君娅　文　红　刘园园　杨宜师　周　萌　钱礼翔　刘　恒
梁慧琦　聂　萍　郭鹏程　夏　玲　赵禹平　高小珺　夏　欢　何舒兰　全　文
龚莉岚　郭海玲　李丽华　尚　诗　赖力嘉　向　静　向　苗　贺良琼　谢林杉
黄娟娟　路　扬　张　宁　顾子慧　杜胜楠　张梦璐　谢晓婷　高　瑄　余　瑞

王　猛　丁　果　刘　晨　张梦诗　康　晔　许明月　文　媛　韦婧曦　范琳沂
杨慧华　晏　悦　祝悦珂　赵　洁　廖存希　徐靖德　邢天然　戴林峰　李　欣
焦家奇　陈文飞　李越琦　刘潇媛　杨　洁　邱子昊　杨　珊　胡　朗　陈　悦
王江蓬　胡　畔　梁湘梓　阿加伍呷

优秀毕业研究生干部（23 人）

梁凤强　刘浩然　范侯丽　韦婧曦　李云飞　张蔚哲　柯　敏　郑　瑾　范琳沂
陈　越　黄　紫　王鑫豪　钱　奂　马明瑞　孙　冲　刘天泉　王　丹　高　霞
顾子慧　张　爽　刘　恒　王　璐　阿加伍呷

外国语学院（36 人）

优秀毕业研究生（29 人）

王　倩　古晓婷　林荔敏　杨镜台　罗小双　赵雪薇　魏雅妮　王　丹　安海翠
余雪琦　潘秀美　薛　景　何兆飞　郭梦伟　任　乐　曾　琳　闫兴洪　胡译栏
周　亚　李　颖　任　洁　何斯馨　汪　艳　王　爽　吴楚伊　蒋　楠　张弘滢
韩元香　闫春清

优秀毕业研究生干部（7 人）

李　铖　曹　瑜　伍　璞　文玮林　贾春燕　赖先强　杨心怡

艺术学院（33 人）

优秀毕业研究生（27 人）

徐　雅　张晨薇　任甲重　殷慧芳　欧阳聪　郭俊楠　黄子薇　刘亚芳　刘丰果
侯　帆　唐艺菲　王喜娟　何欣城　宗志威　高　莉　李瑞洁　常朦朦　乔　宇
王　璇　刘　振　曹诗旋　段　敏　吴艺璇　于进杰　罗　冬　尧　婷　刘鹤翔

优秀毕业研究生干部（6 人）

苑雨萌　关孟康　拾　蕊　徐梦莹　闫璐瑶　武　岳

历史文化学院（55 人）

优秀毕业研究生（44 人）

张　科　蔡　溢　廖羽含　李　娟　石明玉　林　罗　李佩堂　陆佑海　张倩影
张　亮　胡游杭　唐雨萧　陈　帆　赵�丞　奚玲玲　任泽伟　王文东　刘　浏
朱晓舟　薛云聪　阎　翠　崔李花　莫雷笛　林锦松　邢盼盼　游梦琦　王　雅
赵　斐　朱　领　王静思　舒皓羽　刘　卫　刘秋杰　袁　丹　付茂原　吴俐君
钟周铭　邓宇峰　简思梦　章振颖　颜姚炜　韩　雪　何佼佼　付　泉

优秀毕业研究生干部（11 人）

陆雨思　王洪刚　高　瑞　邓其瑶　吴晓鹏　杨环环　任　静　杜　沁　张建华
欧　婷　张　俊

数学学院（23 人）

优秀毕业研究生（18 人）

孟凡钦　陈　双　吕振超　杨　瀚　王治国　刘瑞宽　荣　尧　张　琴　游　杰
董佳雪　朱春梅　杨　浩　张　鑫　谢江琼　谢婉芸　刘文龙　钱　博　袁丽萍

优秀毕业研究生干部（5 人）

张 笑　杨超超　陈 晨　张绍群　马思雪

物理科学与技术学院（37 人）

优秀毕业研究生（29 人）

苏 琳　文玉梅　张保卫　严觉民　韩云霞　龚红霞　马生贵　田 浩　林家和
董 阳　王 维　程夏杰　戚 磊　何贞岑　巨 濛　何九宁　李乐乐　胡启威
石 柯　朱婷婷　吕 丽　袁志红　杨 鸣　刘银娟　蒋 浩　程军霞　赵宇鑫
陈 鸿　刘 军

优秀毕业研究生干部（8 人）

何冬林　吴京军　马丹丹　苟于单　冯雷豪　韩 磊　张莉焕　崔颖琦

化学学院（38 人）

优秀毕业研究生（34 人）

周 丹　王乙涵　秦 淼　李文静　邓 杰　陈全岗　姚 乾　黄 政　叶剑衡
龚慧华　梁艳丽　左旖旎　侯忠燕　孙晓慧　黄天煜　于抗抗　蒋智成　郑海丰
张娅洁　胡玲玲　赵朝霞　沈光宇　江蓉君　杨 琳　周宇航　赵银松　张 威
刘小霞　葛云晨　谢凡凡　王凯隆　张力耘　姚家斌　谢 辉

优秀毕业研究生干部（4 人）

张晓虹　吴丽倩　聂武成　倪延朋

生命科学学院（55 人）

优秀毕业研究生（44 人）

张旭东　陈祖翼　张玮佳　张雯娟　魏诗航　李宁浙　罗 浩　彭静珊　孙 荣
陈丽娟　宿丹梅　侯 伟　陈映竹　王 旺　尹金维　吕 灿　费春艳　杨 健
宋旭颢　王勇祥　邓亦麒　汪伟伟　代 娇　郭 昕　王志红　穆雪梅　朱 桐
韩潇潇　陈泽源　杨艳鲜　张 丹　肖可蒙　王田静　刘思彤　程晓婕　莫春横
郝艳芹　杨雯露　王 灿　万一平　韩林利　王 颖　王 鑫（大）　陈张宇薇

优秀毕业研究生干部（11 人）

朱茜茜　谢世陈　程广阳　吴海珍　徐振鹏　朱加琳　李瑞瑞　王小东　刘益丽
时小东　王益民

电子信息学院（52 人）

优秀毕业研究生（41 人）

王 健　孙慧锦　沈志伟　武其达　范 梦　张 迪　孙彦楠　陈洪刚　吴 真
李贵鹏　李金玺　徐 腾　朱照阳　张廷蓉　杨梦琳　王 莹　苏 婕　荣 松
宋雅莉　薛红艳　刘 凯　周永强　崔潇田　龙 程　代江云　汤 娟　陈杰梅
陈 林　陈富琴　金宁敏　李 顺　刘士杰　李柏蓉　戴深宇　熊召龙　刘素娟
李春江　马佳佳　邱月阳　刘 超　尹 杨

优秀毕业研究生干部（11 人）

文 鸿　周英姿　顾升学　张龙霞　马佳佳　彭志伟　万园洁　李建春　王言彪
张 华　付光凯

材料科学与工程学院（28 人）

优秀毕业研究生（22 人）

陶　红　钟　静　毕　雪　李　康　刘莎莎　荣鹏程　魏宇航　马　枭　张珂玮
何思颖　肖富强　王韬文　来豪杰　肖佳佳　周　川　陈　寒　龚　兵　王伟怡
孙　钰　赵封林　苟　倩　王广瑞

优秀毕业研究生干部（6 人）

李万东　刘莎莎　周龄童　来豪杰　张瑞雪　张一峰

制造科学与工程学院（38 人）

优秀毕业研究生（30 人）

王鹏举　叶枫菲　徐　前　袁　彪　李　斌　满　斌　范瑞琪　杨建宁　潘玉霞
胡金龙　黄玮海　彭　骥　董会云　邹晗阳　黄文强　王　虹　李体军　段从武
张　敏　袁泽林　江卫锋　刘　超　黄柳儒　张国梦　刘　威　覃秋慧　李柏翰
苏　颖　刘俊波　叶俊锣

优秀毕业研究生干部（8 人）

邓　丽　庄文敏　晏尚华　张　弦　霍相茹　何林桐　卢斯伟　段　炼

电气信息学院（38 人）

优秀毕业研究生（32 人）

赵世林　丰　遥　陈　讴　赵　曦　陈　琳　陈科彬　郭焱林　宣　晓　耿子惠
王　剑　刘丹华　刘　凯　谈继勇　阳莉汶　廖秋萍　宁世超　安冬冬　董兴建
李天华　苗　丹　刘思聪　程冠鸿　李银锋　蒋　容　陈思南　刘文通　黄文婧
李　阳　李琪菡　毕　悦　张程嘉　杨　威

优秀毕业研究生干部（6 人）

李佳涵　杨植雅　刘　迪　黄亚兰　余雪莹　王炫丹

计算机学院（软件学院）（40）人

优秀毕业研究生（29 人）

陈　功　丁祝祥　苟成秋　孔莉莉　李　彤　齐凌云　王　丹　王玉伟　游思兰
陈军清　杜文超　何立红　黎　鸣　李武波　邵　丽　王思雅　温明莉　张鹏博
戴陈卡　樊　蓉　贾柯祯　李　娜　刘奇聪　汪　伟　王屯屯　尹颜朋　赵　轩
罗德宁　陈东东

优秀毕业研究生干部（11 人）

丁祝祥　何立红　李　彤　邵　丽　王思雅　王玉伟　尹颜朋　张鹏博　陈东东
杜文超　孔莉莉

建筑与环境学院（41 人）

优秀毕业研究生（33 人）

唐玉露　王　甜　李曼凌　何美博　周　静　方宁杰　王博知　王　萍　罗　毅
沈丹杰　吴银鹏　张燕琦　卫陈默　郭　卉　张玉梅　陈玥希　华　文　李彦儒
郭　杨　王祎颖　韩　悦　杨　毅　高　原　刘舒心　易　悦　熊兆锟　杨　昆
王　荣　魏　阳　曾琳莉　施泽彬　孟春阳　周　晨

优秀毕业研究生干部（8 人）

安晓倩　陈波羽　齐　欢　郭　灿　王　超　龙　军　蒋京晏　袁书成

水利水电学院（41 人）

优秀毕业研究生（33 人）

白兆亮　魏明东　李安强　田　雨　夏雪平　张德彬　郭文思　田　也　文艳琳
谭乔凤　张　印　邓朝福　许增培　曹　蕊　高蔺云　王　琼　辛　航　邵　帅
许　媛　杨　莹　唐南波　谢潇潇　李纪龙　江方利　李乾德　李　雪　邹　璇
高　超　薛　晨　宋家俊　顾继一　张朝飞　王　喆

优秀毕业研究生干部（8 人）

谢　晶　黄嘉秋　胡赛潇　吴发名　寇清剑　李　旭　王春懿　李秋林

化学工程学院（45 人）

优秀毕业研究生（35 人）

陆振谱　贾晓艳　段兰娟　周　旋　陈亭儒　刘亚南　青宇杭　赵　倩　李秦灿
齐瑞峰　陈　辉　董　冰　朱明津　黄小霞　宋士连　吕永博　张　琦　陈小娟
石伊园　杜巧红　孙莉娟　王　管　赵　鹏　李　丰　顾灿鸿　张晓同　朱晓红
王虢元　何　帆　陈　明　杨洪芹　邓　科　唐　彬　邓朝俊　李　响

优秀毕业研究生干部（10 人）

张建华　颜培洁　唐梦蛟　蒋　萃　王晓姣　谢　艺　陈科伶　汪　瑶　奚月恒
王　圆

轻纺与食品学院（27）人

优秀毕业研究生（22 人）

郭宝夫　程　骋　刘福权　马　乐　史健阳　周伟杰　王　帅　赖双权　鲁风娟
张思航　李千姿　张嘉林　王家星　高海琪　宋　映　尤伟婷　孙小鹏　王　双
张金伟　常金明　吴艳萍　杨　欢

优秀毕业研究生干部（5 人）

史玉媛　朱一伦　宁鸿宇　赵　丽　章培昆

高分子科学与工程学院（65 人）

优秀毕业研究生（51 人）

喻　鹏　侯丰仪　位云侠　韩艾纯　蒋瑶珮　车俊瑾　成　康　蔡媛媛　李春海
孙小蓉　韩伟强　杨丹丹　王建涛　曾　妮　罗元林　蒲水琴　罗　维　付　举
王捍卿　桑子红　陈　薇　丁　磊　吴鹏伟　邓飞飞　黄雪连　刘鹏举　张亮青
周　满　赖香伶　孙秀茹　孔逸然　王乐泉　曹席磊　王　臣　李怡俊　谢旭龙
陈云雷　范雅珺　尚文翰　杨团团　王　宁　张翼蓝　王　蓉　胡　凯　刘衍朋
罗　欢　谭　希　董仁琼　郑鹏飞　张秋静　高笑笑

优秀毕业研究生干部（14 人）

谢丹丹　楚　佳　卢思宇　黄文娟　李先娥　周军军　石志清　赵　伟　余　鑫
陈胜求　徐开俊　柏栋予　葸淑婷　谢　毅

华西基础医学与法学学院（15 人）

优秀毕业研究生（13 人）

杜　彬　夏佩萱　国琪伟　邓春草　简　洁　刘　蕊　樊　梅　苏　宓　滕　燕
田　欢　冯　唐　王　倩　许　倩

优秀毕业研究生干部（2 人）

李介男　翟小倩

华西临床医学院（170 人）

优秀毕业研究生（136 人）

董　萍　谢林均　李伟然　尹　霞　黄　靖　张万华　汪　莲　朱　策　王林楠
景秋洋　张晓鑫　李俊英　张渝俊　游华轩　杨　嫄　刘古月　程　健　孙光曦
张　钰　赵慧杰　郑碧鑫　欧梦婵　文　信　张伊祎　余明静　张晓赟　李　蓓
沈国华　朱秋蓉　韩学广　张程程　雷　蕾　李佩军　岑志富　李东旭　杨玉帛
王钰娇　朱文君　杨平原　刘　举　宋媛媛　陶亚超　蒋　昱　王　幸　刘金鹏
陈　珂　曾　艳　陈代娟　严华林　胡紫宜　曾泓泽　黄媛媛　王　毅　韦诗友
郭珍珍　康鸿鑫　张子斌　常小霞　蒋燕妮　郑　雪　罗　晗　李金洪　解　瑶
李祎铭　黄静兰　李怡沅　颜　文　罗承昕　孙　偲　尹晓南　杨文杰　黎　磊
王春华　高　猛　徐　馨　杨宁宁　余　乐　曹　迪　王　力　贾鹏丽　李晗婧
谢　恒　钟　兵　王金祥　何海霞　刘志月　杨　帆　任艳明　曹潇月　刘凤阳
杨　琴　徐菲菲　朱婷婷　赵　健　陈　薇　谢锦伟　周　凯　杨永凤　鲁　璐
巩倩文　辛　娟　陆玫竹　田雨可　高芸艺　马广智　梁若飞　曾　直　蒲天婕
赵珍珍　张　欢　石清泉　罗　迪　赵　丽　范　强　陈书练　李君丽　石　娜
刘　辉　罗　蓉　刘毕胜　刘　芳　马一菡　徐洪卫　娄纪刚　刘家铭　斯　艺
张　郡　邹　蓉　陶　琳　陈月红　吴鸿雁　金　谌　邹子君　阴　雯　汪胜军
欧阳力雪

优秀毕业研究生干部（34 人）

苏冬梅　姚　鹏　杨　杰　魏倩倩　王金垚　叶连松　王雨婷　廖登勇　马文杰
曾文麒　黄　丹　孙静静　黄　兰　陈　玥　李欣然　舒　驰　曹德宏　冯艳汝
段　婷　邱婷婷　周璞真　孔维奇　谭　敏　刘　露　谭一非　方　超　胡　升
黎安琪　孔维丽　刘　静　蒋　莉　叶　成　张甦菡　沈嘉渝

华西口腔医学院（41 人）

优秀毕业研究生（35 人）

唐　琦　高　攀　薛昌越　程兴群　杨娴睿　周腾飞　许　婷　陈方曼　王　晖
周陈晨　王素苹　张士文　王天璐　杨靖梅　蓝露芳　戴敏佳　田陶然　张　琦
郑小菲　刘蔚晴　任　智　杜　玮　赵雪峰　徐佳蕾　张　鹏　吴虹乐　张　鑫
张　玲　罗小波　陈　曦　郑　欣　马全诠　罗　天　元　博　王禹弘

优秀毕业研究生干部（6 人）

舒亦轩　樊亚平　乔翔鹤　陈西文　杜　文　曾　维

华西公共卫生学院（27 人）

优秀毕业研究生（22 人）

陈 倩 单靖焱 何 琳 霍 娇 李兴桥 刘思静 任 燕 吴芸芸 薛红妹
陈宇航 邓远乐 胡 晓 蒋明娟 廉 楠 秦倩倩 王 瑶 徐嘉悦 杨柳青
殷 俊 张素华 赵蓉萍 周凤鸣

优秀毕业研究生干部（5 人）

杜旭东 李明昕 刘小锦 刘 银 牟雨婵

华西药学院（34 人）

优秀毕业研究生（27 人）

贺 庆 卢正则 姜科君 王慧洁 张芸榕 李维欢 尉广飞 刘晨飞 阮少波
夏应奇 向虹霖 乔尉真 张 博 靳茜婷 田方圆 桑 瑞 赵 毅 山 伟
张国泰 肖 维 卿 红 胡 楠 邓 菲 汪忠军 张华锦 梅 凌 张晞倩

优秀毕业研究生干部（7 人）

李伟剑 孙嘉茵 杨柳青 肖 雨 刘 菲 苏 趁 程 旭

公共管理学院（70 人）

优秀毕业研究生（55 人）

郭延超 顾晓霞 羊 杨 李佳佳 陈 毅 刘任烨 连 湘 宋文弢 王业玉
吴高秀 李 林 李艾明 窦珍珍 朱美玲 金 石 满 艺 姜微波 孙艳红
邓云雁 张俊丽 孙宇辰 高秀娟 马雪杨 刘 澈 周莉莉 代晓旭 郎冬雨
唐 国 李昀烨 刘严匀 李妙月 赵坤春 杨德兴 曹梦潇 刘 刚 林长江
代璐摇 何逸飞 吴 鹏 杨谱云 唐露萍 龙珊珊 李舒敏 张 越 余颖霞
赵雅培 汤恺杰 张 鹏 谢星全 代佳欣 常 磊 施 义 高 翔 张丽霞
孟东丽

优秀毕业研究生干部（15 人）

王 洪 董瀚之 彭之梅 代 阳 张晗睿 潘铭杰 康倩倩 杨荣涛 刘 恋
吴 键 叶 亮 詹佳鑫 胡利佳 冉 连 邱实张华

商学院（88 人）

优秀毕业研究生（61 人）

胡 谍 陈 鹏 陈 萍 伍 玲 刘昱彤 张振中 姜天作 肖 峰 罗 娜
杜红平 庞 琪 肖 笛 李丽艳 喻上坤 江 河 李 净 李俊良 王 倩
刘旭红 丁 洁 谢 涛 闫光辉 杨雅婷 贾蕴储 康 婧 王瑞雪 郑贤莉
王 华 李 灵 仲淑欣 刘 余 陈立嘉 何 圆 何燕伶 刘 辉 李 俏
陈 冉 张一迪 董贵华 陈潇亮 程 琳 倖 至 蒋 瑞 杨璐铭 丁智科
刘海涛 张 月 赵艳斐 邹驰研 焦磊磊 宋婧雯 夏 竹 陈彦琼 徐 楠
孙 洋 邢建凯 孙新宇 刘劲松 周文婷 向 倩 祁兴明

优秀毕业研究生干部（27 人）

邱 璐 曹 羽 董贵华 李丽艳 黄 璜 周文婷 李 净 钟琳玲 李 雪
董 亮 张 申 张楚雪 郑贤莉 陈立嘉 游 佳 刘存艳 黄仁伟 方 伟

肖　敏　刘　余　赵艳斐　程　琳　焦磊磊　张　研　钟伟生　刘　培　温远春

马克思主义学院（16 人）

优秀毕业研究生（13 人）

张　宁　常　璇　丁　郁　郭籽实　张　欢　魏潇祎　赵姚姚　张丁元　张雪丹
唐　虹　费　丽　罗冬雪　李美佳

优秀毕业研究生干部（3 人）

张　瑾　罗迹联　米乐平

体育科学研究所（7 人）

优秀毕业研究生（6 人）

简家俊　姜　敏　谭　煌　梅　峥　李杨星　张世力

优秀毕业研究生干部（1 人）

白　锐

灾后重建与管理学院（5 人）

优秀毕业研究生（4 人）

吴娜娜　郑　瑜　王诗炎　杨　磊

优秀毕业研究生干部（1 人）

金正浩

生物材料工程研究中心（12 人）

优秀毕业研究生（10 人）

康　珂　裴　玄　朱　羽　王　璟　刘晓露　余　成　张　晓　张志军　陈阳梅
赵　欢

优秀毕业研究生干部（2 人）

唐家源　郑秀丽

中美大学战略规划研究所（2 人）

优秀毕业研究生（2 人）

王琳琳　董伟新

社会发展与西部开发研究院（1 人）

优秀毕业研究生（1 人）

李青雪

分析测试中心（5 人）

优秀毕业研究生（4 人）

曹素娇　马靖淇　黄　敏　邱　露

优秀毕业研究生干部（1 人）

郑晓柯

生物治疗国家重点实验室（31 人）

优秀毕业研究生（22 人）

林逸云　王素雅　张永光　笪琳萃　胡中兰　李淑昂　刘　兵　张亚光　李艳艳
金全胜　姚小敏　闫　伟　黄　爽　揭　惠　李　妍　宋林江　李如利　韩晓娟

李卓玲　张　倩　陈丽娟　郝　颖

优秀毕业研究生干部（9 人）

林逸云　李卓玲　彭圣贤　王素雅　张永光　陈丽娟　揭　惠　李　妍　申聪聪

空天科学与工程学院（5 人）

优秀毕业研究生（4 人）

戴　翎　刘　斌　王　磊　杨　勇

优秀毕业研究生干部（1 人）

赵梦雪

新能源与低碳技术研究院（1 人）

优秀毕业研究生（1 人）

陈艳秋

四川大学2017—2018学年本科生优秀学生、优秀学生干部名单

经济学院（236人）

优秀学生（161人）

李沁雪　李雯琪　周逸鸣　房美萱　王　博　侯文钰　高　飞　杨子晨　杨子瑜
李嘉楠　何思颖　杜雅雯　梁志桓　吴冰妍　薛赵琴　闫俊卓　李敬业　谢欣桐
高　姗　李杨鑫　蒲佩芝　黄　昱　张欣冉　杨浩辉　谢雨岑　任吉庆　冯文倩
陈美如　李雅婷　王　婷　黄　浩　廖语嫣　孔昕晖　韩梦珂　王　力　潘晨煜
彭　连　杨　靖　彭浩谦　何瑞敏　张玲玉　冯　晨　唐彬鹏　李洺滏　肖雨彤
杨祥辉　文青爽　蒋　媛　邓芳树　丁智颖　谭　平　陈茂秋　幸亚林　冷文如
姜政羽　陶思颖　闫馨禾　韩泰来　卜　丹　刘　琪　王艺衡　何英明　李越秋
匡晨允　熊　涛　缪君杰　赵圣华　王紫源　赵芷婧　李沛苏　刘盈杉　汪梦妍
张　菁　李昭玥　霍　哲　赵钟玥　杭诗敏　林　艇　仲　航　刘　凯　孟菀芸
金玉良　周章梅　徐　薇　刘易伦　盛晓宙　邓林豪　陈　莹　荀　月　谢　逸
杨淑燕　陆香怡　周子昂　李拓明　刘　焱　李泞铉　王清芝　郝　祎　尤政勤
赵　洁　李　晨　李冰洁　袁成欣　金先琦　魏哲宇　孟俊辰　陈天然　黄文静
徐　静　周慧珍　石　梦　吴佳燕　景　皓　李其静　张国梁　涂宏辉　赵铭心
李　楠　赵艾彬　黄　巧　范诗悦　朱智慧　杨　佳　张登奎　方　丽　刘恒志
许晟榕　庞睿宸　宋婧雯　黄艺琳　唐秀娟　李青泽　齐家铖　郭婷婷　齐天佼
马祎婷　杨宇灿　王梓贤　赵海葳　宋小寒　罗娅婷　刘冰洁　周志坚　匡君怡
彭莹珏　杨　潇　方　润　张金晶　周小露　徐　洁　周玉婷　王紫颖　胡敏慧
翁思筠　符馨月　张　一　胡云鑫　赵彤彤　樊思懿　梁木易斯　南杨姝祺

优秀学生干部（75人）

幸咏轩　李佳忆　张道涵　赵婉杉　姜艳梅　刘岩冰　姜博瀚　张雨婷　褚　悦
张亚婷　曾　阳　符　旭　秦　范　韩佳峻　田　楠　余沐乐　王弘致　朱建萍
余啸东　龚咏桃　朱博楷　李熙雁　曲思齐　谭池虹　刘懋研　代伟华　刘香凝
吴　辉　李雨璇　陈永鹏　李嘉琪　王馨悦　马路欣　黄怡暄　贾洁梅　陈沵鋆
沈思宇　陈静瑶　林修应　赵雯菲　王银燕　梁舒培　赵思盈　裴彦博　范庆拓
马睿晴　郭　云　江雨航　张鹏飞　田浩然　李　珂　肖天豪　崔　晓　张雨诗
李慧榕　任贤聪　赖泫蓉　李　直　饶志琳　黄子航　丁倚丹　涂漫漫　奚晗悦
高　源　梁泽鹏　蔺心玥　王珞琪　乔张媛　王丽影　盛凯帆　张　星　刘　西

林凤铃　许愿徐图　皇甫佳昕

法学院（93 人）

优秀学生（60 人）

杨　眉　陈一宏　任小艳　余　今　王晨昕　贾金润　陈怡然　舒　琪　范潇月
刘星辰　刘梦晗　荣　婷　潘紫玲　叶　轶　邓宇东　石　尧　钱子威　朱金枝
邵莎莎　蒲南希　阮嘉禾　王一潇　王　婕　王邦宇　敬翔宇　王　琪　王文丽
张瑞露　梁　智　简玉洁　敦子倩　杨　艺　焦丽薇　梁梦颖　冉诗晨　张玉丹
安　琳　肖梦柯　徐　响　汪　鑫　韩晓晓　赵　越　杨新月　郭力瑄　唐昱瑾
马懿凡　檀一迪　高西雅　查　颖　黄学敏　楼雨濛　胡美玲　沈　洁　黄丽颖
解心言　平美会　彭　超　薛伊格　白红飞　荣　露

优秀学生干部（33 人）

石晏宗　郑煜凡　张翼航　戴清青　张亚贤　吕明煦　帅沛含　刘晨昕　余　波
马榕蔓　彭　芃　张昊鹏　林雨洁　马燕宇　余　旭　李林源　陈雨薇　吴俊皞
汪佳媚　朱昱衡　陈鹏宇　廖大森　卓裕春　张　歌　吴欣芮　高　愿　张　瑞
黄子淋　徐萍萍　刘沛琦　黄进波　林　凡　吴　瀚

文学与新闻学院（新闻学院）（181 人）

优秀学生（121 人）

戴琳琳　何　昫　黄　茜　房长星　刘芩利　刘一苇　李孟琦　马珺琳　吴文羽
宋哲娴　王慧珺　陶静雨　杨李昕　周之易　周希璇　郑天艺　唐晓雪　孙　畅
徐　靓　王婷婷　范潇瑶　李真黎　陈好好　陈悦月　周姝璇　李晓昱　叶婷婷
陶　艺　刘世珩　陈艳明　熊梦玲　杨浩洁　张世文　雷昕同　牛睿婷　韩沁雅
陈　璐　陈米果　彭　岚　郭子慧　朱解语　何宇飞　谢佳廷　李林珂　李嘉怡
沈婧伊　曾可欣　张崇慧　魏子杰　刘泰炜　税　予　王雪一　宋　怡　郭钰娟
胡玉琦　张子寅　田　俪　白雪函　周怡航　邹诗韵　赖逸平　胡馨月　张　宁
黄　月　李智鑫　李欣哲　方炜碧　周沛希　潘怡宁　谭昳珺　田雨霏　周酝澄
陈　毅　刘逸龙　王彦琳　孙鹏宇　吴雁飞　钱沿蒙　刘　昊　方伊敏　刘怡贝
肖舒蕾　赵　韬　张悠悠　韩墨言　李梦涵　董　笑　钱安儒　陈　崴　廖　璇
谢来我　常　乐　曾维涵　葛　帆　权湄荻　孙琬祎　张　瑜　陈丹雪　蒲可意
华培馨　袁　慧　樊宸君　纪　旭　李航鸽　陈文焕　罗丝雨　曹宇悦　郝朝铭
杨　珂　王盛乾　冉诗媛　吕清怡　杨德丽　许淳彦　钟明悦　吴嘉敏　周　航
邹　星　程丽岚　李一洁　刘烨霖静

优秀学生干部（60 人）

胡启鹏　姜雨辰　林翔宇　王静可　瞿　欣　肖瑞硕　杨　蕊　张　璐　李昀蔚
王艺臻　王思越　李晓婷　孟凌霄　彭婷婷　孟　李　陶　赛　马姣姣　王星元
杨淑娴　余　巧　倪婧雅　薄王逸　张　洁　刘　玏　何汉珍　唐　佳　梁丽军
罗渝婷　李卓燃　崔乃琳　李鹏远　何　畅　田闽畅　李伊湄　冷铜华　雷思远
陈楚棋　米谭颖　朱灵波　汪　坤　赵雪冰　刘萌璐　罗盖伦　杨溢雅　刘　琦
周　洋　郭峻宏　章誉倬　肖威搏　丁文珺　严可健　王利楠　马　妍　朱婷婷

吕旅 刘雨凡 张茗瑞 崔展鸿 芦季苇 覃滢

外国语学院（97 人）

优秀学生（66 人）

李雨桐 郭亚如 李津晶 刘芸 张稷 许倩 陈倩 任珂欣 张奕凡
俞舒琪 郭芸伊 吴红萱 李奕谈 纪玉婷 覃兆玲 柳贺玮 王瑜婷 卢雨欣
王紫薇 魏馨怡 杨帆 白雨桐 刘泊江 杨佳绘 卢康 胡逸菲 郑中礼
曹可 徐海焱 仇清漪 纪奕欣 钟瑶 万媛媛 郭施妍 昝添奕 陈丫丫
龙镜涵 颜可 谢雨恒 王伟豪 李欣宁 杜越 侯美婷 韩吉丽 王少雄
王玥池 李丽婷 乔梦婕 王明瑶 蒋阳 邓春 席帅萌 马国睿 刘璐
刘梦琴 牛旭蕾 陈佳音 姚懿玮 易婧娴 霍媛媛 向子悦 肖兴雨 陈柯宏
董洲菡 梁家欣 梅贤

优秀学生干部（31 人）

石佳玉 周灿 张兰心 杨雪涵 韩若谦 杨媛迪 周奕涓 李奇谋 范昌隆
蒋卉琪 肖莜 郝雯钰 杨涵 姜慧霞 康玺 张芃 周家汇 陈旭峰
夏大勇 谢金秀 雷冰璐 马振格 崔晓雯 胡曾莉 万秉冉 罗庆益 胡雪
刘秀阳 张婧玮 纪翔歌 饶入菡

艺术学院（168 人）

优秀学生（113 人）

李杭航 曾菡苓 胡政君 孙港灵 张庭珲 李玥 彭湖湾 陈星 成凌萱
刘羽西 朱月 成帅帅 迟顺功 蔡润芝 王雪岩 邓小珍 梁海育 王惠
刘江跃 罗嘉懿 张桥研 杨梦婷 王飞飞 汤妍 裴洪硕 杨怀玉 黄倩
杨芷晃 代桂琳 胡骞文 叶书亚 严俊雄 卢德卿 程吉阳 杜滨杉 单简
谭天赐 蒋丹 刘怡琳 田凡玉 唐芷桐 李欣怡 何章帆 郭璟怡 王朝伟
张兰馨 武艺凝 吴璇 张晓莹 向根玉 邓闻杭 余福 刘洋 颜恋蘅
彭鑫玥 周子钰 胡馨月 李想 陈昆山 肖婷方 雷霜 杨韫 赵晨羽
张耀丹 许钰灵 张鹏程 苏斌 肖遥遥 王黛 张宁 王静 宁磊
李彦熹 胡中远 刘伟曼 赵晶 李子葳 王艺霏 杨茜 杨明 易钥钊
罗圣寅 温欣宇 邵子怡 袁可 王昊阳 麦颖敏 李奉珉 李逸伦 张蔓艺
杜卓然 郭畅 陈楚祎 江姿颖 杨一帆 赵玉琴 李飞跃 李睿仪 钱菁
张嘉迅 边子捷 李泽罡 代青 雷宇楠 奚邦琴 朱音洁 崔柳静 姜雨孜
侯紫怡 廖一帆 刘姝沫 杨裕涵 艾则再姆·阿不来提

优秀学生干部（55 人）

李杭航 李敏 张璐瑶 潘心杨 李铮 陈雨晨 黄楚楚 强蔷 蔡宜然
杨钞然 蔡国威 杨浙 王明月 胡惠昕 张瑛 宋明宇 杨丹 赵倩
李龙泽 拉木草 梁芷蕾 张婷 李秋里 李杭育 范良策 滕薛蕾 邓洁来
徐淳 高德耀 浩妮 李少卿 王潇悦 谢子昂 张溱源 张佳伟 陆嫚
陈楚莹 赵滨 徐鑫 李忆 马海婷 王雨莜 张俊飞 黄俊钢 于勇博
曾雪倩 吴桐 曹曦尔 幸自强 康可馨 冯婧蓉 杨紫涵 杨欣悦 王睿杨

赵祥胜楠

历史文化学院（旅游学院）（92 人）

优秀学生（62 人）

刘纯淋　唐菁秋　高　凡　王泳芃　杨海容　孙唯祎　祁慧雯　徐晨翔　赵一凡
秦子怡　薛文静　刘婷婷　易小琪　谭　覃　刘　婷　肖宁敏　秦　露　李　琪
周晋楠　曾慧婷　周　欣　张正兰　李玥彤　刘丙辰　戚雅荧　朱立微　高志明
陈俊天　杨胜昔　林圣迪　康　炜　史晓鹏　李静怡　孟　璇　张晓翠　熊洛奕
汤　璇　徐　楚　刘珂吉　马佳佳　周海月　陈佳淇　汪安雪　苏　洋　孟丽君
周　静　郑青彦　贾文通　戴家权　蒋　玲　廖茂竹　梁　刚　刘双全　冼懿纬
刘一丁　任柏宗　张官鑫　白　成　肖馥莲　张南金　郭振新　颛孙如雪

优秀学生干部（30 人）

廖秋灿　杜泽宇　陈　啸　黄韵竹　胡思可　王　妍　郑黎明　马子婷　甘雅云
苏瑞东　邢朝阳　罗　英　齐佳童　李志鹏　段育君　唐　梅　吴吉桑　丁羽恬
曹仙婷　赵晴雪　周俊捷　尚　校　缪依琳　左泽宇　王丽星　江雪景　袁　尚
董芙蓉　丁　捷　田胡宏琰

数学学院（94 人）

优秀学生（63 人）

张颢瑀　张霖秋　李云鹤　张子涵　龚俊鹏　李叙锦　李雨萱　杨晓冬　曾　月
贺钰淇　胡双槐　顾君杰　陈艾灵　魏品正　岳海昀　康蓝月　黄奕文　杨雨桐
樊　箫　黄一宣　曾郁萱　赵煜中　王　清　刘海萍　陈宣竹　姚昱材　袁　楠
周润华　刘星意　彭　婧　李祎玲　张佳楠　刘　颖　翁艺珈　向　迪　王良熔
马咏昕　牟云瀚　查梦月　杨博寒　付祥迪　罗咏怡　张　森　张心怡　郭利苹
阎知非　陈逸钞　蒲　康　李文婧　高欣玥　卢冠廷　祝　超　吴　瑾　尹鹏飞
郑棣翰　陆力慧　杨　航　杨超群　张　钰　陈玉鹏　刘　念　文宇轩　雷雨聪

优秀学生干部（31 人）

李昊轩　徐嫣然　王　丹　陈　鑫　邓朝文　邹柏毅　曾　磊　刘昕旸　杨　谦
宋金鸿　秦　滨　段楷文　任恩芝　王雨佳　范馨怡　陈　伟　赵华伟　孟思睿
李　佳　胡梦薇　谭　敏　程　珺　吴宾兰　邹雨轩　李姝妤　郑诗鹏　冉浩然
胡梦蝶　周诗琦　杨文熙　李鑫桐

物理科学与技术学院（核科学与工程技术学院）（121 人）

优秀学生（84 人）

李　可　谢钟钖　程心雨　曲水音　陶明锐　高智颖　赵倩儒　冯小港　程勤勤
祝浴航　王　帅　穆翔栩　黄轶群　徐　磊　刘啊姣　赵金瑜　易李城　叶　灵
周　颖　贾　璐　刘　琴　田　娜　温　倩　孙平祖　张剑锋　谢　健　唐茗敏
彭　凯　苏钰清　张　深　马　啸　王　宇　叶天熠　苏洪博　何思齐　马　舸
王婧琦　喻睿华　刘　薇　黄一斌　秦一鑫　蒲运有　李元梁　肖　祺　逯玉洁
李佳卓　路　峰　王雨亭　李　想　王郁钧　刘　攀　杨靖宇　李　晖　蔡文华
常　昊　龚　州　汪清泓　郝峻丰　邹　出　甘　霞　张　倩　何梦婷　闫邵刚

王　鑫　隆定江　阎敬铭　周志杰　程龙昊　宋俐潼　邓啸宇　虞博文　邵佳冰
赵忠宇　吴乾锋　周　展　杨　楠　马凌燕　杨文萱　刘正蓉　葛威葳　尹明慧
顾苇杭　杨海阔　牛天岭

优秀学生干部（37 人）

张红强　梁媛媛　李　阳　韩有才　蒙梓民　李　万　周晓慧　姜　浩　李　睿
杨仕轩　罗熹宇　杨　林　杨重鑫　刘洪铭　孙　旭　袁明月　任才华　蒋云川
罗　璇　周思毅　高子渊　郑云天　王鑫雨　凌浩铭　胡　倩　朱铭毅　吴　琛
余璇池　范思捷　钱政宽　盛雨婷　舒雨欢　田超中　韩　冰　张秋丽　付学成
刘志伟

化学学院（104 人）

优秀学生（69 人）

吴东山　姚　晔　张永琪　宫庆天　水明菊　周子文　廖钟秀　王清分　杨雯茜
黄　正　潘桂花　李俊燕　雷小妹　黄月媛　蒲小路　罗安平　杨慧贞　付紫辉
吕　由　游邱林　杨一洲　郭　晨　徐达松　王　菲　罗紫璇　蒋　珉　邓逸辉
文　铭　韩建军　李　航　曾　晖　孙慧慧　饶治勇　张驰宸　刘　允　袁　满
杨家琪　陈晓芹　刘雪娇　肖　岚　魏颖南　罗小骞　严丽巧　孙尚璇　刘炉璐
范长江　杨思恒　方艺桥　孙仁义　康丽媛　车永杰　杨　洁　万子聪　徐逸菲
陈　亮　杨凌鸥　陈昱瑾　桑新鹏　李春波　王梦欣　魏文洋　沈成峰　龚新渝
赵　琦　袁　菱　李　立　喻贝迪　王　婕　王曼茜

优秀学生干部（35 人）

王　健　杨火青　姜美娜　黎芳如　皮　静　叶润优　刘云霞　龚　莉　张　莜
周榆钦　郑　恩　张潆丹　荀励治　郭　凯　熊婉婷　赵玉佳　王家瑞　李红梅
李屹达　冯兰棋　张方家　成　锐　马靖雨　周　敏　罗　钰　王　甜　陈　丽
方　谦　王丽莹　殷倩莲　谭翀云　单思易　吴艳玲　欧阳颖涵　金杨亚男

生命科学学院（77 人）

优秀学生（54 人）

李雅琪　李嘉莹　罗芷苇　彭焕文　薛嘉祈　高珍璇　岳秋宇　徐小芳　王雪晴
伍　斐　安　娇　孙诗津　李　冰　张柏权　吴　盈　李昌和　唐诗雨　才晓源
李　月　张宸铭　贾宇恒　胡知行　张嘉益　杨远鑫　张希平　李　俊　宋巧玥
李　锐　朱谦慧　牛　霞　侯牧村　刘　恬　周贤攀　贺子敬　王星媛　邓钧文
刘俞希　林藜煊　冯　原　陈洁云　李朋禹　张　寅　曾梦雨　张　震　陈旸康
张瑞莲　钟婉珍　王玉珏　陈东禾　张　琦　姜一丹　汪明瑶　陈大屡　欧阳皖赣

优秀学生干部（23 人）

燕　蕊　曲雪彤　张　凯　刘笑宇　孙依琦　王诗扬　吴顺康　罗兴永　古明杨
熊沐钊　刘勤瑶　靳　杨　王胜男　李一播　陈　曦　王钰清　杨　瑞　胡舒昶
任肖锟　包婉莹　金启涵　沈欣然　全　源

电子信息学院（153人）

优秀学生（115人）

谭雅琪　何嘉岳　陈立玮　吴韵阳　贠旭拓　黄　可　李佳芯　代志强　汤婧鑫
吴书宇　赵悠然　李犇宇　张志耀　肖　枭　吴春晓　李　平　周慧雨　杨振宇
郝子祺　牛健臻　高　检　席梦园　唐　俊　邓　茜　杨　朔　郭轩君　谢朝莹
任海伟　万雨博　田卓尔　温　晨　周汉唐　李燕妮　张捷柯　方高运　马　骁
杨　晨　何秋香　王柯林　徐梓航　田笑盈　耿　强　唐　莉　侯鳗玲　陆　舟
陈可馨　左芸聪　袁伟皓　何　沐　戴可玉　蒋　萱　李冰怡　袁瑜才　陈若曦
刘姝琪　杨天成　段奕欣　张子怡　李佳豪　仇子昂　石绍乾　熊昆洪　余文睿
陈雪莲　杨迎哲　唐　为　罗羽萱　戴精松　郑钧夫　郭显瑜　崔子涵　马旭淼
李　顺　陈　璐　张雪琳　丁军明　车　丹　袁少贤　谢明宇　石忻平　辛佩莲
杜东宇　刘宇勖　王彤彤　侯　峰　张　敏　徐加朗　徐　昊　张阳煜　王美昱
阳　港　宋文帆　董艺彤　赵兴博　李　彤　潘　惠　张劭宇　张雪莹　祝福顺
杨斯涵　侯天舒　张军杰　詹政以　陈秋越　向　静　熊晓瑜　唐　静　刘　科
李舒婷　崔韩东　付仕鹏　蒋术语　周　怡　刘千歌　沈柳青

优秀学生干部（38人）

邱峻寅　刘浩宇　黄泽宇　顾艾婧　吴翘楚　马悦雯　王昱晨　李璐瑶　王海麟
凯　林　程恺璇　于慧波　李彦霖　伍晗萌　胥　柯　柳　震　邓皓予　钟莉君
张仁磊　王振州　周雨晴　王绎涵　何振纲　王　洁　王　健　王屹坤　冯丹阳
刘　旭　武钰晖　杨涵清　刘青松　孙菡迪　马　帅　陈欣钥　刘　林　肖语奇
宋皆充　雷　磊

材料科学与工程学院（124人）

优秀学生（77人）

吴思毅　周福伟　赵　泉　谢宇华　刘华硕　祁子扬　杨　博　徐　利　张佳怡
李　凯　张雨轩　胡博涵　刘颖杰　王　钊　温谨如　杜　旭　白雨帆　符　晓
章嘉梁　高山峻　王桐欣　何　柳　程　星　吴灵洁　晏乔宏　赵茂涵　曹洪源
王　芳　李俊颖　程　爽　邱　芳　孙茜茜　杨　丹　戴慧敏　黄晨婷　尚兴港
贺亦菲　路学光　严芷瑶　廖　鑫　凌婉怡　范帅康　李　祥　董思吟　龙　武
田　超　毕师豪　罗　晟　杨　帆　王啸宇　李云飞　杜章立　罗英建　林月明
陈诺娅　唐心茹　薛中军　王　瑾　黄晓文　刘　诚　李智超　李明宇　胡方雷
侯晨昕　张　爽　王　杰　王　雪　欧飞洋　祝嘉懿　王　政　蒋洪琳　罗子茜
陈珏羽　薛清越　王伊哲　蒋章堂　姜伊婷

优秀学生干部（47人）

刘　宇　吴　丹　曹　聪　许媛媛　李星进　张佳怡　廖　菁　祁子扬　赵家旭
张亚雯　刘巍巍　兰　璇　代相廷　潘俊妤　杨艾霖　黄灵芝　鲁航语　宋斌杰
郑　欣　杨新纪　胡名鹤　梁兴源　徐莞璐　张　杰　王江羽　李　松　张鑫鑫
张骏淋　钱留斌　冉国永　刘济玮　金佳伦　王仁宽　谢　岳　唐德奇　余孟秋
尹雪彤　钟　海　马余琳　张　晰　贺星元　范明哲　王　力　蒋海燕　陶　锐

鄢传民　赵天阳

制造科学与工程学院（177 人）

优秀学生（120 人）

赵宇薇　李开平　白　雪　肖宇萌　邓辅龙　刘郑红　黄昱涵　卢勃勃　雍立秋
陈安迪　王佳慧　潘西子　李嘉赓　梁　锐　赵俊捷　邱仕诚　刘佳鑫　罗　雪
蒋子元　陈聂长　李辉耀　赖锦祥　潘楚光　袁玉峰　张　翔　陈　坤　张世玉
吴雨涛　彭正超　谢冰涛　吴文强　刘伯承　陈赵勤　林师锋　尹政鑫　周　童
刘晓明　涂　燕　张夏瑗　李赵松　赵彦翔　刘斐雅　张　未　方馨悦　曾婧潇
赖永芳　惠子赟　涂　佳　王　奇　刘　杨　李雅洁　苟红梅　王瑞琴　文雅娜
李　洋　张目超　朱高晗　孙可森　潘　怡　邱　巧　孔子鑫　张智丰　黄士轩
农皓程　薛　成　杜虎之　许钊源　张根莱　刘昭凯　王　恒　张佳伟　朱晏麒
桂肃尧　周显沁　张栩静　王佳伟　王子涵　章　炜　马啸驰　童保成　邓孟诗
陈铨艺　苗欣冉　王振秋　秦　晟　张亚博　张　萌　肖　斌　余佳鹏　李　棋
杨唯一　蒲佳俊　高云凯　隋明远　高锦婷　吕丞干　潘　江　詹　蕊　颜家俊
郭文婷　宋炳辉　丁一凡　谈雪莲　刘子琛　徐艺丹　张润花　宋　芯　杨鑫雨
左奇峰　邸嘉宁　于永洁　龙智明　宁齐红　李玉婷　蔡锦文　杜　磊　刘雨杨
蔡　丽　杨博翔　梁正正

优秀学生干部（57 人）

周博皓　仇　亮　于　群　樊梦之　郑跃军　罗荞妍　张恩铭　李　思　申玉鑫
李昀桦　杨敬儒　束　振　肖　帅　郭振威　耿铭昆　张毅丰　练佳春　吴　瑞
高铨鸿　余宗洋　冉建波　牛国梁　张　弛　韩　啸　苗永菲　孙奕腾　郭义琦
涂洪铭　牛子奕　苏　俊　卓师铭　邢彩虹　胡英达　丁科文　刘相宜　黄德成
贾驿然　连小雄　周杭宁　张新悦　马博仪　王伟全　朱浩文　文皓光　刘锐一
韦大滨　范梦菲　施黄帅　程子康　张隽磊　景　东　焦晨阳　余泳静　张　策
黄扬洲　李国庆　欧阳乔茜

电气信息学院（186 人）

优秀学生（134 人）

张雨晗　韦家富　姚昊天　陆　杨　周　旭　薛　平　李山山　叶　葳　毛近贤
李卓城　杜明坤　李骏龙　闫梦阳　陈樱绮　赵宇霏　张　琪　姚凌翔　闫圣来
潘虹锦　何雨骏　李可欣　魏翔宇　苏芳菲　杨　航　胡　戎　胡誉蓉　闫耀康
何　飞　王妍卉　栗　悦　冯洋洋　袁增辉　谢佳霖　石琬婷　李相辰　范　宇
金双平　贾梦麒　闫箫同　吴姝源　陈铭浩　旷昊恒　毛雅洁　孙天然　李智倩
曹馨悦　杨　林　李佳瑶　杨海鑫　陈婷婷　詹　瑜　何梦圆　郭源蕊　吴　凡
燕迎春　唐世宇　王诗媛　孟雨璇　王　蕾　凌　涌　司到鑫　庞　崭　肖选杰
杨璐羽　杨彩虹　梁雅雯　吴恒帅　闵杨晰　方梦秋　胡超崎　金梦婷　郑迪文
胡　钰　王盼盼　王子颖　姜　鑫　彭　暖　李昱衡　李艺佳　周　润　田星辰
史云翔　叶惠丽　吕祥梅　任　伟　庞思勉　吴云芸　陈茂林　折俊艺　王金金
龙　辰　王春涛　陈　菲　韩　雪　张　榆　王宁远　谭　涛　张程浩　袁　尉

邓益昭　万　静　马　帅　汪颜雯　郭　强　黎　艳　韩雨轩　黄　达　杨　惠
张雪丽　赵彦博　董佩佩　胡　晓　赵景哲　梅　圳　唐桢馥　李艾青　司睿绮
陈池瑶　游雨薇　王鹏宇　王永亮　程杨帆　杜　婷　张春林　殷照茹　李金铭
刘昊昂　兰贵天　陈毅鹏　杨　莉　杨悦怡　王　佳　安冬阳　秦玉文

优秀学生干部（52 人）

都念纯　陈保瑞　刘冠杰　苗　科　郝文清　唐　溢　陈诗杰　杨　雨　张婉婷
杨怡璇　李杨杨　滕家琛　鲁　阳　单　鹏　马良骥　车　畅　段宇欣　韩　鹏
杨　潇　李　液　黄瀚仪　房鑫彤　陆宇轩　周嘉琪　刘治宏　高　蕊　汝佳配
田维维　尹艳杰　杨秋玲　邓金钰　王天翔　朱　颜　刘　任　卢奕程　荆　渝
陈旭林　毛安琪　王嘉丽　罗文胜　王　娟　徐天宇　冯　驰　李轶恒　张智琛
唐金坪　伍彦豪　许子珩　徐仕林　佃钰林　喻　澳　杨子石

计算机学院（155 人）

优秀学生（122 人）

兰　键　陈婷婷　林义杰　王藕沩　李景煜　张钧量　易诗雨　何佳慧　李孟浩
张　雷　王亦涵　刘尚松　黄德馨　付星宇　陈　静　陈　曦　杜兴盛　赵　亮
李　鑫　许皓然　李签芸　范元晓　刘德青　康　睿　杨谋星　李镜蓉　蒋世炜
葛文翰　黄宇阳　马从锂　崔闻早　何秋霖　高念珍　赖科行　袁晨晨　陆琳博
胡　斐　程怡然　高　毅　杨随缘　陈　静　邓　兴　杨　洪　姜海涵　刘诗琦
程鑫华　任子尧　刘小瑜　廖苑均　林子伟　黄俊翔　张　璐　齐　旺　李姝月
张文钊　朱寒冰　武晓瑶　于宝凯　詹宗逸　陈郁菲　陈　曦　陈芮娴　卢　铮
邓思宇　伍斯思　郝鹏举　周　锋　胡书杰　丁诗婕　王思启　赵子川　林奕彤
郭安洁　尹楠皓　褚智贤　余文瀚　王凤杰　陈　庄　李佳莲　杨　亚　朱佳旻
马　龙　谢　敏　梁旭东　罗高庭　李欣源　陈宇航　吴美玲　江　南　周玉婕
杨　蓉　刘　家　杨开勋　郭宇浩　王琳娜　邓昭騄　董陆森　刘金鑫　张倩榕
夏　博　李　根　郭照康　赵戈伟　梅佳秀　柳俊显　涂　垚　杜　阳　李一洲
赵婕妤　靳蕴瑶　王克寒　高梓健　赵晨阳　赵　林　秦川皓　陈　潭　刘　伟
李婵娟　章童妙　司马铭骏　阿苏石坦　宇文馨雨

优秀学生干部（33 人）

李思毅　邓金雪　刘渝桥　苗　壮　石　静　李　瑞　吴昊田　方　巍　卿入心
李天琦　刘应萱　马林涛　刘安芳　史瑜君　汪照文　袁　博　马韵佳　李林峻
吕政言　高雯雯　赵雯欣　李雨昊　陈宇杰　夏　港　刘　爽　沈金波　董超鹏
刘鹏滨　张　雪　张永旭　纪　政　巩　娜　刘焕宇

软件学院（113 人）

优秀学生（76 人）

李红晨　杜　玥　刘宸睿　陈友文　邓雄武　陈樱珏　任冠宇　田雪莹　张人月
何　鑫　蒋　岚　武雪姣　孙晨力　沈云柯　周　林　倪晓涵　杨　敏　田荟双
汤彪武　程天娇　常金莹　魏烨敏　王培妍　马　慧　许成铭　李　凯　邵欣欣
李　帆　高浩天　章奇凡　赵彧涵　詹江岳　贺思睿　汪　浩　李静侃　张　翔

李春霖　廖馨婷　林　昕　刘健君　翁　緦　王磊猛　詹　博　谢东霖　郑　钦
薛佳语　李文峰　张　涛　丁赞涵　刘　箫　白雨桐　余　坚　唐郅杰　夏　铭
郑涵辞　周　旺　吴　迪　傅天宇　朱天祥　唐　品　贾帅威　谭皓天　孟中原
陶洪元　谢香凝　何周森　杨鸿建　孙义皓　尹继新　杨　鑫　施宇昂　杨玉洁
文　璐　唐玄霜　张倖毓　毕涵淇

优秀学生干部（37 人）

谭湖东　魏欣桐　胡雪君　叶子豪　霍海容　孙梦伟　魏昊妤　刘奕林　黄　璞
张晟源　潘　超　阮亦政　胡恒昌　黄心雨　曹　健　李忠玮　李宗泽　颜　滢
黎隆海　刘　然　翁方芃　陈虹吕　刘欣睿　黄鑫杰　刘雨欣　周蓓佳　龚昱宁
周绍焕　张　波　吴青云　高天予　郭沛祺　陈熳熳　吴潇怡　张泽宇　耿雨萱
曾　文

建筑与环境学院（207 人）

优秀学生（149 人）

覃圣杰　祖晓屹　吴直鹏　刘天岳　郭星辰　刘佳音　高雅韵　王哲玥　闫　彧
黄航宁　柴佳楦　吴绍琳　胡航军　王榛榛　杨冰慧　任赟睿　杨　涵　王萌意
王　珺　黄钰霁　曹皓瑶　朴民赫　丁　可　徐治志　周于杰　杨朴非　陈　丹
邓懿格　常誉尹　杨佳瑞　张　彦　贾烨凡　李俊彬　易　鑫　高　畅　娄广亚
张婵青　魏增辉　黄晓芳　卫绍松　罗逸雯　许霄楠　蔡　洁　丁玉洁　易梦瑶
王宇茜　庞佳婕　吴佳奇　李夏薇　谢家锐　刘浩天　赵梦飞　吴乐湘　郑焱红
廖华龙　周嘉莉　邓海麟　陆沈源　黄　鑫　杜震霆　宋雨琴　魏勤谨　唐俊哲
安　彤　寸芬贤　赵子翔　庞　悦　胡菁杨　段司南　黄辰旸　王佳萱　陈袁媛
梁　晨　敬馨怡　陈欣桐　李培萌　袁　蕾　刘　昊　李　佳　袁彩芬　陈思聿
赵传豪　韩芷宸　杨毅坚　张媛媛　顾梦云　黄勤勇　陈尉唯　刘　欢　王译锋
杜　海　舒柳青　温佐建　张本银　项　璐　王佳荣　姜炎斌　纪轩宇　田　轮
吴新汶　赵雨晗　张文硕　傅清华　陈雨萧　孙庭晖　吴佳祥　杨小迪　黄湘云
陈予珂　叶　剑　周恬漪　张韦艳　瞿　欣　丁宽杰　范子栋　唐　怡　舒　茜
柳祥雲　杨镇文　于潇文　吴　锐　邱铃珂　唐　蝶　刘逸坤　何宇晨　潘泓杉
杨子谦　陈　鹏　张博文　胡　皓　曹梦琴　许志强　李诗娴　李乾松　骆自强
冯　婧　刘雨航　胡　号　张丹一　王璐璐　计　喆　季诗怡　廖　桔　安从康
李尚杰　竺彦光　衡文蕾　陈简素璇　欧阳罗蔓

优秀学生干部（58 人）

张　成　高　群　程　晴　李金洋　卢鋆镆　万紫千　高德宇　尉驰俊　黄茂洋
刘权锋　何金雨　樊志超　齐张义　姜顺航　张向阳　干卓臻　孙佳莹　李安楠
王　娜　申博帆　沈子烨　张小冉　罗欣瑶　梁子涵　冯昕阳　王　旭　孟　凡
王　涌　游甜甜　彭　康　闵　诚　余林锦　向艾军　帅又文　何　帅　包广畅
王墨馨　熊博睿　吕旭光　肖峻峰　付钰涵　陶　媛　郭茹月　吴　涵　崔炳唱
李稳昌　卢　波　敖海宽　葛海波　蒋林飞　程　丰　陈昌鸿　余国豪　于　淼
高　帆　汤华杰　江天舒　杨旭东

水利水电学院（148 人）

优秀学生（98 人）

郭文静 曲芯雨 苟 格 潘龙阳 蒋东霖 唐恩泽 刘 芸 王金山 王佳乐
张榴梅 汪 静 张舒怡 蔡梓胤 刘 行 田倩倩 倪诚阳 罗 影 何玉芬
李远超 韩思淇 马 婕 张 念 沈 烨 刘书颖 苑文豪 杭朝冬 孙 林
陈 炜 王 江 吴文斌 吴章林 李汝群 李 晓 王 咏 周俊先 李开洪
张 芳 杨连君 杨本高 孙 涛 张小芳 徐 颖 黄永隆 陈 扬 黎 果
陈美玲 宋彦庆 李 鑫 杨超弈 冯禹菲 杨 倩 孔德蓓 朱豪伟 李 密
梁 霄 苟晓芸 韩恺忻 余思怡 杨秋艳 吴昆隆 聂亚玲 何紫玲 罗 悠
时露林 樊梦阳 安钟衍 殷艺海 白钊远 侯正辉 朱振国 郑珺文 张鑫玉
曹小敏 李多惠 江 雪 罗 炜 王修铭 谢晨希 刘方铭 王旭东 刘铭睿
刘小玲 任 杨 任 捷 杨 潞 张良泉 邓虎超 杨 悦 黄 婷 刘诗雅
喻 琢 徐希蒙 张岚斌 周长发 陈心怡 徐佳琪 杨祖飞 司文嘉浩

优秀学生干部（50 人）

张 琪 李 露 刘新颖 王大双 许云鹏 李清梦 王 津 李怡航 黄滟淳
彭慧宇 张福娟 朱日晖 冯 一 赵盼盼 马 越 黄天行 刘 娜 何 强
霍俊杰 冉 斐 钟希望 钟尚霖 罗紫菱 吕 鹏 刘慧琳 吕苑超 叶耀泽
唐凤仙 陈雨霖 熊文雯 康愉晨 王 杰 索 聪 顾 薤 徐铃淼 张楹婧
陈国庆 周沛璇 盖皓茜 刘 洋 伍中航 李一林 时 畅 刘燕平 刘 湘
周俸嘉 徐嘉宁 于梦真 崔芷慧 王洪涛

化学工程学院（139 人）

优秀学生（102 人）

陈诗瑶 韩鸿博 李乐瑶 邓佳乐 高竹馨 张洋铭 孙思胜 钱文佳 樊 超
江 胜 唐久琳 袁懿纯 徐钰萱 刘夕熙 徐星雨 吴玉婷 蹇萍秋 岳喜硕
段宇浩 张雪琳 陈弘越 常栋渊 李晚秋 李 萍 徐浩瀚 王玉珏 刘 佳
陈 建 王杰鹏 李 斌 王若阳 罗宇翔 马润泽 李玉铭 高子航 汪 荻
龙宝霞 谢成林 蒋惠莹 谢文国 郭永正 彭 烁 康 馨 卿海杰 康 宁
周进林 谢雨婷 窦敏峰 易 丽 胡梦宁 袁桂萍 吴龙桢 赵莹露 陈思珂
刘诗雨 佘文琦 朱桂莹 张清玫 王 涛 王艺霖 黄嘉欣 吴 霄 任会明
罗梓梦 张世慧 冯夏源 刘子铭 张碧玉 董 冉 李茗茜 孔令菲 许文滔
冯 怡 陈 琳 金 丽 宋玺文 刘荣伟 王仁婷 刘 龙 陈 玲 张帅锋
朱姝雅 豆 蕾 施晶莹 蒋清蓉 单夏静 程子涵 李 瑶 叶 琳 蒋季宏
陈 倩 张淑君 周 颖 黄 庆 安 妮 张婷婷 李加强 钟 燕 曹利茹
廖庆典 钱 蓉 叶诗洋

优秀学生干部（37 人）

孙 珊 张成宇 刘雅洁 魏丹睿 张思畅 胡恩红 郭永迪 张瑞雪 王 琦
叶步青 秦蕴竹 李 苒 岑美琪 瞿 淼 吴佳乐 余 姗 高浩宸 刘展鸿
刘 朋 魏志桢 刘雪松 杨仕豪 金 峰 马晓楠 张文哲 冉雅琴 段卜渲

牛程畅　易雪玲　范钲威　寸之亘　吕汶遥　郑致远　李浩东　李　群　姚家瑞
谢　鑫

轻纺与食品学院（105 人）

优秀学生（73 人）

刘　畅　赵丽君　张　婷　陈宛彤　陈　琳　徐乾达　郑　欣　李沛林　张晓玲
李海荣　丁婉婧　李雨虹　王奕予　余雅芸　杨蕴睿　陕怡然　郭天姿　刘雨晗
蔡雨杭　赖鑫婷　徐秀珍　梁锡宏　卜德懿　栗梓赫　周敏之　曾玮莹　周一凡
陈　芳　罗　斯　文清亮　马　莉　周　萱　杨　娜　冯荣欣　蔡子毓　鲁　倩
周旭东　吴洁仪　袁修文　曾弈雯　赵宇歌　陈唯伊　张　彤　倪　楠　刘文庆
何舒艺　马　晶　林怡瑞　胥瑞雪　赵洁婷　郭兴杰　谢海恒　蔡　鑫　金　靥
李　楠　黄　琰　李　岩　黄　驰　刘弘锌　李雨萌　贾昀峰　刘　雅　冯祎林
龚玉佳　张明珠　庄晓怡　刘佳琳　蒋心丽　甘雨泓　张　珍　冯　敏　徐巍源
李梦雪

优秀学生干部（32 人）

高　震　罗治然　凌强君　张梦洁　刘荣添　柴清仪　朱　睿　孙　雨　张丽莎
陈　艳　曹大韬　何鑫航　赵承鑫　魏　晨　谭雪玲　谭　娟　隆汶君　邓施远
苏静月　张慧蓉　祝　习　李佳承　丁　逍　刘　浩　侯梦春　蒲丽萍　田　雪
孙琪瑶　任俊烨　孙伊纯　蒋宏宇　冯芳慧

高分子科学与工程学院（119 人）

优秀学生（92 人）

冯家宝　吴熙政　秦永亮　陈佳星　肖　朋　李维航　张馨鹏　许　昊　金喆恺
田泽林　孔庆珊　雒乙橙　陈丽娟　罗　今　王峰煜　李宛婷　吴雨洁　吕春燕
付　萍　杨　英　谢　伟　李承宇　张　康　尹诗琪　张永渝　郭胡康　任科豪
彭孜麟　沈舒扬　刘峻宏　蒲　渝　巴声东　徐　滔　宋婉莹　余锦月　初文琳
王显恒　齐　浩　陈怡霏　韩雨彤　张停亭　金奕同　李鹏里　魏　杨　张佳燕
向洛兴　胡　全　张俊祺　李慧琳　杨文煊　童清波　付　秘　张灵杰　杨　昕
方　杰　蒋淳吉　李慧婷　王　康　鲍建旭　陶　宇　张玉豪　周岱林　李星煜
喻璐萍　温凯皓　耿玘薇　张蕴婕　周　逸　潘建行　王子昂　何欣雨　晏冰清
薛泓睿　郝媛媛　陈浩东　袁　权　汪文洁　王轶锋　冯娇娇　靳晓蕾　郑君锴
徐子喆　夏　玮　高云菲　储　金　鲁燕秋　韩　庆　刘嘉诺　宋语晨　张霄羽
刘　鑫　居买卡热·牙生

优秀学生干部（27 人）

曹钰楹　王　婷　赵友博　林　雄　何　禹　张树园　皮梦焓　孙　辉　陆晓雯
谭　伟　程星迪　张　尉　彭敏哲　蒋昊伦　杨东升　梅骏琪　潘思宇　李明远
刘　港　周　寰　梁　洁　李佶锶　张雨轩　冯　铁　李伍沙　彭　权　章　蔚

华西基础医学与法医学院（44 人）

优秀学生（32 人）

王晨霄　王怡人　张思凡　马铭苛　张　珂　蓝　谌　余美玲　吕荷正　于　宁

周嘉文 赵志豪 段佳琦 潘浩岩 宋子宽 李松璠 薛佳铭 杨昕蒙 钟 妍
蒋林芝 卫静雯 郑亚子 王卓琳 龚金涛 雷雯淇 何享旺 林雨山 宋金龙
明天悦 李瑞茜 杨炎霖 孙玉文 伊孜孜江·阿布力克木

优秀学生干部（12 人）

李 璇 裘诗文 沈怡琳 柴佳敏 刘 猛 龙思宇 江兰睿 张帅吉 李 涛
李烨铭 冯 芊 叶敏杰

华西临床医学院（341 人）

优秀学生（222 人）

朱 莎 董星琲 李芳卉 朱星宇 高远菁 夏子茹 杨乐天 郭新利 邹雨桐
洪邑雯 龙天锌 董怡君 刘 佳 熊天旭 刁思浩 项蒙蒙 彭皓宁 蒋宇婷
罗 伊 张亦弛 齐锦心 杨 丽 陈琳燕 张 扬 程扬帆 彭 锦 刘 香
彭柏强 朱旭东 罗叶芳 李昌玲 钟 华 青婉怡 付 友 曹佳智 纪鉴芮
李 雅 唐婕晞 李宗元 陈雅麒 王腾勇 赵天淼 周紫光 丁林芳 付晓渝
李雪瑛 张欣怡 黄文宇 马瑛泽 周圣梁 程一帆 姚羽菲 刘雨欣 闵依为
杨可艺 王浩源 郭 旭 朱雨涵 王彦文 黄 涵 周若凡 张 雨 易 娟
王睿晗 李欣怡 周 欢 林章宇 赵丰年 杨 红 余秋璇 邓文祎 甘雨蒙
段景灏 程星翰 尹筱萌 刘桂娜 廖启蒙 吴帅奇 游茗柯 范 斌 贺海萍
苟嘉妮 余禾野 潘若素 郭心怡 牛传好 周玉兰 沈世勤 王 晶 袁星竹
程静霞 梁诗琪 张玉霞 田晓萌 黄钰嘉 吴孝琦 周 航 肖舒文 王筱洁
黄霖霖 和冬宁 许力升 曾星月 林啟研 陈彦丽 廖德宇 王 晶 席炳琪
朱 盈 张 莉 谭慧玲 马雪琴 马昕茜 刘 盼 曹文玥 张宗云 熊 芹
杨 萍 李言言 顾海玲 吴雨欣 卢雨菲 黄碧滢 孙钰潇 王 琳 胡文辉
曾 靓 杨静影 游晚芳 钟芮琪 曾伊玲 潘南方 朱师禹 刘方钰 赖红锦
詹泳池 孙也婷 张煜宸 全柳柳 巩彦榕 朱思远 但昱庆 吴 康 项梦雅
彭 格 李怡晔 肖 一 张 骞 董 薪 唐恋莎 周琰玉 余乃吉 何文博
刘子铭 金泓宇 陈晗笑 杜 泽 姚怡君 郝建淇 郭佳隽 黄 玥 张佳妮
周 宸 许瀚月 董依廷 戴姣娜 刘梦竹 谷劲岳 李俊虹 何婧婧 袁 驰
姜 赢 张心怡 殷钰冰 曹 建 徐亦聪 兰钰茹 崔 健 姜绮安 刘林虎
李 磊 郭冰琪 董瑞红 卢 坤 赵小慧 谭 源 肖宜南 尹 为 陈佳伟
高 梦 李 萍 高梓洋 陈珊珊 李英昊 余 婷 陈云天 韩倩倩 韩 清
陈 楠 李双江 王家嵘 李泳江 艾潇琳 杨 程 杨世炜 汪曼妮 朱晨静
邓灵慧 冯师健 蒋涵羽 涂 祥 王 璐 杨富尧 王 彦 李奕明 张 娴
王晓斐 范依萌 杨 静 彭夕然 任宏虹 陆海涛

优秀学生干部（119 人）

谢乐灵 邢志超 于 洋 蒋友慧 尹玉玲 阎昊铮 何俊波 孙 汀 杨如玉
张历涵 万若愚 马瑞欣 蔡永睿 葛玲玲 李雅楠 张润东 张雨田 陈科润
李培玮 高 睿 李 韫 张佳玲 柴 正 段嘉宇 刘思弋 姚晓曦 姚 磊
李泽华 李云环 朱婧瑶 程宇慧 汪 琴 包素雅 苏嘉崇 陈漫琳 葛修凤

黄川雅　唐秀美　孟　睿　常承婷　周铃鸿　张　伟　刘　稚　要文聪　刘伟杰
周妍冰　李宇祺　张天杰　朱堂龙　林唐棣　李梁远　王文瑶　姚心怡　宋心迪
王楚胭　李开申　曾小洲　梁　兰　胡亦清　耿际雯　万旭峰　姚云茜　王东方
张竹韵　黄千千　奇卓然　刘　琦　陈沫汐　易文琪　王亚萍　张钰菲　黄　楠
贾得声　赵启迪　王嘉毅　余泓彬　郭　文　张锦珏　傅晓莹　武立民　吴　桐
许　莹　朱雨绮　邱首继　万方芳　田博文　吴姝玮　罗珠羽　熊芷仪　梁林川
边晓晖　栗嘉成　李英纳　陈　宇　齐尉棠　王孟华　严禹顺　张玉洁　张耀文
陈惠铃　李妙慧　苏尧希　王　煦　何林烨　李维静　邓汉宇　马　凡　张文标
夏　超　常天聪　周　健　刘子扬　陶思蓓　刘　洋　夏　凡　郭玲宏　胡元媛
文　舒　易贤彦翎

华西口腔医学院（93 人）

优秀学生（69 人）

周佳琦　吴雁格　孙蔓琳　郭玖思　雷可昕　毛渤淳　唐渝菲　宋　薇　梅宏翔
林培雅　陈　昊　何钰莹　罗瑜雪　黄　思　肖闻澜　陈圣恺　姜　雪　刘恩言
胡　诚　朱俊瑾　陈小瑄　吕欣蔚　刘林枫　马丽娅　姜玥莹　韩彩玲　姚禹帆
唐子尉　赵一凡　易祖木　白明暄　蒋　宸　张　仲　黄可儿　赵家硕　鲍旻玥
张格铷　黄立维　赵呈智　解嘉慧　朱锦怡　秦　强　樊　琪　戢　晓　王甲河
陈良瑞　吕　平　赵君仪　程俊鑫　王昕宇　李春雨　王海澂　周雪儿　郑资卓
荣圣安　甘鑫琰　丁若邻　王　玥　吕雯慧　刘莹珂　税钰森　杜睿雨　蔡正文
刘欣然　程　斌　吕潇颖　李佩莲　陈秋宇　汪饶开卷

优秀学生干部（24 人）

方仲瀚　李　彬　白贺天　王晓峰　周　陶　杨　阳　吴雨奇　张天玉　马宇星
楼雨欣　李如意　曾崇迈　高　懿　周婷慧　郝逸航　廖安琪　涂　缘　徐　嘉
吴妍廷　吴嘉诚　吴昊妍　刘津池　杨铮灏　黄凌依

华西公共卫生学院（119 人）

优秀学生（80 人）

姜少华　杨燕玲　谢晓芬　苗蕴琪　代苏尧　张愉涵　蔡逸舟　罗彩英　金岚菲
左　超　张柏杨　严　可　唐　丹　张梓瑞　吕　鑫　张楚妍　张幔玲　胡　欢
王贵敏　刘晓钰　王惠敏　史明标　朱　月　潘　赛　胡美婧　赵雅文　梁楷利
陈玲慰　常文龄　王瑜阳　张豆豆　黄嘉琪　马乙茹　杨婉昱　高婉珂　谭晓霜
陈胜亮　王玉洁　胡登辉　李雪琳　戴　钰　杨　芜　杨晨煜　孙泽远　娄莉萍
李一凡　贺舒凝　陆浩楠　李星月　潘美伶　吴雪琪　赵洵颖　罗姝菡　唐明圆
妲兰画　李金星　曲　霏　常　红　杨益嘉　吴梦瑶　廖嘉文　岳　璐　武　依
王赵婷　周月阳　赵梦颖　徐子安　邱伶俐　林春滢　梁逸致　李　霖　张　璐
姚佳佳　王恬瑶　蔡宇琪　赵志远　欧　倩　刘明佳　林晓宇　陈　霞

优秀学生干部（39 人）

杨一恺　普利明　方一安　吴晨瑶　刘　雪　崔淑丹　蒋　叶　李　淼　张　霜
张英哲　林奕蝶　蒲俐伶　邢　栋　孙艺璇　王光耀　殷　韵　李　瑞　蒋宫羽

郭　易　于慧敏　苗野萩　兰小梦　杨玉婷　李欣妍　于文倩　秦　琦　邹雁秋
邵子伦　冯琬婷　吴祥瑞　常　洋　庞　童　王朝辉　薛怡婷　谢天成　贾依凡
华军涛　张学智　蒋晴晴

华西药学院（67 人）

优秀学生（43 人）

王庆福　董姿雁　毛禹童　杨汶玉　王　蕾　王渡阳　杨子群　王思琪　夏　雪
刘雨薇　韩瑶瑶　吴贝贝　王慧珊　古维隆　李嘉欣　何　轩　罗博文　胡晓雯
孙子涵　卢　意　孔金霞　白雪霏　王宇帆　马洪波　吴思娴　曾与恒　陈　盈
阳星月　陈秋竹　李明曦　卓　樾　石　磊　吴君宇　姚建安　许燕花　王宣宇
梁路晴　何芸岸　汪小蓉　何昱莹　谢　昊　杨恋怡　章琦蕴芮

优秀学生干部（24 人）

陈珂欣　张永顺　王雨婷　范翔宇　方鸿婷　刘禄怡　刘　璐　陈寅俊　蔡毅范
张臣宇　张慧玲　卓双雁　赵　恒　黄天懿　金丽敏　白文静　欧玥伶　杜昊哲
洪　渝　张苗苗　张淑雯　陈芷倩　贾梦露　宋钰珺

公共管理学院（161 人）

优秀学生（107 人）

邢琳悦　刘婧然　吴宝家　杨　珊　张　帆　唐立序　青　鑫　王书钰　解明洁
耿　越　李　玲　何　欣　杨嘉琳　骆芷珊　张　琳　魏冠华　贾　晰　陈家清
王俊慧　王妍舒　杨谢炜　王馨婷　谭　芬　李　佳　陈昱晓　陈婧玮　王　芊
罗紫菡　王晓圆　陈俊励　杨春淼　刘先瑞　苏　悦　王萱婕　魏　冰　张海玉
杨丽霏　蒋子可　朱子序　徐淋楠　任疏影　张慧敏　蒋思毅　刘鳗蝶　王　莹
刘　欣　曾　怡　张雨婷　杨雨璐　刘轶晗　陈　曦　侯　捷　肖　蔚　王正博
何楠锋　任　涛　王　涵　徐　菲　马晓玥　陈　怡　王　璠　张弘琴　颜成志
梁天翼　杨舒雯　郑冰鑫　仲家琳　袁郄苒　吴咏真　齐　宇　曹　驰　杨菁菁
常巧丽　张巧洁　吴潇墨　郑欣桐　向纹烨　陈　露　陈晨玉　陈婧怡　陈裕琪
薛正君　唐榕蔚　肖牧遥　马子椰　郝梦媛　马晨雪　杨　蕾　何梦楠　陈宜星
肖珏琳　李玉和　万婉馨　周芸环　刘天畅　邓　月　刘嘉欣　吴昕阳　李梦豪
张瑶瑶　卢　玮　阳　静　莫　旭　刘　琪　李　庚　姜　越　曹方咏峥

优秀学生干部（54 人）

谢玉雪　赵雪芹　陈　震　任军雯　张晓艺　黄雨佳　邓　颖　张　颖　毕丽红
汤鑫珂　龙　玥　奚亚男　张云具　牛艳茹　黄　莹　杨　莉　宁　岩　张　颖
莫莹莹　孙国烨　朱华康　陈田雨　叶志锋　石　睿　李　陈　李新月　罗　引
何紫瑶　张宇星　曹萍萍　谭　欣　王中献　孙瑜琪　黄　楷　张玉洁　马　艾
杨梓钒　刘春宝　高博雅　张可旺　晋晓月　唐艺纯　王瑞坤　刘淞月　张赵博涵
柯　帆　范嘉祺　赵雨欣　闫天霖　刘嘉豪　胡　宸　童　妍　孔辞戈　周晴思月

商学院（166 人）

优秀学生（121 人）

梁晓刚　邓宛如　尧　瑶　徐　宁　秦　睿　吴　迪　彭端舒　韩　玉　刘浩轩

胡珊珊 易小晴 李　倩 张艺瑕 章　蔓 刘雨菲 秦皓楠 夏贵铃 杨培玉
何　杨 程芳蓓 熊沁茹 梁雅君 刘秋林 冯旌旌 汪海倩 金泽林 熊子悦
何文涛 张斓芊 李　蕊 王思懿 刘　怡 涂见成 张馨心 陈利琼 余瑾雁
伍志敏 周婷菲 龙怡璐 李　祎 刘　冰 张锦越 徐子涵 涂鸣洲 朱文妍
戴灵均 陈　辰 孙钰婷 王羽洁 郝久奇 孙　阳 杨　霞 唐　璇 王　菲
陈玲玲 麻亚兰 张蕊琛 张　琪 邵佳豪 熊俊铭 唐章皓 叶俏欣 柴　瑾
赵人桦 贺荔莉 杨睿霖 李霁恺 周　程 金　怡 唐　雨 李清瑶 章洋子
伍美虹 周敏杰 傅　钰 郭习婷 唐佩秋 崔馨元 李欣怡 张露洋 刘倬萌
耿玉玉 黎家伟 王晓丽 杨媛媛 陈玥彤 杞　迪 詹承燕 顾佳琪 李思璇
陈睿婕 王语嫣 屈小芸 白宁鑫 俞婧莹 魏星宇 许博涵 高嘉琦 沈中元
李文睿 柯昕玥 焦庆汇 张　悦 陈　静 谢　霞 张晨露 袁莉莉 朱子玉
吴姝姝 李婉华 赖红历 文　一 任冶霖 吴晶滢 邹佶珊 祝汪芮 李灵儿
陈　汉 张　露 肖　亮 友西康珠

优秀学生干部（45 人）

阎丽桦 庞宵康 曲海杉 王　婕 吕晓嵩 罗　恪 杨敬茜 刘忠杰 王　灿
张伟齐 苏　敏 兰娅娅 何　欣 赵艺婼 戴雨婷 王天昊 王　磊 谢京辰
李文婷 孙嘉璐 夏玉飞 袁　榕 刘岩松 姚鹏飞 胡志强 李英达 厚　博
谭润芝 冉　艳 廖　婕 彭莉杰 钟凯文 杨怡萌 陈之颉 孙立业 徐诗颖
廖逸山 谢　铠 彭靖涵 陈振宇 潘倩芸 谭学磊 康　彧 陆锦分 吕雅楠

空天科学与工程学院（23 人）

优秀学生（14 人）

张梓厚 霍柯言 肖　阳 温天成 刘品舟 李清亮 代浩磊 黎子豪 张恩农
江一橹 苏翎菲 张贤相 陶芯怡 李铭茁

优秀学生干部（9 人）

彭　皓 张梓厚 李泊立 霍柯言 肖　阳 杨涵杰 李冰倩 王涵永 夏绍丰

匹兹堡学院（67 人）

优秀学生（44 人）

江　楠 徐赫锴 周凡圣 赵兰萱 陈慧雅 徐哲凡 周汇东 傅渲雅 李　赕
刘孟任 江佳欣 朱　昊 刘灏安 尹深炜 尹一凡 樊光熙 陈园卿 吴晨嘉
许圣妮 刘坤朋 田　佳 雷九洲 余源盛 陈可欣 吴千寻 卢寅生 王　拓
王婧坤 黄子扬 张心亮 田旖琦 汪越楚 周泽恺 寇文齐 戎思佳 丁睿康
周　楫 陈海辰 刘　雨 王璐阳 杜　燚 杨田恬 陈禹七 宋家德

优秀学生干部（23 人）

王源康 熊煜博 魏天掬 曾祉衡 赵治桐 袁晨耘 吴　波 谭雨荷 李一申
池欣芸 詹霄阳 胡洸浩 罗淳頔 唐小涵 李雪嫣 王延舒 胡诗月 陈　晨
吴新渝 王　卓 廖文杰 谷禹开 罗泓涛

国际关系学院（4 人）

优秀学生（3 人）

房美辛　万容荣　赵 婕

优秀学生干部（1 人）

曾　浩

网络空间安全学院（22 人）

优秀学生（16 人）

严梓菡　吴怡欣　孟思江　潘宏宇　蔡易成　李　滢　傅　康　陈欣雨　刘嘉镱
孙　鹏　温世豪　王劭华　蒋方婷　张俊哲　杨鑫岩　马　隽

优秀学生干部（6 人）

王一丁　李　劭　汪邓喆　李思宇　王玥璇　方怡萱

生物治疗国家重点实验室（17 人）

优秀学生（12 人）

尹　航　吴金贵　罗宽宽　胡雅婷　黄梦元　王　静　冯韵宇　刘宵钰　李瑞珂
王　治　赖淦强　潘翔宇

优秀学生干部（5 人）

梁婉滢　李泓健　贾　黎　苏　娅　田　露

吴玉章学院（110 人）

优秀学生（62 人）

王崇智　孔　言　成凤祥　胡可欣　张昊哲　韩　超　胡佳艺　张桐瑞　张　淳
于　毅　王茂旭　胡　岳　邓天男　张　良　陈兆一　杨忻程　马　宁　曾梓云
郭遇尔　张欣怡　吴惠东　郑子旸　王雨嫣　李旭辉　吴佳晨　李宬睿　俞　祎
仝凌波　黎雯瑞　仇元瑾　戴　琳　周洋帆　李雪虹　李丹妮　王联喆　雷雅钦
蒋　超　刘　奇　高怡宁　梁　颖　刘子弋　李　轩　范祎宁　侯　鑫　申浩然
韩依琪　卢历祺　王清扬　刘镇涛　程梦钧　王泓懿　王鸿森　蔡涵颖　薛育仁
王　奕　刘孟金　黄伟儒　赵　珂　李佳艺　杨雨玫　薛可非　张力文

优秀学生干部（48 人）

胡轩于　陆雨庭　李殷韬　陈家宝　蒋金佚　徐建军　陈天乐　李　登　郭静蓉
王安娜　王兆基　张凯凡　李　欢　叶　桐　岳　洵　陈昱衡　刘贤达　宋泽阳
吴孟泽　陶　源　沈　斌　严佳豪　李　蕾　张奕扬　笪　成　郑昕然　江佩东
崔振嘉　沈　硕　陆　晔　王露莹　黄　雅　唐　鑫　沈思竹　陆韵晗　王　立
褚佳慧　张之宇　王鸿燊　娄西剪　陈鸿旭　李嘉瑶　阮楠千　周子涵　何定松
郑　权　余振宇　徐龙怀志

四川大学2017—2018学年本科生学年奖学金获奖者名单

经济学院

特等奖学金（2人）

杭诗敏　李越秋

综合一等奖学金（31人）

王　博　房美萱　侯文钰　张道涵　周逸鸣　秦　范　瞿婷婷　韩佳峻　孙秋怡
石　梦　涂宏辉　方　润　余沭乐　孟俊辰　沈思宇　梁舒培　余啸东　刘恒志
田永梅　张登奎　徐　薇　霍　哲　赵芷婧　李　直　刘　琪　崔　晓　何梦亚
邓林豪　李拓明　赵　洁　周子昂

综合二等奖学金（64人）

梁志恒　李嘉楠　伍　蕊　杜雅雯　何思颖　吴冰妍　余汶函　刘岩冰　高心语
张思琪　孙小钰　杨子瑜　王若曦　凌　冰　张逸迪　杨子晨　郭劲廷　高　飞
周慧珍　吕含笑　徐　静　张鹏飞　李熙雁　贾洁梅　张金晶　田　楠　齐天佼
唐婉旖　朱博楷　王梓贤　刘香凝　赵海葳　曲思齐　于欣琦　符馨月　代伟华
许晟榕　马路欣　徐　洁　杨　佳　朱智慧　王珞琪　乔张媛　李　珂　刘　焱
张可昕　汪梦妍　张　菁　李昭玥　王紫源　袁成欣　盛凯帆　郭浩东　李慧榕
任贤聪　文青爽　陶思颖　闫馨禾　黄子航　缪君杰　熊　涛　刘　凯　仲　航
李冰洁

法学院

特等奖学金（1人）

杨　眉

综合一等奖学金（12人）

舒　琪　潘紫玲　朱金枝　余　今　吴俊皞　王邦宇　阮嘉禾　焦丽薇　李林硕
张　歌　周　倩　吴欣芮

综合二等奖学金（25人）

彭　芃　马榕蔓　范潇月　陈怡然　李镐伟　戴清青　张亚贤　涂良晨　付哲信
梁　智　林雨洁　安　琳　朱昱衡　王　婕　徐　响　汪　鑫　陈鹏宇　陈心悦
韩晓晓　赵　越　高　愿　李瑞雪　郑蓁芃　杨新月　万　芮

文学与新闻学院（新闻学院）

特等奖学金（1人）

宋哲娴

综合一等奖学金（24 人）

陈元棋 王奕朋 孙 畅 曹书馨 周姝璇 张世文 黄夏蕊 刘韵之 吴嘉敏
崔乃琳 张馨月 张子寅 胡馨月 陈楚棋 朱灵波 王彦琳 刘怡贝 程丽岚
王盛乾 谢来我 彭可诣 陶柔柯 章誉倬 张晓玉

综合二等奖学金（49 人）

方 雨 刘芩利 刘宗岱 李媛媛 郑天艺 杨 蕊 张舒文 赵 晴 王婷婷
李晓昱 叶婷婷 陶 艺 陈逸然 黄诗雨 毛若帆 陈雪韵 杨德丽 梁丽军
曾可欣 单嘉余 冯熙乔 郭钰娟 尹 晶 董 笑 赵钚然 杨溢雅 张瀚允
谭昳珺 刘 祯 张少琪 吴雁飞 孙鹏宇 潘珊伊 刘冰坤 唐 珏 毛雪迎
常 乐 曾维涵 刘雨凡 王逸潇 陈丹雪 覃 滢 陈隽可 王利楠 斯彦鑫
励依妍 贾婷婷 廖 璇 刘烨霖静

外国语学院

综合一等奖学金（15 人）

白雨桐 俞舒琪 葛 璐 乔雨书 王瑜婷 颜 可 谢雨恒 王伟豪 毕加妮
胡逸菲 邓永超 石聆惠 陈 丽 向子悦 易婧娴

综合二等奖学金（29 人）

杨元妍 李懿娟 张 稷 田 佳 杨佳敏 许 倩 孔奕羽 李元哲 卢雨欣
覃兆玲 魏馨怡 陈丫丫 刘 奕 付吉星 周书祎 康露颖 杨佳绘 侯美婷
王少雄 雷冰璐 徐鹤瑶 李雅婷 刘梦琴 张婧玮 王明瑶 董洲菡 肖兴雨
梁家欣 霍媛媛

艺术学院

特等奖学金（2 人）

邱海伦 潘心杨

综合一等奖学金（28 人）

梁海育 易怡芳 蔡宜然 王悦竹 裴洪硕 周雨轩 陈柳伶 张致远 李 铮
林子箐 杜滨杉 任婧婷 肖遥遥 李杭育 杨 韫 武艺凝 刘 洋 叶书亚
田凡玉 康可馨 余梓凌 彭汧芊 黄 青 侯紫怡 郭 畅 张蔓艺 陈 曦
罗诗卉

综合二等奖学金（47 人）

李梓瑄 李一润 李子谦 杨裕涵 迟顺功 薛一馨 刘 悦 关晓悦 邓 进
杨 浙 米晓翰 罗子意 姜紫薇 王骏硕 拉木草 胡骞文 单 简 蒋 丹
颜恋蘅 王潇悦 彭鑫玥 王 黛 陈昆山 余 福 张耀丹 许钰灵 唐芷桐
邓洁来 严俊雄 吴 璇 张晓莹 边子捷 王睿杨 杨茹洁 沈 琪 韩欣雨
范朝阳 袁 可 吴诗棋 陈佳璐 冯妍然 梁雅芯 李睿仪 蔡淇伊 周婉燕
杨思懿 李惠美芳

历史文化学院（旅游学院）

综合一等奖学金（12 人）

刘纯淋 杨海容 易小琪 谭 覃 刘丙辰 康 炜 孟 璇 曹仙婷 郑青彦

戴家权　刘一丁　任柏宗

综合二等奖学金（25 人）

唐菁秋　陈　啸　孙唯祎　祁慧雯　刘　婷　秦　露　曾慧婷　周晋楠　李　琪
戚雅荧　朱立微　高志明　顾峰菊　史晓鹏　张晓翠　汤　璇　徐　楚　赵晴雪
孟丽君　缪依琳　蒋　玲　梁　刚　张官鑫　白　成　张南金

数学学院

特等奖学金（1 人）

罗人文

综合一等奖学金（13 人）

杨雪涛　张子涵　李叙锦　李雨萱　杨晓冬　李卓远　查梦月　罗咏怡　牟云瀚
马咏昕　陆辰皓　郑棣翰　方喆悦

综合二等奖学金（25 人）

尹鹏飞　赖书文　朱桢源　廖海岳　申紫豪　黎威辰　贺钰淇　顾君杰　陈艾灵
魏品正　岳海昀　杨雨桐　鲁鸣飞　樊　箫　胡梦薇　王良熔　董一然　翁艺珈
张翰文　周如钰　曾　月　刘　颖　向　迪　吴　瑾　阎知非

物理科学与技术学院（核科学与工程技术学院）

特等奖学金（1 人）

阎敬铭

综合一等奖学金（18 人）

李　可　赵倩儒　穆翔栩　易李城　寇玉霞　施家华　彭　凯　叶天熠　王郁钧
王雨亭　喻睿华　黄一斌　贾勐琦　李盖茨　虞博文　宋俐潼　马凌燕　顾苇杭

综合二等奖学金（34 人）

谢钟钖　王淳正　马盛介　邓竣泽　叶　灵　柏欣博　祝浴航　姜　浩　陈森超
唐茗敏　李　睿　何思齐　于思琪　苏洪博　李嘉华　孟昭男　周思毅　李　晖
何飞鸿　逯玉洁　龚　州　张雄杰　王　瑞　陈　曦　王　博　黎洲君　邓啸宇
贺歆媛　邓昊瑀　曾　绪　秦阳辉　杨海阔　葛威葳　陈国捷

化学学院

特等奖学金（1 人）

皮　静

综合一等奖学金（14 人）

孙尚璇　赵　琦　漆李矜　钱思吉　王曼茜　吴东山　杨雯茜　潘桂花　李圆圆
李　航　李茜茜　赵梦瑶　张驰宸　刘钱惠

综合二等奖学金（28 人）

徐　念　周林苑　徐逸菲　陈　亮　兰　凯　韩子芊　左　晗　谭翀云　杨思恒
方艺桥　孙仁义　雷小妹　杨惠茹　段平慧　肖　怡　郭　晨　郑　恩　游邱林
周子文　刘馨遥　文　铭　曾　晖　孙慧慧　熊婉婷　杨家琪　刘　允　陈晓芹
张　鑫

生命科学学院

特等奖学金（1 人）

岳秋宇

综合一等奖学金（11 人）

孙诗津　陶宜冰　刘笑宇　张宸铭　朱谦慧　王诗扬　刘　恬　沈欣然　陈洁云
廖爽斯　张瑞莲

综合二等奖学金（23 人）

曲雪彤　安　娇　孙依琦　王娇皎　李雅琪　高玉凤　岳　出　田　恬　吴　盈
贾宇恒　胡知行　张嘉益　牛　霞　余梓棋　金启涵　钟婉珍　周贤攀　任肖锟
包婉莹　赵浩辰　王钰清　汪明瑶　杨耀宇

电子信息学院

特等奖学金（1 人）

吴春晓

综合一等奖学金（24 人）

谢朝莹　万雨博　田卓尔　郭轩君　邱峻寅　张志耀　王柯林　田笑盈　张雪琳
王斯远　李冰怡　谢昕玥　戴精松　陈可馨　沙桀民　郑钧夫　李　智　葛晓雪
杜东宇　王　健　刘宇勖　王　洁　张　倩　刘姝廷

综合二等奖学金（47 人）

杨　朔　陈立玮　黄　可　郝子祺　任海伟　周汉唐　吴韵阳　邓　茜　刘庆云
方高运　杨　晨　席梦园　徐梓航　李　平　秦嘉忆　何嘉岳　唐　俊　车　丹
郭显瑜　马旭淼　仇子昂　俞文睿　段奕欣　陈　璐　杨天成　何　沐　杨迎哲
刘介天　唐　为　黄江岚　熊昆洪　丁军明　刘千歌　李舒婷　崔韩东　詹政以
杨涵清　宋皆充　王彤彤　侯　峰　张　敏　徐加朗　李　彤　潘　惠　张劭宇
周紫敏　李子寅

材料科学与工程学院

特等奖学金（1 人）

范帅康

综合一等奖学金（15 人）

张佳怡　白雨帆　张雨轩　王桐欣　刘　宇　王　雪　蒋洪琳　陈诺娅　胡方雷
钟　海　孙茜茜　田　超　师嘉程　尚兴港　薛清越

综合二等奖学金（30 人）

祁子扬　杨　博　胡博涵　温谨如　谢宇华　杨骐彰　符　晓　程　星　晏乔宏
周福伟　周俊杰　刘济玮　苏义泽　林月明　曹洪源　赵天阳　李明宇　侯晨昕
张小凤　尹雪彤　黄晨婷　林海涛　赵铁扬　李沛雨　董思吟　路学光　严芷瑶
廖　鑫　彭丹珉　陈珏羽

制造科学与工程学院

特等奖学金（1 人）

潘　怡

综合一等奖学金（24人）

潘楚光 于晓春 赵 威 黄安楠 辛若铭 周博皓 王佳慧 黄士轩 许钊源
邱 巧 周佳美 孔子鑫 张智丰 张 弛 王泽琦 方馨悦 马兰花 施黄帅
王振秋 徐志宏 秦 晟 王伟全 昝 睿 徐艺丹

综合二等奖学金（47人）

吴文强 黄永烁 刘伯承 韩 爽 江代渝 陈赵勤 林师锋 尹政鑫 安佳宜
彭科铭 潘西子 李 润 石路嘉 蔡雨晨 邱燕萍 章 炜 陈付辉 王子涵
牛子奕 张根莱 张 涛 苏 俊 朱晏麒 桂肃尧 杨 岁 韩 啸 刘斐雅
赵志豪 魏子薇 刘自豪 赵彦翔 李赵松 吴金泽 蒲佳俊 王 苗 孙 昕
余佳鹏 李 棋 张隽磊 杨唯一 黄恺翔 张德志 刘 邓 蔡锦文 任雨桐
李玉婷 左奇峰

电气信息学院

综合一等奖学金（26人）

刘新怡 车 畅 陈铭浩 陈诗杰 李骏龙 梁文茹 赵宇霏 杨怡璇 花 媛
鲁清源 吴恒帅 闵杨晰 方梦秋 胡超崎 房鑫彤 詹 瑜 孟雨璇 易海杨
司睿绮 陈池瑶 王伟淘 游雨薇 易佞纯 周奕成 陈思蓉 张 榆

综合二等奖学金（53人）

谢 琦 蒋淑容 袁增辉 谢佳霖 吴姝源 旷昊恒 李利芳 姚昊天 魏翔宇
陆 杨 张婉婷 胡 戎 周 旭 唐 溢 瞿 科 何雨骏 李昱衡 姚欢民
金梦婷 黄 寅 杨雨石 郑迪文 王盼盼 王子颖 彭 暖 李艺佳 周 润
李艾虎 曾 瑞 孙伟伦 陆宇轩 凌 涌 龚 兵 郭源蕊 庞 崭 陈逸雯
尚 豪 胡邦安 柏昊阳 廖鑫辉 邵晨颖 吴雨杭 崔 涵 邹婧玉 安冬阳
谭 涛 黎 艳 李昕镁 薛晨昕 王宁远 杨 惠 王紫逸 吉 阳

计算机学院

综合一等奖学金（24人）

陈荣钰 李簦芸 钱梦璋 秦 朗 李 瑞 张钧量 韩雨萱 顾梦寅 汪照文
朱嘉宁 任子尧 程鑫华 王子宇 伍斯思 郭安洁 赵雯欣 谭雨璇 陈怡凡
董超鹏 陈俊珲 李宗泽 黄宇明 罗君宇 鲍春晖

综合二等奖学金（51人）

易诗雨 刘忆雪 许皓然 嵇名程 何佳慧 姜珺伟 张哲弋 王自铭 吴昊田
高念珍 陈 曦 陈子豪 刘舒宁 朱 熹 王兆宇 赵 岩 赵君婷 王凯槟
方子琪 竺正邦 邓瑞韬 刘 衡 曾祥瑞 龚冬冬 马林涛 林子伟 童 瀚
张 璐 周 锋 刘小瑜 赵子川 张文钊 翁银琦 王书博 刘曾好 黄 港
谭皓月 陈孜雯 于文豪 李博雅 夏 港 刘 伟 冯 畅 张东平 段其沣
包金戈 鲍晓雨 黄孝炜 刘 川 赵泓尧 皇甫慧杰

软件学院

综合一等奖学金（17人）

冯雪宁 赖凌昕 严 灏 戴迟迟 魏欣桐 刘佳艺 刘 箫 杨 弘 谢东霖

高浩天　袁德佳　杨鸿建　施宇昂　唐郅杰　孙义皓　傅天宇　尹继新

综合二等奖学金（30 人）

张　森　孔旻昊　杜　玥　龙孟麒　张人月　朱鸿锦　韩正博　田雪莹　张　磐
田芸双　黄　伟　韦子健　李静侃　王书为　李文峰　屈志豪　梁步云　向正非
王令权　丁赞涵　郑涵辞　杨玉洁　叶　奎　吴　迪　毕涵淇　刘雨欣　杜瑞祥
李方钏　夏　铭　王　敬

建筑与环境学院

特等奖学金（2 人）

胡航军　陈简素璇

综合一等奖学金（30 人）

郭星辰　米名璇　陈宣樾　马　骏　杨　涵　周于杰　贾烨凡　杨佳瑞　苏禄涵
赵梦飞　丁玉洁　徐瑞廷　宋雨琴　罗欣瑶　冯昕阳　段司南　闻秀娟　张诗瑾
王墨馨　王俊锋　王译锋　刘逸坤　赵浩迪　郭晓彤　汤华杰　曾慧娟　陈雨萧
丁宽杰　杨小迪　杨镇文

综合二等奖学金（60 人）

覃圣杰　祖晓屹　樊冰青　全雨霏　柴佳楦　王耀彬　杨冰慧　朴民赫　刘人广
陈子豪　马丹艺　邓懿格　陈　佳　刘　懿　樊志超　刘浩天　谭　林　魏子轩
高　畅　罗逸雯　杨书皓　彭诗曼　陈　思　邓海鳞　陆沈源　唐俊哲　张哲乐
赵子翔　梁子涵　黄辰旸　王佳萱　陈袁媛　袁彩芬　项　璐　张本银　吴新汶
黄东升　杜　海　李兆京　陈尉唯　韩芷宸　王国仲　张可凡　杨子谦　何宇晨
陈嘉瑾　胡敏莉　董道泽　竺彦光　胡艳辉　张志远　傅清华　陈予珂　杨东权
吴佳祥　舒　茜　付钰涵　于潇文　周恬漪　欧阳岁蔓

水利水电学院

特等奖学金（1 人）

卫元珂

综合一等奖学金（20 人）

曹　悦　伍昊洋　李怡航　方海锜　马　婕　孙　林　张　皓　杨本高　钟尚霖
丁莉莎　王　咏　杨璐华　冯禹菲　郑珺文　顾　蕤　徐佳琪　吉　音　伍中航
王洪涛　黄　婷

综合二等奖学金（39 人）

卢永澳　曲芯雨　唐恩泽　田倩倩　肖　坤　韩思淇　史志立　胡　静　于欣廷
徐宏阳　黄天行　任　明　周思佳　孙　涛　王　想　杨明庆　龚泓博　徐　颖
熊文雯　聂亚玲　兰　欣　杨　倩　刘　娜　丁　月　李汝群　施靖怡　樊梦阳
王以珩　丁　璐　时　畅　代煜鸿　于梦真　罗惠丹　吴丹妮　张鑫玉　张婉婷
周俸嘉　苑如玮　谢晨希

化学工程学院

特等奖学金（1 人）

冯夏源

综合一等奖学金（20 人）

王　玥　骆　茜　邓佳乐　徐钰萱　刘夕熙　张家昊　张　正　王　晶　余　姗
张一波　黄嘉欣　吴　霄　李　瑶　张帅锋　李茗茜　谭魏葳　谢青山　曾子珊
王劲草　薛小雨

综合二等奖学金（41 人）

周纪鑫　张玉潇　胡燕琼　柳煦炀　李宗忠　从文杰　谢泠玥　李婧逸　王　可
王恒琪　岳喜硕　吕俊辉　唐　渝　曾敬萱　董　劲　马润泽　谢　涵　陶　莹
王　涛　段卜渲　任会明　贾婷婷　马晓楠　邓　露　陈亚萍　田化雨　孔令菲
张梦珂　于程远　陈　琳　王远晨　张馨幻　康　宁　邓锡彬　胡　材　杨嘉琪
吕汶遥　曹利茹　廖庆典　钱　蓉　韦振朝

轻纺与食品学院

综合一等奖学金（15 人）

陈婉彤　张梦洁　李雨虹　梁锡宏　胡佳佳　周一凡　陈　果　李明辉　周敏之
谢海恒　林怡瑞　刘弘锌　孟思雨　孙伊纯　庄晓怡

综合二等奖学金（31 人）

仲宣儒　徐乾达　郑　欣　刘晋明　丁婉婧　余雅芸　刘欢欢　陶荣静　张祎晗
曾弈雯　袁修文　苏静月　周　源　何鑫航　文清亮　隆汶君　茅普优　池玉闽
张梦瑞　蒲丽萍　李瑜琪　任星蓉　石楚桐　孙琪瑶　周志强　李雨萌　贾昀峰
何振阁　蒋心丽　张　珍　龚玉佳

高分子科学与工程学院

特等奖学金（1 人）

郝　凯

综合一等奖学金（18 人）

吕春燕　吴熙政　陈新宇　曹世杰　郑懿娟　段嘉楠　郑君锴　徐子喆　夏　玮
汪文洁　王轶锋　靳晓蕾　邱明君　赵治宇　韩雨彤　杜　桢　谷超玄　何贤哲

综合二等奖学金（37 人）

郭钰彬　杨止南　李宛婷　肖　扬　于　跃　赵友博　尹诗琪　罗　念　周孝尧
高可雄　皮梦焓　林　雄　潘建行　王子昂　彭孜麟　耿玘薇　张蕴婕　周　逸
高云菲　储　金　梅骏琪　宋语晨　张霄羽　彭丽梅　林雅瑜　陶洋丹　彭浣钦
金奕同　李鹏里　崔　芮　王显恒　魏　杨　傅美睿　向洛兴　何康馨　胡　全
李姗酥

华西基础医学与法医学院

综合一等奖学金（6 人）

王晨霄　周嘉文　薛佳铭　钟　妍　何享旺　李瑞茜

综合二等奖学金（13 人）

张思凡　徐伊伊　徐韫华　张　赟　郑俊玮　王浩宇　蒋林芝　刘桂宏　杨昕蒙
林雨山　宋金龙　杨炎霖　孙玉文

华西临床医学院

特等奖学金（2 人）

栗嘉成　耿际雯

综合一等奖学金（45 人）

邱首继　姜　赢　张心怡　严禹顺　陈珊珊　何婧婧　邢志超　程扬帆　彭　锦
董星琲　李芳卉　高远菁　段景灏　纪鉴芮　柴　正　唐婕晞　张欣怡　张丽静
李　韫　杜秋静　郭心怡　余秋璇　游茗柯　程静霞　梁诗琪　黄霖霖　聂惟珊
卢雨菲　张博文　陈凤宁　黄干天　姚云茜　詹泳池　吴　怡　杜　泽　王嘉毅
杨静影　李　京　赖红锦　刘　琦　夏　凡　邓灵慧　冯师健　陈　楠　邓汉宇

综合二等奖学金（89 人）

罗珠羽　熊芷仪　殷钰冰　徐亦聪　梁林川　姜绮安　刘林虎　陈惠铃　李英昊
戴姣娜　张耀文　袁　驰　董怡君　刘　佳　蒋友慧　熊天旭　刁思浩　项蒙蒙
邹雨桐　洪邑雯　于　洋　张历涵　李昌玲　万若愚　张　雨　邓文祎　范　斌
张可馨　朱正婷　叶佳怡　王腾勇　李培玮　黄彦立　王浩源　李欣怡　程星翰
李宗元　黄文宇　郭　旭　李雅楠　尹筱萌　潘若素　张佳玲　青婉怡　丁林芳
刘雨欣　谭丽姝　田晓萌　黄钰嘉　和冬宁　许力升　周玉兰　王　晶　孙钰潇
吴雨欣　杨　萍　朱堂龙　张宗云　陈佳梅　王圣洁　朱　盈　陈常旭　黄　玥
游晚芳　钟芮琪　姜筱璇　徐文婷　王东方　张竹韵　张煜宸　董依廷　巩彦榕
朱思远　但昱庆　奇卓然　项梦雅　姚怡君　郝健淇　郭佳隽　范依萌　胡元媛
文　舒　谭家兴　夏　超　蒋涵羽　涂　祥　李双江　王家嵘　李泳江

华西口腔医学院

综合一等奖学金（19 人）

周佳梁　吴勇志　全淑琪　张紫涵　方仲瀚　郭玖思　白贺天　王晓峰　毛渤淳
刘林枫　姚禹帆　张格铷　黄立维　赵呈智　荣圣安　周雪儿　王　玥　郑资卓
吕潇颖

综合二等奖学金（38 人）

管　浩　齐　偲　宋冰清　周佳佳　邹怡然　姜　爽　马清格　鄢鑫语　张笑涵
周佳琦　宋　薇　梅宏翔　陈　昊　杨　阳　何钰莹　肖闻澜　吴雨奇　陈圣恺
姜　雪　楼雨欣　徐　嘉　蒋　宸　张　仲　赵家硕　鲍旻玥　陈良瑞　吕　平
常治楠　赵君仪　吕雯慧　刘欣然　刘津池　樊　琪　税钰森　戢　晓　杜睿雨
吴妍廷　朱锦怡

华西公共卫生学院

综合一等奖学金（16 人）

杨一恺　姜少华　张柏杨　张楚妍　梁楷利　陈玲慰　邢　栋　邹俊怡　郭　易
赵洵颖　李金星　杨益嘉　李　芊　曹忠泽　薛怡婷　李灵杰

综合二等奖学金（32 人）

普利明　方一安　吴晨瑶　代苏尧　谢晓芬　杨燕玲　张幔玲　胡　欢　张英哲
林奕蝶　朱　月　潘　赛　胡美婧　马乙茹　陈泽镕　陈钧涵　杨　芜　刘越男

吴昱瑶　谭晓霜　赵　璇　潘美伶　曲　霏　吴梦瑶　常　红　邹雁秋　周月阳
兰　澜　邱伶俐　王恬瑶　车会凌　林晓宇

华西药学院

特等奖学金（1人）

魏　敏

综合一等奖学金（13人）

朱亦宁　樊智雅　王冉冉　陈　晨　李羿娴　韩瑶瑶　吴贝贝　贺欣羽　唐新颜
王宇帆　吴思娴　曾与恒　陈　盈

综合二等奖学金（25人）

徐小艳　王　蕊　母珂蔓　李嘉欣　杨婷婷　刘晨冬　何芸岸　刘　烨　王　蕾
王渡阳　张　缘　周雯欣　方鸿婷　杨　岚　杨子群　胡晓雯　夏　暄　欧玥伶
董姿雁　黄天懿　白文静　谢　昊　许燕花　张苗苗　章琦蕴芮

公共管理学院

特等奖学金（1人）

吴宝家

综合一等奖学金（24人）

邓宣玮　张　丽　陈俊励　刘婧然　张　琳　王　芊　邢琳悦　朱淇麟　叶志锋
李新月　侯　捷　张雨婷　郄皓月　颜成志　陈　怡　魏　冰　张巧洁　吴潇墨
向纹烨　郑欣桐　闫天霖　吴昕阳　张赵博涵　曹方咏峥

综合二等奖学金（41人）

何依蔓　张　帆　王妍舒　王馨婷　李　佳　吴川北　湛小艺　蔡　创　王若雨
王俊慧　毕丽红　代炳艳　刘先瑞　蒋子可　张慧敏　龚　澄　刘鳗蝶　肖　蔚
杨雨璐　何楠锋　戴宜畅　杨舒雯　高博雅　张玉洁　晋晓月　李梦豪　莫　旭
张　湫　黄一清　章靖竑　陈晨玉　陈彦霖　陈婧怡　陈裕琪　邓　月　吴咏真
万婉馨　刘天畅　陈昱晓　姚　婷　齐　宇

商学院

特等奖学金（1人）

张蕊琛

综合一等奖学金（25人）

熊沁茹　邓宛如　吴　迪　刘浩轩　杨敬茜　李思齐　王思懿　周婷菲　张锦越
徐子涵　郝久奇　张　琪　傅　钰　李霁恺　周川琳　李英达　杨媛媛　张露洋
屈小芸　白宁鑫　杞　迪　张晨露　邹佶珊　朱子玉　李灵儿

综合二等奖学金（50人）

程芳蓓　梁雅君　徐　宁　余　雨　彭端舒　刘潭飞　武志霖　夏贵铃　张艺瑕
章　蔓　岑虹毅　张洪江　刘　怡　赵军凯　戴雨婷　何玉杉　朱文妍　戴灵均
陈　辰　孙钰婷　孙　阳　邱星怡　牛西雅　曾　丛　徐晓丹　赵冰馨　熊俊铭
李清瑶　郑子键　薛心洁　唐佩秋　于宁溪　骆相宇　刘倬萌　崔馨元　李欣怡
俞婧莹　魏星宇　许博涵　高嘉琦　顾佳琪　李思璇　唐章皓　陈　静　胡靖宜

赵伟杰　李思颖　向　阳　王思晨　黄原源

空天科学与工程学院

综合一等奖学金（2 人）

代浩磊　黎子豪

综合二等奖学金（6 人）

霍柯言　刘文轩　张守耀　王涵永　李冰倩　张贤相

匹兹堡学院

综合一等奖学金（9 人）

周凡圣　赵兰萱　朱　昊　刘灏安　尹深炜　谭雨荷　周泽恺　付康琪　寇文齐

综合二等奖学金（18 人）

陈慧雅　王源康　徐哲凡　熊煜博　尹一凡　李一申　樊光熙　陈园卿　池欣芸
詹霄阳　吴晨嘉　许圣妮　戎思佳　丁睿康　陈一家　周　楫　陈海辰　刘　雨

国际关系学院

综合一等奖学金（1 人）

庞玲芳

综合二等奖学金（1 人）

曾　浩

网络空间安全学院

综合一等奖学金（3 人）

蒋方婷　蔡易成　傅　康

综合二等奖学金（6 人）

郭勇延　温世豪　聂铸阳　刘嘉镱　吴怡欣　陈欣雨

生物治疗国家重点实验室

综合一等奖学金（3 人）

黄梦元　钱昕迪　王　治

综合二等奖学金（5 人）

赵佳晖　胡雅婷　陈智伟　苏晓宇　刘品言

吴玉章学院

综合一等奖学金（21 人）

徐　瑶　陆韵晗　李宬睿　仝凌波　黎雯瑞　刘子弋　周子涵　蒋金佚　郑子旸
曾梓云　李博洋　于　毅　朱　姝　李丁艺　黄　越　张梓轩　陈舒晴　沈宗毅
彭雅琳　李嘉琪　张靖仪

综合二等奖学金（43 人）

仉元瑾　戴　琳　周洋帆　阮楠千　李雪虹　肖雅蓝　王　立　汪　帆　雷雅钦
王联喆　严佳豪　张力文　陆　晔　张奕扬　银　朔　刘景竹　卢志鹏　王兆基
郭遇尔　陈泽群　王安娜　陈凌宣　张欣怡　丛秉欣　林润基　钟　耀　胡　岳
陈兆一　陈泽源　郭志宇　李一悰　符笑宇　张　爽　徐志伟　韦　一　张雪峰
顾　嵩　张正一　张　凯　耿正阳　王钰薇　荆斐然　刘　婷

四川大学2017—2018学年优秀研究生、优秀研究生干部名单

经济学院（70人）

优秀博士（6人）

邓睦军　谢向伟　刘　虔　韩仁杰　卢　洋　朱海华

优秀硕士（35人）

张　恒　邬维唯　杨　琴　刘芝育　刘长龙　潘博文　许　倩　李　琳　杨宇程
李斯璐　肖　江　张露予　刘　扬　罗　静　李　琴　王艺晗　王　雪　李书凯
杨舒瑶　周慧琳　彭亚金　贺文蓉　周　星　马滢涵　罗黎明　魏　莉　马丽霞
任　倩　金冥羽　王腾飞　肖进杰　张　婷　张梦雅　杨　霞　陈　枫

优秀研究生干部（29人）

张嘉艺　杨文举　杨　鹏　阳金枝　谭　雯　闫秋月　张慧丰　周　静　曾思思
程　翔　涂开均　谷洪宇　宋佳梦　赵志涵　陈明哲　罗　冰　曾　敏　李　黎
林久人　许修齐　陈庆凯　李　欢　杜伟伟　舒　心　吴　峰　先　锐　杜秉元
于金涛　王乙迪

法学院（163人）

优秀博士（2人）

张晓彤　李振贤

优秀硕士（128人）

钟　玥　明　晨　舒　敏　王清萍　谢晓冬　曾昭阳　唐亚男　谢亦鑫　饶　健
卞小雨　刘芮希　杨一芝　黄周正　石　林　杜贵蓉　贺　琪　孙永旭　陈旭东
马　云　王　婧　旺　扎　叶贝儿　柴子烨　高　凯　张坤坤　罗浩文　王洪滢
成小爱　王　佳　蔡也曼　陈佳辛　吴逢雨　郑　薇　王　贝　陈泊舟　钟柯昱
王雨茜　陈燕涛　刘忠炫　张吉宁　刘　潺　樊　沁　黄田田　朱俊佳　徐铭鸿
张　希　谭明亮　张　恒　胡　劼　罗　娇　代志在　龚梦莉　路英杰　莫晓宇
李　雷　罗　瑶　雷　欣　邹　清　赵　敏　杨　焘　李伟玲　孟晓兰　曹金丽
崔哲嘉　郭圆圆　刘亚兰　严明静　李萌萌　陈斐然　韩方方　罗欣雨　唐　珊
张福英　代冬冬　刘小稚　靳　栋　罗敬川　肖振雨　胡　佳　冯夏滢　兰梦茹
陈嘉一　高月维　和奕然　姚　瑶　沈婉晶　王　慧　卢禹竹　吴　涛　杨力莉
邓媛媛　钱尼樟　陈永嘉　蒋琳瑶　杨　静　何星谊　莫　志　李文静　赵　鑫
罗诗意　孔维霞　辜佳慧　肖胜利　张楠楠　陆开顺　杨碧莹　邓棋文　吴丽丹

李 昭 罗智浩 王从之 李冰凝 何金伟 陈浩然 李耘天 张圣佳 杨敏芳
罗 迪 马如梦 楼宇帆 周世民 陈 雨 胡玉华 刘雨浓 于韬来 毛春雨
白玛加布 泽仁旺姆

优秀研究生干部（33 人）

李诗语 王伟舟 何 宇 肖 仙 邹梦邱 龚 雪 张 宁 石文琳 刘思宏
王宇昂 郭 蕊 高 磊 胡 容 曾 笠 蔡瑞新 刘贞莹 刘若水 赵 亮
杨 月 邹 轶 陈 玫 薛 雪 刘 尉 韩菁杰 林福辰 郑黎琼 姬汶君
董经华 曹 超 金博文 申 丽 陈 童 强巴曲培

文学与新闻学院（231 人）

优秀博士（24 人）

秦佳阳 米晓雪 徐国富 刘 欢 程天悦 胡余龙 杨 清 高 敏 王 妍
王卓尔 闫翠科 徐丛丛 李嘉璐 周尚琴 付文尧 张 兵 李 贺 徐 键
李慧文 欧 婧 何和平 陈明悦 朱亚希 唐希牧

优秀硕士（160 人）

石访访 杨利亭 高亚霏 霍国安 林雨辉 要 鑫 苟嘉蔓 孟雪可 李佳悦
王枫朝 田 野 毛雨寒 苑文雅 程楚峣 马敬宇 王苗苗 毕小慧 刘 岚
杨 晋 赵一静 朱浩铭 丁 宁 雷光婷 马健烨 于金燕 耿 祯 王丽超
赵 娜 王 斓 袁其美 周小莉 徐玉兰 朱小宁 张 渊 任媛媛 姚佳慧
邓若瑜 张艳梅 胡 敏 刘 娟 夏赛楠 朱海琳 丁友芳 刘 娜 乐荣荣
郭旭东 邵兰兰 高 娜 孙亦超 曾楚云 徐庭峰 刘虹雨 李佳昕 黄 蓉
刘芷菡 唐亚丽 赵丽媛 李俊欣 刘 婕 李 玲 王川元 张宇峰 陈夕梅
高瑞雪 李佳姝 何沆蔚 陈钰佳 罗丽萍 谢汶君 王孟飞 邓 业 张 伟
柳 飔 周祎荷 章 颖 任丽姝 覃 凡 徐媛媛 张 玥 周子雅 吕 婷
史昕雨 张亚朋 王晶晶 王 佩 席 维 钟佳宁 万英英 雷秀红 李美澄
吴 茜 万辰婧 刘柳君 黄俊琪 高竞秋 成丹彤 刘 雯 吕贝贝 唐铭康
彭 霖 周鑫薇 林梦瑶 杨尧尧 袁明月 王雨馨 韩 钰 周婧奕 王 源
梁 莹 张鸿腾 刘静伊 白 杨 谭晓鸥 王 媛 陈彦宁 李巾豪 尹 彤
邓 颖 苏有鹏 邹雨佳 武学颖 张 博 周盼华 李海燕 彭雨蒙 王柯蒙
王雨薇 刘耘巧 粟诗瑶 罗洋洋 罗淇元 何琴琴 涂 涛 吴 舒 路 宁
龚世艳 李泓莹 曾 源 汪夕铃 胡 楠 邓 颖 罗文艺 王梓力 杨登翔
王 凡 孙 乔 陈彦西 陈 聪 刘亚卉 杨 滢 曹新钰 姬云华 田佳雨
杨 阳 郭萌萌 江 澜 任雪瑶 陈晋玮 汤文莉 郑杨晓涵

优秀研究生干部（47 人）

张 然 林 正 任 佳 郑 格 徐丛丛 霍国安 宋雨霜 周 娟 赵玺媛
王苗苗 刘 伟 张 渊 伍舒婷 马 赏 高 丽 郑硕文 金 潇 冉 平
赵丽媛 李正一 邓凌锋 张雅婷 宋巧丽 姜楚乔 李扶瑶 马草原 雷 丽
郭涵语 周红艳 张 宇 林志超 黄 麟 李 刚 黄晶晶 黄书霞 于化龙
高雨霏 田方圆 袁玲丽 张旭东 赵天琦 曹怡凡 张 楠 吴 丹 张嘉文

贾雨蒙　黄思骏

外国语学院（73人）

优秀博士（4人）

郝富强　杨傲霜　阳　洋　王洪林

优秀硕士（54人）

张　娟　赖　庆　李　茜　赵　沅　吴雪敏　祝　欢　陈　瑶　易雪容　雍俊英
丁金莲　刘思雅　刘雨凤　吴艺琳　陈艳霞　刘丹宁　李汶卿　苏　婧　杜雪巧
张　焱　金　阳　尹玉玲　马学群　安晓东　任　倩　李青松　李若晨　何茹雪
张　璐　余　佳　刘春苗　郭晏佐　朱妍遐　肖　丽　杨雪莺　杨心彤　任琴琴
徐林铃　黄天颖　温莲芳　王慧君　刘映杉　林　瑶　陈　竹　陈　佳　陶谢吉
郭　欢　张雨曦　帅仪豪　司亚薇　张鸿铎　钱　龙　阎静思　顾梅翎　杨再旺

优秀研究生干部（15人）

江林鹇　赖　庆　赵　沅　陈　瑶　丁金莲　刘雨凤　李汶卿　张　璐　余　佳
刘春苗　顾梅翎　杨再旺　阎静思　王慧君　温莲芳

艺术学院（60人）

优秀博士（5人）

李　立　朱玉洁　肖　雪　鲁　凯　武　涛

优秀硕士（43人）

杨梓艺　刘智强　张　可　肖雪娴　陈含渝　周晓言　燕　涵　胡玉珊　张　炜
刘芷含　吕秋月　李　爽　杨华荣　严　旭　张　杰　杨婷婷　张　隽　杨甜涓
王冠英　吴梦琪　王蓺霖　徐诗涵　冯楚吟　印　玺　黄　振　叶丁源　易孝慈
刘嘉桦　张　新　王绍涵　徐如意　褚　浩　王　琦　陈彦竹　张琼月　田　雨
王炫懿　杨秋阳　李奕诺　黄叶青　邓莉凡　陈缪男奇　孙洋蕴绮

优秀研究生干部（12人）

高　雯　晋月红　王方圆　叶婷玉　陈宗庆　张　元　任娱肄　高　原　苏美文
李虹祎　袁　月　倪唱惠子

历史文化学院（101人）

优秀博士（16人）

关浩淳　肖璐娜　邹珍妮　任　琳　张梦逸　庞　政　尤潇潇　蔡　晴　林鹿珊
阎珺琪　周　丽　粟薪樾　李　朝　高春留　杨晓敏　刘　芳

优秀硕士（64人）

蒋　益　陈　焜　贺越洋　冯黛雨　吕　莹　廖苏华　于　泓　王　娟　窦浩玉
张　炜　康雯君　游思敏　李　哲　雷　玲　刘艳丁　陈思洁　吴奕兵　刘士缘
邵雨虹　程　晗　李园园　孙晓倩　江秋月　李隆杰　王　娟　蒋雪玲　石应勤
黄欢欢　滕　昕　周亚玲　刘　婷　王哲哲　张　录　吴　莹　罗　君　邝峻熙
周紫旬　林梦月　张彤欣　高　乾　唐骏洲　蒲晓娟　唐　燕　刘美伶　廖一洁
曹玉珍　齐　广　马驰浩　胡　盛　王红艳　王文波　谭　庭　姜　迪　王胜宏
袁婷婷　王玲洁　谭　洁　谢　霜　向淑娟　刘雪健　周　涛　何小禾　黄津津

李 羚

优秀研究生干部（21 人）

李莹飞 赵向琳 王继东 吕宁晨 胡笺舒 王艺纯 张 磊 刘昕怡 赵 超
谢辉基 郭 顺 任姝欢 王 倩 王可可 龚治全 余 丽 康铁琼 黄 莉
王景帆 赵振中 张 悦

数学学院（37）人

优秀博士（6 人）

黄佑君 韩毅辉 罗 浩 王晓慧 羊 凤 范泽宁

优秀硕士（22 人）

何 鑫 张承昱 孙存浩 王旭晖 蒋 枭 王玉億 易思宇 赵 虎 方 尹
陈俣旭 吕纪龙 刘洋洋 叶舒愉 蔡雨阳 张思齐 蔡 慧 周 琳 陈 超
梁雪娇 胡平波 夏天琪 余 静

优秀研究生干部（9 人）

詹岳天 杨柠玮 郝晨旭 李 显 王东杰 李林峰 唐汉宁 李鹏飞 李晓薇

物理科学与技术学院（83 人）

优秀博士（19 人）

王正上 李 敏 唐 禹 郭丽芬 王晓梅 朱文杰 梁 浩 闫改琴 陈睿翀
孙伟国 曾华东 王海亮 刘园园 张 静 张亚飞 边玉坤 田雪芬 杨全顺
周晓俊

优秀硕士（47 人）

陈志禹 刘航天 胡映江 刘葳豪 余 红 王俊普 杜振宇 孙连连 邓 萍
杨 彪 黎红艳 张佳威 范汝晶 鄢雨璐 陈 红 吴娅男 张熙程 陈影影
张 乐 史晨辉 殷小双 陈仕江 杨 鹏 袁林茂 程 昊 何 登 刘 珊
屈玉凡 冉 琴 王 婷 麻凤娇 金思玉 陈伯乐 肖 扬 邓 浩 张远芬
梁阿坤 张志艳 钟 宇 李 敏 陈可鸣 马诗音 方乙宇 王志伟 李学燕
李 林 王兴娟

优秀研究生干部（17 人）

陈九环 陈撷宇 赵 亮 胡锦霞 罗 洁 袁志凌 高 泰 姜明莉 赵 琪
符东辉 师静利 耿峻山 向春江 王悦铮 冯钰彧 唐 禹 王海亮

化学学院（106）人

优秀博士（23 人）

谭光映 林潇斌 胡海鹏 鞠 涛 周鹏飞 徐昌连 佘智杰 徐小鹏 尹江亮
师 洋 张骆强 康腾飞 林 瑶 纪 磊 李 理 戴 笠 徐 曦 张 东
王小慧 丁 杰 杨 剑 戈书林 阮 赛

优秀硕士（61 人）

覃 柳 孙 敏 宋金同 李秋醒 张冰洁 青 静 张 玲 王凤怡 唐东升
李 静 庞聪琳 杨春容 周晓英 林青瑾 杨 丽 石 丹 杜 欢 赵义欢
张 燕 王 早 付 婷 王 曼 王馨婧 蒋 楠 刘 双 陈德慧 颜思顺

许曙光　潘生林　解莉花　仲　夏　赵　鹏　饶　明　杨　洋　石　磊　李　星
张美成　胡加西　张　亚　黄　丹　覃　潇　何常强　贺良波　张　蓉　王超群
王立逢　胡欣月　刘　雯　王　燕　谭美玲　吴祎民　丁心湄　周英东　李　政
杨　娜　徐志远　冯　蕊　王　芳　王彦楠　李　军　杨秀英

优秀研究生干部（22 人）

余青颖　李玲玲　代金杭　卢　岩　王志鹏　杨世平　李　阳　邓和平　武王斌
杜　澜　刘晓锋　付　腾　赵　枫　张菊惠　杨嘉慧　雷　婷　李小锋　陆培龙
方倩影　赵　青　沈利亭　王学羽

生命科学学院（116 人）

优秀博士（21 人）

任远航　谢登峰　罗泽伟　张佩璇　杨　皓　龚前园　谭文荣　陈君曼　张爱贵
向　荣　杨　婷　王　璨　吴　斌　吴道艳　赵长菘　王　韬　张　顺　罗光成
王彩霞　李建宗　刘曦南北

优秀硕士（71 人）

王　静　贺丽波　张利娥　李　莎　武国春　高　洁　巩荣艳　姚慧颖　刘　保
脱红梅　刘华康　陈艳朋　谢燕螺　吴林峰　彭俊杰　张修忠　李　颖　崔方英
范　歆　胡双丽　谭双燕　李　雪　郑　帅　周智威　顾雨熹　陈俪心　鲁　艳
贾宏宏　刘尧尧　汪　莉　翟子豪　王伟平　和梅香　杨　航　田应明　宋鑫娅
吴苗苗　杨绪晨　张安东　赵　昭　彭顶华　康壮壮　叶晓兰　谢思雨　史文森
袁文娟　彭期定　谢桂兰　陈　亚　李若琳　余晓瑞　谭莉平　刘美林　杨慧敏
卜　平　熊粟粟　王春燕　戚　钰　刘　家　张　倩　安慧芳　赵海洋　蒋　兰
刘昀虹　林小莉　段虹勤　高　鹏　王峡青　崔雅倩　石佳杏　西丽媛子

优秀研究生干部（24 人）

贾宏宏　乐思秀　王伟平　陈诗思　范　歆　王　静　谭双燕　冯　婷　脱红梅
陈艳朋　熊粟粟　史文森　李国林　张安东　卜　平　张　倩　刘　家　安慧芳
雷　伟　谢思雨　杨　皓　龚前园　赵长菘　刘曦南北

电子信息学院（125 人）

优秀博士（9 人）

王　超　严　安　宁守贵　朱晓冰　冯俊羲　万莹莹　凌　芳　张澍霖　储　繁

优秀硕士（94 人）

陈鹏宇　张　诚　田莉兰　何春红　王家秋　肖　垚　崔灵菲　李城梦　李小艳
曾健清　胡建青　黄石明　张　源　翁小凤　谭建昌　赵　康　易先进　杨小鹏
高斯文　王文君　户瑞林　陈　祥　李　尉　邱瑶瑶　姜　维　廖海鹏　许诗涵
何岷阳　赵　敏　付文静　余　霞　宋　鑫　陈　叶　袁荣英　梁井波　李　震
陈会杰　周文一　卿杜鑫　郭文华　陈旭东　张立珍　刘　露　余　泽　张　漫
巫玉萍　楚　月　钟　贻　谭　倩　李　睿　龙凤琼　凤继锋　杨振伟　代华建
邹海英　师海云　冯　苗　王文君　蔡　青　谢馨馨　许立强　姚　伟　吴晓明
王煜凯　吴喜权　彭世亮　李雄烽　陆诗依　石　磊　文思进　何　鑫　李佳芯

李启磊　杨　驰　肖宇彤　王　璞　李　虎　郭钊汝　孙本耀　崔　岢　董晨龙
胡诗雨　何志豪　周子钦　韦帅方　郝美慧　杨　磊　王　翔　甄　琦　王怡丹
陈敬月　林晓梦　贺　林　雷雪雪

优秀研究生干部（22 人）

黄人帅　肖　聃　王金辉　张汉乐　杨坤朋　刘伊航　于雨田　吴周杰　李　杰
黄炎揆　施卜椿　李　扬　李东林　古琼琼　鞠　姚　白　星　忻　灵　谢焱鑫
陈　婧　李伊帆　李　琴　刘　砚

材料科学与工程学院（70 人）

优秀博士（9 人）

李　创　韩利鹏　吕　想　任胜强　王博雅　刘珍珍　孙书培　张　照　李春秀

优秀硕士（45 人）

闫旭东　沈钱钱　黄馨乐　王锐锋　王维文　翁佳佳　黎小玲　赵粒程　保德玉
邓　瑶　杨　帆　曾剑云　彭　博　朱洪富　董少航　贺　旺　杜义波　周倩如
杨晓琴　周　雪　周称新　杜　圣　金红星　张拾旺　黄林森　罗　艳　程　原
黄艳莉　朱林玉　胡启民　文　江　王胜男　李思鍶　尚　蕾　欧阳玲　吴　琳
秦　楚　杨乔森　唐　杰　陈道颖　邢乃宇　彭凤超　魏江斌　毛振娅　蒋跃进

优秀研究生干部（16 人）

方晓慧　郭文文　黄俊斌　崔若莹　刘恩佐　朱　海　丁　忆　张楷东　刘晓兰
张玉兴　刘吉洋　冯　也　王　倩　杨　银　魏云虹　曹之南

制造科学与工程学院（78 人）

优秀博士（8 人）

殷　勤　惠　茜　高文翔　冷　松　杨亚茹　周亚男　陈海军　唐　忠

优秀硕士（54 人）

于少强　黄　渊　严子迪　吴秀丽　董　鑫　曹　娟　杨雨洪　盛铭伟　汤　梦
李飞江　黄缤鸿　谢　飞　陈　龙　赵玉东　王　敏　李　飞　宋俨轩　梁齐齐
吴晨柯　刘　宇　刘慧兰　韩怀邦　刘木森　王　峰　赵亚文　李星峰　宋　平
王瑞雪　黄思思　谢远明　马传鑫　朱　冬　陈　勇　吕涛涛　李飘庭　陈箭峰
吴硕才　叶　爽　邓淑文　黎方元　袁野杰　邓　银　黄　建　张莉萍　张世友
唐斯琪　王　波　李道朋　陈　广　林　敏　王　点　张燕燕　李文洋　成　朋

优秀研究生干部（16 人）

袁　敏　周虹伶　李振帅　耿　爽　魏永来　王　强　陈　帅　赵志键　肖　雅
贾明刚　杨　勇　舒生豪　周钳森　詹毕伟　田海林　江怡舟

电气信息学院（106 人）

优秀博士（3 人）

苏学能　唐　早　曾雪洋

优秀硕士（82 人）

段　晨　郑宏博　王　媛　潘胤吉　阮　振　牟魁翌　刘万宇　林晓冬　周婉亚
张春烁　朱嘉远　赵茂林　刘舒畅　董　申　霍光尧　梁伟博　李　超　喻悦箫

罗月婉 郭朝云 余春晓 刘文杰 张君牧 张 涛 赵 敏 梁肇峻 王 畅
罗春林 曾 琴 蒋卓臻 徐舒蓉 江 琴 漆万碧 黄科荣 杨阳方 李学文
刘程卓 马晨霄 安 杨 沈 翔 方 番 谢彦祥 刘美君 周 博 陈泽龙
谢 敏 周 玲 万 航 阚力丰 陈 勇 王 力 罗燕萍 凌 楠 陈 鑫
张致强 刘梦依 宋雨妍 任 杰 浦雨婷 温丰瑞 郑 仙 李旭翔 李明志
汪先进 黄永禄 吴 迅 苏诗慧 宋健文 王 璐 刘 力 廖敏芳 刘芳芳
曹 庆 杨昕然 冯智慧 袁 岳 刘治凡 张振东 禹华西 高云飞 赵政嘉
张家伟

优秀研究生干部（21人）

洪居华 刘 洋 杨龙杰 倪 伟 罗仁和 郭 佳 刘 鸣 李炅菊 陈 阳
税 月 李天泽 胡 帅 樊金柱 徐 浩 柴雁欣 王家怡 徐慧君 王雪晴
王静雯 陈贤邦 杨智宇

计算机学院（62人）

优秀博士（6人）

王 旭 张 亮 王继茹 刘 运 胡俊杰 胡 鹏

优秀硕士（39人）

郭 庆 商志巍 梁 焱 何 诺 熊枭枭 梁 晶 李晓伟 田应贵 叶 超
周 娇 陆泽宁 李毅飞 周 鑫 陈佳昕 陈敬涵 侯 腾 于建伟 李 帅
张蓉蓉 倪涵钰 郑 操 朱 禹 左 灿 邓 真 马苗苗 戴丰芮 高康康
邵志敏 钟志鹏 武思齐 包 鹏 邱玉凯 杨 杰 胡宇佳 陈 苗 田 婉
张 爽 白宇材 丰子清

优秀研究生干部（17人）

陈艺文 张艺兰 李晓伟 田应贵 叶 超 周 娇 陆泽宁 李毅飞 于建伟
李 帅 戴丰芮 邵志敏 钟志鹏 韩建胜 仝 苗 傅 丰 刘 运

建筑与环境学院（93人）

优秀博士（13人）

李解元 白逃萍 周 鹏 陈 怡 岳智慧 谢少雄 李盼盼 谭 强 周昌林
周 磊 刘 杨 杨 丽 张红恩

优秀硕士（62人）

袁 进 潘 静 李海娇 古燕琴 李金鑫 于雅琪 高 程 彭佳丽 赖蕾朵
岑璐瑶 何文艳 黄倩雯 张国晨 马晓文 彭炜东 武文琪 王 赫 马 翾
彭云霄 刘安琪 李忠友 董玉清 郭 婷 王 震 李欣悦 冉宗信 魏 威
张睿鑫 邓 琴 高悠娴 廖 桥 郑 琳 郑君里 吴海波 赵程伟 张 涛
马 勇 杨 茂 李晓磊 廖宇嘉 蒙 田 张振兴 兰雪珍 申诗瑶 庞思佳
屈雯雯 胡琳璐 刘 鑫 李 琛 沈 虹 沙心奕 尚 伟 栾晨晨 刘朝榕
张诗怡 尹蓝静 刘恩熙 汪月康 普丹青 魏益军 姜稀元 欧阳雨婷

优秀研究生干部（18人）

黄意淇 马 丁 李 权 毛名英 曾 燕 罗 莹 蔡 芹 刘文虎 邹思圻

崔晔晖　刘　攀　周宏健　越海洋　刘　侃　霍晓卫　李尚儒　顾　艺　相　敏

水利水电学院（90人）

优秀博士（14人）

杜洪波　沈位刚　李海波　贾哲强　王佳美　叶　茂　毛英翥　郑晓刚　冯　鹏
王　佳　叶玉健　张　红　卢晶莹　华天波

优秀硕士（58人）

陆　彤　龚思霞　李孟芮　张　文　廖益林　张连卫　纪杰杰　朱文凯　强同超
严天曈　许家菱　余　婷　贺耕夫　唐玉川　胡　正　甘滨蕊　刘凌雪　姜守政
景玉兰　李　伟　罗　铭　任雅茹　奉紫岑　张歆蒴　钟益华　黄宏宝　赵　阳
张强星　赵朋晓　刘文军　廖伯文　刘军政　路　信　焦军丽　魏晶晶　冯冰洋
朱　猛　张　鹏　肖贵友　温仁节　赵尹利　钟　婧　杨文琦　向岳峰　李丹利
陈明亮　杨居聪　肖欣宏　向云龙　焦　香　郑青松　梁淑琪　曾　寅　宋　丹
王启茜　杨瑞祥　姜晓琼　王　猛

优秀研究生干部（18人）

张艺璇　姜从伟　段文雪　于子健　米韵潭　刘　昶　梁　露　李映槿　郭静瑜
史学伟　曹乐君　范雪枫　刘永安　张　昱　卢　祥　罗　伟　李　斌　赵惟扬

化学工程学院（123人）

优秀博士（14人）

武春锦　于洋洋　曹　艳　张宇强　张　川　葛黎明　廖文龙　吕荥宾　雷金凤
李盼禹　王　晔　龚贵东　孙巧媚　刘维燥

优秀硕士（84人）

于宁宁　邓　永　刘敬芸　苏瑶瑶　浦兴群　张述圭　徐春柳　王耀光　刘玉妹
陈　慧　杨晶旭　徐雅迪　任　和　高　静　刘小红　甘瑞雪　邓李俊　胡艳秋
徐双凤　王胜红　巫传海　汪　伦　雷搏文　侯　权　冯雪婷　丁枭辉　王彦镐
杨进飞　冯桂林　杨　超　秦　鑫　冷新科　凌浩瀚　屈　杰　王　缘　付红岩
张溶浩　谢汶级　高　杰　刘　强　韩萌茹　鲍银凤　严　洋　张腾鹤　李　恋
谢文婷　王宇阳　郑慈航　张安琪　徐敏航　邓晓倩　陈　立　何璇婷　刘玉琼
王诗慧　刘尚谱　庞虹因　贺　燕　张少杰　曾崇阳　刘小红　赵　倩　杨益敏
曹维文　赵　喜　王　绅　胡婉蓉　鲜昱培　苏英立　王　婕　蒲虹宇　唐　洁
谭　鑫　王天豪　闫　栋　胡竹峰　焦辉燕　孟凡奇　李慕雪　舒国强　马　睿
吴孙珂　郭伲宏　缪　奇

优秀研究生干部（25人）

陈　爽　顾　伟　谢　睿　高建秋　张萍娱　张双双　徐志强　毕松虎　刘　舜
胡嘉麒　张莉萍　王金红　侯梦曦　尹微虹　陈　檬　张华恋　邓　磊　杨红梅
张　璐　万启东　曲丰成　刘　凡　张　嫣　谯　敏　许德军

轻纺与食品学院（60人）

优秀博士（9人）

李　霞　沈里瑞　杜卫宁　何桂强　李佳丽　刘　璐　步红红　叶晓霞　田杰伟

优秀硕士（40人）

高浩祥　夏许寒　于文平　李茂云　周榆林　李　晓　赖小旭　赵颖会　杨永华
田　雨　穆盛东　张振宇　沈益超　甘龙站　肖　月　张泽天　刘思聪　雷　超
胡利媛　王永光　李景德　程　庚　张　凤　蒋　静　张　炜　杨　丽　黄俊成
李　果　王　灿　向　诚　刘　月　刘　雄　李进财　王传幸　万雪纯　薛万波
李凌云　张　龙　王志宽　姜　河

优秀研究生干部（11人）

陈一宁　林　琪　李　杨　张凯瑞　李开军　唐海林　吴佳城　李雨萌　张　希
白忠祥　赵秋霞

高分子科学与工程学院（127人）

优秀博士（23人）

刘雨杭　赖文川　周　易　李成杰　江　亮　李大哲　凌方唯　程　政　黄炎昊
邵　艳　喻　鹏　吴正中　杨　潇　杨　洁　尹华模　陈　刚　崔少莹　蒲武利
袁丹丹　杨云云　苏葛鸿　杨双桥　刘　洋

优秀硕士（77人）

董　园　姜奕欣　杨　浩　要嘉璐　王映雄　阳　立　陈　献　严　悰　孙文静
李　磊　刘　威　俞　鹏　宋　昕　杨　晔　王　倩　吴羽翀　湛江浩　张书慧
张小康　邓伊依　张　祥　陈利麟　李向力　董　澎　樊　坤　孟晨波　刘倩利
吴佳丽　高慧敏　何泰君　秦　瑞　韩世达　李幸围　张　春　张铠麟　张一帆
夏其博　丁奕同　梁桂学　张　伦　陈丹丹　王朝芝　周　茜　李　霞　赵媛洋
陈　强　张兰山　范　心　魏　然　石绍宏　魏　源　周　鑫　于亚茹　郭泉泉
吴步永　于岩松　李晓翀　陆　政　王　秦　任　颖　周　瑞　徐大伟　彭威峰
潘靖恺　张天赐　王彦军　夏烈银　李玉龙　彭　燕　虞晚成　王志国　高　涛
吴校天　陈　缘　陈　瑞　杨子萱　李　乐

优秀研究生干部（27人）

王　越　徐心源　戢文静　宋旭东　邓　杨　张　昊　魏艳红　程　序　张梦雨
向思颖　王　圭　雷新宇　钱一晖　杨　帆　施振强　朱一凡　奚红雪　孙艳彬
杜文浩　宋世平　杨　鹏　白　露　蒲俊宏　李梦竹　李庆业　张慧贤　夏立超

华西基础医学与法医学院（35人）

优秀博士（11人）

王佩佩　彭　铎　范　飞　李璐瑶　王美姣　刘　京　俞小琴　郎　敏　祁　放
谭　渝　谢明坤

优秀硕士（17人）

方　婷　李林峰　邱丽蓉　蹇　慧　彭　博　李　琴　吴　苗　刘宇晴　张冉冉
王楚涵　许博闻　张红梅　杨　梅　朱光光　陈　旭　赵忠意　屈胜秋

优秀研究生干部（7人）

王佩佩　邱丽蓉　曾树树　占梦军　彭　恒　许博闻　傅亚婷

华西临床医学院（378 人）

优秀博士（99 人）

王　智　熊恬园　熊安吉　夏天莉　廖　行　陈榆舒　李志贵　胡博文　李　军
张修儒　张孙富　李　磊　张洪伟　吕秋男　陈虹旭　简钟宇　罗　斌　郑　丹
梁　潇　铁　艳　周　静　蒲诗云　赵荣策　陵廷贤　刘国明　白云金　杨　阳
苏小娟　杨　川　蔡宇燕　贾清怡　凡小丽　甘芸翠　王梦瑶　曾　妮　李雅斐
曾　燕　石紫燕　侯炎冰　李桃美　李雨辰　王　瑜　李思燚　李玉豪　宋金臻
陈　婕　李文斌　王维娜　曹国瑞　孙　毅　陈　力　何树坤　刘路路　吕　亮
裴天骄　任　湘　黄嘉兴　杨骐毓　王田田　徐　畅　袁　玲　苗晓慧　陶文娟
张　鑫　冯佳越　王小虎　吴红霞　严天友　张　怡　赵菲菲　范　雪　樊丽莎
曹　甜　刘　旭　王　莲　徐小茜　徐紫谦　黄理宾　李东海　王　端　赖玉田
蓝　翔　刘仑鑫　李亚楠　吴仕舟　张含露　郑波波　张正东　曹寒雨　张燕萍
胡娟娟　高　玲　刘君钊　叶　胜　高宏伟　谢成霞　郭小娟　陈　晨　冯小蓉

优秀硕士（203 人）

刘千琪　景彩霞　曹　丹　张俊林　谭　丽　刘　欢　杨沛青　唐梦佳　甘　灿
王婷婷　张　瑞　张志鹏　王　杰　岳　鹏　孙雪莲　方亭亭　程亚军　张漫雪
陶煜杰　何　韬　谢　丽　游紫梦　谢小龙　杨开颖　蒋亚梅　赵劲歌　贺　庆
唐友银　蔡兆伦　邱逸闻　李根棚　万海峰　杨都江　向宇凡　任　鹏　罗泽宇
牟　平　高新林　黄　勇　李忠洋　吴廷奎　方　向　甘凡逸　李鹏飞　王　萍
刘婷婷　景晓琳　骆　梦　周裕文　赵　静　由丽婷　朱颖川　唐　丽　陈　欢
彭丽桥　刘　蕾　米　雪　李　蕊　杨　丹　孔维英　陈　瑶　陈丽妮　何　洋
彭芬芳　周　丹　谢　华　邓一伦　严玉颖　叶凯丽　窦翊恺　周兴丽　黄　河
吴伊恬　王晓璐　刘　飞　唐新璞　王善玺　杨　云　晏玉清　雷一霆　郜小帅
邵彦翔　周　川　杨　鹏　成泽怡　唐　露　周芷伊　郑　倩　汤　悠　牟　佳
黄俊婷　江泰峰　田江芳　秦　舣　唐　昕　张白露　王天云　李姝艺　姚　远
牟鈃雨　高孟雨　崔丹荔　李　倩　王海涛　周俊鹏　陈梦琪　王子介　潘　静
袁湘蕾　黄庭萱　梁渝捷　邹　松　杨　智　杨　澜　陈巧玮　雷文华　刘　蕾
李文星　赖婉琳　陆　璐　刘坤成　王亚楠　唐　诗　徐　航　孙　彤　李　雪
陈俊儒　温定岢　刘川琪　李红义　侯　宸　陈莹莹　赵　清　冯莉文　岳鹏飞
刘锦璐　杨姣姣　张子奇　周小涵　刘　旭　廖伶艺　房小斌　罗　丹　何　苗
张令仪　卜　暄　李海龙　曾嘉欣　张　珍　龚胜兰　杨雪薇　冯　敏　杨景喻
缪体伟　韩宇宇　周灵妍　白春兰　陈鑫容　王淑妍　胡智超　曾　臻　莫　丹
蒲　银　查盼盼　阳文龙　倪　萍　季　婷　宋　悦　张　巧　赵艳莉　林静芳
朱芊各　龚　雪　杜　扬　周海燕　刘丽娜　黄　杉　沈梦婷　黄佳彦　杨礼丹
颜灵逸　丁　霏　刘正欢　彭　聊　吴　侃　姜　惠　向　婷　刘　颖　曾圆圆
王菁菁　张梦曦　杨小娟　伍雁琦　童　欣　万彦彤　王　佳　陈东旭　赵文君
张梦兰　段　丹　白佩蓉　龙囿霖　李赵隽鸿

优秀研究生干部（76 人）

卫亚妮　雷　明　李玖鸿　宋凌云　杨　阳　罗云瑶　马　莹　许　洋　张梦琴
徐小凤　胡丽霞　普文申　徐敬昌　饶郁芳　朱永杰　孙　欢　杨　燕　李建波
谭　平　张立丹　杨玉赏　陈锐奇　邱博君　赵　强　陈毅丁　潘晓晖　王永洪
徐　菁　魏甜甜　高丽娟　徐源蔚　刘　洋　岳　艳　邱　霞　张　妍　董书菊
杨　霞　丛天昕　何　博　王晓蒙　向虹瑾　马　铭　宋琳琳　周文铖　段忠鑫
黄　新　杨博文　师厚辉　李思聪　郭凤珠　李　雪　陈晓航　刘科伶　程江丽
张夏维　易秋莎　王　燕　秦　瑶　赵春燕　白　浩　许　宏　付淳曦　潘　英
袁铭崎　楚　庆　艾　源　胡海洁　梁嘉宇　刘依琳　程　元　杨凯旋　周冠宇
陈　伟　沈俊颐　欧袁伟翔　阿来古哈

华西口腔医学院（58 人）

优秀博士（11 人）

牛好曼　谢雪萍　邵晓茹　郑赛男　谭学莲　程　旭　张艺馨　林世宇　史雪珂
王冏珂　石思容

优秀硕士（33 人）

李　菊　冷　沙　刘诗雨　王雨霏　牛玉梅　刘楠馨　张　睿　邵　睿　陈俊生
刘雨婷　韩朝莹　李谦顺　赵　丹　李涵识　查　萨　张雨欣　陈　昕　李松航
陶思颖　魏宇昊　田　媛　曾庆祥　刘梦婷　何远丽　刘　倩　高　静　姜懿轩
陈　稳　马文娟　王沛棋　陈柳菁　胡慧敏　李昕怡

优秀研究生干部（14 人）

张艳艳　周　蜜　谢冰洁　查　萨　郑　怡　唐海洋　陈　稳　杨　肖　向臻婷
杜　文　王　瑷　张碧荷　曹鸣芯　武云舒

华西公共卫生学院（56 人）

优秀博士（5 人）

周　婷　李亚丽　庞雯文　张　璇　李欣洋

优秀硕士（39 人）

程树品　苏　琳　张桂婷　游一屏　陈　曦　章文强　郑倩雯　邓晨卉　徐佳伊
兰　茜　闫柳清　余双彬　陈诗琪　王　焱　杨薛玉　张　靖　朱雪娇　代黄梅
杜春霖　杨单单　董　科　杨雅兰　陶思源　黄嘉玲　陈梦曦　王茂林　郭佳汶
何方婷　田　帆　彭介入　周玮忻　谢宇婷　孙涵潇　张　祥　李泳榆　徐寰宇
龚　杰　尹　烁　张　黎

优秀研究生干部（12 人）

刘曼妮　喻雪双　张　佩　曹　敏　伯贞艳　曾　珠　冷　云　岳廷妍　孙霞霞
薛　利　李　杨　柏宁培

华西药学院（80 人）

优秀博士（12 人）

寸兴利　甘晶瑶　刘思美　余昕玲　展　震　张　浩　傅　玉　侯盈盈　龙　洋
吕松洋　聂瑞芳　郑雅娴

优秀硕士（51 人）

张　晨　周楚楚　赵　娟　岳静飞　杨倩倩　夏春玉　吴丽君　魏佼洁　唐　鲜
孙俊舒　施月森　饶竞东　马　强　刘　睿　刘　蕾　李　洋　李笑晓　姜　倩
胡　川　薛　姣　彭　瑶　赵梓潞　张云亭　张　艺　张　静　于竹君　杨宜靓
杨宁红　邢慧敏　向翠方　王　颖　王雅施　王润平　王　静　万丹丹　唐萧萧
司梦鑫　秦　铭　刘艳昭　刘　曼　林　茂　李志琳　李海霞　李　冲　李　超
黄诗琪　胡天宝　郭令妹　陈星怡　曹素艳　白瑜利

优秀研究生干部（17 人）

尹　晟　周　雪　贺珊珊　熊小平　刘美君　徐　云　陈小燕　刘冬梅　彭　睿
任克柏　文莺惠　徐珊珊　岳慧杰　周　琪　屈梦珂　褚志文　王璐瑶

公共管理学院（181 人）

优秀博士（14 人）

范靖宜　孟　群　阿海曲洛　唐迩丹　刘维邦　梁　琛　李怀宗　许志行　闫冰歆
阳　媛　陆雪卉　杨　立　何正金　张　磊

优秀硕士（131 人）

王禹栋　贺明卫　郭耀文　刘琪娟　徐亚兰　毕　冉　李姿垠　杨坤润　邓　娜
翟崟淞　姜欣羽　张　杰　陈　畅　张　哲　孙若琪　秦　星　李永甜　朱馨叶
黄靖芸　王笑宇　刘　欢　刘方凌　江　雪　唐　昊　邓加琳　叶小娃　李襟巧
傅妙婵　付佳星　韩淑琪　陈　杰　薛正东　田曼璐　刘奕伶　白浩然　郭　露
龚祯程　吴雁洁　李星昱　马子湉　郭欣雨　向　宇　苟　雪　曾　涛　舒　俊
金伟闯　郭　沁　张　蕾　张沙沙　夏　琪　银春燕　李　桦　刘一萱　康莹钰
陈俊文　武帅怡　仲南乔　余　琳　潘姚梅　唐培杰　赖静松　陈　磊　吴　婕
殷　平　马雪娇　庞文华　于洋洋　罗　涛　王　涛　李若凡　伍修雅　吴倩倩
王立娟　张作程　袁梦蝶　刘宇什　李英瑞　高佳蕊　谭淋丹　邹燕聪　黄梓婷
吴　丹　朱艳秋　张　立　张知鸿　张俊峰　陈　璨　谭振宇　郭雨荞　严浩菱
肖　祥　杨再苹　吴　雯　谭　洁　潘瑞洁　张　洁　张俊锋　张玉茹　李国炜
李鹏辉　段　婷　单学鹏　陈　婧　杨　飞　徐　璇　赵　珊　王　跃　田　蜜
陈爱林　夏俊英　杨　露　王　睿　牛二团　刘兴健　刘　垌　彭　捷　陈　颖
李丹阳　张红志　庹雪竹　曾玉辉　张永辰　吴　聪　喻　珩　孙浩宇　王　悦
王欣宇　郑　鑫　王明杨　付　悦（行政管理）　付　悦（教育经济与管理）

优秀研究生干部（36 人）

肖景熙　严茂文　梅梦娜　姚金坤　刘珈辰　于　坤　邓娅娟　谭金奎　雷江霞
杨　杰　宋开文　张小倩　向　欢　朱　通　彭必生　王杏蕊　王贤涛　杨晓梅
邱　敏　刘　莹　黄志兵　何泽川　李国炜　李　宁　罗孟玲　陈君兰　曾永莉
娄　越　周卓凡　彭利亭　刘俊宏　向　丽　熊海霞　屈洪兵　罗婉鑫　万紫千红

商学院（117 人）

优秀博士（18 人）

田晓丽　范露容　缑迅杰　何　玥　任珮嘉　杨　渃　李美慧　徐　吨　钟　琳

王新鑫　侯淑华　曾一平　张译心　代婧琦　刘　创　赵四海　朱　慧　王　林

优秀硕士（71人）

王凤娟　马　净　吴航遥　师　意　闫腾腾　王　艳　汪畑锦　余　杰　廖成成
刘　琦　谭　越　王卿铭　张　馨　宁胜男　张沐华　王　炫　张　澜　赵　雨
杜裕婷　蔡心童　黄　茜　杨韵可　于欣竺　陈　闽　丁　一　任　静　乐玮玮
兰雅婷　范雅惠　朱　琳　周延芝　王晴晴　刘婷婷　苏琳贻　李牧旭　奚小宝
沈雨舟　何莹莹　颜诗雨　高子晗　唐伟瑶　杨谢雨　潘　玲　曾　韵　任　倩
刘娜娜　许传鹏　叶　梦　罗　雪　刘佳豪　徐忠雯　孙榕蔚　欧　璐　张一帆
黄莹雪　文　霜　田　淇　郁　盼　唐　明　李晓昊　王　敏　巩群喜　赵显丽
卢　悦　刘诗雨　钟媛琪　耿一婷　蔡　璐　杨海韵　何　谐　杨　成

优秀研究生干部（28人）

林靖宇　宋小婷　张　旭　柯　舸　罗　莹　尹小佳　李嘉盈　徐雪茹　王爱欣
冉　洋　徐晓婷　何明莉　明　艳　尹译稀　冯　青　胡栩铭　何玉玲　曹海天
李玉玺　周　续　郑远航　蒋晨阳　王铭堃　刘　瑶　熊　正　黄　晓　陈佳莉
张　阳

马克思主义学院（28人）

优秀博士（4人）

张　曼　王　驰　田向勇　余红军

优秀硕士（18人）

刘　玲　陈　鹏　何莉琼　晏　晓　赵　强　姜力月　张玲庆　李兰珍　朱丽花
刘姝君　李亚芳　李钰凤　雒田梦　陈　芳　秦梦佳　庄丽娟　岑福雯　陈庆玲

优秀研究生干部（6人）

祝林林　向　蒙　霍世芳　李琼珂　赖珩瑗　王瀚黎

体育科学研究所（17人）

优秀硕士（14人）

黄露苑　赁睿奕　田熹远　钱　帅　杜梦诗　廖　清　刘　慧　范　月　冉崇旭
魏麟权　韩　璐　何小兰　荣　誉　梁　琼

优秀研究生干部：（3人）

李丽圆　杜雨桥　周廷贵

灾后重建与管理学院（7人）

优秀博士（1人）

李　帆

优秀硕士（4人）

徐恺阳　李旭丹　熊　轲　邹　航

优秀研究生干部（2人）

张　冲　刘友能

空天科学与工程学院（14 人）

优秀博士（3 人）

张　新　杨万友　曹　伟

优秀硕士（8 人）

胡如康　张　恒　米雄伟　王剑宇　汪巨基　曾小飞　莫贞凌　马　力

优秀研究生干部（3 人）

汪巨基　魏　维　曾小飞

生物材料工程研究中心（30 人）

优秀博士（9 人）

蔡　豪　成富荣　李亚超　马胜男　陈素萍　陈　英　燕建芹　陈　韵　栾超然

优秀硕士（15 人）

张勃庆　段吉美　刘艳博　高　东　王梦璐　武　祯　曾令婉　苏　昕　赵风华
刘敏君　何海洋　孔维丽　刘潇钦　徐　扬　刘　娟

优秀研究生干部（6 人）

吴承恒　陆　奖　蔡忠源　何海洋　苏　昕　徐　扬

中美大学战略规划研究所（3 人）

优秀硕士（2 人）

付悦涵　李　丹

优秀研究生干部（1 人）

李媛媛

社会发展与西部开发研究院（3 人）

优秀硕士（2 人）

余婷婷　邓梦静

优秀研究生干部（1 人）

史东迅

分析测试中心（10 人）

优秀博士（3 人）

李　凯　曾晓亮　高　阳

优秀硕士（5 人）

王秀丽　邓　丹　黄恋涵　陈佳丽　魏加伟

优秀研究生干部（2 人）

夏　雪　江雨林

生物治疗国家重点实验室（117 人）

优秀博士（33 人）

陈彩丽　杜　婷　付于银　高添桃　康天怿　赖伟荣　李晓玲　刘春琦　刘小威
冉　蓓　李虹椿　王　宁　王晓飞　夏安杰　张艳娜　张雪艳　韦雪琴　郑修冉
罗　慧　孙　丹　杨　杰　古智文　贾彦鹏　周田琳　彭玉嘉　张寿悦　曹超国
周柳瑶　赵苑村　郑　利　张春学　何　涛　杨林玉

优秀硕士（60人）

陈雪英　黄　飞　冯淼淼　贺　娟　汪　莲　梁秀琪　王潇东　张华琴　赵　琳
郑倩文　周　洋　张蓝兮　荣　娟　赖霁佳　钱欣颖　雷敏毅　钟　林　王　莉
熊燕珍　魏　竞　巩　瑾　冷盈莹　李莎莎　母　敏　徐　鑫　熊媚媚　杨　锦
杨　帆　周丽芳　刘　哲　薛琳琳　杨蕊蕊　周　飞　孟　洋　包兴婷　陈麓宇
祝　洁　黄晓娟　肖　文　周利芳　曾菲尔　胡梦诗　刘　菁　邓　芸　王丹瑞
熊　杰　薛焜月　袁　雪　李　倩　杨　晓　陈莎莎　张艺虹　胡秋月　李　敏
孟子晗　任杨梅　陶　蕾　刘　渲　李越山　杨艳芳

优秀研究生干部（24人）

荣　娟　黄　飞　梁秀琪　赖霁佳　张蓝兮　曾　婷　陈莎莎　张艺虹　胡秋月
李　敏　孟子晗　任杨梅　陶　蕾　刘　闯　张自豪　郑修冉　罗　慧　孙　丹
杨　杰　古智文　贾彦鹏　赖伟荣　王发展　李越山

新能源与低碳技术研究院（6人）

优秀博士（2人）

陈建军　田银帅

优秀硕士（3人）

吴　阳　吕晓梦　江品娴

优秀研究生干部（1人）

肖　哲

中国西部边疆安全与发展协同创新中心（10人）

优秀博士（3人）

杨志勇　党梓予　高　亮

优秀硕士（5人）

林　鑫　张　璇　刘阿敏　胡　嘉　郭士博

优秀研究生干部（2人）

李洪珠　杜　璨

网络空间安全学院（18人）

优秀博士（2人）

唐　瑞　李志勇

优秀硕士（12人）

王小艳　未　来　赵翠镕　张瀚方　韩圣君　韩珍辉　陈俊任　刘勇成　贾　丽
何　涛　郭俣松　张文杰

优秀研究生干部（4人）

张　磊　王兴凤　张　成　文玥琪

国际关系学院（4人）

优秀硕士（3人）

刘　溪　谭雅丹　任鹏鹏

优秀研究生干部（1人）

张世杰

共青团四川大学委员会2018年度先进集体和先进个人名单

一、五四红旗团委

共青团四川大学公共管理学院委员会
共青团四川大学文学与新闻学院委员会
共青团四川大学华西口腔医学院委员会
共青团四川大学制造科学与工程学院委员会
共青团四川大学华西临床医学院（华西医院）委员会
共青团四川大学建筑与环境学院委员会
共青团四川大学商学院委员会
共青团四川大学水利水电学院委员会
共青团四川大学化学工程学院委员会
共青团四川大学电子信息学院委员会

二、共青团工作单项奖

（一）工作创新奖

共青团四川大学数学学院委员会
共青团四川大学化学学院委员会
共青团四川大学高分子科学与工程学院委员会
共青团四川大学华西公共卫生学院委员会
共青团四川大学华西第二医院委员会

（二）基层团建优秀奖

共青团四川大学经济学院委员会
共青团四川大学法学院委员会
共青团四川大学历史文化学院（旅游学院）委员会

（三）校园文化建设奖

共青团四川大学艺术学院委员会
共青团四川大学轻纺与食品学院委员会
共青团四川大学马克思主义学院委员会

（四）科技活动奖

共青团四川大学电气信息学院委员会

共青团四川大学材料科学与工程学院委员会
共青团四川大学物理科学与技术学院委员会
共青团四川大学软件学院委员会

（五）社会实践及志愿服务先进奖

共青团四川大学计算机学院委员会
共青团四川大学生命科学学院委员会
共青团四川大学华西基础医学与法医学院委员会
共青团四川大学外国语学院委员会
共青团四川大学药学院委员会

（六）大学生创业工作优秀奖

共青团四川大学空天科学与工程学院委员会
共青团四川大学匹兹堡学院委员会

三、团支部工作创新奖

（一）金奖

文学与新闻学院　2017 级网络与新媒体团支部
生命科学学院　2018 级第五团支部（江姐班团支部）
轻纺与食品学院　2017 级食品科学与工程第一团支部
华西临床医学院　2015 级临床医学八年制第一团支部
华西口腔医学院　2017 级口腔医学第一团支部
商学院　2017 级工程管理团支部

（二）银奖

经济学院　2018 级金融 601 团支部
法学院　2017 级第二团支部
历史文化学院（旅游学院）　2018 级历史二班团支部
化学学院　2017 级 102 团支部
制造科学与工程学院　2018 级机械类第十八团支部
电气信息学院　2018 级医学信息工程团支部
计算机学院　2017 级计算金融团支部
水利水电学院　2017 级水利类八班团支部
化学与工程学院　2018 级安全工程一班团支部
高分子科学与工程学院　2017 级第三团支部
华西临床医学院　2018 级临床医学五年制第三团支部
华西公共卫生学院　2017 级预防医学第一团支部
马克思主义学院　2017 级研究生团支部
望江校区北园三舍 424 寝室团支部

四、五四红旗团支部标兵创建单位

经济学院　2018 级金融 303 团支部
法学院　2018 级第四团支部

文学与新闻学院　2018级汉语言文学（基地班）团支部
外国语学院　2018级本科俄语团支部
艺术学院　2018级动画团支部
历史文化学院（旅游学院）　2018级旅管二班团支部
数学学院　2018级大类三班团支部
物理科学与技术学院　2018级核工程与核技术专业团支部
化学学院　2018级401团支部
生命科学学院　2018级第五团支部
电子信息学院　2018级第四团支部
材料科学与工程学院　2018级材料类六班团支部
制造科学与工程学院　2018级工业设计第一团支部
电气信息学院　2018级医学信息工程401402团支部
计算机学院　2018级第四团支部
软件学院　2018级行政一班团支部
建筑与环境学院　2018级土木类六班团支部
水利水电学院　2018级水利类502班团支部
化学工程学院　2018级化工与制药类十一班团支部
轻纺与食品学院　2018级轻工类501团支部
高分子科学与工程学院　2018级第七团支部
华西基础医学与法医学院　2018级基础医学班团支部
华西临床医学院　2018级护理第二团支部
华西口腔医学院　2018级口腔医学五年制三班团支部
华西公共卫生学院　2018级预防医学第三团支部
华西药学院　2018级第八团支部
公共管理学院　2018信息管理与信息系统团支部
商学院　2018级工商管理大类二班团支部
马克思主义学院　2018级硕士研究生团支部
匹兹堡学院　2018级第一团支部
吴玉章学院　2018级第三团支部
网络空间安全学院　2018级第六团支部

五、五四红旗团支部

经济学院　2018级经济402团支部
　　2018级金融701团支部
　　2018级经济101团支部
　　2018级经济104团支部
　　2018级金融302团支部
　　2018级经济204团支部
法学院　2017级汉语国际教育团支部

2017 级汉语言文学（基地班）团支部
2016 级汉语言文学（基地班）团支部
文学与新闻学院　2017 级汉语国际教育团支部
2017 级汉语言文学（基地班）团支部
2016 级汉语言文学（基地班）团支部
外国语学院　2017 级本科法语团支部
2017 级本科英语第一团支部
2017 级本科西班牙语团支部
艺术学院　2018 级中国画团支部
2017 级动画团支部
2017 级中国画团支部
历史文化学院（旅游学院）　2018 级历史二班团支部
2018 级旅管二班团支部
数学学院　2017 级大类三班团支部
2016 级统计学（数据科学与大数据技术方向）团支部
物理科学与技术学院　2017 级微电子科学与工程专业团支部
化学学院　2017 级 202 团支部
2017 级 204 团支部
2017 级 301 团支部
2018 级 302 团支部
生命科学学院　2017 级第六团支部
2016 级第六团支部
电子信息学院　2016 级九班团支部
2017 级第七团支部
2017 级二班团支部
材料科学与工程学院　2017 级金属材料研究生团支部
2017 级新能源第一团支部
2016 级新能源团支部
制造科学与工程学院　2017 级机械设计制造及其自动化第三团支部
2018 级机械类第一团支部
2018 级机械类第八团支部
2018 级机械类第九团支部
2018 级机械类第十六团支部
电气信息学院　2017 级电力 107108 团支部
2017 级医信 401402 团支部
2018 级医信 401402 团支部
计算机学院　2017 级第二团支部
2017 级第六团支部

2017 级计算金融团支部
软件学院 2017 级第六团支部
2017 级第四团支部
建筑与环境学院 2016 级给排水科学与工程 3 班团支部
2018 级土木类五班团支部
2018 级土木类十二班团支部
2018 级工程力学二班团支部
2018 级环境科学与工程四班团支部
2018 级环境科学与工程五班团支部
水利水电学院 2018 级水利类 502 班团支部
2018 级水利类 101 团支部
2017 级水利类八班团支部
2018 级岩土工程研究生团支部
化学工程学院 2016 级卓工班团支部
2016 级生工一班团支部
2016 级制药四班团支部
2017 级生工二班团支部
2017 级工艺六班团支部
2017 级安工团支部
轻纺与食品学院 2017 级纺织工程第一团支部
2017 级服装与服饰设计第二团支部
2017 级食品科学与工程第一团支部
高分子科学与工程学院 2017 级第四团支部
2018 级第七团支部
华西基础医学与法医学院 2018 级法医学班团支部
华西临床医学院 2015 级临床医学五年制第三团支部
2016 级临床医学五年制第二团支部
2017 级护理第一团支部
2017 级临床医学五年制第三团支部
2018 级临床医学五年制第三团支部
华西口腔医学院 2017 级口腔医学五年制三班团支部
2016 级口腔医学五年制二班团支部
华西公共卫生学院 2017 级预防医学第一团支部
2017 级预防医学第二团支部
华西药学院 2017 级第三团支部
2017 级第九团支部
公共管理学院 2018 级公共管理类一班团支部
2018 级信息与档案管理二班团支部

商学院　2017 级 ACCA 团支部
2017 级市场营销团支部
2017 级工业工程团支部
马克思主义学院　2017 级硕士研究生团支部
空天科学与工程学院　2017 级航空航天工程 团支部
吴玉章学院　2018 级第一团支部
体育学院　2018 级研究生团支部
华西第二医院　优生学科/产前诊断中心团支部
医学检验科团支部
华西卫生学校　2017 级护理三班第二团支部
2017 级药剂班第三团支部
2018 级护理三班第一团支部
2018 级药剂一班第二团支部
2017 级护理十班团支部

六、团工作标兵个人

张金军　华西口腔医学院
龙　柯　化学工程学院
李　宜　高分子科学与工程学院
郑洪燕　商学院
倪胜巧　计算机学院
李　亮　水利水电学院
兰旭凌　公共管理学院
李佐红　经济学院
刘成家　制造科学与工程学院
汤　博　电气信息学院
王　娇　材料科学与工程学院
邢海晶　马克思主义学院
姜丹蓉　生命科学学院
聂　靖　软件学院
陈　林　电子信息学院

七、团工作先进个人

马　轩　历史文化学院（旅游学院）
李　双　华西公共卫生学院
向星烨　轻纺与食品学院
龙黎明　法学院
纪智宏　物理科学与技术学院
张　丹　数学学院
马丽娜　空天科学与工程学院

来　俏　化学学院
陈镜竹　艺术学院
陈维操　华西基础医学与法医学院
杨　柳　外国语学院
陈蕾蕾　华西药学院
薛　霜　匹兹堡学院
王　蕾　校团委
周若愚　校团委
林　茂　校团委
陈姹月　校团委
寿刘星　校团委
张　韵　校团委

八、团员青年标兵

谭学莲　华西口腔医学院 2016 级博士研究生
刘　壮　材料科学与工程学院 2016 级硕士研究生
张毅丰　制造科学与工程学院 2015 级本科生
贾云霄　水利水电学院 2015 级本科生
朱师禹　华西临床医学院 2015 级本科生
宋明蔚　艺术学院 2016 级本科生
周敏之　轻纺与食品学院 2016 级本科生
张洪江　商学院 2016 级本科生
张倖毓　软件学院 2017 级本科生
吴思娴　华西药学院 2017 级本科生

九、十佳团支部书记

刘汝如　马克思主义学院 2017 级研究生团支部
万若愚　华西临床医学院 2014 级临床医学八年制第二团支部
马路欣　经济学院 2016 级金融工程团支部
吴佳乐　化学工程学院 2016 级过程装备与控制工程第三团支部
杨宜霖　文学与新闻学院 2017 级汉语国际教育团支部
宋　芯　制造科学与工程学院 2017 级工业设计第一团支部
喻　琢　水利水电学院 2017 级水利类第八团支部
秦　强　华西口腔医学院 2017 级口腔五年制第三团支部
魏文慧　外国语学院 2018 级俄语团支部
赵梓瑞　生命科学学院 2018 级拔尖人才实验班班团支部

十、优秀共青团干部（共 230 名）

经济学院（13 人）

朱博楷　林修应　赵晓龙　李　铮　江雨航　欧禹泽　姜坤鹏　幸咏轩　金先琦
程谟瀛　许　婕　王弘致　李嘉琪

法学院（8人）

陈雨薇　张昊鹏　吴俊皞　邱　昳　舒　琪　谷金媛　彭　芃　石晏宗

文学与新闻学院（13人）

崔展鸿　张馨月　倪婧雅　杨逸伟　王利楠　刘雨凡　张崇慧　黎静荷　周　航
张欣杨　朱世语　惠　政　杨可心

外国语学院（4人）

杜　越　王　芸　杨　帆　段宇飞

艺术学院（13人）

傅　哲　刘　洋　王潇悦　曹玉琥　曹曦尔　顾君盈　颜恋蘅　雷　霜　司程程
杨　明　向根玉　张鹏程　任婧婷

历史文化学院（旅游学院）（6人）

廖秋灿　陈　啸　高梓霏　马子云　刘　浪　喻　鑫

数学学院（4人）

李雨晴　程钦一　陈　鑫　秦　瑜

物理科学与技术学院（5人）

朱世睿　余璇池　王海亮　王耀弘　何宇涛

化学学院（4人）

王家瑞　熊婉婷　赵宇垚　青雯玥

生命科学学院（3人）

毛思闳　张　琦　梁宇晨

电子信息学院（8人）

张润午　何嘉岳　伍晗萌　张子怡　谢焱鑫　何俊岭　张雪琳　李继豪

材料科学与工程学院（5人）

李星进　张　爽　杨　康　丁芊羽　李　蕊

制造科学与工程学院（8人）

牛国梁　王子铭　魏子薇　胡英达　王佳伟　卢虹宇　邓孟诗　曲王沁沁

电气信息学院（8人）

杜　婷　胡　晓　罗　昕　张翰林　余和真　徐仕林　王子峣　赵子丹

计算机学院（11人）

姜珺伟　赵乾坤　吴昊田　杨随缘　高念珍　程怡然　李睿熙　宋桓图　郭旭坤
刘小瑜　陆琳博

软件学院（4人）

王晓也　赵英豪　费宇辰　陈子博

建筑与环境学院（8人）

何裔慧　杨晓天　张诗瑾　吴梦璠　严溢彩　张艳婷　康　澳　林新瑜

水利水电学院（6人）

潘恒志　刘　洋　周子钰　张林松　郑咏珽　徐锦晖

化学工程学院（10 人）

寸之亘　瞿　淼　李　倩　王紫涵　陈　辉　侯梦曦　邵熙文　魏志桢　陈科宇　黄博强

轻纺与食品学院（6 人）

刘　昊　左　磊　黎梓怡　葛云祥　吴　梵　孙琪瑶

高分子科学与工程学院（12 人）

陆晓雯　李维航　陈　献　梅骏琪　赵友博　张　雨　雒乙橙　赖万冲　巴声东　胡杰威　曹钰楹　陈佳星

华西基础医学与法医学院（3 人）

李　卓　刘桂宏　姜昊言

华西临床医学院（13 人）

胡亦清　邱首继　栗嘉成　万方芳　李宇祺　周艳梅　周圣梁　柴　正　张馨怡　赵天淼　李欣怡　江　红　张洪静

华西第二医院（3 人）

刘燕燕　代庆凯　付雨之

华西口腔医学院（5 人）

连浩森　周安琪　王海溦　武云舒　高　懿

华西公共卫生学院（6 人）

邹雁秋　赵志远　薛怡婷　叶雨果　蒋宫羽　殷　韵

华西药学院（3 人）

李雁鹏　黄天懿　袁子沐

公共管理学院（11 人）

马晓玥　罗非桐　李　艺　黄　楷　蔡晨君　颜成志　窦之言　晋晓月　赵雨欣　孙国烨　朱华康

商学院（8 人）

谷　娇　李嘉美　谭润芝　张汉泰　赵云靖　张译文　杨昌发　王文昊

马克思主义学院（2 人）

杜宛玥　肖列平

体育学院（1 人）

巫前锦

空天科学与工程学院（1 人）

李泊立

匹兹堡学院（2 人）

赵金波　王　卓

网络空间安全学院（2 人）

严梓菡　李小霜

吴玉章学院（2 人）

李殷韬　唐　赫

华西卫生学校（9 人）

韩五呷　袁怡萍　谭金顺　曾　盈　刘佳颖　余思琪　牟　利　兰　娟　刘　云

四川大学2018年度青年志愿者行动先进集体、优秀项目及个人名单

一、先进集体（10个）

1. 华西公共卫生学院“爱心俱乐部”青年志愿者服务队
2. 公共管理学院“朝阳”青年志愿者服务队
3. 制造科学与工程学院“新科”青年志愿者服务队
4. 文学与新闻学院“新风”青年志愿者服务队
5. 华西药学院“天南星”青年志愿者服务队
6. 外国语学院“心语”青年志愿者服务队
7. 高分子科学与工程学院“红日”青年志愿者服务队
8. 艺术学院“艺韵”青年志愿者服务队
9. 华西临床医学院“杏林风”青年志愿者服务队
10. 建筑与环境学院“开拓者”青年志愿者服务队

二、优秀项目（28个）

1. “缅怀先烈”烈士陵园扫墓志愿服务活动（经济学院“经济人”青年志愿者服务队）
2. “新普法”模拟法庭校园行志愿服务活动（法学院“法之风”青年志愿者服务队）
3. “书山有路”双流图书馆志愿服务活动（文学与新闻学院“新风”青年志愿者服务队）
4. “金色阳光”敬老院爱心志愿服务活动（艺术学院“艺韵”青年志愿者服务队）
5. “你的希望我们帮你守护”校园职工子女陪伴志愿服务活动（数学学院“小数点”青年志愿者服务队）
6. “为万物正名”校园志愿服务活动（化学学院“阳光”青年志愿者服务队）
7. “爱之家”关爱动物关爱生命志愿服务活动（生命科学学院“方舟”青年志愿者服务队）
8. “青少年空间”社区儿童辅导志愿服务活动（电子信息学院“腾飞”青年志愿者服务队）
9. “打开心灵之窗”荐书志愿服务活动（材料科学与工程学院“源泉”青年志愿者服务队）

10.“自行车移爱”校园自行车整理志愿服务活动（制造科学与工程学院“新科”青年志愿者服务队）

11.“成都天使心”关爱儿童志愿服务活动（电气信息学院“晨风”青年志愿者服务队）

12.“精品软件，计科呈现”志愿服务活动（计算机学院“奔腾”青年志愿者服务队）

13. 高校—社区联合水知识宣传志愿服务活动（水利水电学院“春风社”青年志愿者服务队）

14.“走近科学”科普知识进社区志愿服务活动（化学工程学院“青鸟”青年志愿者服务队）

15.“爱心课堂”关爱儿童志愿服务活动（轻纺与食品学院“星原”青年志愿者服务队）

16. 整理有机化学实验室志愿服务活动（高分子科学与工程学院“红日”青年志愿者服务队）

17. 构建以医学院为核心的基础急救知识宣传和技能培训普及社区服务网络志愿服务活动（华西临床医学院“杏林风”青年志愿者服务队）

18.“嗨，患儿”儿童医疗辅导志愿服务活动（华西第二医院）

19.“微笑来敲门”之关爱唇腭裂儿童志愿服务活动（华西口腔医学院“微笑”青年志愿者服务队）

20.“美好青春我做主”之121防艾大型宣传系列志愿服务活动（华西公共卫生学院“爱心俱乐部”青年志愿者服务队）

21.“星星之火”走进农村志愿服务活动（华西药学院“天南星”青年志愿者服务队）

22. 和平社区爱心家教志愿服务活动（公共管理学院“朝阳”青年志愿者服务队）

23.“拥抱星星之子”儿童关爱志愿活动（商学院“工商潮”青年志愿者服务队）

24.“汇聚爱的力量 共筑梦的康园”阳光助残志愿服务活动（马克思主义学院青年志愿者服务队）

25. 献血队无偿献血知识普及与宣传志愿服务活动（匹兹堡学院“胖达”青年志愿者服务队）

26. 四川大学博物馆接待讲解、宣传服务志愿服务活动（博物馆志愿者服务队）

27. 五彩石作文批改与书信交流活动（五彩石志愿服务团）

28. 解语花——藏族患者专属翻译就医陪同服务活动（华西医院）

三、优秀班级服务队（32支）

经济学院　2017级金融三〇一志愿服务小队

文学与新闻学院　2017级新传四班志愿服务小队

外国语学院　2017级西班牙语班志愿服务小队

艺术学院　2018级书法班志愿服务小队

历史文化学院（旅游学院）　2017级历史二班志愿服务小队

数学学院　2017 级第一志愿服务小队
物理科学与技术学院　2017 级暖阳小分队
化学学院　2017 化学学院二〇二班志愿服务小队
电子信息学院　2017 级电子信息学院三班志愿服务小队
材料科学与工程学院　2017 级材料二班志愿服务小队
2017 级测控二班志愿服务小队
电气信息学院　2017 级三、四支部志愿服务小队
计算机学院　2017 级行政七班志愿服务小队
软件学院　2016 级五班志愿小分队
建筑与环境学院　2017 级土木十一班志愿服务小队
水利水电学院　2017 级水利十班志愿服务小队
化学工程学院　2017 级化制四班志愿服务小队
轻纺与食品学院　2017 级纺织一班志愿服务小队
华西基础医学与法医学院　2017 级法医班志愿服务小队
华西临床医学院　2016 级临五三班小分队
2017 级护理二班小分队
华西口腔医学院　2017 级口五三班志愿服务小队
华西药学院　2017 级八班志愿服务小队
公共管理学院　2017 级大类一班志愿服务小队
商学院　2017 级管理科学与工程类志愿服务小队

四、优秀个人（375 人）

经济学院（19 人）

李　楠　张跃欣　郑　慧　李　果　刘晶晶　廖文青　余林遥　武晨晨　李熙雁
姚姿彤　樊思懿　奉棋钰　王　博　朱晓瑜　蒋宜纯　周　密　冯　晨　罗轶戈
柯　亮

法学院（7 人）

张　兰　涂　攀　刘星辰　叶江栎　钱子威　张昊鹏　张瑞露

文学与新闻学院（14 人）

张　铭　孙鹏宇　熊　芳　陈思妍　王　洁　宋　怡　韩梦琴　陈可颐　胡玉琦
刘雨凡　何汉珍　武文雪　顾娅琴　魏子杰

外国语学院（9 人）

唐一嫘　张逸山　冯　欣　游晓萌　李　琳　李征兵　卢志杰　周书祎　秦　畅

艺术学院（13 人）

王明月　司程程　刘晓晴　秦　晴　蒋雪莹　张　瑛　刘　洋　高　源　邵　荣
张　宁　程吉阳　边子捷　李子葳

历史文化学院（9 人）

刘　霞　马子婷　赵　龙　张志群　鲁婧瑶　刘　哲　任玉婷　周畅想　刘　檠

数学学院（8人）

马梓茗　宋金鸿　鲁晓婷　杜巧宜　张馨予　吴俊岐　余江鑫　郝秉洋

物理科学与技术学院（8人）

陈天怡　陶治豪　苏晓艺　颜循南　李　婷　陈平凡　符旭会　王　川

化学学院（9人）

陈好迪　陈昱瑾　吴　迪　马媛媛　孙梦琦　杨火青　孙仁义　魏文洋　张森林

生命科学学院（8人）

杨昱鸽　周仁秀　郭泽钰　谢　鑫　徐振圆　王玉珏　陈大屡　胡舒昶

电子信息学院（14人）

李佳芯　王玮琦　王振州　朱奕霖　钟　运　马旭淼　王绍岳　李旭东　吴书宇
何园园　汤留阳　何　沐　郭显瑜　任嘉妮

材料科学与工程学院（10人）

姚鹏宇　谭丽文　兰　璇　刘颖杰　吴　丹　杨淑超　谭明奇　谢宇华　曾慧敏
路晓娟

制造科学与工程学院（17人）

朱　炜　李先晟　蔡良平　杨　聪　周立先　于永洁　李嘉树　张恩铭　陈奕铭
吕丞干　李柱成　王伟恒　潘　江　张　露　张煜航　韩晓兰　张玉佳

电气信息学院（15人）

杨彩虹　詹　瑜　陈彦丞　黄张帆　刘灵楠　帅博仁　兰贵天　杨　莉　王　佳
王馨瑶　薛晨昕　张青敏　柏昊阳　吉　阳　肖　琼

计算机学院（15人）

刘应萱　刘天佐　王　瑄　唐而笑　唐宇皓　王怿石　周开颜　雷　舜　安弈琪
侯雪娟　刘乔丽　张晨思　欧阳岚　李佳莲　赵　拯

软件学院（9人）

李佳峻　张佳辉　田洪榕　陈　妍　李富鑫　李仁杰　张　波　尹溪洋　罗小棚

建筑与环境学院（16人）

贾　典　康丙阳　林欣雨　刘　畅　李若铭　朱雅琪　王鹏宇　任重德　范存志
陈昱泽　陈世雄　余晓辉　詹伍生　侯　娇　资勤勇　苏梦杰

水利水电学院（13人）

罗祥裕　时　畅　禹艳阳　叶昌杰　张林松　邓少碧　李伟豪　高维廷　杨竺淼
徐锦晖　彭慧宇　任思念　戢　羽

化学工程学院（16人）

刘　怡　汪　洋　王小燕　刘彦宏　丁亚男　胡　磊　张淑君　何俊辉　吕　进
于　洁　李浩东　杨婧钰　叶诗洋　邓佳乐　刘展鸿　康　宁

轻纺与食品学院（11人）

刘　昊　朱宇琳　张　越　高　晴　单启琪　谢　茜　曹祯炜　李瑜琪　黄　蔚
龚玉佳　吴新涛

高分子科学与工程学院（12人）

楼伊琦　王祺华　李慧勇　曲威丞　巴声东　钟政良　王艺粲　蒋邵平　尹诗琪　魏垲东　宋语晨　冯家宝

华西基础医学与法医学院（4人）

何晓雅　叶敏杰　刘桂宏　王培蕾

华西临床医学院（23人）

李卫秀　池秀静　江　红　段景灏　汪　琴　杨汀航　徐文颖　周　蓉　邓志强　姚心怡　张锦钰　周艳梅　詹泳池　黄千千　农开磊　钟芮琪　郑舒心　廖海珍　杨　萍　李　磊　李伟民　林　润　杨若宁

华西口腔医学院（8人）

曾崇迈　王天庆　朱锦怡　仇旭童　王　旭　冯泽儒　宁柏宇　甘鑫琰

华西公共卫生学院（7人）

姚佳佳　何鹏刚　庞　童　陈　霞　赵梦颖　孙溪唯　张婧彬

华西药学院（8人）

张慧琳　刘栩汝　杨瑞诚　刘　艳　蒋宜恒　王胜杰　洪林丽　李　灵

公共管理学院（14人）

于佳淼　阳馨璇　范金娟　杨　丹　谷端莹　于凤娇　孙运兵　李彦和　孔辞戈　杨蕴琦　李园园　李悦玮　徐罗钦　陈宜星

商学院（13人）

李远航　范桂英　陈　莹　龙钰庆　唐佩秋　张钦凤　周　续　叶　梦　熊　正　冉　洋　谭　凌　谢京辰　李嘉美

匹兹堡学院（2人）

罗泓涛　岑睿楠

研究生支教团（21人）

曾泽安　王　林　周一康　马　玮　刘　锴　康嘉诚　朱明秀　许　可　舒　婷　颜嘉稹　廖金雷　刘龙飞　吕国庆　王贵一　黄晨桀　杜文杰　余城诚　李佳琪　帅剑波　田　源　曾　莹

博物馆特色志愿者服务队（2人）

赖鑫婷　吕　竺

四川大学无偿献血志愿者服务队（2人）

安德鑫　张潇月

“川大家园”社区志愿服务队（2人）

张鑫莲　张一雯

图书馆特色志愿者服务队（9人）

徐　楚　尚天舒　刘啸宇　张　晴　单启琪　张亚贤　姜子羽　张格铞　张隽婧

四川大学公益自行车特色服务队（2人）

邢朝阳　李世涵

礼仪青年志愿者服务队（4 人）

蔡　羽　崔柳静　郑　好　朱浩源

阳光心灵青年志愿者服务队（2 人）

周　欢　车会凌

四川大学校历

2017—2018 学年（春季学期）校历

周次		星期							月份	备注
		日	一	二	三	四	五	六		
1	教学周	4	5	6	7	8	9	10	3月	1. 3 月 1—2 日为在校本科生报到注册时间。 2. 3 月 2—4 日为本科生补缓考时间。 3. 第一周起正式行课。 4. 清明节 4 月 5 日。 5. 端午节 6 月 18 日。 6. 节假日，停课一般不补。 7. 政治学习、党团组织生活统一安排在双周星期五下午进行，上半段为政治学习时间，下半段为党团组织生活时间。 8. 实践及国际课程周安排实践环节、短期课程、国内外短期访学交流等。
2		11	12	13	14	15	16	17		
3		18	19	20	21	22	23	24		
4		25	26	27	28	29	30	31		
5		1	2	3	4	5	6	7		
6		8	9	10	11	12	13	14	4月	
7		15	16	17	18	19	20	21		
8		22	23	24	25	26	27	28		
9		29	30	1	2	3	4	5		
10		6	7	8	9	10	11	12	5月	
11		13	14	15	16	17	18	19		
12		20	21	22	23	24	25	26		
13		27	28	29	30	31	1	2		
14		3	4	5	6	7	8	9	6月	
15		10	11	12	13	14	15	16		
16		17	18	19	20	21	22	23		
17		24	25	26	27	28	29	30		
18		1	2	3	4	5	6	7	7月	
19		8	9	10	11	12	13	14		
20		15	16	17	18	19	20	21		
21	实践及国际课程周	22	23	24	25	26	27	28	8月	
22		29	30	31	1	2	3	4		
23	暑假	5	6	7	8	9	10	11		
24		12	13	14	15	16	17	18		
25		19	20	21	22	23	24	25		
26		26	27	28	29	30	31	1	9月	

2018—2019 学年（秋季学期）校历

<table>
<tr><th colspan="2" rowspan="2">周次</th><th colspan="7">星期</th><th rowspan="2">月份</th><th rowspan="2">备注</th></tr>
<tr><th>日</th><th>一</th><th>二</th><th>三</th><th>四</th><th>五</th><th>六</th></tr>
<tr><td>1</td><td rowspan="20">教学周</td><td>2</td><td>3</td><td>4</td><td>5</td><td>6</td><td>7</td><td>8</td><td>9月</td><td rowspan="25">1.8月30日—8月31日为在校本科生报到注册时间。
2.8月31日—9月2日为本科生补缓考时间。
3. 第一周起正式行课。
4. 中秋节9月24日。
5. 春节2月5日。
6. 节假日停课一般不补。
7. 政治学习、党团组织生活统一安排在双周星期五下午进行，上半段为政治学习时间，下半段为党团组织生活时间。
8. 校秋季田径运动会在10月26—27日举行。</td></tr>
<tr><td>2</td><td>9</td><td>10</td><td>11</td><td>12</td><td>13</td><td>14</td><td>15</td><td></td></tr>
<tr><td>3</td><td>16</td><td>17</td><td>18</td><td>19</td><td>20</td><td>21</td><td>22</td><td></td></tr>
<tr><td>4</td><td>23</td><td>24</td><td>25</td><td>26</td><td>27</td><td>28</td><td>29</td><td></td></tr>
<tr><td>5</td><td>30</td><td>1</td><td>2</td><td>3</td><td>4</td><td>5</td><td>6</td><td>10月</td></tr>
<tr><td>6</td><td>7</td><td>8</td><td>9</td><td>10</td><td>11</td><td>12</td><td>13</td><td></td></tr>
<tr><td>7</td><td>14</td><td>15</td><td>16</td><td>17</td><td>18</td><td>19</td><td>20</td><td></td></tr>
<tr><td>8</td><td>21</td><td>22</td><td>23</td><td>24</td><td>25</td><td>26</td><td>27</td><td></td></tr>
<tr><td>9</td><td>28</td><td>29</td><td>30</td><td>31</td><td>1</td><td>2</td><td>3</td><td>11月</td></tr>
<tr><td>10</td><td>4</td><td>5</td><td>6</td><td>7</td><td>8</td><td>9</td><td>10</td><td></td></tr>
<tr><td>11</td><td>11</td><td>12</td><td>13</td><td>14</td><td>15</td><td>16</td><td>17</td><td></td></tr>
<tr><td>12</td><td>18</td><td>19</td><td>20</td><td>21</td><td>22</td><td>23</td><td>24</td><td></td></tr>
<tr><td>13</td><td>25</td><td>26</td><td>27</td><td>28</td><td>29</td><td>30</td><td>1</td><td>12月</td></tr>
<tr><td>14</td><td>2</td><td>3</td><td>4</td><td>5</td><td>6</td><td>7</td><td>8</td><td></td></tr>
<tr><td>15</td><td>9</td><td>10</td><td>11</td><td>12</td><td>13</td><td>14</td><td>15</td><td></td></tr>
<tr><td>16</td><td>16</td><td>17</td><td>18</td><td>19</td><td>20</td><td>21</td><td>22</td><td></td></tr>
<tr><td>17</td><td>23</td><td>24</td><td>25</td><td>26</td><td>27</td><td>28</td><td>29</td><td></td></tr>
<tr><td>18</td><td>30</td><td>31</td><td>1</td><td>2</td><td>3</td><td>4</td><td>5</td><td>1月</td></tr>
<tr><td>19</td><td>6</td><td>7</td><td>8</td><td>9</td><td>10</td><td>11</td><td>12</td><td rowspan="2"></td></tr>
<tr><td>20</td><td>13</td><td>14</td><td>15</td><td>16</td><td>17</td><td>18</td><td>19</td></tr>
<tr><td>21</td><td rowspan="5">寒假</td><td>20</td><td>21</td><td>22</td><td>23</td><td>24</td><td>25</td><td>26</td><td></td></tr>
<tr><td>22</td><td>27</td><td>28</td><td>29</td><td>30</td><td>31</td><td>1</td><td>2</td><td>2月</td></tr>
<tr><td>23</td><td>3</td><td>4</td><td>5</td><td>6</td><td>7</td><td>8</td><td>9</td><td></td></tr>
<tr><td>24</td><td>10</td><td>11</td><td>12</td><td>13</td><td>14</td><td>15</td><td>16</td><td rowspan="2"></td></tr>
<tr><td>25</td><td>17</td><td>18</td><td>19</td><td>20</td><td>21</td><td>22</td><td>23</td></tr>
</table>